证券分析师专业能力水平评价测试统编教材

# 发布证券研究报告业务

中国证券业协会　编

中国财经出版传媒集团
中国财政经济出版社
北京

图书在版编目（CIP）数据

发布证券研究报告业务 / 中国证券业协会编. -- 北京：中国财政经济出版社，2024. 2（2025.12重印）
证券分析师专业能力水平评价测试统编教材
ISBN 978 - 7 - 5223 - 2815 - 7

Ⅰ. ①发… Ⅱ. ①中… Ⅲ. ①证券投资－投资分析－资格考试－自学参考资料 Ⅳ. ①F830. 91

中国国家版本馆 CIP 数据核字（2024）第 026878 号

责任编辑：郁东敏　　　　责任印制：党　辉
封面设计：中通世奥　　　　责任校对：胡永立

发布证券研究报告业务
FABU ZHENGQUAN YANJIU BAOGAO YEWU

中国财政经济出版社 出版

URL：http：//www. cfeph. cn
E - mail：cfeph@ cfeph. cn

社址：北京市海淀区阜成路甲 28 号　邮政编码：100142
营销中心电话：010 - 88191522
天猫网店：中国财政经济出版社旗舰店
网址：https：//zgczjjcbs. tmall. com
涿州汇美亿浓印刷有限公司印刷　各地新华书店经销
成品尺寸：185mm × 260mm　16 开　34 印张　676 000 字
2024 年 2 月第 1 版　2025 年 12 月河北第 2 次印刷
定价：78. 00 元
ISBN 978 - 7 - 5223 - 2815 - 7
（图书出现印装问题，本社负责调换，电话：010 - 88190548）
本社图书质量投诉电话：010 - 88190744
打击盗版举报热线：010 - 88191661　QQ：2242791300

PREFACE

# ▶前言

中央金融工作会议指出，要加快建设金融强国，更好发挥资本市场枢纽功能。资本市场覆盖股债期、场内外等丰富的投融资工具，信息透明度高、价格信号灵敏，在满足实体经济和投资者的多元化金融需求方面具有独特优势。作为基础性的资本市场中介服务，证券投资咨询业务的规范发展对于健全资本市场功能、提振投资者信心、促进投资端改革等具有重要意义。1997 年，国务院证券委发布《证券、期货投资咨询管理暂行办法》，将证券投资咨询业务纳入监管。随后《证券法》明确证券公司、证券投资咨询机构是从事证券投资咨询业务的两类法定主体。在此基础上，中国证监会制定《发布证券研究报告暂行规定》《证券投资顾问业务暂行规定》等规定，将证券投资咨询业务区分为发布证券研究报告和证券投资顾问两种基本形式。总体上看，我国证券投资咨询业务规模伴随着资本市场的发展不断壮大，截至2024 年 2 月，我国共有 108 家证券公司、78 家证券投资咨询机构开展证券投资咨询业务，证券投资咨询业务从业人员达到 8.68 万人。

高素质的专业人才队伍是证券公司、证券投资咨询机构规范开展证券投资咨询业务，更好地助力资本市场发挥价值发现、资源配置和居民财富管理等功能的关键力量。《证券法》《证券基金经营机构董事、监事、高级管理人员及从业人员监督管理办法》《证券公司董事、监事、高级管理人员及从业人员管理规则》等法律法规、监管规定、自律规则，均对从事证券投资咨询业务的证券分析师、证券投资顾问的专业能力、道德品行等从业条件作出要求。

为适应相关规定对证券分析师、证券投资顾问的要求，促进专业能力提升，做好水平评价测试工作，中国证券业协会组织行业专家编写了证券分析师专业能力水平评价测试统编教材《发布证券研究报告业务》和证券投资顾问专业能力水平评价测试统编教材《证券投资顾问业务》（以下统称“教材”）。教材力求体现四方面内容：一是体现理论与实践的新进展。

教材系统介绍基本的经济、金融、数理相关理论及证券分析、客户分析、投资组合、风险管理等专业知识，并适当体现理论与实践中的前沿性内容，介绍如ESG投资原则、金融科技、基金投资顾问业务试点、财富管理等相关的新机制、新技术、新业务内容。二是体现近年来监管规则的新要求。教材系统梳理现行有效的证券投资咨询业务行政法规、发布证券研究报告和证券投资顾问业务监管规定，以及分析师执业行为准则、发布研究报告执业规范、从业人员职业道德准则等自律规则，从执业管理、主要职责、工作规程、职业操守等方面传导监管要求。三是突出业务合规风控要求。教材针对证券投资咨询业务发展中出现的问题，在相关章节中突出研究报告质量控制、声誉风险管理、廉洁从业、投资者适当性管理等方面的合规风控要求及相关监管措施、法律责任等，引导树立“合规、诚信、专业、稳健”的证券行业文化理念。四是完善专业能力体系。教材充分归纳分析师、投资顾问应具备的专业能力的共性基础和核心要求，分别聚焦开展在投资分析基础上制作并向客户发布证券研究报告，和接受委托向客户提供投资建议服务并辅助作出投资决策两种业务形式时，应掌握的专业知识体系及运用能力，并辅以实操示范、例题解答、案例分析等，增强逻辑性、系统性、专业性。其中，分析师教材包括发布证券研究报告业务监管、经济学、金融学、数理方法、金融科技、基本分析、技术分析、量化分析、股票、固定收益证券、衍生产品等11章；投资顾问教材包括证券投资顾问业务监管、基本理论、客户匹配度分析、证券分析、风险管理、基本专项、投资组合和资产配置等7章。

在历时数月的教材编写过程中，各位专家以高度的专业精神和责任心，多次就教材体系、内容开展研讨，逐字逐句地研读、斟酌、修改，力求做到结构完整、内容准确、协调统一。但由于工作浩繁、时间紧迫，书中难免有所疏漏、不足甚至错误之处，敬请读者提出宝贵意见。

中国证券业协会<br>2024年2月

CONTENTS

▶目录

# 第一章　发布证券研究报告业务监管

## 第一节　执业管理

### 一、分析师执业登记

#### （一）证券投资咨询、证券投资顾问与发布研究报告

根据《证券、期货投资咨询管理暂行办法》《发布证券研究报告暂行规定》《证券投资顾问业务暂行规定》，证券投资咨询、证券投资顾问、发布证券研究报告的概念和基本关系分别如下：

1. *证券投资咨询*

证券投资咨询，是指从事证券投资咨询业务的机构及其投资咨询人员以下列形式为证券投资人或者客户提供证券投资分析、预测或者建议等直接或者间接有偿咨询服务的活动：

（1）接受投资人或者客户委托，提供证券投资咨询服务；

（2）举办有关证券投资咨询的讲座、报告会、分析会等；

（3）在报刊上发表证券投资咨询的文章、评论、报告，以及通过电台、电视等公众传播媒体提供证券投资咨询服务；

（4）通过电话、传真、电脑网络等电信设备系统，提供证券投资咨询服务；

（5）中国证监会认定的其他形式。

总体而言，证券投资咨询业务包括证券投资顾问业务及发布证券研究报告。

2. *证券投资顾问*

证券投资顾问业务，是证券投资咨询业务的一种基本形式，指证券公司、证券投资咨询机构接受客户委托，按照约定向客户提供涉及证券及证券相关产品的投资建议服务，辅助客户作出投资决策，并直接或者间接获取经济利益的经营活动。投资建议服务内容包括投资的品种选择、投资组合以及理财规划建议等。

3. *发布证券研究报告*

发布证券研究报告，是证券投资咨询业务的一种基本形式，指证券公司、证券投

资咨询机构对证券及证券相关产品的价值、市场走势或者相关影响因素进行分析，形成证券估值、投资评级等投资分析意见，制作证券研究报告，并向客户发布的行为。

证券研究报告主要包括涉及证券及证券相关产品的价值分析报告、行业研究报告、投资策略报告等。证券研究报告可以采用书面或者电子文件形式。

### （二）证券投资咨询、证券投资顾问、发布证券研究报告的基本关系

证券投资顾问业务和发布证券研究报告是证券投资咨询业务的两种基本形式，也是证券经营机构服务客户的重要手段。两者既具有显著区别，又密切联系。

1. *证券投资顾问业务和发布证券研究报告的区别*

（1）立场不同。证券投资顾问基于特定客户的立场，遵循忠实客户利益原则，向客户提供适当的证券投资建议；证券分析师基于独立、客观的立场，对证券及证券相关产品的价值进行研究分析，撰写发布研究报告。

（2）服务方式和内容不同。证券投资顾问在了解客户的基础上，依据合同约定，向特定客户提供适当的、有针对性的操作性投资建议，关注品种选择、组合管理建议以及买卖时机等。证券研究报告向不特定的客户发布，提供证券估值等研究成果，关注证券定价，不关注买卖时机选择等具体的操作性投资建议。

（3）服务对象有所不同。证券投资顾问一般服务于普通投资者，强调针对客户类型、风险偏好等提供适当的服务；证券研究报告一般服务于基金、QFII 等能够理解研究报告和有效处理有关信息的专业投资者，强调公平对待证券研究报告接收人。

（4）市场影响有所不同。证券投资顾问服务与特定客户的证券投资及其利益密切相关，但通常不会显著影响证券定价；证券研究报告向多个机构客户同时发布，对证券价格可能产生较大影响。

2. *证券投资顾问业务和发布证券研究报告的联系*

（1）在服务流程上，证券研究报告一般是证券投资顾问服务的重要基础，证券投资顾问团队依据证券研究报告以及其他公开证券信息，整合形成有针对性的证券投资顾问建议，再按照协议约定向客户提供。

（2）在制度规范要求上，《证券投资顾问业务暂行规定》第十六条规定，证券投资顾问向客户提供投资建议，应当具有合理的依据；投资建议的依据包括证券研究报告或者基于证券研究报告、理论模型以及分析方法形成的投资分析意见等。第十七条要求，证券公司、证券投资咨询机构应当为证券投资顾问服务提供必要的研究支持。

### （三）证券分析师执业条件

根据《发布证券研究报告暂行规定》，在发布的证券研究报告上署名的人员，应当符合证券投资咨询执业条件，并在中国证券业协会注册登记为证券分析师。证券分

析师不得同时注册为证券投资顾问。换而言之，我国的证券分析师是指那些符合证券投资咨询执业条件，并在中国证券业协会注册登记的从事发布证券研究报告的人员。

申请从事证券投资咨询业务（分析师），除通过证券分析师胜任能力考试外，还应具备以下条件：

1. 年满 18 周岁；
2. 大学本科以上学历；
3. 具有完全民事行为能力；
4. 已被机构聘用；
5. 未受过刑事处罚或与证券业务有关的严重行政处罚；
6. 不存在《中华人民共和国证券法》第一百三十二条规定的情形；
7. 未被中国证监会认定为证券市场禁入者，或者已过禁入期的；
8. 具有中华人民共和国国籍；
9. 具有从事证券业务 2 年以上的经历；
10. 法律、行政法规和中国证监会规定的其他条件。

## 二、分析师的监管、自律管理和机构管理

我国证券市场经过 30 多年的发展，逐步形成了以国务院证券监督管理机构、国务院证券监督管理机构的派出机构、证券交易所、行业协会和投资者保护基金为一体的监管体系和自律管理体系。

### （一）国务院证券监督管理机构

中国证券监督管理委员会是国务院直属机构，依照法律、法规和国务院授权，统一监督管理全国证券期货市场，维护证券期货市场秩序，保障其合法运行。中国证监会及其派出机构依法对证券公司、证券投资咨询机构发布证券研究报告行为实行监督管理。

### （二）中国证券业协会

中国证券业协会对证券公司、证券投资咨询机构发布证券研究报告行为实行自律管理，并依据有关法律、行政法规和《发布证券研究报告暂行规定》，制定相应的执业规范和行为准则。我国的证券分析师行业自律组织——中国证券业协会证券分析师与投资顾问专业委员，对进一步加强证券分析师、证券研究业务和投资顾问人员自律管理，规范证券分析师和投资顾问人员执业行为，促进证券研究业务和证券投资顾问业务规范发展起到积极的推动作用。

### （三）证券公司、证券投资咨询机构的管理

证券公司、证券投资咨询机构发布证券研究报告，应当遵守法律、行政法规和《发布证券研究报告暂行规定》，遵循独立、客观、公平、审慎原则，有效防范利益冲突，公平对待发布对象，禁止传播虚假、不实、误导性信息，禁止从事或者参与内幕交易、操纵证券市场活动。

发布证券研究报告的证券公司、证券投资咨询机构，应当设立专门研究部门或者子公司，建立健全业务管理制度，对发布证券研究报告行为及相关人员实行集中统一管理。

从事发布证券研究报告业务的相关人员，不得同时从事证券自营、证券资产管理等存在利益冲突的业务。公司高级管理人员同时负责管理发布证券研究报告业务和其他证券业务的，应当采取防范利益冲突的措施，并有充分证据证明已经有效防范利益冲突。

证券公司、证券投资咨询机构应当采取有效措施，保证制作发布证券研究报告不受证券发行人、上市公司、基金管理公司、资产管理公司等利益相关者的干涉和影响。

## 三、分析师后续职业培训

### （一）证券从业人员的业务培训

根据《证券公司从业人员业务培训细则》，从业人员可以参加证券监管部门、协会及其他证券行业自律组织、证券公司、经教育部批准设立的大专院校以及其他合格教育培训机构等组织的业务培训。

证券公司应当要求其从业人员在每个培训周期内完成一定时间的业务培训，建议不少于15学时。培训内容应当符合协会制定的培训大纲要求。

从业人员自首次执业登记日的下一年起，每个自然年为一个培训周期。

培训学时根据相关人员执业情况、专业能力水平评价情况、处罚处分措施情况、诚信情况、其他执业声誉情况及为行业发展、履行社会责任作出贡献情况等实行差异化管理。存在以下情况的，可相应减少或增加学时要求：

1. 在证券公司持续从事证券业务10年以上，且不存在效力期限内违法失信信息或者其他负面执业声誉信息，无须证券公司验证其专业能力水平的，在培训周期内减少5学时培训。

2. 存在效力期限内违法失信信息或其他负面执业声誉信息（被中国证监会采取行政处罚、行政监管措施以及被行业自律组织实施纪律处分、自律管理措施的除外），或者需要证券公司验证其专业能力水平的，在培训周期内增加5学时培训。

3. 存在效力期限内被行业自律组织实施自律管理措施等违法失信信息的，在培训周期内增加30学时培训。

4. 存在效力期限内被中国证监会采取行政处罚、行政监管措施或者被行业自律组织实施纪律处分等违法失信信息的，在培训周期内增加45学时培训。

前款规定的“存在效力期限内”违法失信信息或者其他负面执业声誉信息，是指相关信息效力期限覆盖完整培训周期年度。同一培训周期内存在多个效力期限内违法失信信息或者其他负面执业声誉信息的，不累计计算，以最高者认定相关学时要求。

从业人员存在下述情形的，可以抵免从业人员所在培训周期内的培训学时：

1. 获得学位或职业资格。接受与证券业务相关的会计、法律、金融等专业教育获得学位的，取得注册会计师、法律、注册国际投资分析师（CIIA）或特许金融分析师（CFA）职业资格的，当年每项可以抵免5学时，总计抵免不超过10学时。

2. 为行业发展、文化建设、履行社会责任等作出突出贡献。参加协会组织的相关课题研究、报告撰写、教材编写、命题审卷、培训课程研发等项目，或者其他为行业发展、文化建设、履行社会责任等作出突出贡献的，当年可以抵免5学时，不累计计算。协会其他自律规则另有规定的，从其规定。

从业人员参加协会组织的相关活动需要抵免学时的，由协会负责记录并抵免相应学时，其他抵免学时情形由从业人员所在证券公司通过协会从业人员管理平台报送相关信息及证明材料，抵免相应学时。

在一个培训周期内，证券公司应当要求其从业人员在党建引领、行业文化、职业道德方面的学时比重不低于其应完成培训学时的30%。

### （二）证券分析师的职业培训

证券分析师应当按照中国证券业协会的相关规定参加后续职业培训，积极参加所在公司的业务培训及合规培训，不断提高专业能力、执业水平以及合规意识。

后续职业培训的主要内容包括法律法规、执业操守、新产品和新业务的实施规则与操作要点等。各培训单位举办的下列培训为后续职业培训：

1. 由协会、会员公司和地方协会按照后续职业培训大纲组织实施的培训。

2. 由证券监管部门组织的法律法规等业务知识培训。

3. 由证券交易所和登记结算公司组织的业务准则、技术标准和操作规则等业务培训。

4. 会员公司和地方协会自行组织的培训，满足下列条件，可作为后续职业培训：

（1）培训内容为法律法规、职业操守、执业准则、操作规程及专业知识。

（2）培训项目有明确的师资、讲义，且时间为4学时以上。

## 第二节　主要职责

### 一、证券公司、证券投资咨询机构及证券分析师在发布证券研究报告中履行的职责

#### （一）证券公司、证券投资咨询机构在发布证券研究报告中履行的职责

根据《发布证券研究报告执业规范》的规定，证券公司、证券投资咨询机构在发布证券研究报告中履行的职责包括：

1. 证券公司、证券投资咨询机构发布证券研究报告，应当遵循独立、客观、公平、审慎原则，加强合规管理，提升研究质量和专业服务水平。

2. 证券公司、证券投资咨询机构发布证券研究报告，应当建立健全研究对象覆盖、信息收集、调研、证券研究报告制作、质量控制、合规审查、证券研究报告发布以及相关销售服务等关键环节的管理制度，加强流程管理和内部控制。建立健全证券分析师发表公开言论前的内部报备程序。

3. 证券公司、证券投资咨询机构应当从组织设置、人员职责上，将证券研究报告制作发布业务与销售服务业务分开管理，以维护证券研究报告制作发布的独立性。

制作发布证券研究报告的相关人员，应当独立于证券研究报告相关销售服务人员；证券研究报告相关销售服务人员不得在证券研究报告发布前干涉和影响证券研究报告的制作过程、研究观点和发布时间。

4. 证券公司、证券投资咨询机构发布证券研究报告，应当加强研究对象覆盖范围管理。将上市公司纳入研究对象覆盖范围并作出证券估值或投资评级或者将该上市公司移出研究对象覆盖范围的，应当由研究部门或者研究子公司独立作出决定并履行内部审核程序。

5. 证券公司、证券投资咨询机构应当建立证券研究报告的信息来源管理制度，加强信息收集环节的管理，维护信息来源的合法合规性。

#### （二）证券分析师在发布证券研究报告中履行的职责

根据《证券分析师执业行为准则》的规定，证券分析师在发布证券研究报告中履行的职责包括：

1. 证券分析师应当自觉遵守法律、法规、中国证监会的有关规定、行业自律规则以及所在从事发布证券研究报告业务的机构的内部管理制度，规范执业行为。不得私自以公司名义、冠以公司职务或者其他容易引发身份误导的方式对外公开发表言论。

2. 证券分析师应当遵循独立、客观、公平、审慎、专业、诚信的执业原则，自觉弘扬行业优秀文化，加强自身职业道德修养，规范自身行为，履行社会责任，遵守社会公德。

3. 证券分析师应当保持独立性，不因所在公司内部其他部门、证券发行人、上市公司、基金管理公司、资产管理公司等利益相关者的不当要求而放弃自己的独立立场。

4. 证券分析师应当恪守诚信原则，其研究结论应当是证券分析师真实意思的表达，不得在提供投资分析意见时违背自身真实意思误导投资者。

5. 证券分析师制作发布证券研究报告，应当自觉使用合法合规信息，不得以任何形式使用或泄露国家保密信息、上市公司内幕信息以及未公开重大信息，不得编造并传播虚假、不实、误导性信息。证券分析师引用信息和数据来源时，应对引用信息和数据来源进行核实，审慎使用。

6. 证券分析师制作发布证券研究报告，应当基于认真审慎的工作态度、专业严谨的研究方法与分析逻辑得出研究结论。证券研究报告的分析与结论应当保持逻辑一致性。

## 二、证券公司发布研究报告业务的业务模式

证券公司发布研究报告是其从事证券投资咨询业务的一种基本形式。证券研究报告由专门研究部门制作。研究部门的研究人员负责撰写、制作证券研究报告。证券研究报告制作完成后，通过证券公司的证券研究报告发送系统或者电子邮件等方式，同时发送给基金、资产管理机构等机构客户和公司的投资顾问团队以及公司内部部门。研究部门向机构客户提供证券研究报告的报酬，包含在证券公司提供交易席位产生的佣金收入中；研究部门也会向机构客户直接销售证券研究报告，获取销售收入。

# 第三节　工作规程

## 一、证券研究报告的定义与分类

证券研究报告，是指证券公司、证券投资咨询公司基于独立、客观的立场，对证券及证券相关产品的价值或者影响其市场价格的因素进行分析，含有对具体证券及证券相关产品的价值分析、投资评级意见等内容的文件。

证券研究报告按研究内容分类，一般有宏观研究、行业研究、策略研究、公司研究、量化研究等。按研究品种分类，主要有股票研究、基金研究、债券研究、衍生品

研究等。

## 二、发布证券研究报告的基本原则

经营机构发布证券研究报告，应当遵守法律、行政法规和其他有关规定，遵循独立、客观、公平、审慎原则，有效防范利益冲突，公平对待发布对象，禁止传播虚假、不实、误导性信息，禁止从事或者参与内幕交易、操纵证券市场活动。

### （一）独立原则

经营机构应当维护证券研究报告制作发布的独立性，从组织设置、人员职责上，将证券研究报告制作发布业务与销售服务业务分开管理；制作发布证券研究报告的相关人员，应当独立于证券研究报告相关销售服务人员；证券研究报告相关销售服务人员不得在证券研究报告发布前干涉和影响证券研究报告的制作过程、研究观点和发布时间。

经营机构应当采取有效措施，保证制作发布证券研究报告不受利益相关者的干涉和影响。

### （二）客观原则

经营机构制作证券研究报告应当坚持客观原则，避免使用夸大、低俗、诱导性、煽动性的标题或者用语，不得对证券估值、投资评级作出任何形式的保证。

### （三）公平原则

经营机构应当公平对待证券研究报告的发布对象，不得将证券研究报告的内容或者观点，优先提供给公司内部部门、人员或者特定对象。

### （四）审慎原则

经营机构制作证券研究报告应当采用严谨的研究方法和分析逻辑，基于合理的数据基础和事实依据，审慎提出研究结论。

## 三、发布证券研究报告业务关键环节的规范要求

### （一）证券研究报告、投资价值报告的基本要素、组织结构和撰写

#### 1. 基本要素

证券研究报告的基本要素包括：宏观经济、行业或上市公司的基本面分析，上市

公司盈利预测、法规解读、估值及投资评级，相关信息披露和风险提示。其中，投资评级是基于基本面分析而作出的估值定价建议，不是具体的操作性买卖建议。

2. 组织结构与撰写要求

证券研究报告主要包括涉及证券及证券相关产品的价值分析报告、行业研究报告、投资策略报告等。证券公司、证券投资咨询机构发布的证券研究报告，应当载明下列事项：

（1）“证券研究报告”字样；

（2）证券公司、证券投资咨询机构名称；

（3）具备证券投资咨询业务资格的说明；

（4）署名人员的证券投资咨询登记编号；

（5）发布证券研究报告的时间；

（6）证券研究报告采用的信息和资料来源；

（7）使用证券研究报告的风险提示。

### （二）证券研究报告覆盖范围管理

经营机构发布证券研究报告，应当加强研究对象覆盖范围管理。将上市公司纳入研究对象覆盖范围并作出证券估值或投资评级，或者将该上市公司移出研究对象覆盖范围的，应当由研究部门或者研究子公司独立作出决定并履行内部审核程序。

1. 定制研究报告服务的有关要求

经营机构的研究部门或者研究子公司接受特定客户委托，按照协议约定就尚未覆盖的具体股票提供含有证券估值或投资评级的研究成果或者投资分析意见的，自提供之日起6个月内不得就该股票发布证券研究报告。经营机构的研究部门或者研究子公司不得就已经覆盖的具体股票接受委托提供仅供特定客户使用的、与最新已发布证券研究报告结论不一致的研究成果或者投资分析意见。

2. 覆盖对象存在利益冲突的情况管理

证券分析师在执业过程中遇到自身利益与公司利益、客户利益存在冲突时，应当主动向公司报告。证券分析师的配偶、子女、父母担任其所研究覆盖的上市公司的董事、监事、高级管理人员的，证券分析师应当按照公司的规定进行执业回避，或者在证券研究报告中对上述事实进行披露。

### （三）证券研究报告信息来源管理

1. 建立证券研究报告信息来源管理制度

经营机构应当建立证券研究报告的信息来源管理制度，加强信息收集环节的管理，维护信息来源的合法合规性。

2. 证券研究报告可使用的信息来源

（1）政府部门、行业协会、证券交易所等机构发布的政策、市场、行业以及企业相关信息；

（2）上市公司按照法定信息披露义务通过指定媒体公开披露的信息；

（3）上市公司及其子公司通过公司网站、新闻媒体等公开渠道发布的信息，以及上市公司通过股东大会、新闻发布会、产品推介会等非正式公告方式发布的信息；

（4）经营机构通过上市公司调研或者市场调查，从上市公司及其子公司、供应商、经销商等处获取的信息，但内幕信息和未公开重大信息除外；

（5）经营机构从信息服务机构等第三方合法取得的市场、行业及企业相关信息；

（6）经公众媒体报道的上市公司及其子公司的其他相关信息；

（7）其他合法合规信息来源。

3. 证券研究报告信息使用的禁止要求

经营机构发布证券研究报告，应当审慎使用信息，对引用信息和数据来源进行核实，不得将无法确认来源合法合规性的信息写入证券研究报告；不得将无法认定真实性的市场传言作为确定性研究结论的依据；不得以任何形式使用或者泄露国家保密信息、内幕信息以及上市公司未公开重大信息；不得编造并传播虚假、不实、误导性信息。

**【案例1-1】**某证券公司发布的研究报告存在个别数据来源未核实、引用信息与原文不一致及数据未标注信息来源等多项问题，违反了《发布证券研究报告暂行规定》第九条等规定。根据相关法律法规，某证监局决定对该证券公司采取监管谈话的监管措施。

### （四）上市公司调研活动管理

经营机构应当建立调研活动的管理制度，分别针对非客户服务性质的独立调研和带有客户服务性质的联合调研制定相应规范，加强对调研活动的管理。发布证券研究报告相关人员进行上市公司调研活动，应当符合以下要求：

（1）事先履行所在经营机构的审批程序；

（2）不得向证券研究报告相关销售服务人员、特定客户和其他无关人员泄露研究部门或研究子公司的调研底稿、调研后发布证券研究报告的计划、研究观点的调整信息，以及未来一段时间的非客户服务性质的独立调研计划；

（3）不得主动寻求上市公司相关内幕信息或者未公开重大信息；

（4）被动知悉上市公司内幕信息或者未公开重大信息的，应当对有关信息内容进行保密，并及时向所在机构的合规管理部门报告本人已获知有关信息的事实，在有关信息公开前不得发布涉及该上市公司的证券研究报告；

(5) 上市公司调研纪要仅供内部存档或撰写研究报告使用，不得对外发布或提供给客户；

(6) 在证券研究报告中使用调研信息的，应当保留必要的信息来源依据。

**【案例1-2】**经查，某证券公司发布证券研究报告业务存在个别调研先调研后审批等多项问题，违反了《发布证券研究报告执业规范》第十一条等多项规定。根据相关法律法规，某证监局决定对其采取出具警示函的行政监管措施。

**（五）证券研究报告的制作**

制作证券研究报告应当合规、客观、专业、审慎。

证券分析师制作发布证券研究报告，应当基于认真审慎的工作态度、专业严谨的研究方法与分析逻辑得出研究结论。证券研究报告的分析与结论应当保持逻辑一致性。证券分析师应当充分尊重知识产权，不得抄袭他人著作、论文或其他证券分析师的研究成果；在证券研究报告中引用他人著作、论文或研究成果时，应当加以注明。证券分析师制作发布证券研究报告、提供相关服务，不得用以往推荐具体证券的表现佐证未来预测的准确性，也不得对具体的研究观点或结论进行保证或夸大。证券分析师制作发布证券研究报告、提供相关服务，应当向客户进行必要的风险提示。

证券公司、证券投资咨询机构应当采取有效措施，保证制作发布证券研究报告不受证券发行人、上市公司、基金管理公司、资产管理公司等利益相关者的干涉和影响。

**【案例1-3】**某证券公司证券分析师陈某署名发布的研究报告存在可比公司选择依据不充分、盈利预测论证不充分、文字图表不一致、数据来源不明等情形。上述情形不符合《发布证券研究报告暂行规定》第九条、《证券公司和证券投资基金管理公司合规管理办法》第六条的规定。陈某作为上述研究报告的署名分析师，对上述违规行为负有直接责任。根据相关法律法规，某证监局决定对陈某采取出具警示函的行政监管措施，并记入证券期货市场诚信档案。

**（六）证券研究报告质量控制、合规审查**

证券公司、证券投资咨询机构应当建立证券研究报告发布审阅机制，明确审阅流程，安排专门人员，做好证券研究报告发布前的质量控制和合规审查。

1. 研究方法要求

经营机构制作证券研究报告应当秉承专业的态度，采用严谨的研究方法和分析逻辑，重点围绕宏观经济形势、资本市场走势、行业发展、上市公司投资价值等进行深入分析，并基于合理的数据基础和事实依据，审慎提出研究结论。

2. 报告用语要求

经营机构制作证券研究报告应当坚持客观原则，避免使用夸大、低俗、诱导性、煽动性的标题或者用语，不得对证券估值、投资评级作出任何形式的保证。经营机构应提示投资者自主作出投资决策并自行承担投资风险，任何形式的分享证券投资收益或者分担证券投资损失的书面或口头承诺均为无效。

3. 投资评级要求

证券研究报告中对证券及证券相关产品提出投资评级的，应当披露所使用的投资评级分类及其含义。

4. 工作底稿管理

经营机构应当建立发布证券研究报告工作底稿制度。工作底稿包括必要的信息资料、调研纪要、分析模型等内容，纳入发布证券研究报告相关业务档案予以保存和管理。

**【案例 1-4】**某证券公司发布的某研究报告存在研究报告管理系统中部分底稿缺失、审核流程中只有估值模型、未见其他底稿资料等多项问题。上述行为违反了《发布证券研究报告暂行规定》第九条等规定。翟某作为该研究报告署名证券分析师，对研究报告内容负有直接责任。根据相关法律法规，某证监局决定对翟某采取出具警示函的行政监管措施。

5. 证券研究报告署名人员资质要求

在发布的证券研究报告上署名的人员，应当符合证券投资咨询执业条件，并在中国证券业协会注册登记为证券分析师。署名的证券分析师应当对证券研究报告的内容和观点负责，保证信息来源合法合规，研究方法专业审慎，分析结论具有合理依据。

参与制作证券研究报告，但尚未登记为证券分析师的研究部门或者研究子公司相关人员，如果已通过证券分析师胜任能力考试并已完成一般证券业务登记的，经署名证券分析师和研究部门或研究子公司同意，可以用“研究助理”或“联系人”的名义在证券研究报告中列示。

6. 证券研究报告质量审核

经营机构应当建立健全证券研究报告发布前的质量控制机制，细化质量控制的目标、程序和岗位职责，建立清晰的质量审核清单和工作底稿，列明审核工作应当涵盖的内容。通过合理的流程安排避免审核工作流于形式，并确保审核意见得到回应和有效落实。证券研究报告应当由登记为证券分析师的专职质量审核人员进行质量审核；证券分析师数量少于10人的可以由署名证券分析师之外的证券分析师进行质量审核。质量审核应当严格按照公司规定的标准进行认真审查，涵盖信息处理、分析逻辑、研究结论等内容，重点关注研究方法和研究结论的专业性和审慎性。

**【案例 1-5】**某证券公司发布的研究报告存在分析结论的合理依据不够充分、研究报告发前的质量控制存在不足的情形，违反了《发布证券研究报告暂行规定》第九条、第十条等规定。根据相关法律法规，某证监局决定对该报告署名分析师黄某采取监管谈话措施。

7. 证券研究报告合规审查

经营机构应当建立健全证券研究报告发布前的合规审查机制，细化合规审查的目标、程序和岗位职责，建立清晰的审查清单和工作底稿，列明审查工作应当涵盖的内容。通过合理的流程安排避免审查工作流于形式，并确保审查意见得到回应和有效落实。

证券研究报告应当由公司合规部门或者研究部门、研究子公司的专职人员进行合规审查。合规审查应当涵盖人员资质、信息来源、风险提示等内容，重点关注证券研究报告可能涉及的利益冲突事项。

8. 证券研究报告市场影响评估

经营机构应当建立拟发布的证券研究报告市场影响评估机制，在证券研究报告制作和合规审查环节，对证券研究报告重要敏感信息可能对市场产生的影响进行审慎评估，不得基于个别数据夸大或臆测行业或市场整体风险。对于可能产生重要影响的结论和信息，应当提高审核人员层级，加大审核力度。

### （七）证券研究报告发布管理

1. 证券研究报告的发布

证券公司、证券投资咨询机构应当公平对待证券研究报告的发布对象，不得将证券研究报告的内容或者观点，优先提供给公司内部部门、人员或者特定对象。

经营机构在证券研究报告发布前，可以就证券研究报告涉及上市公司相关信息的真实性向该上市公司进行确认，但不得透露该证券研究报告的发布时间、观点、盈利预测和结论。在证券研究报告发布之前，制作发布证券研究报告的相关人员不得向证券研究报告相关销售服务人员、客户及其他无关人员泄露研究对象覆盖范围的调整、制作与发布研究报告的计划，证券研究报告的发布时间、观点和结论，以及涉及盈利预测、投资评级、目标价格等内容的调整计划。

2. 证券研究报告的发布方式

经营机构的证券研究报告应当通过发布证券研究报告平台统一发送给公司约定的证券研究报告发布对象，以保障发布证券研究报告的公平性。发布证券研究报告的平台应由公司指定，且必须是以公司名义注册或拥有。

3. 发布研究报告的业务管理制度

发布证券研究报告的证券公司、证券投资咨询机构，应当参照《发布证券研究报告暂行规定》《发布证券研究报告执业规范》等规则，建立健全业务管理制度，并符合《证券分析师执业行为准则》《证券公司信息隔离墙制度指引》等相关规定。

【案例1-6】某证券公司证券分析师韦某存在以下问题：一是制作的文件实质构成研究报告，而未按法规要求制作，未向公司申请入库、审核、发布，私下交流外传，导致该研究报告被媒体广泛转载，致使该报告事实上被发布；二是未经公司审核，未进行登记、备案，将研究报告提供给特定第三方，未公平对待发布对象；三是推演证券市场走势的逻辑和研究方法不专业审慎，研究结论不客观科学。根据相关法律法规，某证监局决定对韦某采取监管谈话的行政监管措施。

### （八）发布证券研究报告的利益冲突防范及信息隔离墙机制

1. 利益冲突防范机制

（1）建立健全利益冲突防范机制。

经营机构应当建立健全与发布证券研究报告相关的利益冲突防范机制，明确管理流程、披露事项和操作要求，有效防范发布证券研究报告与其他证券业务之间的利益冲突。

经营机构应当采取有效管理措施，防止制作发布证券研究报告的相关人员利用发布证券研究报告为自身及其利益相关者谋取不当利益，或者在发布证券研究报告前泄露证券研究报告的内容和观点。

（2）人员岗位的利益冲突防范。证券分析师不得同时注册为证券投资顾问。从事发布证券研究报告业务的相关人员，不得同时从事证券自营、证券资产管理等存在利益冲突的业务。公司高级管理人员同时负责管理发布证券研究报告业务和其他证券业务的，应当采取防范利益冲突的措施，并有充分证据证明已经有效防范利益冲突。

（3）有关利益冲突情形的披露要求。发布对具体股票作出明确估值和投资评级的证券研究报告时，公司持有该股票达到相关上市公司已发行股份1%以上的，应当在证券研究报告中向客户披露本公司持有该股票的情况，并且在证券研究报告发布日及第二个交易日，不得进行与证券研究报告观点相反的交易。

2. 信息隔离墙机制

（1）严格执行隔离墙制度。

经营机构应当严格执行发布证券研究报告与其他证券业务之间的隔离墙制度，防止存在利益冲突的部门及人员利用发布证券研究报告谋取不当利益。

经营机构因业务需要，安排证券分析师为本公司提供内部研究支持服务的，应当按照《证券公司信息隔离墙制度指引》的有关规定，针对保密侧业务、公开侧业务的不同性质，根据是否可能存在潜在的利益冲突，制订相应的管理措施。证券分析师提供研究支持服务，应确保所提供的分析意见与已经发布的最新证券研究报告观点一致或不存在冲突。

（2）静默期安排。经营机构发布证券研究报告，应当按照《发布证券研究报告暂行规定》及《证券公司信息隔离墙制度指引》的有关规定，建立健全信息隔离墙制度，并遵循下列静默期安排：

①担任发行人股票首次公开发行的保荐机构、主承销商，自确定并公告发行价格之日起40日内，不得发布与该发行人有关的证券研究报告；

②担任上市公司股票增发、配股、发行可转换公司债券等再融资项目的保荐机构、主承销商或者财务顾问，自确定并公告公开发行价格之日起10日内，不得发布与该上市公司有关的证券研究报告；

③担任上市公司并购重组财务顾问，在经营机构的合规部门将该上市公司列入相关限制名单期间，按照合规管理要求限制发布与该上市公司有关的证券研究报告。

（3）跨越隔离墙管理。经营机构的证券分析师因公司业务需要，阶段性参与公司承销保荐、财务顾问等业务项目，撰写投资价值研究报告或者提供行业研究支持的，应当履行公司内部跨越隔离墙审批程序。

合规管理部门和相关业务部门应当对证券分析师跨越隔离墙后的业务活动实行监控。证券分析师参与公司承销保荐、财务顾问等业务项目期间，不得发布与该业务项目相关的证券研究报告。跨越隔离墙期满，证券分析师不得利用公司承销保荐、财务顾问等业务项目的非公开信息，发布证券研究报告。

### （九）业务主体的主要职责、业务流程管理与合规管理

#### 1. 业务主体的主要职责

证券研究报告由专门研究部门制作。研究部门的研究人员负责撰写、制作证券研究报告。证券研究报告制作完成后，通过证券公司的证券研究报告发送系统或者电子邮件等方式，同时发送给基金、资产管理机构等机构客户和公司的投资顾问团队以及公司内部部门。研究部门向机构客户提供证券研究报告的报酬，包含在证券公司提供交易席位产生的佣金收入中；研究部门也会向机构客户直接销售证券研究报告，获取销售收入。

#### 2. 业务流程管理

证券研究报告的发布流程通常包括五个主要环节：

（1）选题，即选择和覆盖研究对象。

（2）撰写，包括数据资料收集、研究分析和报告写作。

（3）质量控制。研究报告撰写完成后，研究部门的质量审核人员对分析前提、分析逻辑、使用工具和方法等进行审核，控制报告质量。

（4）合规审查。由公司合规部门或者研究部门、研究子公司的专职人员负责，审查应当涵盖人员资质、信息来源、风险提示等内容，重点关注证券研究报告可能涉及的利益冲突事项。

（5）发布。通过发布证券研究报告平台统一发送给公司约定的证券研究报告发布对象，系统自动留痕。实践中，有部分证券公司的研究部门指定岗位负责发送，也有公司的研究部门授权机构客户服务部门向机构客户发送。

3. 合规管理与内部控制要求

（1）合规管理。从事发布证券研究报告业务的证券公司、证券投资咨询机构，应根据自身实际情况，建立内部控制机制和隔离墙制度。目前各证券公司已经建立清晰合理、运转有效的证券研究报告合规审查、证券分析师跨越隔离墙管理制度。实践中，在证券研究报告发布前，部分证券公司由合规管理部门对研究报告进行合规审查；部分证券公司由研究部门的合规专员岗进行合规审查。合规管理部门和相关业务部门负责证券分析师跨越隔离墙行为的审批和监控，防止证券分析师利用跨墙接触的非公开信息发布研究报告，以及投资银行部门干涉证券研究报告的独立性。

《发布证券研究报告暂行规定》对合规管理、利益冲突防范机制等提出明确要求。证券公司和证券投资咨询机构应当按照规定，完善合规管理制度和机制，切实规范发布证券研究报告行为。

①隔离墙制度与跨越隔离墙管理。隔离墙是证券公司以信息隔离为核心的内部控制机制，实现存在利益冲突的部门和业务的相互隔离，防止保密信息或非公开信息在相关部门间的有害传递，防范内幕交易和利益冲突。建立隔离墙制度是国际投资银行应对利益冲突等问题和风险，通过多年积累，逐步探索形成的行业惯例。各国家和地区对隔离机制的标准不一，基本内容多为原则性要求：一是券商均应当制定符合有关法律法规要求的内部隔离制度；二是明确可能发生信息滥用和利益冲突的情形；三是明确信息隔离的具体手段和程序。

②静默期制度。静默期一般指证券机构担任证券公开发行活动的承销商或财务顾问，在本机构承销或管理的证券发行活动之前和之后的一段时期内，其研究人员不得对外发布关于该发行人的研究报告。静默期的意义在于，防止分析师为配合本公司投资银行业务调控发行人股价需要，发布倾向性、误导性的研究报告。

《发布证券研究报告暂行规定》借鉴国际惯例，确立了静默期制度要求。第十六条规定，证券公司、证券投资咨询机构从事发布证券研究报告业务，同时从事证券承销与保荐、上市公司并购重组财务顾问业务的，应当根据有关规定，按照独立、客观、公平的原则，建立健全发布证券研究报告静默期制度和实施机制，并通过公司网站等途径向客户披露静默期安排。这种规定基于当前境内证券市场的实际情况，强调了证券公司和证券投资咨询机构的制度与机制建设、告知客户有关静默期安排的义务。

（2）内部控制要求。①发布证券研究报告实行集中统一管理。发布证券研究报告的经营机构，应当设立专门研究部门或者子公司，建立健全业务管理制度，对发布证券研究报告行为及相关人员实行集中统一管理。

经营机构发布证券研究报告，应当建立健全研究对象覆盖、信息收集、调研、证券研究报告制作、质量控制、合规审查、证券研究报告发布以及相关销售服务等关键环节的管理制度，加强流程管理和内部控制。建立健全证券分析师发表公开言论前的内部报备程序。

②发布证券研究报告合规管理要求。经营机构应当严格执行合规管理制度，对与发布证券研究报告相关的人员条件、利益冲突、跨越隔离墙等情形进行合规审查和监控。

③业务、合规培训和职业道德教育。经营机构应当加强对制作发布证券研究报告相关人员的业务、合规培训和职业道德教育，提升相关人员的专业能力、合规意识和职业道德水平。

④廉洁从业管理。经营机构开展发布证券研究报告业务，应按照《证券期货经营机构及工作人员廉洁从业规定》等要求公平竞争、合规经营。

⑤业务留痕管理和档案保存要求。经营机构发布证券研究报告，应当对发布的时间、方式、内容和审阅过程实行留痕管理。发布证券研究报告相关业务档案的保存期限自证券研究报告发布之日起不得少于5年。

### （十）绩效考核和激励机制

经营机构应当建立合理的发布证券研究报告相关人员绩效考核和激励机制，以维护发布证券研究报告行为的独立性。

经营机构应当综合考虑合规情况、研究质量、客户评价、工作量等多种因素，设立发布证券研究报告相关人员的考核激励标准。外部评选结果仅作为对分析师个人社会评价的参考，不得作为证券分析师薪酬激励的依据。

与发布证券研究报告业务存在利益冲突的部门或人员不得参与对发布证券研究报告相关人员的考核。证券分析师跨越信息隔离墙参与公司承销保荐、财务顾问业务等项目的，其个人薪酬不得与相关项目的业务收入直接挂钩。研究销售人员不得参与对分析师等研究人员的考核。

**【案例1-7】**经查，某证券公司发布研究报告业务考核激励机制设置不合理，存在研究销售人员参与研究人员考核、部分兼职合规人员未由合规负责人考核等情形。此外，公司还存在多项其他问题。上述问题违反了《证券公司和证券投资基金管理公司合规管理办法（2020年修订）》等多项规定。根据相关法律法规，某证监局决定对其采取出具警示函的行政监管措施。

### （十一）证券研究报告的销售服务要求

经营机构应当从组织设置、人员职责上，将证券研究报告制作发布业务与销售服务业务分开管理，以维护证券研究报告制作发布的独立性。制作发布证券研究报告的相关人员，应当独立于证券研究报告相关销售服务人员；证券研究报告相关销售服务人员不得在证券研究报告发布前干涉和影响证券研究报告的制作过程、研究观点和发布时间。

### （十二）媒体刊载、转发证券研究报告的管理要求

1. 授权媒体刊载、转发证券研究报告的管理要求

经营机构授权公众媒体及其他机构刊载或者转发涉及具体上市公司的证券研究报告、评论意见，应当慎重评估，充分论证必要性，并符合以下要求：

（1）严格按照《发布证券研究报告暂行规定》等有关规定，与相关公众媒体及其他机构作出协议约定，明确由被授权机构承担相关刊载或者转发责任，强化媒体合作管理。要求授权转发或刊载研究报告、评论意见的媒体机构注明研究报告的发布人和发布日期、评论意见的发表者和发布时间，提示使用研究报告或评论意见的风险等，要求媒体机构不得自行对公司所提供材料的标题或者内容作实质性修改。

（2）采取有效措施提供证券研究报告相应的后续解读服务，防止误导公众投资者。

（3）通过公司网站等途径披露本公司授权公众媒体及其他机构刊载或者转发证券研究报告有关情况，提醒公众投资者慎重使用未经授权刊载或者转发的本公司证券研究报告。

（4）具备相应的应对措施，妥善处理投资者投诉。

2. 防止媒体未经授权刊载、转发证券研究报告

经营机构应当采取下列措施，防止公众媒体或者其他机构未经授权私自刊载或者转发公司的证券研究报告：

（1）加强证券研究报告发布环节管理，要求公司相关人员不得将证券研究报告私自提供给未经公司授权的公众媒体或者其他机构，提示客户不要将证券研究报告转发给他人；

（2）建立跟踪监测机制，发现公司证券研究报告被私自刊载或者转发的，及时采取维权措施；

（3）加强投资者教育和客户沟通，提示客户及公众投资者慎重使用公众媒体刊载的证券研究报告。

公众媒体或者其他机构未经授权刊载或者转发证券研究报告的，应当承担相应的法律责任。

### （十三）证券分析师发表言论和提供客户服务的管理要求

1. 客户服务统一规范管理

经营机构应当对证券分析师服务客户的方式、内容、渠道进行统一规范管理，覆

盖各种形式的服务客户行为，包括与客户举行座谈会、交流会、路演活动，为客户解读其撰写的证券研究报告，使用互联网工具等传播媒介向客户提供服务等。应针对发布证券研究报告业务及转载、提供、解读证券研究报告，使用新媒体工具制定相应的内部管理规范。

2. 证券分析师发表言论管理

以经营机构的名义发布研究观点、提供研究服务的人员必须是公司正式员工。证券分析师应当自觉遵守法律、法规、中国证监会的有关规定、行业自律规则以及所在经营机构的内部管理制度，规范执业行为。不得私自以公司名义、冠以公司职务或者其他容易引发身份误导的方式对外公开发表言论。

经营机构应当建立证券分析师向客户发布信息和言论的事前报备程序，拟发布的主要内容应当经所在部门负责人或公司分管高管人员签批同意，并报合规部门备案。

证券分析师使用互联网工具等传播媒介向客户提供投资分析意见，依法属于发布证券研究报告行为的，应当按照发布证券研究报告的要求履行发布程序，遵守《发布证券研究报告执业规范》等相关要求，不得与其所在公司已发布证券研究报告的最新意见和建议相矛盾，也不得就所在研究机构未覆盖的公司发表证券估值或投资评级意见；提供研究报告后续解读服务应是对既往已发布报告的解读，不涉及新的分析意见。

证券分析师可以将已经在公司证券研究报告发布平台上统一发布过的证券研究报告，通过在公司报备后的微信群、微信公众号、微博、云共享平台、邮箱等其他形式提供给客户并进行解读。

**【案例1－8】** 余某作为证券从业人员通过微信聊天方式向700余名客户发送相关内容，并被转发传播，造成不良影响。该内容未形成研究报告，也未经其任职的公司审核。上述行为不符合《发布证券研究报告执业规范》等多项规定。根据相关法律法规，某证监局决定对其采取出具警示函的行政监管措施。

3. 客户服务工作档案管理

经营机构应当建立健全证券分析师服务客户工作档案，对使用互联网工具等传播媒介向客户提供服务的，应当要求证券分析师向公司备案其使用的与提供证券研究报告服务有关的聊天群、自媒体账号、云共享平台账号等，并报备与业务有关的使用记录和发布内容；对其他方式服务客户的，应当做好客户服务记录，并及时存档检查。

经营机构应当定期安排质量审核和合规审查人员对客户服务档案进行跟踪检查，安排合规审核人员进入证券分析师开展客户服务的聊天群、关注其自媒体平台和云共享平台等方式对其内容进行随时抽查，如发现问题应及时汇报并处理。

### （十四）外请专家服务的管理要求

外部专家是指在某一领域具备一定的知识或信息、非经营机构雇用的人员，不包括上市公司负责信息披露的人员。经营机构应当建立健全邀请外部专家参与证券投资咨询服务以外咨询服务的管理制度。经营机构邀请外部专家参与证券投资咨询服务以外咨询服务，应当符合以下要求：

（1）外部专家应当具有良好的社会声誉，在最近两年没有被证券监管部门处罚的记录；

（2）经营机构应当核实专家的身份，并将经核实的专家身份告知投资者，不得有虚假或误导性成分，并应当告知外部专家必须遵守的合规要求；

（3）经营机构邀请的外部专家如果是上市公司人员，必须经过上市公司信息披露负责人的书面同意，同意的书面记录应保存5年；

（4）经营机构如果通过第三方邀请外部专家，应当与第三方签订专门的外部专家邀请协议，协议应当载明要求第三方核实专家身份的责任，以及如有专家身份审核不实，要求第三方承担经济赔偿的责任和媒体公开道歉的责任。

经营机构邀请第三方为客户提供证券投资咨询服务以外的咨询服务，应当维持在适度、合理水平，相关服务的费用应当单独列支，并对相关咨询服务的内容归档留存。

经营机构不得通过外包或与第三方签署业务收入分成协议等类似形式，安排没有证券投资咨询业务资质的机构或个人为客户提供前述咨询服务。

### （十五）证券分析师撰写投资价值报告的执业行为规范

1. 基本原则

投资价值研究报告撰写应当遵守以下原则：一是，合规、客观、专业、审慎；二是，资料来源具有权威性；三是，无虚假记载、误导性陈述或重大遗漏。

2. 业务管理制度

投资价值研究报告撰写机构应当从组织设置、人员职责及工作流程等方面保证证券分析师撰写投资价值研究报告的独立性。参与投资价值研究报告撰写相关人员的薪酬不得与相关项目的业务收入挂钩。

投资价值研究报告撰写机构应当根据《发布证券研究报告暂行规定》以及《首次公开发行证券承销业务规则》等相关规定制定投资价值研究报告专项内部制度，明确投资价值研究报告撰写要素、质量审核、合规审查等事项的细化标准，以及出具流程等要求，并指定分管研究部门的高级管理人员负责相关工作。

证券分析师参与撰写投资价值研究报告相关工作，应当参照《发布证券研究报告暂行规定》《发布证券研究报告执业规范》等规则执行，并符合《证券分析师执业行为准则》《证券公司信息隔离墙制度指引》等相关规定；另有规定的，从其规定。

3. 研究方法

证券分析师撰写投资价值研究报告应当秉承专业的态度，采用专业、严谨的研究方法和分析逻辑，基于合理的数据基础和事实依据，审慎提出研究结论，分析与结论应当保持逻辑一致性。数据的来源应具有权威性，并注明出处。投资价值研究报告所依据的与发行人有关的信息不得超出招股意向书及其他已公开信息的范围。投资价值研究报告使用的参数和估值方法应当客观、专业，并分析说明选择参数和估值方法的依据；调整参数和估值方法的，应当充分说明原因，解释调整的合理性，并实施留痕管理。

4. 投资价值报告撰写

（1）基本要素。投资价值研究报告应当对影响发行人投资价值的因素进行全面分析，至少包括下列内容：①发行人的行业归属、行业政策，发行人与主要竞争者的比较及其在行业中的地位；②发行人商业模式、经营状况和发展前景分析；③发行人盈利能力和财务状况分析；④发行人募集资金投资项目分析；⑤发行人与同行业可比上市公司（如有）的投资价值比较；⑥与发行人相关的风险因素；⑦其他对发行人投资价值有重要影响的因素。

（2）行业分析。投资价值研究报告应当合理确定发行人行业归属，并分析说明行业归属的依据，不得随意选择行业归属。投资价值研究报告应当对影响发行人投资价值的行业状况与发展前景进行分析与预测，可以包括：发行人的行业归属、行业的生命周期分析及其对发行人发展前景的影响、行业供给需求分析、行业竞争分析、行业主要政策分析、行业的发展前景预测以及证券分析师认为行业层面其他的重要因素。

（3）公司分析。投资价值研究报告应当对影响发行人投资价值的公司状况进行分析，包括：公司治理的分析与评价、公司战略的分析与评价、经营管理的分析与评价、研发技术的分析与评价、财务状况的分析与评价、募集资金投资项目分析以及证券分析师认为发行人层面其他的重要因素。公司分析必须建立在行业分析的基础上进行。

（4）盈利预测。撰写投资价值研究报告应当制作发行人的盈利预测模型，包括但不限于资产负债表、利润表以及现金流量表三张报表的完整预测以及其他为完成预测而需要制作的辅助报表，从而预测公司未来的资产负债、利润和现金流量的相对完整的财务状况。在进行盈利预测前，证券分析师应当明确盈利预测的假设条件，并对假设条件进行清晰、详细的阐述，说明其合理性。盈利预测应谨慎、合理。

（5）可比公司选择。投资价值研究报告选择可比公司应当客观、全面，原则上应当与招股意向书中披露的可比公司保持一致，不得随意选择，并说明选择依据；如存在不一致的情形，应当充分、详细、客观地说明不一致的原因及选择依据。可比公司分析应当列举可比公司的市盈率，不适用的可列举其他估值指标。

（6）风险提示。证券分析师应当在投资价值研究报告中显著位置进行充分的风险提示，并特别说明如果盈利预测的假设条件不成立对公司盈利预测的影响以及对估值结论的影响。证券分析师应当按照重要性原则，按顺序披露可能直接或者间接对发行人生产经营状况、财务状况和持续经营能力产生重大不利影响的主要因素，列出发行人经营过程中所有可能存在的潜在风险。证券分析师应当对所披露的风险因素做定量分析，无法进行定量分析的，应当有针对性地作出定性描述。证券分析师应当在投资价值研究报告醒目位置提示投资者自主作出投资决策并自行承担投资风险。

（7）估值定价。投资价值研究报告估值结论可以合理给出发行人上市后远期整体公允价值区间。提供发行人估值区间的，应当分别提供至少两种估值方法作为参考。投资价值研究报告应当列出所选用的每种估值方法的假设条件、主要参数及选择依据、主要测算过程。采用相对估值法的，估值分析应当按照充分提示风险的原则客观地列示相关行业市盈率、市净率或市销率等反映发行人所在行业特点的估值指标。采用绝对估值法的，主要估值计算过程应包含进入永续增长率之前现金流折现计算过程、参数及选择依据，展示详细的现金流折现预测和各变量之间的勾稽关系，加强论证的严谨性。投资价值研究报告不得对证券二级市场交易价格作出预测。

5. 质量控制和合规审查

（1）质量控制与合规审查。未经质量审核和合规审查，承销商不得对网下投资者提供投资价值研究报告。质量审核应当保持审慎原则，参照发行人细分行业、业务与商业模式、公司经营和财务特点等因素制定严格的投资价值研究报告审核标准，明确和细化发行人可比公司选择标准、盈利预测假设条件、估值方法、主要估值参数（包括但不限于无风险收益率、永续增长率、加权平均资本成本）的选择依据。质量审核和合规审查过程中形成的所有工作底稿应当存档备查。

（2）信息隔离墙管理。证券分析师参与撰写投资价值研究报告相关工作，需事先履行跨墙审批手续。

①承销商实施跨墙管理时，应当保证跨墙人员的相对稳定，维护跨墙工作流程的严肃性，保证信息隔离制度的有效落实。参与跨墙的证券分析师一经确认，不得随意调整。跨墙期间，证券分析师应当严格遵守信息保密的要求，将跨墙参与的工作与其他工作有效隔离。

②证券分析师撰写的投资价值研究报告，需事先经研究部门质量审核并经合规审查后方可提供给网下投资者。证券分析师可以就投资价值研究报告涉及发行人的相关事实性信息向发行人及投资银行业务部门人员进行真实性、准确性的核实。相关需要核实的事实性内容应提交给公司专门负责证券发行与承销的业务部门或团队（以下简称“证券发行与承销部门”）人员，抄送合规审查人员，由证券发行与承销部门人员转给投资银行业务部门人员或发行人进行核实。证券分析师在进行事实性信息的核实时，不得向发行人及投资银行业务部门人员提供包括估值、盈利预测等投资分析内容的章节。证券分析师应当保持独立性，除对事实性信息的真实性、准

确性核实外，证券公司内部相关利益人员和部门、发行人等不得对投资价值研究报告的内容进行评判。

③承销商应当对投资价值研究报告事实性信息核实、质量审核、合规审查进行留痕存档管理。

【**案例 1－9**】经查，杨某署名发布的某公司投资价值研究报告存在以下问题：一是研究报告分析与结论一致性不足，盈利预测不审慎，个别内容表述与事实不符；二是在风险披露时对相关项目风险缺少定量分析。上述行为违反了《发布证券研究报告暂行规定》等多项规定。根据相关法律法规，某证监局决定对其采取出具警示函的行政监管措施。

## 第四节　职业操守

### 一、证券分析师职业道德及独立性原则

#### （一）证券从业人员职业道德

为深入践行行业文化理念，加强证券从业人员职业道德建设，防范道德风险，维护行业声誉，保护投资者及其他利益相关方合法权益，促进行业健康发展，中国证券业协会制定《证券从业人员职业道德准则》。主要内容包括：

1. 敬畏法律，遵纪守规。从业人员应遵从宪法，对证券行业相关法律法规、监管规定、自律规则以及道德准则心存敬畏，牢固树立依法合规、遵德展业理念，自觉接受监管和自律管理，抵制违反规则及道德准则的行为。

2. 诚实守信，勤勉尽责。从业人员应表里如一、言而有信，珍视行业声誉与职业声誉，坚守契约精神，保护并合理运用受托资产，真实、准确、完整地披露相关信息，自觉抵制弄虚作假、误导欺骗等行为。

3. 守正笃实，严谨专业。从业人员应恪守职业操守，规矩做事、踏实做人、不偏不倚，客观、审慎、专业地为投资者及其他利益相关方提供服务，自觉抵制利用资源、信息等不对称损害客户及其他利益相关方合法权益的行为。

4. 审慎稳健，严控风险。从业人员应牢固树立风险底线意识，提高风险识别、应对和化解能力，审慎执业，主动履行报告义务，严防执业过程中因不当行为带来的各类业务风险，自觉抵制侥幸心理与短视行为。

5. 公正清明，廉洁自律。从业人员应树立正确的世界观、人生观、价值观和利益观，清廉自律，在开展证券业务及相关商业活动中，应保持清爽规矩的共事关系、客

户关系，自觉抵制直接或者间接向他人输送或者谋取不正当利益的行为。

6. 持续精进，追求卓越。从业人员应树立持续学习理念，坚持与时俱进、不断更新业务知识与技能，守正创新、秉持工匠精神为客户及其他利益相关方提供优质服务，自觉抵制不思进取、固步自封的工作学习态度和行为。

7. 爱岗敬业，忠于职守。从业人员应忠于所在机构，认真做好本职工作，公私分明，保护并合理使用所在机构资产，及时报告与所在机构存在的或潜在的利益冲突，自觉抵制损害所在机构合法权益的行为。

8. 尊重包容，共同发展。从业人员应遵从社会公德，尊重客户、合作伙伴、竞争对手及社会公众等利益相关方，尊重和包容不同的意见及文化、语言、专业等背景差异，共同营造没有歧视和偏见的行业发展环境、职业氛围。

9. 关爱社会，益国利民。从业人员应自觉维护国家利益和金融安全，积极参与普惠金融、绿色金融、金融扶贫、投资者教育保护等活动，自觉践行社会责任，做有担当、有格局、令人尊重的从业人员。

### （二）证券分析师独立性原则

根据《证券分析师执业行为准则》，证券分析师应当遵循独立、客观、公平、审慎、专业、诚信的执业原则，自觉弘扬行业优秀文化，加强自身职业道德修养，规范自身行为，履行社会责任，遵守社会公德。

证券分析师应当保持独立性，不因所在公司内部其他部门、证券发行人、上市公司、基金管理公司、资产管理公司等利益相关者的不当要求而放弃自己的独立立场。

## 二、分析师廉洁从业相关规定

### （一）证券期货经营机构及工作人员廉洁从业规定

根据《证券期货经营机构及工作人员廉洁从业规定》，证券期货经营机构及其工作人员在开展证券期货业务及相关活动中，严格遵守法律法规、中国证监会的规定和行业自律规则，遵守社会公德、商业道德、职业道德和行为规范，公平竞争，合规经营，忠实勤勉，诚实守信，不直接或者间接向他人输送不正当利益或者谋取不正当利益。

1. 责任主体

证券期货经营机构承担廉洁从业风险防控主体责任。证券期货经营机构董事会决定廉洁从业管理目标，对廉洁从业管理的有效性承担责任；证券期货经营机构主要负责人是落实廉洁从业管理职责的第一责任人；各级负责人在职责范围内承担相应管理责任。

证券期货经营机构应当指定专门部门对本机构及其工作人员的廉洁从业情况进行监督、检查，充分发挥纪检监察、合规、审计等部门的合力，发现问题及时处理，重大情况及时报告。

2. 内部控制

证券期货经营机构应当建立健全廉洁从业内部控制制度，制定具体、有效的事前风险防范体系、事中管控措施和事后追责机制，对所从事的业务种类、环节及相关工作进行科学、系统的廉洁风险评估，识别廉洁从业风险点，强化岗位制衡与内部监督机制并确保运作有效。

证券期货经营机构应当制定工作人员廉洁从业规范，明确廉洁从业要求，加强从业人员廉洁培训和教育，培育廉洁从业文化。

证券期货经营机构应当将工作人员廉洁从业纳入工作人员管理体系，在遇有人员聘用、晋级、提拔、离职以及考核、审计、稽核等情形时，对其廉洁从业情况予以考察评估。

证券期货经营机构应当强化财经纪律，杜绝账外账等不规范行为。对于业务活动中产生的费用支出制定明确的内部决策流程和具体标准，确保相关费用支出合法合规。

3. 禁止行为

（1）证券期货经营机构及其工作人员在开展证券期货业务及相关活动中，不得以下列方式向公职人员、客户、正在洽谈的潜在客户或者其他利益关系人输送不正当利益：

①提供礼金、礼品、房产、汽车、有价证券、股权、佣金返还等财物，或者为上述行为提供代持等便利；

②提供旅游、宴请、娱乐健身、工作安排等利益；

③安排显著偏离公允价格的结构化、高收益、保本理财产品等交易；

④直接或者间接向他人提供内幕信息、未公开信息、商业秘密和客户信息，明示或者暗示他人从事相关交易活动；

⑤其他输送不正当利益的情形。

（2）证券期货经营机构工作人员不得以下列方式谋取不正当利益：

①直接或者间接以上述“3. 禁止行为”所列形式收受、索取他人的财物或者利益；

②直接或者间接利用他人提供或主动获取的内幕信息、未公开信息、商业秘密和客户信息谋取利益；

③以诱导客户从事不必要交易、使用客户受托资产进行不必要交易等方式谋取利益；

④违规从事营利性经营活动，违规兼任可能影响其独立性的职务或者从事与所在机构或者投资者合法利益相冲突的活动；

⑤违规利用职权为近亲属或者其他利益关系人从事营利性经营活动提供便利条件；

⑥其他谋取不正当利益的情形。

（3）证券期货经营机构及其工作人员在开展投资银行类业务过程中，不得以下列方式输送或者谋取不正当利益：

①以非公允价格或者不正当方式为自身或者利益关系人获取拟上市公司股权；

②以非公允价格或者不正当方式为自身或者利益关系人获取拟并购重组上市公司股权或者标的资产股权；

③以非公允价格为利益关系人配售债券或者约定回购债券；

④泄露证券发行询价和定价信息，操纵证券发行价格；

⑤直接或者间接通过聘请第三方机构或者个人的方式输送利益；

⑥以与监管人员或者其他相关人员熟悉，或者以承诺价格、利率、获得批复及获得批复时间等为手段招揽项目、商定服务费；

⑦其他输送或者谋取不正当利益的行为。

4. 监管措施

证券期货经营机构及其工作人员违反规定的，中国证监会可以采取出具警示函、责令参加培训、责令定期报告、责令改正、监管谈话、认定为不适当人选、暂不受理行政许可相关文件等行政监管措施。证券期货经营机构工作人员违反相关法律法规和本规定，情节严重的，中国证监会可以依法对其采取市场禁入的措施。证券期货经营机构及其工作人员涉嫌违反党纪、政纪的，中国证监会将有关情况通报相关主管单位纪检监察部门；涉嫌犯罪的，依法移送监察、司法机关，追究其刑事责任。

### （二）分析师廉洁从业相关规定

根据中国证券业协会发布的《证券分析师执业行为准则》，证券分析师在执业过程中，应按照《证券期货经营机构及工作人员廉洁从业规定》等要求公平竞争，合规展业，不得向上市公司、证券发行人、基金管理公司、资产管理公司以及其他利益相关者提供、索要或接受礼金、礼品、旅游、红包、娱乐健身等利益，或者以其他变通的方式进行利益输送。

证券分析师参加媒体组织的研究评价活动，应当经所在公司同意，秉承公平竞争的原则，不得以不正当手段争取较高的研究评价结果。

证券分析师违反准则规定的，中国证券业协会将根据《中国证券业协会自律措施实施办法》等有关规定，视情节轻重采取谈话提醒、要求提交书面承诺、要求参加强化培训、警示、责令改正等自律管理措施或行业内通报批评、公开谴责、暂停执业、停止执业等纪律处分，并按规定将相关自律措施记入协会诚信信息管理系统，相关纪律处分信息将记入证监会诚信档案数据库。

# 第二章　经济学

## 第一节　微观经济学

### 一、市场运行原理

市场是由某种商品或服务的买者与卖者组成的一个群体。买者群体决定了一种产品的需求，而卖者群体决定了一种产品的供给。市场有多种形式，如完全竞争、垄断、垄断竞争和寡头。

完全竞争市场必须具备两个特征：（1）可供销售的物品是完全相同的；（2）买者和卖者人数众多，任何一个买者或卖者都无法影响市场价格。完全竞争市场上的买者与卖者必须接受市场条件决定的价格，他们被称为价格接受者。完全竞争市场最容易分析，而且在研究完全竞争条件下的供给与需求时所得到的许多结论也适用于更复杂的市场。因此，本节的第一部分建立在完全竞争市场的假设基础之上。

#### （一）需求

1. 需求函数

需求量是指消费者愿意并且能够购买的一种商品的数量。一种商品的需求量受到多种因素的影响，包括商品价格、消费者收入、相关商品价格、消费者偏好、消费者预期以及消费者人数等。

需求函数表示一种商品的需求量和影响该需求量的各种因素之间的相互关系。影响需求量的各因素为自变量，需求量为因变量。在这些因素中起主要决定作用的是商品价格，因此假定其他因素保持不变，仅分析一种商品的价格对该商品需求量的影响，即把一种商品的需求量仅看作是这种商品的价格的函数，可得到如下一个简单的需求函数：

$$Q^d = f(P) \quad (2-1-1)$$

式中，$Q^d$——商品需求量；$P$——商品价格。

需求的概念：一种商品的需求是指在其他因素不变的条件下，消费者在一定时期内在各种可能的价格水平愿意并且能够购买的该商品的数量。根据定义，需求必须是指消费者具有购买欲望又有购买能力的有效需求。若消费者对商品只有购买欲望却没有购买能力，则不构成有效需求。

2. 需求曲线

商品的需求曲线是根据需求表中商品不同的价格—需求量组合在平面坐标图上绘制而成的一条曲线。它表示在不同价格水平上消费者愿意且能够购买的商品数量。

【案例2-1】图2-1-1是根据表2-1-1绘制的一条需求曲线。在图2-1-1中，横轴表示商品需求量，纵轴表示商品价格。需要注意的是与数学习惯相反，微观经济学在分析需求曲线和供给曲线时，通常以纵轴表示自变量$P$，以横轴表示因变量$Q$。

表2-1-1 某商品的需求表

| 价格—需求量组合 | A | B | C | D | E | F | G |
|---|---|---|---|---|---|---|---|
| 价格（元） | 1 | 2 | 3 | 4 | 5 | 6 | 7 |
| 需求量（单位） | 70 | 60 | 50 | 40 | 30 | 20 | 10 |

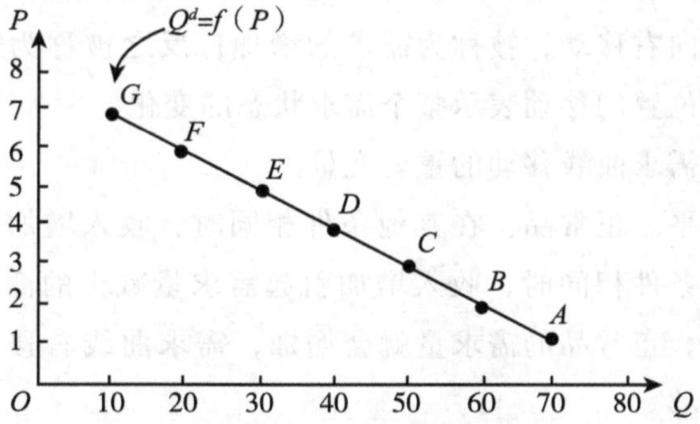


图2-1-1 某商品的需求曲线

在论述需求函数时，一般假定商品价格和需求量的变化具有无限分割性，即具有连续性。因此商品价格和需求量的组合连接起来构成一条平滑连续的需求曲线。

需求曲线可以是直线形，也可以是曲线形。当需求函数为线性函数时，相应的需求曲线是一条直线，直线上各点的斜率相等。当需求函数为非线性函数时，相应的需求曲线是一条曲线，曲线上各点的斜率不相等。为简化分析，大多使用线性需求函数。线性需求函数的通常形式为：

$$Q^d = \alpha - \beta \cdot P \qquad (2-1-2)$$

式中，$\alpha$、$\beta$为常数，且$\alpha$、$\beta>0$。

一般情况下，商品的需求量随着商品价格的上升而减少。需求曲线向右下方倾斜，即需求曲线斜率为负，表示商品的价格和需求量呈反方向变动。但也存在特殊情况，如吉芬商品的价格和需求量呈同方向变动。

需求定理：一般情况下，在其他条件不变时，一种商品的价格上升，对该商品的需求量减少；一种商品的价格下降，对该商品的需求量增加。

3. 需求曲线的变动

（1）沿着需求曲线的移动。在其他因素保持不变的条件下，仅由商品自身价格变化所导致的商品需求量的变化，被称为需求量的变动。在几何图形中，需求量的变动表现为既定需求曲线上的点沿着该需求曲线的移动。

以图2-1-1为例：在图中有一条既定的需求曲线，商品的价格—需求量组合沿着既定的需求曲线由*A*点出发经过*B*、*C*、*D*、*E*、*F*点运动到*G*点。需求量的变动是用价格—需求量组合点沿着既定需求曲线的移动来表示的，它并不体现整个需求状态的变化。

（2）需求曲线位置的移动。除商品自身价格以外的其他因素变化所导致的商品需求量的变化，被称为需求的变动。在几何图形中，需求的变动表现为需求曲线的位置发生移动。

在任何一个既定的价格水平上，如果其他因素的变动使该商品的需求量增加，从而使需求曲线的位置向右移动，被称为需求的增加；反之被称为需求的减少。需求变动所引起的需求曲线位置的移动表示整个需求状态的变化。

以下是一些影响需求曲线移动的重要变量。

①消费者收入水平。正常品：在其他条件相同时，收入增加引起需求量增加的商品。低档品：在其他条件相同时，收入增加引起需求量减少的商品。一般来说，当消费者收入水平提高时，正常品的需求量就会增加，需求曲线右移，而低档品的需求量会减少，需求曲线左移。

②相关商品价格。替代品：当一种商品价格下降引起对另一种商品的需求量减少时，这两种物品被称为替代品。替代品是那些经常相互替代使用的物品，如热狗与汉堡包、电影票和电影视频服务等。互补品：当一种商品价格下降引起另一种商品的需求量增加时，这两种物品被称为互补品。互补品是那些经常同时使用的物品，如汽油和汽车、计算机和软件等。一般来说，当一个商品的替代品价格上升时，该商品的需求量增加，需求曲线右移。当一个商品的互补品价格下降时，该商品的需求量增加，需求曲线右移。

③消费者偏好。一般来说，当消费者对某种商品的偏好程度增强时，该商品的需求量会增加，需求曲线右移。

④消费者预期。一般来说，当消费者预期某种商品的价格在下一期会上升时，则会增加对该商品的现期需求量，需求曲线右移。当消费者预期下个月会赚到更多收入，可能会选择少储蓄，用更多的当前收入购买商品，需求曲线右移。

⑤消费者人数。当市场上一个商品的消费者人数增加时，每种价格水平下的市场需求量会增加，从而市场需求增加。

4. 需求弹性

（1）需求价格弹性的含义。需求方面的弹性主要包括需求的价格弹性、需求的交叉价格弹性和需求的收入弹性。其中，需求的价格弹性被简称为需求弹性。

需求的价格弹性表示在一定时期内一种商品的需求量变动对于该商品的价格变动的反应程度。其公式为：

$$\text{需求的价格弹性系数} = -\frac{\text{需求量变动率}}{\text{价格变动率}} \qquad (2-1-3)$$

需求的价格弹性可以分为弧弹性和点弹性。

需求的价格弧弹性表示某商品需求曲线上两点之间的需求量的变动对于价格变动的反应程度。假定需求函数为 $Q = f(P)$，$\Delta Q$ 和 $\Delta P$ 分别表示需求量的变动量和价格的变动量，以 $e_d$ 表示需求的价格弹性系数，则需求的价格弧弹性的公式为：

$$e_d = -\frac{\frac{\Delta Q}{Q}}{\frac{\Delta P}{P}} = -\frac{\Delta Q}{\Delta P}\cdot\frac{P}{Q} \qquad (2-1-4)$$

通常情况下，因商品的需求量和价格呈反方向变动，即 $\frac{\Delta Q}{\Delta P}$ 为负值，为了便于比较，在式（2-1-4）中加一个负号，使得需求的价格弹性系数 $e_d$ 取正值。

当需求曲线上的价格和相应的需求量的变化量趋于无穷小时，需求的价格弹性要用点弹性来表示。

（2）需求的价格弧弹性的五种类型。$e_d > 1$ 表示需求量对于价格变动的反应是比较敏感的，被称为富有弹性。$e_d < 1$ 表示需求量对于价格变动的反应欠敏感，被称为缺乏弹性。$e_d = 1$ 表示需求量和价格的变动率相等，被称为单一弹性或单位弹性。以上这三种类型的需求的价格弧弹性分别如图 2-1-2（a）、（b）和（c）所示。

图 2-1-2（d）中需求曲线为一条水平线，表示在既定的价格水平需求量是无限的，$e_d = \infty$ 被称为完全弹性。图 2-1-2（e）中的需求曲线是一条垂直线，表示相对于任何价格水平需求量都是固定不变的，$e_d = 0$ 被称为完全无弹性。

以弧弹性为例分析的需求弹性的五种情况，也适用于其他任何一个具体的弹性概念。

（3）影响需求的价格弹性的因素。影响需求的价格弹性的因素主要有以下几个：

①商品的可替代性。一般来说，一种商品的可替代品越多，相近程度越高，则该商品需求的价格弹性越大。

②必需品与奢侈品。必需品需求的价格弹性较小，奢侈品需求的价格弹性较大。

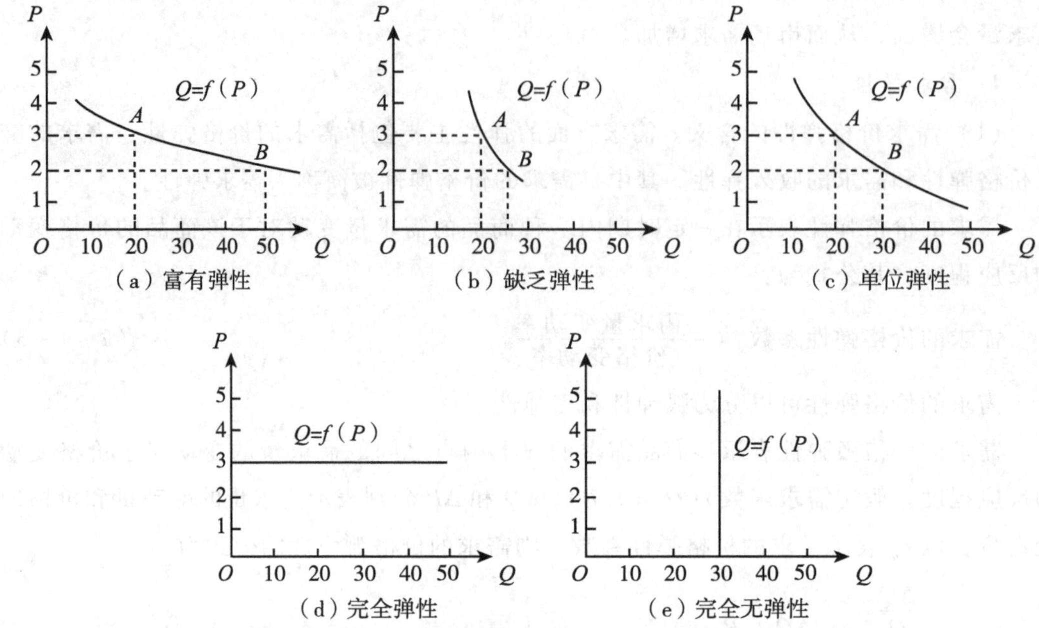


**图 2-1-2　需求的价格弧弹性的五种类型**

③某商品支出在消费者总支出中所占的比重。消费者在某商品上的支出在总支出中所占比重越大，该商品需求的价格弹性可能越大。

④考察的消费者调节需求量的时间。若考察的调节时间越长，则需求的价格弹性可能越大。

### （二）供给

1. 供给函数

供给量是指生产者愿意而且能够出售的一种商品的数量。一种商品的供给量受到多种因素的影响，包括商品价格、生产成本、生产技术、相关商品价格、生产者预期以及生产者人数等。

供给函数表示一种商品的供给量和影响该供给量的各种因素之间的相互关系。一种商品的供给量是所有影响该商品供给量的因素的函数。如果将一种商品的供给量只看成是该商品价格的函数，可以得到如下一个简单的供给函数：

$$Q^s = f(P) \tag{2-1-5}$$

式中，$Q^s$——商品供给量；$P$——商品价格。

供给的概念：一种商品的供给是指在其他因素不变的条件下生产者在一定时期内在各种可能的价格水平愿意且能够出售的该商品的数量。供给指的是有效供给，即要求生产者既具有提供出售商品的意愿，又具备提供出售商品的能力。若只有意愿而没有能力，则不构成有效供给。

2. 供给曲线

商品的供给曲线是根据供给表中的商品不同的价格—供给量组合在平面坐标图上所绘制的一条曲线。它表示在不同价格水平上生产者愿意而且能够出售的商品数量。

**【案例2-2】** 图2-1-3是根据表2-1-2绘制的一条供给曲线。在图2-1-3中，横轴表示商品供给量，纵轴表示商品价格。

**表2-1-2 某商品的供给表**

| 价格—供给量组合 | A | B | C | D | E |
|---|---|---|---|---|---|
| 价格（元） | 2 | 3 | 4 | 5 | 6 |
| 供给量（单位） | 0 | 20 | 40 | 60 | 80 |

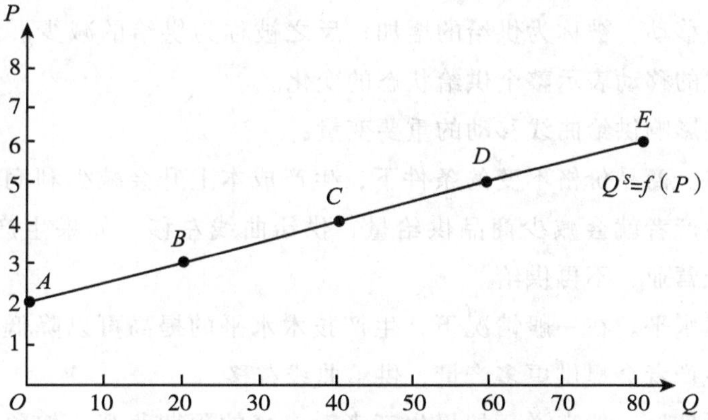


**图2-1-3 某商品的供给曲线**

和需求曲线一样，供给曲线也是一条平滑连续的曲线，是建立在商品价格和相应的供给量的变化具有无限分割性即连续性的假设上的。

供给曲线可以是直线形，也可以是曲线形。当供给函数为线性函数时，相应的供给曲线是一条直线，直线上各点的斜率相等。当供给函数为非线性函数时，相应的供给曲线是一条曲线，曲线上各点的斜率不相等。在微观经济分析中，使用较多的是线性供给函数。通常形式为：

$$Q^s = -\delta + \gamma \cdot P \quad (2-1-6)$$

式中，$\delta$、$\gamma$为常数，且$\delta$、$\gamma>0$。

商品的供给量随着商品价格的上升而增加，供给曲线是向右上方倾斜的，即供给曲线斜率为正，表示商品的价格和供给量呈同方向变动。

供给定理：一般情况下，在其他条件不变时，一种商品的价格上升，该商品的供给量增加；一种商品的价格下降，该商品的供给量减少。

3. 供给曲线的变动

（1）沿着供给曲线的移动。在其他因素保持不变的条件下，仅由商品自身价格变化所导致的商品供给量的变化，称为供给量的变动。在几何图形中，供给量的变动表现为既定供给曲线上的点沿着该供给曲线的移动。

以图2－1－3为例说明：图中有一条既定的供给曲线，随着商品价格上升所引起的供给量的逐步增加，*A* 点沿着既定的供给曲线逐步移动到 *E* 点。供给量的变动是用价格—供给量组合点沿着既定供给曲线的移动来表示的，它并不体现整个供给状态的变化。

（2）供给曲线位置的移动。除商品自身价格以外的其他因素变化所导致的商品供给量的变化，被称为供给的变动。在几何图形中，供给的变动表现为供给曲线的位置发生移动。

在任何一个价格水平上，如果其他因素变动使该商品的供给量增加，从而使供给曲线的位置向右移动，被称为供给的增加；反之被称为供给的减少。供给变动所引起的供给曲线位置的移动表示整个供给状态的变化。

以下是一些影响供给曲线移动的重要变量：

①生产成本。商品价格不变的条件下，生产成本上升会减少利润，当生产不那么有利可图时，生产者就会减少商品供给量，供给曲线左移。如果生产成本大幅上升，企业可能会停止营业，不再供给。

②生产技术水平。在一般情况下，生产技术水平的提高可以降低生产成本，增加生产者利润，生产者会提供更多产量，供给曲线右移。

③生产者预期。一般来说，如果生产者对未来的预期悲观，如预期商品价格会下降，则生产者往往会缩减生产，减少商品供给量，供给曲线左移。

④生产者人数。一个商品市场上生产者数量增加，将使得市场上该商品的供给量增加。

4. 供给弹性

供给方面的弹性包括供给的价格弹性、供给的交叉价格弹性及供给的预期价格弹性等。在此考察的是供给的价格弹性，通常简称为供给弹性。

（1）供给价格弹性的含义。供给的价格弹性表示在一定时期内一种商品的供给量变动对于该商品价格变动的反应程度。它是商品的供给量变动率与价格变动率之比。

供给的价格弹性也分为弧弹性和点弹性。供给的价格弧弹性表示某商品供给曲线上两点之间的弹性。供给的价格点弹性表示某商品供给曲线上某一点的弹性。假定供给函数为 $Q=f(P)$，以 $e_s$ 表示供给的价格弹性系数，则供给的价格弧弹性的公式为：

$$e_s = \frac{\frac{\Delta Q}{Q}}{\frac{\Delta P}{P}} = \frac{\Delta Q}{\Delta P} \cdot \frac{P}{Q} \qquad (2-1-7)$$

通常情况下，商品的供给量和商品的价格呈同方向变动，所以在上述公式中，$e_s$为正值。

供给的价格弹性根据 $e_s$ 值的大小也分为五种类型。$e_s > 1$ 表示富有弹性，$e_s < 1$ 表示缺乏弹性，$e_s = 1$ 表示单一弹性或单位弹性，$e_s = \infty$ 表示完全弹性，$e_s = 0$ 表示完全无弹性。

（2）影响供给的价格弹性的因素。

①时间的变动。当商品的价格发生变化时，厂商对产量的调整需要一定的时间。厂商若要根据商品的涨价及时地增加产量，或者根据商品的降价及时地缩减产量，在短时间内都存在不同程度的困难，相应地，供给的价格弹性是比较小的。但在长期，企业可实现生产规模的扩大与缩小，甚至转产，供给量可以对价格变动做出较充分的反应，供给的价格弹性较大。

②产品的生产成本。在其他条件不变时，如果产量增加只引起边际成本的轻微提高，则厂商的供给曲线比较平坦，供给的价格弹性可能较大；相反供给的价格弹性较小。

③产品的生产周期。在一定时期内，对于生产周期较短的产品，厂商可以根据市场价格的变化较及时地调整产量，供给的价格弹性相应较大；相反，生产周期较长的产品的供给的价格弹性较小。

### （三）市场均衡

1. 均衡价格

均衡是指市场价格达到使供给量与需求量相等的水平时的状态，也被称为市场出清。均衡价格是指供给量与需求量相等时的价格，又被称为市场出清价格。在均衡价格时，消费者愿意而且能够购买的商品数量正好与生产者愿意而且能够出售的数量相平衡。均衡数量是指均衡价格下相等的供给量与需求量。

结合几何图形来理解，一般情况下，需求曲线向右下方倾斜，供给曲线向右上方倾斜，二者相交于一点，该点被称为市场均衡点，代表该商品市场达到了均衡状态，该点对应的价格和数量分别被称为均衡价格和均衡数量。

**【案例 2-3】**将图 2-1-1 中的需求曲线和图 2-1-3 中的供给曲线结合在一起，用图 2-1-4 说明一种商品的市场均衡价格的决定。

在图 2-1-4 中，$D$ 曲线为市场的需求曲线，$S$ 曲线为市场的供给曲线。需求曲线 $D$ 和供给曲线 $S$ 相交于 $E$ 点，$E$ 点为均衡点。在均衡点 $E$，均衡价格 $P = 4$ 元，均衡数量 $Q = 40$。

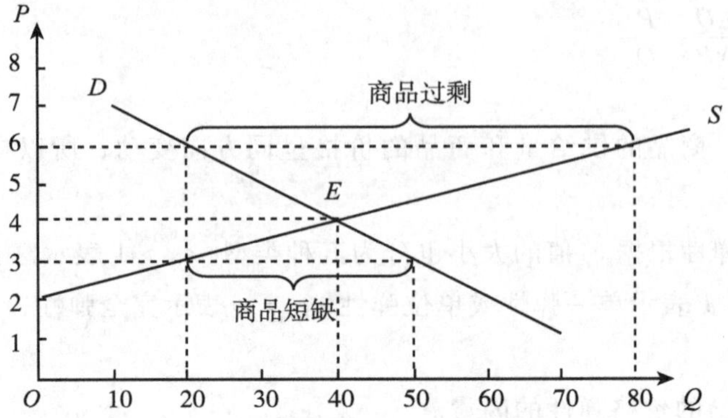


**图 2-1-4 均衡价格的决定**

商品的均衡价格表现为商品市场上需求和供给这两种相反的力量共同作用的结果，它是在市场供求力量的自发调节下形成的。当市场价格偏离均衡价格时，市场上会出现需求量和供给量不相等的非均衡状态。例如当供给量大于需求量时形成过剩，或称超额供给，一方面会使需求者压低价格购买商品，另一方面又会使供给者减少商品供给量。这样，该商品的市场价格必然下降，一直下降到均衡价格水平。而当需求量大于供给量时形成短缺，或称超额需求，一方面会使需求者提高价格购买他所要的商品量，另一方面又会使供给者增加商品供给量。这样，该商品的市场价格必然上升，一直上升到均衡价格水平。

在市场机制的作用下，供求不相等的非均衡状态会逐步消失，实际的市场价格会自动地恢复到均衡价格水平。任何一种商品的价格都会自发调整，使该商品的供给与需求达到平衡。

2. 价格和资源配置

任何一种经济制度都需要在各种竞争性的用途之间分配稀缺资源。市场经济利用供给与需求的力量来实现这个目标。供给与需求共同决定了经济中各种商品与服务的价格，而价格影响着每个消费者和生产者的决策行为，是引导资源配置的信号。

在市场经济中，价格机制对资源配置发挥着决定性作用。对于一个经济社会来说，在竞争性商品市场上，无数的买者和卖者各自追求个人利益的经济决策是分散的，而价格机制协调与引导着市场趋向需求量和供给量相等的均衡状态，实现稀缺资源的有效配置。

## 二、企业行为和产业组织

从本质上讲，市场是商品买卖双方相互作用并得以决定其交易价格和交易数量的一种组织形式或制度安排。根据不同的市场结构的特征，将市场划分为完全竞争市场、垄断竞争市场、寡头市场和垄断市场四种类型，其特征如表 2-1-3 所示。

表 2-1-3 市场类型的划分和特征

| 市场类型 | 厂商数目 | 产品差别程度 | 对价格的控制程度 | 进出行业的难易程度 | 接近的商品市场 |
| --- | --- | --- | --- | --- | --- |
| 完全竞争 | 很多 | 完全无差别 | 没有 | 很容易 | 农产品 |
| 垄断竞争 | 很多 | 有差别 | 有一些 | 较容易 | 轻工产品、零售业 |
| 寡头 | 几个 | 有差别或无差别 | 相当程度 | 较困难 | 钢、汽车、石油 |
| 垄断 | 唯一 | 唯一的产品（无相近替代品） | 很大程度，但经常受到管制 | 很困难 | 公用事业 |

### （一）完全竞争市场

1. 完全竞争市场的特征

完全竞争市场须具备以下四个条件：

（1）市场有大量的买者和卖者。每一个消费者和每一个厂商对市场价格都没有任何控制力量，他们被称为价格接受者。

（2）商品完全同质。这里的商品同质指厂商之间提供的商品完全无差别，消费者无法区分产品的生产商。单个厂商总是可以按照既定的市场价格实现属于自己的相对来说很小的销售份额。厂商既不会单独提价，也不会单独降价。

（3）所有的资源完全流动性。任何一种资源都可以被及时地投向能获得利润的生产，并及时地从亏损的生产中退出。即缺乏效率的企业将被市场淘汰，取而代之的是有效率的企业。

（4）信息是完全的。市场上每一个买者和卖者都掌握与自己经济决策有关的一切信息，并根据自己所掌握的完全信息，作出自己的最优经济决策，从而获得最大的经济利益。

2. 利润最大化

（1）利润最大化的含义。利润等于总收益减去总成本，在生产者行为分析中，一般假设生产者或企业的目标是追求利润最大化，因为长期来看，实现利润最大化是所有企业在竞争中求得生存的关键。

（2）厂商的收益。厂商的收益即厂商的销售收入，可以分为总收益（*TR*）、平均收益（*AR*）和边际收益（*MR*）。

总收益（*TR*）指厂商按一定价格出售一定数量产品时所获得的全部收入。在完全竞争市场上，以 $P$ 表示既定的市场价格，以 $Q$ 表示销售总量，总收益的定义公式为：

$$TR(Q) = P \cdot Q \tag{2-1-8}$$

平均收益（$AR$）指厂商平均每销售一单位产品所获得的收入。平均收益的定义公式为：

$$AR(Q) = \frac{TR(Q)}{Q} \tag{2-1-9}$$

边际收益（$MR$）指厂商增加一单位产品销售所获得的总收入的增量。边际收益的定义公式为：

$$MR(Q) = \frac{\Delta TR(Q)}{\Delta Q} \tag{2-1-10}$$

或

$$MR(Q) = \lim_{\Delta Q \to 0} \frac{\Delta TR(Q)}{\Delta Q} = \frac{dTR(Q)}{dQ} \tag{2-1-11}$$

每一销售量上的边际收益 $MR$ 值就是相应的总收益 $TR$ 曲线的斜率。

在以后分析中，我们均假定厂商的销售量等于厂商面临的需求量，即 $AR = P$。而完全竞争市场条件下，必然有 $AR = MR = P$。

（3）利润最大化的均衡条件。利用图 2－1－5 来寻找厂商实现最大利润的生产均衡点。在图中，有某完全竞争厂商的一条短期生产的边际成本 $SMC$ 曲线和一条由既定价格水平 $P$ 出发的水平的需求曲线 $d$，这两条线相交于 $E$ 点。$E$ 点就是厂商实现最大利润的生产均衡点，相应的产量 $Q^*$ 就是厂商实现最大利润时的均衡产量。当产量 $Q_1$ 小于均衡产量 $Q^*$ 时，厂商的边际收益（$MR$）大于边际成本（$SMC$），表明厂商增加一单位产量所带来的总收益的增加量大于所付出的总成本的增加量，即厂商增加产量可以增加利润。而当产量 $Q_2$ 大于均衡产量 $Q^*$ 时，厂商的边际收益（$MR$）小于边际成本（$SMC$），表明厂商增加产量会减少利润。因此，厂商寻找能够带来最大利润的均衡产量，即使得 $MR = SMC$ 的产量，因此边际收益（$MR$）等于边际成本（$SMC$）就是

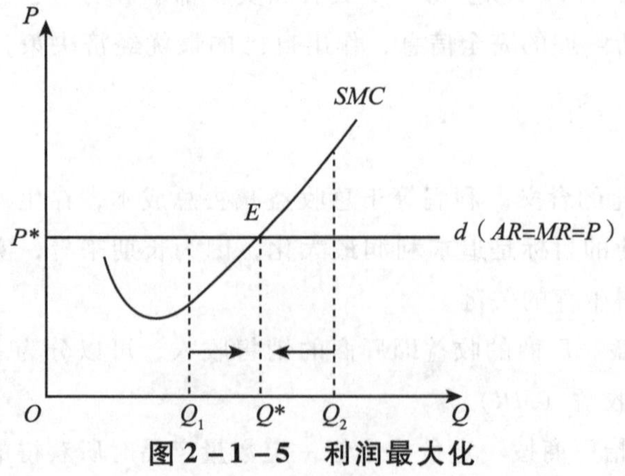


**图 2－1－5　利润最大化**

厂商实现利润最大化的均衡条件。

3. 完全竞争厂商的短期均衡和短期供给曲线

（1）完全竞争厂商的短期均衡。在完全竞争厂商的短期生产中，市场的价格是给定的，且固定要素的投入量无法变动，即生产规模是给定的。因此在短期，厂商在给定的生产规模下，通过对产量的调整来实现 $MR = SMC$ 的利润最大化的均衡条件。

当厂商实现 $MR = SMC$ 时，可能获得利润，也有可能亏损，把各种可能的情况都考虑在内，完全竞争厂商的短期均衡可以表现为图 2－1－6 中的五种情况。

在图 2－1－6（a）中，根据 $MR = SMC$ 的利润最大化的均衡条件，厂商利润最大化的均衡点为 $E$，相应的均衡产量为 $Q^*$，平均收益为 $EQ^*$，平均成本为 $FQ^*$。由于平均收益大于平均成本，厂商获得利润。在图中，厂商的单位产品利润为 $EF$，产量为 $OQ^*$，两者的乘积 $EF \cdot OQ^*$ 等于总利润量，即图中的阴影部分的面积。

在图 2－1－6（b）中，厂商的需求曲线 $d$ 与 $SAC$ 曲线相切于 $SAC$ 曲线的最低点，这一点是 $SAC$ 曲线和 $SMC$ 曲线的交点。这一点恰好也是 $MR = SMC$ 的利润最大化的均衡点 $E$。在均衡产量 $Q^*$ 上，平均收益等于平均成本，都为 $EQ^*$，厂商的利润为零，但厂商实现了正常利润。由于在这一均衡点 $E$ 上，厂商既无利润，也无亏损，所以该均衡点也被称为厂商的收支相抵点。

在图 2－1－6（c）中，由均衡点 $E$ 和均衡产量 $Q^*$ 可知，厂商的平均收益小于平

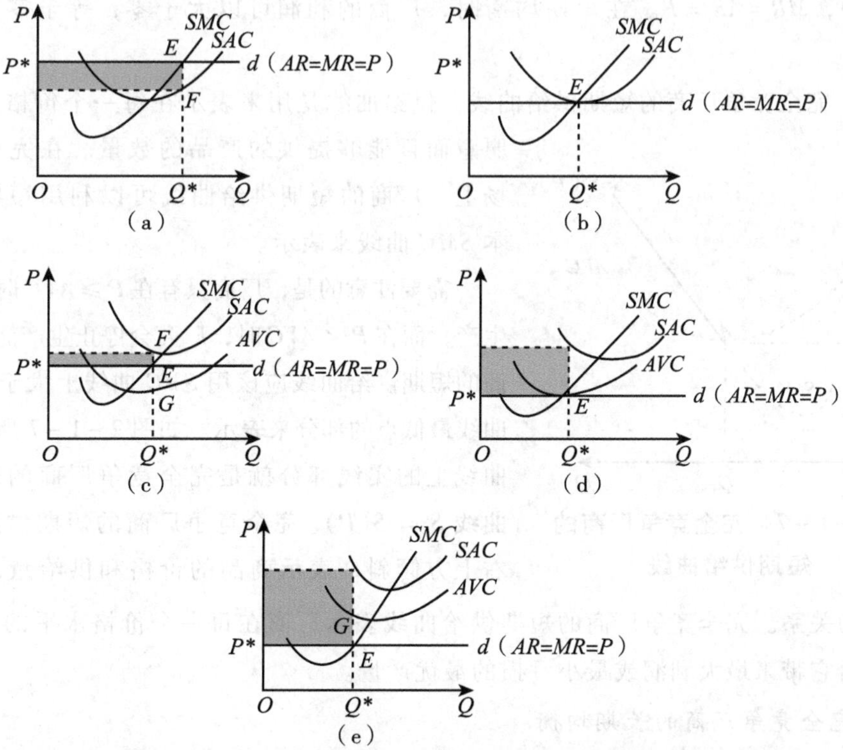


**图 2－1－6　完全竞争厂商短期均衡的各种情况**

均成本，厂商是亏损的，其亏损量相当于图中的阴影部分的面积。但由于在 $Q^*$ 的产量上，厂商的平均收益 $AR$ 大于平均可变成本 $AVC$，所以厂商虽然亏损，但仍继续生产，以弥补在短期内存在的部分不变成本。

在图 2－1－6（d）中，厂商的需求曲线 $d$ 与 $AVC$ 曲线相切于 $AVC$ 曲线的最低点，这一点是 $AVC$ 曲线和 $SMC$ 曲线的交点。这一点恰好也是 $MR=SMC$ 的利润最大化的均衡点。在均衡产量 $Q^*$ 上，厂商是亏损的，其亏损相当于图中的阴影部分的面积。此时，厂商的平均收益 $AR$ 等于平均可变成本 $AVC$，厂商可以继续生产，也可以不生产，该均衡点也被称为停止营业点或关闭点。

在图 2－1－6（e）中，在均衡产量 $Q^*$ 上，厂商的亏损量相当于阴影部分的面积。此时，厂商的平均收益 $AR$ 小于平均可变成本 $AVC$，厂商将停止生产。

由以上分析可知，厂商的短期生产决策与不变成本无关，它只取决于市场价格 $P$（等于厂商的平均收益 $AR$）和平均可变成本 $AVC$ 的比较。在 $MR=SMC$ 利润最大化原则所确定的产量水平，只要 $P>AVC$，厂商就会进行生产，反之厂商就会停止生产。当市场价格 $P$ 等于最低的平均可变成本 $AVC$ 时，厂商则处于停止生产的临界点，此时的市场价格 $P$ 也被称为企业的停产价格。

综上所述，完全竞争厂商短期均衡的条件是：

$$MR=SMC \tag{2-1-12}$$

式中，$MR=AR=P$。在短期均衡时，厂商的利润可以大于零，等于零，或者小于零。

（2）完全竞争厂商的短期供给曲线。供给曲线是用来表示在每一个价格水平厂商愿意而且能够提供的产品的数量。在完全竞争市场上，厂商的短期供给曲线可以利用短期边际成本 $SMC$ 曲线来表示。

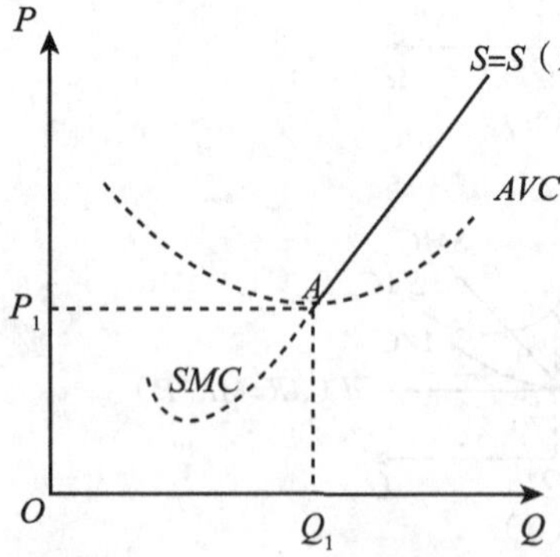

**图 2－1－7　完全竞争厂商的短期供给曲线**

需要注意的是，厂商只有在 $P \geqslant AVC$ 时才会进行生产，而在 $P<AVC$ 时，厂商会停止生产。因此，厂商的短期供给曲线应该用 $SMC$ 曲线上大于等于 $AVC$ 曲线最低点的部分来表示。如图 2－1－7 所示，$SMC$ 曲线上的实线部分就是完全竞争厂商的短期供给曲线 $S=S(P)$。完全竞争厂商的短期供给曲线向右上方倾斜，表示商品的价格和供给量之间同方向变化的关系。完全竞争厂商的短期供给曲线表示厂商在每一个价格水平的供给量都是能够给它带来最大利润或最小亏损的最优产量。

4. 完全竞争厂商的长期均衡

在完全竞争厂商的长期生产中，所有的生产要素都是可变的，厂商通过对全部生产要素的调整来实现 $MR = LMC$ 的利润最大化的均衡条件。在完全竞争市场价格给定的条件下，厂商在长期生产中对全部生产要素的调整可以表现为两个方面：一是对最优生产规模的选择；二是决定进入或退出一个行业。

（1）厂商对最优生产规模的选择。如图 2－1－8 所示，假定完全竞争市场的价格为 $P_0$。在短期内，假定厂商已拥有的生产规模以 $SAC_1$ 曲线和 $SMC_1$ 曲线表示。在短期内厂商只能在既定的生产规模下进行生产。根据短期利润最大化的均衡条件 $MR = SMC$，厂商选择的最优产量为 $Q_1$，所获得的利润为图中较小的阴影部分的面积 $FP_0E_1G$。而在长期，根据长期利润最大化的均衡条件 $MR = LMC$，厂商会达到长期均衡点 $E_2$，并且选择 $SAC_2$ 曲线和 $SMC_2$ 曲线所代表的最优生产规模进行生产，相应的最优产量为 $Q_2$，所获得的利润为图中较大的阴影部分的面积 $HP_0E_2I$。在长期，厂商通过对最优生产规模的选择，获得了比在短期内所能获得的更大利润。

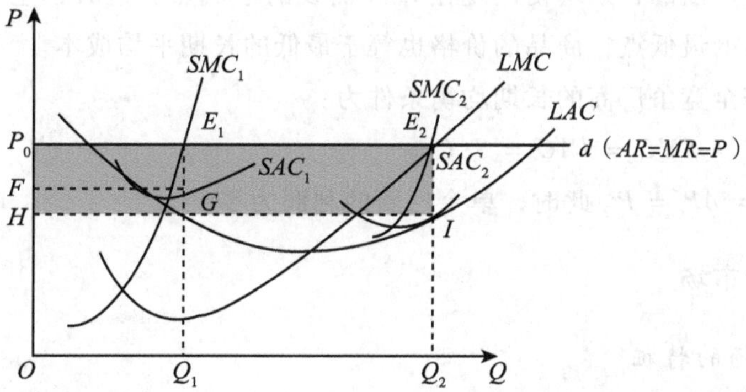


**图 2－1－8 长期生产中厂商对最优生产规模的选择**

（2）厂商进出一个行业。厂商在长期生产中进入或退出一个行业，实际上是生产要素在各个行业之间的调整，生产要素总会流向利润更大的行业，也会从亏损行业退出。正是行业之间生产要素的调整，使得完全竞争厂商长期均衡时的利润为零。如图 2－1－9 中，如果开始时的市场价格较高，为 $P_1$，根据 $MR = LMC$ 的利润最大化原则，厂商选择的产量为 $Q_1$，相应的最优生产规模由 $SAC_1$ 曲线和 $SMC_1$ 曲线代表。此时厂商

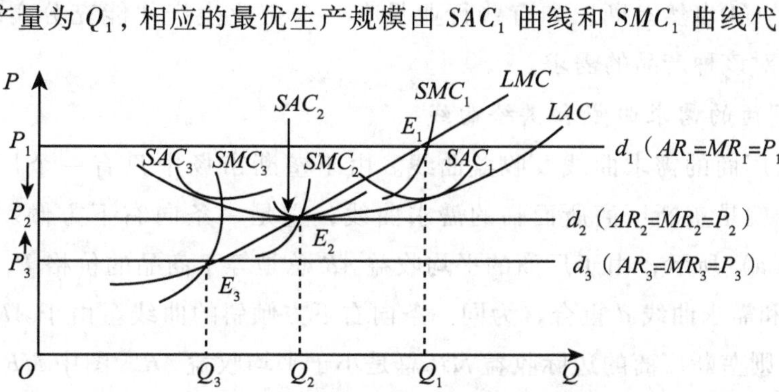


**图 2－1－9 长期生产中厂商进入或退出行业**

获得利润，会吸引一部分厂商进入该行业的生产。而随着行业内厂商数量的逐步增加，市场上的产品供给增加，市场价格逐步下降，单个厂商的利润会逐步减少。当市场价格水平下降到使单个厂商的利润减少为零时，新厂商停止进入。相反，如果市场价格较低，为 $P_3$，厂商根据 $MR = LMC$ 的利润最大化原则选择的产量为 $Q_3$，相应的最优生产规模由 $SAC_3$ 曲线和 $SMC_3$ 曲线代表。此时厂商亏损，行业内原有的部分厂商退出该行业。随着行业内厂商数量的逐步减少，产品供给减少，市场价格逐步上升，单个厂商亏损逐步减少。当市场价格水平上升到使单个厂商的亏损消失即利润为零时，原有厂商停止退出。

图中的 $E_2$ 点是完全竞争厂商的长期均衡点。在厂商的长期均衡点 $E_2$，$LAC$ 曲线达最低点，相应的 $LMC$ 曲线经过该点；厂商的需求曲线 $d_2$ 与 $LAC$ 曲线相切于该点；代表最优生产规模的 $SAC_2$ 曲线与 $d_2$ 曲线和 $LAC$ 曲线相切于该点，相应的 $SMC_2$ 曲线经过该点。完全竞争厂商的长期均衡出现在 $LAC$ 曲线的最低点。这时，生产的平均成本降到长期平均成本的最低点，商品的价格也等于最低的长期平均成本。

我们得到完全竞争厂商的长期均衡条件为：

$$MR = LMC = SMC = LAC = SAC \qquad (2-1-13)$$

式中，$MR = AR = P$。此时，单个厂商的利润为零。

## （二）垄断市场

### 1. 垄断市场的特征

垄断市场是指整个行业中只有唯一的厂商的市场组织。垄断市场的条件主要有三点：①市场上只有唯一的厂商生产和销售商品；②该厂商生产和销售的商品没有任何相近的替代品；③其他任何厂商进入该行业都极为困难或不可能。因此，垄断厂商可以控制和操纵市场价格。

形成垄断的原因主要有：①独家厂商控制了生产某种商品的全部资源或基本资源的供给。②独家厂商拥有生产某种商品的专利权。③政府特许，如铁路运输部门、供水供电部门等。④自然垄断，如有些行业只有一个企业生产才能充分实现规模经济，满足整个市场对该种产品的需求。

### 2. 垄断厂商的需求曲线和供给曲线

（1）垄断厂商的需求曲线及收益曲线。由于垄断市场中只有一个厂商，所以市场的需求曲线就是垄断厂商所面临的需求曲线，它是一条向右下方倾斜的曲线。如图 2-1-10（a）所示，由于厂商的平均收益 $AR$ 总是等于商品的价格 $P$，所以垄断厂商的 $AR$ 曲线和需求曲线 $d$ 重合，为同一条向右下方倾斜的曲线。由于 $AR$ 曲线是向右下方倾斜的，则垄断厂商的边际收益 $MR$ 总是小于平均收益 $AR$，图中 $MR$ 曲线位于 $AR$ 曲线的左下方，且 $MR$ 曲线也向右下方倾斜。在图 2-1-10（b）中，因每一销售量

上的边际收益 $MR$ 值就是相应的总收益 $TR$ 曲线的斜率，所以，当 $MR>0$ 时，$TR$ 曲线的斜率为正；当 $MR<0$ 时，$TR$ 曲线的斜率为负；当 $MR=0$ 时，$TR$ 曲线达到最大值点。

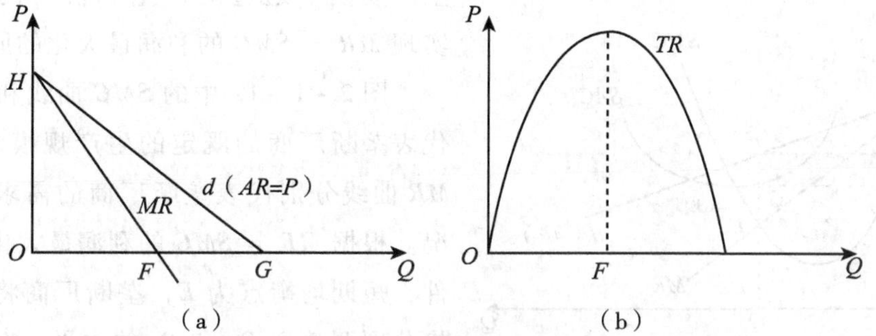


**图 2－1－10　垄断厂商的需求曲线和收益曲线**

（2）垄断厂商的供给曲线。在完全竞争市场理论中，可以从完全竞争厂商的短期边际成本曲线推导出完全竞争厂商的短期供给曲线。但在垄断市场条件下并不存在这种具有规律性的厂商供给曲线。

随着厂商所面临的向右下方倾斜的需求曲线的位置的移动，厂商的价格和产量之间不再必然存在如完全竞争条件下那样的一一对应关系，而是有可能出现一个价格水平对应几个不同的产量水平，或一个产量水平对应几个不同的价格水平的情形。如图 2－1－11（a）所示同一个价格水平 $P_1=P_2$ 对应不同的产量 $Q_1$ 和 $Q_2$，而图 2－1－11（b）中则是同一产量 $Q_1=Q_2$ 对应的是不同的价格 $P_1$ 和 $P_2$。

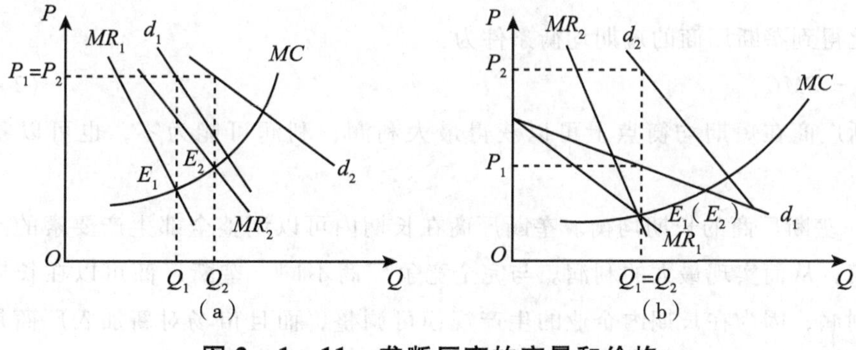


**图 2－1－11　垄断厂商的产量和价格**

由此可以得到一般性结论：凡是在或多或少的程度上带有垄断因素的不完全竞争市场中，或者说，凡是单个厂商对市场价格具有一定的控制力量，相应地，单个厂商的需求曲线向右下方倾斜的市场中，是不存在具有规律性的厂商和行业的短期和长期供给曲线的。该结论也适用于垄断竞争市场和寡头市场，即不存在垄断竞争厂商和寡头厂商的供给曲线。

3. 垄断厂商的短期和长期均衡

（1）垄断厂商的短期均衡。垄断厂商为了获得最大的利润，也必须遵循 $MR = MC$ 的原则。在短期内，垄断厂商无法改变固定要素投入量，垄断厂商是在既定的生产规模下通过对产量和价格的调整，来实现 $MR = SMC$ 的利润最大化的原则。

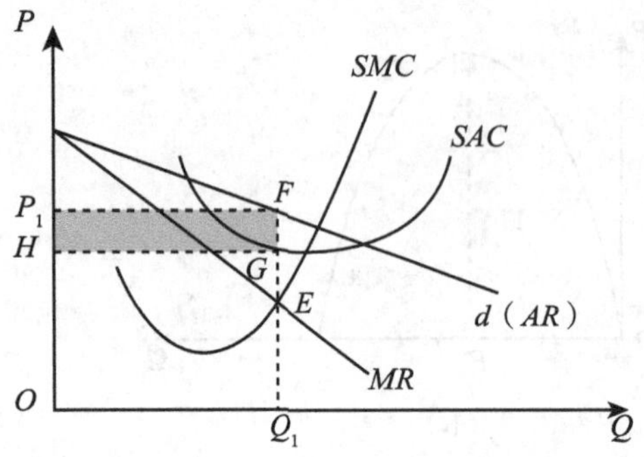


**图 2－1－12　垄断厂商的短期均衡**

图 2－1－12 中的 $SMC$ 曲线和 $SAC$ 曲线代表垄断厂商的既定的生产规模，$d$ 曲线和 $MR$ 曲线分别代表垄断厂商的需求和收益状况。根据 $MR = SMC$ 的利润最大化的均衡条件，短期均衡点为 $E$，垄断厂商将产量和价格分别调整到 $Q_1$ 和 $P_1$ 的水平。在短期均衡产量 $Q_1$ 上，垄断厂商的平均收益为 $FQ_1$，平均成本为 $GQ_1$，平均收益大于平均成本，垄断厂商获得利润。单位产品的平均利润为 $FG$，总利润量相当于图中阴影部分面积。

垄断厂商在 $MR = SMC$ 的短期均衡点上，可以获得最大的利润，也可能是亏损的（尽管亏损额是最小的）。造成垄断厂商短期亏损的原因，可能是既定的生产规模的成本过高（表现为相应的成本曲线的位置过高），也可能是垄断厂商所面临的市场需求过小（表现为相应的需求曲线的位置过低）。

与完全竞争厂商相同，在短期生产亏损的情况下，若 $AR > AVC$，垄断厂商继续生产；若 $AR < AVC$，垄断厂商停止生产；若 $AR = AVC$，垄断厂商则认为生产和不生产都一样。

由此得到垄断厂商的短期均衡条件为：

$$MR = SMC \tag{2-1-14}$$

垄断厂商在短期均衡点上可以获得最大利润，利润可能为零，也可以蒙受最小亏损。

（2）垄断厂商的长期均衡。垄断厂商在长期内可以调整全部生产要素的投入量即生产规模，从而实现最大的利润。与完全竞争厂商不同，垄断厂商可以在长期内获得更大的利润，因为在长期内企业的生产规模可调整，而且市场对新加入厂商是完全关闭的。

垄断厂商的长期均衡条件为：

$$MR = LMC = SMC \tag{2-1-15}$$

垄断厂商在长期均衡点上一般可以获得利润。

由于垄断厂商所面临的需求曲线就是市场的需求曲线，垄断厂商的供给量就是全行业的供给量，所以垄断厂商的短期和长期的均衡价格与均衡产量的决定，就是垄断市场的短期和长期的均衡价格与均衡产量的决定。

(3) 价格歧视。有些情况下，垄断厂商会对同一种产品收取不同的价格，这种做法往往会增加垄断厂商的利润。以不同价格销售同一种产品，被称为价格歧视。

垄断厂商实行价格歧视，必须具备以下基本条件：

①市场的消费者具有不同的偏好，且这些不同的偏好可以被区分。这样，厂商才有可能对不同的消费者或消费群体收取不同的价格。

②不同的消费群体或不同的销售市场相互隔离。这样就排除了中间商在低价处买进商品，转手在高价处出售商品而从中获利的情况。

价格歧视可以分为一级、二级和三级。

一级价格歧视：厂商对每一单位产品都按消费者所愿意支付的最高价格出售。

二级价格歧视：垄断厂商对不同消费数量段规定不同的价格。

三级价格歧视：垄断厂商对同一种产品在不同的市场上（或对不同的消费群体）收取不同的价格。

### （三）垄断竞争市场

#### 1. 垄断竞争市场的特征

垄断竞争市场中有许多厂商生产和销售有差别的同种产品。在垄断竞争市场理论中，把市场上大量的生产非常接近的同种产品的厂商的总和称作生产集团。例如，汽车加油站集团、快餐食品集团等。

垄断竞争市场的条件主要有以下三点：

①生产集团内有大量的企业生产有差别的同种产品，这些产品彼此都是非常接近的替代品。

②一个生产集团中的企业数量非常多，每个厂商都认为自己行为的影响很小，不会引起竞争对手的注意和反应，因而自己也不会受到竞争对手的任何报复措施的影响。

③厂商的生产规模比较小，因此，进入和退出一个生产集团较为容易。

#### 2. 垄断竞争厂商的需求曲线

因垄断竞争厂商可以在一定程度上控制自己产品的价格，即通过改变自己所生产的有差别的产品的销售量来影响商品的价格，所以如同垄断厂商一样，垄断竞争厂商所面临的需求曲线也是向右下方倾斜的。由于各垄断竞争厂商的产品相互之间都是很接近的替代品，市场中的竞争因素又使得垄断竞争厂商的需求曲线有较大的弹性，因此，垄断竞争厂商向右下方倾斜的需求曲线是比较平坦的，比较接近完全竞争厂商的水平形状的需求曲线。

垄断竞争厂商所面临的需求曲线有两种，分为 $d$ 需求曲线和 $D$ 需求曲线。如图 2－1－13 所示，$d$ 需求曲线表示：在垄断竞争生产集团内的某个厂商改变产品价格，而其他厂商的产品价格都保持不变时，该厂商的产品价格和销售量之间的关系，也被称为主观需求曲线或预期需求曲线。假定某垄断竞争厂商开始时处于价格为 $P_1$ 和产量为 $Q_1$ 的 $A$ 点，它想通过降价来增加自己的销售量。该厂商认为其他厂商不会对其降价行为作出反应，随着它的商品价格从 $P_1$ 下降到 $P_2$，销量将沿着 $d_1$ 需求曲线由 $Q_1$ 增加为 $Q_2$，即由 $A$ 点运动到 $B$ 点。

$D$ 需求曲线表示：在垄断竞争生产集团内的某个厂商改变产品价格，而集团内的其他所有厂商也使产品价格发生相同变化时，该厂商的产品价格和销售量之间的关系，也被称为实际需求曲线或份额需求曲线。如果某垄断竞争厂商将价格从 $P_1$ 下降到 $P_2$，集团内所有其他厂商也做相同的降价，于是该厂商的实际销量是 $D$ 需求曲线上的 $Q_3$，$Q_3$ 小于它预期销量 $Q_2$ 是因为其他厂商的消费者没有被吸引过来，每个厂商销量的增加仅来自整个市场价格的下降，该厂商降价的结果是使自己的销量由 $A$ 点运动到 $H$ 点。

$d$ 需求曲线和 $D$ 需求曲线的一般关系：①当垄断竞争生产集团内的所有厂商都以相同方式改变产品价格时，整个市场价格的变化会使得单个垄断竞争厂商的 $d$ 需求曲线的位置沿着 $D$ 需求曲线发生平移。② $d$ 需求曲线和 $D$ 需求曲线相交意味着垄断竞争市场供求相等。③ $d$ 需求曲线的弹性大于 $D$ 需求曲线的弹性。

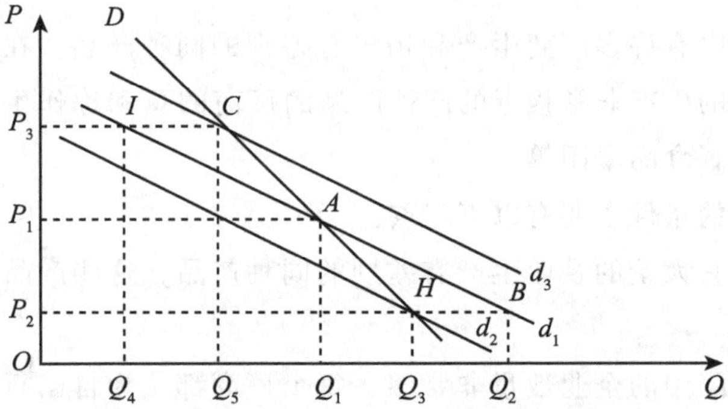


**图 2－1－13　垄断竞争厂商的需求曲线**

3. 垄断竞争厂商的短期和长期均衡

（1）垄断竞争厂商的短期均衡。短期内，垄断竞争厂商在现有的生产规模下通过对产量和价格的调整，来实现 $MR = SMC$ 的均衡条件。如图 2－1－14 中，代表性企业连续调整价格最终使得 $d$ 曲线和 $D$ 曲线的交点 $H$ 上的产量和价格，恰好是 $MR = SMC$ 时的均衡点 $E$ 所要求的产量 $Q$ 和价格 $P$。此时企业实现了短期均衡，并获得了利润，其利润量相当于图中的阴影部分面积。垄断竞争厂商在短期均衡点上并非一定能获得最大的利润，也可能是蒙受最小的亏损。这取决于均衡价格是高于还是低于 $SAC$。在企业亏损时，只要均衡价格高于 $AVC$，企业在短期内总是继续生产；只要均衡价格低于 $AVC$，企业在短期内就会停产。

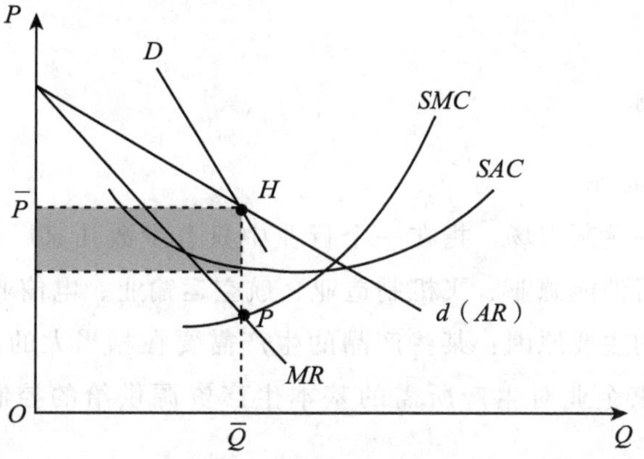


**图 2－1－14　垄断竞争市场代表性企业的短期均衡**

垄断竞争厂商短期均衡的条件为：

$$MR = SMC \tag{2-1-16}$$

在短期均衡的产量上，必定存在一个 $d$ 曲线和 $D$ 曲线的交点，它意味着市场上供求相等。此时，垄断竞争厂商可能获得最大利润，可能利润为零，也可能蒙受最小亏损。

（2）垄断竞争厂商的长期均衡。在长期，垄断竞争厂商可以调整生产规模，甚至加入或退出生产集团，因此垄断竞争厂商在长期均衡时的利润必定为零。

在垄断竞争厂商的长期均衡产量上，$d$ 需求曲线必定与 $LAC$ 曲线相切。简单地看，这些情况与完全竞争厂商相似。但由于垄断竞争厂商面临的是两条向右下方倾斜的需求曲线，因此垄断竞争厂商的长期均衡的实现过程及其状态具有自身的特点。如图 2－1－15 所示。在代表性企业的长期均衡产量 $\overline{Q}$ 上，$SAC_1$ 曲线和 $SMC_1$ 曲线表示生产 $\overline{Q}$ 产量的最优生产规模；$MR$ 曲线、$LMC$ 曲线和 $SMC_1$ 曲线相交于同一均衡点 $E_1$，即有 $MR = LMC = SMC$；$d$ 曲线与 $LAC$ 曲线相切于 $LAC$ 曲线与 $SAC_1$ 曲线的切点 $J$，即有 $AR = LAC = SAC$，厂商的利润为零；$D$ 曲线与 $d$ 曲线也相交于 $J$ 点，意味着市场上的供求相等。

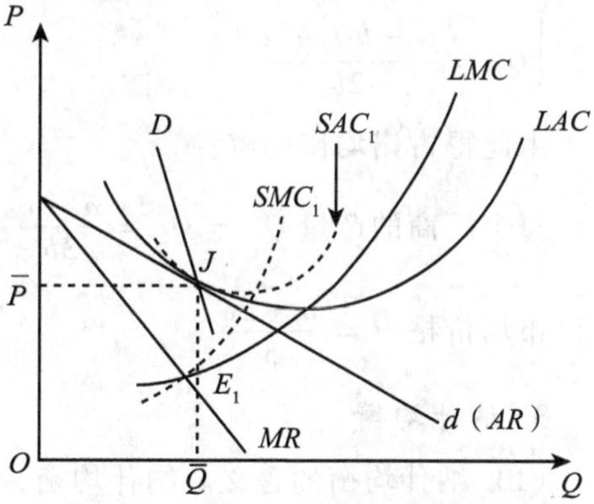


**图 2－1－15　垄断竞争市场代表性企业的长期均衡**

垄断竞争厂商的长期均衡条件为：

$$MR = LMC = SMC \tag{2-1-17}$$

$$AR = LAC = SAC \tag{2-1-18}$$

在长期均衡的产量上，垄断竞争厂商的利润为零，且存在一个 $d$ 需求曲线和 $D$ 需求曲线的交点。

### （四）寡头市场

1. 寡头市场的特征

寡头市场亦寡头垄断市场，指在一个行业中只有少数几家厂商控制产品生产和销售的市场组织，如石油能源业、飞机制造业、航空运输业、电信业等。

形成寡头市场的主要原因：某些产品的生产需要在相当大的产量水平上才能实现规模经济；少数几家企业对生产所需的基本生产资源供给的控制；政府的扶植和支持等。

2. 古诺模型

法国经济学家古诺于 1838 年提出了关于两个寡头厂商的产量竞争模型，分析了寡头厂商的产量决策行为及其均衡的基本特征。

在古诺模型的一般分析中，通常令市场的线性反需求函数为 $P = a - b \cdot Q$；厂商的成本函数为 $C_i = c \cdot Q_i$，$i = 1、2$，即两厂商的边际成本均恒等于 $c$，且固定成本均为零；其中，常数 $a$、$b$、$c > 0$，$a > c$。

于是，两厂商的反应函数方程组为：

$$\begin{cases} Q_1 = \dfrac{a - bQ_2 - c}{2b} \\ Q_2 = \dfrac{a - bQ_1 - c}{2b} \end{cases} \tag{2-1-19}$$

由此得古诺均衡的解：

每个厂商的产量 $Q_1 = Q_2 = \dfrac{a - c}{3b}$　　行业总产量 $Q = \dfrac{2(a - c)}{3b}$

市场价格 $P = \dfrac{a + 2c}{3}$　　每个厂商的利润 $\pi_1 = \pi_2 = \dfrac{(a - c)^2}{9b}$

3. 纳什均衡

（1）纳什均衡的含义。纳什均衡，又称为非合作博弈均衡，是指任何参与人单独改变策略都不会得到好处的一种策略组合。也就是说，当所有其他人都不改变策略时，没有人会改变自己的策略，则该组合就是一个纳什均衡。

（2）囚徒困境。囚徒困境是纳什均衡的一个经典案例。假设有两个罪犯分别为 $A$ 和 $B$，警察有足够的证据证明 $A$ 和 $B$ 犯有盗窃的轻罪，每人都要被判 1 年徒刑。警察还怀疑这两名罪犯犯有合伙抢劫银行的重罪，但缺乏有力证据。警察分别审问 $A$ 和 $B$，且向他们每个人提出以下交易：现在你要被关 1 年。如果你承认银行抢劫案，并供出同伙，你就可以得到自由，你的同伙将在狱中度过 15 年。但如果你们两人都承认罪行，你们每人都要判 5 年徒刑。

如图 2-1-16 所示，如果 *A* 和 *B* 是银行抢劫犯，只关心自己的刑期，每个人都有两种策略：坦白与保持沉默。他们每个人的刑期都既取决于他所选择的策略，也取决于他的犯罪同伙所选择的策略。

| | | *A*的决策 | |
|---|---|---|---|
| | | 坦白 | 保持沉默 |
| *B*的决策 | 坦白 | *A*被判5年<br>*B*被判5年 | *A*被判15年<br>*B*获得自由 |
| | 保持沉默 | *A*获得自由<br>*B*被判15年 | *A*被判1年<br>*B*被判1年 |

**图 2-1-16　垄断竞争市场代表性企业的长期均衡**

显然最好的策略是双方都抵赖，结果是大家都只被判 1 年。但是由于两人处于隔离的状态，当事双方都会怀疑对方会出卖自己以求自保，且假设每个人都是理性的经济人，都会从利己的目的出发进行选择。

首先考虑 *A* 的决策。他会推理如下：我不知道 *B* 将会怎么做。如果他保持沉默，那么我最好的策略是坦白，因为我将得到自由而不是在狱中待 1 年。如果他坦白，我最好的策略仍然是坦白，因为这样我将在狱中待 5 年而不是 15 年。因此，无论 *B* 怎么做，我选择坦白都会更好些。

无论其他参与者采取什么策略，某一策略都是一个参与者可以采取的最好的策略，那么该策略被称为占优策略。在该例中，坦白是 *A* 的占优策略。*B* 面临着和 *A* 同样的选择，且他的推理也与 *A* 相似，坦白也是 *B* 的占优策略。因此，（坦白，坦白）是该例的一个纳什均衡。

## 三、一般均衡和福利经济学

### （一）一般均衡

局部均衡分析研究的是单个（产品或要素）市场。在该研究中，商品的需求和供给仅被看成是其本身价格的函数，其他商品的价格被假定不变。结论是该市场的需求和供给曲线共同决定了市场的均衡价格和均衡数量。

而在一般均衡分析中，每一商品的需求和供给都不仅取决于该商品本身的价格，而且取决于所有其他商品（如替代品和互补品）的价格。每一商品的价格都不能单独地决定，而必须和其他商品价格联合决定。当整个经济的价格体系恰好使所有商品都供求相等时，市场就达到了一般均衡。最初是法国经济学家里昂·瓦尔拉斯认识到一般均衡问题的重要性，后来西方经济学家在严格的假设条件下证明一般均衡体系存在均衡解，且可以处于稳定状态，同时满足经济效率的要求。

## （二）帕累托最优

### 1. 帕累托最优的含义

我们对资源配置状态的任意变化作出好与坏的判断，如果既定的资源配置状态的改变使得至少有一个人的境况变好，而没有使任何人的境况变坏，则认为这种资源配置状态的变化是好的；否则认为是坏的。以帕累托标准来衡量为好的状态改变被称为帕累托改进。

如果对于某种既定的资源配置状态，所有的帕累托改进均不存在，即在该状态下，任意改变都不可能使至少一个人的境况变好而又不使任何人的境况变坏，则称这种资源配置状态为帕累托最优状态，又被称作经济效率。

### 2. 生产、交换的帕累托最优条件

达到帕累托最优状态所必须满足的条件被称为帕累托最优条件，包括交换的最优条件、生产的最优条件以及交换和生产的最优条件。

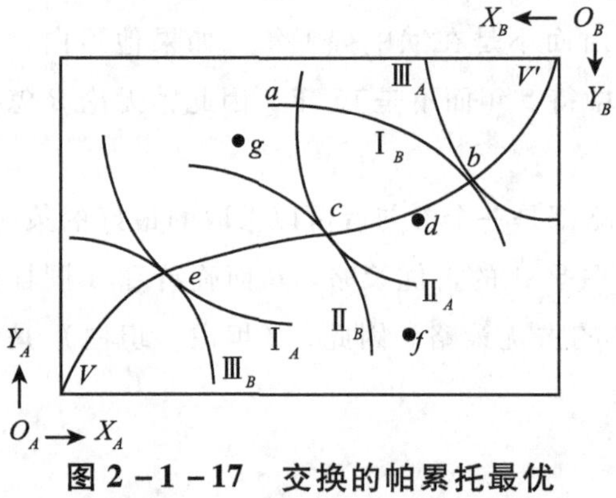


**图 2－1－17　交换的帕累托最优**

（1）交换的最优条件。假定两种产品分别为 $X$ 和 $Y$，其既定数量为 $\bar{X}$ 和 $\bar{Y}$，两个消费者分别为 $A$ 和 $B$。下面用埃奇渥斯盒状图来分析这两种产品在两个消费者之间的分配。如图 2－1－17，盒子的水平长度表示整个经济中第一种产品 $X$ 的数量 $\bar{X}$，盒子的垂直高度表示第二种产品 $Y$ 的数量 $\bar{Y}$，$O_A$ 为第一个消费者 $A$ 的原点，$O_B$ 为第二个消费者 $B$ 的原点。从 $O_A$ 水平向右测量消费者 $A$ 对第一种产品 $X$ 的消费量 $X_A$，垂直向上测量他对第二种产品 $Y$ 的消费量 $Y_A$；从 $O_B$ 水平向左测量消费者 $B$ 对第一种产品 $X$ 的消费量 $X_B$，垂直向下测量他对第二种产品 $Y$ 的消费量 $Y_B$。

在埃奇渥斯盒状图中加入每个消费者的无差异曲线，由于 $O_A$ 是消费者 $A$ 的原点，故 $A$ 的无差异曲线向右下方倾斜且向 $O_A$ 点凸出。图中 $Ⅰ_A$、$Ⅱ_A$ 和 $Ⅲ_A$ 是消费者 $A$ 三条代表性无差异曲线。其中，$Ⅰ_A$ 代表较低的效用水平，而 $Ⅲ_A$ 代表较高的效用水平。$O_B$ 是消费者 $B$ 的原点，$Ⅰ_B$、$Ⅱ_B$ 和 $Ⅲ_B$ 是消费者 $B$ 的三条代表性无差异曲线。

图 2－1－17 中所有无差异曲线的切点的轨迹构成曲线 $VV'$，叫作交换的契约曲线（效率曲线），它表示两种产品在两个消费者之间的所有最优分配（帕累托最优状态）的集合。

从交换的帕累托最优状态可以得到交换的帕累托最优条件。交换的帕累托最优状

态是无差异曲线的切点，而无差异曲线的切点的条件是在该点上两条无差异曲线的斜率相等。

对于消费者 $A$ 和 $B$ 来说，$X$ 代替 $Y$ 的边际替代率分别用 $MRS_{XY}^{A}$ 和 $MRS_{XY}^{B}$ 来表示，则交换的帕累托最优状态条件的公式为：

$$MRS_{XY}^{A} = MRS_{XY}^{B} \tag{2-1-20}$$

（2）生产的最优条件。与上文相似，生产的帕累托最优要研究两种既定数量的要素在两个生产者之间的分配情况。假定这两种要素分别为 $L$ 和 $K$，其既定数量为 $\bar{L}$ 和 $\bar{K}$，两个生产者分别为 $C$ 和 $D$。如图 2－1－18，加入每个生产者的等产量曲线 $Ⅰ_C$、$Ⅱ_C$、$Ⅲ_C$ 和 $Ⅰ_D$、$Ⅱ_D$、$Ⅲ_D$，要素 $L$ 和 $K$ 在生产者 $C$ 和 $D$ 之间的分配状况也可用埃奇渥斯盒状图来表示。

所有等产量曲线的切点的轨迹构成曲线 $qq'$ 叫作生产的契约曲线（效率曲线），它表示两种要素在两个生产者之间的所有最优分配（帕累托最优）状态的集合。

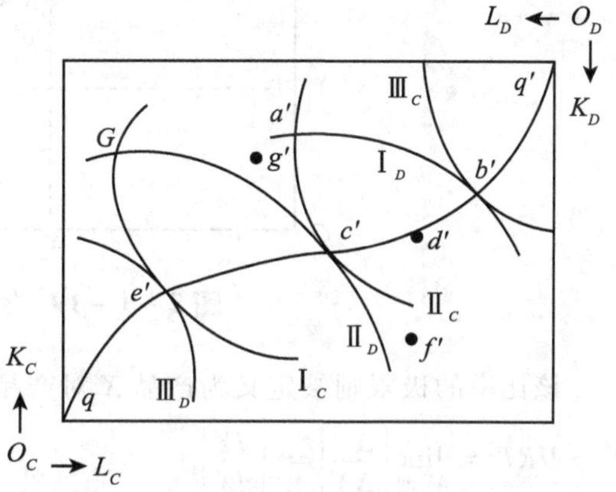


**图 2－1－18　生产的帕累托最优**

从生产的帕累托最优状态可以得到生产的帕累托最优条件。生产的帕累托最优状态是等产量曲线的切点，而等产量曲线的切点的条件是在该点上两条等产量曲线的斜率相等。

对于生产者 $C$ 和 $D$ 来说，$L$ 代替 $K$ 的边际技术替代率分别用 $MRTS_{LK}^{C}$ 和 $MRTS_{LK}^{D}$ 来表示，则生产的帕累托最优状态条件的公式为：

$$MRTS_{LK}^{C} = MRTS_{LK}^{D} \tag{2-1-21}$$

（3）交换和生产的最优条件。交换和生产的帕累托最优条件不是将两个最优条件简单并立，为了把交换和生产结合在一起论述，首先需要将假定合并，即假定整个经济只包括两个消费者 $A$ 和 $B$，他们在两种产品 $X$ 和 $Y$ 之间进行消费选择，另外只包括两个生产者 $C$ 和 $D$，他们在两种要素 $L$ 和 $K$ 之间进行选择以生产两种产品 $X$ 和 $Y$，假定 $C$ 生产 $X$，$D$ 生产 $Y$。假定消费者的效用函数即无差异曲线簇为给定不变，生产者的生产函数即等产量曲线簇为给定不变。

遍取生产契约曲线 $qq'$ 上的每一点，可得到相应的所有最优产出量。在图 2－1－19 中，横轴表示最优产出量中 $X$ 的数量，纵轴表示最优产出量中 $Y$ 的数量，画出生产可能性曲线（产品转换曲线）$PP'$。

生产可能性曲线有两个特点：①向右下方倾斜，表示一种产品产出的增加必然伴随着另一种产品产出的减少，即在最优产出量中，两种最优产出的变化是相反的。如

图2-1-19中，从$E''$点移动到$C''$点，$X$的产出增加而$Y$的产出减少，如果假设产出$X$的变动量为$\Delta X(X_1-X_2)$，产出$Y$的变动量为$\Delta Y(Y_1-Y_2)$，则它们的比率的绝对值$|\Delta Y/\Delta X|$可以衡量1单位产品$X$转换为产品$Y$的比率。

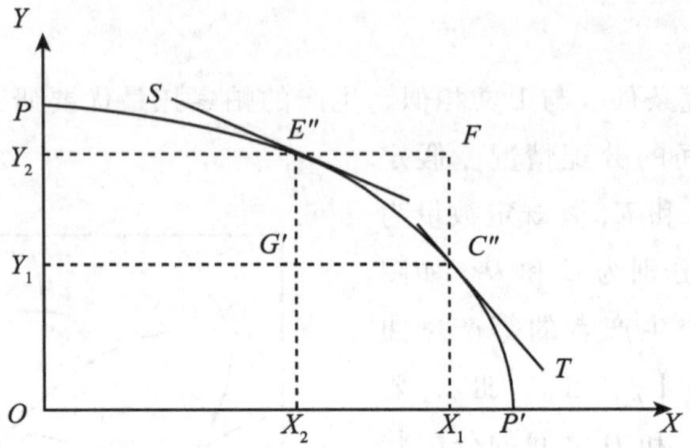


**图2-1-19　生产可能性曲线**

该比率的极限则被定义为产品$X$对产品$Y$的边际转换率（$MRT$）：

$$MRT=\lim_{\Delta X\to 0}\left|\frac{\Delta Y}{\Delta X}\right|=\left|\frac{dY}{dX}\right| \quad (2-1-22)$$

产品的边际转换率就是生产可能性曲线的斜率的绝对值。

②向右上方凸出，即产品的边际转换率递增，原因在于要素的边际报酬递减。

交换契约曲线为$VV'$，生产可能性曲线为$PP'$，生产和交换的帕累托最优条件为：

$$MRS_{XY}=MRT_{XY} \quad (2-1-23)$$

即产品的边际替代率等于边际转换率。例如在图2-1-20中的交换契约曲线上$e$点的边际替代率与生产可能性曲线上$B$点的边际转换率相等，因为过$e$点的无差异曲线的切线$T'$与过$B$点的生产可能性曲线的切线$S$刚好平行。因此，$e$点满足生产和交换的帕累托最优条件。

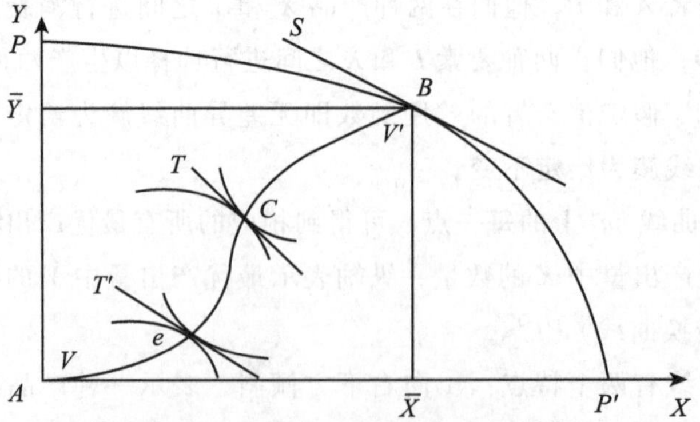


**图2-1-20　生产和交换的最优**

## （三）社会福利函数

### 1. 效用可能性曲线

由于在最优效用水平组合中，两个消费者的效用水平反方向变化，故他们之间的关系可以用图 2－1－21 中向右下方倾斜的一条曲线 $UU'$ 来表示。图中横轴 $U_A$ 代表消费者 $A$ 的效用水平，纵轴 $U_B$ 代表消费 $B$ 的效用水平。曲线 $UU'$ 被称为效用可能性曲线。它代表消费者所有最优效用水平组合的集合，即在一个消费者的效用水平给定之后，另一个消费者所可能达到的最大效用水平。

除了效用可能性曲线向右下方倾斜这一性质之外，无法知道更多的其他性质，如位置及凹/凸性等。由于效用水平的高低本来就是一个序数概念，而不能用基数来测量，故用来表示效用水平的数值是随意的——只要我们用大的数字代表较大的效用即可。在图 2－1－21 中，效用可能性曲线 $UU'$ 的位置和凹/凸性都是随意的。

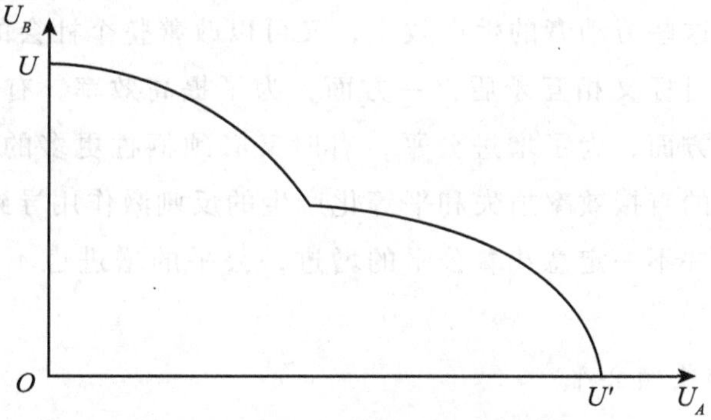


**图 2－1－21 效用可能性曲线**

### 2. 社会福利函数和最大社会福利

社会福利函数是社会中所有个人的效用水平的函数。在假设的两人社会中，社会福利函数 $W$ 可以写成：

$$W = W(U_A, U_B) \tag{2-1-24}$$

通过上式，可以由一个效用水平组合（$U_A, U_B$）求得一个社会福利水平。如果我们固定社会福利水平为某个值，例如令 $W = W_1$，则社会福利函数成为：

$$W_1 = W(U_A, U_B) \tag{2-1-25}$$

图 2－1－22 中，最大社会福利显然在效用可能性曲线 $UU'$ 和社会无差异曲线 $W_2$ 的切点 $e$ 上达到。这一点被称作限制条件下的最大满足点。这是能导致最大社会福利的生产和交换的唯一点。限制条件是指它要受到既定的生产资源和生产技术条件等的限制。

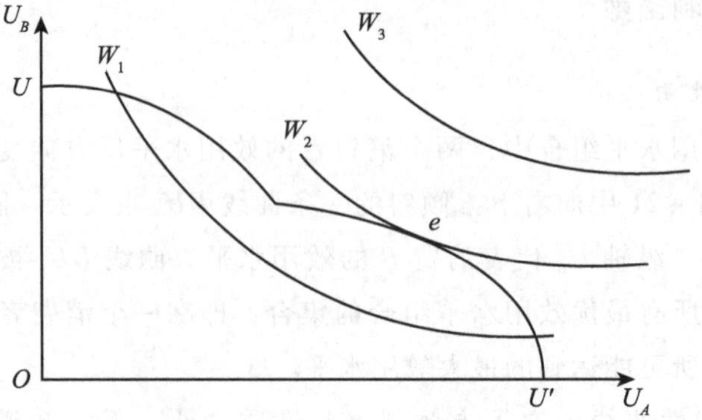


**图 2-1-22 最大社会福利**

**（四）效率与公平**

1. 效率与公平的矛盾

效率与公平这两个目标有时是相互促进的。例如，加强对低收入劳动者的教育和培训既可以提高这些劳动者的生产效率，又可以改善整个社会的收入分配。然而，很多情况下这两个目标又相互矛盾：一方面，为了提高效率，有时必须忍受更大程度的不平等；另一方面，为了增进公平，有时又必须牺牲更多的效率，包括为收入转移消耗资源导致的直接效率损失和平等化产生的反刺激作用导致的间接效率损失。因此，效率的提高并不一定意味着公平的增进，公平的增进也不一定有利于效率的提高。

2. 效率优先和兼顾公平

解决效率与公平之间矛盾的一个较为普遍的思路是效率优先、兼顾公平。效率优先是要让市场机制在收入分配领域充分发挥作用，即要让市场的供求关系决定各种生产要素的价格和收入的分配，承认一切合法和合理的差别（包括“天赋”“努力”等因素造成的差别），并把这些差别与结果联系起来。在坚持效率优先的条件下兼顾公平，需要做好多方面工作，如减少和消除不合理的收入，促进机会均等，限制某些行业、某些个人的垄断性收入，实现生存权利和消灭贫穷等。

## 四、市场失灵和微观经济政策

在完全竞争市场经济的一系列理想化假设条件下，“看不见的手”使整个经济达到一般均衡，资源配置达到帕累托最优状态。而现实存在很多场合不能形成资源的有效配置，被称为市场失灵。市场失灵的情况包括不完全竞争、外部影响、公共物品和公共资源、不完全信息。

## （一）不完全竞争

要使资源配置达到帕累托最优状态，必要条件之一是完全竞争。在不完全竞争的情况下市场就会失灵，且市场偏离完全竞争的程度越大，失灵的程度越大。

1. 垄断与低效率

考虑某代表性垄断厂商的利润最大化情况，如图 2－1－23，该垄断厂商的利润最大化状况并没有达到帕累托最优状态。在利润最大化产量 $q_m$ 上，价格 $P_m$ 高于边际成本 $MC$，表明消费者愿意为增加额外一单位产量支付的价格超过了生产该单位产量所引起的成本。因此存在帕累托改进的空间。

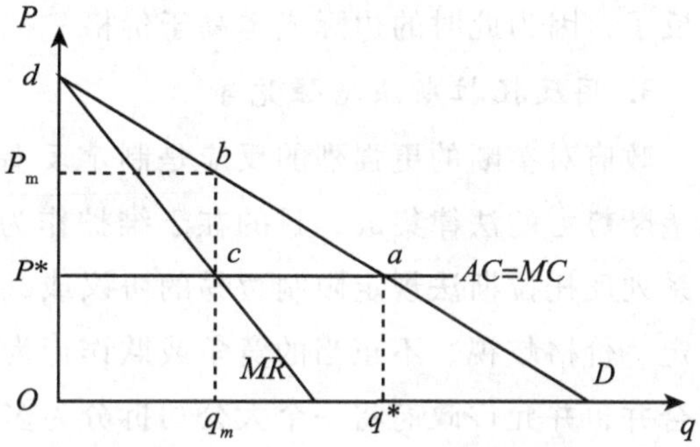


图 2－1－23　垄断和低效率

垄断产量和垄断价格不满足帕累托最优条件，而在 $q^*$ 的产量水平上，需求曲线与边际成本曲线相交，即消费者对额外一单位产量的支付价格等于生产该额外产量的成本，为帕累托最优产出。

如果垄断厂商同意生产产量 $q^*$，并在等于边际成本的价格 $P^*$ 上出售该产量，那么垄断厂商的利润下降了 $(P_m-P^*)q_m$。为了弥补其损失，消费者之间达成协议，共同给予垄断厂商至少等于该损失的一揽子支付，而消费者的福利与垄断条件下的情况相比仍然有所改善，因为垄断厂商将价格从 $P_m$ 降到 $P^*$ 给消费者带来的全部好处（消费者剩余）为 $P_mbaP^*$ 区域的面积，超过了垄断厂商的利润损失部分 $(P_m-P^*)q_m$。超过的部分为 $abc$ 区域的面积，这个收益可以在垄断厂商和消费者之间进行适当分配，使双方都得到好处。现实中，均衡产量不位于帕累托最优水平 $q^*$ 的原因在于，垄断厂商和消费者之间以及消费者本身之间难以达成相互满意的一致意见。

2. 对垄断的公共管制

图 2－1－24 中，在没有管制的条件下，垄断厂商生产其利润最大化产量 $q_m$ 并以此确定垄断价格 $P_m$。这种垄断均衡一方面缺乏效率，因为在垄断产量 $q_m$ 上，价格高于边际成本；另一方面缺乏公平，因为在 $q_m$ 上，垄断厂商获得了超额垄断利润，即经济利润不等于 0，或者说全部利润大于正常利润。

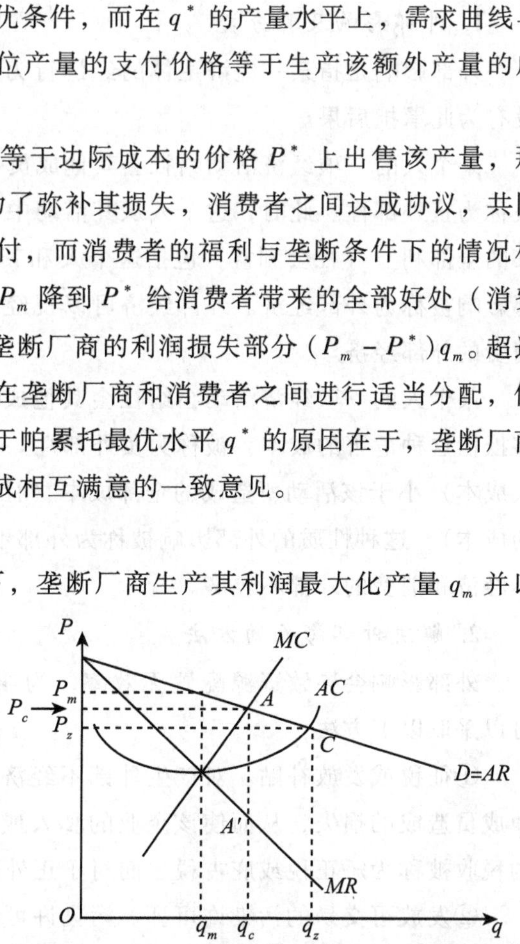


图 2－1－24　对垄断的管制：递增成本

现在考虑政府的价格管制。如果政府的目标是提高效率，则政府应当将价

格定在 $P_c$ 的水平上，此时价格恰好等于边际成本，实现了帕累托最优；垄断厂商仍然可以得到一部分经济利润，即平均收益 $P_c$ 超过平均成本 $AC$ 的部分。如果政府想制定一个更低的公平价格以消除经济利润，则价格为 $P_z$ 时，平均收益刚好等于平均成本，因此 $P_z$ 可被称为零经济利润价格。但是在零经济利润价格水平上，帕累托最优条件被违反了，因为此时的边际成本高于价格。

3. 用反托拉斯法增强竞争

政府对垄断的更强烈的反应是制定反垄断法或反托拉斯法。反托拉斯法是旨在遏制垄断势力的法律集成，目的在于维护作为贸易规则的自由和不受干预的竞争。美国一系列反托拉斯法规定限制贸易的协议或共谋、垄断或企图垄断市场、兼并、排他性规定、价格歧视、不正当的竞争或欺诈行为等都是非法的。这些法律允许政府阻止企业合并，并允许政府将一个大公司拆分为多个小公司。

### （二）外部影响

1. 外部影响及其分类

外部影响是指某一经济主体的经济行为对社会上其他人的福利造成了影响，但并没有为此承担后果。

某个人的一项经济活动给社会其他成员带来好处，但他自己却不能由此得到补偿，被称为正外部性。此时，这个人从其活动中得到的利益（私人利益）小于该活动所带来的全部利益（社会利益，包括这个人和其他所有人所得到的利益）。这种性质的外部影响被称为外部经济。外部经济可以视经济活动主体的不同分为生产的外部经济和消费的外部经济。

某个人的一项经济活动会给社会其他成员带来危害，但他自己却并不为此支付足够抵偿这种危害的成本，被称为负外部性。此时，这个人为其活动所付出的成本（私人成本）小于该活动所造成的全部成本（社会成本，包括这个人和其他所有人所付出的成本）。这种性质的外部影响被称为外部不经济。外部不经济也可以分为生产的外部不经济和消费的外部不经济。

2. 解决外部影响的方法

外部影响会导致资源配置无效率，为纠正资源配置失当，应当将外部性内部化，可以采取以下方法：

①征税或发放补贴。对产生外部不经济的企业征税，其数额等于该企业给社会其他成员造成的损失，从而使该企业的私人成本等于社会成本。用于矫正负外部性影响的税收被称为矫正税或庇古税。而对于正外部性提供补贴，使私人利益等于社会利益。

②发放可交易的污染许可证。污染许可证的初始分配不重要，因为基于支付意愿，它最终会被分配到那些对其评价最高的企业手中。而一个企业减少污染的成本越高，

它对许可证的支付意愿越高。允许污染许可证市场存在，将会以最小的代价减少污染，最终资源配置是有效的。

③规定产权，签订合约。科斯定理说明，如果产权是完全确定的并得到充分保障，在交易成本为零的条件下，相关方总能达成协议来解决外部性问题并有效地配置资源。

### （三）公共物品和公共资源

1. 排他性与竞用性

私人物品具有两个鲜明特点。第一是排他性，只有对商品支付价格的人才能够使用该商品；第二是竞用性，如果某人已经使用了某个商品（如某一火车座位），其他人就不能再同时使用该商品（见表2－1－4）。

**表2－1－4　　物品的性质和分类**

| 竞用性 / 排他性 | 有 | 无 |
| --- | --- | --- |
| 有 | 私人物品 | 俱乐部物品 |
| 无 | 公共资源 | 公共物品 |

通常把国防这类既不具有排他性也不具有竞用性的物品叫作公共物品，而把海鱼这类不具有排他性但却具有竞用性的物品叫作公共资源。公共物品和公共资源可以被看成是外部影响造成市场机制失灵的两个特殊例子。

消费者在享用公共物品时都想当搭便车者，不支付成本就得到利益。市场本身提供的公共物品通常低于最优数量，即市场机制分配给公共物品生产的资源常常不足。而公共资源由于其具备的非排他性和竞用性特征，很可能会被过度使用，从而造成灾难性后果。

2. 公共选择理论

公共选择理论所研究的与政府行为有关的集体选择问题，也可以用来解决公共物品和公共资源导致的市场失灵。集体选择是指所有的参加者都依据一定的规则通过相互协商来确定集体行动方案的过程。

（1）集体选择的规则。

①一致同意规则。一个集体行动方案只有在所有参加者都认可的情况下才能够实施。这里的认可意味着赞成或至少不反对。

②多数规则。一个集体行动方案必须得到所有参加者中的多数认可才能够实施。这里的多数可以是简单多数，即超过总数的一半，也可以是占例多数，如达到总数的2/3以上。

③加权规则。一个集体行动方案对不同的参加者会有不同的重要性。可以按照重要性的不同，给参加者的意愿加权，即分配选举的票数，通过赞成票数而非人数来决定方案。

④否决规则。首先汇总行动方案，再让每个成员从中否决自己所反对的方案，最后剩下的方案就是所有成员都可以接受的集体选择结果。如果有不止一个方案留下来，就再借助其他投票规则来选择。

（2）如何确定最优的集体选择规则：

①成本模型。任何一个集体选择规则都存在两类成本：一类是决策成本，是指在该规则下通过某项集体行动方案所花费的时间与精力；另一类是外在成本，指在该规则下通过的某项集体行动方案与某些参加者的意愿不一致而给他们带来的损失。两类成本之和最低的规则是最优的。

②概率模型。通过使集体决策的结果偏离个人意愿的可能性达到最小的规则是最优的。按照该标准，多数规则较为理想。

### （四）信息的不完全和不对称

1. *逆向选择和道德风险*

信息不完全不仅指由于认识能力的限制，人们不可能知道在任何时候、任何地方发生的或将要发生的任何情况，而且指市场经济本身不能够生产出足够的信息并有效地配置它们。

信息不对称是指不同的经济主体对同一个事物缺乏信息的程度不一样，即有些人比其他人拥有更多的相关信息。一般卖方要比买方对产品质量了解更多，例如卖主比买主更了解二手车的缺陷，投保人比保险公司更了解自己所面临的风险大小。

信息的不完全和不对称会引起逆向选择和道德风险。逆向选择是指由于市场的卖方对所出售商品的特征了解得比买方多，买方要承担商品质量低的风险。典型的例子就是二手车市场、劳动市场和保险市场。道德风险是指代理人在没有受到完全监督的情况下，由于可以不承担其行为的全部后果，而倾向于做出损害委托人利益的行为。典型的例子就是雇佣关系。

2. *应对方法*

对于逆向选择问题，市场会以多种方式对其做出反应，如发信号和筛选。发信号是指有信息的一方为获得信任而披露自己私人信息的行动。发送信号的成本必须是高昂的才能形成有效信号。对于有高质量产品的卖者来说，发信号更有利，才能产生发信号的激励。例如，有好产品的企业花钱做广告向顾客发信号，学生努力获得高学历向雇主发信号。筛选是指无信息的一方采取的导致有信息的一方披露私人信息的行为。例如，二手车买者要求车辆在出售前经过汽车技师检验，拒绝该要求的卖者披露了他的车是次品车的私人信息。

面对道德风险问题，委托人可以采取更好的监督（如安装监控等方式）、更高的工资以及延期支付的方式来解决。

但是，市场机制并不能够解决所有的信息不完全和不对称问题。在这种情况下，政府就有必要进行信息调控。目的是保证消费者和生产者得到充分和正确的市场信息，即提高市场透明度，以便做出正确的选择。

## 第二节 宏观经济学

### 一、*IS*－*LM* 模型

先对国民收入构成和储蓄—投资恒等式做简单介绍。国内生产总值（GDP）指的是一国在一年内所生产的所有的最终产品和劳务的市场价值之和，它既是一个经济的总收入，又是用于经济中商品与服务产出的总支出。一个经济中的 GDP($Y$) 是其消费（$C$）、投资（$I$）、政府购买（$G$）和净出口（$NX$）之和，即国民收入核算的支出等式：

$$Y = C + I + G + NX \tag{2-2-1}$$

因为支出的每一元都可以归入等式右边这四个组成部分之一，所以该等式是一个会计恒等式。即由于这些变量定义和衡量的方法，它必然是恒等式。

考虑在封闭经济下，也即三部门经济中，净出口 $NX=0$，那么 $Y=C+I+G$。这代表一个封闭经济中出售的每一单位产出都被消费、投资，或由政府购买。将等式两边同时减去 $C$ 和 $G$ 得到 $Y-C-G=I$，等式左边"$Y-C-G$"是在用于消费和政府购买后剩下的经济中的总收入，被称为国民储蓄，用 $S$ 表示。也即：

$$S = Y - C - G \tag{2-2-2}$$

因此得到"$S=I$"的储蓄—投资恒等式。该恒等式是根据储蓄和投资的定义得出的，是从国民收入会计角度看，事后的储蓄和投资总是相等的，绝不意味着人们意愿的或事前计划的储蓄总会等于企业想要有的或事前计划的投资。

如果用 $T$ 代表政府以税收的形式从家庭得到的数量减去以转移支付形式返还给家庭的数量，那么 $S=Y-C-G=(Y-T-C)+(T-G)$，则可以把储蓄分为两部分：私人储蓄（$Y-T-C$）和公共储蓄（$T-G$）。如果 $T>G$，代表政府有预算盈余；如果 $T<G$，代表政府有预算赤字。

#### （一）产品市场和 *IS* 曲线

1. 均衡产出

首先考虑收入—支出模型。假设如下：

①两部门经济：假设经济社会中不存在政府和对外贸易，只有家庭部门和企业部门。消费和储蓄行为都发生在家庭部门，生产和投资行为都发生在企业部门。企业投资是自发的或外生的，即不随利率和产量而变动。

②凯恩斯定律：假设社会总需求变动只会引起产量和收入变动，不会引起价格变动。凯恩斯定律分析的是短期内收入和就业如何决定。因为在短期内价格具有黏性，当社会需求变动时，企业首先考虑的是调整产量，而不是改变价格。

③假定折旧和公司未分配利润为零。

在上述假定情况下，经济社会的产量或国民收入就决定于总需求。和总需求相等的产出被称为均衡产出或收入，也即经济社会的收入正好等于全体居民和企业想要有的支出，用公式表示则是 $y = E$。由于两部门经济中没有政府和对外贸易，总需求就只由居民消费和企业投资构成，也即 $E = c + i$。于是，均衡产出又可用公式表示为：

$$y = c + i \tag{2-2-3}$$

式中，$y$、$c$、$i$ 都用小写字母表示，分别代表剔除了价格变动的实际产出、实际消费和实际投资。而大写字母表示名义产出、名义消费和名义投资。$c$ 和 $i$ 代表居民和企业实际希望持有的消费和投资，即意愿消费和投资的数量，而不是国民收入构成公式中实际发生的消费和投资。$E$ 代表总支出，也即总需求。

由于生产创造的收入等于计划消费加计划储蓄，即 $y = c + s$，其中 $y$、$c$、$s$ 也都是剔除了价格变动的实际收入、实际消费和实际储蓄，因此，$c + i = c + s$，等式两边消去 $c$，则得：

$$i = s \tag{2-2-4}$$

这里的投资等于储蓄，是指经济要达到均衡，计划投资必须等于计划储蓄。该等式代表均衡的条件，即计划投资不一定等于计划储蓄，只有二者相等时，收入才处于均衡状态。国民收入核算中的 $I = S$ 则是指实际发生的投资（包括计划和非计划存货投资在内）始终等于储蓄，是根据定义而得到的实际数字，因此必然相等。

2. 消费函数、储蓄函数和投资函数

（1）消费函数。影响家庭消费的因素包括收入、商品价格、消费者偏好、利率、家庭财产、消费信贷、社会保障制度等。其中有决定意义的是家庭收入。收入和消费存在一个基本心理规律：随着收入的增加，消费也会增加，但是消费的增加不及收入增加得多。消费和收入的这种关系被称作消费函数或消费倾向，用公式表示是：

$$c = c(y) \tag{2-2-5}$$

**【案例 2-4】**假定家庭的消费和收入之间有如表 2-2-1 所示的关系。由表 2-2-1 可知，当收入依次增加 1 000 元时，消费依次增加 890 元、850 元、750 元、640 元、590 元和 530 元。也即当收入增加时，消费随之增加，但增加得越来越少。增加的 1 单位收入中用于增加消费部分的比率被称为边际消费倾向（$MPC$）。

表2-2-1中第（5）列即边际消费倾向。边际消费倾向的公式是：

$$MPC = \frac{\Delta c}{\Delta y} \quad (2-2-6)$$

若收入增量和消费增量均极小，上述公式可写成：

$$MPC = \frac{dc}{dy} \quad (2-2-7)$$

平均消费倾向（APC）指任一收入水平上消费支出在收入中的比率，表2-2-1中第（6）列是平均消费倾向。平均消费倾向的公式是：

$$APC = \frac{c}{y} \quad (2-2-8)$$

**表2-2-1　　家庭的消费函数**

| | 收入（$y$）（元） | 消费（$c$）（元） | $\Delta y$（元） | $\Delta c$（元） | 边际消费倾向（MPC） | 平均消费倾向（APC） |
|---|---|---|---|---|---|---|
| A | 9 000 | 9 110 | — | — | — | 1.01 |
| B | 10 000 | 10 000 | 1 000 | 890 | 0.89 | 1.00 |
| C | 11 000 | 10 850 | 1 000 | 850 | 0.85 | 0.99 |
| D | 12 000 | 11 600 | 1 000 | 750 | 0.75 | 0.97 |
| E | 13 000 | 12 240 | 1 000 | 640 | 0.64 | 0.94 |
| F | 14 000 | 12 830 | 1 000 | 590 | 0.59 | 0.92 |
| G | 15 000 | 13 360 | 1 000 | 530 | 0.53 | 0.89 |

根据表2-2-1可得消费曲线如图2-2-1所示。

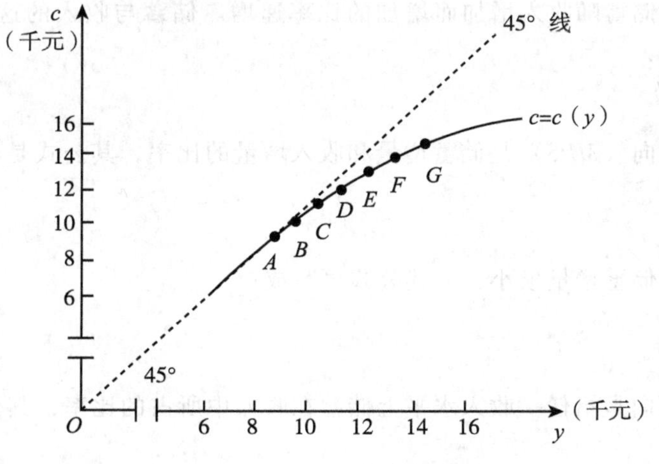


**图2-2-1　消费曲线**

由图2-2-1可知，在消费曲线上，任一点的斜率都是与这一点相对应的边际消费倾向，任一点与原点相连而成的射线的斜率则是与这一点相对应的平均消费倾向。随着这条曲线向右上方延伸，曲线上各点的斜率越来越小，说明边际消费倾向递减，同时曲线上各点与原点的连线的斜率也越来越小，说明平均消费倾向也递减，但平均消费倾向始终大于边际消费倾向。

如果消费和收入之间存在线性关系，则边际消费倾向为一常数，这时消费函数可用下列方程表示：

$$c = \alpha + \beta y \tag{2-2-9}$$

式中，$\alpha$——必不可少的自发消费部分，即收入为0时举债或动用过去的储蓄也必须要有的基本生活消费；$\beta$——边际消费倾向，$0<\beta<1$；$\beta$ 和 $y$ 的乘积表示收入引致的消费。

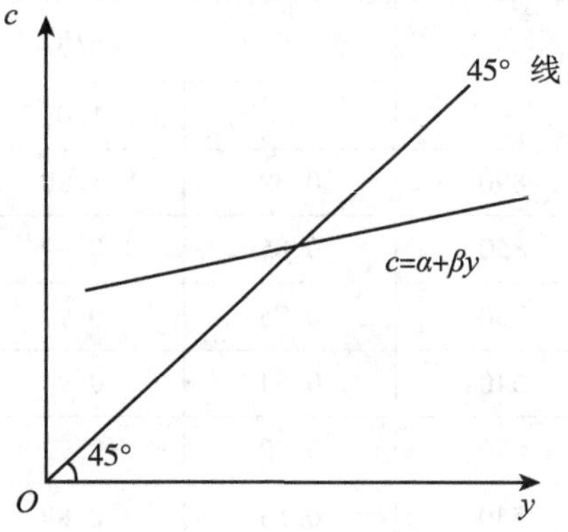


**图2-2-2　线性消费函数**

该式的经济含义是消费等于自发消费与引致消费之和。当消费和收入之间呈线性关系时，消费函数就是一条向右上方倾斜的直线，如图2-2-2所示。

当消费函数为线性时，$APC = \frac{c}{y} = \frac{\alpha + \beta y}{y} = \frac{\alpha}{y} + \beta = \frac{\alpha}{y} + MPC$，由于 $\alpha$ 和 $y$ 都是正数，因此 $\frac{\alpha}{y} > 0$，所以 $APC > MPC$。随着收入增加，$\frac{\alpha}{y}$ 越来越小，说明 $APC$ 逐渐趋近于 $MPC$。

（2）储蓄函数。储蓄是收入中未被消费的部分。既然消费随收入增加而增加的比率递减，则可知储蓄随收入增加而增加的比率递增。储蓄与收入的这种关系就是储蓄函数，其公式是：

$$s = s(y) \tag{2-2-10}$$

边际储蓄倾向（$MPS$）是储蓄增量和收入增量的比率，其公式是：

$$MPS = \frac{\Delta s}{\Delta y} \tag{2-2-11}$$

如果收入与储蓄增量极小，上述公式可写成：

$$MPS = \frac{ds}{dy} \tag{2-2-12}$$

平均储蓄倾向是指任一收入水平上储蓄在收入中所占的比率，其公式是：

$$APS = \frac{s}{y} \tag{2-2-13}$$

如果消费曲线和储蓄曲线为一直线，则由于 $s = y - c$，且 $c = \alpha + \beta y$，因此有：

$$s = -\alpha + (1-\beta)y \tag{2-2-14}$$

*APC* 和 *MPC* 都随收入增加而递减，但 *APC* > *MPC*；*APS* 和 *MPS* 都随收入增加而递增，但 *APS* < *MPS*。*APC* 和 *APS* 之和恒等于 1，*MPC* 和 *MPS* 之和也恒等于 1。

（3）投资函数。投资指的是设备或建筑物这类新资本的购买。购买新住房是家庭投资支出，而非消费支出。在收入—支出模型中，投资只是作为一个既定的外生变量参与总需求的决定，而在现实中投资是内生的。在投资的预期收益率既定时，企业投资与否，首先决定于实际利率。因为利息是投资的成本，利率上升，投资需求量减少；利率下降，投资需求量增加，所以投资是利率的减函数。投资与利率之间的这种反向变动关系被称为投资函数，可写作：

$$i = i(r) \tag{2-2-15}$$

简单起见，通常把投资函数表示为如下线性函数：

$$i = e - dr \tag{2-2-16}$$

式中，$r$——利率；$e$——自发投资；$d$——投资对利率反应程度的参数；$e$、$d$——正常数。线性投资函数的图形如图 2-2-3 所示。

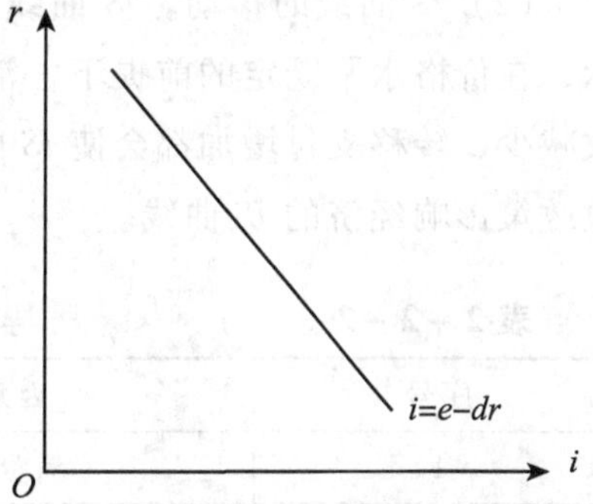


**图 2-2-3 投资需求曲线**

3. *IS* 曲线的生成和移动

（1）*IS* 曲线的生成。两部门经济中，产品市场均衡，即产品市场上总供给与总需求相等可表示为 $y=E$，即 $c+s=c+i$，也即 $i=s$。根据前文有 $i=i(r)$ 和 $s=s(y)$，从而产品市场的均衡条件如下：

$$i(r) = s(y) \tag{2-2-17}$$

该式表明在符合产品市场均衡条件下利率 $r$ 和收入 $y$ 之间的函数关系。在宏观经济学中，*IS* 曲线被定义为：在产品市场达到均衡时，表示收入 $y$ 和利率 $r$ 之间（函数）关系的曲线。

*IS* 曲线的代数推导：在两部门经济中，将消费函数 $c = \alpha + \beta y$ 和投资函数 $i = e - dr$ 代入产品市场均衡的公式 $y = c + i$ 中，可得：

$$y = \frac{\alpha + e}{1-\beta} - \frac{dr}{1-\beta} \tag{2-2-18}$$

在三部门经济中，产品市场均衡条件为 $y = c + i + g$，$g$ 为政府购买。假定家庭部门消费函数为 $c = \alpha + \beta(y - t + t_r)$，其中 $t$ 为税收，$t_r$ 为转移支付，企业部门投资函数为 $i = e - dr$，政府部门的政府购买 $g = g_0$。将消费函数、投资函数和政府购买代入三部门经济产品市场均衡条件中可得：

$$y = \frac{\alpha + e + g_0 - \beta t + \beta t_r}{1-\beta} - \frac{dr}{1-\beta} \tag{2-2-19}$$

该式即为三部门经济中产品市场达到均衡时，收入 $y$ 与利率 $r$ 之间关系的数学表达

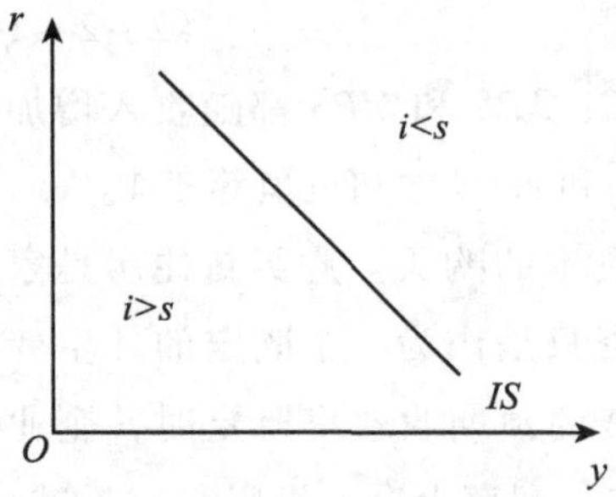


**图 2－2－4 IS 曲线**

式，也是 IS 曲线的数学关系式。$(\alpha+e+g_0-\beta t+\beta t_r)/(1-\beta)$ 代表该曲线在 $y$ 轴上的截距，$-d/(1-\beta)$ 代表曲线斜率，由于 $0<\beta<1$、$d>0$，因此斜率为负。由图 2－2－4 可知，IS 曲线在以 $y$ 为横坐标、$r$ 为纵坐标的坐标系中是一条向右下方倾斜的直线。

IS 曲线向右下方倾斜，斜率为负。这意味着，在产品市场达到均衡时，均衡的产出水平与利率是反方向变化的。因为投资是利率的减函数，当利率上升时，投资水平下降，由于投资是总需求的一个组成部分，所以总需求下降，从而与总需求相一致的均衡产出水平下降。

如图 2－2－4，一般来说，位于 IS 曲线右侧的收入和利率组合，都是投资小于储蓄的非均衡组合；位于 IS 曲线左侧的收入和利率组合则是投资大于储蓄的非均衡组合；只有位于 IS 曲线上的收入和利率组合，才是投资等于储蓄的均衡组合。

（2）IS 曲线的移动。IS 曲线会受到某些因素的影响发生移动，如表 2－2－2 所示，在价格水平既定的前提下，消费者支出增加、企业投资增加、政府购买增加、税收减少、转移支付增加都会使 IS 曲线向右移动，反之则会向左移动。政府可以运用财政政策影响经济的 IS 曲线。

**表 2－2－2 导致 IS 曲线移动的因素**

| 序号 | 因素及其变化 | IS 曲线的变化 |
|---|---|---|
| 1 | 消费者支出增加 | 向右移动 |
| 2 | 企业投资增加 | 向右移动 |
| 3 | 政府购买增加 | 向右移动 |
| 4 | 税收减少 | 向右移动 |
| 5 | 转移支付增加 | 向右移动 |

### （二）货币市场和 LM 曲线

1. 利率

利率是指借款的成本或为借贷资金支付的价格。一般公布的利率是名义利率——储蓄的货币收益与借款的货币成本。实际利率等于名义利率减通货膨胀率。实际利率越低，借款和投资的激励越大，而贷款人愿意贷出的激励越小。在本节中，如无特别说明，利率通常指的是实际利率，用字母 $r$ 表示。在经济学中，计算未来收入在现在的价值的过程，称为对未来的贴现。

一般地，假定年利率为 $r$，本金为 $R_0$，第 $n$ 年的本利和为 $R_n$，$n$ 年后的 $R_n$ 的现值表达式为：

$$R_0 = \frac{R_n}{(1+r)^n} \quad (2-2-20)$$

债券是承诺在一定时间里进行定期偿付的债务凭证。息票债券是指每年向债券持有人支付定额的利息（息票利息）一直到到期日，到期日再偿还确定的最后金额（票面值）。用 $P_b$ 表示息票债券的价格，$N$ 表示债券距离到期日的年数，$F$ 表示债券的面值，$D$ 表示债券年息票利息，则利率 $r$ 和债券价格 $P_b$ 有下述关系式：

$$P_b = \frac{D}{1+r} + \frac{D}{(1+r)^2} + \cdots + \frac{D}{(1+r)^N} + \frac{F}{(1+r)^N} \quad (2-2-21)$$

式中，$D$、$N$ 和 $F$ 为已知常数的条件下，利率 $r$ 和债券价格 $P_b$ 呈反方向变化关系：利率上升，债券价格下降；利率下降，债券价格上升。

2. 货币市场

（1）货币需求。对货币的需求，被称为流动性偏好，又称灵活偏好，是指由于货币具有使用上的灵活性，人们宁可牺牲利息收入而持有不生息的货币来保持财富的心理倾向。货币随时可满足以下三类不同的动机：

第一，交易动机，指个人和企业需要货币是为了进行正常的交易活动。由于收入和支出在时间上不同步，因而个人和企业必须有足够的货币资金来支付日常需要的开支。出于交易动机的货币需求量主要决定于收入，收入越高，交易数量越大，所交换的产品和劳务的价格越高，从而为应付日常开支所需的货币量就越大。

第二，谨慎动机或预防动机，指为预防意外支出而持有一部分货币的动机，如个人为应对事故、失业、疾病等意外事件需要事先持有一定数量的货币。货币的预防需求产生于未来收入和支出的不确定性，个人对货币的预防需求量主要决定于他对意外事件的看法，从全社会来看，这一货币需求量大体上也和收入成正比。

因此，如果用 $L_1$ 表示交易动机和谨慎动机所产生的全部实际货币需求量，用 $y$ 表示实际收入，则这种货币需求量和收入的关系可表示为：

$$L_1 = L_1(y) \quad (2-2-22)$$

第三，投机动机，指人们为了抓住有利的购买有价证券的机会而持有一部分货币的动机。因为有价证券价格具有未来不确定性，人们想利用利率水平或有价证券价格水平的变化进行投机。预计债券价格下跌（预计利率上升）而需要把货币保留在手中就是对货币的投机需求。

对货币的投机需求与利率呈反方向变化。利率越高，即有价证券价格越低，人们若认为这一价格已降低到正常水平以下，预计债券价格很快会回升（预计利率下降），就会抓住机会及时买进有价证券，于是，人们手中出于投机动机而持有的货币量就会减少。相反，利率越低，人们若认为这一价格已涨到正常水平以上，预计债券价格就要回跌（预计利率上升），就会抓住时机卖出有价证券，这样，人们手中出于投机动机而持有的货币量就会增加。

总之，对货币的投机需求取决于利率，如果用 $L_2$ 表示货币的投机需求，用 $r$ 表示利率，则这一货币需求量和利率的关系可表示为：

$$L_2 = L_2(r) \tag{2-2-23}$$

对利率的预期是人们调节货币和债券配置比例的重要依据，利率越高，货币需求量越小。当利率极高时，这一需求量等于零，因为人们认为这时利率不大可能再上升（有价证券价格不大可能再下跌），因而人们将所持有的货币全部换成有价证券。反之，当利率极低时，人们认为这时利率不大可能再下降（有价证券价格不大可能再上涨），因而会将所持有的有价证券全部换成货币，以免证券价格下跌时遭受损失。人们不管有多少货币都愿意持在手中这种情况被称为凯恩斯陷阱或流动偏好陷阱。

对货币的总需求是人们对货币的交易需求、预防需求和投机需求的总和。货币的交易需求和预防需求决定于收入，而货币的投机需求决定于利率，因此，对货币的总需求函数可描述为：

$$L = L_1 + L_2 = L_1(y) + L_2(r) \tag{2-2-24}$$

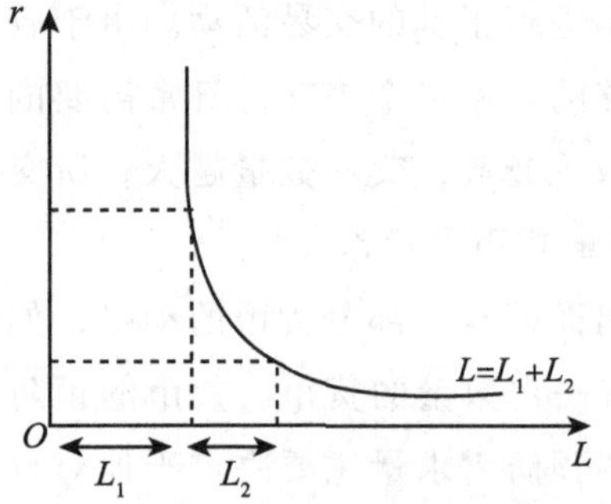


**图 2-2-5　货币需求曲线**

货币需求函数可用图2-2-5来表示。图2-2-5中的 $L$ 线则是包括 $L_1$ 和 $L_2$ 在内的全部货币需求曲线，其纵轴表示利率，横轴表示货币需求量，这条货币需求曲线表示在一定收入水平上货币需求量和利率的关系。

简单起见，通常把货币需求函数表示为如下的线性函数：

$$L = ky - hr \tag{2-2-25}$$

式中，$k$ 和 $h$ 均为正的常数。

（2）货币供给。货币供给是一个国家在某一时点上所持有的不属政府和银行所有的硬币、纸币和银行存款的总和，是存量概念，有狭义和广义之分。狭义的货币供给是指流通中的硬币、纸币和银行活期存款的总和（一般用 $M_1$ 或 $M$ 表示）。在 $M_1$ 基础上加上定期存款，就是广义的货币供给（一般用 $M_2$ 表示）。在 $M_2$ 基础上再加上个人和企业所持有的政府债券等流动资产或货币近似物就是意义更广泛的货币供给（一般用 $M_3$ 表示）。下面所讲的货币供给指 $M_1$。

以上介绍的货币供给是指名义的货币量，即不考虑货币的购买力而仅仅计算其票面值的货币量。把名义货币量折算成具有不变购买力的实际货币量，则需要用价格指数加以调整。设 $M$、$m$ 和 $P$ 依次代表名义货币量、实际货币量和价格指数，则有

$$m = \frac{M}{P} \tag{2-2-26}$$

货币供给量是由国家货币当局加以控制和调节的，因而是一个外生变量，其大小与利率无关。因此货币供给曲线如图 2－2－6 所示。

（3）货币均衡。现将货币需求曲线和货币供给曲线放在同一个坐标系中，可得图 2－2－7。

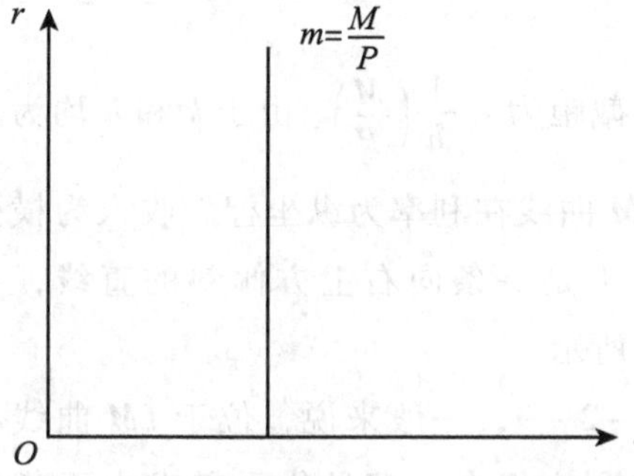


**图 2－2－6　货币供给曲线**

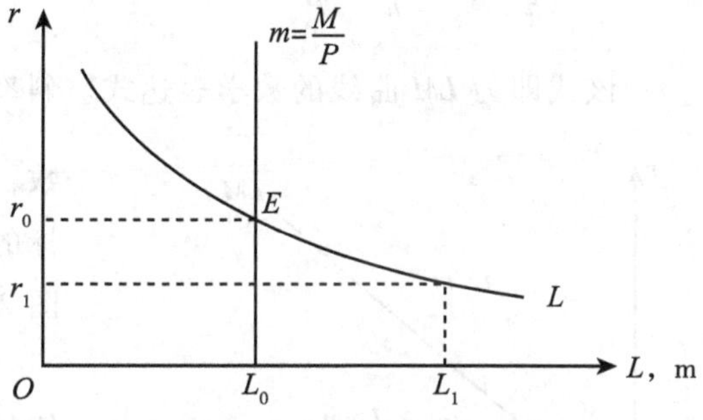


**图 2－2－7　货币市场均衡**

在图 2－2－7 中，垂直的货币供给曲线与向右下方倾斜的货币需求曲线相交于 $E$ 点，说明在 $E$ 点，货币需求等于货币供给，确定了货币市场的均衡利率 $r_0$。

如果市场利率为 $r_1$，低于均衡利率 $r_0$，说明货币需求超过供给。这时人们就会卖出有价证券，持有更多货币，证券价格就会下降，即利率会上升。货币需求的减少一直持续到货币供求相等时为止。只有当货币供求相等时，利率才不再变动。

货币需求曲线和供给曲线会移动。如图 2－2－8，当人们对货币的交易需求或投机需求增加时，货币需求曲线就会向右上方移动；当政府增加货币供给量时，货币供给曲线则会向右移动。当利率降低到一定程度时，货币需求曲线接近于水平状态，这就是流动偏好陷阱。此时，不管政府增加多少货币供给，都不可能再使利率下降。

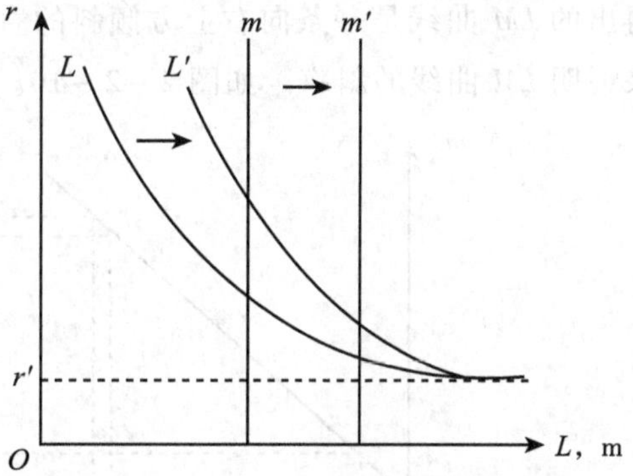


**图 2－2－8　货币需求曲线和货币供给曲线的移动**

3. *LM* 曲线的生成和移动

（1）*LM* 曲线的生成。利率是由货币市场上的供给和需求的均衡决定的，而货币的供给量是由货币当局所控制，因而假定它是一个外生变量。在货币供给量既定的情况下，货币市场的均衡只能通过调节对货币的需求来实现。

货币市场的均衡是 $m = L = L_1(y) + L_2(r) = ky - hr$。$m$ 为一定量时，当收入增加使货币交易需求增加时，利率必须相应提高，从而使货币投机需求减少，才能维持货币市场的均衡。*LM* 曲线是指在货币市场达到均衡时，表示利率 $r$ 和收入 $y$ 之间关系的曲线。

LM 曲线的代数推导：货币需求函数 $L = ky - hr$，货币供给函数 $m = \frac{M}{P}$，货币市场均衡时，有 $L = m$，即 $ky - hr = \frac{M}{P}$，整理可得：

$$r = \frac{k}{h} \cdot y - \frac{1}{h} \cdot \frac{M}{P} \qquad (2-2-27)$$

该式即为 LM 曲线的数学表达式。斜率为 $\frac{k}{h}$，截距为 $-\frac{1}{h}\left(\frac{M}{P}\right)$。由于 $k$ 和 $h$ 均为正数，因此 LM 曲线在利率为纵坐标、收入为横坐标的坐标系下是一条向右上方倾斜的直线，如图 2－2－9 所示。

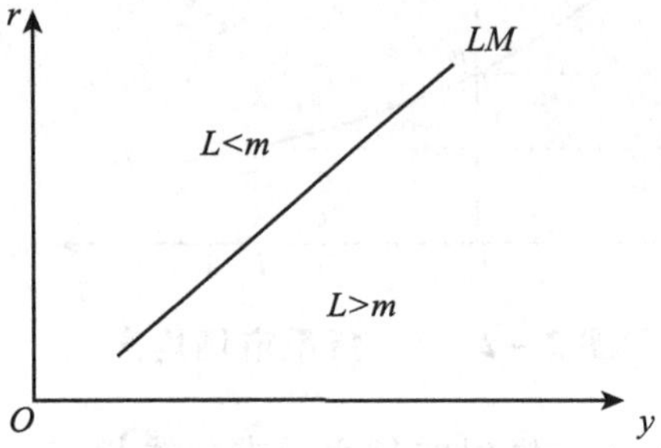

图 2－2－9　LM 曲线

如图 2－2－9，一般来说，位于 LM 曲线右侧的收入和利率组合，都是货币需求大于货币供给的非均衡组合；位于 LM 曲线左侧的收入和利率组合，都是货币需求小于货币供给的非均衡组合；只有位于 LM 曲线上的收入和利率组合，才是货币需求等于货币供给的均衡组合。

（2）LM 曲线的三个区域。上文假定货币需求量是收入和利率的线性函数，因此得出的 LM 曲线是一条向右上方倾斜的直线。现在考虑货币需求函数较为复杂的情况，来说明 LM 曲线的斜率。如图 2－2－10。

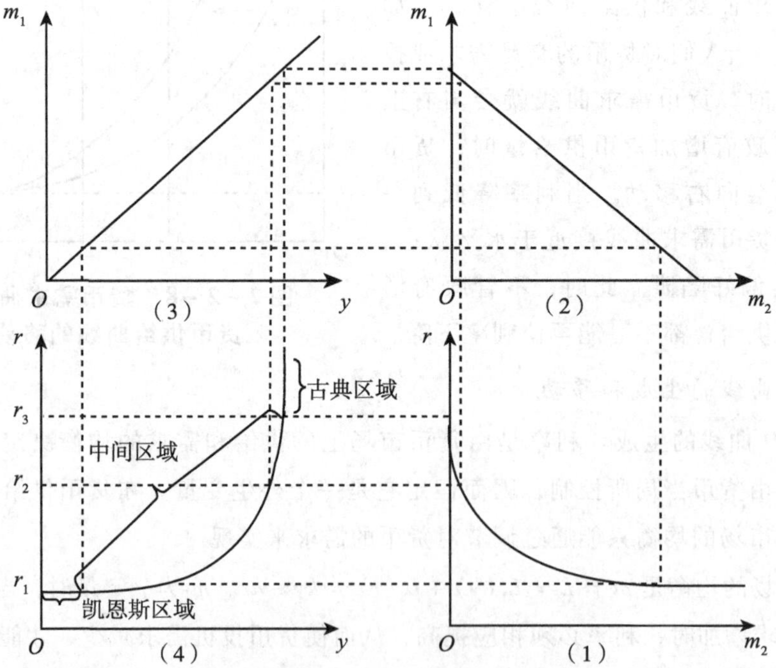

图 2－2－10　LM 曲线的三个区域

其一，当利率很低时，货币的投机需求趋于无限大，货币的投机需求曲线在利率 $r_1$ 以下成为一条与横轴平行的水平线，即流动偏好陷阱，这会使 LM 曲线的一段成为水平状。该水平状的区域被称为凯恩斯区域，该区域中 LM 曲线的斜率为零。

其二，当利率很高时，货币的投机需求等于零，因此货币的投机需求曲线在利率 $r_3$ 以上是一条与纵轴平行的垂直线，这使得 LM 曲线从利率 $r_3$ 以上成为一段垂直线。LM 曲线呈垂直状态的这一区域被称为古典区域，该区域中 LM 曲线的斜率为无穷大。

其三，古典区域和凯恩斯区域之间的这段 LM 曲线是中间区域，该区域中 LM 曲线的斜率为正值。

（3）LM 曲线的移动。讨论 LM 曲线的移动而非转动，因此假定 LM 曲线斜率不变，即 $k$ 和 $h$ 都不变。这样，LM 曲线移动的原因只能是实际货币供给量 $m$ 变动，因为 $m = \frac{M}{P}$。因此，造成 LM 曲线移动的因素有两个，即名义货币供给量 $M$ 和价格水平 $P$。变动情况如表 2-2-3 所示。政府可以运用货币政策影响经济的 LM 曲线。

**表 2-2-3　　导致 LM 曲线移动的因素**

| 序号 | 因素及其变化 | LM 曲线的变化 |
| --- | --- | --- |
| 1 | 名义货币供给量 $M$ 增加 | 向右移动 |
| 2 | 价格水平 $P$ 降低 | 向右移动 |

### （三）IS-LM 模型

1. 模型的结构和稳定性

（1）模型的结构。将 IS 曲线和 LM 曲线结合在一起就形成了 IS-LM 模型。

IS 曲线方程见式（2-2-19）：

$$y = \frac{\alpha + e + g_0 - \beta t + \beta t_r}{1 - \beta} - \frac{dr}{1 - \beta}$$

LM 曲线方程见式（2-2-27）：

$$r = \frac{k}{h} \cdot y - \frac{1}{h} \cdot \frac{M}{P}$$

将上述两个方程联立，形成如下的方程组，就构成了 IS-LM 模型的代数形式。

$$\begin{cases} y = \dfrac{\alpha + e + g_0 - \beta t + \beta t_r}{1 - \beta} - \dfrac{dr}{1 - \beta} \\ r = \dfrac{k}{h} \cdot y - \dfrac{1}{h} \cdot \dfrac{M}{P} \end{cases} \tag{2-2-28}$$

在上述 IS-LM 模型中，由该模型所决定的内生变量是收入水平 $y$ 和利率 $r$，其余的是经济参数或模型的外生变量。在给定经济参数和外生变量时，一般可以求出内生变量 $y$ 和 $r$，分别为均衡产出和均衡利率。

将 *IS* 曲线和 *LM* 曲线放在一个坐标系中，就构成了 *IS* – *LM* 模型的几何形式。如图 2 – 2 – 11 所示。

*IS* 曲线上收入和利率的每一组合表示产品市场的均衡，*LM* 曲线上收入和利率的每一组合表示货币市场的均衡。当 *IS* 曲线和 *LM* 曲线相交时，形成上图中的 *E* 点，该点作为收入 $y_0$ 和利率 $r_0$ 的组合，表示使产品市场和货币市场同时达到均衡的状态，也是 *IS* – *LM* 模型的解。

（2）模型的稳定性。在图 2 – 2 – 12 中，*IS* 曲线和 *LM* 曲线把坐标平面分成了四个区域。表 2 – 2 – 4 概括了上述四个区域产品市场和货币市场非均衡的情况。

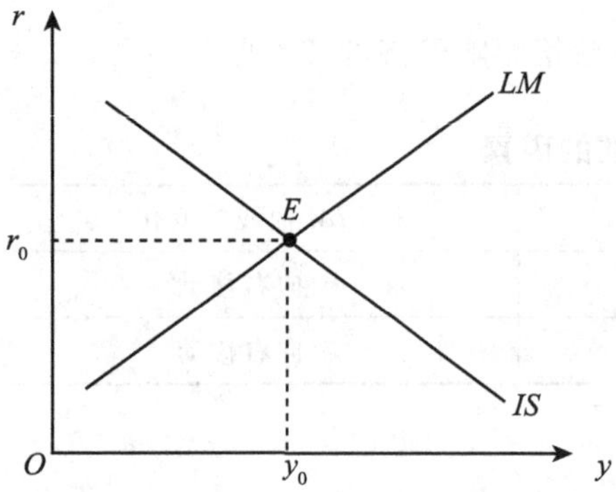


**图 2 – 2 – 11　*IS* – *LM* 模型**

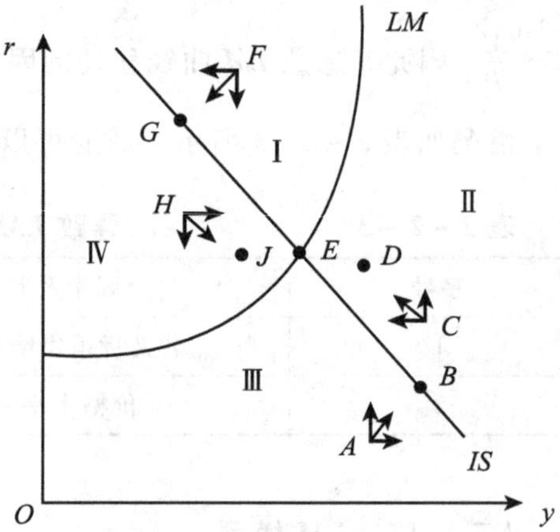


**图 2 – 2 – 12　产品市场和货币市场从不均衡到均衡的调整**

**表 2 – 2 – 4　　产品市场和货币市场的非均衡**

| 区域 | 产品市场 | | 货币市场 | |
|---|---|---|---|---|
| Ⅰ | $i < s$ | 超额产品供给 | $L < m$ | 超额货币供给 |
| Ⅱ | $i < s$ | 超额产品供给 | $L < m$ | 超额货币需求 |
| Ⅲ | $i > s$ | 超额产品需求 | $L > m$ | 超额货币需求 |
| Ⅳ | $i > s$ | 超额产品需求 | $L < m$ | 超额货币供给 |

一般地，各个区域中存在的各种不同组合的 *IS* 和 *LM* 非均衡状态会得到调整，*IS* 不均衡会导致收入变动——投资大于储蓄会导致收入上升，投资小于储蓄会导致收入下降；*LM* 不均衡会导致利率变动——货币需求大于货币供给会导致利率上升，货币需

求小于货币供给会导致利率下降。图 2－2－12 描绘了收入和利率由不均衡到均衡的调整过程。

假定经济社会处于区域Ⅲ里的 *A* 点，此时产品市场上投资大于储蓄，引起收入上升，收入从 *A* 点沿平行于横轴的箭头向右移动；货币市场上货币需求大于货币供给，引起利率提高，利率从 *A* 点沿平行于纵轴的箭头向上移动。共同结果是收入和利率组合沿对角线的箭头向右上方移动到 *B* 点。*B* 点位于 *IS* 曲线上，这时产品市场虽然达到均衡，但是货币市场仍然不均衡。*B* 点货币需求大于货币供给，引起利率提高，收入和利率的组合又从 *B* 点沿着平行于纵轴的箭头向上方移动到 *C* 点。接着收入和利率组合再移动到 *D* 点，最后移动到 *E* 点。*E* 点是 *IS* 曲线和 *LM* 曲线的交点，这一点表示的收入和利率的组合，是产品市场和货币市场同时达到均衡的唯一组合。从 *A* 点逐渐到 *E* 点的过程，就是产品市场和货币市场从不均衡到均衡的调整过程。同样，假定经济社会一开始处于 *F* 点，经济会从 *F* 点移动到 *G* 点，再移动到 *H* 点、*J* 点，最后移动到 *E* 点。以上论述表明，由 *IS*－*LM* 模型所确定的均衡状态是稳定的。

2. 模型的应用

*IS*－*LM* 模型可以说明当经济遭受冲击时，政府可以运用财政政策和货币政策来干预或调整经济。以衰退为例，如图 2－2－13，经济的运行状态位于 *A* 点，对应的均衡产量为 $y_0$，低于潜在产量或充分就业产量 $y_f$，说明此时经济经历着衰退。

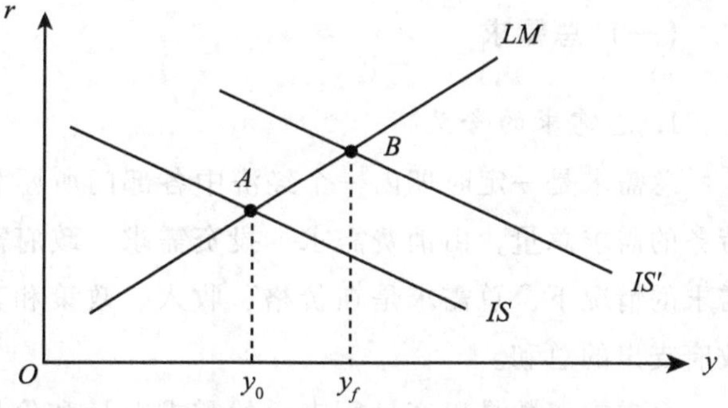


**图 2－2－13 *IS*－*LM* 模型中的财政政策**

政府可以使用财政政策，如增加政府购买、减税或增加转移支付，使 *IS* 曲线向右移动到 *IS′*，达到新的均衡点 *B*，此时均衡产出达到充分就业产量 $y_f$，意味着摆脱了经济衰退。

如图 2－2－14，在衰退时期，政府货币当局可以使用货币政策，如增加货币供给量，使 *LM* 曲线向右移动到 *LM′*，达到新的均衡点 *D*，此时均衡产出达到充分就业产量 $y_f$，意味着衰退消除。

如图 2－2－15，政府也可以同时使用财政政策和货币政策，既移动 *IS* 曲线，又移动 *LM* 曲线来摆脱经济衰退。一方面，财政政策使 *IS* 曲线向右移动到 *IS′*，货币政策使 *LM* 曲线向右移动到 *LM′*，均衡点由 *A* 点移动到 *F* 点，此时均衡产出达到充分就业产量 $y_f$，衰退基本消除。

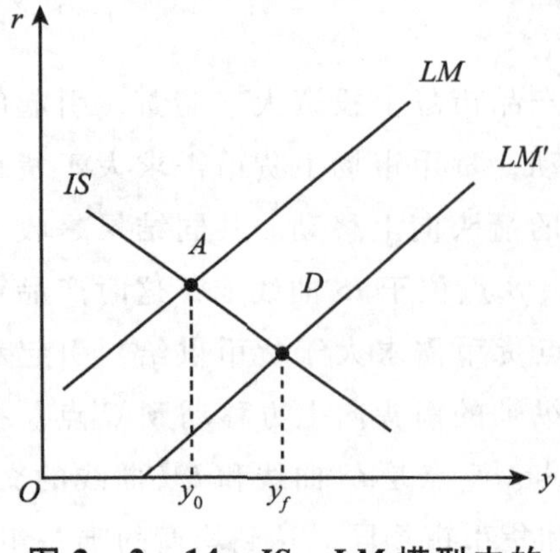


图 2-2-14　*IS*-*LM* 模型中的货币政策

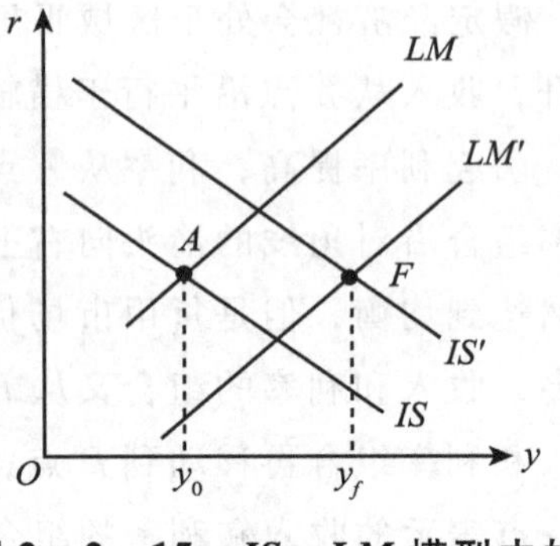


图 2-2-15　*IS*-*LM* 模型中的财政政策和货币政策

## 二、*AD*-*AS* 模型

### （一）总需求

1. 总需求的含义

总需求是一定时期内一个经济中各部门所愿意支出的总量，是经济社会对产品和劳务的需求总量，由消费需求、投资需求、政府需求和国外需求构成。在不考虑国外需求的情况下，总需求是在价格、收入、政策和其他变量既定条件下，家庭、企业和政府支出的总和。

总需求函数是以产量所表示的需求总量和价格之间的关系。在价格为纵坐标、总需求量为横坐标的坐标系中，总需求函数的几何表示被称为总需求曲线或 *AD* 曲线。总需求曲线表示在每一种价格水平下，家庭、企业、政府和外国客户将要购买的商品与服务的数量。反映的是产品市场和货币市场同时处于均衡时，价格和总需求量的关系。

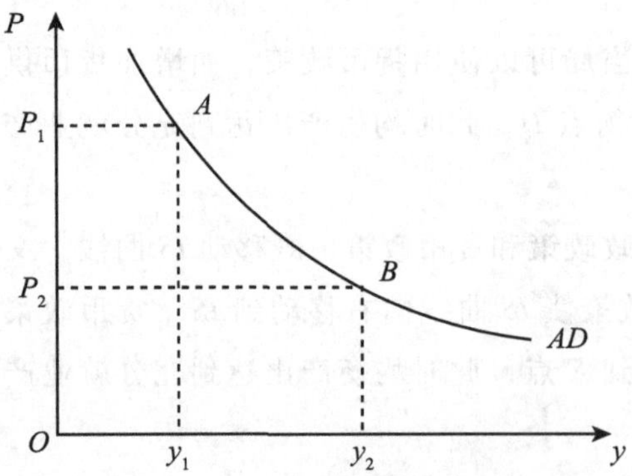


图 2-2-16　总需求曲线

如图 2-2-16 所示，总需求曲线通常向右下方倾斜，这意味着，在其他条件相同的情况下，经济中的物价总水平下降（$P_1$ 下降到 $P_2$），会增加产品与劳务的总需求量（$y_1$ 增加到 $y_2$）；反之，物价总水平上升会减少产品与劳务的总需求量。

价格与总需求量反向变动的原因可通过国民收入核算的支出等式来分析，也即公式（2－2－1）：$Y=C+I+G+NX$。等式右边四个组成部分都对产品与劳务的总需求做出了贡献。假设政府支出由政策固定，第一，物价通过财富效应影响消费。价格水平下降，提高了货币的真实价值，使消费者感觉更富有，鼓励他们增加支出，使得总需求量更大。第二，物价通过利率效应影响投资。价格水平越低，人们出于交易动机需要持有的货币量就越少，并试图用部分货币购买有息资产，货币需求量下降会使利率下降，鼓励企业增加投资，进而增加了总需求。第三，物价通过汇率效应影响净出口。价格水平越低，利率越低，投资者则向国外投资寻求更高收益，这会增加外汇市场本币供给，引起本币贬值，实际汇率下降，这又会刺激本国净出口，从而增加产品和劳务的需求。

2. 总需求曲线的移动

在价格水平既定时，任何使消费者支出增加、企业投资增加、政府购买增加或净出口增加的事件都使总需求曲线向右移动。货币供给增加也会使总需求曲线向右移动。因为货币供给增加，货币供给曲线会向右移动，导致均衡利率下降。由于投资是利率的减函数，这意味着投资需求增加，而投资是总需求的一个组成部分，从而总需求增加。

总结来说，无论是扩张性财政政策，还是扩张性货币政策，都会使总需求曲线向右移动；无论是紧缩性财政政策，还是紧缩性货币政策，都会使总需求曲线向左移动。表 2－2－5 概括了上述因素对总需求曲线的影响。

**表 2－2－5　导致总需求曲线移动的因素**

| 序号 | 因素及其变化 | 总需求曲线的变化 |
|---|---|---|
| 1 | 消费者支出增加 | 向右移动 |
| 2 | 企业投资增加 | 向右移动 |
| 3 | 政府购买增加 | 向右移动 |
| 4 | 净出口增加 | 向右移动 |
| 5 | 货币供给增加 | 向右移动 |

### （二）总供给

1. 总供给的含义

总供给是一定时期内一国所有企业愿意生产和出售的产品和劳务的总量，即经济社会投入基本资源所提供的总产量或国民收入。基本资源主要包括劳动、资本和技术。在宏观经济学中，描述总产量与劳动、资本和技术之间关系的一个合适的工具是生产函数。

总供给函数是总产量与一般价格水平的关系。在以价格为纵坐标、总产量为横坐标的坐标系中，总供给函数的几何表示即为总供给曲线或称 AS 曲线。总供给曲线表示在每一种价格水平下，企业愿意生产并销售的商品与服务的数量。

2. 生产函数

生产函数是指投入和产出之间的数量关系，有微观和宏观之分。宏观生产函数又称总量生产函数，是指整个国民经济的生产函数，它表示总投入和总产出之间的关系。假定一个经济社会在一定的技术水平下使用劳动和资本两种要素进行生产，则宏观生产函数可表示为：

$$y = f(N,K) \tag{2-2-29}$$

式中，$y$——总产出；$N$——整个社会的就业水平或就业量；$K$——整个社会的资本存量，简单起见技术水平没有被明确地表示出来。该式表明，经济社会的产出主要取决于整个社会的就业量、资本存量和技术水平。

(1) 短期生产函数。宏观生产函数可被分为短期和长期两种。在短期宏观生产函数中，由于资本存量和技术水平在短期内不可能有较大的改变，所以二者被认为是不变的常数。技术水平暂不考虑，如果用 $\bar{K}$ 表示不变的资本存量，那么短期宏观生产函数可表示为：

$$y = f(N,\bar{K}) \tag{2-2-30}$$

该式表明，在一定的技术水平和资本存量条件下，经济社会生产的产出 $y$ 取决于就业量 $N$。

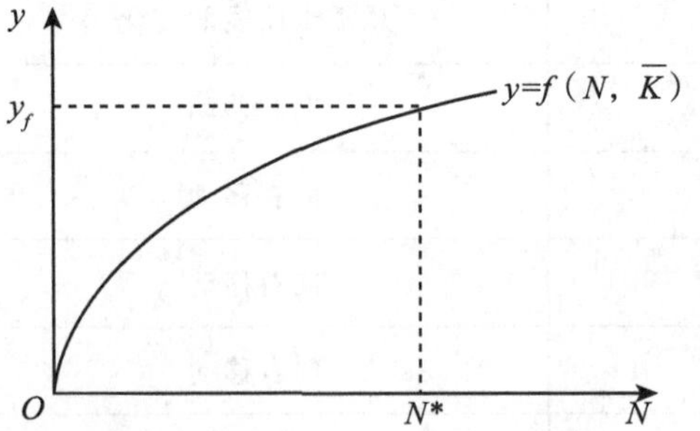


**图 2-2-17　宏观生产函数**

短期宏观生产函数有两条重要的性质：一是总产量随总就业量的增加而增加；二是在技术不变和 $K$ 为常数的假设条件下，由于边际收益递减规律的作用，随着总就业量的增加，总产量按递减的比率增加，如图 2-2-17 所示。

(2) 长期生产函数。在长期，存在足够的时间改善技术，人口增长也能影响充分就业的劳动者数量，资本存量也会随着积累的增加有变化。因此长期生产函数可以表示为：

$$y_f = F(N^*,K^*) \tag{2-2-31}$$

式中，$N^*$——各个短期中的充分就业量；$K^*$——各期的资本存量，技术水平的变化没有被明确表示出来；$y_f$——各期充分就业产量。

本节仅涉及短期生产函数，也即在一定时期和一定条件下，总供给主要由经济的总就业水平决定；而总就业水平又是由什么决定的，则需要引入劳动市场。

3. *劳动市场*

为了说明经济中的就业水平是如何决定的，以下只对最简单的劳动市场——完全竞争的劳动市场加以说明。

（1）劳动需求。在微观经济学中，如果劳动市场是竞争性的，企业只能接受既定的市场工资和其产品的市场价格，那么企业将会选择一个就业水平，使劳动的边际产量等于实际工资。因为只有在这一就业水平下，利润才能最大化。如果就业低于该水平，劳动的边际产量就超过实际工资，因而存在增加利润的机会。企业将利用这一获利机会，不断增加雇佣工人，直到增雇的工人将劳动的边际产量降低到和实际工资相等时为止。这里，实际工资等于货币工资 $W$ 除以价格水平 $P$，即 $\frac{W}{P}$。图 2－2－18 中，作工资总额 $WN$ 的平行线，与曲线 $Pf(N,\bar{K})$ 相切于 $A$ 点，$A$ 点即为利润最大化点。

微观经济学中，劳动的边际产量随劳动投入的增加而降低，所以劳动的需求函数是实际工资的减函数。宏观经济学认为，上述劳动需求与实际工资的关系，对于总量意义上的劳动市场也成立。

劳动需求函数可表示为：

$$N_d = N_d\left(\frac{W}{P}\right) \tag{2-2-32}$$

式中，$N_d$——劳动需求量；$\frac{W}{P}$——实际工资。劳动需求量是实际工资的减函数。实际工资低时，劳动需求量大；实际工资高时，劳动需求量小，如图 2－2－19 所示。

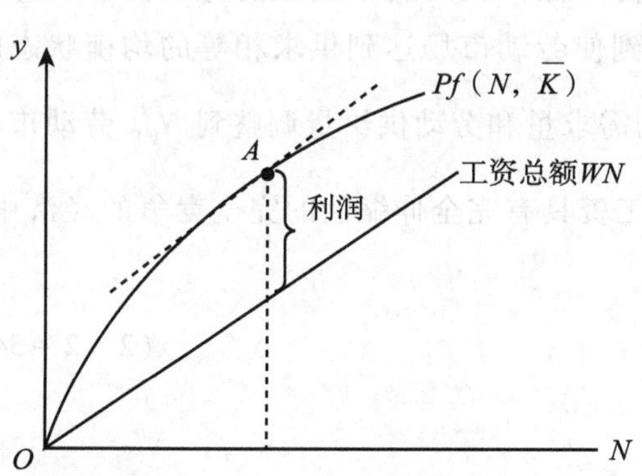


**图 2－2－18　利润最大化的就业量**

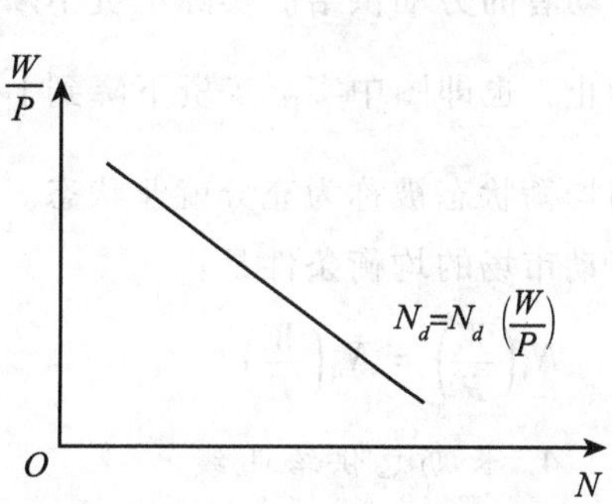


**图 2－2－19　劳动需求曲线**

（2）劳动供给。同劳动需求类似，总量意义上的劳动供给也被认为是实际工资的函数，劳动供给函数可表示为：

$$N_s = N_s\left(\frac{W}{P}\right) \tag{2-2-33}$$

式中，$N_s$——劳动供给总量。劳动供给量是实际工资的增函数。实际工资低时，劳动的供给量小；实际工资高时，劳动的供给量大，如图2-2-20所示。

（3）劳动均衡。如果工资 $W$ 和价格 $P$ 两者都是可以调整的，那么实际工资 $\frac{W}{P}$ 也是可以调整的。劳动市场的均衡就由劳动需求曲线和劳动供给曲线的交点来决定，如图2-2-21所示。

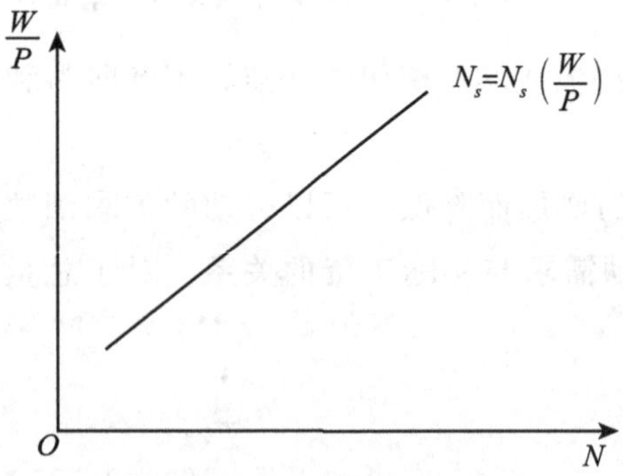


**图2-2-20　劳动供给曲线**

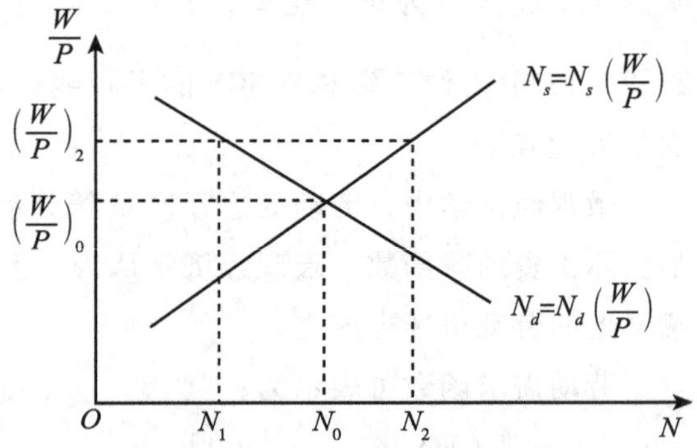


**图2-2-21　劳动市场均衡**

如果实际工资太高，例如图2-2-21中的 $\left(\frac{W}{P}\right)_2$，劳动的供给量 $N_2$ 大于劳动的需求量 $N_1$，劳动供过于求表明经济不能为所有愿意工作的人提供足够的职位，在价格和工资具有完全伸缩性的情况下，实际工资就会降低，从而刺激企业的劳动需求，抑制劳动者的劳动供给。实际工资不断调整，直到使劳动市场达到供求相等的均衡状态时为止，也即图中实际工资下降到 $\left(\frac{W}{P}\right)_0$，劳动需求量和劳动供给量调整到 $N_0$。劳动市场的均衡状态被称为充分就业状态。在价格和工资具有完全伸缩性的完全竞争的经济中，劳动市场的均衡条件是：

$$N_s\left(\frac{W}{P}\right) = N_d\left(\frac{W}{P}\right) \tag{2-2-34}$$

4. 长期总供给曲线

在长期，价格和货币工资具有伸缩性。在不同的价格水平下，当劳动市场存在超额劳动需求或超额劳动供给时，实际工资会发生调整，直到劳动市场达到均衡。因此，在长期中，经济的就业水平并不随着价格水平的变动而变动，而始终处在充分就业的状态。由长期生产函数可知，经济产量也将位于充分就业产量的水平，不受价格变动的影响。因此，古典学派认为，长期总供给曲线是一条位于经济的充分就业产量水平的垂直线。用 *LRAS* 表示长期总供给曲线，如图 2-2-22 所示。

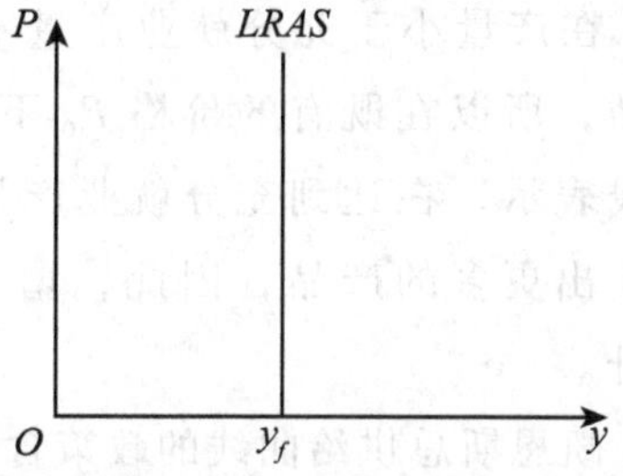

**图 2-2-22　长期总供给曲线**

古典模型中，产量取决于劳动、资本、自然资源和技术水平。在长期，劳动、资本、自然资源和技术水平一般都是稳定增长的，这些因素的变化会导致潜在产出水平发生变化，进而推动长期总供给曲线向右移动。

5. 短期总供给曲线

与长期总供给曲线相区别，本部分用 *AS* 曲线表示短期总供给曲线。宏观经济学共有三种形状的短期总供给曲线，分别为古典总供给曲线、凯恩斯总供给曲线和常规总供给曲线。

（1）古典总供给曲线。古典总供给曲线如图 2-2-23 中的 *AS* 曲线所示。古典总供给曲线和长期总供给曲线相同，均为一条垂直线。因为古典学派假设货币工资 *W* 和价格水平 *P* 可以迅速调整。

古典总供给曲线的政策含义是增加需求的政策并不能改变产量，而只能造成物价上涨，甚至通货膨胀。如图 2-2-23，原来总需求曲线 $AD_0$ 与总供给曲线 *AS* 相交于 $E_0$，当国家通过政策增加需求时，总需求曲线从 $AD_0$ 向右移动到 $AD_1$，形成新的均衡点 $E_1$，该变化使价格由 $P_0$ 上升到 $P_1$，充分就业产量 $y_f$ 没有改变。

（2）凯恩斯总供给曲线。在严重的大萧条时期，经济社会存在大量的失业人口和过剩的生产能力，凯恩斯提出货币工资具有刚性的假设。也即当产量增加时，价格和货币工资均不会发生变化。因此，凯恩斯的总供给曲线是一条水平线，如图 2-2-24 中的 $P_0E_0$ 所示。

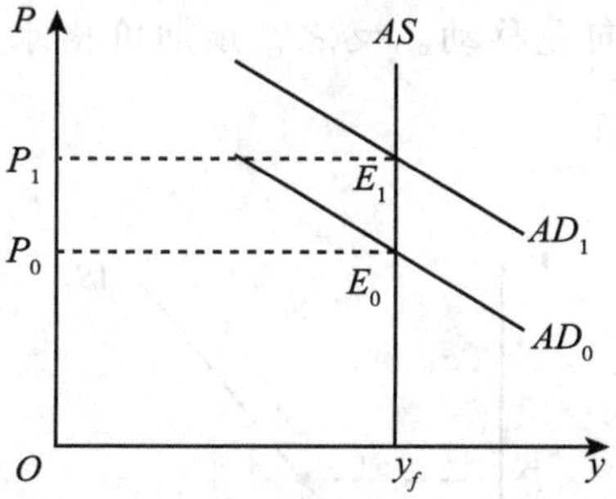

**图 2-2-23　古典总供给曲线的政策含义**

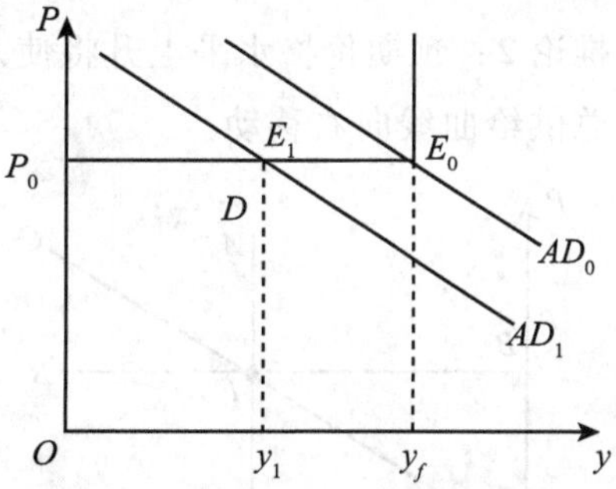

**图 2-2-24　凯恩斯总供给曲线的政策含义**

在产量小于充分就业产量 $y_f$ 的条件下，由于货币工资 $W$ 和价格水平 $P$ 都不会变动，所以在既有的价格 $P_0$ 下，经济社会能提供任何数量的 $y$。而 $E_0$ 点以上的垂直线表示，在达到充分就业产量 $y_f$ 之后，社会已经没有多余的生产能力，不可能生产出更多的产品，因此，增加的需求不但不会增加产量 $y$，反而会引起价格的上升。

凯恩斯总供给曲线的政策含义是只要产量小于充分就业产量，那么政府就可以使用增加需求的政策使经济达到充分就业状态。原来总需求曲线 $AD_1$ 与凯恩斯总供给曲线 $P_0E_0$ 相交于 $E_1$，对应的产量 $y_1$ 小于充分就业产量。当国家通过政策增加需求时，总需求曲线从 $AD_1$ 向右移动到 $AD_0$，形成新的均衡点 $E_0$，该变化使产量由 $y_1$ 上升到 $y_f$，价格水平没有改变。

（3）常规总供给曲线。垂直的古典总供给曲线和水平的凯恩斯总供给曲线分别代表总供给曲线的两种极端状态。通常情况下，经济的短期总供给曲线位于两个极端之间，如图 2－2－25 中的 $CC$ 线所示。

向右上方倾斜的 $CC$ 线表示，价格水平越高，经济中的企业提供的总产出就越多。在短期，当经济中的工资和其他资源的价格相对固定或不太容易变化时，随着企业产品价格的提高，企业增加产量通常能够盈利。因此，更高的价格水平将导致更高的总产量。这意味着，在短期，总供给曲线是向右上方倾斜的。

常规总供给曲线具有两个特征：一是向右上方倾斜，斜率为正；二是如果产出等于潜在产出水平，那么价格水平就等于预期价格水平。由上述两个特征可以得到以下两个推论：

推论 1：当产出大于潜在产出时，价格水平高于预期价格水平；当产出小于潜在产出时，价格水平低于预期价格水平。结合图 2－2－26，在 $A$ 点左侧的 $AS$ 曲线部分，价格水平低于预期价格水平；在 $A$ 点右侧的 $AS$ 曲线部分，价格水平高于预期价格水平。

推论 2：预期价格水平上升将使总供给曲线向左移动。反之，预期价格水平下降将使总供给曲线向右移动。

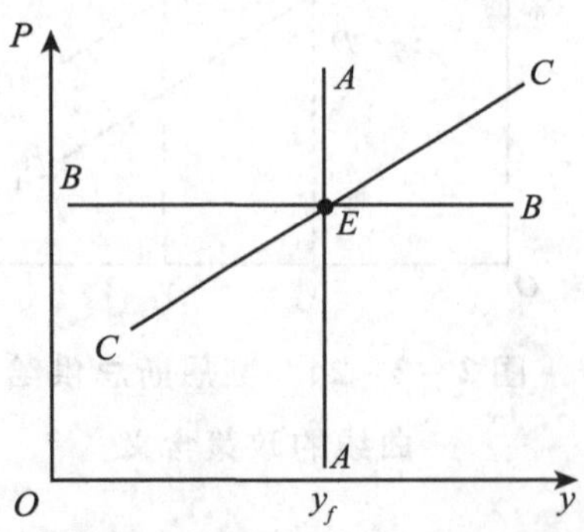


图 2－2－25 （线性的）常规总供给曲线

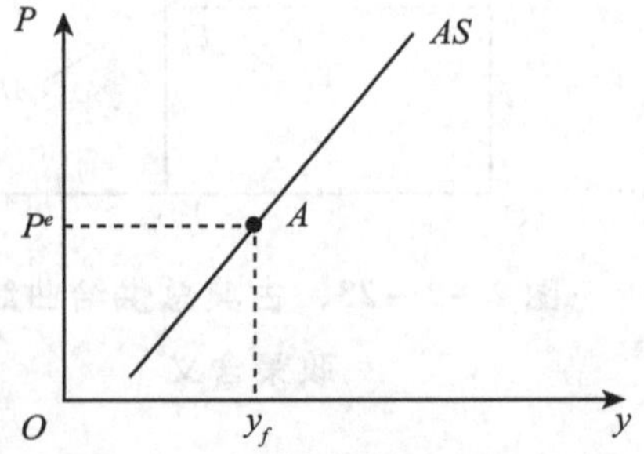


图 2－2－26 常规总供给曲线

（4）短期总供给曲线的移动。短期总供给曲线会受到以下因素的影响发生移动：可得到的劳动量增加、物质资本或人力资本增加、自然资源可获得性增加、技术知识进步、名义工资下降、投入品价格下降都会使短期总供给曲线向右移动；预期价格水平下降一般会增加产品与劳务的供给量，并使短期总供给曲线向右移动。因为当工人和企业预期价格水平要下降时，他们就倾向于达成一个更低水平名义工资的合同，而低工资降低了企业成本，进而增加了企业产品与劳务的供给量。表 2－2－6 概括了上述因素对总供给曲线的影响。

**表 2－2－6　　导致总供给曲线移动的因素**

| 序号 | 因素及其变化 | 总供给曲线的变化 |
|---|---|---|
| 1 | 可得到的劳动供给量增加 | 向右移动 |
| 2 | 资本增加 | 向右移动 |
| 3 | 自然资源可获得性增加 | 向右移动 |
| 4 | 技术进步 | 向右移动 |
| 5 | 名义工资下降 | 向右移动 |
| 6 | 投入品价格下降 | 向右移动 |
| 7 | 预期价格水平上升 | 向右移动 |

## （三）*AD*－*AS* 模型

### 1. 模型的结构

将 *AD* 曲线和 *AS* 曲线结合在一起，即构成宏观经济学中的 *AD*－*AS* 模型。这一模型的几何形式表示为图 2－2－27。宏观经济均衡是指一种能够使买者和卖者都不再愿意改变购买量、销售量和价格水平的总产量和价格的组合，也即宏观经济处于总需求曲线与总供给曲线交点的状态。由于总供给曲线有短期和长期之分，因此，宏观经济均衡可分为短期均衡和长期均衡，前者指总需求曲线与短期总供给曲线的交点，后者指总需求曲线与长期总供给曲线的交点。按照上述说明，图 2－2－27 中的 *E* 点既是短期均衡，又是长期均衡。

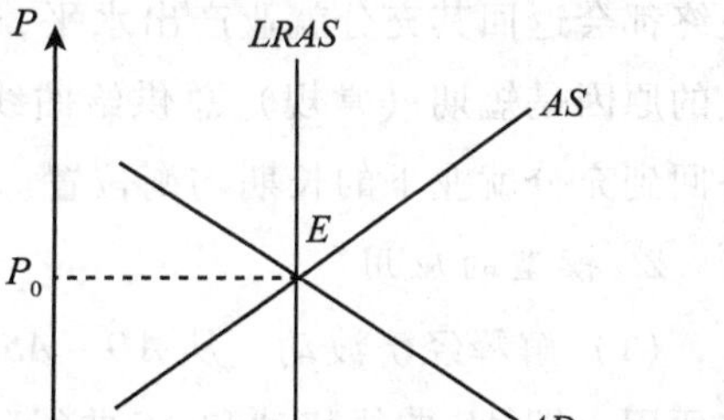


**图 2－2－27　宏观经济长期和短期均衡**

在宏观经济均衡中，经济社会可能处于充分就业状态、高于充分就业状态和低于充分就业状态，图 2-2-28 显示了这三种可能性。

在图 2-2-28 中，总供给曲线 $AS_0$ 与 $AD$ 曲线相交，$E_0$ 所处的状态就是充分就业均衡，此时经济的均衡产量等于充分就业产量 $y_f$。当 $AS_1$ 与 $AD$ 曲线在 $E_1$ 相交时，均衡产量 $y_1$ 低于充分就业的产量 $y_f$，这时存在通货紧缩缺口（衰退缺口），即 $y_f - y_1$。当 $AS_2$ 与 $AD$ 曲线在 $E_2$ 相交时，均衡产量 $y_2$ 高于充分就业产量 $y_f$，这时存在通货膨胀缺口，即 $y_2 - y_f$。

$AD-AS$ 模型有一个重要特征，即随着时间的推移，模型存在趋向充分就业均衡的调整。下面以存在通货膨胀缺口为例进行说明。

在图 2-2-29 中，假设经济的短期均衡出现在 $E_2$ 点处，此时的均衡产量为 $y_2$，高于充分就业产量 $y_f$，也即经济存在通货膨胀缺口。在这种情况下，劳动市场较为紧张，通货膨胀缺口会推动工资上涨，这又使得企业提高产品价格以消化工资的上涨。随着时间的推移，预期价格水平提高了，从而促使短期总供给曲线从 $AS_2$ 向左移动到 $AS_0$，均衡点由 $E_2$ 移动到 $E_0$ 点，它刚好位于长期总供给曲线 $LRAS$ 上，$E_0$ 点的均衡也是长期均衡，这时均衡产出为充分就业的产出水平 $y_f$，调整完成。

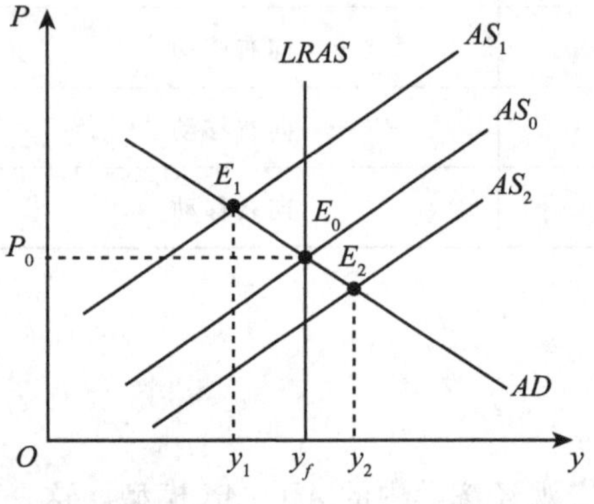


**图 2-2-28　三种宏观经济均衡**

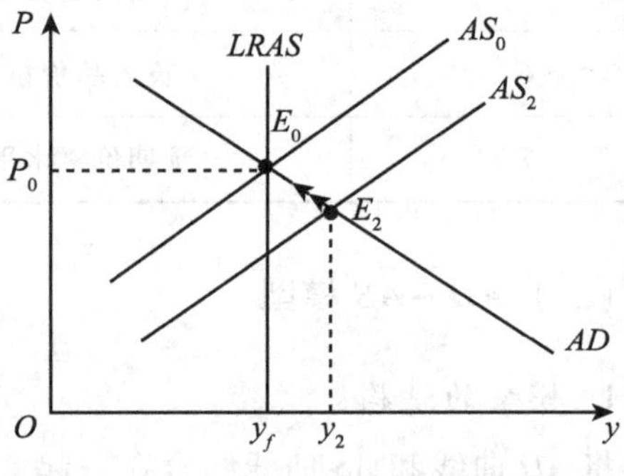


**图 2-2-29　存在通货膨胀缺口时的调整**

短期总供给曲线从 $AS_2$ 调整到 $AS_0$ 是一个循序渐进的过程，但无论产出多少，经济最终都会返回其充分就业产出水平，这一特征被称为自我校正机制。自我校正机制发生的原因是短期（常规）总供给曲线会通过预期价格的调整向左或向右移动，推动经济回到充分就业下的长期均衡位置。

2. 模型的应用

（1）解释经济波动。从 $AD-AS$ 模型的理论视角看，宏观经济短期波动有两个基本原因，即 $AD$ 曲线移动和 $AS$ 曲线移动。使 $AD$ 曲线发生移动的事件被称为需求冲击，使 $AS$ 曲线发生移动的事件被称为供给冲击。

宏观经济在运行过程中可能会出现三种经济问题，即失业、通货膨胀和滞胀。失业，尤其是周期性失业常常与衰退联系在一起。衰退是指所考察的经济在一定时期内经历了产出下降和失业上升的情况。通货膨胀是指所考察的经济在一定时期价格水平持续显著地上涨。滞胀是经济停滞（产出下降，失业增加）与通货膨胀（价格水平上升）的结合。

由表 2－2－7 可知，*AD*－*AS* 模型可以对三种宏观经济问题进行解释。下面以第一种情况为例。

**表 2－2－7　*AD*－*AS* 模型中曲线的移动和相应的宏观经济问题**

| 序号 | 曲线的移动 | 模型的表示 | 宏观经济问题 |
|---|---|---|---|
| 1 | *AD* 曲线向左移动 | 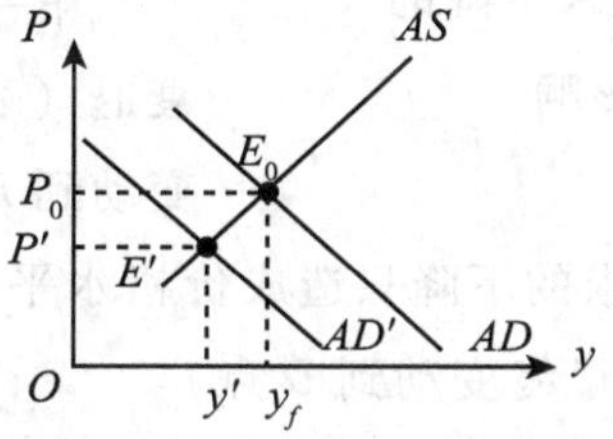 | 失业 |
| 2 | *AD* 曲线向右移动 | 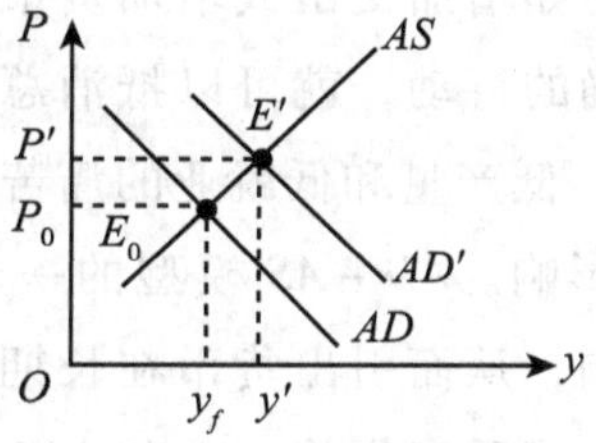 | 通货膨胀 |
| 3 | *AS* 曲线向左移动 | 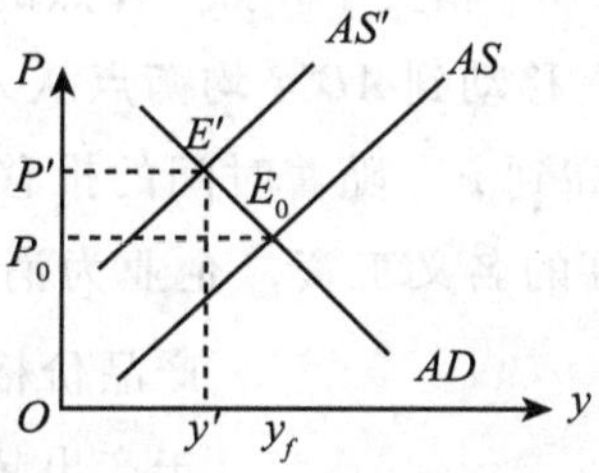 | 滞胀 |

如图 2－2－30，假设经济最初状态位于曲线 $AD_1$ 和 $AS_1$ 相交的 *A* 点，由于曲线 *LRAS* 也经过 *A* 点，因此 *A* 点也是长期均衡点。需求冲击（如股票市场暴跌导致企业失去信心缩减投资）使得曲线 $AD_1$ 向左移动到 $AD_2$，均衡点则由 *A* 点移动到 *B* 点。此时，产量从 $y_f$ 下降到 $y_2$，价格从 $P_1$ 下降到 $P_2$。产出水平下降表明经济出现衰退。

由于 *B* 点的价格低于 *A* 点，于是工人和企业开始对低于预期的价格水平作出调整。物价下降带来的财富效应使得每一单位货币的工资能够购买更多的产品和劳务，衰退又造成失业率上升，工人愿意接受更低的工资。需求的减少也促使企业接受更低的价

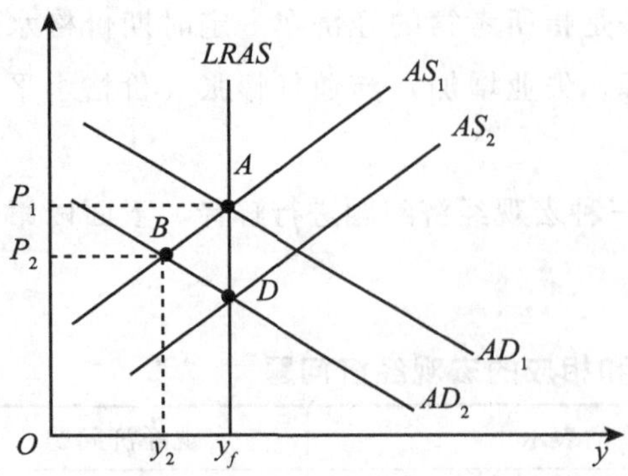


图 2-2-30 总需求下降的短期和长期影响

格。随着时间的推移，预期价格水平下降，从而促使短期总供给曲线从 $AS_1$ 向右移动到 $AS_2$。这种移动使经济从 B 移动到新的长期均衡点 D，产量又回到了自然水平。B 点向 D 点的调整过程可能需要一段时间，这被称为宏观经济的自动调整机制。

根据上面关于总需求曲线移动的分析，可以得出两个结论：

第一，在短期，总需求的下降会造成衰退（表现在图 2-2-30 中，经济从 A 点变动到 B 点）。

第二，在长期，总需求的下降只造成价格水平的下降，但不影响产量（表现在图 2-2-30 中，经济从 A 点最终变动到 D 点）。

（2）说明政策含义。如图 2-2-30，当经济进入衰退，即从图中的 A 点变动到 B 点时，政府就可以采取行动如增加支出或增加货币供给来增加总需求。如果决策者以足够快的速度采取足够准确的行动，就可以抵消总需求最初的移动，使总需求曲线回到 $AD_1$ 并使经济回到 A 点，低产量和低就业的痛苦时期就会缩短，严重性也会减轻。

（3）考察货币扩张的影响。AD-AS 模型的一个重要应用是考察货币供给变化对经济的短期影响和长期影响，从而引出货币在长期是中性的这一命题。下面以货币扩张为例来说明。假定在名义货币变化前，产出处于充分就业水平。

如图 2-2-31，$AD_0$ 和 $AS_0$ 相交于 A 点，A 点的产出水平为 $y_f$。如果名义货币增加，将使总需求曲线从 $AD_0$ 向右移动到 $AD'$，均衡点从 A 点变动到 $A'$ 点，此时产出从 $y_f$ 增加到 $y'$，价格水平从 $P_0$ 提高到 $P'$。随着时间的推移，价格预期的调整开始起作用。看到价格上升，工人要求更高的名义工资，企业为消化高工资带来的成本上升也提高了产品价格，从而导致了更高的价格水平。由于产出超过充分就业的产量，在自我校正机制的作用下，总供给曲线会向左移动，直到产出回到 $y_f$，调整过程就会停止。此时，总供给曲线为 $AS'$，经济处于 $AD'$ 和 $AS'$ 的交点 D 点，产出回到充分就业的水平，价格水平为更高的 $P''$。

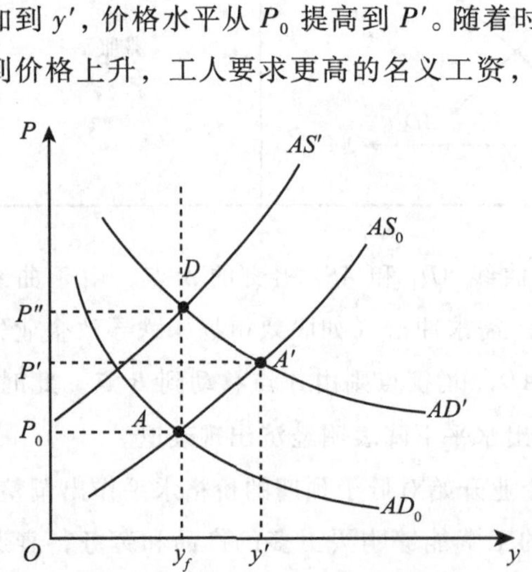


图 2-2-31 货币扩张的影响

在长期，名义货币的增加完全反映在价格水平的成比例增加上，对产出没有影响。在宏观经济学中，人们把货币对产出在长期中没有影响这一现象称为货币中性。

## 三、开放经济模型

一个开放经济以两种方式和其他经济相互交易：一是在世界产品市场上购买并出售商品与服务；二是在世界金融市场上购买并出售股票和债券这类资本性资产。

### （一）净出口和资本净流出

1. 净出口

出口是在国内生产而在国外销售的商品与服务；进口是在国外生产而在国内销售的商品与服务；净出口（*NX*）是一国的出口值（*X*）与一国进口值（*M*）的差额，也被称为贸易余额。

$$NX = X - M \tag{2-2-35}$$

如果净出口为正，说明该国有贸易盈余；如果净出口为负，说明该国有贸易赤字；如果净出口为零，说明该国贸易平衡。

2. 资本净流出

资本净流出是指本国居民购买的外国资产与外国人购买的本国资产之间的差额：

资本净流出（*NCO*）= 本国居民购买的外国资产 - 外国人购买的本国资产

国际资本流动有两种形式，一是外国直接投资，二是外国有价证券投资。资本净流出（外国净投资）可正可负。当资本净流出为正，资本流出一国；当资本净流出为负，资本流入一国。

3. 净出口与资本净流出的关系

净出口衡量世界商品和服务市场上一国出口与进口之间的不平衡；资本净流出衡量世界金融市场上本国居民购买的外国资产量与外国人购买的本国资产量之间的不平衡。但对整个经济而言，资本净流出（*NCO*）必然总是等于净出口（*NX*）：

$$NCO = NX \tag{2-2-36}$$

该等式成立的原因是影响这个等式一侧的每一次交易也必然完全等量地影响另一侧，也即该等式是一个恒等式。

例如，当中国有贸易盈余（$NX > 0$）时，外国人购买的中国商品与服务多于中国人购买的外国商品与服务。中国人用他们从这种商品与服务的国外净销售中得到的外国通货购买外国资产，因此，中国资本流向国外（$NCO > 0$）。相反，如果中国有贸易赤字（$NX < 0$），那么中国人用于购买外国商品与服务的支出就多于他们从国外销售中得到的收入。因此，部分支出必定通过出售中国人的国外资产来筹资，从而外国资本流入中国（$NCO < 0$）。

### （二）可贷资金市场

可贷资金是指人们选择储蓄并贷出而不是用于自己消费的所有收入，以及投资者选择为新投资项目筹集资金要借的数量。可贷资金市场是指想储蓄的人借以提供资金、想借钱投资的人借以借贷资金的市场。

1. 封闭经济中的可贷资金市场

可贷资金的供给主体是有额外收入并想储蓄和贷出的人。可贷资金的供给来自国民储蓄，包括私人储蓄和公共储蓄。这种贷出可以直接进行，如购买企业债券；也可以间接进行，如在银行存款，银行又用这些资金发放贷款。在这两种情况下，储蓄是可贷资金供给的来源。

可贷资金的需求来自希望借款进行投资的家庭与企业。这种需求既包括家庭用抵押贷款购置住房，也包括企业借款用于购买新设备或建立新工厂。在这两种情况下，投资是可贷资金需求的来源。

利率是贷款的价格，既是储蓄的收益，又是借款的成本。它代表借款者要为贷款支付的货币量以及贷款者从其储蓄中得到的货币量。由于高利率使借款更为昂贵，因此，随着利率的上升，可贷资金需求量减少。同样，由于高利率使储蓄更有吸引力，因此，随着利率的上升，可贷资金供给量增加。也即，可贷资金的需求曲线向右下方倾斜，而可贷资金的供给曲线向右上方倾斜。可贷资金的需求曲线与可贷资金的供给曲线会形成一个交点，当可贷资金市场的需求和供给刚好位于这个交点时，可贷资金市场实现了均衡，该交点决定了均衡利率和均衡货币量。如果用 $F$ 代表可贷资金量，$r$ 代表实际利率，可贷资金的需求曲线和供给曲线如图 2－2－32 所示。

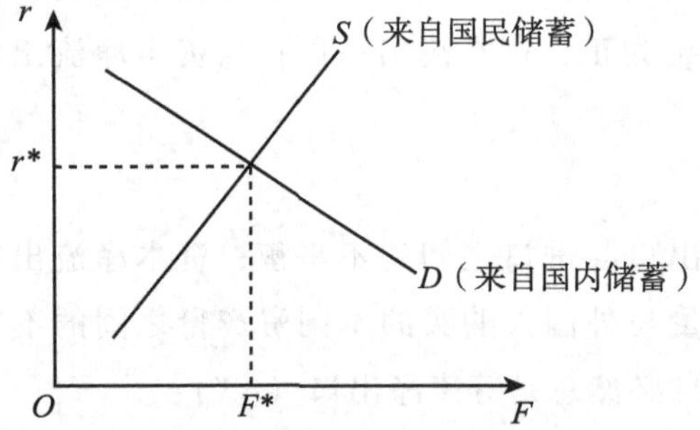


图 2－2－32　可贷资金市场

经济中的利率调整使可贷资金的供给与需求达到均衡水平，对应图中均衡利率 $r^*$ 和均衡可贷资金水平 $F^*$。如果利率低于均衡水平，则可贷资金的供给量小于需求量，所引起的可贷资金短缺将鼓励贷款者提高他们所收取的利率。相反，如果利率高于均衡水平，则可贷资金的供给量就大于需求量。由于贷款者争夺稀缺的借款者，因此利率被迫下降。由此，利率趋向于使可贷资金供给与需求正好平衡的水平。

2. 开放经济中的可贷资金市场

回忆国民收入恒等式，也即公式（2－2－1）“$Y=C+I+G+NX$”。将等式两边同时减去 $C$ 和 $G$ 可得：$Y-C-G=I+NX$，将公式（2－2－2）“$S=Y-C-G$”代入等式

左边、公式（2－2－36）“$NCO=NX$”代入等式右边可得恒等式：

$S=I+NCO$，即：储蓄＝国内投资＋资本净流出 （2－2－37）

该等式表明每当一国储蓄了1元收入时，它就可以用这1元来为购买国内资产筹资，或为购买国外资产筹资。这个恒等式的两边代表可贷资金市场的双方。可贷资金的供给来自国民储蓄（$S$），可贷资金的需求来自国内投资（$I$）和资本净流出（$NCO$）。

可贷资金可以解释为国内产生的可用于资本积累的资源流量。无论是购买国内资本资产（$I$）还是购买国外资本资产（$NCO$），这种购买都增加了可贷资金的需求。当 $NCO>0$ 时，一国产生资本净流出，此时对海外资本的净购买增加了对国内可贷资金的需求；当 $NCO<0$ 时，一国产生资本净流入，此时来自国外的资本减少了对国内可贷资金的需求。

由前文关于可贷资金市场的讨论所知，可贷资金的供给量和需求量取决于实际利率。高利率一方面鼓励储蓄，增加可贷资金的供给量，从而供给曲线向右上方倾斜；另一方面增加借款成本、抑制投资，减少可贷资金的需求量，从而需求曲线向右下方倾斜。可贷资金的需求曲线和供给曲线如图2－2－33所示。此外，实际利率还会影响资本净流出，比如中国的实际利率上升会抑制中国人购买外国资产，并鼓励外国人购买中国资产。因此，中国较高的实际利率降低了其资本净流出。

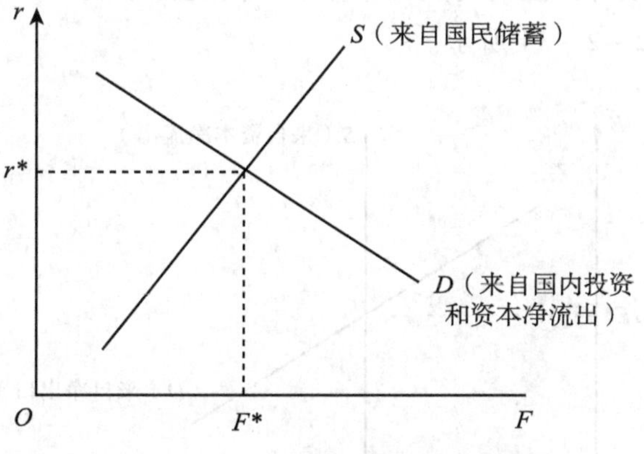


**图2－2－33 可贷资金市场的均衡**

和封闭经济相比，相同的是，开放经济中，利率也是由可贷资金的供给与需求决定的，国民储蓄是可贷资金供给的来源。不同之处在于可贷资金需求的来源不仅有国内投资，还有资本净流出，也即在一个开放经济中，可贷资金需求不仅来自那些想借贷以购买国内资本品的人，还来自那些想借贷以购买外国资产的人。

利率自发调整使可贷资金的供给与需求达到平衡。如果利率低于均衡水平，则可贷资金的供给量将小于需求量，所引起的可贷资金短缺将使利率上升。相反，如果利率高于均衡水平，则可贷资金的供给量将大于需求量，所引起的可贷资金过剩将使利率下降。在均衡利率时，可贷资金的供给正好与需求平衡。

**（三）外汇市场**

开放经济模型中的第二个市场是外汇市场，在这个市场中参与者用人民币兑换外国通货。根据公式（2－2－36）“$NCO=NX$”，也即资本净流出＝净出口。该恒等式表明，国外资本资产的购买与出售之间的不平衡（$NCO$）等于商品与服务的出口和进口之间的不平衡（$NX$）。

这个恒等式的两边代表外汇市场上的双方。等式左边（资本净流出）代表外汇市场上人民币的供给方，为购买国外资产而供给的人民币量。等式右边（净出口）代表外汇市场上人民币的需求方，为了购买中国净出口的商品与服务而需要的人民币量。

实际汇率是国内商品与国外商品的相对价格，是净出口的关键决定因素。当中国的实际汇率上升时，中国商品相对于国外商品变贵了，这使中国商品对国内外消费者的吸引力变小了。中国的出口减少，而进口增加，中国的净出口减少（从而减少了为这些净出口进行支付而需要的人民币量）。因此，实际汇率上升减少了外汇市场上人民币的需求量。所以，外汇市场的需求曲线向右下方倾斜。外汇市场的供给曲线是垂直的，因为为资本净流出而供给的人民币量并不取决于实际汇率。如果用$CNY$代表用于兑换外国通货的人民币量，$E$代表实际汇率，那么人民币的需求曲线和供给曲线如图2－2－34所示。

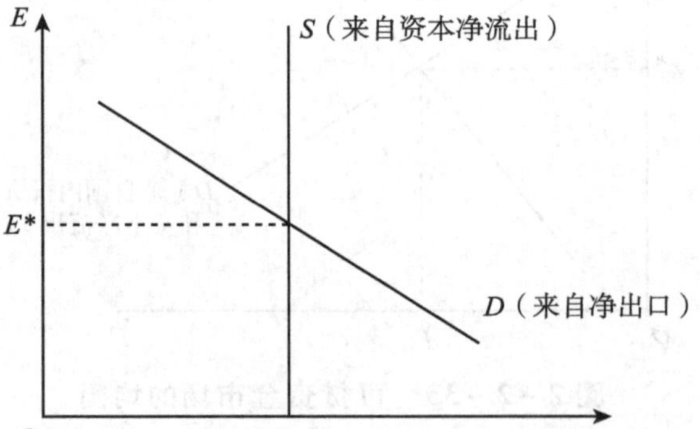


**图2－2－34　外汇市场的均衡**

实际汇率是由外汇市场上的供给与需求决定的。实际汇率会自发调整，使人民币的供求实现平衡。如果实际汇率低于均衡水平，那么人民币供给量将小于需求量，所引起的人民币短缺将使人民币的价值上升。相反，如果实际汇率高于均衡水平，那么人民币供给量将大于需求量，所引起的人民币过剩将使人民币的价值下降。在均衡的实际汇率下，由中国商品与服务净出口所引起的外国人对人民币的需求正好与由中国资本净流出所引起的来自中国人的人民币供给相平衡。

### （四）开放经济中的均衡

1. 可贷资金市场和外汇市场同时均衡

在可贷资金市场上，供给来自国民储蓄（$S$），需求来自国内投资（$I$）和资本净流出（$NCO$），并且实际利率使供求平衡。在外汇市场上，供给来自资本净流出（$NCO$），需求来自净出口（$NX$），并且实际汇率使供求平衡。资本净流出是联系这两个市场的变量。资本净流出的关键决定因素是实际利率。当中国的实际利率高时，拥有中国资产更有吸引力，因而中国的资本净流出低。图2－2－35显示了实际利率和资本净流出之间的负相关关系。用$CNY$代表人民币量，开放经济的实际均衡如图2－2－36所示。

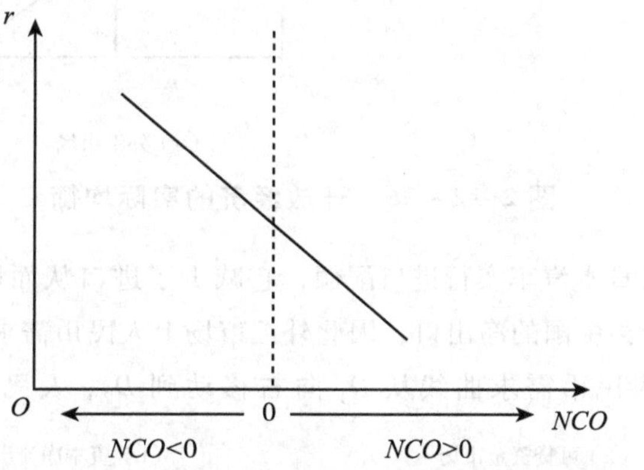


**图2－2－35　资本净流出如何取决于实际利率**

图2－2－36中，（a）中可贷资金的供求决定了实际利率，而实际利率又决定了（b）中的资本净流出。由于必须用外国通货购买外国资产，因此从（b）中得出的资本净流出决定了用于兑换外国通货的人民币的供给。（c）中外汇市场上的供求决定了实际汇率。图中所示的两个市场决定了两个相对价格——实际利率和实际汇率。（a）中决定的实际利率是相对于未来商品与服务的现期商品与服务的价格。（b）中决定的实际汇率是相对于国外商品与服务的国内商品与服务的价格。这两个相对价格同时调整，使这两个市场的供求达到平衡。当这两个相对价格调整时，它们就决定了国民储蓄、国内投资、资本净流出和净出口。

2. 模型的应用——贸易政策

贸易政策是直接影响一国进口或出口的商品与服务数量的政府政策，目的是支持国内某个特定行业。常见的贸易政策有关税（对进口商品征收的税）和进口配额（对在国外生产而在国内销售的商品数量的限制）。

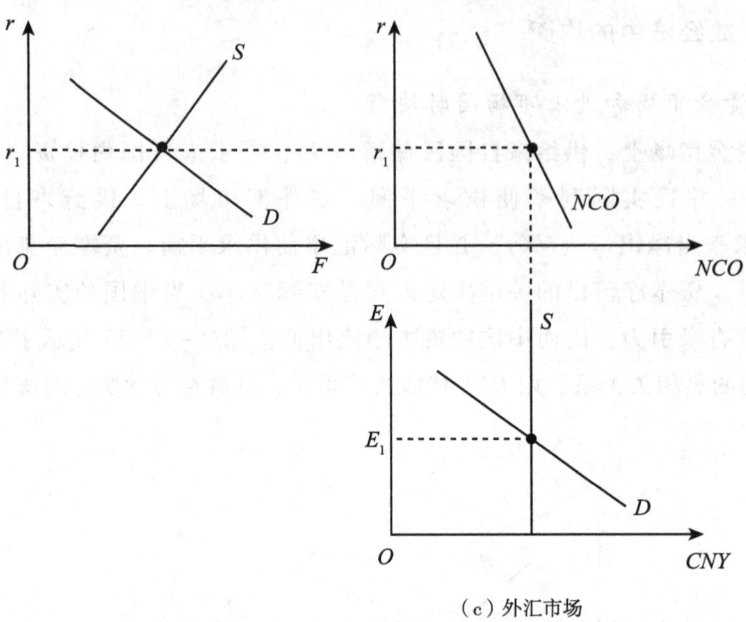


**图 2－2－36　开放经济的实际均衡**

假设中国政府对日本汽车实行进口配额，它减少了进口从而增加了净出口。由于外国人需要人民币来购买中国的净出口，因此外汇市场上人民币需求增加，图 2－2－37 中表现为（c）中的人民币需求曲线从 $D_1$ 向右移动到 $D_2$，人民币需求增加引起实际

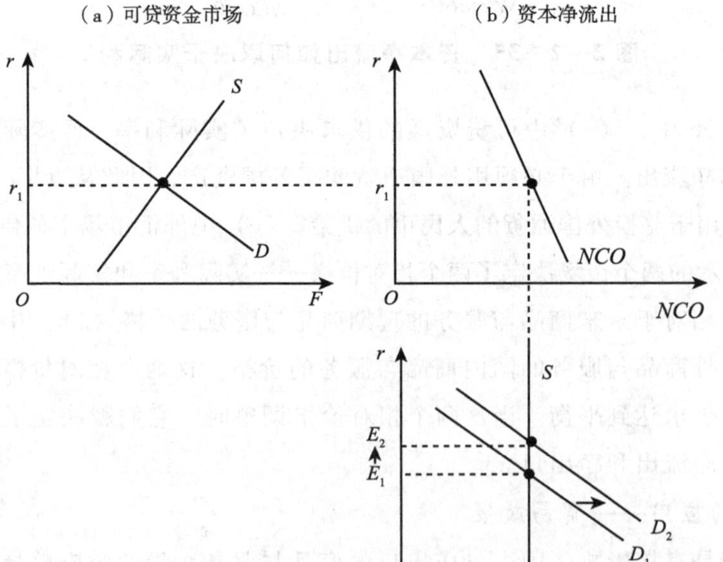


**图 2－2－37　进口配额的影响**

汇率从 $E_1$ 上升到 $E_2$。但是人民币升值会减少出口进而减少净出口，从而抵消进口配额对贸易余额的影响。结果是进口配额减少了进口，也减少了出口，净出口没有变动。

由上述分析得出的结论是贸易政策并不影响贸易余额。回忆恒等式（2－2－36）“$NX = NCO = S - I$”，贸易政策没有改变贸易余额是因为这些政策并没有改变国民储蓄和国内投资。在国民储蓄和国内投资水平既定时，无论政府实行什么贸易政策，实际汇率的调整都使贸易余额保持不变。

## 四、宏观经济政策目标

### （一）政策目标及政策影响

1. 宏观经济政策目标

宏观经济政策的目标有四种：充分就业、价格稳定、经济持续均衡增长和国际收支平衡。宏观经济政策就是为了达到这些目标而制定的手段和措施。

主要的失业类型包括摩擦性失业、结构性失业和周期性失业。摩擦性失业是指在劳动力的周转中由于工人和工作之间的匹配过程而引起的失业。结构性失业是指劳动力的供给和需求不匹配所造成的失业。周期性失业是指在宏观经济运行过程中，随经济衰退而上升，随经济扩张而下降的失业。在宏观经济学中，把只有摩擦性失业和结构性失业的就业状态称为充分就业，也即将摩擦性失业和结构性失业视为经济中正常的失业水平。相应地，将经济处于充分就业情况下的失业率称为自然失业率。

价格稳定是指价格总水平的稳定，即不出现较大通货膨胀。一般用价格指数来表示一般价格水平的变化。充分就业与价格稳定之间存在两难选择。

经济增长是指在一个特定时期内经济社会所生产的人均产量和人均收入的持续增长，通常用一定时期内实际国内生产总值年均增长率来衡量。

当一国国际收支处于失衡状态时，就必然会对国内经济形成冲击，从而影响该国国内的就业水平、价格水平及经济增长。

2. 宏观经济政策的作用和影响

宏观经济政策可分为需求管理政策和供给管理政策，前者包括财政政策和货币政策，后者包括人力政策和收入政策等。表 2－2－8 中显示了需求管理政策对重要变量的影响。

表 2－2－8　　财政政策和货币政策的影响

| 政策种类 | | 以利率的影响 | 对消费的影响 | 对投资的影响 | 对 GDP 的影响 |
|---|---|---|---|---|---|
| 财政政策 | 减少所得税 | 上升 | 增加 | 减少 | 增加 |
| | 增加政府开支（政府购买和转移支付） | 上升 | 增加 | 减少 | 增加 |
| | 投资津贴 | 上升 | 增加 | 增加 | 增加 |
| 货币政策 | 扩大货币供给 | 下降 | 增加 | 增加 | 增加 |

（1）财政政策。国家财政由政府支出和收入两个方面构成，其中政府支出包括政府购买和转移支付，而政府收入则包含税收和公债两个部分。财政政策是政府变动支出和税收以影响总需求进而影响就业和国民收入的政策。当总需求过低，衰退和失业加剧时，政府应采取刺激需求的扩张性财政政策；反之，应采取紧缩性财政政策，也即逆经济风向行事。

①政府支出。

政府购买是指政府对产品和劳务的购买，如购买机关办公用品、发放政府雇员报酬、实施公共项目工程所需的支出等。政府购买是一种实质性支出，有产品和劳务的实际交易，因而直接形成社会需求和购买力，是国民收入的一个组成部分。在社会总支出水平过低时，政府可以提高购买水平，增加社会整体需求。

政府转移支付是指政府在社会福利、保险、贫困救济和补助、公债利息等方面的支出。这是一种货币性支出，政府在付出这些货币时并无相应的产品和劳务的交换发生，这是一种不以取得产品和劳务作为报偿的支出。因此，转移支付不能算作国民收入的组成部分。在总支出不足时，失业会增加，政府应增加社会福利费用，提高转移支付水平，增加人们的可支配收入和消费支出水平，从而增加社会有效需求。

②政府收入。

税收是政府收入中最主要的部分，它是国家为了实现其职能按照法律预先规定的标准，强制地、无偿地取得财政收入的一种手段。税收作为政策工具，可以通过改变税率、税收总量和税收结构，影响人们收入和商品及生产要素的价格，从而调节社会总需求。在需求不足时可采取减税措施来抑制经济衰退。

公债是政府对公众的债务或公众对政府的债权，是政府运用信用形式筹集财政资金的特殊形式，包括中央政府债务和地方政府债务。公债一般有短期债、中期债和长期债三种形式。政府公债的发行，一方面能增加财政收入，影响财政收支，属于财政政策；另一方面又能对金融市场的扩张和紧缩起重要作用，影响货币的供求，调节社会的总需求水平。

(2) 货币政策。货币政策是中央银行通过对国家货币、信贷及银行体制的管理来达到经济目标的行为。货币政策通过利率变动间接对总需求发挥作用。经济萧条时多采用扩张性货币政策，增加货币供给，降低利率。

①再贴现率。当银行临时准备金不足时，可以用它持有的政府债券或合格的客户票据到央行办理再贴现。再贴现率政策是指央行通过变动给商业银行及其他存款机构的贷款利率来调节货币供给量。再贴现率提高，商业银行向央行的借款就会减少，准备金减少，从而货币供给量就会减少。

②公开市场业务。公开市场业务是指中央银行在金融市场上公开买卖政府债券以控制货币供给和利率的政策行为，是目前央行控制货币供给最重要最常用的工具。当央行买进政府债券时，一方面，银行的准备金存款增加，银行客户取得信贷变得容易；另一方面，对债券的市场需求增加，债券价格上升，意味着利率下降。

③法定准备率。降低法定准备率，实际上等于增加了货币供给。央行一般不愿轻易使用变动法定准备率这一手段。因为商业银行向央行报告它们的准备金和存款状况时存在时滞，且变动法定准备率的作用十分猛烈。

3. 财政和货币政策混合使用

如果某一时期经济处于萧条状态，则政府既可采用扩张性财政政策，也可采用扩张性货币政策，还可以将两种政策结合起来使用。财政政策和货币政策可有多种结合，结合的政策效应，有的可预计，有的不确定。如表 2-2-9 所示。政府和央行可以根据具体情况和不同目标，选择不同的政策组合。

**表 2-2-9　财政政策和货币政策混合使用的政策效应**

| | 政策混合 | 产出 | 利率 |
|---|---|---|---|
| 1 | 扩张性财政政策和紧缩性货币政策 | 不确定 | 上升 |
| 2 | 紧缩性财政政策和紧缩性货币政策 | 减少 | 不确定 |
| 3 | 紧缩性财政政策和扩张性货币政策 | 不确定 | 下降 |
| 4 | 扩张性财政政策和扩张性货币政策 | 增加 | 不确定 |

## (二) 通货膨胀的原因与成本

1. 通货膨胀的原因

通货膨胀是指一个经济中的大多数产品和劳务的价格连续在一段时间内普遍上涨。通货膨胀的程度通常用通货膨胀率来衡量。通货膨胀率被定义为从一个时期到另一个时期价格水平变动的百分比。用公式表示为：

$$\pi_t = \frac{P_t - P_{t-1}}{P_{t-1}} \times 100\% \qquad (2-2-38)$$

式中，$\pi_t$——$t$ 时期的通货膨胀率；$P_t$、$P_{t-1}$——$t$ 时期和（$t-1$）时期的价格水平。

（1）需求拉动的通货膨胀。需求拉动的通货膨胀，又称超额需求通货膨胀，是指总需求超过总供给所引起的一般价格水平的持续显著的上涨。需求拉动的通货膨胀理论把通货膨胀解释为过多的货币追逐过少的商品。

在达到充分就业的产量 $y_f$ 后，如果总需求继续增加，总供给就不再增加，因而总供给曲线 $AS$ 呈垂直状。这时总需求的增加只会引起价格水平的上涨。如图 2－2－38 中总需求曲线从 $AD_1$ 提高到 $AD_2$ 时，它同总供给曲线的交点所决定的总产量并没有增加，仍然为 $y_f$，但是价格水平已经从 $P_1$ 上涨到 $P_2$，这就是需求拉动的通货膨胀。

（2）成本推动的通货膨胀。成本推动的通货膨胀，又称成本通货膨胀或供给通货膨胀，是指在没有超额需求的情况下由于供给方面成本的提高所引起的一般价格水平持续和显著的上涨。

成本推动的通货膨胀主要是由工资的提高造成的，因此又被称为工资推动的通货膨胀，以区别于利润提高造成的成本推动的通货膨胀。工资推动的通货膨胀是指不完全竞争的劳动市场造成的过高工资所导致的一般价格水平的上涨。工资提高引起价格上涨，价格上涨又引起工资提高。这样，工资提高和价格上涨形成了螺旋式的上升运动，即所谓工资—价格螺旋。

利润推动的通货膨胀是指垄断企业和寡头企业利用市场势力操纵价格，致使价格上涨的速度超过成本增长的速度，从而谋取过高利润所导致的一般价格水平的上涨。

如图 2－2－39，在总需求曲线不发生移动的条件下，总供给曲线从 $AS_1$ 向左移动会引起滞胀，即经济停滞（产出下降）与通货膨胀（价格上升）同时出现。不利的供给冲击（如石油价格的上涨）推动了成本上升，使短期总供给曲线向左移动，其结果会出现滞胀。

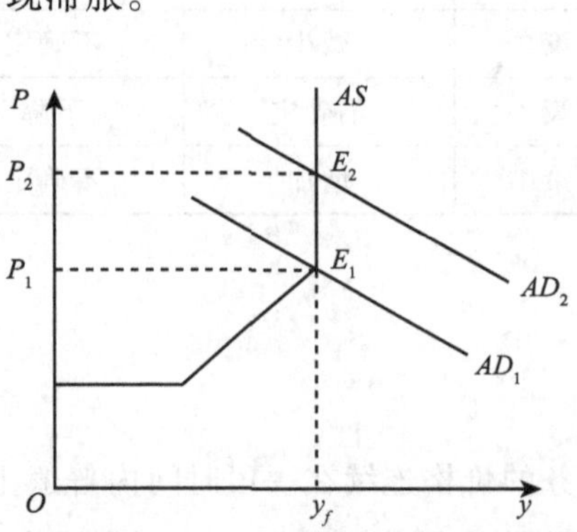


图 2－2－38　需求拉动的通货膨胀

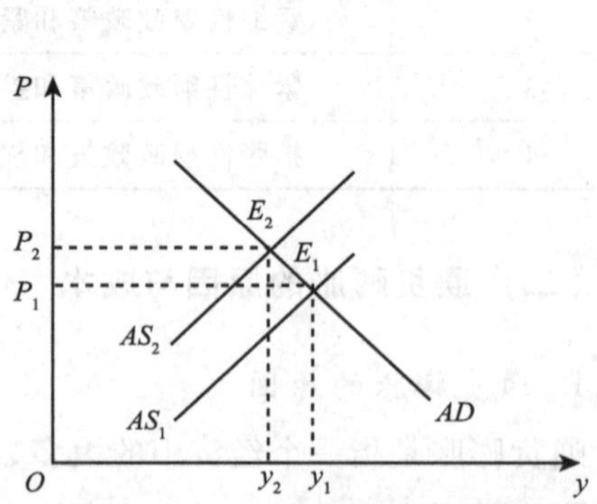


图 2－2－39　成本推动的通货膨胀

（3）结构性通货膨胀。在没有需求拉动和成本推动的情况下，只是由于经济结构因素的变动出现的一般价格水平的持续上涨，被称为结构性通货膨胀。由于生产率提高的快慢不同，两个部门工资增长的快慢也应当有区别。但是，生产率提高慢的部门要求工资增长向生产率提高快的部门看齐，结果使全社会工资增长速度超过生产率增长速度，因而引起通货膨胀。

2. 通货膨胀的成本

（1）预期到的通货膨胀成本：

①菜单成本。企业往往公布价格，并使其在一段时间内保持不变。企业不经常改变价格是因为改变价格有成本。调整价格的成本被称为菜单成本，包括决定新价格的成本、印刷新清单和目录的成本、为新价格做广告的成本等。

②鞋底成本。当通货膨胀率高时，通常名义利率上升以补偿价格水平的上升。结果，把现金放在口袋里的成本更高。这会促使居民去银行把现金存入银行账户。往返银行路上所花的时间和汽油等开支被称为鞋底成本。在字面理解之外，减少货币持有量的实际成本是为了使手头保留的钱少于没有通货膨胀时的数量，人们必须牺牲的时间与便利。

此外，通货膨胀扩大了资本收益的规模，无形中增加了该收入的税收负担，导致税收扭曲。通货膨胀时期，会计师也会错误地衡量企业收入，使投资者无法准确判断企业经营好坏，抑制金融市场的储蓄配置作用。

（2）未预期到的通货膨胀成本：

①不确定性的增加。未预期到的通货膨胀会导致许多有代价的决策，使得经济效率降低。如果实际通货膨胀低于预期，购买定期存单会有意外收获，而获取贷款则会有更高成本。在工资和通货膨胀预期保持相同增速的前提下，如果实际通货膨胀低于老板和工人的预期，那么工人获取的实际工资比预期更多，愿意增加工作时间，老板则希望减少工人工作时间。

②不合意的财富的再分配。通货膨胀不利于靠固定的货币收入维持生活的人，如工薪阶层和领取救济金的人，固定收入阶层的购买力会因通货膨胀而下降。通货膨胀对储蓄者不利，随着价格的上涨，存款的实际价值或购买力会降低。通货膨胀导致债务人和债权人之间发生收入再分配，会牺牲债权人的利益使债务人获利。如果产品价格比资源价格上升得快，则企业的收益比成本增长得快，企业主也能从通货膨胀中获利。

③相对价格变动性的增加。未预期到的通货膨胀有可能急剧增加相对价格的变动性，企业可能作出错误的生产决策，从而带来经济的低效率和资源的不当配置。如果实际通货膨胀低于预期，当企业按照预期通胀水平提价时会发现需求下降，从而可能削减生产。但该产品的长期需求实际上并没有下降。该企业产品的相对价格只是暂时上升，而企业并不知情。

### （三）经济增长与经济周期

1. 经济增长

（1）经济增长的决定因素。在宏观经济学中，经济增长被定义为产量的增加。这里，产量既可以表示为经济的总产量（GDP总量），也可以表示为人均产量（人均GDP）。经济增长的程度可以用增长率来描述。若用 $Y_t$ 表示 $t$ 时期的总产量，$Y_{t-1}$ 表示（$t-1$）时期的总产量，则总产量意义下的增长率为：

$$g_Y = \frac{Y_t - Y_{t-1}}{Y_{t-1}} \tag{2-2-39}$$

若用 $y_t$ 表示 $t$ 时期的人均产量，$y_{t-1}$ 表示（$t-1$）时期的人均产量，则人均产量意义下的增长率为：

$$g_y = \frac{y_t - y_{t-1}}{y_{t-1}} \tag{2-2-40}$$

宏观生产函数说明了经济增长的直接原因。假定经济的总量生产函数为：

$$Y = AF(N,K) \tag{2-2-41}$$

式中，总产出 $Y$ 取决于劳动 $N$ 和资本 $K$ 两种投入以及技术水平 $A$。生产要素除了劳动和资本外，还包括人力资本和自然资源。生产要素和技术只是增长的直接原因，根本原因是制度、文化和地理。

（2）新古典增长模型。新古典增长模型的基本假定：①经济由一个部门组成，该部门生产一种既可用于投资又可用于消费的商品；②该经济为不存在国际贸易的封闭经济，且政府部门被忽略；③生产的规模报酬不变；④该经济的技术进步、人口增长及资本折旧的速度都由外生因素决定；⑤社会储蓄函数为 $S=s\cdot Y$，$s$ 为储蓄率。

没有技术进步的新古典增长模型的生产函数为 $Y=F(N,K)$，根据生产规模报酬不变的假定，则有：

$$\lambda Y = F(\lambda N, \lambda K) \tag{2-2-42}$$

取 $\lambda = \frac{1}{N}$，则有：

$$\frac{Y}{N} = F\left(1, \frac{K}{N}\right) \tag{2-2-43}$$

该式表示人均产量 $\frac{Y}{N}$ 只依赖于人均资本 $\frac{K}{N}$。用 $k=\frac{K}{N}$ 代表人均资本，$y=\frac{Y}{N}$ 代表人均产量，则有：

$$y = f(k) = F(1,k) \tag{2-2-44}$$

一般来说，资本积累主要受投资和折旧两种因素的影响，假定折旧是资本存量 $K$ 的固定比例 $\delta$，且 $0<\delta<1$。用 $\dot{K}$ 表示 $K$ 关于时间的导数，即 $K$ 的增长率，代表资本积累；$\dot{k}$ 表示 $k$ 关于时间的导数，即 $k$ 的增长率，代表人均资本积累，那么则有：

$$\dot{K} = I - \delta K = S - \delta K = sY - \delta K \tag{2-2-45}$$

等式两边同时除以 $N$，可得：

$$\frac{\dot{K}}{N} = s\frac{Y}{N} - \delta\frac{K}{N} = sy - \delta k = sf(k) - \delta k \tag{2-2-46}$$

令 $n$ 为人口增长率，$\dot{N}$ 表示 $N$ 关于时间的导数，则有：

$$\frac{\dot{N}}{N} = n \tag{2-2-47}$$

那么，对公式 $k = \frac{K}{N}$ 关于时间变量求导，并将式（2-2-46）和式（2-2-47）代入可得：

$$\dot{k} = \frac{\dot{K}}{N} - \frac{\dot{N}}{N} \cdot \frac{K}{N} = sf(k) - \delta k - nk \tag{2-2-48}$$

整理可得模型的基本方程为：

$$\dot{k} = sf(k) - (n + \delta)k \tag{2-2-49}$$

具有技术进步的新古典增长模型的生产函数为：

$$Y = F(AN, K) \tag{2-2-50}$$

根据相似的推理过程，可得模型的基本方程为：

$$\dot{\hat{k}} = sf(\hat{k}) - (n + \delta + a)\hat{k} \tag{2-2-51}$$

式中，$AN$——有效劳动；$\hat{k} = \frac{K}{AN}$——按有效劳动平均的资本；$\hat{y} = \frac{Y}{AN}$——按有效劳动平均的产量，因此 $\hat{y} = f(\hat{k})$。

假定技术变量 $A$ 以固定比例增长，并用 $a$ 来表示，则有 $\frac{\dot{A}}{A} = a$，代表技术增长率。

如图 2-2-40，在新古典增长模型中，经济达到稳态的条件是 $\dot{k} = 0$。

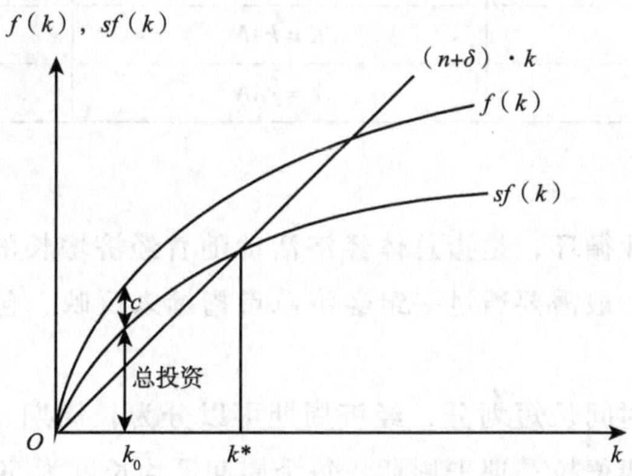


**图 2-2-40 新古典增长模型的图形表示**

对没有技术进步的新古典增长模型来说，模型稳态的条件是：

$$sf(k) = (n + \delta)k \tag{2-2-52}$$

对具有技术进步的新古典增长模型来说，模型稳态的条件是：

$$sf(\hat{k}) = (n + \delta + a)\hat{k} \tag{2-2-53}$$

当经济偏离稳定状态时，都存在着某种力量使其恢复到稳态。从理论上讲，新古典增长模型落在稳态的事实与资本的边际报酬递减密切相关。

模型稳态时相关变量的增长率如表 2-2-10 和表 2-2-11 所示。

**表 2-2-10　没有技术进步的新古典增长模型的稳定增长率**

| 内生变量 | 符号 | 稳态增长率 |
| --- | --- | --- |
| 人均资本 | $k = \frac{K}{N}$ | 0 |
| 人均产量 | $y = \frac{Y}{N}$ | 0 |
| 总资本 | $K$ | $n$ |
| 总产量 | $Y$ | $n$ |

**表 2-2-11　具有技术进步的新古典增长模型的稳定增长率**

| 内生变量 | 符号 | 稳态增长率 |
| --- | --- | --- |
| 按有效劳动平均的资本 | $k = \frac{K}{AN}$ | 0 |
| 按有效劳动平均的产量 | $\hat{y} = \frac{K}{AN}$ | 0 |
| 人均资本 | $\frac{K}{N} = kA$ | $a$ |
| 人均产量 | $\frac{K}{N} = \hat{y}A$ | $a$ |
| 总资本 | $K = kAN$ | $n + a$ |
| 总产量 | $Y = \hat{y}AN$ | $n + a$ |

2. 经济周期

经济周期又称商业循环，是指总体经济活动随着经济增长的总体趋势而出现的有规律的扩张和收缩。一般需要通过一组经济总量指标来反映，包括 GDP、就业和金融市场指标等。

按照周期波动的时间长短划分，经济周期可以分为长周期、中周期和短周期。长周期又称长波循环或康德拉季耶夫周期，每个周期平均长度为 50 ~ 60 年。中周期又称大循环或朱格拉周期，每个周期平均长度为 8 ~ 10 年。短周期又称小循环或基钦周期，每个周期平均长度为 3 ~ 4 年。

按照周期阶段来划分，可以把经济周期划分为扩张和收缩（衰退）两个阶段。如果衰退特别严重可称为萧条。其中，扩张阶段又可分为复苏和繁荣两个阶段。在复苏和繁荣阶段，可能出现的一般特征是，伴随着经济增速的提高，投资增长，产量扩大，市场需求旺盛，就业机会增多，企业利润、居民收入和消费水平提高，但也常伴随着通货膨胀。相反，在衰退或萧条阶段，伴随着经济增速的下滑，投资萎缩，生产缓慢甚至停滞或下降，产品滞销，企业利润缩减，失业率提高，居民收入和消费水平下降。

## 五、宏观经济学的微观基础

### （一）消费函数理论——跨期消费决策

欧文·费雪提出跨期消费决策模型。考虑一个消费者只面临两个时期的消费决策：第一期是青年时期，第二期是老年时期。在第一期消费者取得收入 $y_1$ 并消费 $c_1$，在第二期消费者取得收入 $y_2$ 并消费 $c_2$。假设没有通货膨胀，并且消费者有机会进行借贷或储蓄，并假定借贷的利率和储蓄的利率相同，所以他在任何一个时期的消费都可以大于或小于那一时期的收入。现在考虑消费者两个时期的收入如何约束这两个时期的消费。在第一期，储蓄 $s$ 等于收入减去消费，即：

$$s = y_1 - c_1 \tag{2-2-54}$$

在第二期，消费等于积累的储蓄，包括储蓄所获得的利息加上第二期的收入，即：

$$c_2 = (1+r)s + y_2 = (1+r)(y_1 - c_1) + y_2 \tag{2-2-55}$$

式中，$r$——实际利率。

整理可得：

$$c_1 + \frac{c_2}{1+r} = y_1 + \frac{y_2}{1+r} \tag{2-2-56}$$

该式把两个时期的消费与两个时期的收入联系在一起，是表示消费者跨期消费预算约束的标准方法。

消费者的预算约束可用图 2-2-41 中的一条向右下方倾斜的直线 $AB$ 来表示。由公式（2-2-56）计算可得预算约束线的斜率为“$-(1+r)$”。消费者偏好可以用无差异曲线来表示，在同一条无差异曲线上消费者对所有点的偏好都是无差异的。如图 2-2-41 所示，离原点远的无差异曲线 $I_3$ 代表更高的效用水平。消费者不超出预算约束而能实现最大效用的跨期消费组合，就是无差异曲线与预算线相切的 $E$ 点。

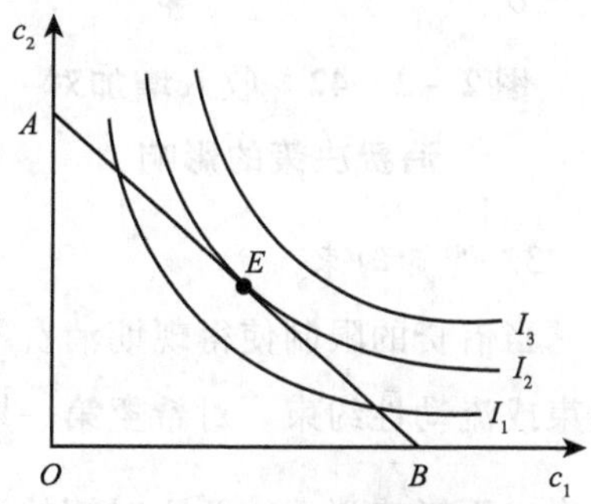


**图 2-2-41 消费者的跨期消费决策**

在最优决策点 $E$，无差异曲线的斜率等于预算约束线的斜率。因此，消费者跨期消费最优决策的条件为：

$$MRS = -(1+r) \tag{2-2-57}$$

1. 收入变动对消费的影响

如图2-2-42，收入增加使得预算约束线由 $AB$ 外移到 $A'B'$，最优决策点由 $E_0$ 移动到 $E_1$。在消费商品为正常品的情况下，消费者可以选择更好的消费组合。我们发现无论是第一期还是第二期的收入增加，消费者都把它分摊到两个时期的消费上，这种行为被称为消费平稳化。由于消费者在各个时期均可以储蓄或者借贷，收入的时间与现期消费多少无关，因而消费取决于现期收入与未来收入的现值。这一结论与凯恩斯提出的现期消费取决于现期收入的论断不同。

2. 实际利率变动对消费的影响

如图2-2-43，假定消费者在第一期储蓄，由于预算约束线的斜率为 $-(1+r)$，实际利率 $r$ 上升将使得预算约束线围绕两期收入的组合（$y_1$，$y_2$）点顺时针旋转，变得更加陡峭，最优决策点由 $E_0$ 移动到 $E_1$。在利率上升的情况下，收入效应使得消费者收入增加，并将收入分摊到两期消费中；替代效应使得第二期消费相对第一期更便宜，会增加第二期消费，减少第一期消费。所以，收入效应和替代效应都增加了第二期的消费，但两种效应对第一期消费的影响是相反的，第一期消费可能增加也可能减少。因此，利率上升既可能刺激也可能抑制储蓄，这取决于收入效应和替代效应的相对规模。

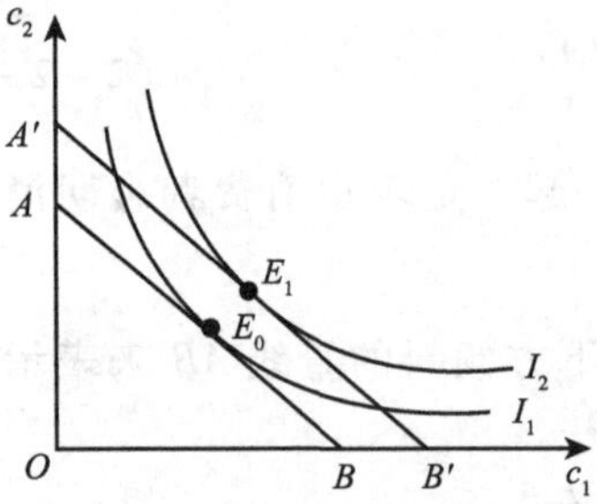

**图2-2-42 收入增加对消费决策的影响**

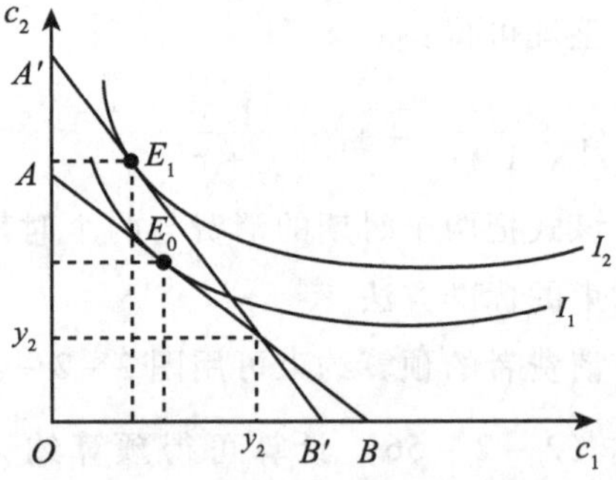

**图2-2-43 实际利率变动对消费决策的影响**

3. 借贷约束

当借贷的限制使得现期消费不能大于现期收入，即 $c_1 \leq y_1$，就对消费者形成借贷约束或流动性约束。对希望第一期消费小于当期收入的消费者而言，借贷约束没有约束力，不影响消费，两个时期的消费取决于两期收入的现值 $y_1 + \frac{y_2}{1+r}$；对希望第一期消费大于当期收入的消费者来说，借贷约束有约束力，影响消费，消费函数为 $c_1 = y_1$、

$c_2 = y_2$，即现期消费只取决于现期收入，因为只能实现 $E$ 点的消费，不能实现 $D$ 点消费。如图 2－2－44。

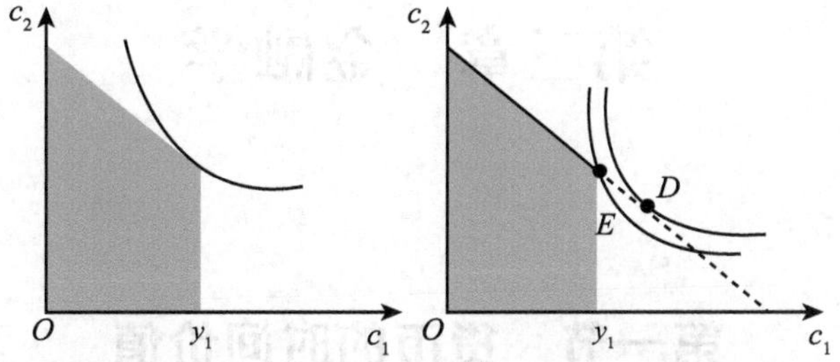


（a）借贷约束没有约束力　（b）借贷约束有约束力

**图 2－2－44　借贷约束下的跨期消费决策**

### （二）相对收入消费理论

杜森贝利提出消费者的消费决策会受自己过去的消费习惯以及周围人消费水准的影响。消费与所得在长时期维持一个固定比率，所以长期消费函数是从原点出发的直线，但短期消费函数则为有正截距的曲线。

该理论的核心是消费者易于随收入的提高而增加消费，但不易随收入的降低而减少消费，以致产生有正截距的短期消费函数。这种特点被称为棘轮效应。消费者的消费行为受周围人消费水准的影响，被称为示范效应。也即如果某人和周围人收入同比例增加，他的消费在收入中的比例不会变化；而如果周围人收入和消费增加，他的收入并没有增加，但因顾及社会地位，他也会提高自己的消费水平。

# 第三章　金融学

## 第一节　货币的时间价值

### 一、货币的时间价值

货币的时间价值（Time Value of Money，TVM），通常是指货币随时间推移而发生的增值。对于不同时间点上的等量货币而言，其价值并不相等。在商品经济中，现在的100元与未来的100元并不是等价的，通常情况下，现在100元的经济价值会高于未来的100元。原因上来讲：

1. 只要利率为正，今天的100元存入银行或进行其他无风险投资，1年后收回的金额肯定大于100元。

2. 如果通货膨胀率（衡量物价涨跌）为正，今天100元所代表的购买力比1年后的100元要大。

3. 今天能拿到100元是确定性事件，而1年后能否拿到100元存在兑付（违约）风险。

上述说明，通常情况下（即正利率、正通胀环境），当前时点到手的资金比预期未来获得相同金额的资金更有价值，这种现象即被称为货币的时间价值。

若货币具有时间价值，则让渡这一时间价值（产生借贷行为）时会得到一定报酬，通常以利息的形式体现，并可使用利率进行度量。利息是由本金产生的收益，而利息与本金之比便是利率。利率具有多种表现形式，不同形式的利率在含义、构成与计息方式上各不相同，后续章节会作进一步展开。

### 二、货币时间价值的计息方式：单利、复利、连续复利

对于同一利率水平，计息方式的不同会影响货币时间价值的度量。

**【案例3-1】** 如果银行1年期定期存款年利率为3%，本金存入100元，比较以下两种计息方式：(1) 每年利息收入为本金的3%，存入银行2年，到期收回本金100元及利息6元，共计106元；(2) 第一年利息收入为本金的3%，第二年将获得的本利103元再按3%的年利率存入银行计息，到期获得106.09元，即100×(1+3%)×(1+3%)。

这个例子说明，储户最终拿到的利息收入依赖于利率的计算方式，不同计息方式带来的最终利息收入并不相同。计息方式通常分为：单利、复利和连续复利，例3-1中的方式（1）即为单利，方式（2）即为复利。

### （一）单利

单利（Simple Interest）是仅针对本金收取利息的计息方式，即上期本金所产生的利息不计入下期本金重复计算利息，每个计息周期支付的利息为本金乘以期间利率。若本金为$P$，年化利率为$r$，则经过$n$年后，本息之和（$V$）将为：

$$V = P\cdot(1+n\cdot r) \tag{3-1-1}$$

### （二）复利

复利（Compound Interest），是指同时针对本金和先前计息周期中已产生的既有利息一并收取利息的计息规则，即俗称的"利滚利"。若本金为$P$，年利率为$r$，每年计息$m$次（或称每年复利$m$次），则经过$n$年后，本息之和（$V$）将为：

$$V = P\cdot\left(1+\frac{r}{m}\right)^{m\cdot n} \tag{3-1-2}$$

### （三）连续复利

在本金$P$、年利率$r$和年数$n$保持不变的情况下，随着复利次数$m$的不断增加，本息之和$V$也会不断增加，但并不会无止境地上升，当$m$趋于无穷大时（此时每个瞬间都在计算利息），得到连续复利（Continuous Compounding），用公式表示为：

$$\lim_{m\to\infty} V = \lim_{m\to\infty} P\cdot\left(1+\frac{r}{m}\right)^{mn} = Pe^{nr} \tag{3-1-3}$$

式中：e——自然常数。

连续复利在实际生活中的应用较为有限，因为在通常的借贷往来中，计息周期往往是以周/月/季/年为单位，并不会采取瞬时计息的方式。但在证券投资分析中，运用连续复利一定程度上能够简化预期回报和风险的计算。

## 三、不同时点货币价值的比较：现值、终值与贴现因子

货币的价值会随时间的迁移而发生改变，不同时点货币价值并不相同。现值是指

将未来现金流按照一定计息方式，折现到投资当期（或初期）的价值；终值则是指按照一定计息方式，一笔现金流在投资末期的价值。现值和终值实际上是同一笔现金流在不同时间点的价值，二者之间可以相互转换。

在复利计息下，已知货币当前价值，即现值为 $PV$，假设每期利率为 $r$，每期付息 $m$ 次，经过 $n$ 期后，该货币的终值 $FV$ 可计算为：

$$FV = PV \cdot \left(1 + \frac{r}{m}\right)^{m \cdot n} \tag{3-1-4}$$

将上述公式进行变形，可得到：

$$PV = \frac{FV}{\left(1 + \frac{r}{m}\right)^{m \cdot n}} \tag{3-1-5}$$

上述变形后的公式，相当于基于给定的终值计算现值，这一过程通常又被称为贴现。其中，$\frac{1}{\left(1 + \frac{r}{m}\right)^{m \cdot n}}$ 被称为贴现因子或贴现系数（Discount Factor），即将未来现金流折算成现值的介于0~1之间的系数值。

不同计息方式下，现值、终值和贴现因子的计算公式也有所不同。单利计息方式下，现值公式为：

$$PV = \frac{FV}{1 + n \cdot r} \tag{3-1-6}$$

式中，贴现因子 $= \frac{1}{1 + n \cdot r}$。

在连续复利计息方式下，现值公式为：

$$PV = FV \cdot e^{-nr} \tag{3-1-7}$$

式中，贴现因子 $= e^{-nr}$。

# 第二节　利率的期限结构

## 一、到期收益率、即期利率和远期利率

### （一）到期收益率

到期收益率（Yield to Maturity，YTM）是指能够使得债券未来现金流现值等于其当前价格的贴现率，其假设投资者一直将债券持有至到期，且再投资的收益率也和到期收益率相一致。已知某债券市场价格为 $P$，未来将发生 $N$ 次现金流支付，现金流发生的具体时间点（对应期数）为 $t$，对应现金流为 $C_t$，则到期收益率 $y$ 便是使得以下等式

成立的收益率：

$$P = \sum_{t=1}^{N} \frac{C_t}{(1+y)^t} \tag{3-2-1}$$

**【案例 3-2】** 假设某国债的剩余期限为 5 年，票面利率 8%，面值 100 元，每年付息 1 次，当前市场价格为 102 元，则其到期收益率满足：

$$102 = \frac{8}{1+y} + \frac{8}{(1+y)^2} + \frac{8}{(1+y)^3} + \frac{8}{(1+y)^4} + \frac{108}{(1+y)^5}$$

通过插值法可解得 $y \approx 7.5056\%$，即该国债当前价格对应的到期收益率约为7.5056%。

## （二）即期利率

即期利率（Spot Rates），又称零利率（Zero Rates），它被用来刻画在当下时间点至未来某段时间内所取得的利率，即现在投入一笔资金，到期时一次性取得约定的现金回报所对应享有的收益率。而不产生期间现金流，仅在到期时一次性支付债券本金，正是零息债券的收益特征。因此，零息债券的到期收益率即为即期利率。

在债券定价公式中，即期利率即用来进行现金流贴现的贴现率。反过来，也可以从已知的债券价格计算即期利率。即期利率的计算可以通过票息剥离法得到。

**【案例 3-3】** 已知债券 A、B、C、D 和 E 相关信息（详见表 3-2-1），其到期期限为 3 个月（0.25 年）至两年不等，其中 A、B、C 为零息债券，D 和 E 为每年付息 1 次的附息债券。基于已有信息，可以算得不同期限的即期利率。

**表 3-2-1　　债券信息**

| 债券 | 本金（元） | 到期期限（年） | 年利息（元） | 价格（元） |
|---|---|---|---|---|
| A | 100 | 0.25 | 0 | 97.5 |
| B | 100 | 0.50 | 0 | 94.9 |
| C | 100 | 1.00 | 0 | 90.0 |
| D | 100 | 1.50 | 8 | 96.0 |
| E | 100 | 2.00 | 12 | 101.6 |

由于A、B、C三只债券均为零息债券，其到期收益率便是即期利率。以到期期限0.25年的债券A为例，其即期利率 $y_{0.25}$ 满足：

$$97.5=\frac{100}{(1+y_{0.25})^{0.25}}$$

解得 $y_{0.25}=10.66\%$，同理可得：债券B的即期收益率 $y_{0.50}=11.04\%$，债券C的即期收益率 $y_{1.00}=11.11\%$。

而涉及债券D、E等附息债券的即期利率计算时，由于其未来现金流中包含票息收入，因此需采用票息剥离法。以到期期限1.5年的债券D为例，将其0.5年后的8元票息和1.5年后108元的本息，分别视为0.5年后到期的、面值8元的零息债券，以及1.5年后到期的、面值为108元的零息债券。就此，债券D被分拆成两只零息债券，其价格也就等于两只零息债券价格之和，于是有：

$$96=\frac{8}{(1+y_{0.50})^{0.5}}+\frac{108}{(1+y_{1.50})^{1.5}}$$

通过债券B，可计算得到 $y_{0.50}=11.04\%$，代入上式后解得 $y_{1.50}=14.28\%$。同理，对于债券E，可将其拆解为1年后到期、面值2元的零息债券，以及2年后到期、面值为112元的零息债券，并基于已知 $y_{1.00}=11.11\%$，解得 $y_{2.00}=11.06\%$。

### （三）远期利率

远期利率（Forward Rates）是由当前即期利率所隐含的对应于未来某一区间内的利率水平。例如，例3－3中1年期即期利率为11.11%，与2年期即期利率11.06%不相等，原因在于市场认为1年以后的1年期即期利率和当前时点的1年期即期利率并不相同。远期利率可以根据当前即期利率推导得到。

**【案例3－4】**某投资者用100元本金购买了2年期零息债券，另一投资者用100元本金购买1年期零息债券，1年后到期时再投资于彼时以利率计价的1年期零息债券。在无套利均衡条件下，两名投资者的收益应当相等。基于复利计息规则下，有：

$$100\times(1+y_{2.00})^2=100\times(1+y_{1.00})\times(1+fy_{1.00,1.00})$$

其中，$fy_{1.00,1.00}$ 为市场对1年后的1年期即期利率的预期，解得该值为11.01%。

一般地，如果 $y_1$ 和 $y_2$ 分别为对应期限 $T_1$ 和 $T_2$ 的即期利率，$y_F$ 为 $T_1$ 与 $T_2$ 之间的远期利率，则有：

基于复利计息：$(1+y_2)^{T_2}=(1+y_1)^{T_1}\cdot(1+y_F)^{T_2-T_1}$

$$y_F=\left[\frac{(1+y_2)^{T_2}}{(1+y_1)^{T_1}}\right]^{\frac{1}{T_2-T_1}}-1 \qquad (3-2-2)$$

基于连续复利计息：$e^{y_2T_2} = e^{y_1T_1} \cdot e^{y_F(T_2-T_1)}$

$$y_F = \frac{y_2T_2 - y_1T_1}{T_2 - T_1} \tag{3-2-3}$$

## 二、利率期限结构与收益率曲线

对于同一发行人所发行的债券，不同期限对应的收益率也各不相同，这种关系被称为利率的期限结构（Term Structure），其刻画的是收益率与到期时间关系的曲线，纵坐标为收益率，横坐标为到期时间。不同形式的收益率对应不同的期限结构，进而衍生出不同的收益率曲线，比如即期收益率曲线、到期收益率曲线、远期收益率曲线等。债券的到期收益率曲线（Yield Curve）是一条反映债券到期收益率与到期时间关系的曲线。而基于国债的安全性和成交活跃性，投资者通常较为关注的是国债到期收益率曲线（如图 3－2－1 所示）。

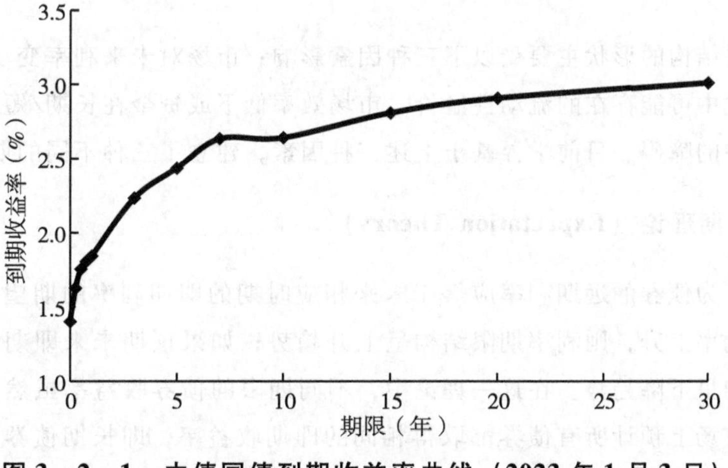


**图 3－2－1　中债国债到期收益率曲线（2023 年 1 月 3 日）**

## 三、收益率曲线的基本类型

从形状上来看，在不同的经济状态下，收益率曲线也会呈现出不同的形状，一般主要包括四种类型。如图 3－2－2 所示，图（a）中曲线向上倾斜，即表示期限越长的债券收益率越高。图（b）中曲线向下倾斜，即表示期限越长的债券收益率越低。图（c）中曲线呈水平形态，即表示不同期限的债券收益率相等。图（d）中曲线呈拱形形态，即表示当期限较短时，债券收益率与期限成正相关，而当期限较长时，债券收益率与期限呈负相关。

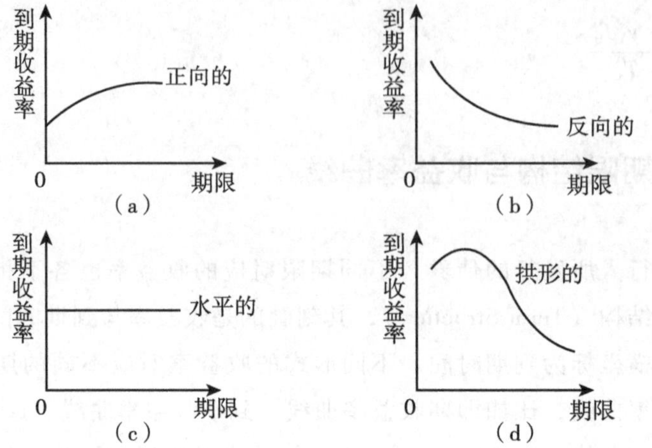


**图 3-2-2 债券的利率期限结构**

## 四、利率期限结构的理论

利率期限结构的形状主要受以下三种因素影响：市场对未来利率变动方向的预期、债券预期收益中可能存在的流动性溢价、市场效率低下或资金在长期/短期市场之间流动时可能存在的障碍。目前学界基于上述三种因素，建立了三种不同的期限结构理论。

### （一）预期理论（Expectation Theory）

该理论认为债券的远期利率应等于未来相应时期的即期利率的期望值，即如果预期未来即期利率上升，则利率期限结构呈上升趋势；如果预期未来即期利率下降，则利率期限结构呈下降趋势。在这一理论中，不同期限的债券收益率虽然不同，但在特定时期内，市场上预计所有债券都取得相同的即期收益率，即长期债券是一组短期债券的理想替代物，远期利率是对未来即期利率的无偏估计。

### （二）流动性偏好理论（Liquidity Preference Theory）

该理论主张长期债券不再是一组短期债券的理想替代物，因为投资者对不同期限的债券具有不同的偏好，其假定大多数投资者更偏好持有短期债券。在该理论中，远期利率不再只是对未来即期利率的无偏估计，因此，投资者会要求对长期债券所蕴含的流动性风险进行补偿（即流动性溢价），而债券的期限越长，流动性溢价越大。利率曲线的形状是由对未来利率的预期和延长偿还期所必需的流动性溢价共同决定的（见图 3-2-3）。该理论还假定投资者是风险厌恶者，只有在获得足够的补偿后才会进行风险投资，因此，即使投资者预期短期利率保持不变，收益率曲线也应向上倾斜。

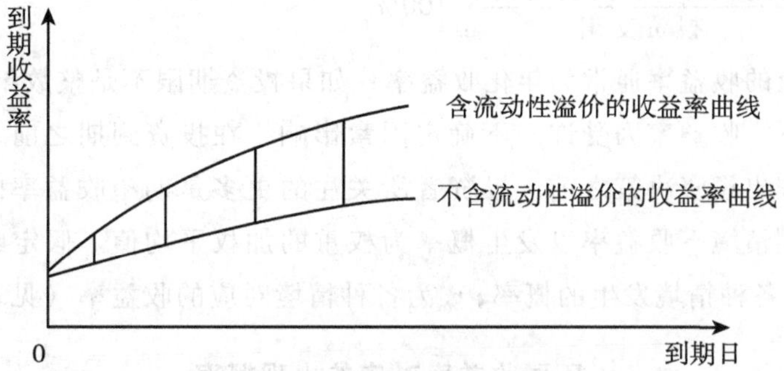


图 3－2－3 流动性偏好下的期限结构

### （三）市场分割理论（Market Segmentation Theory）

该理论认为短期、中期以及长期利率之间并无必然联系。其主张，债券市场可分割为不同期限的市场，不同期限的债券无法做到完全相互替代，资金也不能在长/短期债券市场间完全自由流动，各期限市场有相对独立的市场均衡。长期借贷和交易活动决定了长期利率，短期借贷和交易活动则决定了相对独立于长期利率的短期利率，即利率的期限结构是由不同市场的均衡利率所决定的。在市场分割的情况下，利率期限结构取决于短期资金市场供求状况与长期资金市场供求状况的比较，如果短期资金市场的均衡利率高于长期资金市场的均衡利率，利率期限结构将呈现向下倾斜的趋势；反之，则呈现向上倾斜趋势。

从三种理论总结来看，利率期限结构的形成主要是由对未来利率变化方向的预期决定的，流动性溢价、市场的不完善和资本流向市场的形式等均可能影响到利率的期限结构，使其暂时偏离按未来利率变化方向预期所形成的形状。

# 第三节 风险与收益

## 一、投资的风险与收益

任何一项投资都兼具收益与风险，收益和风险往往并存。

### （一）收益及其度量

收益是投资结果，风险是未来收益的不确定性，一项投资的收益可能是10%，可能是0%，也可能是－20%。

收益通常可采用投资收益率度量，其计算公式为：

$$收益率 = \frac{投资收入 - 投资支出}{投资支出} \times 100\%$$

资本市场上的收益率通常为年化收益率；如果投资期限不是整数年，则转换为年。

通常情况下，收益率因受许多不确定因素影响，在投资到期之前，是一个随机变量。因此，在作出投资决策之前，投资者所关注的更多是期望收益率的概念。期望收益率是指在不同情境下收益率以发生概率为权重的加权平均值。假定收益率服从某种概率分布，$p_i$ 是各种情境发生的概率，$r_i$ 为各种情境对应的收益率（见表 3-3-1）。

**表 3-3-1　　不同收益率对应的出现概率**

| 收益率（%） | $r_1$ | $r_2$ | $r_3$ | $r_4$ | … | $r_n$ |
|---|---|---|---|---|---|---|
| 概率 | $p_1$ | $p_2$ | $p_3$ | $p_4$ | … | $p_n$ |

通过下列公式，可以得到该项投资的期望收益率为：

$$E(r) = \sum_{i=1}^{n} r_i \cdot p_i \tag{3-3-1}$$

在实际计算中，由于未来的不确定性，想要确定各种收益可能出现的概率并不是件容易的事。市场常用的方法是使用历史数据来对期望收益率进行估计，即隐含假设历史上的每一个观测值在未来都可能等概率发生。

若某证券过去 $n$ 年的实际收益率分别为 $r_t(t = 1, 2, \cdots, n)$，假设未来 1 年该证券可能重现过去 $n$ 年表现中的任何 1 年，且任何 1 年都等概率重现，则估计期望收益率为：

$$\bar{r} = \frac{1}{n}\sum_{t=1}^{n} r_t \tag{3-3-2}$$

### （二）风险及其度量

由于资产的收益具有不确定性，因此也就产生了风险这一概念。投资风险源于收益率的不确定性，或收益率的波动，即实际收益率很可能与期望收益率之间存在偏差。

由于风险几乎无处不在，因此投资者有必要经常进行风险评价（Risk Assessment），即在风险识别的基础上，对风险发生的概率、损失程度，结合其他因素进行全面考虑，评估发生风险的可能性及其危害程度，并与公认的安全指标相比较，以衡量风险的程度，并决定是否需要采取相应的措施。

从投资视角看，投资者考虑风险时，往往关注的是偏离期望收益的可能性，风险的大小由未来可能收益率与期望收益率的偏离程度来反映。在数学上，这种偏离程度的均值由方差 $\sigma^2$ 来度量：

$$\sigma^2(r) = \sum_{i=1}^{n} [r_i - E(r)]^2 \cdot p_i \tag{3-3-3}$$

式中：$r_i$ ——情境 $i$ 对应的收益率；$p_i$ ——情境 $i$ 发生的概率；$E(r)$ ——期望收益率；$\sigma$ ——标准差。

同样地，在实际计算中，常使用历史数据来对方差进行估计，其同样假设历史观测值在未来会等概率发生。若某证券过去 $n$ 年的实际收益率分别为 $r_t(t = 1, 2, \cdots, n)$，则估计方差 $S^2$ 为：

$$S^2 = \frac{1}{n}\sum_{t=1}^{n}(r_t - \bar{r})^2$$

但上述公式估计得到的方差是有偏的，因为其采用的是对样本算术平均值 $\bar{r}$ 的偏差，而非未知的真实期望 $E(r)$，这一误差又被称为自由度偏差，可以通过方差算术平均值与因子 $\frac{n}{n-1}$ 的乘积来消除，对应得到方差公式应为：

$$S^2 = \frac{1}{n-1}\sum_{t=1}^{n}(r_t - \bar{r})^2$$

## 二、无风险利率

无风险利率（Risk－free Rate）是指投资者在没有承受任何风险的情况下所能获取的投资回报率或利率。理论上的无风险收益应完全由时间创造，是一种理想的投资收益。

但在现实投资中，很难找到完全没有风险的投资，资本市场通常会将存款利率、主体评级较高国家发行的短期限国债、货币市场基金等，风险近乎为零或等价于主权风险的资产视作无风险资产，其对应的收益率水平通常会作为无风险利率的度量。具体来看：

1. 存款利率：基于存款保险制度的保护，存款具有刚兑属性，因此其利率水平可以视同无风险利率。

2. 国债：国债由政府发行，因政府本身具有税收和控制货币供给的权力，通常情况下违约风险较小。政府可以通过增加货币供应的形式来支付债务，尤其期限较短的国债，承接的风险极低，可以用作无风险利率的度量。

3. 货币市场基金：多数货币市场基金大部分持有的都是极低风险资产，包括并不限于存款、期限 1 年以内的高信用等级债券（国债、同业存单、政金债、信用债等）、回购资产等。因此，海外资本市场上，近年来也开始逐步将货币市场基金视作大多数投资者最易接触到的无风险资产，将其收益率水平视为无风险利率。

除上述利率外，市场常用的无风险利率还包括隔夜回购利率、拆借利率等。

不同投资活动对应选取的无风险利率也可能有所不同，往往取决于投资期限、投资资产类别等。例如，投资者通常会以对应期限的真实无风险利率作为投资的衡量基准，长期投资者往往会以长期国债利率作为无风险利率，而短期投资者则更倾向于用短期国债利率或存款利率作为无风险利率。海外衍生品市场定价上，投资者通常会选取隔夜指数掉期利率（Overnight Index Swap，OIS）作为无风险利率，主要因为投资者认为监管考核、税收政策等原因导致国债利率水平过低，难以有效衡量无风险资产的真实收益水平。

从经济学视角出发，无风险利率也可以理解为对放弃即期消费（而转向投资）的补偿，即对机会成本的补偿。这一补偿幅度的大小会受到通胀预期和实际回报率的影响：

（1）通货膨胀预期：投资者进行无风险投资的回报率理论上不应低于未来的通货膨胀率。当通胀预期抬升时，投资者面临的机会成本增加，进而会要求更高的补偿，对应更高无风险利率；相反，当通胀预期降低时，机会成本下降，无风险利率也会随之走低。

（2）实际利率，指的是经济活动中实体购买力的真实增长率，其同样决定了机会成本的高低。购买力增长抬升意味着需要更高的无风险投资回报率作为补偿，反之则无风险利率降低。宏观经济理论中，供给、需求和政府行为共同决定了实际利率。

## 三、风险溢价

由于投资需要承担风险，因此投资者也会要求对其承担风险的行为进行补偿，在无风险利率的基础之上要求一个更高的收益率。风险溢价（Risk Premium）指的就是投资者因承担投资风险而获得的补偿，即“风险溢价 = 风险资产期望收益率 - 无风险资产收益率”。

风险溢价往往因人而异，取决于投资者自身风险偏好和风险承受能力，不同投资者对风险容忍度不同，进而会要求不同的风险溢价补偿。一般来说，风险承受能力越高的投资者，其要求的风险溢价往往越低。对于同一投资者而言，其对不同资产类别、不同投资期限的风险溢价要求也会有所不同。一般而言，资产本身风险越低、投资期限越短，风险溢价要求会越低。例如，股票通常比债券有更高的风险溢价，长久期债券通常比短久期债券有更高的风险溢价。即便是同一资产类别和投资期限，市场状况、经济环境、投资行为等变化，也会影响投资者对风险溢价的要求，因为市场供求、利率、通胀、政策变化等都会影响投资者对风险的预期和偏好，进而影响资产的风险溢价。

## 四、风险偏好与效用理论

不同投资者对待风险的态度并不完全相同。风险偏好（Risk Preference）反映的便是投资者面对不确定性情况下的行为和态度，通常可分为风险厌恶、风险中性和风险喜爱。有的投资者喜欢风险，属于风险喜爱型（Risk Seeking），在预期收益相同的情况下，其宁愿选择有风险的项目，风险可以给其带来额外的效用。有的投资者讨厌风险，属于风险厌恶型（Risk Averse），其希望能尽量降低风险。另外一部分投资者认为风险既不好也不坏，属于风险中性（Risk Neutral），其仅关心收益，不关心风险。

可以引入效用函数对投资者的风险偏好进行刻画。设 $x$ 水平的财富可以给投资者带来 $u(x)$ 的效用，由于投资者通常希望财富水平越高越好，因此 $x$ 越大，带来的效用 $u(x)$ 也越大。假设投资者投资于一项风险资产，产生的投资收益可能是 $W_1$、$W_2$、…、$W_n$ 等多种情形，记投资收益率的期望值为 $E(W)$，投资活动带来的效用期望值为 $E[u(W)]$，则：

（1）对于风险喜爱投资者而言，承担风险带来的效用要高于不承担风险的效用，也即投资于预期收益为 $E(W)$ 的风险资产所带来的效用，比投资于收益确定型的为 $E(W)$ 的无风险资产更大，因此有 $E[u(W)] > u[E(W)]$，对应于图 3－3－1（a）中

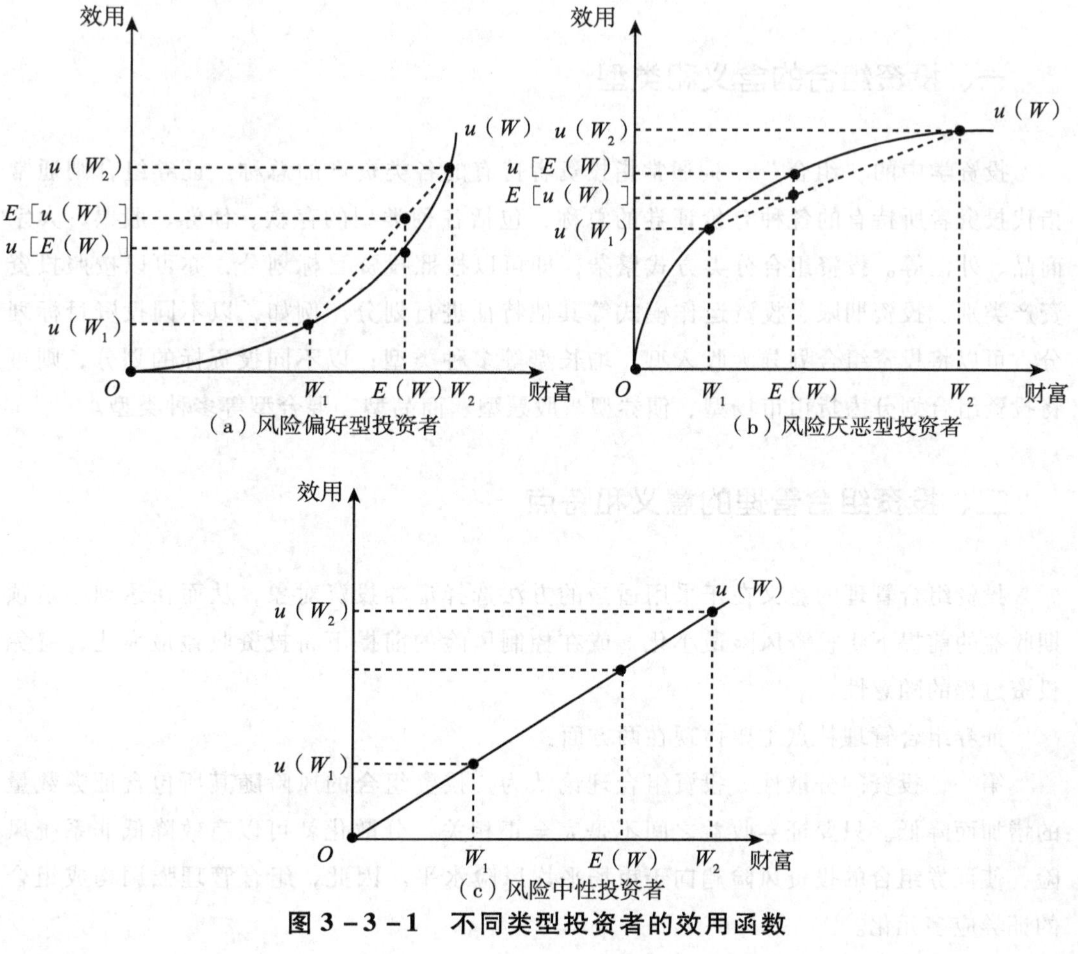

（a）风险偏好型投资者

（b）风险厌恶型投资者

（c）风险中性投资者

**图 3－3－1 不同类型投资者的效用函数**

凸向原点的曲线（图中假设风险资产的支付有 $W_1$ 和 $W_2$ 两种情形，下同）。

（2）对于风险厌恶投资者而言，承担风险将降低投资效用，所以和投资于期望收益为 $E(W)$ 的风险资产相比，其更偏好于投资收益确定性地为 $E(W)$ 的无风险资产，因此有 $u[E(W)] > E[u(W)]$，对应于图 3－3－1（b）中凹向原点的曲线。

（3）对于风险中性的投资者而言，只要风险资产和无风险资产的期望回报相同，则二者对于该投资者而言并没有差异，所以有 $u[E(W)] = E[u(W)]$，对应于图 3－3－1（c）中的直线。

在现实生活中，绝大多数投资者都是风险厌恶的，要求从风险承担的行为中获得额外补偿，也即上文所述的风险溢价。而在效用理论中，$u[E(W)] - E[u(W)]$ 便反映出投资者所要求的风险溢价的大小，二者差距越大，投资者对风险的厌恶程度越大，因此也将要求更高的风险溢价。

# 第四节　投资组合理论

## 一、投资组合的含义和类型

投资学中的“组合”一词通常指投资者持有的各类资产的总称。证券组合则通常指代投资者所持有的各种有价证券的总称，包括各种类型的存款、债券、股票、大宗商品、外汇等。投资组合分类方式繁杂，即可以按照投资目标划分，亦可以按照投资资产类别、投资期限、投资运作模式等其他特征进行划分。例如，以不同投资目标划分，可以将投资组合划分为收入型、增长型等多种类型；以不同投资标的划分，则可将投资组合划分为货币市场型、债券型、股票型、商品型、混合型等多种类型。

## 二、投资组合管理的意义和特点

投资组合管理的意义在于采用适当的方法选择证券投资对象，从而在达到一定预期收益的前提下将投资风险最小化，或在控制风险的前提下将投资收益最大化，避免投资过程的随意性。

证券组合管理特点主要体现在两方面：

第一，投资的分散性。投资组合理论认为，投资组合的风险随其所包含证券数量的增加而降低。只要证券收益之间不是完全正相关，分散化就可以有效降低非系统风险，使证券组合的投资风险趋向于市场平均风险水平。因此，组合管理强调构成组合的证券应多元化。

第二，风险与收益的匹配性。根据投资组合理论，投资收益是对承担风险的补偿，承担的风险越大，收益越高。因此，组合管理强调投资的收益目标应与风险的承受能力相适应。

组合管理的目标是实现投资收益的最大化，也就是使组合的风险和收益特征能够给投资者带来最大满足。具体而言，就是使投资者在获得一定收益水平的同时承担最低的风险，或在投资者可接受的风险水平之内使其获得最大的收益。实现这种目标需要对组合进行有效和科学的管理。投资组合管理通常包括确定投资政策、进行投资分析、构建投资组合、组合修正、组合业绩评估等基本步骤。

投资组合的收益和风险测算上，对于某只由一定数量的单一证券构成的证券投资组合（每只证券占有一定的比例），也可将该组合视为一只证券，组合的收益率和风险也可用期望收益率和方差来计量。设有 N 种证券，记为 $A_1$、$A_2$、…、$A_N$，投资组合 $P=(x_1, x_2, \cdots, x_N)$ 表示将资金分别以权重 $x_1$、$x_2$、…、$x_N$ 投资于证券 $A_1$、$A_2$、…、$A_N$。若市场允许卖空，则权重 $x_i$ 可以为负数。投资组合的收益率应等于各个证券的收益率加权平均，设 $A_i$ 的收益率为 $r_i$，则 $P$ 的期望收益率和方差分别为：

$$E(r_P) = \sum_{i=1}^{N} x_i \cdot E(r_i) \qquad (3-4-1)$$

$$\sigma_P^2 = \sum_{i=1}^{N} \sum_{j=1}^{N} x_i \cdot x_j \cdot \sigma_i \cdot \sigma_j \cdot \rho_{ij} \qquad (3-4-2)$$

式中：$r_P$——组合 $P$ 的收益率；$\sigma_i$——证券 $i$ 的标准差；$\rho_{ij}$——$r_i$ 与 $r_j$ 的相关系数；$\sigma_P^2$——组合 $P$ 的方差。

## 三、现代证券组合理论体系的形成与发展

### （一）现代证券组合理论的产生

1952 年，哈理·马柯威茨（Harry M. Markowitz）发表了一篇题为《证券组合选择》的论文，标志着现代证券组合理论的开端。马柯威茨首次对证券投资中的风险因素进行了正规阐述，其注意到现实投资中，投资者不仅希望投资收益高，而且希望收益尽可能确定，即投资者在寻求预期收益最大化的同时，也在追求收益的不确定性最小，在期初进行决策时必然力求使这两个相互制约的目标达到某种平衡。马柯威茨分别用期望收益率和收益率的方差来衡量投资的预期收益水平和不确定性（风险），建立了均值方差模型。依据该模型推导出的重要结论之一是，投资者应该通过同时购买多种证券而不是一种证券进行分散化投资。

### （二）现代证券组合理论的发展

马柯威茨模型的基本假设在于，投资者只关注期望收益率和方差，且覆盖全市场

所有可投资证券。现实中，由于证券市场规模较大、种类繁多，模型涉及的计算量往往十分巨大，一定程度上阻碍了该模型在实际中的应用。

1963 年，马柯威茨的学生威廉·夏普提出了一种简化的计算方法，这一方法通过建立单因素模型来实现，之后又在此基础上发展衍生出多因素模型，使得证券组合理论应用于实际市场成为可能。

1964 年、1965 年和 1966 年，威廉·夏普、约翰·林特耐和简·摩辛分别提出了著名的资本资产定价模型（CAPM），通过简单的线性关系将资产的预期收益与预期风险之间的理论联系表达出来。

1976 年，理查德·罗尔对资本资产定价模型提出了批评，认为该模型永远无法用经验事实来检验。与此同时，史蒂芬·罗斯突破性地发展了资本资产定价模型，并提出套利定价理论（APT）。这一理论认为，只要任何一个投资者都不能通过套利获得收益，那么期望收益率一定与风险相联系。

## 第五节　现代资本市场理论

上一节中提及，现代证券组合理论的代表是资本资产定价模型（CAPM）和套利定价理论（APT），二者均是基于现代资本市场理论发展的结果。现代资本市场理论是阐述投资资产预期均衡收益与其收益风险之间关系的理论，基于给定假设条件，资本市场均衡模型可由两参数资产组合理论中推导派生出来。资本市场均衡模型的基础是有效市场假说。

### 一、有效市场假说

有效市场假说理论（Efficient Market Hypothesis，EMH）认为，在一个充满信息交流和信息竞争的社会里，一个特定的信息能够在资本市场上迅即被投资者知晓，且参与市场的投资者有足够的理性，能够迅速对所有市场信息作出合理反应。随后，市场竞争将会驱使资产价格充分且及时地反映该组信息，从而使得根据该组信息所进行的交易不存在非正常报酬，而只能赚取经风险调整后的平均市场报酬率。换言之，当市场上某些证券的价格被低估时，投资者会大量购买该证券，证券价格会随之回到合理水平。只要证券的市场价格充分及时地反映了全部有价值的信息，且市场价格代表着证券的真实价值，市场只能对新信息（未预期到的信息）作出反应，这样的市场即是有效市场。

有效市场假说建立在如下假定之上：首先，市场参与者是理性的，可以理性地对资产给予评价；其次，若存在部分非理性投资者，则其交易行为是随机的，因而不同非理性投资者的交易之间可以互相抵消，不会对资产价格产生系统性影响；再次，若非理性投资者以相同的行为准则进行交易，理性套利者也能够消除其影响，从而使得资产价格不至于偏离价值；最后，由于非理性投资者按照偏离资产内在价值的价格进行交易，因而其财富水平会相应下降，最终使其退出市场。

### （一）市场有效性相关概念

1. 市场的信息类型

市场的信息类型包括三类，分别是历史信息、公开信息和全部信息。可以根据这三类信息的可获得性将市场有效性分为三个层次：（1）历史信息，是反映资产历史价格和交易量的信息，包括历史价格水平、价格波动、交易量、短期利率等；（2）公开信息，即一切可公开获得的信息，包含历史信息、公司财务报告、竞争性公司报告、发展前景等信息；（3）全部信息，是关于资产定价的全部信息，包含公开信息以及公司未公开的内幕信息。

2. 影响市场有效性的因素

（1）市场参与者。市场参与者的数量越多，交易越活跃，投资者越可能对市场出现的新信息快速作出反应，通过套利消除市场上的错误定价。

（2）信息可得性和财务状况披露。信息越容易获得，财务状况披露越完善，市场有效性越高。信息高可得性需要较为活跃的媒体或其他公开渠道，以便市场参与者可以及时获取关于估算资产价值的必要信息。一些发达金融市场具有较快的信息传播速度以及相对完备的披露要求，因此市场有效性较高。但在一些场外市场，信息披露的及时性及完整性更加取决于做市商，可能会使得市场缺乏有效性。

（3）交易限制。套利行为是使得市场有效的关键行为，能够通过利用相似金融资产的价差来获得无风险收益，从而消除错误定价，使市场有效性增强。因此，对套利行为的限制，例如禁止卖空行为，会在一定程度上削弱市场的有效性。

（4）交易成本与信息获得成本。在理想的资本市场中，通常假设市场不存在交易成本。而现实中，交易成本是客观存在的。理论上，基于同一风险源的相同或不同交易品种之间的价格具有严格的函数关系。当其价格偏离这种函数关系的程度大于套利交易中各项成本之和时，将产生套利机会。同样，若信息获得成本过高时，投资者则不会执行交易，导致错误定价无法被及时消除，削弱市场有效性。

3. 市场有效形式

法玛（1970）根据市场对信息反应的强弱将有效市场分为三种，即弱式有效市场、半强式有效市场和强式有效市场（见图 3－5－1）。

弱式有效市场（Weak Form），是低层次的有效市场。在该类市场中，资产价格能

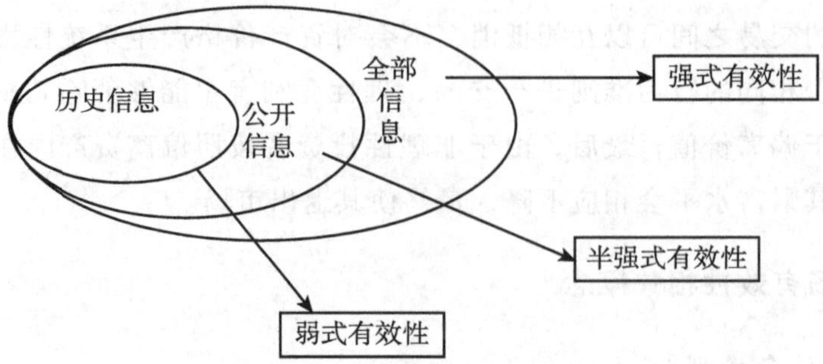


**图3－5－1　有效市场的分类**

够充分反映资产价格的历史信息，因此投资者从而使得投资者无法基于历史信息获得超额收益。要想取得超额回报，必须寻求历史价格信息以外的信息。

半强式有效市场（Semi－strong Form），是中等层次的有效市场。在半强式有效市场中，证券当前价格能及时充分地反映所有公开信息，不仅包括历史信息，还包括有关公司价值、宏观经济形势和政策方面的信息。在半强式有效市场中，已公布的基本面信息无助于挑选价格被高估或低估的证券，任何已公开信息都不具备获利价值。要想获得非正常的超额回报，必须基于非公开的内幕信息。

强式有效市场（Strong Form），是最高层次的有效市场。在强势有效市场中，证券价格总是能及时充分地反映所有公开或内部未公开信息，即价格反映了所有历史的、当前的、内幕信息。强式有效市场中，任何专业投资者的边际市场价值均为零，因为没有任何资料来源和加工方式能够稳定地获取超额收益。

对于证券组合的管理者来说，如果市场是强式有效的，管理者会选择消极保守的态度，只求获得市场平均的收益水平，一般会模拟某一种主要的市场指数进行投资。而在弱式有效市场和半强式有效市场中，证券组合的管理者往往是积极进取的，在选择证券和买卖时机上下大功夫，努力寻找价格偏离价值的证券。

### （二）有效市场假说的特征

1. 证券价格是随机波动、不可预测的。有效市场假说是基于证券价格随机波动的理论建立的，证券价格具有随机游走的特点，即证券价格变动应是随机且不可测的，是反映当前信息价格的自然结果。

2. 信息充分。证券的市场价格充分及时地反映了全部有价值的信息，市场价格代表着证券的真实价值。

3. 理性投资者。市场的有效是理性投资者所构成的竞争市场的动态均衡结果，理性投资者的存在是市场有效的必要条件。但有效市场假说并不会因为部分非理性投资者的存在而不成立，其假定当有些投资者不是完全理性时，市场仍然是有效的，这主要依赖于非理性投资者市场交易的随机性。

### （三）有效市场假说的应用及缺陷

有效市场假说提出后，成为证券实证研究的热门课题。该理论也对指数化投资、指数化产品等在实践中的发展起到了积极的推动作用。但有效市场假说也是最具争议的投资理论之一，支持和反对的证据都很多。

相信市场有效的投资者认为，市场价格反映了证券在现有信息下的真实价格，于是倾向于采用消极的策略，如随机地购买证券。但由风险分散原理可知，单个证券无法分散非系统性风险，于是市场产生了对组合投资方式的需求。风险分散和有效市场假说理论导致了指数基金这种新颖投资工具的产生。指数基金是按照某一指数的编制原理而构建组合进行投资的基金。

不相信市场有效的投资者则采用主动积极的投资方法，依靠技术分析、基本分析等方法来选择证券，挑选价值被低估的证券，以试图使持有的投资组合收益率高于市场平均水平。

有效市场假说存在诸多缺陷，包括并不限于：

1. 假设缺陷

有效市场理论建立在完全理性基础上，要求市场满足如下条件：（1）同质化投资者；（2）投资者自由进出市场；（3）市场无法被操纵；（4）所有投资者具备完全知识和信息。前两条基本符合现实，但后两条则较难实现。尤其是机构投资者的存在，其对大体量资金的管理权使其在某些特定环境下可能成为市场价格的制定者，甚至可能出现操纵市场的行为。此外，证券市场相关信息过多，投资者在有限时间内很难获得全部信息，或不愿意付出高成本获取未公布的信息等，都会使得具备完全知识和信息这条假设不成立。

2. 检验缺陷

市场有效性是无法检验的。对于市场有效性的检验必须借助于有关预期收益的模型，如资本资产定价模型和套利定价模型等。如果实际收益与模型得出的预期收益不符，则认为市场是无效的。但预期收益模型本身就是基于市场有效性成立而设定的，这就陷入了一个悖论。所以关于市场有效性的实证研究很难得出一致的结论。

3. 套利的有限性

有效市场假说的前提之一是，理性套利者可以通过套利行为及时纠偏市场价格，即理性套利者在市场上一定占上风。但现实中由于大多数投资者处于信息、知识不完全和有限理性的状态下，该假设难以成立。现实生活中，投资者往往可被划分为理性套利者和噪音交易（非理性投机者）两类，前者掌握较完全的基础信息；后者则根据与基础价值无关的噪音信息进行交易，缺乏证券的资产组合理论。由于噪音交易者的存在，使得理性套利者面临的不仅有基础性风险，还有由噪音交易者创造的风险，这就会使理性套利行为出现动作变形。比如，当某证券价格下跌时，理性套利者认为这只是暂时现象，不久将出现反弹，因而大量买进该证券，但当噪音交易者持非常悲观的态度时，就可能使理性套利者蒙受损失。因此，理性套利者可能会忽视对基础信息的分析，而是转向预测噪音交易者的行为，这就会使价格波动加大，而非得到有效纠偏。

## 二、现代资本市场理论

有效市场理论奠定了现代资本市场理论的基石并构成了其核心内容。马柯威茨的现代资产组合理论则被认为是现代资本市场理论诞生的标志，随后发展而来的资本资产定价模型、套利定价模型等则是对现代资本市场理论的进一步拓展与完善。

### （一）投资组合的可能性

现代资产组合理论认为，人们在进行投资组合决策时，最关注投资组合的期望收益和风险。根据上一节中所介绍的投资组合的收益和风险测算，若将以权重 $x_1$、$x_2$、…、$x_N$ 投资于证券 $A_1$、$A_2$、…、$A_N$ 的组合记为 $P$，则 $P$ 的期望收益率 $E(r_P) = \sum_{i=1}^{N} x_i E(r_i)$，方差 $\sigma_P^2 = \sum_{i=1}^{N}\sum_{j=1}^{N} x_i x_j \sigma_i \sigma_j \rho_{ij}$，其中 $r_i$ 为证券 $i$ 的收益率，$\sigma_i$ 为证券 $i$ 收益率的标准差。

基于上述公式刻画的投资组合收益和风险情况，可构建最优投资组合，首先需要确定可行的投资组合范围。

理论上，任意一种证券都可用在以期望收益率为纵轴、标准差为横轴中的坐标系（期望收益—标准差坐标系，$E-\sigma$ 坐标系）中的一点来表示；相应地，任何一个证券组合也可以由组合的期望收益率和标准差确定出坐标系中的一点，记为 $P[E(r_P),\sigma_p]$，该点会随组合内各证券权重的变化而变化，该点可能出现的位置即是可行的投资组合范围（可行域）。

1. 两种证券组合的可行域

为更好地理解这一概念，先从只有两种证券的情况入手。假设当前投资组合仅有证券 $A$ 和 $B$，其在 $E-\sigma$ 坐标系中对应点 $A$ 和点 $B$。$P(E(r_P),\sigma_p)$ 的轨迹将是经过点 $A$ 和点 $B$ 的一条连续曲线，这条曲线是证券 A 和证券 B 的组合线，其在 E－σ 坐标系中描述了 $A$ 和 $B$ 所有可能的组合。

具体而言，在期望收益率和方差公式中，代入 $x_A + x_B = 1$，可以得到：

$$E(r_P) = x_A E(r_A) + (1 - x_A) E(r_B) \quad (3-5-1)$$

$$\sigma_P^2 = x_A^2 \sigma_A^2 + (1 - x_A)^2 \sigma_B^2 + 2x_A(1 - x_A)\sigma_A \sigma_B \rho_{AB} \quad (3-5-2)$$

给定证券 A 和 B 的期望收益和标准差，证券 A 和 B 之间的关联性将决定组合线的形状：

（1）完全正相关下的组合线。在完全正相关下，$\rho_{AB} = 1$，此时有：

$$E(r_P) = x_A E(r_A) + (1 - x_A) E(r_B)$$

$$\sigma_P = |x_A \sigma_A + x_B \sigma_B| = |x_A \sigma_A + (1 - x_A)\sigma_B| \quad (3-5-3)$$

假设此时市场不允许卖空，即 $x_A \geqslant 0$ 且 $x_B \geqslant 0$，则：

$$E(r_P) = x_A E(r_A) + (1 - x_A) E(r_B)$$

$$\sigma_P = x_A \sigma_A + (1 - x_A)\sigma_B \quad (3-5-4)$$

$E(r_A)$、$E(r_B)$、$\sigma_A$ 和 $\sigma_B$ 均为给定值，因此 $E(r_P)$ 与 $x_A$ 为线性关系，$\sigma_P$ 与 $E(r_P)$ 亦为线性关系。因此，由证券 A 和 B 构成的组合线是连接这两点的直线（见图 3-5-2）。

（2）完全负相关下的组合线。此时 $\rho_{AB} = -1$，此时有：

$$E(r_P) = x_A E(r_A) + (1 - x_A) E(r_B)$$

$$\sigma_P^2 = x_A^2 \sigma_A^2 + (1 - x_A)^2 \sigma_B^2 - 2x_A(1 - x_A)\sigma_A \sigma_B \quad (3-5-5)$$

$$\sigma_P = |x_A \sigma_A - (1 - x_A)\sigma_B|$$

这时，$\sigma_P$ 与 $E(r_P)$ 是分段线性关系，组合线如图 3-5-3 所示。

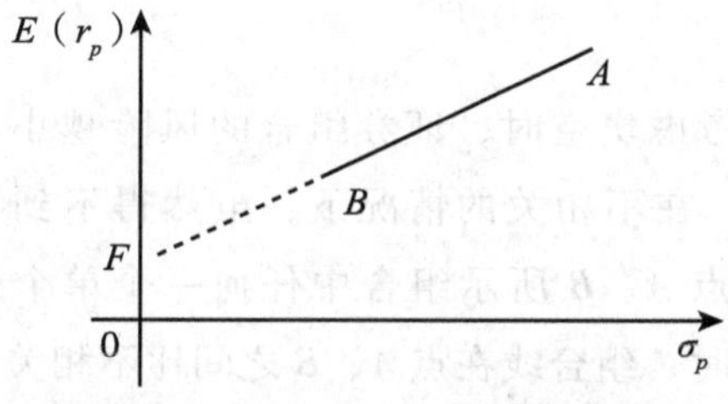


**图 3-5-2 $\rho_{AB}$ =1 时的组合线**

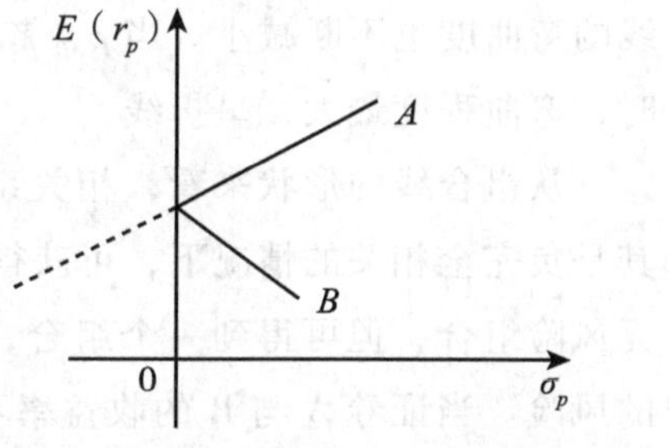


**图 3-5-3 $\rho_{AB}$ = -1 时的组合线**

在完全负相关的情形下，以适当比例买入证券 A 和证券 B，可以获得一个收益确定的无风险组合。该比例可以通过令标准差 $\sigma_P$ 的取值［即 $|x_A \sigma_A - (1 - x_A)\sigma_B|$］为 0 来求解，解得：

$$x_A = \frac{\sigma_B}{\sigma_A + \sigma_B}, x_B = \frac{\sigma_A}{\sigma_A + \sigma_B}$$

此时，需同时买入证券 A 和 B。由于证券 A 和 B 完全负相关，同时买入两种证券可抵消风险。所能得到的无风险收益率为：

$$E(r_P) = \frac{\sigma_B E(r_A) + \sigma_A E(r_B)}{\sigma_A + \sigma_B}$$

(3) 不相关情形下的组合线。此时 $\rho_{AB}=0$，有：

$$E(r_P)=x_AE(r_A)+(1-x_A)E(r_B)$$

$$\sigma_P^2=x_A^2\sigma_A^2+(1-x_A)^2\sigma_B^2 \quad (3-5-6)$$

此时，组合线为一条经过 $A$ 点和 $B$ 点的双曲线，如图 3－5－4 所示。

其中，$C$ 点对应组合的方差是所有可能组合中的最小方差，可通过一阶求导得到。令方差 $\sigma_P^2$ 对 $x_A$ 的导数为 0：

$$\frac{d\sigma_P^2}{dx_A}=2x_A\sigma_A-2(1-x_A)\sigma_B^2=0$$

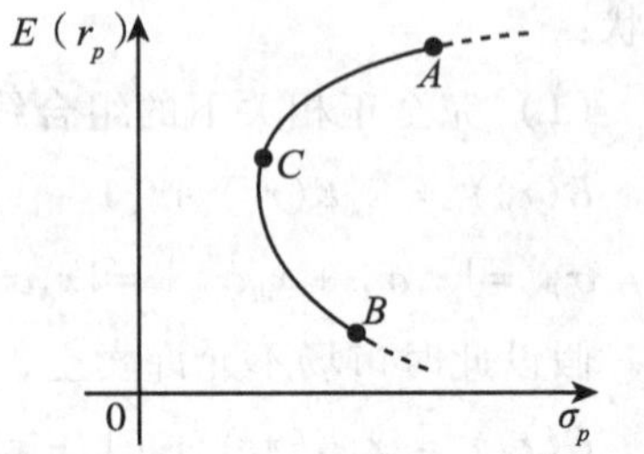


图 3－5－4　$\rho_{AB}=0$ 时的组合线

解得 $x_A=\frac{\sigma_B^2}{\sigma_A^2+\sigma_B^2}$，$x_B=\frac{\sigma_A^2}{\sigma_A^2+\sigma_B^2}$。此时的组合方差最小，且同时小于构成该组合的证券 A、B 的方差。另外，图 3－5－4 中虚线代表允许卖空下的投资组合，例如 A 点附近的虚线表示卖空 B 证券、买入 A 证券形成的组合，$B$ 点附近的虚线代表卖空 A 证券、买入 B 证券形成的组合。

(4) 组合线的一般情形。现实生活中，证券 A 和证券 B 往往不完全相关，即 $-1<\rho_{AB}<1$，此时公式（3－5－1）和式（3－5－2）不会有任何简化，其所确定的曲线为双曲线，且弯曲程度随着相关程度 $\rho_{AB}$ 的变化而变化。随着 $\rho_{AB}$ 的增大，对应曲线的弯曲度也不断减小。当 $\rho_{AB}$ 趋近于 1 时，曲线近似于一条直线；当 $\rho_{AB}$ 趋近于 －1 时，弯曲程度最大，呈折线。

从组合线的形状来看，相关系数越小，不考虑卖空时，证券组合的风险越小，尤其是负完全相关的情况下，可获得无风险组合。在不相关的情况下，虽然得不到一个无风险组合，但可得到一个组合，其风险小于点 $A$、$B$ 所示组合中任何一个单个证券的风险。当证券 A 与 B 的收益率不完全负相关时，组合线在点 $A$、$B$ 之间比不相关时更弯曲，因而能找到一些组合（不卖空）使得风险小于点 $A$ 和 $B$ 的风险，比如图 3－3－5 中 $\rho_{AB}=-0.5$ 的情形。但图中 $\rho_{AB}=0.5$ 时，得不到一个不卖空的组合能使其风险小于单个证券的风险。可见，在不卖空的情况下，组合降低风险的程度由证券间的关联程度决定。

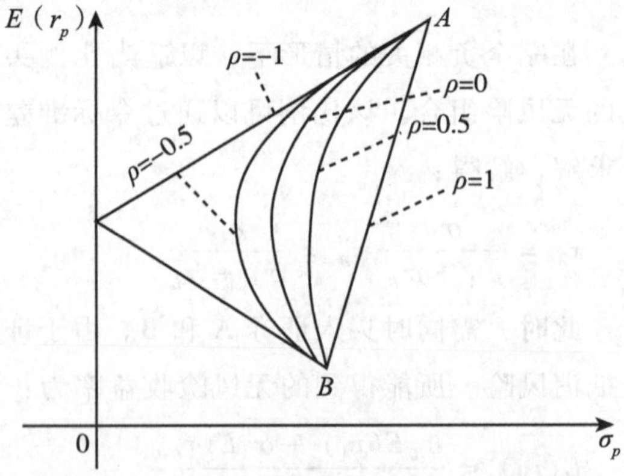


图 3－5－5　相关系数不同的证券组合

2. 多种证券组合的可行域

当证券数量超过两种时，所构成的投资组合在期望收益—方差坐标系上的图像将从一条曲线扩展为一个区域。若不允许卖空，则形成的区域是封闭的，如图 3-5-6（a）所示；若允许卖空，可行域将向右扩展为无限区域，如图 3-5-6（b）所示。

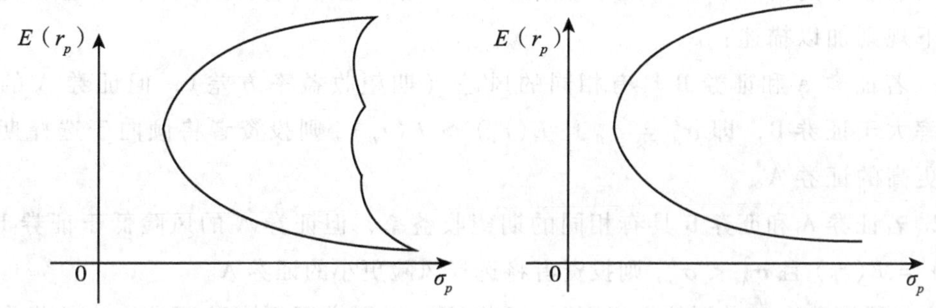


（a）不允许卖空时的可行域　　（b）允许卖空时的可行域

**图 3-5-6　多种证券构成的投资组合可行域**

由于可行域内的点所对应的收益率和方差满足如下方程组：

$$
\begin{cases}
E(r_P) = \sum_{i=1}^{n} x_i E(r_i) \\
\sigma_P = \sum_{i=1}^{n} x_i^2 \sigma_i^2 + \sum_{1 \leqslant i < j \leqslant n} x_i x_j \sigma_i \sigma_j \rho_{ij} \\
\sum_{i=1}^{n} x_i = 1
\end{cases}
$$

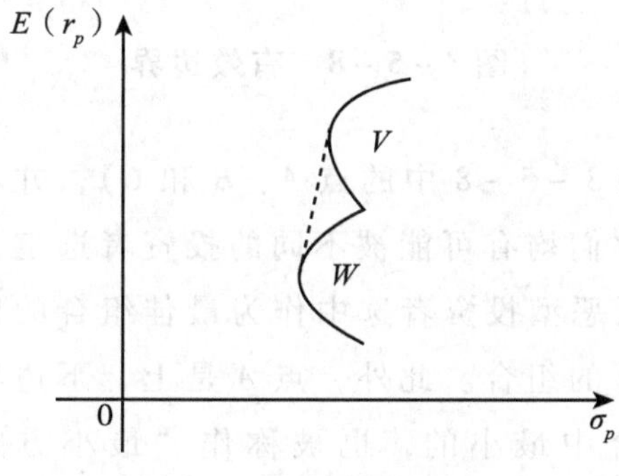


**图 3-5-7　可行域的共同特征是向左凸或呈线性**

因此，可行域的形状依赖于可供选择的单个证券的期望收益率 $E(r_i)$、标准差 $\sigma_i$ 和证券收益率之间的相互关系 $\rho_{ij}$。不同的可行域均具有一个共同的特征，即左侧边界向左凸出或呈线性，而不会出现凹陷。该特征可以用反证法说明。假设某投资组合的可行域呈图 3-5-7 所示形状，在该可行域左侧的两个凸起上各取一证券（或组合）$W$ 和 $V$，由于 $W$ 和 $V$ 是可行组合，则此二者的组合亦是可行组合，对应曲线以 $W$ 和 $V$ 为端点，向左侧凸出或呈直线，而该曲线却并不在可行域中，因而该图所示区域不可能是一个可行域。

## （二）证券组合的有效边界

证券组合的可行域刻画了所有可能的证券投资组合，投资者可在其中选择自己最满意的组合进行投资。尽管不同投资者对于风险的偏好不尽相同，但其偏好却具有某种共性，即某些投资组合将被所有的投资者都公认为是“不好”的组合，总存在比它更好的选择。由于绝大多数投资者是风险厌恶的，因此人们在偏好更高收益率的同时，也希望投资组合风险越低越好，反之亦然。上述态度可以用如下规则加以描述：

1. 若证券 A 和证券 B 具有相同的风险（期望收益率方差），但证券 A 的期望收益率大于证券 B，即 $\sigma_A^2=\sigma_B^2$ 且 $E(r_A)>E(r_B)$，则投资者将倾向于选择期望收益率更高的证券 A。

2. 若证券 A 和证券 B 具有相同的期望收益率，但证券 A 的风险低于证券 B，即 $E(r_A)=E(r_B)$ 且 $\sigma_A^2<\sigma_B^2$，则投资者将选择风险更小的证券 A。

上述原则称为“共同偏好规则”，可将这一规则应用到多种证券构成的投资组合可行域中，投资组合的目标便是在 $E-\sigma$ 坐标系的可行域中，寻找到最好的点。“共同偏好规则”有助于排除相同收益率的组合中标准差更大的（即同一水平线上靠右侧的组合），也可以排除相同标准差的组合中收益率更小的（即同一垂直线上靠下侧的组合），最终得到余下这些组合称为有效证券组合，表现为图 3－5－8 中上侧的粗实线部分，它是可行域的上边界部分，也被称为“有效边界”。对于可行域内部及下边界上的任意可行组合，均可以在有效边界上找到一个有效组合优于它。

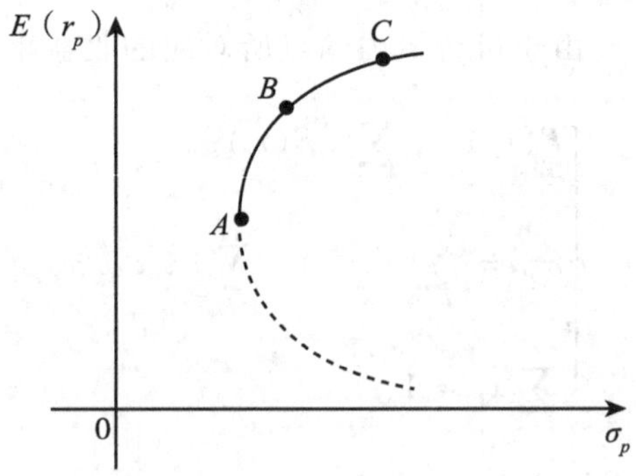


**图 3－5－8　有效边界**

然而，对于有效边界上的不同组合（如图 3－5－8 中的点 $A$、$B$ 和 $C$），并不能按照“共同偏好规则”来区分孰优孰劣，它们均有可能被不同的投资者选定为最优组合。一般地，有效组合是可能被风险厌恶型投资者选中作为最佳组合的候选组合，且该投资者不可能选择有效边界之外的组合。此外，点 $A$ 是上、下边界的交汇处，对应组合的方差是所有可能组合中最小的，也被称作“最小方差组合”。

### （三）最优证券组合的选择

根据投资组合的可行域、有效证券组合以及有效边界，便可以确定最优的证券组合。该问题涉及投资者的投资偏好，那些不能被“共同偏好规则”区分的有效组合，不同投资者可能得出完全不同的比较结果。本章第三节曾介绍过风险偏好与效用理论，将其与有效边界相结合，将有助于进一步确定最优证券组合。

先重新回到有效边界，如图 3－5－9 所示，$A$ 和 $B$ 均为有效边界上的有效组合，虽然组合 $A$ 的风险高于组合 $B$，但其期望收益也更高，期望收益的增量可视为对风险提升的补偿，即风险从 $\sigma_B^2$ 提升到 $\sigma_A^2$ 时，期望收益将增加［$E(r_A)-E(r_B)$］作为补偿。至于该风险补偿是否合适，不同的投资者会依据其风险偏好给出不同的答案。投资者甲可能会认为收益的增加刚好能够补偿风险的上升，因此组合 $A$ 与 $B$ 无差异；另一位投资者乙可能更加保守，认为收益的增加无法弥补风险的上升，因此组合 $B$ 优于组合 $A$；第三位投资风格更为进取的投资者丙所持有的观点则可能恰好相反，认为组合 $A$ 更好。由此可见，在相同的风险状态下，投资者要求得到的期望收益率补偿越高，其对风险的厌恶程度越大。

一般地，对于某特定的投资者，任意给定一个证券组合 $P$，根据其对风险的态度，可以获得一系列满意程度与 $P$ 相同的证券组合，这些组合在 $E-\sigma$ 坐标系上的图形为一条曲线，称为该投资者的一条“无差异曲线”。如图 3－5－10 所示，尽管图中的组合 $A$、$B$ 和 $C$ 等各自具有不同的收益和风险特征，但它们对于该投资者来说是无差异的，可任意选择。因此，若用一条平滑的曲线将各组合连接，当这样的组合个数较多时，它们在平面上即形成了一条无差异曲线。

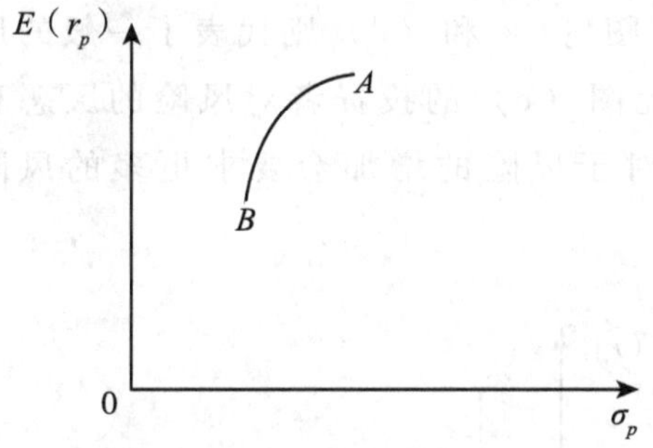


**图 3－5－9　无法根据共同准则评判的组合**

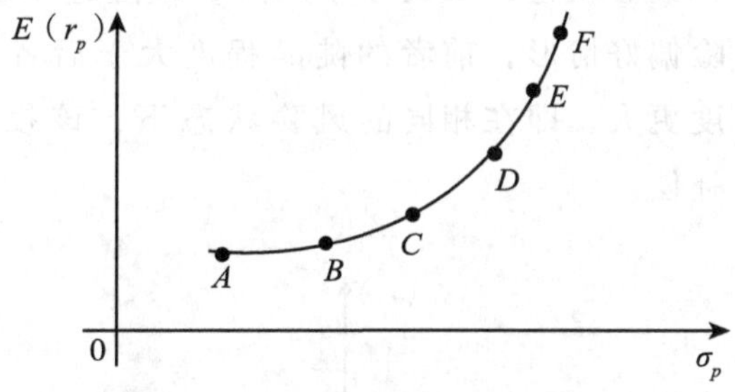


**图 3－5－10　某位投资者的一条无差异曲线**

对于具有不同偏好的投资者，其无差异曲线的形状也各不相同。但对于风险厌恶型投资者而言，其无差异曲线具有如下特点：（1）无差异曲线从左至右、向上弯曲；（2）每个投资者的无差异曲线形成密布于整个平面又互不相交的曲线簇；（3）同一条无差异曲线上的投资组合给投资者带来的满意度相同，而不同无差异曲线上的组合给投资者带来的满意程度不同；（4）无差异曲线的位置越高（靠左上方），其上的投资组合给投资者带来的满意程度就越高；（5）无差异曲线向上弯曲的程度大小反映投资者承受风险的能力强弱。

如图 3-5-11 所示，某投资者认为经过 $A$ 的那条曲线上的所有证券组合给他的满意度均相同，因而组合 $A$ 和 $B$ 是无差的；组合 $C$ 所在的曲线在另外两条曲线的左上方，带来的效用更高，因此组合 $C$ 优于组合 $A$、$B$ 和 $D$。

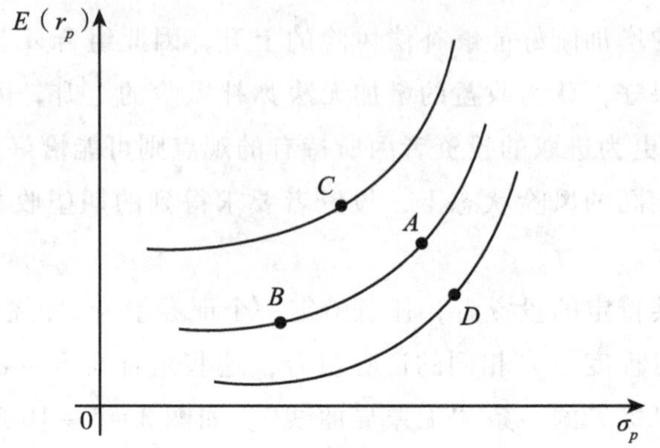


**图 3-5-11　某投资者的无差异曲线**

图 3-5-12 则展示了具有不同偏好的投资者的无差异曲线，图（a）的投资者完全不关心风险，仅关注于期望收益，收益越大越好；图（b）的投资者完全不关心收益，仅关注于风险，风险越小越优；图（c）和（d）则代表了一般的风险偏好情形，前者的陡峭程度大于后者，因此图（c）的投资者对风险的厌恶程度更大，即在相同的风险状态下，该投资者对于风险的增加会要求更多的风险补偿。

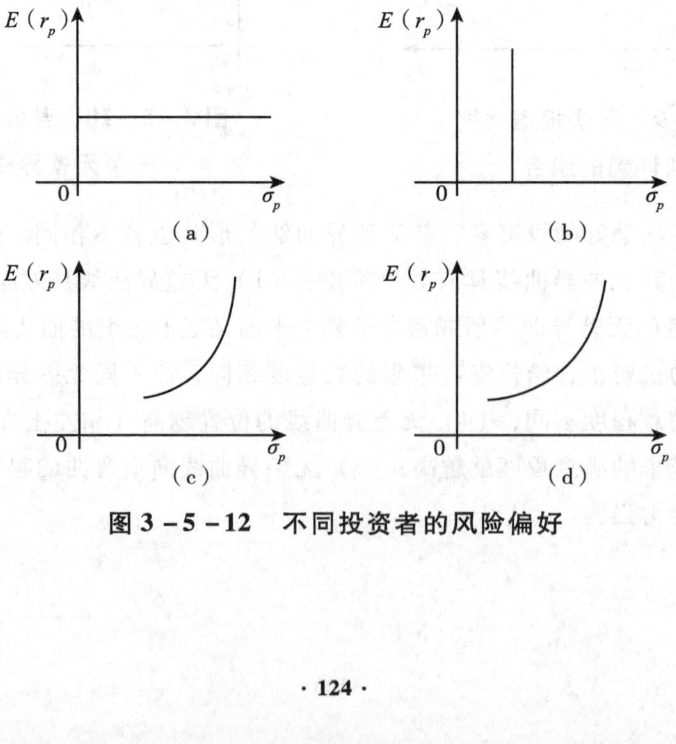


**图 3-5-12　不同投资者的风险偏好**

对于单一投资者，其无差异曲线和有效边界的相交点，即是最优证券组合。为实现效用最大化，投资者选择的有效组合所在的无差异曲线应高于其他有效组合所在的无差异曲线。如图 3－5－13 所示，投资者根据其无差异曲线簇，将选择有效边界上的 $B$ 组合作为最优组合，$B$ 点使其在所有有效组合中获得的满意程度最高，其他有效边界上的点都落在 $B$ 下方的无差异曲线上。不同的投资者可以根据自身的无差异曲线簇获得各自的最优证券组合，这些组合可能也各不相同，反映的是不同投资者风险偏好的差异。

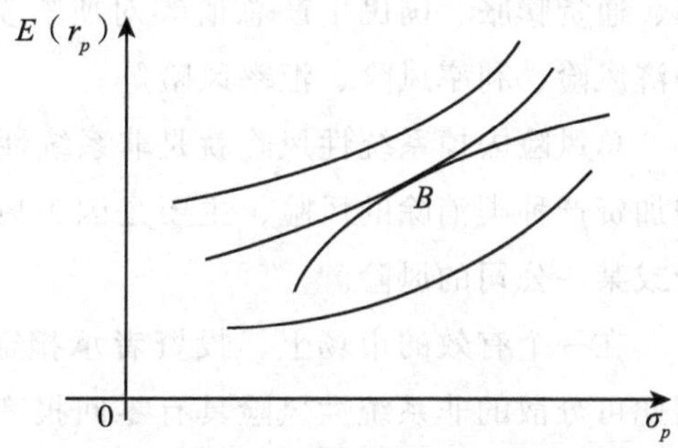


图 3－5－13 最优投资组合的选择

# 第六节 资本资产定价模型（CAPM）

## 一、系统性风险与非系统性风险

在给出资本资产定价模型（Capital Asset Pricing Model，CAPM）之前，首先介绍风险资产的风险来源和分类。

任何风险资产的总风险都是由系统性风险（Systematic Risk）和非系统性风险（Nonsystematic Risk）（见图 3－6－1）。

系统性风险又称为市场风险，是不可分散的风险，即无法通过分散化投资、增加资产种类配置来消除的风险。系统性风险是或多或少影响着大量资产的风险，例如利

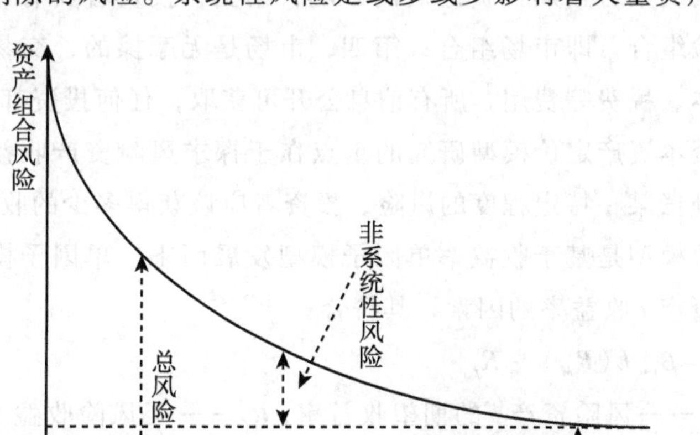


图 3－6－1 系统性风险与非系统性风险

率、通货膨胀、国民生产总值等对所有资产都会有影响的风险，可以分为政策风险、经济风险、利率风险、汇率风险等。

总风险去掉系统性风险就是非系统性风险，非系统性风险是可以通过分散化投资、增加资产种类消除的风险，主要是因为风险来源是可以相互独立的，例如针对一个资产或某一公司的风险。

在一个有效的市场上，投资者承担额外的非系统性风险不会得到风险溢价补偿，因此可分散的非系统性风险具有零回报率的特征，只有承担无法被分散的系统性风险才能获得额外风险溢价补偿。所以判定并评估某个资产的理论收益率就需要从其所含的系统性风险入手。基于已知无风险资产收益率的前提下，确定风险资产收益率的过程，本质上就是一个风险定价过程，即该风险资产的合理收益率水平应该是其理论风险溢价叠加无风险收益率。包括 CAMP 模型等在内的资产定价模型，均试图通过建立起风险资产的收益和风险之间的联系，来实现对风险溢价的定价。

## 二、资本资产定价模型的提出及原理

资本资产定价模型（Capital Asset Pricing Model，CAPM）是由美国学者威廉·夏普、约翰·林特耐和简·摩辛等在现代投资组合理论和市场资本理论的基础上发展而来。其阐述了当所有投资者都采用马柯威茨的资产选择理论进行投资时，市场均衡状态是如何形成的，并通过简单的线性关系将资产的预期收益与预期风险之间的理论联系表达出来。

CAPM 建立在若干假设条件基础之上，包括：第一，投资者都是风险厌恶者且是理性投资者，追求收益—风险（均值—方差）最优化；第二，投资者只考虑当期投资，即不考虑投资决策对当期投资之后的影响；第三，投资者具有一致预期，均会选择同一个最优风险组合，即市场组合；第四，市场是无摩擦的，交易没有任何卖空限制，以及交易成本、税费等费用，所有信息公开可获取，任何投资都可以被无限分割。基于这些假设，资本资产定价模型研究的重点在于探求风险资产收益与风险之间的对应关系，即为了补偿某一特定程度的风险，投资者应该获得多少的收益补偿。

资本资产定价模型是基于收益率单因子模型发展而来。单因子模型假设市场因素是唯一影响风险资产 $i$ 收益率的因素，其符合：

$$E(R_i)-R_f=\beta_i[E(R_M)-R_f] \tag{3-6-1}$$

式中：$E(R_i)$ ——风险资产 $i$ 的期望收益率；$R_f$ ——无风险收益率；$E(R_M)$ ——市场组合的期望收益率；$\beta_i$ ——该资产对市场的敏感系数。

即：资产 $i$ 的风险溢价是该资产对市场的敏感系数与市场组合风险溢价的乘积。

可以看到，在单因子模型中，除了无风险资产外，还涉及市场组合 $M$。可以将市场组合（Market Portfolio）理解为市场上所有投资者风险资产组合的加总。展开来讲，假设有效前沿满足：第一，它包含了所有风险资产；第二，所有投资者对这些风险资产具有同质预期。基于这两个前提假设，所有投资者都具有相同的风险投资组合有效前沿和相同的最优投资组合，这个组合即市场组合。市场组合加总后的价值等于整体经济中的全部财富。

资本资产定价模型认为，当市场处于均衡状态时，资产预期收益率应仅随系统性风险的变化而变化，具有相同系统性风险的资产其预期收益率也应相同。资本资产定价模型核心是只对投资组合的系统性风险进行定价，非系统性风险可以通过扩大投资组合规模予以消除，因而市场不予风险补偿。

将公式（3－6－1）稍作转变便可得到 CAPM 的公式：

$$E(R_i)=R_f+\beta_i[E(R_M)-R_f] \tag{3-6-2}$$

其含义为：一个资产的收益率包含两部分，一是无风险收益率，二是承担系统性风险而应获得的额外收益率，其中系统性风险由 $\beta$ 值来衡量。资本资产定价模型还指出，均衡状态下的最佳组合是市场组合，市场组合的非系统风险最小，所有的风险投资者都会持有市场组合。

## 三、资本市场线与证券市场线

为了更好地理解 CAPM 的应用，先从资本市场线和证券市场线展开。

### （一）资本市场线

在介绍资本市场线之前，先引入资本配置线（Capital Allocation Line，CAL）的概念。假设投资者面对的市场是一个存在无风险证券的市场，投资者可通过调整无风险证券和可行风险证券组合的权重构成新型投资组合，而资本配置线就是在期望收益—方差坐标系中代表不同组合收益和风险关系的直线。而资本市场线（Capital Market Line，CML）是一条特殊的资本配置线，无风险资产与市场组合 M 构成的最优资本配置线就是资本市场线，其是一条从无风险资产出发并与有效前沿相切的切线。

具体而言，假设市场组合 $M$ 和无风险资产 $F$ 组成新的有效组合 $C$，设 $E(R_M)$、$\sigma_M$ 为市场组合 $M$ 的期望收益率和标准差；$E(R_C)$、$\sigma_C$ 为有效组合 $C$ 的期望收益率和标准差；$R_f$ 为无风险证券收益率，市场组合所占比重为 $w$，则新的资产组合 $C$ 的期望收益 $E(R_C)$ 和风险可以分别表示为：

$$E(R_C)=wE(R_M)+(1-w)R_f$$

$$\sigma_C=w\sigma_M$$

进一步推导可得新的资产组合期望收益率和风险的关系式：

$$E(R_C) = R_f + \frac{E(R_M) - R_f}{\sigma_M}\sigma_C \qquad (3-6-3)$$

这个关系式可以刻画一条直线，该直线与市场组合有效前沿相切时，得到的就是资本市场线（见图3-6-2），切点$M$意味着该投资组合中100%的资金配置于市场组合，0%配置于无风险资产。

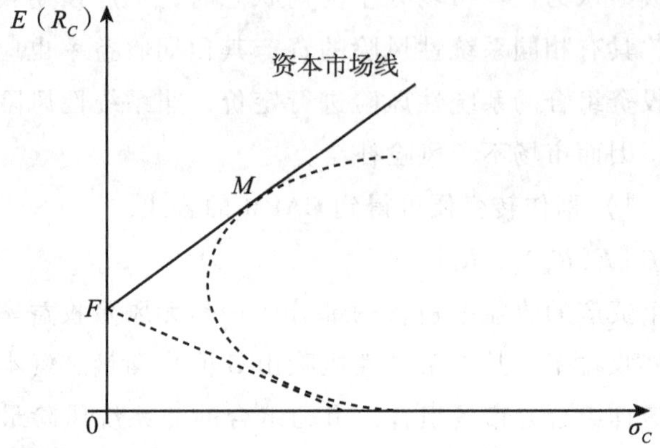


**图3-6-2　资本市场线CML**

### （二）证券市场线

由资本市场线所反映的关系可以看出，在均衡状态下，市场对有效组合的风险提供补偿。而有效组合的风险由构成该有效组合的各个成员证券的风险共同合成，因而市场对有效组合的风险补偿可视为市场对各个成员证券的风险补偿的总和，或者说市场对有效组合的风险补偿可以按一定的比例分配给各个成员证券。这种分配应按各个成员证券对有效组合风险贡献的大小来进行。

鉴于市场组合$M$也是有效组合，因此可以将市场组合$M$作为研究对象，分析$M$中各个成员资产对市场组合风险的贡献大小，之后再按照贡献大小把市场组合的风险补偿分配到各个成员资产。对于市场组合$M$，市场组合的风险与组合里各个资产$i$风险的关系可以表示为：

$$\sigma_M^2 = x_1\sigma_{1M} + x_2\sigma_{2M} + \cdots + x_i\sigma_{iM} \qquad (3-6-4)$$

式中：$\sigma_M^2$——市场组合的方差；$x_i$——组合内资产$i$的投资占比；$\sigma_{iM}$——资产$i$与市场组合$M$的协方差；$x_i\sigma_{iM}$——资产$i$对市场组合风险的贡献度。

基于上式，可以得到投资比例为$x_i$资产$i$对市场组合风险的贡献比例为$\frac{x_i\sigma_{iM}}{\sigma_M^2}$。

相应地，市场对组合内各个资产的补偿比例应与各个资产对市场组合风险的贡献比例相对应。市场组合$M$的风险补偿合计为$E(R_M)-R_f$，分配给单位资金规模的资产$i$补偿按其对$\sigma_M^2$作出的相对贡献应为：

$$\frac{x_i\sigma_{iM}}{\sigma_M^2}[E(R_M)-R_f]$$

同时，已知单个资产 $i$ 的风险补偿为 $[E(R_i)-R_f]$，于是有：

$$E(R_i)-R_f=\frac{x_i\sigma_{iM}}{\sigma_M^2}[E(R_M)-R_f]$$

记 $\beta_i=\frac{x_i\sigma_{iM}}{\sigma_M^2}$，则可得到与资本资产定价模型公式（3－6－2）等价的方程，即：

$$E(R_i)=R_f+\beta_i[E(R_M)-R_f] \tag{3-6-5}$$

该式刻画的就是资产 $i$ 的预期收益和其对市场组合方差贡献率 $\beta_i$ 间的一种线性关系，实质是一条以无风险利率 $R_f$ 为截距、市场风险溢价为斜率的直线，这条直线就被称为证券市场线（Security Market Line，SML）（见图 3－6－3）。可以看到，证券市场线的横轴为 $\beta$ 值，用以测定单个资产的系统性风险，纵轴是资产的预期收益率 $E(R_i)$，斜率是市场风险溢价 $[E(R_M)-R_f]$。

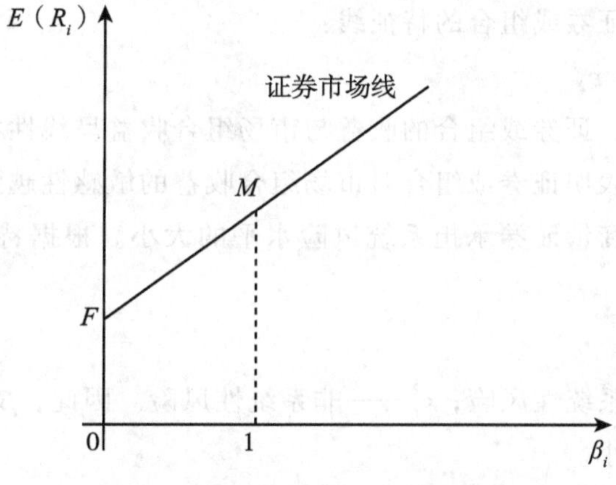


**图 3－6－3　证券市场线 SML**

### （三）资本市场线和证券市场线的对比

资本市场线（CML）和证券市场线（SML）虽然名字有相似之处，但二者有着本质的区别。

第一，定义不同。资本市场线（CML）揭示的是市场组合预期收益和预期风险间的关系，只适用于有效组合；证券市场线（SML）揭示的为资产或资产组合本身的预期收益和预期风险间的关系，适用于所有有效组合和非有效组合。

第二，坐标含义不同。资本市场线（CML）的横轴代表市场组合的总风险 $\sigma_C$；证券市场线（SML）横坐标仅包含证券或证券组合的系统性风险 $\beta_i$，因为所有的非系统性风险已通过扩大投资组合规模予以消除。

第三，斜率含义不同。资本市场线（CML）的斜率代表的有效组合中风险的市场价格，单一投资者对风险的态度不会影响到风险的市场价格；证券市场线（SML）的斜率代表的是系统风险的市场价格，市场对系统风险厌恶感越强，斜率越大。

### （四）β系数的含义及其应用

1. β系数的含义

β系数等于资产与市场组合的协方差除以市场组合方差（即 $\beta_P=\sigma_{iM}/\sigma_M^2$）。β系数有以下几种含义：

(1) β系数反映证券或证券组合对市场组合方差的贡献率，β可以作为单一证券（组合）的风险测定。

(2) β系数反映了证券或组合的收益水平对市场平均收益水平变化的敏感性。资本资产定价模型可以改写为：

$$E(R_i)=R_f+\beta_i E(R_M)-\beta_i R_f$$

上式可以改写为证券或组合的特征线：

$$R_i=\alpha_i+\beta_i R_M+\varepsilon_i$$

从该式可以看到，证券或组合的收益与市场组合收益呈线性相关，β系数为直线斜率，其绝对值越大，表明证券或组合对市场组合收益的敏感性越强。

(3) β系数能够衡量证券承担系统风险水平的大小。根据特征线方程，证券或组合 $i$ 的风险为：

$$\sigma_i^2=\beta_i^2\sigma_M^2+\varepsilon_i^2$$

其中，$\beta_i^2\sigma_M^2$——系统性风险；$\varepsilon_i^2$——非系统性风险。因此，β系数可以用来衡量证券承担系统风险的大小。

2. β系数的应用

β系数被广泛应用于证券的分析、投资决策和风险控制中，包括并不限于：

(1) 证券的选择。证券选择的一个重要环节是证券估值。资本资产定价模型的应用中就涉及利用β系数这一重要参数进行估值。另外，当市场处于牛市或熊市时，投资者对证券的选择通常有不同的要求。一般而言，当市场处于牛市时，在估值优势相差不大的情况下，投资者会选择β系数较大的证券，以期获得较高的收益；反之，当市场处于熊市时，投资者会选择β系数较小的证券，以减少股票下跌的损失。

(2) 风险控制。由于β系数是证券或组合系统风险的量度，因此，风险控制部门或投资者通常会利用β系数对证券投资进行风险控制，控制β系数过高的证券投资比例。包括针对衍生证券的对冲交易，也会利用β系数控制对冲的衍生证券头寸。

(3) 投资组合绩效评价。评价组合业绩是基于风险调整后的收益进行考量，β可以刻画组合所承担风险的大小。

## 四、资本资产定价模型的应用

资本资产定价模型主要应用于资产估值、资金成本预算以及资源配置等方面。这里，简要介绍资本资产定价模型在资产估值和资产配置两方面的应用。

### （一）资产估值

根据资本资产定价模型，每一证券的期望收益率应等于无风险利率加上该证券由$\beta$系数测定的风险溢价。一方面，当获得市场组合期望收益率的估计和该证券风险$\beta$系数的估计时，就能计算市场均衡状态下证券$i$的期望收益率$E(R_i)$；另一方面，市场对证券在未来所产生的收入流（股息加期末价格）有一个预期值，这个预期值与证券$i$的期初市场价格及其预期收益率$E(R_i)$之间有如下关系：

$$E(R_i) = \frac{E(\text{股息} + \text{期末价格})}{\text{期初价格}} - 1$$

在均衡状态下，期初均衡价格应定为：

$$\text{期初均衡价格} = \frac{E(\text{股息} + \text{期末价格})}{1 + E(R_i)} \tag{3-6-6}$$

**【案例3-5】** 已知A公司今年每股股息为0.5元，预期今后每股股息将以每年10%的速度稳定增长。当前的无风险利率为3%，市场组合的风险溢价为8%，A公司股票的$\beta$为1.5。那么，A公司股票当前的合理价格$P_0$应为多少？

首先，根据股票现金流估价模型中的不变增长模型，如$k$为必要收益率（或风险调整贴现率），得出A公司股票当前的合理价格$P_0$为：

$$P_0 = \frac{0.5}{k - 10\%}$$

其次，根据证券市场线有：

$$k = R_f + \beta[E(R_M) - R_f] = 3\% + 1.5 \times 8\% = 15\%$$

A公司股票当前的合理价格$(P_0) = 0.5 \div (15\% - 10\%) = 10$(元)

通过资本资产定价模型，投资者可以将证券当前实际的市场价格与合理均衡价格进行对比，来判断该资产价格是否存在市场错误定价，进而作出投资决策。二者不等，则说明市场价格被误定，存在套利空间。当实际价格低于均衡价格时，说明该证券是廉价证券，则应购买该证券；相反，若实际价格高于均衡价格，则应卖出该证券，并将资金转向购买其他廉价证券。

### （二）资产配置

资本资产定价模型还可应用于资产配置领域，即投资者可依据对市场走势的判断来选择具有不同$\beta$系数的证券或组合，以获得较高收益或规避市场风险。正如在$\beta$系数的应用部分所提到的，$\beta$系数能够反映证券或组合对市场变化的敏感性。因此，当有预测牛市到来时，应选择那些高$\beta$系数的证券或组合。这些高$\beta$系数的证券将成倍放大市场收益率，带来较高的收益。相反，在熊市到来之际，应选择那些低$\beta$系数的证券或组合，以减少因市场下跌而造成的损失。

# 第七节　套利定价理论

套利定价理论（Arbitrage Pricing Theory，APT），由史蒂芬·罗斯于20世纪70年代中期建立，是描述资产合理定价但又有别于CAPM的另一种均衡模型。套利定价理论从因素模型和无套利条件出发，揭示了均衡价格形成的套利驱动机制和均衡价格的决定因素。

## 一、套利与无套利均衡

所谓套利，指的是人们无须追加投资就可获得收益的买卖行为。从经济学角度看，套利是指人们利用同一资产在不同市场间的定价不一致，通过资金转移而实现无风险收益的行为。例如，若某品牌的饮料在甲地售价为100元/箱，而在乙地的售价仅为90元/箱，假设甲、乙两地间的运输成本为0，则理性投资者会从乙地购买该饮料，并在甲地出售，从而赚取中间的差价。这种行为就是套利，对应的机会称为套利机会。

套利的经济学原理是一价定律（Law of One Price），即如果两个资产是相等的，其市场价格就应该相同，一旦存在两种差异性的价格，就出现了套利机会，投资者可以买入低价资产并同时卖出高价资产赚取价差。一价定律的实现是有条件的，即两个市场间的流动和竞争必须是无障碍的，且无交易成本、无税收和无不确定性存在。然而，上述假设在现实生活中较难得到满足，因此，现实中大部分套利行为都属于风险套利。

所谓无套利均衡，是指如果市场上存在无风险套利机会，就说明市场处于非均衡状态。此时，套利者可以把握套利机会，基于一定的套利组合，如从价格较低处购买资产、并在价格较高处出售，推动市场重建均衡。市场一旦恢复均衡，套利机会就会消失，套利行为也会终止，此时就实现了无套利均衡，而对应所得到的资产的最终价格，就是均衡状态下的均衡价格。

## 二、套利定价模型的原理

与资本资产定价模型不同，套利定价理论并没有过多的假设前提，其最大假设是每个投资者一定会利用不增加风险、但能增加其收益的套利机会（如有），实现这一机会的途径就是建立套利组合，而这一过程会达到市场均衡。套利定价模型基于此来推导均衡状态下，投资组合期望收益率和风险间的关系。

## （一）假设条件

套利定价模型的理论假设条件如下：

假设1：投资者追求收益，同时厌恶风险。

假设2：所有证券的收益都受到一个共同因素 $F$ 的影响，并且证券的实际收益率具有如下构成形式：

$$r_i = a_i + b_iF + \varepsilon_i \quad (3-7-1)$$

式中：$r_i$ ——证券 $i$ 的实际收益率；$a_i$ ——因素指标 $F$ 为0时证券 $i$ 的收益率；$b_i$ ——因素指标 $F$ 的系数，反映证券 $i$ 的收益率对 $F$ 变动的敏感性，又称灵敏度系数；$\varepsilon_i$ ——证券 $i$ 收益率 $r_i$ 的残差项。

假设3：投资者能够发现市场上是否存在套利机会，并利用该机会进行套利。

假设4：市场是有效的，充分竞争且无摩擦。

基于假设2，任何一个由 $N$ 种证券按比重 $x_1$、$x_2$、…、$x_N$ 构成的投资组合 $P$，其收益的生成具有以下形式：

$$r_P = a_P + b_PF + \varepsilon_P \quad (3-7-2)$$

式中：$r_P$ ——投资组合 $P$ 的实际收益率；$a_P$ ——因素指标 $F=0$ 时投资组合 $P$ 的收益率；$b_P$ ——因素指标 $F$ 的系数，反映投资组合 $P$ 的收益率对 $F$ 变动的敏感性，$b_p = x_1b_1 + x_2b_2 + \cdots + x_Nb_N$；$\varepsilon_P$ ——投资组合 $P$ 收益率 $r_P$ 的残差项，$\varepsilon_p = x_1\varepsilon_1 + x_2\varepsilon_2 + \cdots + x_N\varepsilon_N$。

## （二）套利机会与套利组合

在套利定价理论中，套利机会被套利组合所描述。套利组合是指满足下述三个条件的证券组合：

条件1：组合中各资产的权重之和为0，即 $x_1 + x_2 + \cdots + x_N = 0$。

条件2：该组合对于公共因素的敏感度为0，即 $b_p = x_1b_1 + x_2b_2 + \cdots + x_Nb_N = 0$，其中 $b_i$ 为证券 $i$ 的灵敏度系数。

条件3：该组合的期望收益率为正值，即 $x_1E(r_1) + x_2E(r_2) + \cdots + x_NE(r_N) > 0$，其中 $E(r_i)$ 为证券 $i$ 的期望收益率。

套利组合的特征表明，如果投资者能够发现套利机会并持有套利组合，便可在不追加投资的同时取得确定性的收益，即投资者是通过持有套利组合的方式进行套利。

## （三）套利定价模型

套利组合理论认为，如果市场上存在套利组合，那么投资者将不断地进行套利交易，从而不断推动证券的价格向套利机会消失的方向变动，直到套利机会消失为止。当市场上不再存在套利组合，市场就不存在套利机会，此时证券的价格即为均衡价格，市场达到均衡状态。此时，证券或组合的期望收益率具有下述构成形式：

$$E(r_i) = \lambda_o + b_i\lambda_1 \qquad (3-7-3)$$

式中，$E(r_i)$——证券 $i$ 的期望收益率；$\lambda_o$——与证券和因素 $F$ 无关的常数；$b_i$——因素指标 $F$ 的系数，反映证券 $i$ 的收益率对 $F$ 变动的敏感性；$\lambda_1$——对因素 F 具有单位敏感性的因素风险溢价。

式（3-7-3）即被称为套利定价模型。

套利定价模型表明，市场均衡状态下，证券或组合的期望收益率完全由它所承担的因素风险所决定；承担相同因素风险的证券或组合都应具有相同期望收益率；期望收益率与因素风险的关系，可由期望收益率的因素敏感性的线性函数反映。

以上都是假设市场上所有证券仅受到一个共同因素 $F$ 影响的前提下得出的。在此基础上，如果进一步放宽前提条件，在多因素共同影响所有证券的情况下，套利定价模型也是成立的，其一般表现形式为：

$$E(r_i) = \lambda_o + b_{i1}\lambda_1 + b_{i2}\lambda_2 + \cdots + b_{iN}\lambda_N \qquad (3-7-4)$$

式中，$E(r_i)$——证券 $i$ 的期望收益率；$\lambda_o$——与证券和任何因素 $F$ 无关的常数；$b_{ik}$——证券 $i$ 对第 $k$ 个影响因素 $F_k$ 变动的敏感性；$\lambda_k$——对因素 $F_k$ 具有单位敏感性的因素风险溢价。

## 三、套利定价模型的应用

套利定价模型在实践中的应用一般有两个方面：

1. 事先仅是猜测某些因素可能是证券收益的影响因素，但并不确定这些因素中，哪些因素对证券收益有广泛而特定的影响，哪些因素没有影响。于是可以运用统计分析模型对证券的历史数据进行分析，以分离出那些统计上显著影响证券收益的主要因素。

2. 确定某些因素与证券收益有关，于是对证券的历史数据进行回归以获得相应的灵敏度系数，再运用套利定价模型预测证券的收益。

**【案例3-6】**罗尔与罗斯利用套利定价模型对美国股票市场上市股票的影响因素进行了实证分析，使用的数据是纽约股票交易所上市股票的日收益率数据，样本区间从1962年7月5日到1972年12月31日。实证结果发现，下述四个宏观经济变量影响证券收益：未预期的工业产值指数、未预期的通货膨胀率、投机级债券与高等级债券收益率差额、长期政府债券与短期政府债券收益率差额。

假设通过回归分析得知某个证券 A 对上述四个因素的灵敏度系数 $b_1$、$b_2$、$b_3$ 和 $b_4$

依次为1.2、-0.6、0.4和0.8。已知无风险利率为5%；工业产值增速实际值为6%，高于预期的4%；通货膨胀率实际值为-1%，低于预期的3%；投机级债券与高等级债券收益率差额为3%；长、短期政府债券收益率差额为-2%，则预期的证券A的收益率为：

$$5\% + 1.2 \times 2\% - 0.6 \times (-4\%) + 0.4 \times 3\% + 0.8 \times (-2\%) = 9.4\%$$

# 第八节　投资组合的业绩评估

## 一、投资组合业绩评估原则

金融资产大多由专业投资者管理，资产分配的有效与否往往取决于专业投资者的能力和金融市场的整体运行环境。因此，在一个有效的资本市场中，投资者能够对投资组合管理人的表现作出准确评价，且能够按照管理人的投资能力进行排序。那如何作出这种评价呢？在投资组合理论诞生初期，投资者和学者仅把单位时间内投资组合的收益率高低作为评价指标。但在现实生活中，仅计算投资组合收益率是不够的，还必须根据所承担的风险水平调整收益，毕竟不同大类资产本身的风险收益比也不尽相同。例如，虽然在特定环境下，偏股型的投资组合回报率可能会高于偏债型的投资组合，但其所承担的风险可能也要高于后者，仅以收益作为评价指标往往会忽略组合风险带来的潜在损失。因此评价投资组合业绩应本着“既要考虑组合收益的高低，也要考虑组合所承担风险的大小”的基本原则。基于这一原则，投资者可以考察组合已实现的收益水平是否高于与其所承担风险相匹配的收益水平，也可以考察组合承受单位风险所获得的收益水平高低，即所谓的评价组合业绩的风险调整法。

## 二、投资组合业绩评估指数

被广泛传播和应用的评价组合业绩的风险调整法为资本资产定价模型（CAPM）。杰克·特雷纳、威廉·夏普和迈克尔·詹森认识到了CAPM在评估组合业绩上的特殊意义，随即，学者掌握了系列业绩评估方法并提出了各种风险调整的业绩评估指数。

### （一）夏普（Sharpe）指数

夏普指数于1966年由夏普提出，其以资本市场线为基准，指数值等于证券组合的风险溢价除以标准差，即：

$$S_P = \frac{r_P - r_F}{\sigma_P} \qquad (3-8-1)$$

式中：$S_P$ ——夏普指数；$r_P$ ——证券组合 $P$ 的实际平均收益率；$r_F$ ——考察期内无风险收益率；$\sigma_P$ ——证券组合的标准差。

为便于比较，通常夏普指数以年化数据进行计算，对应标准差也需要进行相应的年化处理。

$$\sigma_{\text{年化}} = \sigma_{\text{周}} \times \sqrt{52} \quad (3-8-2)$$

式中：$\sigma_{\text{年化}}$ ——年化标准差；$\sigma_{\text{周}}$ ——以周度为时间区间计算的标准差。

实际上，夏普指数就是连接证券组合与无风险资产的直线的斜率。将它与市场组合的夏普指数进行比较，一个高的夏普指数表明该管理者比市场经营得好，而一个低的夏普指数表明经营得比市场差。前者的组合位于资本市场线上方，后者的组合则位于资本市场线下方（见图 3-8-1）。位于资本市场线上的组合其夏普指数与市场组合的夏普指数均相等，表明管理具有中等绩效。

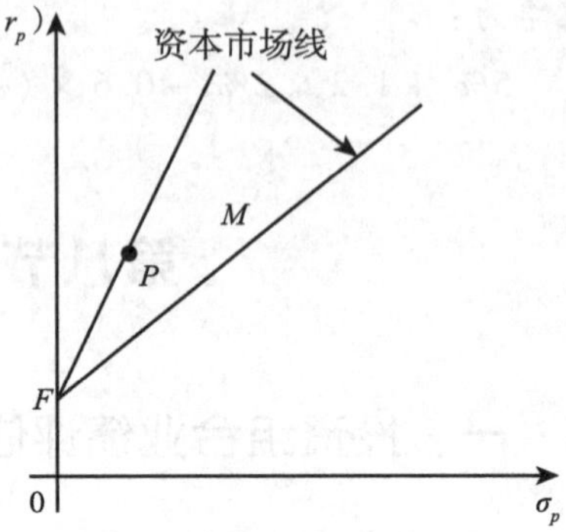


**图 3-8-1 组合收益优于市场平均收益的情形（$S_P > S_M$）**

### （二）詹森（Jensen）指数

詹森指数于 1969 年由詹森提出，其以证券市场线为基准，计算证券组合的实际平均收益率与由证券市场线所给出的该证券组合的期望收益率之间的差，即：

$$J_P = r_P - \{r_F + [E(r_M) - r_F] \cdot \beta_P\} \quad (3-8-3)$$

式中：$J_P$ ——詹森指数；$r_P$ ——证券组合 $P$ 的实际平均收益率；$r_F$ ——考察期内无风险收益率；$E(r_M) - r_F$ ——市场组合的风险溢价（期望超额收益）；$\beta_P$ ——证券组合的系统风险。

詹森指数衡量的是组合获得的高于市场的那部分风险溢价，风险由组合 $\beta$ 系数测定。詹森指数值代表投资组合与证券市场线之间的落差。如果投资组合的詹森指数为正，则其位于证券市场线的上方，绩效好；组合的詹森指数为负，则其位于证券市场线的下方，绩效不好（见图 3-8-2）。

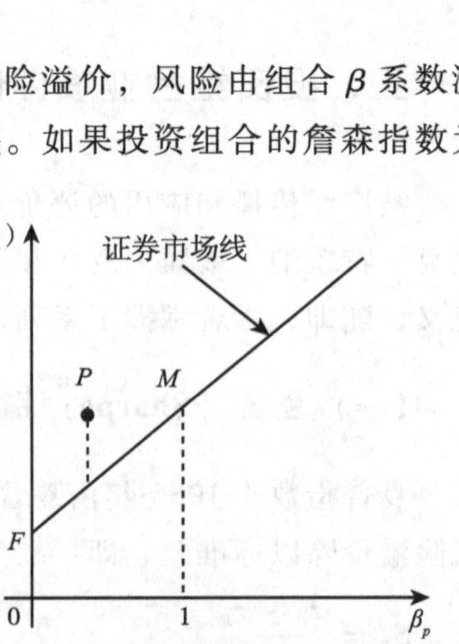


**图 3-8-2 詹森指数为正的组合**

### （三）特雷诺（Treynor）指数

特雷诺指数于 1965 年由特雷诺提出，其用获利机会来评价投资组合业绩，计算的是每单位风险所能获取的风险溢价，风险仍然由 $\beta$ 系数测定，即：

$$T_P = \frac{r_P - r_F}{\beta_P} \tag{3-8-4}$$

式中：$T_P$ ——特雷诺指数；$r_P$ ——证券组合 $P$ 的实际平均收益率；$r_F$ ——考察期内无风险收益率；$\beta_P$ ——证券组合的系统风险。

特雷纳指数公式与夏普指数相似，区别在于其使用的风险度量为组合的系统风险，而非组合的全部风险。特雷纳指数越高，对应组合的业绩越好；相反，指数越低，对应组合业绩较差。

对比来看，夏普指数适用于该投资组合就是投资者所有投资的情况，而詹森指数和特雷纳指数则适用于该投资组合只是投资者众多投资中某一投资组合的情况。此外，风险调整收益指标还有 Calmar 比率、Omega 比率等，这里不再详述。

## 三、基金评价的主要方法

除了上述指标外，在实际操作中，常常通过如下方法来对基金的业绩进行评价。

### （一）Brinson 模型

Brinson 模型将主动管理型基金的收益归因为四个部分：资产配置收益、个股选择收益、交互作用收益和基准收益，通过对配置多种大类资产的主动管理型基金进行业绩归因，得出基金超额收益中，分别来自资产配置收益、个股选择收益和两者交互作用收益的大小。$w_i^p$ 代表实际投资组合中第 i 项资产的权重，$r_i^p$ 代表实际投资组合中第 $i$ 项资产的收益率，$w_i^b$ 代表基准投资组合中第 i 项资产的权重，$r_i^b$ 代表基准投资组合中第 $i$ 项资产的收益率。基金组合的超额收益为：

$$TR = \sum_{i=1}^{n} w_i^p \cdot r_i^p - \sum_{i=1}^{n} w_i^b \cdot r_i^b \tag{3-8-5}$$

资产配置贡献为：

$$AR = \sum_{i=1}^{n} w_i^p \cdot r_i^b - \sum_{i=1}^{n} w_i^b \cdot r_i^b = \sum_{i=1}^{n} (w_i^p - w_i^b) \cdot r_i^b \tag{3-8-6}$$

选择收益贡献为：

$$SR = \sum_{i=1}^{n} w_i^b \cdot r_i^p - \sum_{i=1}^{n} w_i^b \cdot r_i^b = \sum_{i=1}^{n} w_i^b \cdot (r_i^p - r_i^b) \tag{3-8-7}$$

**【案例 3-7】** 假设表 3-8-1 为某基金 P 及其业绩比较基准 B 的相关数据（此处以大类资产划分投资子集）。基金和基准均包含股票、债券、现金三个投资子集。在基准中，股票资产为沪深300 指数，债券资产为中证全债指数，现金资产为上海银行间同业折放利率（Shibor）。

表 3-8-1　　基金 P 及业绩基准 B 的组合和收益　　(单位:%)

| 大类资产 | 基金 | | 基准 | |
|---|---|---|---|---|
| | 业绩 | 权重 | 业绩 | 权重 |
| 股票 | 7.28 | 70 | 5.81 | 60 |
| 债券 | 1.89 | 7 | 1.45 | 30 |
| 现金 | 0.48 | 23 | 0.48 | 10 |

基金组合 P 该期总收益率 =(70% ×7.28%) + (7% ×1.98%) + (23% ×0.48%)
=5.34%

基准组合 B 该期总收益率 =(60% ×5.81%) + (30% ×1.45%) + (10% ×0.48%)
=3.97%

基金组合 P 的超额收益 =5.34% -3.97% =1.37%

(1) 配置效应。在 Brinson 模型中，为度量资产配置所产生的影响，假定基金 P 中股票、债券和现金都由市场基准指数产品构成，即它是由权重为 70∶7∶23 的三种基准指数基金构成，它的收益率仅反映了从 60∶30∶10 的基准权重转变到当前组合权重所引起的收益变化，而不包括基金经理在各个市场中积极选择证券所带来的收益变化，则：

资产配置的贡献 =(70% -60%) ×5.81% +(7% -30%) ×1.45% +(23% -10%) ×0.45% =0.31%

也就是说，基金 P 的资产配置所带来的超额收益为 0.31%，在总超额收益的 1.37% 中，成功的资产配置贡献了 0.31%。这是因为在该月股票市场实现 5.81% 的收益率时，基金经理大幅增加了当月股票的投资比重（从业绩比较基准权重的 60% 提高到实际配置的 70%）。

(2) 选择效应。从表 3-8-2 可知，该基金中股票部分所实现的收益率为 7.28%，而基准中沪深 300 指数的收益率为 5.81%，说明基金 P 该时间段选择了收益较高的股票，从而取得高于基准的超额收益。固定收益证券收益率为 1.89%，而中证全债指数收益率为 1.45%，说明基金 P 在债券的具体类别或个券选择方面也做得很好。货币市场工具收益与基准相同，把各类资产的超额收益率乘以各自的基准组合投资比例，得出选择效应带来的贡献：

选择效应的贡献 =60% ×(7.28% -5.81%) +30% ×(1.89% -1.45%) +10% ×(0.48% -0.48%) =1.01%

由上可知，基金 P 在该时间段的资产配置和个券选择都取得了超额收益。此外，对于债券型基金，它的收益主要来源于利息收入、利息再投资及资本利得等。对于债券型基金广泛采用的是 Campisi 模型。Campisi 模型将债券基金的收益分解为收入效应、国债效应、利差效应。

表 3-8-2　　基金 P 各类资产与基准资产业绩对比

| 大类资产 | 基金业绩（%） | 基准业绩（%） | 超额（%） |
|---|---|---|---|
| 股票 | 7.28 | 5.81 | 1.47 |
| 债券 | 1.89 | 1.45 | 0.44 |
| 现金 | 0.48 | 0.48 | 0.00 |

**（二）其他分析方法**

在采用 Brinson 模型进行业绩分析时，需要完整的持仓数据，而对于公募基金持仓信息的披露频次很低。基于基金收益序列的分析，得到基金的择时和选股能力。

（1）T-M 模型。Treynor 和 Mazuy 在 1966 年提出了 T-M 模型，在传统的 CAPM 模型加入二次项来分析择时能力。

$$R_{i,t}-r_{f,t}=\alpha+\beta_1(R_{m,t}-r_{f,t})+\beta_2(R_{m,t}-r_{f,t})^2+\varepsilon_{i,t} \quad (3-8-8)$$

式中，$R_{i,t}$——基金的收益率；$r_{f,t}$——无风险收益率；$R_{m,t}$——市场收益率；$\alpha$、$\beta_1$、$\beta_2$ 为时间序列回归后的参数；$\alpha$——基金管理人的选股能力；$\beta_2$——基金管理人的择时能力，当 $\beta_2$ 显著大于零时，说明基金管理人有较强的正向择时能力。

（2）H-M 模型。Henriksson 和 Merton 在传统的 CAPM 上引入了一个“保护性看跌期权”的变量。当市场处于下降趋势，无风险收益率大于市场收益率，则基金经理会通过更多地配置无风险资产来降低市场暴露（$\beta$ 值）；相反在市场的上升趋势中，基金经理则选择不执行“保护性看跌期权”，从而维持其市场暴露。其公式如下：

$$R_{i,t}-r_{f,t}=\alpha+\beta_1(R_{m,t}-r_{f,t})+\beta_2 y_t+\varepsilon_{i,t},$$
$$y_t=\max(0,r_{f,t}-R_{m,t}) \quad (3-8-9)$$

$\alpha$ 代表基金经理的选股能力，值越大选股能力越强。同时当 $\beta_2$ 显著大于零时，说明基金经理具有正向的择时能力，值越大基金经理的择时能力越强。

（3）C-L 模型。Chang 和 Lewellen 在 1984 年提出了 C-L 归因模型，其公式如下：

$$R_{i,t}-r_{f,t}=\alpha+\beta_1\min(0,R_{m,t}-r_{f,t})+\beta_2\max(0,R_{m,t}-r_{f,t})+\varepsilon_{i,t} \quad (3-8-10)$$

此外，还可以用基金收益率对各类风格多因子进行回归，对其风格进行分析；同样采用基准行业指数、债券指数、货币指数等对基金收益率进行回归，来近似判断基金仓位等。

## 四、业绩评估应注意的问题

使用詹森指数、特雷诺指数以及夏普指数评价组合业绩固然有其合理性，但也不能忽视这种评价方法的不足，经调整后的收益也带来了其他一系列问题。这种不足主要表现在三个方面：

其一，三种指数均以资本资产定价模型为基础，后者隐含与现实环境相差较大的理论假设，可能导致评价结果失真。

其二，三种指数中都含有用于测度风险的指标，而计算这些风险指标有赖于样本的选择。这可能导致基于不同的样本选择所得到的评估结果不同，也不具有可比性。

其三，三种指数的计算均与市场组合发生直接或间接关系，而现实中用于替代市场组合的证券价格指数具有多样性。这同样会导致基于不同市场指数所得到的评估结果不同，也不具有可比性。

正因如此，在实际应用中应当注意评估指数在理论假设方面存在的局限性、在组合风险估值和市场指数选择方面的多样性，并多做一些研究，在实践中不断摸索，以获得更为科学的评价结果。

# 第九节　行为金融学

## 一、传统预期效用理论及其受到的挑战

### （一）预期效用理论

预期效用理论（Expected Utility Theory），是由冯·纽曼和摩根斯坦于20世纪50年代，在公理化假设的基础上，运用逻辑和数学工具，建立的不确定条件下对理性人作出的选择进行分析的框架，运用模型语言对效用最大化等理性行为进行了描述。

预期效用理论的基本内涵是，不确定情境下最终结果的效用水平是通过决策主体对各种可能出现的结果加权估价后所得，决策者谋求的是加权估价后形成的预期效用的最大化。预期效用函数通常表示为财富的函数，其核心是预期效用值。本章第三节中提及过效用理论并用其刻画风险偏好，此处进一步展开。

若一个投资者面对一个由 $N$ 种可能结果 $x_1$、$x_2$、…、$x_N$ 构成的投资 $W$，在不确定性选择中，投资 $W$ 的预期效用值为：

$$E[u(W)] = p_1u(x_1) + p_2u(x_2) + \cdots + p_nu(x_n) \tag{3-9-1}$$

式中：$p_i$ ——结果 $x_i$ 发生的概率；$u(x_i)$ ——结果 $x_i$ 的预期效用值。

基于投资者是风险厌恶的假设，相对于预期收益为 X 的风险性投资，人们更倾向于选择收益确定为 X 的投资，而在预期效用理论的框架下，风险厌恶者的效用函数凹向原点，即：

$$u[E(W)] > E[u(W)] = p_1u(x_1) + p_2u(x_2) + \cdots + p_nu(x_n)$$

式中：$E(W)$ —— $W$ 的预期收益率。

预期效用模型建立在决策主体偏好理性的一系列严格的公理化假设之上，这些假设主要包括优势性、恒定性、传递性和可消性。

（1）优势性（Dominance）。如果期望 A 至少在一个方面不差于期望 B，那么称 A 优于 B，这就是优势性，是标准决策理论的基石。

（2）恒定性（Invariance），指各个期望的优先顺序不依赖于其描述方式，或者说同一个决策问题即使在不同表述下，也将产生同样的选择结果，是标准决策理论的核心前提。

（3）传递性（Transitivity），指只要 A 优于 B、B 优于 C，那么 A 就优于 C。

（4）可消性（Cancellation），指无论人们作出何种选择，都可以消除各种状态并产出相同结果，最终只有一个状态可实现。

### （二）效用理论的挑战

预期效用理论受到了一些“悖论”挑战。尽管该理论描述了所谓的“理性人”在风险条件下的决策，但在现实生活中，投资者并非完全是理性人，其常常会受到一系列复杂心理机制的影响。因此，预期效用理论没有考虑现实生活中个体效用以及主观概率的模糊性；也不能够对偏好的不一致性、偏好的反转现象和赌博行为等一系列“非理性”现象作出解释。而随着实验心理学的发展，预期效用理论面临的挑战越来越多。

## 二、判断与决策中的认知偏差

在真实环境中进行决策的人们通常远不能达到理性人的要求。大部分情况下，经济主体会处于一种有限理性的状态，即遵循从调查、分析、推断到决策的基本认知过程，但不可能具有无限的计算能力和精确度。认知心理学（Cognitive Psychology）将人视为“信息的传递和加工系统”，认为认知的过程就是信息的加工过程，即包括从感觉输入的变换到加工、再到存储以及使用的过程，每个阶段均是一个对输入信息进行操作的单元，上述系列操作的最终结果即是人们所作出的反应。

现代认知心理学的相关研究结果表明，人们在认知过程中会表现出“认知吝啬”（Cognitive Misers）的特点，总是节省认知能量，并试图采用把复杂问题简化，通过

“认知捷径”来完成不确定事物的判断与决策。“认知吝啬”策略可能是有效的，然而这些策略在某些特定的情况下可能会产生各种错误和偏差。认知偏差又可划分为启发式偏差和框定依赖偏差。

### （一）启发式偏差

“启发法”也称为“经验法则”或“拇指法则”（The Rule of Thumb），该方法依赖经验来进行分析。启发式偏差往往凭借经验或直觉解决问题，所需的认知资源和时间消耗较少。常见的启发法主要有四种：代表性启发法、可得性启发法、锚定与调整法、情感启发法。但值得注意的是，在分析以往经验、总结规律的时候，可能会对规律的概率分布做出错误的估计，从而得到错误的“启示”，导致误判。

### （二）框定依赖偏差

呈现和描述事物的方式会影响人们的判断，即所谓的背景依赖，事物的表面会影响人们对事物本质的看法。当事物的形式被用以描述决策问题时，常将这种形式称之为“框定”。当人通过模糊的框定来看问题时，其判断在很大程度上取决于该框定的形式，这就是所谓的“框定依赖”。而由框定依赖导致的认知与判断的偏差即为“框定偏差”，它是指人们的判断与决策依赖于其所面临的决策问题的形式。

举例而言，两只基金投资收益分布相同，A 基金表述为未来盈利概率为 70%，B 基金表述为未来亏损概率为 30%，投资者更倾向于选择 A 基金。由此可见，框定依赖偏差的存在使得人们在判断与决策过程中，可能会违背期望效用理论的逻辑体系。

## 三、金融市场的行为和认知偏差

金融市场上的投资者作为有限理性人，其判断与决策过程会不由自主地受认知过程、情绪过程等心理因素影响，以至陷入认知陷阱，导致金融市场中存在较为普遍的行为偏差。可以将金融市场中主要的认知和行为偏差总结如下：

### （一）过度自信

实证研究发现，人们往往对于自己的判断能力过于自信，高估自己的能力，同时低估运气等因素，此即“过度自信”。过度自信导致投资者将已经发生的事情视为相对必然的，进而会使投资者不重视对自己行为的反省。过度自信还包含了对凭借个人努力获得成功的过度乐观，这可能导致大量盲目性交易的产生，即过度交易。

### （二）信息反应偏差

金融市场中同时存在对信息的“过度反应”和“反应不足”。前者指投资者对短期趋势进行简单的线性外推，过分倚重短期内的信息，从而产生的预测偏差；而后者则相反，指投资者由于对市场上新出现的信息缺乏足够的重视而产生的偏差。此外，信息反应偏差还会产生隔离效应，指人们愿意等待直到信息披露再作出决策的倾向，即使该信息事实上对投资决策而言并不重要。

#### （三）损失厌恶

损失厌恶是指人们在面对同样数量的收益和损失时，感到损失会令他们产生更大的情绪影响。期望理论认为，损失厌恶反映了人们的风险偏好并不是一致的，当涉及的是收益时，人们表现为风险厌恶；当涉及的是损失时，人们则表现为风险偏好。

#### （四）后悔厌恶

后悔厌恶是指当人们作出错误决策时，对自己行为感到痛苦，为了避免后悔，人们常常作出一些非理性行为。如投资者为避免后悔带来的痛苦，往往等待接收到某一特定的信息后才作出决策，即便这些信息对决策而言无关紧要。

#### （五）心理账户

人们倾向于根据来源、用途等因素对资金进行归类，将投资分配到单独的“心理账户”中，并对各个账户分别作出决策。

#### （六）羊群行为

羊群行为，是指投资者在不确定性的环境下，效仿他人行为或严重依靠舆论的行为。由于该行为对市场的稳定和高效构成了威胁，并往往与金融危机有关，因此引起了学界和政府的广泛关注。当机构投资者存在羊群行为时，许多机构投资者将在同一时间买卖相同证券，可能导致证券价格的过度波动。

#### （七）反馈机制

投资者往往在认知和情绪等方面存在心理偏差，而这些偏差会反映在投资过程中，造成资产定价的偏差，而资产定价偏差又会反过来对投资者的判断产生影响，从而形成“反馈机制”。在金融市场中，由于反馈机制的存在，可能使价格在一定时期内出现“泡沫”。

### 四、行为资产定价理论

行为金融理论对 CAPM 的基本假设作出了修改，使其更接近现实。行为资产定价理论（Behavioral Asset－Pricing Model，BAPM）是资本资产定价模型的扩展。在 BAPM 中，投资者可分为信息交易者和噪音交易者。其中，信息交易者完全理性，严格按照 CAPM 进行投资决策，仅受资产预期收益和方差影响，而不会被认知偏差所左右，信息交易者的套利行为使得资产价格不会与其内在价值产生过大差距；与之相反，噪音交易者会受到认知偏差的影响。

根据 BAPM，噪音交易者是证券错误定价的重要原因之一，该类投资者常常将噪音（如虚假的财务信号等）与真正有用的信息混为一谈，导致资产价格偏离其内在价值，从而产生套利机会，该机会被信息交易者所利用，使得价格有向内在价值回归的动力。

噪音交易者为市场引入了不确定性因素，并改变了价格的决定方式，此时价格除了反映信息外，还反映了噪音交易者的特性。因此 BAPM 应运而生，通过将噪音交易者纳入考量来对噪音市场的价格进行估计。

行为资产定价理论中，证券的预期收益率决定于其行为 $\beta$，即有效组合的 $\beta$。由于噪音交易者对证券价格的影响，其有效组合并非市场组合。为了纠正这种偏差，有效组合需要人为地调高或调低出现偏差的证券占比。对行为 $\beta$ 的计算十分困难，因为有效组合随时都在变化，行为因素影响本身就千变万化，因此很难找到有效替代物。

所有资产定价模型都是基于寻求市场均衡发展而来。供求曲线既取决于理性的逐利行为，也取决于消费者的感受。但在 CAPM 中，供求仅取决于理性趋利特性下的标准 $\beta$，而行为资产定价模型则同时考虑了上述两种因素。行为资产定价模型产生行为 $\beta$，如果将噪音交易者纳入模型框架，那么由此推导出的价格将不再包含噪音，而只是反映了一个交易风险。因此，可以认为资本资产定价模型中的标准 $\beta$ 将高于行为 $\beta$，前者与后者之差称为附加风险（$NTR$），则标准 $\beta_{CAPM}$ 可以表示为：

$$\beta_{CAPM} = NTR + \beta_{BAPM} \qquad (3-9-2)$$

当市场完全由信息交易者组成时，$NTR=0$，此时 $\beta_{CAPM}$ 等于 $\beta_{BAPM}$。

## 五、行为资产组合理论

现代投资组合理论发展至今面临诸多局限，包括理性人假设和风险态度假设等，而忽视市场参与者的心理因素和个体差异是产生上述局限的根源。Shefrin 和 Statman（2000 年）借鉴现代投资组合理论，建立了行为资产组合理论（Behavioral Portfolio Theory，BPT）。该理论认为，现实中的投资者实际构建的资产组合是基于对不同资产风险程度的认识以及投资目的所形成的一种金字塔式的资产组合。这一金字塔是基于安全性、升值潜力和期望收益的投资需求构建的，各层的资产都与特定的目标和风险态度相关，但不同层次之间的相关性未被考虑。金字塔的底部是为投资者提供安全性而设计的证券，包括存款和货币市场基金；上一层是债券等风险相对较低的固收资产；再上一层是股票、地产、大宗商品等风险系数相对较高的风险资产；最顶层是最投机的资产。

根据行为资产组合理论，投资者通过在财富的期望值、提高资产安全性和增值性等5个因素之间进行权衡，并配置符合其具体需求的最优投资组合。该理论主要有两种模型框架：其一是“单一账户”，即投资者按均值方差准则进行投资，将所有证券组合纳入统一的心理账户中；其二是“多重账户”，即投资者将证券组合归入不同的心理账户中，并主动忽略各个账户之间的相关性。

## 六、行为金融学在投资中的运用

行为资产组合理论使投资者能够更贴合市场真实情况地给予证券合理定价，并帮助更好地解释传统现代投资组合理论中难以解释的诸多“悖论”。行为金融学的应用远不止对资产的定价，还涉及方方面面。

第一，行为金融学打破了理性人的假设，可以帮助人们识别自己的偏见和决策缺陷，促进投资者作出更贴合真实市场的投资决策，从而避免将自己更多地暴露在金融风险之中。

第二，行为金融学极大地丰富了投资者组合管理策略。正是因为非理性投资者的存在，才会产生市场价格偏离内在价值的现象，若能妥善利用这一偏差，便能够获取超额收益。

第三，行为金融学可以帮助资管产品管理人更好地了解投资者心理和需求，从而有针对性地设计并制定资产组合策略，提高资产管理规模和市场占有率。

第四，行为金融学有利于改善金融市场的运作。金融市场的波动往往是由人们的投资行为和心理所造成的，市场的异常波动通常来源于人们在短视或过度自信下的非理性决策。通过行为金融学，机构和监管者可以更好地了解这些行为，并可以提前布局以提供一种有效的应对方式。政府机构可以利用行为金融学原理改进监管政策和法规，制定更适合或约束市场行为的政策措施，还可以用行为金融学的原理对风险进行评估，并制定相应政策，使金融市场更加稳定和可靠。此外，行为金融学在投资者教育等方面也能起到重要作用。

# 第四章 数理方法

## 第一节 随机事件与概率

本节介绍随机事件与概率的基本概念和性质。投资决策面临不确定性和风险，通过学习概率理论和运算，能更好地评估和管理投资风险，为决策提供科学依据。

### 一、随机事件及其运算

#### （一）随机事件的概念

1. 随机现象

在一定的条件下，并不总是出现相同结果的现象称为随机现象。在一定条件下必然发生，只有一个结果的现象称为确定性现象。

在个别试验中呈现不确定的结果，而在大量重复试验中结果呈现某种规律性的现象，这种规律性称为统计规律性。

为了研究随机现象的统计规律性，就要对客观事物进行观察，这个过程叫作试验。对在相同条件下可以重复的随机现象的观察、记录、实验称为随机试验。

2. 随机事件

随机现象的某些样本点组成的集合称为随机事件，简称事件，常用大写字母 $A$、$B$、$C$ 等来表示随机事件。从集合的角度：一个随机试验所对应的样本空间的子集称为一个随机事件。

如：股票、债券、商品等投资工具的价格波动均为随机现象；样本空间是所有可能的价格变动范围；随机事件可以是某只股票上涨或下跌；样本空间中的事件可以是某只股票涨跌幅超过一定百分比。

3. 随机变量

随机变量可以看作是将样本空间中的每个样本与一个实数相关联的函数。一般情况下，用大写字母（如 $X$、$Y$、$Z$）表示随机变量，而对应的小写字母（如 $x$、$y$、$z$）表示其可能取到的值。

随机变量可以分为离散随机变量和连续随机变量两种类型。离散随机变量取有限或可数个值；连续随机变量是取数轴上某一区间内的任一点的随机变量。

### （二）随机事件的性质

1. 随机事件间的关系

（1）如果 $A \subseteq B$，则称事件 $A$ 被包含在 $B$ 中（或称 $B$ 包含 $A$）。从概率论的角度来说事件 $A$ 发生必导致事件 $B$ 发生。例如，事件 $A$ 表示“股票 $X$ 上涨超过 10%”，事件 $B$ 表示“股票 $X$ 上涨超过 20%”。那么事件 $A$ 被包含在事件 $B$ 中，因为股票股价上涨超过 20% 的条件比上涨超过 10% 的条件更严格，即满足事件 $B$ 的股票必然也满足事件 $A$。

（2）如果 $A \subseteq B$、$B \subseteq A$ 同时成立，则称事件 $A$ 与 $B$ 相等，记为 $A = B$。从概率论的角度来说事件 $A$ 发生必导致事件 $B$ 发生，且 $B$ 发生必导致 $A$ 发生，即 $A$ 与 $B$ 是同一个事件。

（3）如果 $A$ 与 $B$ 没有相同的样本点，则称事件 $A$ 与 $B$ 互不相容（或称为互斥），从概率论的角度来说事件 $A$ 与事件 $B$ 不可能同时发生。

2. 随机事件间的运算

（1）事件 $A$ 与 $B$ 的并，记为 $A \cup B$，表示由事件 $A$ 与 $B$ 中所有样本点组成的新事件。概率论角度来说，$A$ 与 $B$ 中至少有一个发生。例如事件 $A$ 代表“股票 $X$ 上涨超过 10%”，事件 $B$ 代表“股票 $Y$ 上涨超过 10%”。事件 $A \cup B$ 表示 $X$、$Y$ 中至少有一只股票上涨超过 10%。

（2）事件 $A$ 与 $B$ 的交，记为 $A \cap B$（或 $AB$），表示由事件 $A$ 与 $B$ 中公共样本点组成的新事件。概率论角度来说，即 $A$ 与 $B$ 同时发生。

（3）事件 $A$ 与 $B$ 的差，记为 $A - B$，表示由在事件 $A$ 中且不在事件 $B$ 中的样本点组成的新事件。概率论角度来说，$A$ 发生而 $B$ 不发生。

（4）事件 $A$ 的对立事件（或称为逆事件、余事件），记为 $\bar{A}$，表示由 $\Omega$ 中且不在事件 $A$ 中的所有样本点组成的新事件，即 $\bar{A} = \Omega - A$。概率论角度来说，事件 $A$ 不发生。

3. 随机事件间的运算性质定律

（1）交换律：$A \cup B = B \cup A$，$A \cap B = B \cap A$

（2）结合律：$(A \cup B) \cup C = A \cup (B \cup C)$，$(AB)C = A(BC)$

（3）分配律：$(A \cup B) \cap C = AC \cup BC$，$(A \cap B) \cup C = (A \cup C) \cap (B \cup C)$

（4）对偶律：$\overline{A \cup B} = \bar{A} \cap \bar{B}$，$\overline{A \cap B} = \bar{A} \cup \bar{B}$

## 二、概率的定义及其性质

### （一）概率的公理化定义

概率可以理解为一个事件发生的可能性。若对任意事件 $A$，有实数 $P(A)$ 与之对应，且满足下面条件，则数 $P(A)$ 称为事件 $A$ 的概率：

1. 非负性公理：对于任意事件 $A$，总有 $P(A) \geqslant 0$。

2. 规范性公理：$P(\Omega)=1$。

3. 可列可加性公理：若 $A_1$，$A_2$，…，$A_n$…为两两互不相容事件组，则有：

$$P(\bigcup_{i=1}^{\infty} A_i) = \sum_{i=1}^{\infty} P(A_i)$$

### （二）概率的定理与性质

性质1　$P(\phi)=0$

性质2　（有限可加性）设 $A_1$，$A_2$，…，$A_n$…为两两互不相容的事件，则有：

$$P(\bigcup_{i=1}^{n} A_i) = \sum_{i=1}^{n} P(A_i)$$

性质3　对任意事件 $A$，有 $P(\overline{A}) = 1 - P(A)$

性质4　若事件 $A \subseteq B$，则 $P(B-A) = P(B) - P(A)$

推论　若事件 $A \subseteq B$，则 $P(A) \leqslant P(B)$

性质5　（减法公式）　$P(A-B) = P(A) - P(AB)$

性质6　（加法公式）　$P(A \cup B) = P(A) + P(B) - P(AB)$

## 三、条件概率及事件的独立性

### （一）条件概率

条件概率指在 $A$ 发生的条件下，另一事件 $B$ 发生的概率，记为 $P(B|A)$。

给定一个随机试验，$\Omega$ 是它的样本空间，对于样本空间中的任意两个事件 $A$、$B$，其中 $P(B)>0$，称 $P(B|A)=\dfrac{P(AB)}{P(A)}$ 为已知事件 $A$ 发生的条件下事件 $B$ 发生的条件概率。

以下是一些条件概率的实例：

投资组合优化：在构建投资组合时，投资者需要在各种资产之间进行权衡，考虑其预期收益率和风险。假设投资者需要在给定的风险水平下，选择最优的投资组合。在这种情况下，条件概率可以帮助投资者理解在给定风险水平下，投资某一特定资产能够带来预期收益的概率。例如，如果投资者设定风险水平为5%，那么条件概率就可以表示在这个风险水平下，投资某只股票能够获得预期收益的概率。

信用评级：假设一家银行对借款申请人进行信用评级，并根据评级决定是否批准贷款。已知在过去的数据中，90%的申请人按时还款，10%的申请人违约。现在考虑一个申请人的信用评级为 $A$ 级，那么条件概率可以表示在给定 $A$ 级评级的情况下，该申请人按时还款的概率。

股票涨跌预测：假设有一种股票涨跌预测模型，根据历史数据和其他指标来预测股票的涨跌情况。已知在过去的数据中，该模型的准确率为70%。现在考虑模型预测某只股票将上涨，那么条件概率可以表示在给定上涨预测的情况下，该股票实际上涨的概率。

条件概率也满足概率的公理化定义的三条基本性质，即若设 $P(B)>0$，则：

$P(A|B)\geqslant 0$ 非负性

$P(\Omega|B)=1$ 规范性

对可列无限个两两不相容事件 $A_i(i=1,2,\cdots)$，则有：

$P(\bigcup_{i=1}^{\infty} A_i|B)=\sum_{i=1}^{\infty} P(A_i|B)$ 可列可加性

相仿地可以得到如下性质：

$$P(\bar{A}|B)=1-P(A|B)$$

以及：

$$P(A-B|C)=P(A|C)-P(AB|C)$$

由条件概率公式，当 $P(A)>0$（或 $P(B)>0$）时，有：

$$P(B|A)=\frac{P(AB)}{P(A)} \quad 或 \quad P(A|B)=\frac{P(AB)}{P(B)}$$

变形后有：

$$P(AB)=P(A)P(B|A) \quad 或 \quad P(AB)=P(B)P(A|B)$$

该式称为概率的乘法公式。

乘法公式可推广到多个事件上去，若 $P(A_1A_2\cdots A_{n-1})>0$，则：

$$P(A_1A_2\cdots A_n)=P(A_1)P(A_2|A_1)P(A_3|A_1A_2)\cdots P(A_n|A_1\cdots A_{n-1})$$

### （二）事件独立性

#### 1. 两个事件的独立性

两个事件之间的独立性，是指一个事件的发生不影响另一个事件的发生。譬如在掷两颗骰子的试验中，记事件 $A$ 为“第一颗骰子的点数为1”，记事件 $B$ 为“第二颗骰子的点数为4”。显然 $A$ 与 $B$ 的发生是相互不影响的。

另外，从概率的角度看，事件 $A$ 的条件概率 $P(A|B)$ 与无条件概率 $P(A)$ 的差别在于事件 $B$ 的发生改变了事件 $A$ 发生的概率，也即事件 $B$ 对事件 $A$ 有某种“影响”。如果事件 $A$ 与 $B$ 的发生是相互不影响的，则有 $P(A|B)=P(A)$ 和 $P(B|A)=P(B)$，它们都等价于 $P(AB)=P(A)P(B)$。

另外对 $P(A)=0$ 或 $P(B)=0$，上式仍然成立。

如果上式成立，则称事件 $A$ 与 $B$ 相互独立，简称 $A$ 与 $B$ 独立，否则称 $A$ 与 $B$ 不独立或相依。

2. 多个事件的独立性

设有 $n$ 个事件 $A_1, A_2, \cdots, A_n$，对任意的 $0 < i < j < k < \cdots < n+1$，如果以下等式均成立：

$$P(A_iA_j) = P(A_i)P(A_j)$$

$$P(A_iA_jA_k) = P(A_i)P(A_j)P(A_k)$$

$$\cdots$$

$$P(A_1A_2\cdots A_n) = P(A_1)P(A_2)\cdots P(A_n)$$

则称此 $n$ 个事件 $A_1, A_2, \cdots, A_n$ 相互独立。

从上述定义可以看出，$n$ 个相互独立的事件中的任意一部分内仍是相互独立的，而且任意一部分与另一部分也是独立的。可以证明，将相互独立事件中的任一部分换为对立事件，所得的诸事件仍为相互独立的，即：

$$P(A_1A_2\cdots A_n) = P(A_1)P(A_2)\cdots P(A_n)$$

$$P(\overline{A}_1\overline{A}_2\cdots\overline{A}_n) = P(\overline{A}_1)P(\overline{A}_2)\cdots P(\overline{A}_n)$$

3. 试验的独立性

设有两个试验 $E_1$ 和 $E_2$，假如试验 $E_1$ 的任一结果（事件）与试验 $E_2$ 的任一结果（事件）都是相互独立的事件，则称这两个试验相互独立。类似地可以定义 $n$ 个试验 $E_1, E_2, \cdots, E_n$ 的相互独立性：如果 $E_1$ 的任一结果、$E_2$ 的任一结果、…… $E_n$ 的任一结果都是相互独立的事件，则称试验 $E_1, E_2, \cdots, E_n$ 相互独立。如果这 $n$ 个独立试验还是相同的，则称其为 $n$ 重独立重复试验。如果在 $n$ 重独立重复试验中，每次试验的可能结果为两个 $A$ 或 $\overline{A}$，则称这种试验 $n$ 重伯努利（Bernoulli）试验。

## 四、全概率公式与贝叶斯公式

### （一）全概率公式

设 $A_1,A_2,\cdots,A_n$ 为样本空间 $\Omega$ 的一个分割，即 $A_1,A_2,\cdots,A_n$ 互不相容，且 $\bigcup_{i=1}^{n} A_i = \Omega$，如果 $P(A_i) > 0$，$i=1, 2, \cdots, n$，则对任一事件 $B$ 有：

$$P(B) = \sum_{i=1}^{n} P(BA_i) = \sum_{i=1}^{n} P(A_i)P(B|A_i)$$

### （二）贝叶斯公式

贝叶斯公式是在乘法公式和全概率公式的基础上推出。贝叶斯公式是已知“结果”，推断该“结果”由某“原因”发生的概率。

设 $A_1$, $A_2$, …, $A_n$ 为样本空间 Ω 的一个分割，即 $A_1$, $A_2$, …, $A_n$ 互不相容，且 $\bigcup_{i=1}^{n} A_i = \Omega$, 如果 $P(B) > 0$, $P(A_i) > 0$, 其中 $i = 1, 2, \cdots, n$，则：

$$P(A_i \mid B) = \frac{P(A_iB)}{P(B)} = \frac{P(A_i)P(B \mid A_i)}{\sum_{i=1}^{n} P(A_i)P(B \mid A_i)} \qquad i = 1,2,\cdots,n$$

其中，$P(A_i \mid B)$ 表示在事件 $B$ 发生的条件下事件 $A_i$ 发生的概率，$P(B \mid A_i)$ 表示在事件 $A_i$ 发生的条件下事件 $B$ 发生的概率，$P(A_i)$ 和 $P(B)$ 分别表示事件 $A_i$ 和事件 $B$ 的先验概率。

**【案例 4－1】** 假设某公司推出了两个基金产品：A 基金和 B 基金。据统计，该公司的客户中有 20% 的人投资了 A 基金，80% 的人投资了 B 基金，且没有人同时购买 A 基金和 B 基金。若 A 基金亏损的概率为 30%，B 基金亏损的概率为 50%。我们用事件 A 表示投资者选择投资 A 基金，事件 L 表示投资者投资亏损。我们可以得到以下概率：

$P(A) = 0.2$（投资 A 基金的概率）

$P(L \mid A) = 0.3$（在投资 A 基金的情况下，投资亏损的概率）

$P(L) = ?$（投资亏损的概率）

我们想要计算的是 $P(A \mid L)$，即在已知投资亏损的情况下投资者投资的是 A 基金的概率。根据贝叶斯公式，我们可以计算如下：

$$P(A \mid L) = \frac{P(L \mid A) \cdot P(A)}{P(L)}$$

代入已知的概率值：

$$P(A \mid L) = \frac{0.3 \times 0.2}{P(L)}$$

为了计算 $P(L)$，我们需要考虑两种情况：投资者投资了 A 基金并且亏损，以及投资者投资了 B 基金并且亏损。因此：

$$P(L) = P(L \mid A) \cdot P(A) + P(L \mid B) \cdot P(B)$$

其中，事件 $B$ 表示投资者投资 B 基金，即事件 $A$ 的补集。根据题目信息，$P(L \mid B)$ 表示在投资者在投资 B 基金的情况下发生亏损的概率，即 50%。

由于 $P(B) = 1 - P(A) = 1 - 0.2 = 0.8$，我们可以计算：

$$P(L) = P(L \mid A) \cdot P(A) + P(L \mid B) \cdot P(B) = 0.3 \times 0.2 + 0.5 \times 0.8 = 0.46$$

将计算得到的 $P(L)$ 代入贝叶斯公式中，即可得到 $P(A \mid L)$，即在投资亏损的情况下投资者投资的是 A 基金的概率：

$$P(A \mid L) = \frac{0.3 \times 0.2}{P(L)} = \frac{0.3 \times 0.2}{0.46} = 0.13$$

# 第二节　随机变量及其分布

本节将介绍不同类型的随机变量、分布函数等的定义及其性质，帮助读者更好地理解金融事件的统计特性，以及如何应用这些特性来优化投资策略和风险管理。此外，本节还将重点介绍几个常见的统计分布，如二项分布、泊松分布、正态分布等。这些分布是量化金融的基础。

## 一、随机变量

### （一）随机变量的定义

在随机试验 $E$ 中，$\Omega$ 是相应的样本空间，如果对 $\Omega$ 中的每一个样本点 $\omega$，有一个实数 $X(\omega)$ 与它对应，那么就把这个定义域为 $\Omega$ 的单值实值函数 $X = X(\omega)$ 称为（一维）随机变量。

设 $E$ 是随机试验，$X$ 为随机变量。若 $X$ 的取值范围（记为 $\Omega_X$）为有限集或可列集，此时称 $X$ 为（一维）离散型随机变量。如果一个随机变量的取值充满了数轴上的一个区间（或某几个区间的并），则称其为连续型随机变量。

### （二）分布函数的定义与性质

1. 分布函数

设 $X$ 是一个随机变量，对于任意实数 $x$，称以下函数为随机变量 $X$ 的分布函数：

$$F(x) = P(X \leqslant x) \qquad -\infty < x < +\infty$$

2. 分布律

若一维离散型随机变量 $X$ 的取值为 $x_1$，$x_2$，…，$x_n$，…，称以下相应的概率为离散型随机变量 $X$ 的分布律：

$$P(X = x_i) = p_i \qquad i = 1,2,\cdots$$

且满足：

非负性：$p_i \geqslant 0 \qquad i = 1,2,\cdots$

正则性：$\sum_{i=1}^{+\infty} p_i = 1$

3. 概率密度函数

设 $E$ 是随机试验，$\Omega$ 是相应的样本空间，$X$ 是 $\Omega$ 上的随机变量，$F(x)$ 是 $X$ 的分布函数，若存在非负函数 $f(x)$ 使得：

$$F(x) = \int_{-\infty}^{x} f(t)\,dt$$

则称 $X$ 为（一维）连续性随机变量，$f(x)$ 称为 $X$ 的概率密度函数，满足：

$$f(x) \geqslant 0 \qquad -\infty < x < +\infty$$

$$\int_{-\infty}^{+\infty} f(x)\,dx = 1$$

4. 分布函数 $F(x)$ 的性质

（1）对于任意实数 $x$，有：$0 \leqslant F(x) \leqslant 1, \lim\limits_{x\to-\infty} F(x) = 0, \lim\limits_{x\to+\infty} F(x) = 1$。

（2）$F(x)$ 单调不减，即当 $x_1 < x_2$ 时，有 $F(x_1) \leqslant F(x_2)$。

（3）$F(x)$ 是 $x$ 的右连续函数，即 $\lim\limits_{x\to x_0+0} F(x) = F(x_0)$。

5. 连续型随机变量的性质

（1）分布函数 $F(x)$ 是连续函数，在 $f(x)$ 的连续点处，$F'(x) = f(x)$；

（2）对任意一个常数 $c$，$-\infty < c < +\infty$，$P(X = c) = 0$，所以，在事件 $\{a \leqslant X \leqslant b\}$ 中剔除 $X = a$ 或剔除 $X = b$，都不影响概率的大小，即：

$$P(a \leqslant X \leqslant b) = P(a < X \leqslant b) = P(a \leqslant X < b) = P(a < X < b)$$

（3）对任意的两个常数 $a$：$b$，有：$P(a < X \leqslant b) = \int_a^b f(x)\,dx$。

### （三）多元分布函数

1. 多维随机变量和联合分布函数

设有随机试验 $E$，其样本空间为 $\Omega$。若对 $\Omega$ 中的每一个样本点 $\omega$ 都有一对有序实数 $[X(\omega), Y(\omega)]$ 与其对应。则称 $(X,Y)$ 为二维随机变量。称 $(X,Y)$ 的取值范围为它的值域，记为 $\Omega_{(X,Y)}$。

设有随机试验 $E$，其样本空间为 $\Omega$。若对 $\Omega$ 中的每一个样本点 $\omega$ 都有有序实数列 $(X_1, X_2, \cdots, X_n)$ 与其对应，则称 $(X_1, X_2, \cdots, X_n)$ 为 $n$ 维随机变量，称 $(X_1, X_2, \cdots, X_n)$ 的取值范围为它的值域，记为 $\Omega_{(X_1, X_2, \cdots, X_n)}$。

设 $(X, Y)$ 为二维随机变量，对任意的 $x, y \in R$，称以下公式为随机变量 $(X,Y)$ 的联合分布函数：

$$F(x,y) = P(X \leqslant x, Y \leqslant y) \qquad -\infty < x < +\infty, -\infty < y < +\infty$$

设 $(X_1, \cdots, X_n)$ 为 $n$ 维随机变量，对任意的 $x_1, \cdots, x_n \in R$，称以下公式为随机变量 $(X_1, \cdots, X_n)$ 的联合分布函数：

$$F(x_1, \cdots, x_n) = P(X_1 \leqslant x_1, \cdots, X_n \leqslant x_n) \qquad -\infty < x_1, \cdots, x_n < \infty$$

如果二维随机变量 $(X,Y)$ 仅可能取有限个值，则称 $(X,Y)$ 为二维离散型随机变量。

称以下公式为二维随机变量 $(X,Y)$ 的联合分布律：

$P(X=x_i, Y=y_j)=p_{ij}, i \quad j=1,2,\cdots$

其中，$p_{ij} \geqslant 0; i,j=1,2,\cdots; \sum_i \sum_j p_{ij}=1$。

设二维随机变量 $(X,Y)$ 的分布函数为 $F(x,y)$，如果存在一个二元非负实值函数 $f(x,y)$，使得对于任意 $x,y \in R$，有 $F(x,y)=\int_{-\infty}^{x}\int_{-\infty}^{y} f(x,y)dydx$ 成立，则称 $(X,Y)$ 为二维连续型随机变量，$f(x,y)$ 为二维连续型随机变量 $(X,Y)$ 的联合（概率）密度函数。

同理，设 $n$ 维随机变量 $(X_1,\cdots,X_n)$ 的分布函数为 $F(x_1,\cdots,x_n)$，如果存在一个 $n$ 元非负函数 $f(x_1,\cdots,x_n)$，使得对任意的 $x_1,\cdots,x_n \in R$，有以下公式成立，则称 $(X_1,\cdots,X_n)$ 为 $n$ 维连续型随机变量，$f(x_1,\cdots,x_n)$ 为 $n$ 维连续型随机变量 $(X_1,\cdots,X_n)$ 的联合（概率）密度函数：

$$F(x_1,\cdots,x_n)=\int_{\infty}^{x_1}\cdots\int_{-\infty}^{x_n} f(x_1,\cdots,x_n)dx_1\cdots dx_n$$

联合密度函数的性质：设 $f(x,y)$ 为二维连续型随机变量 $(X,Y)$ 的联合密度函数，则有：

（1）非负性　$f(x,y) \geqslant 0 \qquad -\infty < x,y < +\infty$

（2）规范性　$\int_{-\infty}^{+\infty}\int_{-\infty}^{+\infty} f(x,y)dxdy=1$

2. 条件分布

（1）二维离散型随机变量的条件分布律。设二维离散型随机变量 $(X,Y)$ 的联合分布律为 $p_{ij}, i,j=1,2,\cdots$。当 $y_i \in \Omega_Y$ 时，在给定条件 $\{Y=y_j\}$ 下 $X$ 的条件分布律为：

$$P(X=x_i \mid Y=y_j)=\frac{p_{ij}}{p_j} \qquad i=1,2,3\cdots$$

记在给定条件 $\{Y=y_j\}$ 下的随机变量 $X$ 为 $X \mid Y=y_j$，其值域记为 $\Omega_{X\mid Y=y_j}=\{x_i: p_{ij}\neq 0, i=1,2,\cdots\}$，满足分布律的两条性质。

$$P(X=x_i \mid Y=y_j)=\frac{p_{ij}}{p_j}>0 \qquad i=1,2,3\cdots$$

$$\sum_i P(X=x_i \mid Y=y_j)=\sum_i \frac{p_{ij}}{p_j}=1$$

（2）二维离散型随机变量的条件分布函数。

称 $F_{X\mid Y}(x\mid y)=P(X \leqslant x \mid Y=y)$ 为在给定 $\{Y=y\}$ 条件下 $X$ 的条件分布函数；

称 $F_{Y\mid X}(y\mid x)=P(Y \leqslant y \mid X=x)$ 为在给定 $\{X=x\}$ 条件下 $Y$ 的条件分布函数。

若 $(X,Y)$ 为二维连续型随机变量，且密度函数为 $f(x,y)$，则在给定条件 $\{Y=y\}$ 下 $X$ 的条件分布函数为：

$$F_{X\mid Y}(x\mid y)=\int_{-\infty}^{x} f_{X\mid Y}(u\mid y)du=\int_{-\infty}^{x}\frac{f(u,y)}{f_Y(y)}du \qquad -\infty < x < +\infty$$

其中，$f_Y(y) = \int_{-\infty}^{+\infty} f(x,y)dx$ 。

在给定 $\{X = x\}$ 条件下 $Y$ 的条件分布函数为：

$$F_{Y|X}(y|x) = \int_{-\infty}^{y} f_{Y|X}(v|x)dv = \int_{-\infty}^{y} \frac{f(x,v)}{f_X(x)}dv \qquad -\infty < y < +\infty$$

其中，$f_X(x) = \int_{-\infty}^{+\infty} f(x,y)dy$ 。

（3）二维连续型随机变量的条件密度函数。设 $f(x,y)$ 为二维连续型随机变量的联合密度函数，则在给定 $\{Y = y\}$ 条件下 $X$ 的条件密度函数为：

$$f_{X|Y}(x|y) = \frac{f(x,y)}{f_Y(y)} \qquad -\infty < x < +\infty$$

其中，$f_Y(y) > 0$ 。

在给定 $\{X = x\}$ 条件下 $Y$ 的条件密度函数为：

$$f_{Y|X}(y|x) = \frac{f(x,y)}{f_X(x)} \qquad -\infty < y < +\infty$$

其中，$f_X(x) > 0$ 。

## 二、常用的离散分布

### （一）伯努利分布

设一个随机试验 $E$ 只有两种可能的试验结果：$A$ 和 $\bar{A}$ ，则称这样的随机试验为伯努利试验。

如，假设随机试验 $E$ 为某股票在一定周期内的涨跌情况，事件 $A$ 为股票上涨，事件 $\bar{A}$ 则为股票平稳或下跌。进一步地，若其上涨的概率为 $p$，平稳或下跌的概率为 $1-p$，则该股票的涨跌情况可以用伯努利分布来建模。

### （二）二项分布

记随机变量 $X$ 表示在 $n$ 重伯努利试验中 $A$ 事件发生的次数，则 $X$ 的取值为 0，1，2，…，$n$，相应的分布律为：

$$P(X = k) = \binom{n}{k} p^k (1-p)^{n-k} \qquad 0 < p < 1, k = 0,1,\cdots,n$$

其中，$p$——事件 $A$ 发生的概率。记为 $X \sim B(n,p)$ 。

**【案例 4-2】** 我们持续观察某只股票的日内涨跌情况，假设每日的涨跌相互独立（实际情况中，每日涨跌可能不满足相互独立的条件），且上涨的概率为 $p$。现在我们希望计算在连续观察的 20 个交易日内，有 12 天为上涨的概率。在这种情况下，我们可以使用二项分布来建模。将二项分布的参数 $n$（观察的交易日数量）设为 20，$k$（上涨的天数）设为 12，然后代入上述公式来计算所需概率。

### （三）泊松分布

泊松分布 $P(\lambda)$：设随机变量 $X$ 的取值为 $0,1,2,\cdots,n,\cdots$，相应的分布律为：

$$P(X = x) = \frac{\lambda^x}{x!}e^{-\lambda} \qquad x = 0,1,\cdots \qquad 其中\ \lambda > 0$$

称随机变量 $X$ 服从参数为 $\lambda$ 的泊松分布，记为 $X \sim P(\lambda)$。

泊松分布可以用来描述事件的稀疏性和随机性，在金融领域应用广泛。例如，泊松分布最常用于模拟交易量，也可以适用于其他类型的金融事件，如订单到达数量、违约事件等。

具体而言，我们可以将给定时间段内发生的交易数量定义为随机变量 $X$,$X$ 可以取非负整数。基于交易事件发生的随机性和独立性假设，$X$ 服从参数为 $\lambda$ 的泊松分布，其中，$\lambda$ 表示在给定的时间段内的平均交易数量。

泊松定理：在 $n$ 重伯努利试验中，记 $A$ 事件在一次试验中发生的概率为 $p$，如果当 $n \to \infty$ 时，有 $np \to \lambda$，则：

$$\lim_{n\to\infty}\binom{n}{k}p^k(1-p)^{n-k} = \frac{\lambda^k}{k!}e^{-\lambda}$$

### （四）几何分布

在伯努利试验中，记每次试验中 $A$ 事件发生的概率为 $p$，设随机变量 $X$ 表示 $A$ 事件首次出现时的试验次数，则 $X$ 的取值为 $1,2,\cdots,n\cdots$，相应的分布律为：

$$P(X = k) = (1-p)^{k-1}p \qquad 0 < p < 1;k = 1,2,\cdots,n\cdots$$

称随机变量 $X$ 服从参数为 $p$ 的几何分布，记为 $X \sim Ge(p)$。

几何分布可以用来描述独立事件的首次出现情况。例如，我们可以使用几何分布来研究某个金融指标首次达到某个阈值的概率，如某只股票首次达到某个价格水平、某个交易策略首次产生盈利等。

**【案例 4-3】** 假设股票 A 的每日收盘价互为独立事件，我们用 $X$ 表示该股票收盘价突破 100 美元的事件，并设其突破 100 美元的概率恒定为 0.2（即 $p=0.2$），则收盘价在第 10 个交易日内首次达到 100 美元的概率为 $P(X = 10) = (1-0.2)^{10-1} \times 0.2$。

### （五）负二项分布

在伯努利试验中，记每次试验中 $A$ 事件发生的概率为 $p$，设随机变量 $X$ 表示 $A$ 事件第 $r$ 次出现时的试验次数，则 $X$ 的取值为 $r,r+1,\cdots,r+n\cdots$，相应的分布律为：

$$P(X=k)=\binom{k-1}{r-1}p^{r}(1-p)^{k-r}\qquad 0<p<1;k=r,r+1,\cdots,r+n\cdots$$

称随机变量 $X$ 服从参数为 $r$，$p$ 的负二项分布，记为 $X \sim NB(r,\ p)$。其中当 $r=1$ 时，即为几何分布。

负二项分布为几何分布的普适化，所以我们可将前文中几何分布的例子推广：假设股票 A 的每日收盘价互为独立事件，我们用 $X$ 表示该股票收盘价突破 100 美元的事件，并设其突破 100 美元的概率恒定为 0.2。那么在连续的 10 个交易日内，有且仅有 3 日的收盘价突破 100 美元的事件服从负二项分布，其中参数为 $k=10$、$r=3$、$p=0.2$。实际应用中，同样需要注意此模型基于试验之间的独立性和恒定概率的假设。

## 三、常用的连续分布

### （一）均匀分布

设随机变量 $X$ 的概率密度函数为：

$$f(x)=\begin{cases}\dfrac{1}{b-a} & a<x<b\\ 0 & \text{其余}\end{cases}$$

则称 $X$ 服从区间 $(a,\ b)$ 上的均匀分布，记作 $X \sim U\ (a,\ b)$。

计算可得其分布函数为：

$$F(x)=\begin{cases}0 & x<a\\ \dfrac{x-a}{b-a} & a\leqslant x<b\\ 1 & x\geqslant b\end{cases}$$

若 $a<c<c+d<b$，则：

$$p(c\leqslant X<c+d)=F(c+d)-F(c)$$

$$=\frac{c+d-a}{b-a}-\frac{c-a}{b-a}=\frac{d}{b-a}$$

这恰好是区间 $[c,c+d)$ 和取值总区间的长度比，只与区间长度 $d$ 有关，与区间位置 $c$ 无关。

**【案例 4－4】** 假设我们认为某个金融产品的价格 $X$ 在给定范围内（如 0～20 之间）是均匀分布的，那么 $X \sim U(0,20)$。这意味着，在 0～20 这一价格范围内，$X$ 落在任意等长区间的概率是相等的，如 $p(5\leqslant X<8)=p(10\leqslant X<13)$。

## （二）正态分布

设随机变量 $X$ 的概率密度函数为：

$$f(x)=\frac{1}{\sqrt{2\pi}\sigma}\cdot e^{-\frac{(x-\mu)^2}{2\sigma^2}}$$

则称 $X$ 服从参数为 $\mu,\sigma^2$ 的正态分布，记为：

$X \sim N(\mu,\sigma^2)$

服从正态分布的随机变量统称为正态随机变量。

1. 正态分布概率密度函数的曲线特征如下：

（1）密度函数 $f(x)$ 的图形关于 $x=\mu$ 对称。

（2）$f(x)$ 在 $x=\mu$ 处取得最大值 $f(\mu)=\frac{1}{\sqrt{2\pi}\sigma}$。

（3）当 $|x|\to\infty$ 时，$f(x)\to 0$：

①当 $\sigma^2$ 较大时曲线比较平坦，当 $\sigma^2$ 较小时曲线比较陡峭。

②若 $X\sim N(\mu,\sigma^2)$，则：

$$P(a<X\leqslant b)=\Phi\left(\frac{b-\mu}{\sigma}\right)-\Phi\left(\frac{a-\mu}{\sigma}\right)$$

特别地有：

$$P(X\leqslant b)=\Phi\left(\frac{b-\mu}{\sigma}\right)\qquad P(X>a)=1-\Phi\left(\frac{a-\mu}{\sigma}\right)$$

$\mu=0$、$\sigma^2=1$ 时的正态分布称为标准正态分布。其概率密度函数和分布函数分别为：

$$\varphi(x)=\frac{1}{\sqrt{2\pi}}\cdot e^{-\frac{x^2}{2}}$$

$$\Phi(x)=\int_{-\infty}^{x}\varphi(t)dt=P(X\leqslant x),\ -\infty<x<+\infty$$

2. 标准正态分布有以下性质：

（1）当 $x>0$ 时，$\Phi(x)$ 的值可以查分布律值表得到，且 $P(a<X\leqslant b)=\Phi(b)-\Phi(a)$。

（2）当 $x<0$ 时，由密度函数对称性可得：$\Phi(x)=1-\Phi(-x)$。

特别地，有 $\Phi(0)=\frac{1}{2}$。

（3）若 $X\sim N(0,1)$，$c>0$，则：

$$P(|X|<c)=\Phi(c)-\Phi(-c)=2\Phi(c)-1$$

$$P(|X|>c)=1-P(|X|\leqslant c)=2-2\Phi(c)$$

## （三）对数正态分布

设随机变量 $X=\ln(Y)$ 的概率密度函数为：

$$f(x) = \frac{1}{\sqrt{2\pi}\sigma} \cdot e^{-\frac{(x-\mu)^2}{2\sigma^2}}$$

称 $Y$ 服从参数为 $\mu, \sigma^2$ 的对数正态分布，记为 $\ln(Y) \sim N(\mu, \sigma^2)$。

服从对数正态分布的随机变量统称为对数正态随机变量。

对数正态分布，是指一个随机变量的对数服从正态分布，则该随机变量服从对数正态分布。从短期来看，对数正态分布与正态分布非常接近；但从长期来看，对数正态分布向上分布的数值更多。更准确地说，对数正态分布中，有更大向上波动的可能，更小向下波动的可能。

对数正态分布具有如下性质：

（1）正态分布经指数变换后即为对数正态分布，对数正态分布经对数变换后即为正态分布；

（2）对数正态分布总是右偏的；

（3）对数正态分布的均值和方差是其参数（$\mu, \sigma^2$）的增函数；

（4）对给定的参数 $\mu$，当 $\sigma^2$ 趋于零时，对数正态分布的均值趋于 $exp(\mu)$，方差趋于零。

正态分布和对数正态分布在金融中均有广泛的应用，尤其是在风险管理和资产定价领域。我们通常假设股票回报率服从正态分布，这使我们能够根据均值和标准差等参数来描述和量化股票回报率的分布特征，如计算回报率落在不同区间的概率，从而进行风险评估和投资决策。另外，相较于取值范围为（$-\infty$，$+\infty$）的回报率变量，恒为正数的价格变量常用对数正态分布进行模拟。

## 第三节　随机变量的数字特征

本节将介绍统计学中随机变量的数字特征，包括数学期望、方差与标准差，以及协方差与相关系数。

### 一、数学期望

#### （一）数学期望的定义

设 $X$ 是离散型随机变量，其分布律为 $P(X = x_i) = p_i (i = 1,2,\cdots)$，称以下公式为离散型随机变量 $X$ 的数学期望（或期望、均值）：

$$E(X) = \sum_i x_i p_i$$

设 $X$ 是连续型随机变量，其密度函数为 $f(x)$，如果广义积分 $\int_{-\infty}^{+\infty} xf(x)dx$ 收敛，

则称以下公式为连续型随机变量 $X$ 的数学期望，也称作期望或均值：

$$E(X) = \int_{-\infty}^{+\infty} xf(x)dx$$

1. 随机变量一元函数的期望公式

设 $X$ 为离散型随机变量，其分布律为 $P(X = x_i) = p_i(i = 1,2,\cdots)$，则 $X$ 的一元函数 $Y = g(X)$ 的数学期望为：

$$E[g(X)] = \sum_{i=1}^{\infty} g(x_i)p_i$$

设 $X$ 为连续型随机变量，其密度函数为 $f(x)$，则 $X$ 的一元函数 $Y = g(X)$ 的数学期望为：

$$E[g(X)] = \int_{-\infty}^{+\infty} g(x)f(x)dx$$

2. 随机变量二元函数的期望公式

设（$X$，$Y$）是二维离散型随机变量，其联合分布律为：

$$P(X = a_i, Y = b_j) = p_{ij} \qquad i,j = 1,2,\cdots$$

则 $X$、$Y$ 的二元函数 $g(X,Y)$ 的数学期望为：

$$E[g(X,Y)] = \sum_i \sum_j g(x_i,y_j)p_{ij}$$

设 $(X,Y)$ 是二维连续型随机变量，其联合密度函数为 $f(x,y)$，则 $X$、$Y$ 的二元函数 $g(X,Y)$ 的数学期望为：

$$E[g(X,Y)] = \int_{-\infty}^{+\infty}\int_{-\infty}^{+\infty} g(x,y)f(x,y)dxdy$$

### （二）数学期望的性质

1. 设 $c$ 为常数，则 $E(c) = c$。

2. 设 $X$ 为随机变量，且 $E(X)$ 存在，$k,c$ 为常数，则 $E(kX + c) = kE(X) + c$。

3. 设 $X$、$Y$ 为任两个随机变量，且 $E(X)$ 和 $E(Y)$ 存在，则 $E(X + Y) = E(X) + E(Y)$。

4. 设 $X$、$Y$ 为彼此独立，则有 $E(XY) = E(X)E(Y)$。

## 二、方差与标准差

### （一）方差与标准差的定义

设 $X$ 是一个随机变量，如果 $E[(X - E(X))^2]$ 存在，则称以下公式为随机变量 $X$ 的方差：

$D(X) = E[(X - E(X))^2]$

并称方差的算术平方根 $\sigma_X = \sqrt{D(X)}$ 为随机变量的标准差。

当 $X$ 为离散型随机变量，其分布律为 $P(X = x_i) = p_i(i = 1,2,\cdots,)$，则 $X$ 的方差为：

$D(X) = \sum_i [x_i - E(X)]^2 p_i$

当 $X$ 为连续型随机变量，其概率密度为 $f(x)$，则 $X$ 的方差为：

$D(X) = \int_{-\infty}^{+\infty} [x - E(X)]^2 \cdot f(x)dx$

在实际计算方差时，我们更多的是使用下列公式：

$D(X) = E(X^2) - [E(X)]^2$

另外要指出的是，如果随机变量 $X$ 的数学期望存在，其方差不一定存在；而当 $X$ 的方差存在时，则 $E(X)$ 必定存在。

### （二）方差与标准差的性质

1. 设 $X$ 为随机变量，$k$、$c$ 为常数，则 $D(kX + c) = k^2D(X)$。

2. 设 $X$、$Y$ 为任意两个随机变量，则 $D(X \pm Y) = D(X) + D(Y) \pm 2E\{[X - E(X)][Y - E(Y)]\}$。

3. 设 $X$、$Y$ 为相互独立的随机变量，则 $D(X \pm Y) = D(X) + D(Y)$。

## 三、协方差与相关系数

### （一）协方差与相关系数的定义

1. 协方差定义

设 $(X,Y)$ 是二维随机变量，如果 $E\{[X - E(X)][Y - E(Y)]\}$ 存在，则称以下公式为随机变量 $X$ 和 $Y$ 的协方差，或称为 $X$ 和 $Y$ 的相关（中心）矩：

$cov(X,Y) = E\{[X - E(X)][Y - E(Y)]\}$

在实际计算协方差时，更多的是使用下列公式：

$cov(X,Y) = E(XY) - E(X)E(Y)$

协方差可正可负，也可为零，其具体表现如下：

（1）当 $Cov(X,Y) > 0$ 时，称 $X$ 与 $Y$ 正相关，这时两个偏差 $X - E(X)$ 与 $Y - E(Y)$ 有同时增加或同时减少的倾向。由于 $E(X)$ 与 $E(Y)$ 都是常数，故等价于 $X$ 与 $Y$ 有同时增加或同时减少的倾向，这就是正相关的含义。

（2）当 $Cov(X,Y) < 0$ 时，称 $X$ 与 $Y$ 负相关，这时有 $X$ 增加而 $Y$ 减少的倾向，或有 $Y$ 增加而 $X$ 减少的倾向，这就是负相关的含义。

（3）当 $Cov(X,Y)=0$ 时，称 $X$ 与 $Y$ 不相关，这时可能由两类情况导致：一类是 $X$ 与 $Y$ 的取值毫无关联；另一类是 $X$ 与 $Y$ 间存有某种非线性关系。

2. 相关系数定义

设 $(X,Y)$ 是二维随机变量，如果 $Cov(X,Y)$ 存在，且 $D(X)>0,D(Y)>0$，则称以下公式为随机变量 $X$ 和 $Y$ 的相关系数，也记作 $\rho_{XY}$：

$$\rho(X,Y)=\frac{cov(X,Y)}{\sqrt{D(X)}\sqrt{D(Y)}}$$

当 $\rho(X,Y)>0$ 时，称 $X$ 与 $Y$ 正线性相关；当 $\rho(X,Y)<0$ 时，称 $X$ 与 $Y$ 负线性相关。

实际中常用下式：

$$D(X\pm Y)=D(X)+D(Y)\pm 2Cov(X,Y)=D(X)+D(Y)\pm 2\rho_{XY}\sqrt{D(X)}\sqrt{D(Y)}$$

### （二）协方差与相关系数的性质

1. 协方差性质

（1）若 $c$ 为常数，则 $cov(X,c)=0$。

（2）设 $X$、$Y$ 为任意两个随机变量，则 $cov(X,Y)=cov(Y,X)$。

（3）设 $X$、$Y$ 为任意两个随机变量，$k$、$i$ 为常数，则 $cov(kX,iY)=kicov(Y,X)$。

（4）可分离性：$cov(X_1+X_2,Y)=cov(X_1,Y)+cov(X_2,Y)$。

$n$ 个随机变量 $X_1,X_2,\cdots,X_n$ 线性组合的方差为：

$$\begin{aligned}D(\sum_{i=1}^{n}k_iX_i+c)&=\sum_{i=1}^{n}k_i^2D(X_i)+2\times\sum_{1\leqslant i<j\leqslant n}k_ik_jE\{[X_i-E(X_i)][X_j-E(X_j)]\}\\&=\sum_{i=1}^{n}k_i^2D(X_i)+2\times\sum_{1\leqslant i<j\leqslant n}k_ik_jcov(X_i,X_j)\end{aligned}$$

2. 相关系数性质

设 $(X,Y)$ 是二维随机变量，当 $Cov(X,Y)$ 存在且 $D(X)>0,D(Y)>0$ 时，有：

（1）$|\rho_{XY}|\leqslant 1$。

（2）$|\rho_{XY}|=1$ 的充要条件是 $P(Y=aX+b)=1$。

（3）若随机变量 $X$ 与 $Y$ 相互独立，则 $X$ 与 $Y$ 线性无关，即 $\rho_{XY}=0$，但由 $\rho_{XY}=0$ 不能推断 $X$ 与 $Y$ 独立。

设二维随机变量 $(X,Y)$ 的相关系数 $\rho_{XY}$ 存在，则：

（1）当 $|\rho_{XY}|=1$ 时，$(X,Y)$ 的取值 $(x,y)$ 在直线 $y=ax+b$ 上的概率为1，称 $X$ 与 $Y$ 完全线性相关；

（2）当 $\rho_{XY}=1$ 时，$(X,Y)$ 的取值 $(x,y)$ 在斜率大于0的直线 $y=ax+b$ 上的概率为1，称 $X$ 与 $Y$ 完全正线性相关；

（3）当 $\rho_{XY} = -1$ 时，$(X,Y)$ 的取值 $(x,y)$ 在斜率小于0的直线 $y = ax + b$ 上的概率为1，称 $X$ 与 $Y$ 完全负线性相关。

本节所介绍的期望、方差与标准差、协方差与相关系数均为量化金融的核心衡量指标。应用实例如下：

**夏普比率（Sharpe Ratio）**：夏普比率是一种衡量投资组合风险调整后回报的指标，它以资产或投资组合的超额回报与风险之间的关系为基础，其计算公式为：$\frac{E(R_p - R_f)}{\sigma_P}$。假设投资者选择投资两个互相独立的资产，资产A和资产B。假设资产A的预期回报率为10%，标准差为12%；资产B的预期回报率为6%，标准差为8%；无风险利率 $R_f$ 为3%。若投资者将资产A和资产B按照相同的权重配置，那么此投资组合的期望回报率 $E(R_p) = 0.5 \times 10\% + 0.5 \times 6\% = 8\%$，投资组合的标准差 $\sigma_p = 0.5 \times 12\% + 0.5 \times 8\% = 10\%$。则该投资组合的夏普比率为 $(8\% - 3\%)/10\% = 0.5$。这表示投资者每承担一单位的风险，可以获得0.5单位的超额回报。夏普比率越高，表示每单位风险获得的超额回报越多，投资组合的风险调整后回报越高。因此，高夏普比率的投资组合通常被认为是较优的选择。

**Beta 系数**：Beta系数是评估资产系统性风险的关键工具，用于测量资产波动性相对于整个市场的水平，其计算过程包括对方差和协方差的处理。以资产A和市场指数M为例，我们首先要计算资产A的回报率与市场指数M回报率之间的协方差，记作 $Cov(R_A, R_M)$。其次，我们要确定市场指数M的方差，记作 $Var(R_M)$。这两者的比值就是资产A的Beta系数（$\beta_A$）：

$$\beta_A = \frac{Cov(R_A, R_m)}{Var(R_m)}$$

Beta系数可以帮助投资者评估资产相对于市场的风险水平。如果资产A的Beta系数大于1，表示资产A的波动性高于市场；如果Beta系数小于1，表示资产A的波动性低于市场。这种相对波动性的评估对于投资组合的风险管理和资产配置非常重要。投资者可以根据资产的Beta系数来确定其在投资组合中的权重，以达到风险和回报的平衡。

**资本资产定价模型（CAPM）**：CAPM用于估计资本资产的期望收益率。该模型认为资产的预期回报率取决于无风险利率、资产的 $\beta$ 系数（度量资产相对于整个市场的波动性）以及市场的风险溢价。CAPM的公式为：

$$E(R_x) = R_f + \beta_x \cdot [E(R_m) - R_f]$$

其中，$E(R_x)$ 表示资产 $X$ 的期望回报率，$R_f$ 为无风险利率，$E(R_m)$ 为市场的期望回报率，$\beta_x$ 为资产 $X$ 的Beta系数。这个模型可以帮助投资者确定资产的预期回报率，并评估风险与回报之间的关系。

除 CAPM 外的其他资产定价模型，如套利定价理论（APT）和 Fama－French 三因子模型，这些模型的构建同样基于期望回报率和 Beta 系数，并涉及方差和协方差的计算。

**信息系数（Information Coefficient，IC）和信息比率（Information Ratio，IR）：** 在金融领域，相关系数是一项重要的统计工具，用于衡量两个变量之间的关联程度。信息系数和信息比率是评估投资组合表现的最常用指标。信息系数（IC）衡量投资组合的预测能力，即预测值与实际值之间的相关性。较高的 IC 值表示预测模型具有较好的准确性和有效性。投资者可以利用 IC 值来评估不同投资策略的预测能力，并选择具有较高 IC 值的策略进行投资决策。信息比率（IR）则将 IC 值与投资组合的风险结合起来考虑。它衡量投资组合的超额收益相对于风险的表现。较高的 IR 值表示投资组合能够在单位风险下获得更高的超额收益，反之则表示投资组合的风险相对较高。

# 第四节　统计量

数理统计的基本任务之一是利用样本所提供的信息来对总体分布中未知的量进行推断，本节将阐述总体与样本的基本概念，并引入样本统计量、样本观测值等概念及其性质。这些统计量是描述和分析金融数据的基础，为投资者在金融决策和风险管理中提供支持。

## 一、总体与样本

### （一）总体与样本的定义

1. 总体

在一个统计问题中，把研究对象的全体称为总体，构成总体的每个成员称为个体。

2. 样本

研究总体的过程中，我们就发现一个问题，总体的数量往往过多。通过抽样从总体中取一部分，构成样本。假设从总体中抽取 1 000 个变量，那么 1 000 就是样本大小，也称样本容量。在试验前，样本的观测值是不确定的，为了体现随机性，在数理统计中样本记作（$X_1, X_2, \cdots, X_n$），事实上是一个 $n$ 维随机向量。

通过抽样，或者通过实验观测得到的样本数值称为观测值，记作（$x_1, x_2, \cdots, x_n$），其中 $n$ 代表了样本容量。

### （二）总体与样本的性质

从总体中抽取样本的方法有很多，我们主要采用简单随机抽样的方法，即有放回地重复独立抽取，这样得到的样本称为简单随机样本，记作 $(X_1, X_2, \cdots, X_n)$。

简单随机样本的两个特点：

（1）独立性：$X_1, X_2, \cdots, X_n$ 相互独立，样本中每个个体的取值不受到其他个体取值的影响。

（2）随机性：每个个体 $X_i$ 的分布都和总体分布相同，即 $X_i \sim f(x_i, \theta)$，总体中的每一个个体都有同等机会被选入样本。

## 二、常用统计量

统计量是统计学中用来对数据进行分析、检验的变量。对样本进行加工得到的数字特征就是统计量的观测值。统计量依赖且只依赖于样本 $X_1, X_2, \cdots, X_n$，它不含总体分布的任何未知参数。函数 $g(X_1, X_2, \cdots, X_n)$ 称为统计量。

### （一）均值

设 $(x_1, x_2, \cdots, x_n)$ 为取自总体的一个样本，则有：

样本均值 $(\bar{X}) = \dfrac{1}{n}\sum_{i=1}^{n} X_i$

样本均值的观测值 $(\bar{x}) = \dfrac{1}{n}\sum_{i=1}^{n} x_i$

### （二）方差

样本方差 $(S^2) = \dfrac{1}{n-1}\sum_{i=1}^{n}(X_i - \bar{X})^2$

样本方差的观测值 $(s^2) = \dfrac{1}{n-1}\sum_{i=1}^{n}(x_i - \bar{x})^2$

### （三）标准差

样本标准差 $(s) = \sqrt{s^2} = \sqrt{\dfrac{1}{n-1}\sum_{i=1}^{n}(X_i - \bar{X})^2}$

样本的 $K$ 阶原点矩 $(A_k) = \dfrac{1}{n}\sum_{i=1}^{n} X_i^k$

样本的 $K$ 阶中心矩（$M_k$）$=\frac{1}{n}\sum_{i=1}^{n}(X_i-\overline{X})^k$

设总体 $X$ 的均值 $E(X)=\mu$，方差 $D(X)=\sigma^2$，设（$X_1$，$X_2$，…，$X_n$）为取自该总体的一个样本，则：

$E(\overline{X})=\mu$　　　$D(\overline{X})=\frac{\sigma^2}{n}$；

$E(S^2)=\sigma^2$　　$E(S_n^2)=\frac{n-1}{n}\sigma^2$　　　$n\geqslant 2$

其中，$S_n=\frac{1}{n}\sum_{i=1}^{n}(X_i-\overline{X})^2$ 是样本的二阶中心距。

# 第五节　参数估计与假设检验

本节将详细介绍参数估计和假设检验的概念和方法。内容覆盖点估计的方法和特性，包括极大似然估计和矩估计，以及区间估计，通过构建置信区间来估计参数。此外，本节还将介绍假设检验的概念和步骤，包括设置假设、选择显著性水平和计算检验统计量。参数估计和假设检验是统计学中重要的技术，用于从样本数据中推断总体特征并进行假设验证。通过本节内容，读者将获得在实际应用中进行准确推断和决策的基础知识。

## 一、参数估计

### （一）点估计

设总体 $X\sim f(x;\theta)$，$\theta$ 为总体分布中的未知参数，$(X_1,\cdots,X_n)$ 是取自总体的一个样本，用样本来构造 $\theta$ 的估计，称 $\hat{\theta}(X_1,X_2,\cdots,X_n)$ 为 $\theta$ 的一个点估计。

点估计有两个常用方法：矩估计法和极大似然估计法。所求出的估计量则分别称为矩估计量和极大似然估计量。

1. 矩估计

设总体 $X\sim f(x;\theta)$，$\theta$ 为总体分布中的未知参数，$(X_1,\cdots,X_n)$ 是取自总体的一个样本，用样本的 $k$ 阶原点矩替代总体的 $k$ 阶原点矩，得到的未知参数 $\theta$ 的估计量称为 $\theta$ 的矩估计量。

设总体 $X$ 的均值 $E(X)=\mu$，方差 $D(X)=\sigma^2$，$(X_1,X_2,\cdots,X_n)$ 为取自该总体的样本，则 $\overline{X}$ 是 $\mu$ 的矩估计量，$S_n^2$ 是 $\sigma^2$ 的矩估计量，$S_n$ 是 $\sigma$ 的矩估计量。总体的 $k$ 阶原点

矩为 $\mu_k = E(X^k)$，样本的 $k$ 阶原点矩 $A_k = \frac{1}{n}\sum_{i=1}^{n} X_i^k$。

2. 极大似然估计

设总体 $X$ 有分布律 $P(X = x;\theta)$ 或密度函数 $f(x;\theta)$，其中 $\theta$ 为一个未知参数或几个未知参数组成的向量 $\theta = (\theta_1,\theta_2,\cdots,\theta_k)$，已知 $\theta \in \Theta,\Theta$ 是参数空间。$(x_1,x_2,\cdots,x_n)$ 为取自总体 $X$ 的一个样本 $(X_1,X_2,\cdots,X_n)$ 的观测值，将样本的联合分布律或联合密度函数看成 $\theta$ 的函数，用 $L(\theta)$ 表示，则似然函数形为：

$L(\theta) = \prod_{i=1}^{n} P(X_i = x_i;\theta)$ 或 $L(\theta) = \prod_{i=1}^{n} f(x_i;\theta)$

称满足关系式 $L(\hat{\theta}) = \max_{\theta\in\Theta} L(\theta)$ 的解 $\hat{\theta}$ 为 $\theta$ 的极大似然估计量。

当 $\theta = (\theta_1,\theta_2,\cdots,\theta_k)$ 的似然函数 $L(\theta) = L(\theta_1,\theta_2,\cdots,\theta_k)$ 可微时，则将似然函数取对数：

$$\ln L(\theta_1,\theta_2,\cdots,\theta_k) = \sum_{i=1}^{n} \ln f(x_i,\theta_1,\theta_2,\cdots,\theta_k)$$

建立并求解似然方程组：

$$\frac{\partial \ln L(\theta_1,\theta_2,\cdots,\theta_k)}{\partial \theta_i} = 0 \qquad i = 1,2,\cdots,k$$

一般来说，极大似然估计值可由解对数似然方程得到。当似然函数不可微时，也可直接寻求使得似然函数达到最大的解来得到极大似然估计值和估计量。

### （二）区间估计

置信区间是指由样本统计量所构造的总体参数的估计区间。可以理解为某个参数的真实值有一定概率落在测量结果所处区间的程度，也是对测量结果可信程度的衡量。

设 $(X_1,X_2,\cdots,X_n)$ 是来自总体 $f(x,\theta)$ 的样本，其中参数 $\theta \in \Theta$ 未知。对给定的 $0 < \alpha < 1$，若存在统计量 $\underline{\theta}(X_1,\cdots,X_n) \leqslant \overline{\theta}(X_1,\cdots,X_n)$，使得：

$$P[\underline{\theta}(X_1,\cdots,X_n) \leqslant \theta \leqslant \overline{\theta}(X_1,\cdots,X_n)] \geqslant 1 - \alpha$$

那么称随机区间 $[\underline{\theta}(X_1,\cdots,X_n),\overline{\theta}(X_1,\cdots,X_n)]$ 为 $\theta$ 的双侧 $1 - \alpha$ 置信区间，称 $1 - \alpha$ 为置信水平；称 $\underline{\theta}$ 为 $\theta$ 的双侧 $1 - \alpha$ 置信区间下限；称 $\overline{\theta}$ 为 $\theta$ 的双侧 $1 - \alpha$ 置信区间上限，简称双侧置信下限或者上限，抽样以后就得到置信区间的观测值：

$$[\underline{\theta}(X_1,\cdots,X_n),\overline{\theta}(X_1,\cdots,X_n)]$$

若有统计量 $\overline{\theta} = \overline{\theta}(X_1,\cdots,X_n)$，使得 $P_\theta(\theta \leqslant \overline{\theta}) \geqslant 1 - \alpha,\theta \in \Theta$，则称 $(-\infty,\overline{\theta}(X_1,\cdots,X_n)]$ 为 $\theta$ 的单侧 $1 - \alpha$ 置信区间，$\overline{\theta}(X_1,\cdots,X_n)$ 为 $\theta$ 的单侧 $1 - \alpha$ 置信上限；

若有统计量 $\underline{\theta} = \underline{\theta}(X_1,\cdots,X_n)$，使得 $P_\theta(\theta \geqslant \underline{\theta}) \geqslant 1 - \alpha,\theta \in \Theta$，则称 $[\underline{\theta}(X_1,\cdots,X_n),+\infty)$ 为 $\theta$ 的单侧 $1 - \alpha$ 置信区间，$\underline{\theta}(X_1,\cdots,X_n)$ 为 $\theta$ 的单侧 $1 - \alpha$ 置信下限。

## 二、假设检验

### （一）假设检验的概念

假设检验与参数估计的区别在于：

1. 参数估计是用样本数据对总体参数进行估计。

2. 假设检验是用样本数据对总体参数的某个特定假设进行检验，进而判断是否拒绝该假设。

3. 假设检验与参数估计既有密切联系，又有重要区别。假设检验的核心在于，在收集数据之前，就已有一个有关问题的假设，要通过收集到的样本回答这个假设是否成立。

### （二）假设检验的基本步骤

第一，建立假设；第二，给出拒绝域的形式；第三，确定显著性水平；第四，建立检验统计量，给出拒绝域；第五，$p$ 值检验。

假设检验的基本思想是，我们总是先假定一个原假设是成立的，直到找到足够多的证据来支持原假设的对立面（备择假设）。

1. 原假设和备择假设

原假设和备择假设是假设检验中的重要概念。原假设（$H_0$）声明总体参数（如均值、标准差等）等于假设值，它通常是基于先前的分析或专业知识作出的初始声明。备择假设（$H_1$）声明总体参数小于、大于或不同于原假设中的假设值。形如：

原假设 $H_0$：总体未知参数等于某个特定值：

$H_0: \theta = \theta_0$

备择假设 $H_1$：总体未知参数与某个特定值有差异：

$H_1: \theta \neq \theta_0$　　双侧检验

$H_1: \theta > \theta_0$　　单侧（右侧）检验

$H_1: \theta < \theta_0$　　单侧（左侧）检验

2. 假设检验的结论

一个假设检验可能有两种结论：

①如果不能找到足够多证据支持备择假设，则不拒绝原假设；

②如果能找到足够多证据来支持备择假设，则拒绝原假设。

需要注意的是，一般不能说“接受”原假设，若判定不能拒绝原假设，则声明“不拒绝原假设”。

3. 拒绝域

拒绝域是由显著性水平 $\alpha$ 围成的区域。拒绝域的功能主要用来判断假设检验是否拒绝原假设。如果样本观测计算出来的检验统计量的具体数值落在拒绝域内，就拒绝原假设；否则不拒绝原假设。

当有了具体的样本观测值后：

如果 $(x_1,\cdots,x_n) \in W$（$W$ 为拒绝域），则拒绝 $H_0$；

如果 $(x_1,\cdots,x_n) \in \overline{W}$（$\overline{W}$ 为非拒绝域），则不拒绝 $H_0$。

4. 两类错误

第一类错误：当原假设是正确的，而我们最终拒绝了原假设，称这种错误为第一类错误，控制第一类错误概率 $\leqslant \alpha$，这里 $\alpha$ 又称为显著性水平。如原假设是正确的，取 $\alpha = 0.05$，则表示在该总体中抽样对该原假设进行检验时，平均来说，抽取 100 次，其中至多有 5 次会导致我们错误地拒绝原假设。

第二类错误：当原假设是错误的，而我们最终接受了原假设，称这种错误为第二类错误。

两类错误概率分别为：

第一类错误概率（又称弃真概率）：$P((X_1,\cdots,X_n) \in W \mid H_0$ 成立$) \triangleq P_I$

第二类错误概率（又称取伪概率）：$P((X_1,\cdots,X_n) \in \overline{W} \mid H_1$ 成立$) \triangleq P_{II}$

5. $p$ 值

假设检验的 $p$ 值是在原假设 $H_0$ 成立条件下，检验统计量 $Z$ 出现给定观察值或者比之更极端值的概率，直观上用以描述抽样结果与理论假设的吻合程度。$p$ 值检验法的原则是，当 $p$ 值小到一定程度时拒绝 $H_0$，如果 $p \leqslant \alpha$，则在显著性水平 $\alpha$ 下拒绝原假设 $H_0$；如果 $p > \alpha$，则在显著性水平 $\alpha$ 下拒绝原假设 $H_0$。通常约定：当 $p \leqslant 0.05$，称结果为显著；当 $p \leqslant 0.01$，则称结果为高度显著。

## 第六节　回归分析

回归分析是金融领域中常用的统计方法，包括一元线性回归和多元线性回归等。通过回归分析，投资者可以建立变量之间的关系模型，并进行模型估计、检验和预测。回归分析有助于识别和量化影响投资回报的关键因子，为投资决策提供支持。然而，线性回归模型也面临常见问题，如异方差性、多重共线性、自相关性和随机解释变量等。此外，非线性模型的线性化方法，如对数模型、倒数模型和多项式模型，也被广泛使用，以适应数据的非线性特征。

## 一、一元线性回归模型

### （一）回归分析的基本思想

回归的现代意义是，一个被解释变量对若干个解释变量依存关系的研究。回归目的（实质）是由解释变量去估计被解释变量的平均值。

计量经济学中，线性回归模型的“线性”有两种解释：

1. 就变量而言线性，即 $Y$ 条件期望（均值）是 $X$ 的线性函数；

2. 就参数而言线性，即 $Y$ 条件期望（均值）是参数 $\beta$ 的线性函数。

### （二）一元线性回归的模型形式

1. 总体回归函数

假如已知所研究的经济现象的总体的被解释变量 $Y$ 和解释变量 $X$ 的每个观测值，那么可以计算出总体被解释变量 $Y$ 的条件期望，并将其表现为解释变量 $X$ 的某种函数 $E(Y|X_i)=f(X_i)$，这个函数称为总体回归函数（PRF），其表达形式如下：

$$E(Y|X_i)=\beta_1+\beta_2X_i$$

2. 样本回归函数

对于 $X$ 的一定值，取得 $Y$ 的样本观测值，可计算其条件均值，样本观测值条件均值的轨迹，称为样本回归线。如果把被解释变量 $Y$ 的样本条件均值表示为解释变量 $X$ 的某种函数，这个函数称为样本回归函数，形如：

$$\hat{Y}_i=\hat{\beta}_1+\hat{\beta}_2X_i+e_i$$

在金融市场的应用中，我们可以使用线性样本回归函数来计算资产的 Beta 系数，以便评估资产的系统性风险或应用于其他模型中。具体而言，我们将整体市场的回报率作为自变量，对资产 $A$ 的回报率进行回归分析，得到以下回归方程：

$$r_A=\alpha+\beta\cdot r_m$$

其中，$r_A$——资产 A 的回报率；$r_m$——市场回报率。

回归系数 $\beta$ 反映了资产 $A$ 的系统风险水平。整体市场组合的 $\beta$ 等于 1；如果 $A$ 的系统风险水平大于 1，表示其系统风险水平大于市场组合；如果 $A$ 的系统风险水平小于 1，表示其系统风险水平小于市场组合。

然而，需要注意的是，这种单因子线性回归模型的假设在实际中可能不被满足。金融数据通常是时间序列，样本间的无自相关假定可能不成立。同时，如果市场回报率不能充分预测资产 $A$ 的回报率，随机扰动项则包含被忽略的因子，那么随机扰动项与解释变量间的不相关性假定也可能不成立。为了更准确地评估资产风险，可能需要考虑使用多因子模型或其他更复杂的模型，以涵盖更多的影响因素。

### （三）一元线性回归的模型估计

一元线性回归的模型估计通常使用最小二乘法。最小二乘法是一种用于寻找最佳拟合直线或曲线的方法，基本思想是在所有数据点中找到一条曲线，使得曲线上所有点到各自所对应的数据点的“垂线距离”的平方和最小。

在实际应用中，最小二乘原则的基本思路为：在一组回归线中，选择合适截距和斜率系数，使得残差平方和为最小。

一元线性回归模型的参数估计结果为：

$$\hat{\beta}_2 = \frac{\sum (X_i - \overline{X})(Y_i - \overline{Y})}{\sum (X_i - \overline{X})^2} \qquad \hat{\beta}_1 = \overline{Y} - \hat{\beta}_2 \overline{X}$$

### （四）模型检验

1. 拟合优度

不同的模型（不同函数形式）可拟合出不同的样本回归线；相同的模型用不同方法去估计参数，也可以拟合出不同的回归线。拟合的回归线与样本观测值总是有偏离。样本回归线对样本观测数据拟合的优劣程度，可称为拟合优度。

拟合优度的度量建立在对 $Y$ 的总变差分解的基础上，定义：

被解释的变差（$TSS$）$= \sum y_t^2 = \sum (Y_t - \overline{Y})^2$

总变差（$ESS$）$= \sum \hat{y}_t^2 = \sum (\hat{Y}_t - \overline{Y})^2 = \hat{\beta}_2^2 \sum x_t^2 = \hat{\beta}_2 \sum x_t y_t$

残差平方和（$RSS$）$= \sum e_t^2 = \sum (Y_t - \hat{Y}_t)^2$

可以证明：

$TSS = ESS + RSS$

其中，$R^2 = \frac{ESS}{TSS}$。

拟合优度越大，说明在总变差中由模型作出了解释的部分占的比重越大，模型拟合优度越好。反之，拟合优度越小，说明模型对样本观测值的拟合程度越差。

2. t 检验

t 检验，即对单个回归系数的显著性检验。其具体步骤为：

第一，提出假设：$H_0: \beta_2 = 0$；$H_1: \beta_2 \neq 0$。

第二，根据样本观测值，计算 t 统计量的值：$t = \frac{\beta_2}{se(\beta_2)}$。

第三，比较判断：给定显著性水平 $\alpha$，查自由度为（$n-k-1$）的 t 分布表，得到临界值，在一元线性回归中 $k=2$。若算得的 t 值绝对值大于临界值，则拒绝原假设，说明解释变量对因变量的影响是显著的。

## 二、多元线性回归模型

### （一）模型形式与假定

在现实的计量经济分析中，影响被解释变量的因素不止一个，通常会有多个影响因素。另外，即使我们的分析目的是仅考察某一个因素对被解释变量的影响，但为了得到该因素对被解释变量的“净”影响，也需要将其他影响因素作为“控制变量”，使其以显性形式出现在模型中，从而提高模型估计精度。因此，在对现实经济问题进行计量经济分析时，通常需要建立包含两个及两个以上解释变量的计量模型，此类模型称为多元回归模型。

一般而言，若被解释变量 $Y$ 与解释变量 $X_2,X_3,X_4,\cdots,X_k$ 间存在如下的关系：

$$Y=\beta_1+\beta_2X_2+\beta_3X_3\cdots+\beta_kX_k+u$$

则称 $Y$ 与解释变量 $X_2,X_3,X_4,\cdots,X_k$ 间存在多元线性关系。

对被解释变量 $Y$ 与解释变量 $X_2,X_3,X_4,\cdots,X_k$ 作了 $n$ 次观测后，所得的 $n$ 组观测样本（$Y_i,X_{2i},X_{3i},X_{4i},\cdots,X_{ki}$，$i=1,2,\cdots,n$）将满足下列关系：

$$Y_i=\beta_1+\beta_2X_{2i}+\beta_3X_{3i}\cdots+\beta_kX_{ki}+u_i \qquad i=1,2,\cdots,n$$

将 $i$ 代入，并以矩阵形式表示，有：

$$Y=\begin{bmatrix}Y_1\\Y_2\\\vdots\\Y_n\end{bmatrix}=\begin{bmatrix}1&X_{21}&X_{31}&\cdots&X_{k1}\\1&X_{22}&X_{32}&\cdots&X_{k2}\\\cdots&\cdots&\cdots&\cdots&\cdots\\1&X_{2n}&X_{3n}&\cdots&X_{kn}\end{bmatrix}\begin{bmatrix}\beta_1\\\beta_2\\\vdots\\\beta_k\end{bmatrix}+\begin{bmatrix}u_1\\u_2\\\vdots\\u_n\end{bmatrix}=X\beta+U$$

与单因子回归模型相比，多因子回归模型在金融中的应用更加广泛。通过引入多个因子作为自变量，投资者能够同时考虑多个影响因素对因变量的影响，从而更全面地捕捉到资产回报率的变动。同时，多因子回归模型可以通过引入多个因子来控制可能存在的共同变动，从而降低解释变量与扰动项之间的相关性，减少遗漏变量偏误。

假设我们选择了三个因子作为自变量，包括市场回报率、股票的市值和财务指标（比如盈利收益率）。我们将股票 A 的回报率作为因变量 $r_A$，市场回报率、股票市值和盈利收益率作为自变量 $X_1$、$X_2$ 和 $X_3$，并建立以下多元线性回归模型：

$$r_A=\alpha+\beta_1\cdot X_1+\beta_2\cdot X_2+\beta_3\cdot X_3$$

通过收集历史数据，我们可以使用最小二乘法估计每个因子的回归系数 $\beta$，这些回归系数反映了每个因子对股票回报率的影响程度。上述模型可以帮助投资者确定哪些因子对股票的回报率具有显著的影响，以及它们的方向和强度。通过估计回归系数，可以进行预测和风险评估，并辅助投资决策的制定。

### （二）模型估计

同一元线性相似，多元回归也使用最小二乘估计参数，参数估计结果为：

$$\hat{\beta} = (X^T X)^{-1}(X^T Y)$$

### （三）模型检验

1. 拟合优度检验（$R^2$ 和 $\overline{R}^2$）

（1）一般而言，在多元线性回归中，随着自变量数目的增加，$R^2$ 会逐渐上升，因此，$R^2$ 就不能正确反映回归方程的拟合优劣。

（2）由此，我们引入修正可决系数的概念：

$$\overline{R}^2 \equiv 1 - \frac{\frac{\sum e_i^2}{n-k}}{\frac{\sum y_i^2}{n-1}}$$

其中，k——自变量个数。

可以看到，$\overline{R}^2$ 与 $k$ 为负相关关系，因此 $\overline{R}^2$ 可以实现对盲目引入解释变量进行惩罚的目的。

（3）$R^2$ 和 $\overline{R}^2$ 的关系：

$$\overline{R}^2 = 1 - \frac{n-1}{n-k}(1-R^2)$$

2. 统计检验（t 检验、F 检验）

（1）变量显著性检验（t 检验）。方法详见第六节第一部分一元线性回归模型中的模型检验。

（2）方程显著性检验。t 检验是在其他解释变量不变时，检验单个解释变量对被解释变量的影响。而 F 检验是检验整个方程，即所有解释变量联合起来对被解释变量的影响，也就是检验模型中的参数 $\beta_1$，$\beta_2$，…，$\beta_k$ 是否显著不为零。对方程 $Y = \beta_0 + \beta_1 X_1 + \beta_2 X_2 + \cdots + \beta_k X_k + u$，该检验的原假设 $H_0$ 为：$\beta_1 = \beta_2 = \cdots = \beta_k = 0$。在原假设成立的条件下，统计量服从自由度为 $(k, n-k-1)$ 的 $F$ 分布：

$$F = \frac{ESS/k}{RSS/(n-k-1)}$$

如果 $F$ 统计量落入拒绝域，那么就拒绝原假设，说明各个解释变量的系数不全为 0。

## 三、回归模型的常见问题

### （一）多重共线性

多元线性回归模型的古典假定中强调包含在回归模型中的各个解释变量之间不存在线性关系，或者说各个解释变量的观测值之间线性无关，即无多重共线性。但在实际的经济分析中，此假定经常会违背。也就是说，各个解释变量之间将会出现多重共线性问题。经济时间序列数据常常不是通过实验设计得到，而一般都是对实际社会经济活动观测的结果，一些经济变量难免会出现同增同减的趋势。当两个及两个以上的解释变量发生这种现象时，就导致了多重共线性。

多重共线性产生的经济背景主要有几种情形：

1. 经济变量之间具有共同变化趋势；
2. 模型中包含滞后变量；
3. 利用截面数据建立模型造成的多重共线性；
4. 样本数据自身的原因。

### （二）异方差性

设模型为 $Y_i = \beta_1 + \beta_2 X_{2i} + \beta_3 X_{3i} \cdots + \beta_k X_{ki} + u_i$，$i = 1, 2, \cdots, n$，若以下公式不全相等，则称具有异方差性：

$$Var(u_i \mid X) = \sigma_i^2 \qquad i = 1, 2, \cdots, n$$

进一步，把异方差看成是由于某个解释变量的变化而引起的，则：

$$Var(u_i \mid X) = \sigma_i^2 = \sigma^2 f(X_i)$$

异方差产生的原因如下：

1. 模型设定误差。

2. 测量误差的变化。样本数据的观测误差有可能随研究范围的扩大而增加，或随时间的推移逐步积累，也可能随着观测技术的提高而逐步减小。

3. 截面数据中总体各单位的差异。通常认为，截面数据较时间序列数据更容易产生异方差，这是因为同一时点不同对象的差异，一般说来会大于同一对象不同时间的差异。不过，在时间序列数据发生较大变化的情况下，也可能出现比截面数据更严重的异方差。

例如，考虑一个回归模型，其中自变量是不同公司的股票收益率，因变量是它们的市值。异方差性可能在这种情况下出现，因为不同公司的市值波动范围可能存在差异。市值较大的公司往往具有较小的波动，而市值较小的公司可能会面临更大的波动，导致异方差性。

### （三）自相关性

自相关，又称序列相关，是指总体回归模型的随机误差项之间存在相关关系，即不同观测点上的误差项彼此相关。

自相关性产生的原因如下：

1. 经济系统的惯性。自相关现象大多出现在时间序列数据中，而经济系统的经济行为都具有时间上的惯性。

2. 经济活动的滞后效应。滞后效应是指某一指标对另一指标的影响不仅限于当期而是延续若干期，由此带来变量的自相关。

3. 数据处理造成的相关。因为某些原因对数据进行了修整和内插处理，在这样的数据序列中就会有自相关。

自相关性可能出现在股票价格的预测中。如果一个股票价格在某个时间点上突然上涨或下跌，那么在接下来的时间点上，该股票价格可能倾向于继续上涨或下跌，因为投资者的行为可能受到前期价格变动的影响。

### （四）随机解释变量

回归分析的条件要求解释变量和随机误差项之间不相关，如果违背了这一假设，就是产生了随机解释变量问题。具体来说，随机解释变量是指在现实经济现象中，解释变量是不可控的，即解释变量的观测值具有随机性，并且与模型的随机误差项有相关关系，这样的解释变量称为随机解释变量。

在实际中，导致随机解释变量问题的原因是使用滞后被解释变量作为模型的解释变量。

## 四、非线性模型线性化

### （一）对数模型

对数函数模型的一般形式为：

$Y_i = \alpha + \beta \ln X_i + u_i$

令 $X_i^* = \ln X_i$，则可将原模型化为标准的线性回归模型：

$Y_i = \alpha + \beta X_i^* + u_i$

### （二）倒数模型

形如 $y = b_0 + b_1 \frac{1}{x} + u$、$\frac{1}{y} = b_0 + b_1 \frac{1}{x} + u$ 的模型称为倒数模型。

设 $x^{*}=\frac{1}{x}, y^{*}=\frac{1}{y}$，即进行变量的倒数变换，就可以将其转化成线性回归模型。

倒数变换模型有一个明显的特征，随着 $x$ 的无限扩大，$y$ 将趋于极限值 $b_0$（或 $\frac{1}{b_0}$），即有一个渐近下限或上限。有些经济现象（如平均固定成本曲线、商品的成本曲线、恩格尔曲线、菲利普斯曲线等）有类似的变动规律，可以用倒数模型进行描述。

### （三）多项式模型

多项式函数模型的一般形式为：

$$Y_i = \beta_0 + \beta_1 X_i^1 + \beta_2 X_i^2 + \cdots + \beta_k X_i^k + u_i$$

令 $Z_{1i} = X_i, Z_{2i} = X_i^2, \cdots, Z_{ki} = X_i^k$，可将原模型化为标准线性回归模型。

# 第七节 时间序列模型

金融数据多呈时间序列形式，因此理解时间序列模型在金融分析中起关键作用。本节将阐述时间序列模型的基本概念、特性及其在金融投资领域的应用。首先将概述时间序列和平稳时间序列的定义，探讨平稳性的检验方法以及非平稳时间序列的处理策略。随后，本节将介绍协整分析，一种研究变量之间长期均衡关系的方法，包括协整的基本概念、检验方法，以及误差修正模型的建立与估计。

## 一、时间序列概述

时间序列数据被广泛运用于计量经济研究。经典时间序列分析和回归分析有许多假定前提，如序列的平稳性、正态性等。直接将经济变量的时间序列数据用于建模分析，实际上隐含了上述假定，在这些假定成立的条件下，据此而进行的 t 检验、F 检验等才具有较高的可靠度。越来越多的经验证据表明，经济分析中所涉及的大多数时间序列是非平稳的。

### （一）伪回归问题

传统计量经济学模型的假定条件序列的平稳性、正态性。

所谓“伪回归”，是指变量间本来不存在相依关系，但回归结果却得出存在相依关系的错误结论。造成“伪回归”的根本原因在于时序序列变量的非平稳性。

考虑两个宏观经济指标，例如国内生产总值（GDP）和货币供应量。我们会发现这两个序列之间的相关性很高，可能会误导我们认为它们之间存在因果关系。然而，这种关联可能只是因为这两个序列都随着时间的推移而增加（也就是说，它们都是非平稳的）而产生的。这就是伪回归的例子。

### （二）随机过程的概念

若对于每一特定的 $t(t \in T)$，$Y_t$ 为一随机变量，则称这一组随机变量 $\{Y_t\}$ 为一个随机过程。

若 $T$ 为一区间，则 $\{Y_t\}$ 为一连续型随机过程。

若 $T$ 为离散集合，如 $T=(0,1,2\cdots)$ 或 $T=(\cdots,-2,-1,0,1,2,\cdots)$，则 $\{Y_t\}$ 为离散型随机过程。

离散型时间指标集的随机过程通常称为随机型时间序列，简称为时间序列。

在金融领域，许多变量的行为可以被视为随机过程的结果。比如，股票价格的变化可以看作是一个随机过程。在特定的时间点 t，股票的价格可以看作是一个随机变量 $Y_t$。如果我们研究这个变量在连续的时间区间（如一年内每天的价格）上的数值，那么我们就得到了一个连续型随机过程。同样，如果我们只在特定的时间点（如每个季度的最后一天）观察价格，我们就得到了一个离散型随机过程或者说是时间序列。

## 二、平稳时间序列

### （一）平稳性的概念

1. 平稳性

所谓时间序列的平稳性，是指时间序列的统计规律不会随着时间的推移而发生变化。

直观上，一个平稳的时间序列可以看作一条围绕其均值上下波动的曲线。从理论上，有两种意义的平稳性，一种是严格平稳，另一种是弱平稳。

2. 严格平稳

严格平稳是指随机过程 $\{Y_t\}$ 的联合分布函数与时间的位移无关。

设 $\{Y_t\}$ 为一随机过程，$n$、$h$ 为任意实数，若联合分布函数满足：

$$F_{Y_{t_1},Y_{t_2},\cdots,Y_{t_n}}(y_1,\cdots,y_n)=F_{Y_{t_1+h},\cdots,Y_{t_n+h}}(y_1,\cdots,y_n)$$

则称 $\{Y_t\}$ 为严格平稳过程，它的分布结构不随时间推移而变化。

3. 弱平稳

弱平稳是指随机过程 $\{Y_t\}$ 的期望、方差和协方差不随时间推移而变化。若 $\{Y_t\}$ 满足：

$$E(Y_t)=\mu$$

$$Cov(Y_t,Y_s) = Cov(Y_{t+h},Y_{s+h}) = r(t-s,0) = r_{t-s}$$

$$Var(Y_t) = r_0 = \sigma^2$$

则称 $\{Y_t\}$ 为弱平稳随机过程。在一般的分析讨论中，平稳性通常是指弱平稳。

在实际应用中，严格平稳的时间序列相对较少，因为要满足严格平稳，时间序列在所有时间点的联合分布必须都相同，这在现实中是较难实现的。例如，股票价格的分布结构（例如，其峰度或偏度）可能会因市场条件的变化而变化，从而导致序列不是严格平稳的。相反，弱平稳时间序列在实际应用中较为常见，许多经济和金融序列（如股票的日收益率、短期利率等）在经过适当的变换（如取对数、差分等）后，可以近似看作是弱平稳的。

### （二）非平稳时间序列

时间序列的非平稳性是指时间序列的统计规律随着时间的位移而发生变化，即生成变量时间序列数据的随机过程的特征随时间而变化。

例如，我们收集了过去10年的某只股票的每日收盘价格数据，若此价格序列随着时间的推移，其均值（例如，价格总体趋势可能在上升）和方差（例如，价格波动可能在增大或减小）可能会发生显著的变化，这就意味着股票价格序列是非平稳的。

## 三、协整分析与误差修正

### （一）协整的概念

所谓协整，是指多个非平稳变量的某种线性组合是平稳的。

例如，收入与消费、工资与价格、政府支出与税收、出口与进口等，这些经济时间序列一般是非平稳序列，但它们之间却往往存在长期均衡关系。

1. 协整的严格定义

对于两个序列 $\{X\}$ 和 $\{Y\}$，如果 $y_t \sim I(1)$，$x_t \sim I(1)$，而且存在一组非零常数 $\alpha_1$、$\alpha_2$，使得 $\alpha_1 x_t + \alpha_2 y_t \sim I(0)$，则称 $\{X\}$ 和 $\{Y\}$ 之间是协整的。

2. 协整的应用

协整概念的提出对于用非平稳变量建立经济计量模型，以检验这些变量之间的长期均衡关系非常重要。

（1）如果多个非平稳变量具有协整性，则这些变量可以合成一个平稳序列。这个平稳序列就可以用来描述原变量之间的均衡关系。

（2）当且仅当多个非平稳变量之间具有协整性时，由这些变量建立的回归模型才有意义。所以协整性检验也是区别真实回归与伪回归的有效方法。

(3) 具有协整关系的非平稳变量可以用来建立误差修正模型。由于误差修正模型把长期关系和短期动态特征结合在一个模型中，因此既可以克服传统计量经济模型忽视伪回归的问题，又可以克服建立差分模型忽视水平变量信息的弱点。

在投资领域，我们常常会碰到如股票价格与市场指数的相关性研究。例如，我们收集了某只股票与市场指数过去10年的日频数据，它们可能都表现出非平稳性，如同步上升。但观察两者关系，可能会发现存在一种长期均衡，即使市场大幅震荡，股票价格也总能恢复至市场指数的某一比例。这就意味着，尽管股票价格和市场指数本身非平稳，但他们的某种线性组合（如股票价格减去市场指数的某一比例）可能是平稳的，表明股票价格与市场指数存在协整关系。

这个协整关系对建立预测模型有很大价值。因为如果两序列具有协整性，我们就能合理地预期它们将保持长期均衡关系，尽管短期内可能会有所偏离。由此，我们可以借助市场指数对股票价格进行预测。

### （二）误差修正模型的构建

误差修正模型（ECM）是一种具有特定形式的计量经济模型。建立误差修正模型一般采用两步，分别建立区分数据长期特征和短期特征的计量经济学模型。

第一步，建立长期关系模型。即通过水平变量和OLS法估计出时间序列变量间的关系。若估计结果形成平稳的残差序列时，那么这些变量间就存在相互协整的关系。长期关系模型的变量选择是合理的，回归系数具有经济意义。

第二步，建立误差修正模型。将长期关系模型各个变量以一阶差分形式重新构造，并将第一步中的残差引入。在一个从一般到特殊的检验过程中，对短期动态关系进行逐项检验，剔除不显著项，直到得到最适当的模型形式。

注意，解释变量引入的短期关系模型的残差，代表着在取得长期均衡的过程中各时点上出现“偏误”的程度，使得第二步可以对这种偏误的短期调整或误差修正机制加以估计。

## 第八节　机器学习

与传统的线性回归模型和时间序列模型相比，机器学习在量化金融分析中的应用范围更为广泛，其卓越的预测能力和模式识别功能使其在预测市场趋势、识别欺诈交易、风险评估等方面具有重要作用。本节旨在从机器学习的基础理论出发，向读者详细介绍常用的基础机器学习模型，包括回归模型和分类模型，并阐述如何借助损失函数和梯度下降等手段对这些模型进行训练以优化预测结果。此外，本节还将深入探索机器学习在金融领域的实际应用，以便读者能更深入地理解这些理论知识在实践中的应用。

## 一、机器学习

机器学习是计算机科学的子领域，也是人工智能的一个分支和实现方式。机器学习的任务是学习大量数据中隐藏的模式，利用这种模式可以对新的样本进行判别和预测（泛化性）。

机器学习是人工智能的一个分支，它是实现人工智能的一个核心技术，即以机器学习为手段解决人工智能中的问题。机器学习是通过一些让计算机可以自动“学习”的算法并从数据中分析获得规律，然后利用规律对新样本进行预测。

机器学习的一般步骤包括：

第一，数据收集：机器学习算法的第一步是需要收集相关的数据，这些数据可以是结构化数据（如数据库中的表格数据）或非结构化数据（如文本、图像或音频）。

第二，数据预处理：在训练模型之前，需要对数据进行预处理。这包括数据清洗、去除噪声、处理缺失值、特征选择和特征转换等步骤，以准备好适用于机器学习算法的数据集。

第三，特征提取与选择：从原始数据中提取出对问题有用的特征，特征可以是数据集中的各种属性或指标，通过选择合适的特征可以提高模型的性能。

第四，模型选择与训练：选择适当的机器学习模型来解决问题，并使用标记的训练数据对模型进行训练。训练过程中，模型根据输入的数据进行参数调整，逐渐改进自身的预测能力。

第五，模型评估与优化：使用测试数据评估训练好的模型的性能。常见的评估指标包括准确率、精确率、召回率和 F1 得分等。如果模型的性能不满足需求，可以通过调整模型参数、增加训练数据量或尝试其他模型来进行优化。

第六，模型预测与应用：在模型经过评估并达到要求后，可以将其应用于新的未见过的数据，进行预测或分类等任务。

第七，持续监控与更新：模型部署后，需要进行持续监控和更新，以确保模型的性能和准确性。常用的方法包括监测数据的变化、重新训练模型或应用增量学习等。

## 二、常见机器学习算法

### （一）损失函数

损失函数是关于模型计算结果，$f(x)$ 和样本实际目标结果 $y$ 的非负实值函数，记

作 $l[y,f(x)]$，用它来解释模型在每个样本实例上的误差。损失函数的值越小，说明预测值与实际值越接近，即模型的拟合效果越好。损失函数主要包括：平方损失函数、绝对损失函数、对数损失函数。

$$J = \min_{f \in \mathcal{F}} \frac{1}{n} \sum_{i=1}^{n} l[y,f(x)]$$

### （二）梯度下降

梯度下降是一种常用的优化算法，用于在机器学习中训练回归模型的参数，它通过最小化损失函数来找到使模型预测与实际值之间差异最小的参数组合。梯度下降的目标是通过迭代更新模型的参数，使损失函数达到最小值。梯度下降的核心思想是沿着损失函数的负梯度方向进行迭代更新，直到达到最小值或满足停止准则。

### （三）回归模型

机器学习中的回归模型是用于预测连续数值输出的一类模型。它建立了输入特征和输出之间的关系，并通过训练过程来调整模型参数以最佳拟合训练数据。以下是常见的回归模型的详细介绍：

1. 线性回归与岭回归（Linear Regression & Ridge Regression）

线性回归是最简单和最常见的回归模型。它基于线性关系假设，通过线性组合输入特征的权重来预测输出值。岭回归是在线性回归的基础上引入 L2 正则化项的一种改进方法。正则化项的作用，是将模型的参数限制在一个较小的范围内，防止过拟合现象的发生。求解岭回归的目标是最小化损失函数和正则化项之和，这可以通过梯度下降算法实现。

2. 支持向量回归（Support Vector Regression，SVR）

支持向量回归是基于支持向量机（SVM）算法的回归扩展。它通过构建一个边界区域，使得大部分样本点位于该区域内，并尽量使样本点与边界区域之间的间隔最大化。支持向量回归可以处理线性和非线性回归问题，并具有对异常值的鲁棒性。

3. 决策树回归（Decision Tree Regression）

决策树回归使用决策树模型来建立输入特征和输出之间的非线性关系。它将特征空间划分为多个区域，并在每个区域内预测一个常数值作为输出。决策树回归可以处理离散特征和连续特征，并且对于处理非线性和交互特征非常有效。

4. 集成学习方法（Ensemble Methods）

集成方法通过组合多个基础回归模型来获得更好的预测性能。常见的集成方法包括随机森林（Random Forest）和梯度提升树（Gradient Boosting Trees）。随机森林通过构建多个决策树并进行平均或投票来进行预测，梯度提升树通过迭代训练来逐步改善预测性能。

### (四) 分类模型

机器学习中的分类模型用于预测输入样本的类别或标签。分类是一种监督学习任务，其中模型通过学习输入特征与对应类别之间的关系来进行预测。以下是常见的分类模型的详细介绍：

1. 逻辑回归 (Logistic Regression)

逻辑回归是一种用于二分类问题的分类模型，它通过将线性组合的结果通过一个逻辑函数（如 sigmoid 函数）映射到 0 ~ 1 之间的概率值，从而预测样本属于某个类别的概率。逻辑回归的相关公式如下：

$$z = w_0 + w_1x_1 + w_2x_2 + \cdots + w_nx_n$$

$$h(z) = 1/[1 + e^{(-z)}]$$

其中，$z$——线性组合的结果；$w_0, w_1, w_2, \cdots, w_n$——模型的权重参数；$x_1, x_2, \cdots, x_n$——输入特征。sigmoid 函数 $h(z)$ 将 $z$ 映射到 0 ~ 1 之间的概率值，用于表示样本属于某个类别的概率。

2. 支持向量机 (Support Vector Machine, SVM)

支持向量机是一种非常强大的分类模型，可以处理线性和非线性分类问题。它通过在特征空间中构建一个最优超平面来最大化不同类别之间的间隔，以实现高效的分类。支持向量机还可以通过核函数来处理非线性分类问题，如多项式核函数和径向基函数（RBF）核函数。

3. 决策树 (Decision Tree)

决策树模型使用树状结构来进行分类，通过一系列的分裂节点和条件来划分特征空间，并在叶节点上分配类别标签。决策树模型直观且易于解释，能够处理离散和连续特征。

4. 朴素贝叶斯 (Naive Bayes)

朴素贝叶斯是一组基于贝叶斯定理的分类算法。它基于特征之间的条件独立性假设，计算样本属于每个类别的后验概率，并选择具有最高后验概率的类别作为预测结果。朴素贝叶斯模型通常用于文本分类和垃圾邮件过滤等任务。

5. K 近邻 (K - Nearest Neighbors, KNN)

K 近邻是一种基于实例的分类算法，它通过计算样本与训练集中最近邻样本之间的距离来进行分类。KNN 模型基于邻居的多数投票来确定样本的类别，其中 K 是一个超参数，表示选择的最近邻样本的数量。

以下的例子可以帮助读者更好理解上述机器学习模型的应用：

**1. 信用评分**：银行和金融机构通常会使用机器学习算法来预测个人或企业的信用

评分。在这种情况下，常见的机器学习模型包括逻辑回归、决策树或支持向量机等。输入的特征可能包括客户的年龄、收入、就业情况、债务水平等。梯度下降可能用于训练这些模型以最小化损失函数，这是预测信用评分与实际信用评分之间的差异。损失函数可能是平方损失函数（用于回归问题）或对数损失函数（用于分类问题）。

**2. 股票价格预测**：金融领域的一个常见任务是预测股票价格。在这种情况下，可能会使用各种机器学习模型，如线性回归、岭回归或支持向量回归等。这些模型可能基于历史价格数据以及其他相关因素（如公司财务数据或宏观经济指标）来预测未来的股票价格。梯度下降可能用于训练模型以最小化预测价格与实际价格之间的差异，这通常通过平方损失函数来衡量。

**3. 欺诈检测**：银行和金融服务公司经常需要检测和预防欺诈行为，如信用卡欺诈或保险欺诈。在这种情况下，可能会使用分类模型，如逻辑回归、支持向量机或决策树等，以预测特定的交易或保险索赔是否可能是欺诈性的。模型可能基于各种特征进行预测，包括交易金额、交易频率、客户地理位置等。训练这些模型通常涉及最小化对数损失函数，并可能使用梯度下降来实现。

# 第五章　金融科技

本章对金融科技的定义及内涵进行了界定，并重点介绍金融科技在投资领域的一些关键技术方向。其中，第一节对金融科技的定义进行介绍；第二节讨论金融科技在投资领域的主要技术方向；第三节介绍金融科技在投资领域典型应用场景；第四节简要分析金融科技市场主体及监管主体；第五节对金融科技未来发展简要作出展望。

## 第一节　金融科技的定义

金融科技，或者称为 FinTech，广义角度通常指发生在金融行业的产品或服务的技术创新，通过利用数字技术改变金融服务的交付方式。金融科技的出现，改变了我们对银行业、投资、保险以及资产管理等传统金融行业的认识。金融科技不仅涵盖移动支付、投研投资等众多领域，而且已经开始影响金融机构的运营模式和客户服务。

根据金融稳定理事会（FSB）的定义，金融科技是基于大数据、云计算、人工智能、区块链等一系列技术创新，全面应用于支付清算、借贷融资、财富管理、零售银行、保险、交易结算等六大金融领域，是金融业未来的主流趋势。

与投资领域相关度更高的金融科技主要有以下三个：

（1）大数据技术：大数据技术不仅能够处理海量的传统数据（如证券价格、经济指标等），也可以将非传统数据源（如社交媒体和物联网等）产生的大量非结构化数据集成到投资研究及投资决策过程中，用于挖掘超额收益或管理投资风险。

（2）人工智能（AI）和机器学习（ML）：人工智能和机器学习技术通常比传统的定量和统计分析方法更适合识别复杂的非线性关系，在非结构化数据和大数据分析等领域具有更好的表现。例如分析师可利用人工智能技术对公司文件、年度报告和财报电话会议等大量非结构化数据进行分类分析，挖掘对投资研究最有价值的数据，发现数据背后隐藏的趋势。

（3）分布式账本技术（DLT）：分布式账本技术是密码算法、共识机制、点对点通信协议、分布式存储等多种核心技术高度融合形成的一种分布式基础架构与计算范式。可提供安全的方式来创建、交换和跟踪金融资产所有权，在加密货币、实物资产代币化、结算清算、合规管理等方面具有广泛的应用。

除以上三大技术外，云计算技术也是金融科技主要技术方向之一：云计算（Cloud Computing）是通过互联网按需访问计算资源，即应用程序、服务器（物理服务器和虚拟服务器）、数据存储、开发工具、网络功能等，这些资源托管在由云服务提供商（简称 CSP）管理的远程数据中心上。云计算实质就是一种提供资源的网络，以互联网为中心，在网站上提供快速且安全的服务与数据存储，是一种全新的网络应用概念。

## 第二节 金融科技在投资领域的主要技术方向

### 一、大数据

大数据通常指规模大到在获取、存储、管理、分析方面大大超出了传统数据库软件工具能力范围的数据集合。

#### （一）大数据通常具有的特征

1. 数据量庞大（Volume）：大数据的数据量非常庞大，数据量级从 MG、GB 增长至 TB 甚至 PB，难以通过传统统计工具进行处理。

2. 速度快、时效性强（Velocity）：大数据的产生和更新速度非常快，这就要求数据处理的速度也要非常快，以便迅速用于投资研判。

3. 数据来源多样（Variety）：大数据来源多种多样，包括传感器、社交媒体、日志文件、移动设备、互联网等，不同的数据来源产生的数据具有不同的特点和规模；大数据的数据类型多样，包括结构化数据（如关系型数据库中的表格数据）、非结构化数据（如文本、图像、音频和视频等）以及半结构化数据等，不同类型的数据具有不同的特征和表达方式。

4. 低价值密度（Value）：大数据的数据体量庞大，但数据价值密度往往相对较低，如何结合实际业务场景挖掘数据价值是大数据技术需要重点解决的问题。

5. 大数据来自人类社会经济活动：个人在日常生活中产生大量的数据，如消费、信用记录、评论记录、互联网搜索记录、社交媒体等；企业在生产和经营过程中产生大量的数据，如销售数据、客户数据、生产数据等；政府在管理和服务过程中产生大量的数据，如人口、就业数据等；金融交易和市场活动中产生大量的数据，如股票、债券市场数据等；社会组织、科研机构等其他社会主体产生的大量数据，如实验数据、调研数据等。这些数据从不同角度丰富和加深我们对社会经济活动的认识，都可能被用于投资研究。

### （二）大数据的分类

按组织类型可将大数据划分为结构化、非结构化及半结构化三类。

结构化数据是指以固定格式和结构存储的数据，通常以表格形式存在，例如关系数据库中的数据。结构化数据具有明确定义的字段和值，易于存储、查询和分析。

非结构化数据是指没有固定格式和结构的数据，通常以文本、图像、音频和视频等形式存在。非结构化数据不易于以传统的关系型数据库存储和处理，需要使用特定的技术和算法进行存储、提取、分析和挖掘。

半结构化数据是介于结构化数据和非结构化数据之间的数据类型。它包含一些结构化元素，但也允许一定程度的灵活性和自由度。

投资研究过程中使用的大数据的数据来源可划分为传统数据和另类数据两类。传统数据的特点是其在金融场景的信息价值密度较为稠密。传统数据的来源通常包括公司财报、政府监管文件、分析师电话会议及财报电话会议、金融市场交易价格及交易量、宏观和行业相关数据等。长期以来分析师在投资研究过程中使用传统的数据来源和统计方法衡量公司业绩，预测未来的增长，并对行业和市场趋势作出判断。

### （三）另类数据

随着互联网、移动及通讯等技术的发展，电子设备如智能手机、相机、麦克风、无线传感器、卫星等，互联网信息源如社交媒体、电子邮件等正逐步成为新的可用于投资研究的另类数据来源。相对于传统数据，另类数据的特点是其在金融场景下的信息价值密度较低，需要更多的技术手段和算法进行数据挖掘来产生价值。从零售销售到社交媒体、再到隐含农业、交运等信息的卫星图像，另类数据能为分析师提供额外有关消费者行为、公司经营状况、行业演变趋势的相关信息，这些信息对于分析师的投资研究过程将产生越来越大的影响。

另类数据通常源于以下三个主体：

个人：个人产生的数据通常是非结构化数据，往往以文本、视频、照片和音频格式产生和储存。随着人们越来越多、越来越频繁地参与在线活动，如社交媒体、网络搜索、网络购物、在线评论等，个人产生的另类数据正急剧增长。

企业：业务流程数据包括来自公司和其他实体的业务信息流。这些数据往往是结构化数据，如信用卡支付还款记录、公司供应链信息、银行信贷信用记录等。业务流程产生的数据通常是公司业绩的同步指标，相较传统公司财务报表等按季度甚至年度披露的数据来源而言，公司业务流程产生的另类数据通常具有更好的时效性。

传感器：传感器数据通常源于手机、相机、芯片、卫星等设备，这些设备通常通过网络与计算机互联。传感器数据通常是非结构化的，传感器数据随着微处理器和网络技术的迅速应用呈指数级增长，其数据量级通常远高于个人及企业业务流程数据。近年来物联网技术的迅速发展，传感器越来越成为大数据的重要数据来源，如卫星图像、航运物流、交通运输数据等。

### （四）大数据常见的数据处理方法

数据捕获：数据捕获指收集数据并将其转换为分析过程可以使用格式的过程。数据捕获可以通过多种方式进行，例如手动输入、网络爬虫等。数据捕获是数据处理和分析的关键步骤，因为只有获取到准确、完整的数据，才能进行后续的数据挖掘、建模和决策。因此，有效的数据捕获方法对于获取有价值的信息至关重要。

数据管理：数据管理是指对数据进行组织、存储、维护和监控的过程。数据管理包括数据清洗、数据整合、数据转换、数据质量控制等操作，确保数据的准确性、一致性和完整性。

数据存储：数据存储通常包括数据的记录、归档和访问，以及底层的数据库设计。数据存储过程中需要考虑的关键因素包括数据是否为结构化数据，以及后续数据分析需求是否需要低延迟解决方案等。

数据检索：通常是指通过使用特定的搜索技术和算法，在大数据中快速找到所需的数据或信息的过程。

数据传输：通常是指数据从底层数据源或存储位置移动到新的存储位置或者底层分析工具的过程，可以是在不同的计算机、服务器、存储设备之间进行数据的传递。

数据可视化：可视化是指通过图像来格式化、显示和汇总数据。数据可视化是理解大数据的重要工具。传统的结构化数据可以使用表格、图表等工具进行可视化，而非结构化数据则需要新的数据可视化技术，例如交互式3D图形、词云、标签云图、思维导图等。

## 二、人工智能和机器学习

人工智能是研究开发能够模拟、延伸和扩展人类智能的理论、方法、技术及应用系统的一门新的技术科学，研究目的是促使智能机器会听（语音识别、机器翻译等）、会看（图像识别、文字识别等）、会说（语音合成、人机对话等）、会思考（人机对弈、定理证明等）、会学习（机器学习、知识表示等）、会行动（机器人、自动驾驶汽车等）。

人工智能技术的发展离不开算法、算力（计算能力）和算料（数据）方面的进步，以上三者使得计算机系统逐步表现出与人类相当甚至优于人类的认知和决策能力。1956年麦卡锡、明斯基等科学家在美国达特茅斯学院开会研讨“如何用机器模拟人的智能”，首次提出“人工智能”（Artificial Intelligence，AI）这一概念，标志着人工智能学科的诞生。人工智能的一个早期案例是“专家系统”，该系统基于“if-then”条件规则，尝试模拟人类专家在特定问题解决环境中的分析能力。20 世纪 80 年代，金融机构开始尝试利用人工智能来检测信用卡欺诈行为。20 世纪 90 年代，网络技术特别是互联网技术的发展加速了人工智能的创新研究，更快的网络和更强大的处理器使人工智能得以部署在物流、数据挖掘、财务分析、医疗诊断等诸多领域。21 世纪以来，随着大数据、云计算、互联网、物联网等信息技术的发展，人工智能在算法、算力和算料等方面不断得到突破，以深度神经网络为代表的人工智能技术飞速发展，大幅跨越了科学与应用之间的“技术鸿沟”，诸如图像分类、语音识别、知识问答、人机对弈、无人驾驶、AICG 等人工智能技术实现了从“不能用、不好用”到“可以用”的技术突破，迎来爆发式增长的新高潮。

机器学习是人工智能的一个子集，专注于使用数据和算法，模仿人类学习的方式，逐步提高自身模型结果的准确性。机器学习按学习方式可划分为监督学习、无监督学习、半监督学习、增强学习（强化学习）。作为一种数据驱动的技术，机器学习通常需要大量的数据进行训练，因此尽管一些机器学习技术已经存在多年，但数据量的不足一定程度上限制了其在投资研究领域的应用。大数据的发展则为机器学习算法提供了足够的数据来提高建模和预测的准确性，从而使机器学习技术能更加广泛地应用在投资研究过程中。分析师在将机器学习技术应用于投资研究时，需要首先确认数据来源的准确性和可靠性，减少数据集的噪音和误差；同时也需要确保有足够大的数据量支撑算法训练，在没有足够数据进行训练的情况下机器学习算法难以取得很好的效果。

监督学习（Supervised Learning）是一种机器学习的方法，其基本思想是通过给定的输入数据和对应的标签（即正确的输出），训练一个模型来学习输入和输出之间的映射关系。常见的监督学习算法包括线性回归、逻辑回归等。

监督学习算法通常需要将数据集分成三个不同的子集：训练集、验证集和测试集。

监督学习算法使用训练集挖掘数据中的历史模式从而识别输入和输出之间的关系；然后使用验证集验证这些关系，并对模型参数进行调整；测试集是在训练完成后用于测试模型对新数据的预测能力。一旦算法经过训练、验证和测试，模型就可以用于预测基于其他数据集的结果。

此外，分析师还必须检查模型是否出现过拟合和欠拟合的问题。

过拟合指模型在训练集上表现良好，但在测试集或新数据上表现较差的现象。过拟合通常发生在模型过于复杂或训练数据过少的情况下。当模型出现过拟合时，模型对数据进行了“过度训练”，并将数据中的噪声视为真实参数，表现为训练误差和测试误差间的较大差距。过拟合的模型一般难以在训练集以外的数据集上准确地进行预测。

欠拟合指模型在训练集和测试集上表现都较差的现象。欠拟合通常发生在模型过于简单或训练数据过于复杂的情况下。欠拟合的模型无法很好地捕捉训练数据中的模式和规律，此时模型可能过于简单化，无法完全发现数据背后隐藏的关系和模式。欠拟合的模型可能会忽略训练数据中的重要特征，从而导致其预测能力较差。

无监督学习（Unsupervised Learning）是一种机器学习的方法，其目标是从无标签的数据中发现隐藏的模式、结构和关系。与监督学习不同，无监督学习没有预先给定的标签信息。常见算法如聚类等。

半监督学习（Semi－supervised Learning）是监督式学习和无监督学习的巧妙结合。在训练期间，它使用较小的标注数据集，以指导从较大的未标注数据集进行分类和特征提取。半监督学习可以解决因标注数据不足而无法采用监督式学习算法的问题。

部分机器学习技术如强化学习、集成学习、深度学习等算法相对复杂，预测过程相对不透明，通常被称为“黑箱”算法，可解释性较差的特点在一定程度上阻碍了分析师将其应用于投资分析领域。

其中，深度学习（Deep Learning）是一种基于神经网络的机器学习方法，神经网络模拟人脑的工作方式，由大量相互链接的处理节点形成的节点层组成，包含一个输入层、一个或多个隐藏层和一个输出层。每个节点也称为一个人工神经元，它们连接到另一个节点，具有相关的权重和阈值。如果任何单个节点的输出高于指定的阈值，那么该节点将被激活，并将数据发送到网络的下一层。否则，该节点不会将任何数据传递到网络的下一层。深度学习中的“深度”就是指神经网络中的层数。由三层以上组成的神经网络（包含输入和输出）可视为深度学习算法或深度神经网络。只有三层的神经网络只是基本神经网络。

机器学习技术与大数据分析技术被越来越多地用于投资研究分析，并用于预测市场趋势和风险管理。例如，大数据技术和人工智能技术可以为分析师提供实时和不断变化的市场环境信息，帮助分析师提前识别疲软的市场状况和不利趋势，从而协助投资经理更好地进行风险管理；通过机器学习算法分析另类数据可以帮助分析师更好预测公司未来的收益和股价表现，对实时市场数据的分析则可以帮助分析师发现股票在短期面临的买入或卖出压力；投资经理可以通过人工智能技术更好地进行投资组合压力测试，回测不同市场情境甚至极端市场情景下投资组合的表现和可能的清算成本等。

生成式人工智能（Artificial Intelligence Generated Content，AIGC），是指基于生成对抗网络、大型预训练模型等人工智能的技术方法，通过已有数据的学习和识别，以适当的泛化能力生成相关内容的技术。通过训练模型和大量数据的学习，AIGC 可以根据输入的条件或指导，生成与之相关的有质量的内容。伴随人工智能从计算智能、感知智能再到认知智能的进阶发展，生成式 AI 越来越成为辅助分析师投资研究的重要工具。例如，生成式 AI 可协助分析师提升金融数据分析能力、更快速的进行模型构建从而提升投资策略开发效率，以及辅助分析师进行低代码的量化投资策略开发等。

## 三、知识图谱

当前人工智能正在经历从感知智能到认知智能的重要发展阶段。认知是人们获取和应用知识的过程，作为人类对客观世界认知的一种表现形式，知识图谱是认知智能不可或缺的组成部分。知识图谱可以帮助机器组织人在解决问题中使用的知识，用知识赋能行业智能应用，知识图谱及其知识引擎技术已经成为人工智能系统的基础设施。

知识图谱以图结构的方式存储、管理和查询知识，它通过对海量非结构化的信息进行形式化建模，构建一个相互关联、层次分明、可理解的知识网络，将非线性世界中的知识信息结构化、可视化，辅助人类进行推理、预判、归类。知识图谱中的“图”并非图像概念，而是类似化学结构式，知识图谱由“节点”和“边”组成，每个节点表示一个“实体”，边表示为实体之间的“关系”，一个知识图谱中通常存在多种类型的实体与关系。一般而言，知识图谱的数据以非结构化数据为主，结构化数据为辅。

知识图谱的构建过程是从原始数据出发，采用一系列自动或半自动的技术手段，从原始数据中提取出知识要素（即事实），并将其存入知识库的数据层和模式层的过程。知识图谱的主要作用是构建数据之间的联系，数据之间的关系就是知识形成的基础，本质上是一种描绘实体之间关系的语义网络，自带语义、逻辑含义和规则。常见的知识图谱结构是通过三元组即“实体—关系—属性”集合的形式来描述事物之间的关系。

知识图谱架构通常包括以下几大部分：

知识抽取：知识抽取主要指从半结构化和非结构数据中抽取实体、关系以及实体属性等结构化信息，其关键技术包括实体抽取、关系抽取及属性抽取等，分别从数据中自动识别出命名实体、提取出实体之间的关联关系及特定实体的属性信息。

知识表示：知识表示主要指将现实世界中的各类知识表达成计算机可存储和计算的结构，自人工智能提出至今，知识表示已形成了基于框架的语言、产生式规则、RDF 以及 OWL 等知识表示语言。近年来，以深度学习为代表的表示学习技术也取得了重要的进展。

知识融合：知识融合旨在将不同知识图谱融合为一个统一、一致、简洁的形式，为使用不同知识图谱的应用间的交互建立互操作性。知识融合常见的研究内容包括：本体匹配（也称为本体映射）、实体对齐（也称为实例匹配、实体消解）、真值发现（也称为真值推断）以及实体链接等。

知识加工：通过知识抽取和知识融合得到的事实表达不等于知识，还需要经过知识加工才能得到相对结构化、网络化的知识体系。知识加工涉及的技术主要包括本体构建、知识推理及质量评估等。

知识更新：知识图谱的内容需要与时俱进，其构建过程是一个不断迭代更新的过程。知识图谱的更新逻辑可分为概念层更新和数据层更新。

智能投研是知识图谱技术的重要落地场景。知识图谱可以承载投研逻辑，将数据转化为知识，帮助投资人实现研究框架沉淀，让系统更多地执行基于知识图谱的推理，提供给投研人员以更高价值密度的信号。例如在产业链投资研究过程中，知识图谱可扩展、可搜索、可关联、可编辑、可共存、可监控、可共享等特点得到充分体现，其中支持节点搜索等特点可以帮助分析师迅速掌握产业链上中下游的全貌，为公司研判评估发挥导航作用，深度挖掘投资机遇和价值等。

此外，知识图谱和生成式 AI 技术可以协助分析师建立起属于自己的“知识仓库”，在人脑外通过计算机储存知识，并且训练计算机来模拟人类的思维方式。

## 四、分布式账本技术

分布式账本技术（Distributed Ledger Technology，DLT）是密码算法、共识机制、点对点通讯协议、分布式存储等多种核心技术高度融合形成的一种分布式基础架构与计算范式。其特点是去中心化，通过分布式网络和密码学算法等手段，实现了对交易数据、资产等信息的记录和管理，为各个参与方提供了更高效、安全和透明的交易环境。分布式账本实质上是一种可以在网络实体间共享的数据库，在分布式账本中，数据被记录、存储并在参与者网络中分发，使得每个参与者都有一个数据库副本。

分布式账本技术可以分为无许可网络和许可网络两种形式。

无许可网络是指任何人都可以参与其中，无须获得特定的权限或许可。无许可网络具有去中心化的特点，所有参与者都有平等的权利和责任。其优势主要在于，无许可网络通过共识机制来实现，不依赖于一个集中的权威机构来确认或否认交易的有效性。例如比特币就是一种众所周知的开放式无许可网络，于 2009 年由中本聪（Satoshi Nakamoto）提出并实现。

许可网络是指只有特定的参与者被授权加入网络，并且需要获得许可才能参与其中的验证和记账过程，去中心化程度相较无许可网络较低。这种网络通常由企业、组织机构或政府控制和管理，参与者需要经过身份验证和授权才能加入。许可网络通常适用于需要更高性能和隐私保护的金融场景，如供应链金融等。

DLT 网络的基本要素包括数字分类账（Digital Ledger）、共识机制（Consensus Mechanism）和参与者网络（Participant Network）。

数字分类账是 DLT 网络中记录和存储交易数据的核心组成部分，类似于传统的账本，但采用了数字化的方式进行记录和管理。数字分类账中包含了所有交易的详细信息，例如交易的时间、参与方、资产数量等。通过数字分类账，参与方可以随时查看和验证交易的有效性，实现了交易的透明和可追溯。

共识机制是 DLT 网络中确保所有节点上的账本数据保持一致的重要机制。由于 DLT 网络是去中心化的，每个节点都可以提交新的交易或修改已有的交易。为了保证账本数据的一致性，需要通过共识机制来确定哪个节点的交易被接受并写入账本。

参与者网络是 DLT 网络中的所有参与方的集合。参与方可以是个人、组织、机构等。他们通过连接到 DLT 网络来共享和维护账本数据。参与者网络的规模对于 DLT 网络的性能和安全性都有影响，更大的参与者网络可以提供更高的安全性和去中心化程度。

在投资管理领域，分布式账本技术的应用方向主要包括加密货币及实物资产代币化、场外交易、结算清算及合规管理等。

加密货币及实物资产代币化：加密货币通常也称为数字货币，通过分布式账本技术进行管理和验证，使用密码学技术确保交易的安全性和匿名性，最典型的加密货币是比特币。实物资产代币化则通常指在区块链或分布式账本上表示实物资产所有权的过程，从而节省实物资产交易时花费的时间。通过代币化，实物资产可以被分割成小额代币，从而降低了资产的交易门槛，使更多的投资者可以参与其中。

场外交易：相较场内而言，场外交易的核心问题在于信用风险管理机制不足，在合约的签订与履约中，对交易对手方的信用情况缺乏有效的跟踪与评价手段，所以证券公司在开展场外业务时，往往会收取较高的中介费用和保证金作为风险补偿。场外交易是 DLT 技术的重要应用场景，一方面，DLT 技术可以保证场外交易的真实性、完整性，交易不会被篡改，便于确认和追踪，能低成本较好地实现类似中央证券登记机构承担的数据中心职能、信用担保职能、强制执行职能，有效控制风险；另一方面，通过智能合约实现预设条件执行的自动化合同和设定证券发行方式，并设立监管节点对不同主体进行差异化监管，可以准实时地自动建立信任，完成交易、清算和结算，从而简化场外发行和交易流程。

结算清算：传统的交易结算清算过程通常需要依赖中央机构或清算银行来执行和验证交易，并确保交易的安全和准确性。DLT 可以通过去中心化和智能合约的特性，提供低成本、准实时的交易验证、对账和结算来简化交易后的流程。网络节点之间的单一分布式所有权记录将消除各方之间独立和重复的协调工作，有利于减少交易结算清算过程中花费的时间，从而在减少交易双方的交易对手风险暴露和抵押品抵押时间的同时，提升市场整体的流动性。

合规管理：为了满足监管的合规管理要求，公司通常需要维护和处理大量与风险相关的数据。DLT 可以让监管机构和公司对交易和其他合规流程实现准实时审查。通过 DLT 改进的自动化交易后对账可以带来更准确的记录保存，提升公司合规管理和监管报告流程的效率。

## 第三节　金融科技在投资领域典型应用场景

金融科技广泛应用于金融领域各行业。例如，银行业应用人工智能及大数据，对客户进行贷前信用风险识别、精准营销以及贷后风险预警监控；保险业利用大数据挖掘客户数据进行产品设计产品营销，在投保核环节利用区块链及自动化技术实现管理流程自动化，在理赔及售后环节运用人工智能及大数据进行理赔反欺诈；证券业应用人工智能及大数据技术进行零售经纪业务推广获客、构建异常交易及反洗钱识别，应用区块链技术实现投行业务穿透式监管；资管业通过智能投顾实现规模化服务而提升工作效率，通过智能投研辅助数据采集、数据处理及生成投资决策等。

聚焦投资领域，智能投研、智能投资、智能投顾及算法交易是金融科技较为典型的应用场景。由于市场上买卖方定位的差异，智能投研更偏向卖方研究部门投资研究；智能投资更偏向于买方投资管理，同时涵盖部分智能研究的应用；智能投顾则更多聚焦于财富管理的负债端，致力于以数字化的方式实现对长尾客群的投顾服务覆盖。

以下以智能投研、智能投资、智能投顾及算法交易为例对金融科技在投资领域典型应用场景展开介绍。

### 一、智能投研、智能投资

智能投研是应用人工智能等技术完成从数据到投资与研究观点的输出。其核心是通过数据驱动投资和研究，为投资决策提供参考。智能投研可以从宏观到微观视角对经济周期、经济现象、经济数据与市场表现进行全方位、综合性分析与研究，挖掘内在联系，锁定潜在的投资机会。例如协助分析师从非结构化数据中洞见投资规律、通过文档自动化分析及自动化报告生成、智能搜索查询有效信息等。

从底层技术来看，智能投研的核心技术包括知识图谱、机器学习等。这些技术将解放大量基础的投研信息搜集类工作，优化前期信息收集的全面性、高效性。例如通过应用自然语言处理技术可以从公司公告、券商研报、新闻报道等非结构化数据中批量化自动提取关键信息，以此为基础构建关联关系，搭建领域知识图谱，辅助投研人员完成更深层次的分析，并在一定程度上优化投资决策。机器学习及其分支深度学习通过特征工程、模型训练、模型融合等流程，提供了进行数据挖掘的更加丰富有效的算法，协助分析师深入挖掘特定领域数据中隐藏的观点和趋势。

智能投资则是利用人工智能和大数据等技术来辅助投资决策和管理投资组合的一种投资方式。相较传统投资过程而言，智能投资往往能够快速、准确地处理大量的数据，利用计算机算法和模型来分析市场数据、预测趋势、识别投资机会，从而提供更科学、更客观的投资决策建议，同时也能够实时监测市场变化和投资组合的风险，及时调整投资策略，以达到最优的投资效果。

智能投资可以说是量化投资的发展和延伸，结合智能投研后可以实现“量化—基本面”结合。量化投资是一种基于数学和统计模型的投资方法，通过收集和分析大量的市场数据，利用数学模型和算法来制定投资策略和执行交易，其核心在于通过模型的指导来进行交易和投资决策；而智能投资在量化投资的基础上，引入了更复杂的人工智能算法、大数据技术，并能够结合智能投研提供的基本面信息，来进行更精准和全面的投资分析和决策，提高投资决策的准确性和效率。

在投研投资领域，人工智能的常见应用场景主要有以下几种：

市场预测：金融市场受到地缘、经济、突发事件和公司业绩等多种因素的影响，一般难以通过单一因素有效预测。金融市场中存在大量的结构化和非结构化数据，研究人员一直在努力尝试人工智能、机器学习等不同的分析方法来预测股价趋势，从而作出更好的投资决策并降低投资风险。

风险识别：评估上市公司的财务风险、识别上市公司财务造假行为对于投资风控意义重大。传统的风险识别方法通常依赖于行业专家进行人工分析判断，不仅效率低，而且不能保证结果的客观性。在人工智能等技术的应用后，可以实现对被投资主体数据自动、客观、全面地分析。目前，大数据、人工智能已经在财务风险识别方面得到了较广泛的应用，如资金链断裂风险预测、财务造假行为识别、还债风险分析等。

资产配置及策略优化：智能投资可以通过大数据和人工智能技术对金融市场数据进行深度分析，通过对各种资产的历史价格数据、市场因素和经济指标等进行分析，协助分析师预测未来的价格走势和市场趋势，进而辅助分析师及投资经理确定最佳的投资组合的配置比例。更进一步，智能投资可以从投资者行为数据等方面更深入地挖掘投资者的风险偏好和投资目标，协助客户完成个性化大类资产配置。在投资过程中，智能投资也可以协助分析师或投资经理对市场数据和组合情况进行跟踪，自动或辅助调整投资策略的参数和权重，以适应不同市场环境和投资目标、提高投资回报并降低风险。

流程自动化：人工智能（AI）及机器人流程自动化（RPA）等技术可以协助分析师及投资经理提升工作效率，降低公司的运营成本。举例而言，RPA 技术可以应用于交易验证及对账、团队间信息传递、合规及风险管理等业务场景；生成式 AI 技术可以协助提升量化投资分析过程中代码编写的速度、降低代码编写的门槛；人工智能和 RPA 技术可协助分析师对大量文档处理，如会议纪要的筛选、信息提取、归纳总结等工作。

相较传统投研投资过程而言，智能投研 & 投资往往具备以下优势：

数据赋能：大数据及人工智能技术可以帮助投研人员和投资经理进行投研分析和投资管理，例如通过协助分析宏观数据、行业数据、市场数据、公司财务数据及另类数据，更加全面、准确地对市场走势、行业发展、竞争格局、公司表现等方面作出判断，同时也可以帮助投资经理优化投资组合、监测及管理风险等。

知识挖掘：知识挖掘是从数据集中识别出有效的、新颖的、潜在有用的，以及最终可理解的模式的非平凡过程，是对大量数据进行较高层次的处理和分析以得到关于数据总体特征和对发展趋势的预测。基于人工智能、机器学习、模式识别、数理统计、可视化等相关技术，知识挖掘可以帮助投研人员或投资经理高度自动化地分析数据，做出归纳性的推理，从数据中挖掘出潜在的模式，帮助作出正确的决策。

提高效率：在传统投资研究过程中，投研人员和投资经理需要关注和处理各类纷繁复杂的信息，包括行情数据、新闻资讯、行业动态、公司公告、国家政策等，通过对各类信息的处理与分析，从而给出对标的资产的影响和预期。在智能投研 & 投资引入大数据、机器学习等人工智能技术后，可利用计算机算法模型快速处理海量的信息，并将结果呈现给金融投研人员和投资经理，可以节省大量的时间精力。

降低成本：金融投研投资领域人力成本极高，并且优秀的投研人员和投资经理的知识与经验复制推广的可能性低，直接招聘面临着不小的磨合成本，而内部培养人才则是极其漫长的过程。智能投研 & 投资平台和模型的开发成本虽高，但复制推广和运营成本低，可将优秀投研人员和投资经理的知识与经验进行标准化，高效推广，积累迭代，降低不必要的沟通、磨合与培养成本。

理性分析：人都是有情绪的，在分析研究及投资的过程中，金融投研人员或投资经理很难做到客观、理性和不受其他非理性因素影响，其分析研究和投资过程或多或少会带有个人主观色彩，因而在分析研究和投资交易过程中不可避免会存在有失公允和投资失误的情况。智能投研 & 投资可以按一定的算法模型根据相应的数据进行客观的计算分析并作出投资决策，不存在人性主观的非理性因素影响，从而让交易更加客观理性。

合规匹配：金融投研、投资领域有着严格的合规要求，而人总是会不可避免地犯错误的。智能投研 & 投资系统可以将监管合规规则全部吸收纳入并严格遵守，不仅可以提高合规监管质量与效率，也可以辅助投研人员和投资经理发现风险，及时准确地进行风险预警和规避。

## 二、智能投顾

智能投顾是指利用人工智能和数据分析技术，为投资者提供个性化、智能化的投资建议和资产配置服务的一种投资顾问服务方式。自2008年以来，许多海外初创公司和大型资产管理机构都推出了智能投顾服务，通过在线平台提供投资解决方案。目前海外智能投顾服务主要包括资产配置、交易执行、投资组合优化、投资组合再平衡等，多采取被动投资管理方式，大多通过指数共同基金或交易所交易基金（ETF）来实施投资建议。

与传统投顾服务相比，全自动或半自动智能投顾具有更高的效率和更低的成本，对投资者账户资金具备较低的要求，同时收取的费用也相对较少，能够服务传统投顾服务接触不到的长尾零售客群。同时，线上化移动化的服务方式也使得其具备更快的响应速度。智能投顾在投前、投中、投后均有场景应用。

投前阶段：一是风险评估与资产配置，即智能投顾从投资者问卷开始，能够通过客户的风险承受能力、投资目标等信息，利用算法为客户提供合适的投资组合和资产配置方案，以最大程度地实现投资目标；二是个性化投资建议，即根据客户的特定需求，智能投顾可以为其提供个性化的投资建议，例如教育储蓄、退休规划等，以满足不同阶段的财务目标；三是税务优化策略，即智能投顾可以根据客户的税务情况，提供相应的投资策略，以最小化税务负担。

投中阶段：一是实时调整和优化，即在投资过程中，智能投顾可以实时监测市场情况和客户的投资组合表现，根据需要进行调整和优化，以适应市场变化；二是风险控制，即智能投顾可以根据客户的风险承受能力，设定相应的风险控制策略，以保护投资者的资产安全。

投后阶段：一是绩效评估和报告，即智能投顾可以定期生成投资组合的绩效报告，为客户提供清晰的投资回报情况；二是重新平衡和再配置，即根据市场情况和客户的投资目标，智能投顾可以建议重新平衡投资组合，以保持符合预期的风险收益比。

## 三、算法交易

算法交易是利用计算机程序和算法来执行交易决策和交易操作的一种交易方式。它通过预先定义好的交易规则和策略，根据市场数据和交易信号自动执行交易，而无须人工介入。在海外，算法交易广泛应用于投行、共同基金、养老基金等机构投资者，用于把大额交易分割为许多小额交易并在不同的交易所和交易场所执行，从而应对市场风险和冲击、提升交易执行速度并降低交易成本。

高频交易是一种算法交易的表现形式，高频交易利用大量精细的金融数据，以极快的速度获取市场信息、快速生成交易信号和快速执行交易，从盘中市场的不同定价中寻求利润。例如，高频交易算法可以挖掘证券买入和卖出价之间的微小价差或相同证券在不同交易所间的微小价差等。高频交易通常涉及大量的数据分析、算法优化、网络优化等技术，并且需要使用高速计算机和低延迟网络来实现，部分机构甚至将高频交易服务器放在交易所的服务器附近，以缩短交易指令发送时间。

相较传统的交易方式而言，算法交易通过利用计算机算法和数学模型，能够更快速、更准确地进行交易决策和执行，使交易过程更加自动化和高效化、提高交易速度的同时，也能够避免人为情绪对交易决策的干扰，在减少冲击成本、自动化监控交易机会、隐蔽交易意图、寻求市场最佳报价等方面具备优势。

与此同时，算法交易的普及和应用也引发了一些问题和争议，如算法交易可能加剧市场的波动性并带来系统性风险等。

## 第四节 金融科技市场主体与金融科技监管

### 一、金融科技市场主体

从技术基础和金融牌照这两个数字金融业务开展所需要素角度来看，可简单将数字金融的参与主体分为三个部分：一是拥有齐全金融牌照但技术实力基础相对薄弱的传统金融机构；二是技术基础较强但需申请金融牌照并开展金融业务的互联网金融科技平台；三是不开展金融业务仅进行技术输出的数字金融技术供应商。

传统金融机构牌照较为齐全但技术实力相对薄弱，探索数字金融技术在金融领域的应用、加大技术投入是传统金融机构数字化转型的重要趋势。

金融科技技术服务商自身不开展金融业务，而是运用其技术优势向有数字化转型需求的传统金融机构提供技术服务，或与金融科技公司进行技术合作。其技术服务领域涵盖云基础设施（IaaS、PaaS）、人工智能、区块链等诸多领域。

互联网金融科技平台是将数字金融技术应用于自身金融业务的技术公司，如蚂蚁集团、京东金融、东方财富等，这类公司技术实力较强。互联网金融科技平台金融业务的开展首先要考虑合规持牌，与此同时牌照也是互联网金融科技平台变现的宽阔的护城河。从金融业务应用场景来看，互联网金融科技平台的金融业务主要包括第三方支付、互联网借贷、互联网交易及互联网投资理财。

### 二、金融科技监管

金融科技需要监管的原因及核心考量主要可被归纳为以下几点：风险管理、反垄断、用户隐私及投资者保护。

金融科技未改变金融的风险属性，由于金融科技对传统业务数字化赋能，加上互联网金融跨界特点，使金融风险的扩散速度可能更快，波及面可能更广，而且由于网络效应的存在，通常会形成“赢家通吃”，造成市场垄断和不公平竞争。部分大型科技公司拥有较高估值和融资优势，可以在不考虑盈利的情况下抢占市场份额或兼并其他竞争者，最终形成垄断。此外，金融科技公司对于数据的渴求，可能导致其忽略用户隐私保护。

金融科技应用场景广泛，技术也十分多元，相关监管规范也较为复杂，例如金融科技创新规范方面有《金融科技创新监管工具》《金融科技创新安全通用规范》《金融科技创新风险监控规范》等相关规定；信息安全规范方面有《信息安全技术个人信息安全规范》《信息安全技术代码安全审计规范》《信息安全技术互联网信息服务安全通用要求》等相关要求；数据合规方面有《个人信息保护法》《数据安全法》《网络安全法》等相关法案；行业标准方面有金融分布式账本技术安全规范、云计算技术金融应用规范技术架构、云计算安全技术要求、人工智能算法金融应用评价规范等相关规范等。

数据要素相关监管规定的制定和实施或在未来对投资领域产生较大的影响。例如，监管对数据安全、隐私保护的持续加强在未来可能影响数据可得性，也会建立数据使用规范；以及随着数据确权、数据流通、数据交易、数据要素收益分配等配套制度的建立，将提升数据的规范性和流通性，为投资研究提供更好的数据基础。

我国已逐步完善建设数据要素相关法律基础。如前所述，我国相继通过了《中华人民共和国网络安全法》《中华人民共和国国家安全法》《中华人民共和国密码法》《中华人民共和国数据安全法》《中华人民共和国个人信息保护法》，构成了较为完备的保护我国数据安全的基础性体系。在此基础上，工信部、公安部、网信办等部委发布《网络安全审查办法》《互联网个人信息安全保护指南》《数据出境安全评估办法》等文件对于数据安全体系进行丰富和补充。

与此同时，我国积极推动数据要素市场化建设，已开展数据确权探索，建立数据产权制度，推动数据产权结构性分置和有序流通；在数据流通方面完善和规范数据流通规则，构建促进使用和流通、场内场外相结合的交易制度体系；在数据安全方面加快形成开放环境下的新型监管体系；在数据要素收益分配方面，建立体现效率、促进公平的数据要素收益分配制度。并启动要素市场化配置综合改革试点工作，探索数据流通交易制度建设。

金融科技监管主体：金融科技的本质是金融，遵循“同样业务同样监管”原则，实质上国内金融科技监管机构与金融业监管机构高度重合。

中国目前采用中央为主、地方为辅双层式构架监管体系。中央层面包括中央金融委员会、中央金融工作委员会、中国人民银行、国家金融监督管理总局、中国证监会，现已形成中央金融委员会和中央金融工作委员会领导下的“一行一局一会”监管格局；地方层面金融监管机构包括人民银行、国家金融监督管理总局、证监会的地方派出机构及地方政府设立的金融监管机构专司监管职责。

金融科技监管发展方向：坚持“数字驱动、智慧为民、绿色低碳、公平普惠”的发展原则，强化金融科技审慎监管，健全适应数字经济发展的现代金融体系。为构建新发展格局、实现共同富裕贡献金融力量。

2022年央行发布《金融科技发展规划（2022—2025年）》，从监管角度为国内金融科技发展提出指导意见并对国内金融科技发展趋势作出引导。

指导思想方面，《金融科技发展规划（2022—2025年）》强调，要以习近平新时代中国特色社会主义思想为指导，全面贯彻党的十九大和十九届历次全会精神，坚持创新驱动发展，坚守为民初心、切实履行服务实体经济使命，高质量推进金融数字化转型，健全适应数字经济发展的现代金融体系，为构建新发展格局、实现共同富裕贡献金融力量。

发展目标方面，《金融科技发展规划（2022—2025年）》指出，要坚持“数字驱动、智慧为民、绿色低碳、公平普惠”的发展原则，以加强金融数据要素应用为基础，以深化金融供给侧结构性改革为目标，以加快金融机构数字化转型、强化金融科技审慎监管为主线，将数字元素注入金融服务全流程，将数字思维贯穿业务运营全链条，注重金融创新的科技驱动和数据赋能，推动我国金融科技从“立柱架梁”全面迈入“积厚成势”新阶段，力争到2025年实现整体水平与核心竞争力跨越式提升。

重点任务方面，《金融科技发展规划（2022—2025年）》提出八个方面的重点任务。一是强化金融科技治理，全面塑造数字化能力，健全多方参与、协同共治的金融科技伦理规范体系，构建互促共进的数字生态。二是全面加强数据能力建设，在保障安全和隐私前提下推动数据有序共享与综合应用，充分激活数据要素潜能，有力提升金融服务质效。三是建设绿色高可用数据中心，架设安全泛在的金融网络，布局先进高效的算力体系，进一步夯实金融创新发展的“数字底座”。四是深化数字技术金融应用，健全安全与效率并重的科技成果应用体制机制，不断壮大开放创新、合作共赢的产业生态，打通科技成果转化“最后一公里”。五是健全安全高效的金融科技创新体系，搭建业务、技术、数据融合联动的一体化运营中台，建立智能化风控机制，全面激活数字化经营新动能。六是深化金融服务智慧再造，搭建多元融通的服务渠道，着力打造无障碍服务体系，为人民群众提供更加普惠、绿色、人性化的数字金融服务。七是加快监管科技的全方位应用，强化数字化监管能力建设，对金融科技创新实施穿透式监管，筑牢金融与科技的风险防火墙。八是扎实做好金融科技人才培养，持续推动标准规则体系建设，强化法律法规制度执行，护航金融科技行稳致远。

## 第五节　金融科技发展展望

随着新技术持续推进、创新模式不断涌现，金融行业数字化转型愈加深入，金融科技的未来将是一个充满创新和机遇的世界，它将持续助力经济社会的转型升级，服务即将到来的新一轮的科技革命和产业变革。展望未来金融科技的发展，有以下几个方向：

第一，全方位的数字服务及普惠金融的进一步推进。金融科技将继续向线上延伸，实现更广泛、更深入的服务覆盖，为用户提供更加个性化和便捷的金融服务。同时，基于机器学习的推荐算法在投前为客户提供更多选择和个性化服务；大数据、区块链技术不断帮助风控模型更加精准，在投后通过预警等方式帮助降低风险事件发生，使得更多的人可以享受到优质的金融服务。

第二，金融决策日益智能。金融科技特别是AI、大数据，将在风险控制、信用评估、投资决策等方面发挥更大作用，帮助金融机构提高决策效率和准确性。

第三，区块链和数字货币的普及。在反洗钱、精准扶贫、定向投资、供应链结算等方面得到更广泛的应用。

第四，监管科技持续发展。随着金融科技的快速发展，监管科技（RegTech）也将得到提升，利用新的技术手段如AI、大数据进行有效的风险监管，同时保护消费者利益。

聚焦投资领域，大数据、人工智能及机器人流程自动化等金融科学技术将越来越深入应用在智能投研、智能投资、算法交易、智能风控及智能投顾等场景，新技术的不断涌现也将对投资研究产生持续和深远的影响，从数据赋能、知识抽取、自动化效率提升等角度对投研投资赋能，帮助分析师从海量的数据中快速获取关键信息，并进行数据分析和预测，协助分析师提升对宏观、行业及公司的分析能力。

# 第六章　基本分析

基本分析包括宏观分析、行业分析、公司分析和策略分析四个部分。宏观分析、行业分析、公司分析是从宏观经济、中观行业和微观公司等不同层次开展研究，了解社会经济活动的发展历史、把握运行现状、展望未来发展趋势，策略分析则是把这些研究成果运用到投资决策。

## 第一节　宏观经济分析

### 一、宏观经济分析概述

#### （一）宏观分析资料的搜集与处理

宏观分析所需的有效资料一般包括政府的重点经济政策与措施、一般生产统计资料、金融物价统计资料、贸易统计资料、每年国民收入统计与景气动向、突发性非经济因素等。这些资料来源主要有：第一，从电视、广播、报纸、杂志等了解世界经济动态与国内经济大事；第二，政府部门与经济管理部门，省、自治区、直辖市公布的各种经济政策、计划、统计资料和经济报告，各种统计年鉴，如《中国统计年鉴》《中国经济年鉴》《经济白皮书》等；第三，各主管公司、行业管理部门搜集和编制的统计资料；第四，部门与企业内部的原始记录；第五，各预测、情报和咨询机构公布的数据资料；第六，国家领导人和有关部门、省市领导报告或讲话中的统计数字和信息等。其中，数据资料是宏观分析与预测，尤其是定量分析预测的基础，无论是对历史与现状的总结，还是对未来的预测，都必须以它为依据。因此，对数据资料有一定的质量要求，如准确性、系统性、时间性、可比性、适用性等。需要注意的是，有时资料可能因口径不一致而不可比，或是存在不反映变量变化规律的异常值，此时还需对数据资料进行处理。

#### （二）宏观分析的总量分析法和结构分析法

1. 总量分析法。总量分析法是指对影响宏观经济运行总量指标的因素及其变动规律进行分析，如对国民生产总值、消费额、投资额、银行贷款总额及物价水平的变动规律的分析等，进而说明整个经济的状态和全貌。总量分析主要是一种动态分析，因为它主要研究总量指标的变动规律。同时包括静态分析，因为总量分析包括考察同一时间内各总量指标的相互关系，如投资额、消费额和国民生产总值的关系等。

总量是反映整个社会经济活动状态的经济变量，包括两个方面：一是个量的总和。例如，国民收入是构成整个经济各单位新创造价值的总和，总投资是全社会私人投资和政府投资的总和，总消费是参与经济活动各单位消费的总和。二是平均量或比例量。例如，价格水平是各种商品与劳务相对于基期而言的平均价格水平。

2. 结构分析法。结构分析法是指对经济系统中各组成部分及其对比关系变动规律的分析。如国民生产总值中三次产业的结构分析、消费和投资的结构分析、经济增长中各因素作用的结构分析等。结构分析主要是一种静态分析，即对一定时间内经济系统中各组成部分变动规律的分析。如果对不同时期内经济结构变动进行分析，则属于动态分析。

### （三）宏观长/短期分析的应用与局限

做到科学判断宏观经济形势不能只专注于一个分析角度，而是既要做短期分析，也要做长期分析。短期分析主要着眼于当期经济运行状况，特别是暴露出来的新情况新问题。长期分析则主要着眼于经济运行的基本趋势，考察经济波动中的必然性和规律性。把短期分析放在长期分析的框架中去把握，可以使我们准确地认识经济运行的短期变动因素哪些是暂时发挥作用的，哪些是持续发挥作用的。把短期分析与长期分析结合起来，既可以使我们不因解决短期问题而影响长期战略，又可以使我们在坚持长期战略的同时，提高政策的针对性和灵活性，妥善解决短期问题，保持经济长期持续稳定发展。

## 二、评价宏观经济形势的基本指标

经济增长通常是指在一个较长的时间跨度上，一个国家经济总产出或人均产出水平的持续增加。经济增长是一个宽泛、综合的概念，狭义的经济增长主要指国内生产总值（简称 GDP）增长。国内生产总值是一个国家或地区的所有常住单位在一定时期内所生产的全部最终产品和服务的价值总和。GDP 可以反映一个国家或地区的总体经济规模，GDP 增长率可以反映经济总量的增长速度。经济增长可以从供给和需求两方面来反映。从供给端看，主要参考指标有农林牧渔业增加值、工业增加值、建筑业增加值、服务业增加值等；从需求端看，主要参考指标有社会消费品零售总额、固定资产投资、进出口总额等。

## （一）国民经济总体指标

1. 国内生产总值

（1）国内生产总值的基本概念。国内生产总值是指一个国家和地区所有常住单位在一定时期内生产活动的全部最终成果。国内生产总值有三种表现形式，即价值创造、收入形成和最终使用。从价值创造看，它是所有常住单位在一定时期内生产的全部货物和服务价值与同期投入的全部非固定资产货物和服务价值的差额，即所有常住单位的增加值之和；从收入形成看，它是所有常住单位在一定时期内形成的劳动者报酬、生产税净额、固定资产折旧、营业盈余等各项收入之和；从最终使用看，它是所有常住单位在一定时期内最终使用的货物和服务价值与货物和服务净出口价值之和。

（2）国内生产总值的三种核算方法。GDP 的上述三种表现形式分别通过生产法、收入法和支出法来核算，三种方法分别从生产、分配、使用三个方面反映生产活动的最终成果。

①生产法 GDP = 总产出 - 中间投入。生产法是从生产过程创造新增价值的角度，衡量核算期内生产活动最终成果的一种计算方法。生产法核算消除了生产各环节之间的重复计算，从全社会看，不同产业部门增加值加总的结果是社会最终产品的价值。产业部门增加值反映一个产业部门在国民经济中的地位和本部门对国民经济的贡献。

②收入法 GDP = 劳动者报酬 + 生产税净额 + 固定资产折旧 + 营业盈余。收入法是从生产过程形成收入的角度，根据生产要素在生产过程中应得的收入份额反映最终成果的一种计算方法。

③支出法 GDP = 最终消费支出 + 资本形成总额 + 货物和服务净出口（俗称“三驾马车”）。支出法是从常住单位对货物和服务最终使用的角度，也就是从最终需求的角度来计算生产活动最终成果的一种方法。其中：

最终消费支出指常住单位为满足物质、文化和精神生活的需要，从本国经济领土和国外购买的货物和服务的支出。它不包括非常住单位在本国经济领土内的消费支出。最终消费支出分为居民消费支出和政府消费支出。居民消费支出指常住住户在一定时期内对于货物和服务的全部最终消费支出。政府消费支出指政府部门为全社会提供的公共服务的消费支出和免费或以较低的价格向居民住户提供的货物和服务的净支出。

资本形成总额指常住单位在一定时期内获得减去处置的固定资产和存货的净额，包括固定资本形成总额和存货变动两部分。固定资本形成总额指常住单位在一定时期内获得的固定资产减处置的固定资产的价值总额。存货变动指常住单位在一定时期内存货实物量变动的市场价值，即期末价值减期初价值的差额，再扣除当期由于价格变动而产生的持有收益。

货物和服务净出口指货物和服务出口减货物和服务进口的差额。出口包括常住单位向非常住单位出售或无偿转让的各种货物和服务的价值；进口包括常住单位从非常住单位购买或无偿得到的各种货物和服务的价值。货物的出口和进口都按离岸价格计算。

2. 经济增长率

（1）经济增长率的基本概念。经济增长率体现的是国内生产总值的增长速度，是反映一定时期经济发展水平变化程度的动态指标，也是反映一个国家经济是否具有活力的基本指标。

（2）经济增长率的计算方法。经济增长率通常指的是GDP不变价增长速度，它等于当期的不变价GDP除以上年同期同基期不变价GDP再减去100%。我国不变价GDP采取分行业核算的方法，即先核算各行业不变价增加值，再将各行业不变价增加值加总得到不变价GDP。

3. 工业增加值

（1）工业增加值的基本概念。工业增加值是指工业企业在报告期内以货币形式表现的工业生产活动的最终成果；是工业企业全部生产活动的总成果扣除了在生产过程中消耗或转移的物质产品和劳务价值后的余额；是工业企业生产过程中新增加的价值。

（2）工业增加值的两种计算方法。工业增加值的计算方法有两种，即生产法和收入法。

①生产法是指从工业生产过程中的产品和劳务价值形成的角度入手，剔除生产环节中投入的中间产品价值，从而得到新增价值的方法。

②收入法（又称要素分配法）是从工业生产过程中创造的原始收入初次分配角度入手，对工业生产活动最终成果进行核算的一种方法。

4. 失业率

（1）失业率的基本概念。失业率是指失业人口占劳动力人口的百分比。劳动力人口包括就业人口和失业人口，是指年龄在16周岁及以上具有劳动能力的人的全体。我国目前公布的月度失业率数据为城镇调查失业率，其中就业失业人员的定义采用了国际劳工组织推荐的国际标准。

就业人口包括：①在调查参考周内，为了取得劳动报酬或经营收入而工作了1小时及以上的人；②因休假、临时停工等原因在职但未上班的人。

失业人口是满足以下三个条件的人：①没有工作；②在调查时点前3个月内找过工作；③如果提供一份合适工作，能在2周内开始工作。

（2）失业率的统计方法。我国调查失业率数据来源于全国月度劳动力调查。这项调查采用分层、多阶段、与住房单元数成比例的抽样方法，先在全国范围内随机抽取居（村）委会，再在抽中的居（村）委会内采用随机等距抽样方法抽取调查户。全国每月调查样本约34万户，基本覆盖我国大陆地区所有地级市和县级地区。

5. 通货膨胀

(1) 通货膨胀的常用指标及主要作用。通货膨胀是指流通中的货币数量超过经济实际需要，而引起的货币贬值和物价水平全面而持续的上涨。测定一定时期通货膨胀（紧缩）程度有不同的方法，但应用最普遍的就是通过物价指数（CPI 或 PPI），即以物价总水平上涨率（即物价指数减去基数 100% 的结果）作为通货膨胀率。

①居民消费价格指数（CPI）。居民消费价格指数（Consumer Price Index，CPI），是度量一组代表性消费品及服务项目价格水平变动程度的相对数，用来反映城乡居民所消费商品及服务价格水平变动情况的宏观经济指标。

②生产者价格指数（PPI）。生产者价格指数（Producer Price Index，PPI），理论上应涵盖所有产业的生产者价格指数，即包括农业生产者价格指数、工业生产者价格指数和服务业生产者价格指数。工业生产者价格指数是其中的重要组成部分，由于历史及技术原因，目前许多国家编制和发布的 PPI 仅指工业生产者出厂价格指数。该指数是反映工业生产企业产品出厂价格水平变动程度的相对数。

(2) CPI 的计算方法。实践中，各国统计部门认为拉氏价格指数是一种较好的指数编制计算方法，并广泛使用该公式编制重要价格指数。拉氏公式是将同度量因素（权数）固定在基期，来衡量报告期价格综合变动水平，我国 CPI 也采用拉氏价格指数进行编制。

下面以 CPI 计算过程为例，对价格指数的计算原理进行简要说明：

基本分类以下的价格指数计算，首先采用简单算术平均法，先计算规格品在一个调查点的平均价格，再根据各个调查点的价格算出月度平均价，即两次简单平均计算出规格品月度平均价格；然后将各代表规格品的报告期平均价格除以上期平均价格，得到每个规格品价格变动相对数；再根据各基本分类所属代表规格品的价格变动相对数，采用几何平均法计算基本分类的月环比价格指数。然后通过链式拉氏公式，将基本分类的环比价格指数汇总为更高级别的环比指数和定基指数。基本分类以上各类及总的定基指数通过逐级加权计算，计算公式为：

$$L_t = L_{t-1} \sum \left( W_{t-1} \cdot \frac{P_t}{P_{t-1}} \right)$$

式中，$L$——定基指数；$W$——权重；$P$——价格；$t$——报告期；$t-1$——报告期的上一期（基期）；$\frac{P_t}{P_{t-1}}$——本期环比指数。

(3) PPI 的计算方法。PPI 的计算方法和居民消费价格指数（CPI）的计算方法，以及各种价格指数的换算方法基本一致。具体过程为：

首先计算在不同企业调查的相同规格品的报告月价格和上月价格变动相对数；将上一步计算的各规格品价格相对数，几何平均计算得出代表产品的月环比价格指数；

再根据各个代表产品的月环比价格指数，采用几何平均法计算得出基本分类的月环比价格指数；然后通过链式拉氏公式，将基本分类的环比价格指数汇总为更高级别的环比指数和定基指数，并推算同比、累计比等其他指数。

6. 采购经理指数（PMI）

PMI是宏观经济变化的晴雨表，对国家经济活动的监测、预测和预警具有重要作用。其主要作用体现在以下三个方面：一是预测未来经济走势，分析研判经济拐点。PMI是一个先行指数，通过对当前和历史数据的比较，为研判宏观经济运行的方向提供重要的参考信息。二是监测经济内部结构变化。PMI的细分指标可以从行业、规模和生产经营环节等不同侧面反映经济变化情况。三是辅助企业经营决策。企业可以通过PMI了解整体经济和行业发展的运行态势，及时调整生产计划，制定符合企业长期发展要求的战略。

PMI指标体系包括制造业和非制造业领域，分别反映制造业和非制造业经济总体变化趋势，及企业经营活动多个侧面的运行情况。PMI具有先行指数的特性，可以方便、及时地显示经济变化的趋势和范围，预测经济拐点。PMI取值范围在0～100%之间，50%为扩张与收缩的临界点；高于50%，表示经济活动比上月有所扩张；低于50%，表示经济活动比上月有所收缩。PMI与临界点的距离表示扩张和收缩的程度。

7. 国际收支

国际收支是指一个国家或经济体与世界其他国家或经济体之间的进出口贸易、投融资往来等各项国际经济金融交易及对外资产负债情况。国际收支包括经常项目和资本项目。

经常账户又称往来账户，记录的是一个国家（或地区）与其他国家（或地区）之间实际资源的转移，是国际收支平衡表中最基本、最重要的账户，具体包括货物、服务、收入和经常转移4个科目。

资本项目和金融账户是对一国资产所有权在国家间转移行为进行记录的账户，反映了国际资本流动。其中资本账户主要记录资产在居民与非居民之间的转移，而金融账户主要记录居民与非居民之间的投资与借贷的增减变化，包括引起一个经济体对外资产和负债所有权变更的所有交易。

### （二）投资指标——固定资产投资

1. 固定资产投资概念

全社会固定资产投资是最广义的固定资产投资指标，该指标是反映固定资产投资规模、结构和发展速度的综合性指标。其包括两个部分：一是农村住户固定资产投资；二是固定资产投资（不含农户）。2011年后，固定资产投资（不含农户）开始使用，这也是目前我国宏观领域最常见的月度固定资产投资数据。

固定资产投资（不含农户）指城镇和农村各种登记注册类型的企业、事业、行政单位及城镇个体户进行的计划总投资500万元及以上的建设项目投资和房地产开发投资，并包括原口径的城镇固定资产投资加上农村企事业组织项目投资。

2. 固定资产投资分类

（1）按行业划分：主要大类包括房地产、基建、制造业和其他类投资。

房地产开发投资包括各种经济类型的房地产开发公司、商品房建设公司及其他房地产开发单位统一开发的包括统代建、拆迁还建的住宅、厂房、办公楼等房屋建筑物和配套的服务设施、土地开发工程等。

广义/全口径基础设施建设投资指为社会生产和生活提供基础性、大众性服务的工程和设施，是社会赖以生存和发展的基本条件。包括以下行业投资：铁路运输业、道路运输业、水上运输业、航空运输业、管道运输业、多式联运和运输代理业、装卸搬运业、邮政业、电信广播电视和卫星传输服务业、互联网和相关服务业、水利管理业、生态保护和环境治理业、公共设施管理业。

制造业投资由《国民经济行业分类》中“制造业”门类中的31个大类行业的固定资产投资加总而成。

（2）按建设性质划分：新建、扩建、改建。

（3）按构成分：建筑工程、安装工程、设备工器具购置、其他费用。

### （三）消费指标——社会消费品零售总额

社会消费品零售总额是指企业（单位、个体户）通过交易直接售给个人、社会集团非生产、非经营用的实物商品金额，以及提供餐饮服务所取得的收入金额。该指标所涉及的商品包括售给个人用于生活消费的商品，也包括售给社会集团用于非生产、非经营的商品。

## 三、各项指标变动对宏观经济的影响

### （一）国民经济总体指标

目前详细支出法数据公布至2022年，GDP规模121万亿元，其中最终消费支出（占GDP比例为53.3%，下同）、资本形成总额（43.5%）和货物与服务净出口（3.3%）构成市场俗称的“三驾马车”。其中，最终消费分为居民商品消费（18.1%）、居民服务消费（19.1%）和政府消费（16.1%）三个组成部分；资本形成总额可拆解为固定资本形成（42.2%）和库存变化（1.3%，权重虽小但波动巨大）。

### （二）最终消费

消费是经济增长的稳定器和压舱石，是畅通产业循环、市场循环的重要基础。拆结构来看，最终消费可分为居民消费和政府消费两部分。

居民消费是指在一定时期内，全体居民通过市场对各种消费品与劳务的消费需求，是衡量人民生活水平是否提高的重要指标之一，居民消费的需求数量、结构组成以及意愿倾向都对经济增长情况起着重要的影响。居民消费改善往往也伴随着居民预防式储蓄情绪降温，消费信心恢复，有利于经济增长。从定量来看，居民商品消费同比增速改善 1 个百分点，对于实际 GDP 同比的拉动为 0.2 个百分点左右。而从跟踪指标来看，可关注季度公布的住户调查下的人均消费支出数据，或者月度数据的社会消费品零售总额数据。近年来，我国居民消费表现整体稳健，GDP 中最终消费的占比有所上升，同时消费结构中服务消费的占比增加，也说明居民满足美好生活需要的诉求在提升。

政府消费在统计上是指政府部门为全社会提供公共产品或服务的消费支出，以及免费或以较低价格向居民提供货物和服务的净支出。研究政府消费能全面了解政府财政支出对经济增长的影响，缓解财政效率和财政公平之间的矛盾，促进社会和谐发展。政府消费占 GDP 比重 16%，一般公共预算支出扣除价格因素同比改善 1 个百分点可以拉动 GDP 0.2 个百分点左右。

### （三）资本形成总额

资本形成总额主要拆分为固定资本形成、存货变动和贵重物品的获得减处置，其中固定资本形成可进一步拆解为固定资产投资、商品房销售增值和无形资本形成。

投资作为经济增长的原动力，在经济发展过程中有着举足轻重的作用，投资中的固定资产投资对经济增长动力作用更为直接。投资的增加反映了社会对经济前景充满信心。分析中常用的 GDP 固定资产投资的月频数据可使用统计局月频公布的固定资产投资。定量来看，一般剔除土地购置费后的固定资产投资同比改善 1 个百分点将拉动实际 GDP 比重 0.3 个百分点左右。

### （四）净出口

外贸是经济增长的另一“发动机”。尤其是出口贸易的增加可以带动一国经济增长，增加社会财富，创造就业和增加居民收入。而进口贸易也可以通过缓解供给约束、创造有效需求以及通过进口先进的技术设备来推动国内产业结构升级，最终也能促进经济增长。

GDP 净出口可以拆分成两大组成部分，分别是货物贸易差额和服务贸易差额。近年来，货物和服务净出口占 GDP 比重趋于下降，但是由于净出口主要受外需和供应链影响而变化，该项对 GDP 增速的贡献波动较大。由于国际收支平衡表和 GDP 统计口径一致，我们可以通过国际收支平衡表数据来对季度 GDP 净出口进行跟踪研究。

总的来说，我们可以根据本节对社会消费品零售、固定投资、进出口等细分指标的预测，匹配最终消费、资本形成、净出口的贡献，进而预测整体实际 GDP 同比增速。

## 四、宏观经济政策分析

### （一）主要的宏观经济政策

宏观经济政策是指国家或政府有意识有计划地运用一定的政策工具，调节控制宏观经济的运行，以达到一定的政策目标。我国主要的宏观经济政策包括货币政策、财政政策、产业政策和收入分配政策等。

货币政策是指政府为实现一定的宏观经济目标所制定的关于货币供应和货币流通组织管理的基本方针和基本准则。货币政策对宏观经济进行全方位的调控，稳健的货币政策要精准有力，总量适度，节奏平稳，搞好跨周期调节，保持流动性合理充裕，保持货币供应量和社会融资规模增速同名义经济增速基本匹配。

财政政策是政府依据客观经济规律制定的指导财政工作和处理财政关系的一系列方针、准则和措施的总称。财政政策是当代市场经济条件下国家干预经济、与货币政策并重的一项手段。

产业政策是国家干预或参与经济的一种形式，是国家（政府）系统设计的有关产业发展的政策目标和政策措施的总和。政府对于行业的管理和调控主要是通过产业政策来实现的。

收入政策是国家为实现宏观调控总目标和总任务，针对居民收入水平高低、收入差距大小等在分配方面制定的原则和方针。

### （二）宏观调控目标、手段及其对证券市场的影响

1. 我国宏观调控的主要目标有经济增长、充分就业、物价稳定、国际收支平衡四项

（1）经济增长，通常是指在一个较长的时间跨度上，一个国家经济总产出或人均产出水平的持续增加。GDP 增长率可以反映经济总量的增长速度。

（2）充分就业，也称完全就业，是经济学中的一个假设，是指在某一工资水平之下，所有愿意接受工作的人，都获得了就业机会。充分就业并不等于全部就业，在充分就业情况下，仍然会存在摩擦性失业和结构性失业。

（3）物价稳定，作为反映社会总供求状况的“晴雨表”，物价是观察经济运行状况的重要方面。宏观调控的目标之一就是要维护物价稳定，即抑制通货膨胀、避免通

货紧缩、维护币值稳定。

(4) 国际收支平衡，是指国际收支差额处于一个相对合理的范围内，既无巨额的国际收支赤字，又无巨额的国际收支盈余。一国国际收支的状况主要取决于该国进出口贸易和资本流入流出状况。

2. 宏观调控的手段主要包括经济手段、法律手段和必要的行政手段

(1) 经济手段。国家运用经济政策和计划，通过对经济利益的调整而影响和调节社会经济活动的措施。经济政策包括：财政政策、信贷政策、利率政策、汇率政策、产业政策等。

(2) 法律手段。国家通过制定和运用经济法规来调节经济活动的手段。运用法律手段可以有效地维护经济活动参加者的合法权利，调整社会经济关系，规范生产经营者的活动和市场秩序，保证经济的正常运行。

(3) 行政手段。国家通过行政机构，采取行政命令、指示、指标、规定等行政措施来调节和管理经济的手段。它具有直接、迅速的特点，在特定条件下是十分必要的，但必须反映客观经济规律的要求，也不能片面强调和过多地运用。

3. 宏观调控对证券市场的影响

宏观调控的手段会首先影响宏观经济的运行情况，进而影响上市公司的企业盈利，譬如扩大基建投资稳定经济增长，改善企业盈利，或者财政给企业和居民减税也会促进消费与投资，除了促进经济增长以外，也会影响上市公司业绩。而在宏观调控政策促进经济稳步增长过程中，股市流动性会同步趋于改善，更多资金入市。同时，不同的政策工具会对资本市场风险偏好形成直接影响，譬如央行降准降息往往会直接提振市场风险偏好。因此，宏观调控最终会影响证券市场企业业绩、资金供需、风险偏好等多个维度。

### (三) 主要的产业政策工具及其对证券市场的影响

不同的政策工具对产业发展的作用机理和作用效果存在差异。包括不限于财政补贴（支持企业创新发展）、税收优惠（影响企业现金流、利润分配）、环境型政策工具（高耗能行业碳排放等绿色低碳要求）等。

产业政策工具会引导企业强化符合国家战略方向的主业发展，同时改善企业的财务报表，另外引导投资者关注受政策影响的企业，提振风险偏好，从股票定价的分子/分母端共同提振股价表现。

### (四) 货币政策

1. 货币政策工具

根据货币政策工具的调节职能和效果来划分，货币政策工具可分为一般性货币政

策工具和选择性货币政策工具。

（1）一般性货币政策工具，包括有法定存款准备金、再贴现机制和公开市场业务。主要调节货币供应总量、信用总量和一般利率水平等。

①存款准备金制度。存款准备金是指金融机构为保证客户提取存款和资金清算需要而准备的资金。法定存款准备金率是金融机构按规定向中央银行缴纳的存款准备金占其存款总额的比例。这个比例越高，执行的紧缩政策力度越大。

②再贴现政策。再贴现是中央银行对金融机构持有的未到期已贴现商业汇票予以贴现的行为。在我国，中央银行通过适时调整再贴现总量及利率，明确再贴现票据选择，达到吞吐基础货币和实施金融宏观调控的目的，同时发挥调整信贷结构的功能。

③公开市场业务。公开市场操作是中央银行吞吐基础货币、调节市场流动性的主要货币政策工具，通过中央银行与市场交易对手进行有价证券和外汇交易，实现货币政策调控目标。从交易品种看，中国人民银行公开市场业务债券交易主要包括回购交易、现券交易和发行中央银行票据。其中回购交易分为正回购和逆回购两种，现券交易分为现券买断和现券卖断两种，中央银行票据即中国人民银行发行的短期债券。

（2）选择性货币政策工具，主要有证券交易信用控制、消费者信用控制和不动产信用控制。它是通过影响资金运用方向和不同信用的利率水平，在保持货币总量不变的前提下，对某些具体用途的信贷数量产生影响。

2. 货币供应量的三个层次

国际货币基金组织根据货币涵盖范围的大小和流动性强弱，把货币供应量分为三个层次：

（1）流通中的现金（M0），指金融体系以外的机关、团体、企业、部队、事业单位和居民个人在某一时刻持有的现金总量。

（2）狭义货币供应量（M1），指流通中现金与商业银行活期存款的总和。

（3）广义货币供应量（M2），指狭义货币（M1）加准货币组成。准货币是一定时期内不会被直接动用的货币，主要包括定期存款、居民定期和活期存款，以及信托存款、委托存款等其他类存款。

3. 社会融资总量的含义及构成

社会融资总量是全面反映金融与经济关系，以及金融对实体经济资金支持的总量指标。社会融资总量＝人民币各项贷款＋外币各项贷款＋委托贷款＋信托贷款＋银行承兑汇票＋企业债券＋非金融企业股票＋保险公司赔偿＋保险公司投资性房地产＋其他。

4. 利率的决定和影响因素

利率是货币的价格，由货币供求以及预期等多种因素决定。主要包括：

（1）货币政策：中央银行通过调整数量型工具操作（基础货币投放，存款准备金率变动等）影响货币供给，进而影响利率，同时价格型货币政策工具，如中期借贷便利（MLF）、公开市场操作利率（OMO 利率）、贷款市场报价利率（LPR）等也会直接影响利率水平。

（2）财政政策：扩张性财政政策往往会提升利率水平，如扩大基建投资提升信贷需求，会提升信贷利率；而大规模政府债务发行可能会导致债券供给增加，从而提高债券利率。

（3）经济增长：经济周期也是实际利率的重要影响因素，我国实际利率中枢较大程度由潜在经济增速决定。

（4）通货膨胀：通货膨胀会影响名义利率水平。

（5）金融市场流动性：市场主体自发性的行为也会影响利率，譬如月末、季末银行间流动性季节性偏紧的阶段，资金利率也往往会走高。

（6）国际收支变化：跨境资金流动也会影响汇率与利率。

5. 货币政策的传导机制

货币政策的传导机制，是指货币政策从政策手段到操作目标，再到中介目标，最后到最终目标发挥作用的途径和传导过程的机能。传导机制的过程一般表示为：中央银行通过货币政策工具的运作，影响商业银行等金融机构的活动，进而影响货币供应量，最终影响国民经济宏观经济指标。

我国货币政策的操作目标包括：基础货币投放量（数量型）、短期基准利率（价格型）。中介目标包括：货币供应量，体现为社会融资规模、M2（数量型）、中长期贷款利率，体现为贷款利率等（价格型）。最终目标包括：稳定物价、充分就业、促进经济增长和平衡国际收支四大年度目标，以及金融改革和开放、发展金融市场这两个动态目标。

货币政策分为制定和执行两个过程。制定过程从确定最终目标开始，依次确定效果目标、操作目标、政策手段。执行过程则正好相反，首先从操作政策手段开始，通过政策手段直接作用于操作目标，进而影响效果目标，从而达到最后实现货币政策最终目标的目的。

6. 货币政策变动对实体经济的影响

货币政策对宏观经济进行全方位的调控，其调控作用突出表现在以下几点：

（1）通过调控货币供应总量保持社会总供给与总需求的平衡。

（2）通过调控利率和货币总量控制通货膨胀，保持物价总水平的稳定。

（3）调节国民收入中消费与储蓄的比例。货币政策通过对利率的调节能够影响人们的消费倾向和储蓄倾向。

（4）引导储蓄向投资的转化并实现资源的合理配置。货币政策可以通过利率的变化影响投资成本和投资的边际效率，提高储蓄转化的比重，并通过金融市场有效运作实现资源的合理配置。

7. 货币政策变动对证券市场的影响

中央银行的货币政策对证券市场的影响，可以从三个方面加以分析：

（1）利率。首先利率是计算股票内在投资价值的重要依据之一。当利率上升时，同一股票的内在投资价值下降，从而导致股票价格下跌；反之，则股价上升。其次，利率水平的变动直接影响公司的融资成本，从而影响股票价格。利率降低，部分投资者将把储蓄投资转成股票投资，需求增加，促成股价上升；反之，若利率上升，一部分资金将会从证券市场转向银行存款，致使股价下降。

但实际经济运行中，影响股票价格变化的因素非常复杂，除了利率以外，整个宏观经济形势、国际金融市场状况、政治因素、公司经营状况、股票市场是否处于均衡状态等，都对股票价格产生影响，因而股票价格与利率之间并不完全遵循严格的负相关关系。

（2）中央银行的数量型操作对证券价格的影响。当央行倾向于实施较为宽松的货币政策时，譬如降低法定存款准备金率、增加基础货币投放等，均会带来广义货币供应量的增加，进而会推动利率下调，最终作用于经济增长和企业盈利改善，同时包括上文提到的风险偏好的传导机制，共同推动股票价格上涨；反之，股票价格将下跌。

（3）选择性货币政策工具对证券市场的影响。当直接信用控制或间接信用指导降低贷款限额、压缩信贷规模时，实行从紧的货币政策会导致证券市场行情下跌。但如果在从紧的货币政策前提下，实行总量控制，通过直接信用控制或间接信用指导区别对待，那么一些优先发展的产业、基础产业及重点发展地区的证券价格则可能不受影响，甚至逆势而上。

8. 海外主要央行的货币政策框架与经济概况

（1）美联储。美联储货币政策的最终目标是充分就业和物价稳定“双目标”；中间目标是联邦基金利息率，即银行间货币市场的隔夜拆借利息率；操作目标是调整联邦基金利率围绕目标水平窄幅波动。传统的美联储货币政策工具包括：公开市场操作、准备金率、联储贴现率。其他常规货币政策工具存款准备金余额利息（IORB）、隔夜逆回购协议（ON RRP）、定期存款（TDF）等。

在正常的货币传导阶段，货币政策的“双目标”通过调整联邦基金利率来影响市场利率。随后通过利率传导机制、信贷传导机制、财富传导机制、资产价格传导机制以及汇率传导机制，影响投资、消费和进出口，进而对经济和价格产生影响，最终达到刺激或抑制商品和服务总体需求的增长的效果。

（2）欧洲央行。欧洲央行的货币政策战略采用了中期通胀率在2%的对称通胀目标，为“单目标制”的模式。为确保货币政策措施能有效达成中期物价稳定的目标，欧央行将执行架构分为政策工具（常规与非常规货币政策工具）、操作目标（EON-

IA)、中期目标（M3）及最终目标（物价稳定目标）。

传导机制方面，在正常情况下货币政策是通过操纵短期利率来运作的，这直接影响货币市场利率，并通过传导机制影响经济中的其他名义利率，最终导致总需求和价格的变化。然而，一旦官方利率达到零利率下限（ZLB），央行必须采取其他货币政策措施，包括购买公共和私人证券，来刺激总需求以应对低于目标的通胀下降。

（3）日本央行。日本央行的货币政策以“实现物价稳定，从而为国民经济的健康发展做出贡献”为最终目标。在此基础上，央行于2013年1月引入通胀目标制，将居民消费价格指数（CPI）同比增速目标设在2%。2016年9月的货币政策会议上，日本央行决定引入带有收益率曲线控制的量化加质化宽松（QQE）。

自2016年至今，日本央行的中介目标是市场利率，操作目标为长端利率和短期政策利率。日本央行的三大主要货币工具为政策利率（短期政策利率、长端利率）、公开市场操作以及中央银行贷款。

经济发展方面，从各国实际GDP占全球比重的时间序列来看，第二次世界大战后全球经济发展进程可以大体分为四大发展阶段：

①1960—1973年，发达国家整体全面机械化、内部结构调整阶段，首先发达国家整体GDP占全球实际GDP的比重达到70.8%。但其中美国和英国GDP的占比有所收缩，欧盟、日本占比提升。

②1974—1982年，两次石油危机冲击全球经济，美国和欧盟在全球实际GDP中的占比明显收缩，日本的占比则继续提升。然而，新兴市场国家则在此阶段占比有所下滑。

③1983—2008年，在经历了多轮危机后，美国保持了其在全球实际GDP中26%左右的份额，欧盟占比有所回落，中国经济的占比则显著提升。其他新兴国家占比基本平稳。

④2009—2022年，至2022年我国实际GDP已经达到全球的18.2%，较2008年扩张8.3个百分点，达到美国GDP的78%，也是美国第二次世界大战后首次见到总量可达美国经济七成的赶超国（尽管人均仍然低于美国）；美国、欧洲、日本、英国实际GDP占比均下降；其他新兴市场国家占比则小幅上升。

## （五）财政政策

### 1. 财政政策体系

财政预算体系包含四个组成部分，一般公共预算只是其中一种。2015年通过的新《预算法》对财政权力进行规范，条文规定按照复式预算的方式进行，实施全口径预算、严格限制财政资金往财政专户转入，并且对政府性基金和国有资本经营收入进行了清晰的界定。从此我国财政预算体系主要分为四大账户：一般公共预算、政府性基金预算、国有资本经营预算和社会保障基金预算。四大账户既相对独立，又联系紧密。

2. 财政政策手段

财政政策手段主要包括：国家预算、税收、国债、财政补贴、财政管理体制、转移支付制度等。

3. 财政政策种类及对实体经济的影响

（1）扩张性财政政策。扩张性财政政策是指通过财政分配活动来增加和刺激社会的总需求，最典型的方式就是通过财政赤字来扩大政府支出的规模。实行扩张性财政政策的主要措施包括：

①减税。一般情况下减税增加了企业和个人的可支配收入，相应减少了国家的财政收入。在财政支出规模不变的情况下，相应扩大了社会的总需求。减税的扩张效应主要表现在需求方面。

②扩大预算支出的规模。由于政府支出直接构成社会总需求的一部分，可以把政府支出扩大的数量（或赤字的数量）视为社会总需求相应增加的数量。

（2）紧缩性财政政策。紧缩性财政政策是指通过财政分配活动来减少或抑制社会的总需求。实行紧缩性财政政策的主要措施是：

①增税。通过增加税收来增加财政收入。

②压缩支出。如果收入增加的同时支出也随之扩大，就不可能有财政盈余，增加收入所能起到的压缩社会总需求的效应就会被增加支出而产生的扩张社会总需求的效应所抵消。

（3）中性财政政策。中性财政政策又称为平衡的财政政策。一般地说，中性政策可以理解为保持财政收支平衡的政策，使财政分配活动对社会总需求的影响保持中性，既不产生扩张性，也不产生紧缩性的后果。

4. 财政政策及其对证券市场的影响

通过实施积极的财政政策来增加居民收入，从而直接影响居民消费与投资，后者可引起证券市场价格上涨。此外，增加投资需求和消费支出又会拉动社会总需求，改善企业盈利，从而促进股票价格上涨。因市场需求活跃，企业经营环境改善，盈利能力增强，进而降低了还本付息风险，债券价格也将上扬。而实施紧缩的财政政策产生的经济效应及其对证券市场的影响则与上述情况相反。

5. 财政收支及财政赤字（结余）的概念

财政收入大于支出表现为结余，财政收不抵支则出现赤字。按照国际上通行的马约标准，3%的赤字率（财政赤字占国内生产总值的比重）一般设为国际安全线。

6. 税收制度及其变化对实体经济和证券市场的影响

我国税收收入是一般公共预算收入的主要来源，税收收入的波动直接影响财政收入水平，也直接影响当年财政支出能力。

我国税收收入从历史角度看具有两阶段特征，1997—2012 年税负加重，2013 年至今税负相对减轻。我国现在形成以流转税为主、所得税为辅、其余税种补充的税收结构体系。1994 年分税制改革后，我国财政选择以流转税为主导的税收体系，因为当时我国正处在计划经济向市场经济转轨阶段，税源和税基限制导致不适合征收直接税。90 年代初人均国民收入低，征收所得税税源有限，同时经济商品化、货币化和社会化程度不高，存在大量自给自足、分散经营的实物经济，所得不完全表现为货币所得，直接税征收容易遇到阻力。同时，我国财政当时面临重复征收问题得不到解决，以流转税为主体的间接税因其易于广泛征收，较好地保证政府财政收入同时可以解决当事企业税收重复征收问题而被采用。

我国现行税种共计 18 种，按照税种性质大致可分为三个类别。一是货物和劳务税，包括增值税、消费税、车辆购置税和关税 4 个税种。二是所得税，包括企业所得税、个人所得税 2 个税种。三是财产和行为税，包括土地增值税、房产税、城镇土地使用税、耕地占用税、契税、资源税、车船税、印花税、城市维护建设税、烟叶税、船舶吨税和环境保护税 12 个税种。

不同税收政策调整对实体经济和证券市场的影响模式不同。譬如个人所得税税率的下调会改善居民可支配收入，提振居民消费，稳定经济增长；而对于证券市场而言，除了直接影响消费行业股票业绩表现以外，居民消费改善带来经济增长，稳定企业信心，也有利于改善整体上市公司盈利。而企业所得税率的下调更多为直接改善企业利润，促进企业生产与投资，同时对于证券市场而言则利好上市公司业绩。而若其他税收优惠譬如促进具体产业发展等，则有利于具体行业股票业绩表现。

7. 隐性债务的概念及化解方法

地方政府隐性债务，即地方政府在法定政府债务限额之外直接或者承诺以财政资金偿还以及违法提供担保等方式举借的债务。而法定政府债务是指政府负有偿还责任的债务，纳入财政预算管理，因而是显性的。

隐性债务化解最基础的方法是通过安排当年的财政资金，包括超收收入、预算资金以及财政存量资金来直接还债。与此同时，可通过发行再融资债等政府债券，用利率较低的显现债务置换利率较高的隐性债务，在此过程中，企事业单位可以通过借新还旧、展期的方法偿还债务。若无法偿还债务，则可以通过对债务单位进行破产重组，按照法律法规来进行清算偿债。

8. 主权债务的概念及相关分析预警指标

主权债务是一个国家的政府债务，也称为政府债务、国债、公共债务或国家债务。一国的主权债务包括其对国内和国外债权人的所有债务负债。从技术上讲，一个国家的主权债务是政府的负债，而不是该国公民的直接负债。然而，从更实际的角度来说，由于债务只能用政府征收的收入（例如税收）来偿还，因此债务是所有国家公民的责任。而一个国家的主权信用评级则是向投资者表明了该国的财务状况如何，并在很大程度上决定该国政府借钱为其运营提供资金的难易程度。

外债负债率、债务率、偿债率、短期外债与外汇储备的比例，是国际衡量一国外债状况是否健康的四大指标。其中，负债率是一国的外债余额与经济总规模（GNP 或 GDP）的比率，用于测度一国经济增长对外债的依赖程度，或一国外债的整体风险。国际公认的标准是负债率应该控制在 20% 以下，即 20% 是所谓的“警戒线水平”。债务率是外债余额与出口收入的比率，在债务国没有外汇储备或不考虑外汇储备时，这是一个衡量外债负担和外债风险的主要指标。债务率的国际公认安全标准是小于 100% 。偿债率是一国当年到期债务（短期债务）本息与出口收入的比率，主要用于测度一国的债务负担，国际公认的警戒线标准是 25% 。短期外债与外汇储备的比例指标是衡量一国的外债偿付能力，国际公认的警戒线标准是 100%。若该比例小于 100% ，说明一国的财政没有外债负担和外债压力。

### （六）汇率

#### 1. 汇率的基本概念及其制度

汇率是各国货币之间相互交换时换算的比率，即一国货币单位用另一国货币单位所表示的价格。

通常来讲，汇率制度主要有四种：自由浮动汇率制度、有管理的浮动汇率制度、目标区间管理和固定汇率制度。自由浮动汇率制度是指货币当局对外汇市场很少干预，汇率随市场供求变化。有管理的浮动汇率制度则是指货币当局通过各种措施和手段对外汇市场进行干预，以使汇率向有利于本国经济发展的方向变化。目标区间管理是一个国家的中央银行将调整其货币政策以保持汇率在一个以中心汇率为基准上下浮动的区间内。固定汇率是指政府将汇率维持在某一个目标水平不变。

#### 2. 汇率的变动对证券市场的影响

汇率对证券市场的影响是多方面的。一般而言，以外币为基准，汇率上升，本币贬值，本国产品竞争力强。出口型企业将增加收益，因而企业的股票和债券价格将上涨；相反，依赖于进口的企业成本增加，利润受损，股票和债券的价格将下跌。但若形成持续贬值预期，会导致出口订单持续递延，会利空出口，进而利空相关企业证券价格。同时若出现汇率超调式贬值，导致跨境资本流出，也会利空证券价格。

#### 3. 汇率市场化改革现状及趋势

按照党中央、国务院决策部署，中国人民银行稳步深化汇率市场化改革，不断完善以市场供求为基础、参考一篮子货币进行调节、有管理的浮动汇率制度，人民币汇率市场化水平不断提高。具体改革措施包括：一是不断完善人民币对美元汇率中间价形成机制，提高规则性、透明度和市场化水平；二是不断增强人民币汇率弹性，有序扩大汇率浮动区间；三是建立健全外汇宏观审慎管理制度，维护外汇市场稳定和国际收支平衡；四是推进外汇市场发展，建立外汇市场自律机制。

目前我国汇率市场化改革成效显著，具体包括：

一是人民币汇率形成由市场起决定性作用。人民银行已退出常态化干预，人民币汇率由市场供需决定，在发挥价格信号作用的同时，提高了资源配置效率。同时，市场化的人民币汇率有助于提高货币政策自主性，人民银行主要根据国内经济金融形势实施稳健的货币政策，平衡了国际收支，促进了内外部均衡。

二是人民币汇率双向浮动、弹性增强。年化波动率保持在3%～4%，较好发挥了宏观经济和国际收支自动稳定器的作用。

三是人民币汇率在合理均衡水平上保持了基本稳定。汇率稳定不是固定在具体数值，而是在动态变化中实现均衡。2005年汇改以来至2022年8月，人民币对美元、欧元、日元中间价分别累计升值约20%、45%、47%，同期国际清算银行（BIS）公布的人民币名义有效汇率和实际有效汇率指数分别升值49%和52%。2022年以来，人民币汇率在合理均衡水平上保持基本稳定。

四是人民币汇率形成的外汇市场基础更加牢固。面对复杂的外部形势，人民银行加强了预期管理和引导，外汇市场预期保持平稳，中间价、在岸价、离岸价实现“三价合一”，避免了汇率超调对宏观经济的冲击。外汇市场深度和广度不断拓展，可交易货币超过40种，衍生品产品体系不断完善，已涵盖远期、外汇掉期、货币掉期和期权等国际外汇市场基础产品体系，有效满足了市场主体各类汇率避险需求，市场主体适应人民币汇率波动能力不断提升。

4. 外汇储备与外汇占款的含义

国际货币基金组织（IMF）对一国“国际清偿力”项下的外汇，即外汇储备所下的定义是：外汇是货币行政当局（中央银行、货币管理机构、外汇平准基金及财政部）以银行存款、财政部库券、长短期政府证券等形式所保有的、在国际收支逆差时可以使用的债权。

外汇占款是指央行收购外汇资产而投放的人民币。央行口径外汇占款增多，表明央行向市场投放了基础货币；反之如果外汇占款减少，则是央行回收了部分人民币，向市场提供了部分美元。汇率升值，往往伴随着外汇占款的提升。

5. 资本账户改革方向及对证券市场的影响

在直接投资领域，一方面，自2002年起，简化外商直接投资项目的审批手续、简化外商投资项下资本金结汇管理、取消外商对部分开放行业的境内企业的并购限制，以及允许外资对国内上市公司进行战略投资等；另一方面，在“走出去”战略的引导下，当局也陆续放宽了限额以下境内企业对外直接投资的购汇限制，简化了各种手续。

在证券投资领域，早期工作主要是引入合格境外机构投资者安排（QFII）和引入合格境内机构投资者安排（QDII），在一定程度上放宽了保险、基金、银行等金融机构境外证券投资和代客理财等限制。美国次贷危机后，从允许“三类外资银行”进入银行间债券市场，推出 RQFII 和 RQDII，再到实施“沪港通”“深港通”“熊猫债”和“债券通”等诸多创新安排，以及将对外发债审批制改为备案登记制等，证券投资双向开放程度也有了较大的提升。

在其他投资领域，尽管对境内机构借用中长期国际商业贷款仍然实行计划管理，但对于举借短期（1 年以下，含 1 年）国际商业贷款则早已实行余额管理，余额由国家外汇管理局核定。另外，在 2014 年，主管部门还放松了对跨境担保业务的限制，取消了内保外贷业务的数量限制。

资本账户的开放通过改变相关因素会影响跨境资本的流动，进而对证券市场产生影响。短期资本账户的开放对国内金融市场的冲击性稍弱、但存在易变性，尤其是在金融市场大幅下跌时，短期资本流动起着推波助澜的作用。当债券市场、股票市场价格或者汇率上升时，短期资本大幅流入进行套利，造成资产泡沫；一旦泡沫破裂，短期资本便会大幅流出，进而引发“羊群效应”，导致金融市场急速下挫。

6. 货币当局资产负债表的构成及含义

货币当局资产负债表是将货币当局（中央银行/中国人民银行）的资产负债表进行归并与汇总，系统地记载某一时期货币当局的资产与负债的变动情况的表格样式。

①现行货币当局资产负债表的资产方科目包括国外资产、对政府债权、对其他存款性公司债权、对其他金融性公司债权、对非金融性公司债权以及其他资产。

②现行货币当局资产负债表的负债方科目包括储备货币（货币发行和其他存款性公司存款）、不计入储备货币的金融性公司存款、发行债券、国外负债、政府存款、自有资金和其他负债。

7. 金融机构资产负债表的构成及含义

货币当局资产负债表体现了央行和金融机构之间的融资往来，而金融机构和实体经济之间的融资往来则体现在金融机构的资产负债表中，尤其是占据主导地位的存款型金融公司，结果将主要体现在存款型金融公司资产负债表中。为了与中央银行做出区分，需要主要研究其他存款型金融公司的资产负债表。

根据国际货币基金组织的《货币与金融统计手册》的分类标准，存款型公司包括中央银行和其他存款型公司。对于我国来说，这些其他存款型公司主要是指商业银行、政策性银行、信用合作社以及财务公司等。

①在目前的其他存款型公司资产负债表中，资产项下共计设置有 9 项，分别为国外资产、储备资产、对政府债权、对中央银行债权、对其他存款性公司债权、对其他金融机构债权、对非金融机构债权、对其他居民部分债权和其他资产。

②负债项下共计设置有 8 项，分别为对非金融机构及住户负债、对中央银行负债、对其他存款性公司负债、对其他金融性公司负债、国外负债、债券发行、实收资本和其他负债。

## 五、我国证券市场供给和需求的主要因素

从长期来看，证券价格由其内在价值决定，但就中、短期的价格分析而言，证券的市场交易价格由供求关系决定。由于我国目前的证券市场主要交易品种为股票，所以本节的证券市场供求关系主要是指股票的供求关系。

### （一）我国证券市场供给与需求的主要因素

1. 供给方

证券市场的供给主体是公司（企业)、政府与政府机构以及金融机构。公司（企业）通过向市场发行股票、公司（企业）债和权证等产品进行融资。政府与政府机构包括中央政府、地方政府以及中央政府直属机构，其为债券产品的主要供给方。

2. 需求方

证券投资者是证券市场的需求主体，也是市场资金的供给者。根据投资者的行为主体不同，可以进一步把投资者分为个人投资者和机构投资者。

3. 供给的决定因素与变动特点

证券市场供给的主体是上市公司，上市公司的数量和质量是证券市场供给方的主要影响因素。上市公司的质量状况影响证券市场的前景、投资者的收益及投资热情、个股价格及大盘指数变动，这些因素将直接或间接影响证券市场的供给。而与上市公司质量相比，上市公司数量直接决定证券市场供给。

4. 需求的决定因素与变动特点

证券市场需求，即证券市场资金量的供给，主要是指能够进入证券市场的资金总量。证券市场需求主要受到以下因素影响：

(1) 宏观经济环境。如果宏观经济运行良好，银根较松，整个社会的资金供给就会呈现出比较充裕的局面。反之，如果宏观经济的前景堪忧，整个社会的资金供给可能会呈现出比较紧张的局面，证券市场的资金供应量也会减少。

(2) 政策因素。市场准入政策、融资融券政策、金融监管政策在内的一系列政策能够为证券市场提供新的增量资金，扩大证券市场的资金供应量。

(3) 居民金融资产结构的调整。随着人民生活水平的不断提高、金融投资意识的加强，居民金融资产结构不断调整。许多居民都将原先的银行储蓄转化为股票和基金投资。

(4) 资本市场的逐步对外开放。资本市场的逐步对外开放允许外国资本市场中介机构在本国资本市场上为证券投融资提供各种服务，进一步扩大我国证券市场的需求。

### (二) 证券市场制度改革及其对证券市场运行的影响

1. 多层次资本市场改革

2003年，党的十六届三中全会首次提出“建立多层次资本市场体系，完善资本市场结构”，多层次资本市场的建设之路由此启程。2012年，由沪深主板、中小板、创业板组成的我国资本市场体系初步具备了“多层次”的雏形。近十年，多层次资本市场体系加快构建。2013年，全国中小企业股份转让系统设立运行。2017年第五次全国金融工作会议强调“形成融资功能完备、基础制度扎实、市场监管有效、投资者合法权益得到有效保护的多层次资本市场体系”，明确了新时代多层次资本市场体系改革发展的总体要求。2018年，设立科创板并试点注册制的改革宣布推出，开启了多层次资本市场改革发展、提升“硬科技”企业质效的新篇章。2019年，以分层管理为核心的新三板综合改革启动，新三板精选层于次年设立。2020年，创业板改革并试点注册制正式落地，“三创四新”企业得到更大的资本市场支持。2021年，北京证券交易所开市运行，“打造服务创新型中小企业主阵地”的总体目标，为资本市场探寻普惠金融“中国策”指明了方向。与此同时，科创板制度规则持续完善，深市主板中小板合并，多层次资本市场完善布局、更趋成熟，中国特色现代资本市场的普惠金融之路站上新的起点。

如今，我国多层次资本市场体系基本形成了错位发展、各具特色、适度竞争、互补互联的格局，服务实体经济和国家战略的能力显著增强。

2. 发行制度改革

2018年，上海证券交易所设立科创板并试点注册制；2020年，深圳证券交易所创业板改革并试点注册制正式落地；2021年，北京证券交易所揭牌开市并同步试点注册制。

2023年2月，全面实行股票发行注册制改革正式启动，进一步完善了资本市场基础制度。主要包括完善发行承销制度，约束非理性定价；改进交易制度，优化融资融券和转融通机制；完善上市公司独立董事制度；健全常态化退市机制，畅通多元退出渠道；加快投资端改革，引入更多中长期资金。注册制改革是一场涉及监管理念、监管体制、监管方式的深刻变革。

审核注册机制是注册制改革的重点内容。此次改革进一步明晰了交易所和证监会的职责分工，提高了审核注册的效率和可预期性。注册制改革的本质是把选择权交给市场，强化市场约束和法治约束。与核准制相比，不仅涉及审核主体的变化，更重要的是充分贯彻以信息披露为核心的理念，发行上市全过程更加规范、透明、可预期。

具体来看，在前端，坚守板块定位，压实发行人、中介机构、交易所等各层面责任，严格审核，严把上市公司质量关；在中端，加强发行监管与上市公司持续监管的联动，规范上市公司治理；在后端，保持“零容忍”执法高压态势。

在对证券市场的影响方面，全面注册制的实施将给中国资本市场带来多方面的积极作用：第一，资本市场的融资效率将得到提升，企业直接融资渠道更为畅通，上市门槛降低，上市进程加快。第二，投融资两端的需求得到更好地满足，因市场选择的多样性，投资者的投资偏好和风险预期更易匹配。第三，资本市场优胜劣汰的机制更为健全，更好发挥证券市场价格发现与资源配置功能。

#### （三）国际金融市场环境对我国证券市场的影响

当前，中国资本市场开放发展已经迈上了新的台阶。尤其是习近平总书记在2013年提出“一带一路”倡议以来，资本市场先后迎来了“沪港通”“深港通”“基金互认”“A股正式纳入MSCI指数”“债券通”等具有标志性的里程碑事件。在资本市场开放大门加速打开的同时，境外市场的波动会通过各自的途径分别影响我国的股票市场和债券市场。

从关键外部变量看，汇率及外汇管理制度对跨市场风险传导的影响力将不断增强。汇率变化预期是境外资金进入中国股市和债市的重要原因，即当人民币有较强的升值预期时，境外资金会加速进入中国；而当人民币有贬值预期时，这些资金也会出现外流。

针对债市和股市的影响来看，境外投资者对中国债券市场的投资以国债为主，这就意味着如果全球流动性因主要发达国家尤其是美国的货币政策变化而出现紧张时，境外投资者将加快抛售国内的利率债，从而可能引发中国债券市场流动性趋紧。如果全球流动性过剩，资金也会流入中国，可能会形成阶段性资产泡沫等问题。另外，如果中国经济向好，形成人民币升值预期，则会带动外资流入。股票市场方面，随着我们资本市场加速开放，也使得内地资金与国际资金的相互联通，大大提高了A股市场对境外投资者的吸引力以及国际影响力。

## 第二节　行业分析

### 一、行业分析概述

#### （一）行业的含义和行业分析的作用

1. 行业的含义

所谓行业，是指从事国民经济中相似性质的生产或其他经济社会活动的经营单位和个体等构成的组织结构体系，如林业、汽车业、银行业、房地产业等。证券分析师研究的往往是具有相当规模的行业，特别是含有或即将含有上市公司的行业。行业经济活动是介于宏观经济活动和微观经济活动中的经济层面，是中观经济分析范畴。

行业经济和宏观经济之间是部分和总体的关系。宏观经济活动是行业经济活动的总和，也是大部分行业规模增长的环境因素。行业经济是宏观经济的构成部分，创新驱动行业又是宏观经济内生增长的重要动力。宏观经济的发展水平和增长速度反映了整体经济水平和平均速度，现实中总有一些行业的增长快于宏观经济的增长，而有另一些行业的增长慢于宏观经济的增长。

行业是相似性质公司的集合，同行业的公司在经营表现上具有相似的特征。但也应当注意到，因为相互竞争，以及不同公司在自身禀赋及运营管理上的差异，各公司之间在增长速度和盈利能力方面呈现差异。

广义的行业不仅仅是相似性质公司的集合，还包括这些公司开展经营活动的生态系统，如需求方、供应商、生产要素供应商以及行业政策环境等。

2. 行业分类

行业分类是按照相似性原则对行业的划分归类，是行业分析的前提，也是对不同行业之间关系研究的基础。

（1）道·琼斯分类法。道·琼斯分类法是19世纪末为了选取在纽约证券交易所上市的有代表性的股票而对各公司进行的分类，是证券指数统计中最常用的分类法之一。道·琼斯分类法将大多数股票分为三类：工业类、运输业类和公用事业类。其中，工业类股票取自工业部门的30家公司，包括采掘业、制造业和商业；运输业类股票取自20家交通运输业公司，包括航空、铁路、汽车运输与航运业；公用事业类股票取自15家公用事业，包括煤气和电力等。

（2）国际标准行业分类法。为便于汇总各国的统计资料并进行互相对比，联合国经济和社会事务统计局曾制定了一个《全部经济活动国际标准行业分类》（以下简称《国际标准行业分类》），建议各国采用。它把国民经济划分为10个门类：①农业、畜牧狩猎业、林业和渔业；②采矿业及土、石采掘业；③制造业；④电、煤气和水；⑤建筑业；⑥批发和零售业、饮食和旅馆业；⑦运输、仓储和邮电通信业；⑧金融、保险、房地产和工商服务业；⑨政府、社会和个人服务业；⑩其他。

（3）我国国民经济的行业分类。1984年，国家统计局、原国家标准局、原国家计委、财政部联合制定了《国民经济行业分类与代码》（GB 4754—84），是国民经济行业分类国家标准的最初版本。现行《国民经济行业分类》（GB/T 4754—2017）于2017年6月30日由原国家质检总局和国家标准委联合发布，并由国家标准委于2019年3月发布并实施了国民经济行业分类第1号修改单。

新国民经济行业分类标准，为健全国家统计标准体系，观察新经济活动提供了最新分类标准，使得各项普查、常规统计调查、专项统计调查的调查范围和对象更加规范、准确。新版《国民经济行业分类》新增了体现新经济发展特征的新行业活动，为及时、准确地反映我国经济新常态和产业结构转型升级涌现出来的新产业、新业态、新商业模式，监测经济增长动能转换进程，反映“中国制造2025”战略和国家“互联网+”行动计划实施情况等奠定了标准基础，并为派生性产业分类提供了可操作的基础行业分类。

分类采用经济活动的同质性原则划分，每一个行业类别按照同一种经济活动的性质划分。分类共分为门类、大类、中类和小类四个层次，共包含门类20个，大类97个，中类473个和小类1382个。每个类别都按层次编制了代码。门类用一个英文大写字母表示，大的门类从A到T分别为：

A　农、林、牧、渔业
B　采矿业
C　制造业
D　电力、热力、燃气及水生产和供应业
E　建筑业
F　批发和零售业
G　交通运输、仓储和邮政业
H　住宿和餐饮业批发和零售业
I　信息传输、软件和信息技术服务业
J　金融业
K　房地产业
L　租赁和商务服务业
M　科学研究、技术服务
N　水利、环境和公共设施管理业
O　居民服务、修理和其他服务业
P　教育
Q　卫生和社会工作
R　文化、体育和娱乐业
S　公共管理、社会保障和社会组织
T　国际组织

（4）我国上市公司的行业分类。中国证监会于2001年4月4日公布《上市公司行业分类指引》（简称《指引》），2012年10月26日进行修订。2023年5月1日，中国上市公司协会发布最新版《指引》。最新版《指引》以中国国家统计局《国民经济行业分类与代码》（国家标准GB/T 4754—2017）为主要依据，借鉴联合国国际标准产业分类、北美行业分类体系有关内容的基础上制定而成，将上市公司的经济活动分为门类、大类和中类三级。其中，在制造业门类下设置次类作为辅助性分类，并可根据实际使用需要与其他行业的门类平行使用。一级门类划分与《国民经济行业分类与代码》基本一致（无“S公共管理、社会保障和社会组织”和“T国际组织”，最后一类为“S综合”）。

《指引》分类以上市公司营业收入、毛利润等财务数据为主要分类标准和依据，所采用财务数据为经过会计师事务所审计并已公开披露的合并报表数据。当上市公司某类业务的营业收入比重大于或等于50%，原则上将其划入该业务相对应的行业。当上市公司某类业务的营业收入比重大于或等于50%，同时另一类业务的营业收入比重大于或等于30%且毛利润比重大于或等于50%，上市公司可以申请划入另一业务的对应行业。在实际经营情况未发生重大变化情况下，上市公司在申请划入另一业务对应行业1年内，不得依据本条规定再次提出行业变更申请。当上市公司没有一类业务的营业收入比重大于或等于50%，按以下原则划分行业：①只有一类业务的营业收入和毛利润比重均大于或等于30%的，划入该业务对应行业。②有两类及以上业务的营业收入和毛利润比重均大于或等于30%，若某一类业务毛利润比重大于或等于50%的，划入该业务对应行业；若不存在任何一类业务毛利润比重大于或等于50%的，划入营业收入最高的业务对应行业。③有业务的营业收入比重大于或等于30%，且没有一类业务毛利润比重大于或等于30%的，划入营业收入最高的业务对应行业。不能按照上述分类原则确定行业归属的，由上市公司行业分类专家委员会根据公司实际经营情况及主要资产、业务、机构、人员、财务构成判断公司的行业归属。归属不明确的，划为综合类。对涉及国家宏观调控以及监管要求的重点行业，综合评估各方面因素审慎确定上市公司行业归属。

行业分类工作的分工上，中国证监会统筹指导上市公司行业分类工作。目前中国上市公司协会负责制定、修改和完善《指引》，对《指引》及相关制度进行解释，对外发布上市公司行业分类结果，向中国证监会报送上市公司行业分类结果，并向证券交易所、中证指数公司等相关机构通报上市公司行业分类结果。

(5) 上海证券交易所上市公司行业分类。上海证券交易所采用中国证监会两级分类，用字母 A～S 依次代表不同门类；大类代码用两位阿拉伯数字表示，从01开始按顺序依次编码。在此基础上对上市公司按其所属行业分成五大类别：工业类、商业类、房地产业类、公用事业类、综合业类。

3. 行业分析的意义

行业分析通过对影响行业发展各种因素的研究，预测行业的未来发展趋势，判断行业投资价值，揭示行业投资风险，从而为政府部门、投资者及其他机构提供决策依据或投资依据。

行业分析有助于发现宏观经济中增速较快的新兴产业方向，寻找整体经济发展的驱动力。宏观经济分析则为行业分析和公司分析提供经济环境的场景假设，整体经济增长也是大部分行业的主要增长驱动力。

行业分析是对上市公司进行分析的前提。行业分析和公司分析是相辅相成的。行业分析以行业整体为研究对象，主要围绕成长性、盈利能力以及行业结构开展。这些也是公司盈利能力和成长性分析的基础。

## （二）行业信息体系

1. 行业指标

行业信息的内容是反映行业本身以及行业所处发展运行环境的各类信息。这些信息不仅包含行业本身的市场规模、盈利状况和行业结构等行业基本状况指标，也包括上下游产业、替代性产业和产业政策环境等行业运行环境数据。

市场规模取决于销售量和单价，其中，销售量分析预测需要关注产能、产量、需求量、库存、进出口量。创新类公司则根据核心业务活动而关注与人相关的规模类指标，如用户数、用户时长等，进而研究潜在行业市场规模。中长期研究需要关注市场渗透率指标，如每百户家庭产品拥有量，以判断未来潜在的增长空间。

盈利状况指标主要围绕毛利率、净资产收益率等指标，具体跟踪指标包括产品价格、原材料及各项成本价格、产能开工率、替代品价格、资本开支、融资成本。

行业结构包括细分市场构成和竞争格局类指标。细分市场结构是根据需求特点差异对市场的细分，以跟踪不同细分需求市场的差异。也可以从供应角度对行业细分，以表现不同技术路径的差异。竞争格局类指标，如行业集中度，是根据公司规模大小角度整理的行业分类信息，以反映行业市场结构的特征。

2. 信息的收集和处理

（1）信息来源和收集。行业数据的公开来源有政府部门、专业研究机构、行业协会和其他自律组织、高等院校、相关企业和公司、专业媒介（书籍和报纸杂志等）和其他机构。比如，国家统计局和各级地方统计部门定期发布的统计公报，定期出版的各类统计年鉴；各经济信息部门、行业协会提供的定期或不定期信息公报；国内外媒体，各种国际组织、外国商会等提供的定期或不定期统计公告或交流信息；国内外各种专业会议发布的正式文件和学术报告；企业资料；各级政府公布的相关政策法规；研究机构、高等学校发表的学术论文和专业报告等。这些信息可以通过图书馆查阅、互联网搜索、参加学术交流、向相关机构索取，或从信息供应商购买等方式获得。

行业研究人员也通过调研方式，如实地调研、深度访谈及抽样调查等，获得行业信息。调研的优点是可以获得最新的资料和信息，并且研究者可以主动设计问题，通过互动方式获得更有针对性的信息。调研适合对一些相对复杂的问题进行研究时采用。在向相关部门的官员咨询行业政策、向特定企业了解特定事件、与专家学者探讨重大话题的时候，特别适用这种方法。行业、公司实地调研是获取信息的重要来源，实地调研前，研究者需要事先研究相关资料、准备问题清单，需要和研究对象建立联系并且保持顺畅沟通。

随着技术的发展，大数据越来越成为行业公司研究中的重要信息来源。数字化使得人的活动及各种社会经济活动都可以被不同的技术留痕，在符合数据安全要求的前提下，这些信息可以被转化为投资研究大数据。大数据提升了数据速度，拓展了数据范围，并可能具有更高的指向性，因而在投资研究中的作用日益提高。基于互联网、移动通信网络、APP 应用、卫星、公用事业网络的大数据越来越多被应用于投资研究中。

（2）信息的处理。行业信息需要进行处理以满足可比要求，以便更好用于研究。同频处理适用于信息发布频率不同的场景。行业数据可能由于来自不同的机构，其数据发布周期可能按日、按周、按月、按季度、按年，研究当中需要统一，比如，月度的产业数据变频为季度数据，以研究其与上市公司财报数据的关系。

节假日调整适用于同比、环比的精细分析。因为月度、季度的时间划分可能受到工作日天数、节假日天数的扰动，而这些又对月度或季度的供需数据有影响，所以，投资研究中需要对数据进行节假日因素修正，以便更准确地分析比较。

（3）信息的体系。行业信息可以理解为行业的数字化映射。

行业研究中，需要围绕行业关键指标构建行业信息的体系。前瞻性指标是原因，会引起特定指标的变化，对于行业趋势预测意义重大。同步指标和验证指标是对关注指标的滞后反映，这类指标具有更高的准确性，常用于对行业趋势的验证以及更深入的分析。

寻找前瞻性指标是投资分析的关键任务。依据产业链上下游驱动关系寻找前瞻性指标是典型方法，比如，可以基于“基建——房地产——建筑装饰——家电”建立地产产业链数据体系，基于电子产业的前后生产加工环节建立电子产业供应链数据体系。信息体系还需要寻找更高灵敏度前瞻指标，比如，设备生产环节或二手设备市场是对制造业需求变化更灵敏的反映，是投资研究需要关注的重要指标。

### （三）行业数据分析方法

1. 行业数据分析的基础

（1）行业需求。需求分析应该考虑根据行业内不同的产品特性或核心驱动力来进行分类统计，以方便后续的研究预测。

常用的需求分类方法是根据下游需求来源进行分类研究。如，锂电池需求，可以根据电动工具、消费电子、电动汽车、电力储能等下游应用而分类，这些不同的下游需求的市场成熟度有差异，需求增速也不同。电动汽车的锂电池又可以根据技术路线而划分为三元电池和磷酸铁锂电池，这种分类对于多种技术路径并存的行业比较适合。

创新驱动行业的需求分析，需要将技术发展趋势和应用场景研究相结合，预判新技术进入规模化应用的爆发点，从而预测需求变化趋势。

（2）行业供应。行业供应通常是跟踪行业产能、产能开工率以及产能变动。

行业产能要根据主要技术路径进行分类，以便把握不同技术路径的长期增长前景，分析特定因素对不同技术路径产能的影响。比如，某些化工产品会区分煤头化工和气头化工的产能，这是分别采用了煤炭和天然气为原料的不同工艺路线，在原材料供应或材料价格出现波动的时候，不同技术路线的盈利和产能释放会受到不同影响。

行业产能要区分总产能和有效产能。比如，技术进步很快的领域，有时候原有技术路径的产能仍在统计中，但是因为缺乏竞争力，这些产能并不能实际投入生产，并不是有效产能。

产能变动需要跟踪产能的新增和淘汰。新增产能需要结合行业的资本开支情况、结合具体项目的投产节奏，估算产能的增长。淘汰产能则需要考虑因设备磨损和技术落后的产能淘汰，也需要考虑因为环保、监管等要求提高而发生的产能退出。

(3) 行业部门需求和内部竞争。行业内部由于专业分工的原因，会演化出不同的产业环节，这些产业环节之间通常是上下游的关系。比如，正极材料和负极材料都和锂离子电池是上下游关系，其数据之间存在直接的相互驱动关系，上下游数据之间是前瞻和验证的关系。正极材料和负极材料之间则是互补关系，其业务发展趋势相互协同，数据之间也可以相互验证。

行业内也可能因技术路径或商业模式等不同而存在不同细分领域，这些领域之间是相互竞争关系。行业内部竞争可以从细分领域的市场份额变化的角度研究，以把握不同细分领域的变化趋势。比如，汽车行业需要跟踪燃油车和新能源车细分领域的产销数据了解销售趋势，通过产销数据和产品价格数据研究不同技术路径的盈利能力，并结合资本开支数据预测细分领域的增长趋势。此外，还可以从下游用户角度分析产品数据，评估不同技术路线产品方案的优劣，以预测未来发展趋势。

2. 比较研究

比较研究法是一种常用方法。比较研究又可以分为横向比较和纵向比较两种方法。横向比较是特定时点或特定时段对研究对象及其比较对象进行研究，比如，与其他行业进行比较，研究成长性差异。纵向比较主要是利用行业的历史数据分析预测未来。

(1) 行业横向比较。分析某行业是属于增长型还是衰退型行业，是属于稳定性还是周期性行业，可利用该行业的历年统计资料与国内经济综合指标进行对比研究。行业销售额复合增长率高于国内生产总值复合增长率为增长型行业，反之为衰退型行业。行业销售额年度增长率波动低于国内生产总值增长率波动的为稳定性行业，行业销售额年度增长率波动高于国内生产总值增长率波动的为周期性行业。

(2) 行业纵向比较。纵向分析法可以对行业发展趋势进行预测。例如，可以把行业历年销售额与国民生产总值标在坐标图上，用最小二乘法找出两者的关系曲线，这一关系曲线即为行业增长的趋势线。最小二乘法还可以根据行业增长驱动的实际情况，采用多个变量作为驱动因子对行业发展趋势进行预测。

(3) 映射研究。行业映射研究基于同一行业在不同国家地区的发展历程具有相似的假设，进行的行业对标研究。例如，消费品行业参考经济发达国家经历过的发展历程，对本国该行业的未来发展进行预测研究。

3. 数理统计分析

数理统计和计量经济学的理论和方法被越来越多地应用到行业分析中来，最常用的是相关分析、线性回归预测和时间数列预测。

相关分析主要用于探索两个数量指标之间的依存关系，比如行业产品的销售价格和各种物价指数之间的关系、行业发展速度与国民经济发展速度之间的关系等。

线性回归包括一元线性回归和多元线性回归。一元线性回归是对两个具有相关关系的数量指标进行线性拟合获得最佳直线回归方程，从而在相关分析的基础上进行指标预测。

时间数列分析也比较常见。行业的年度或者月度指标按时间顺序排列形成的数列即是一个时间数列，根据数列的特征就可以用多种方法来预测未来一期或若干期的指标。

数理统计分析的好处是可以增加分析的数据准确性，其缺陷在于通常这些分析都是对研究对象过去的、历史的数据进行研究，而在现实经济当中研究对象不断演进变化可能导致历史规律失效。

4. 演绎法和归纳法的结合

演绎法是从一般到个别的推导研究，从逻辑或者理论上预期的模式，到观察检验预期的模式是否确实存在。归纳法是从个别出发以达到一般性，从一系列特定的观察中发现一种模式，在一定程度上代表所有给定事件的秩序。演绎法的典型代表是逻辑推理，归纳法的典型代表是统计预测。

投资研究中两种方法需要相互结合。这是因为行业经济处于复杂的现实环境当中，逻辑演绎可能遗漏一些因素，需要归纳法查漏补缺；行业经济不断发展变化，行业历史信息的样本数量有限，又影响了归纳法的有效性。两种方法的结合可以通过“演绎——归纳——演绎”的交替过程来完成。

## 二、行业分析

### （一）行业供需分析

1. 行业供需分析方法

供需分析是行业研究的基础，其中，行业供应分析是指对行业的生产能力或服务能力的跟踪和预测，需求分析是对行业需求总量和结构的跟踪和预测。供需分析是行业研究的重要基础工作，一方面，供需分析是直接针对行业中短期的增长研究；另一方面，供需相结合的供需缺口是行业周期研究当中的重要驱动变量。

2. 行业需求

行业需求分析包括需求特性、需求总量和需求结构的分析。

需求特性研究是对行业需求场景认识的关键，通常从需求弹性、需求黏性、需求多样化等角度进行研究。需求弹性是对影响需求的关键驱动变量的定量研究，用于研究特定变量对需求的影响。最常用的价格弹性，是指产品服务价格变动对需求量的影响。其他常用变量还包括 GDP、人均可支配收入、休闲时长等。黏性是用户维持原有消费习惯的倾向，黏性越大，用户越不容易出现更换品牌商的现象，这类行业通常竞争比较缓和，不易出现激烈竞争。多样化是不同客户需求存在的差异化现象，决定了供应端到底应该采用规模化标准品还是个性化定制品。

需求总量分析是基于行业需求现状的跟踪研究，对需求总量趋势的预测。行业需求总量分析按照关注的时间跨度的不同，可以分为中短期分析和长期分析。长期趋势研究应该关注更长期的影响因素，这部分内容见“行业兴衰及其主要影响因素”。需求中短期研究需要考虑需求的驱动逻辑，基于最新数据，作出中短期预测。

具有特定下游需求来源的行业，可以根据下游行业产品数量的增长预测，结合对本部门产品需求的单耗指标进行研究分析。例如，动力电池需求预测，可以对电动汽车销量进行预测，并对每台电动车动力电池的单耗量进行研究，综合得出电动汽车电池的用量需求。

具有广泛下游应用的行业，可以选择综合性社会经济指标和行业规模进行分析，比如，公用事业类、消费品类、医疗服务类行业可以结合经济增长、人口数量和人均收入等指标，利用线性回归等数理统计方法进行分析预测。

创新驱动行业的需求研究，需要将技术发展趋势和应用场景研究相结合进行对比研究，预判新技术进入规模化应用的爆发点，进而对新产品的市场渗透率进行预测分析。

3. 行业供应

行业供应研究是对行业生产能力或服务能力的研究预测。对于制造业，其生产能力主要由设备能力决定，所以，研究对象是设备产能；对于服务业，其业务销售能力可能受到业务销售人员数量影响，所以，研究对象是业务销售人员，比如保险公司承保能力关注代理人数量。

行业供应预测需要关注行业原有设备淘汰或退出情况、资本开支水平情况，以及资本开支转化为供应能力的时间。资本开支需要研究行业盈利能力对行业投资意愿的影响，通常在盈利或预期盈利上升超过资金成本后，资本开支趋向明显增加；而在盈利预期下降的时候，资本开支趋向减少。产能周期是厂商计划增产到转化为供应能力的时间。产能周期越长的行业其产能实际形成的速度越慢，这类行业需要对市场状况进行超长时间跨度的预测，这对企业极具挑战性，也容易发生比较大的供需失衡现象。

### （二）行业周期性分析和行业景气预测

1. 行业周期性分析

（1）行业周期形成的原因。行业周期性研究是行业盈利波动性研究。行业盈利受到供应和需求的共同影响。行业盈利在经济波动中的表现也有差异，按照盈利稳定性的不同，可以划分为周期性行业、防御性行业。其中，周期性行业是行业盈利状况受到经济波动影响比较大的行业；防御性行业的需求稳定，在经济波动中行业盈利相对稳定。行业周期分析是周期性行业的首要研究任务，也是投资驱动的创新成长行业需要重视的研究课题。

行业的需求和供应都处于不断发展变化的过程中，厂商会结合行业需求和整体行业供应的综合判断，并基于自身的预期投资回报率而决定自身资本开支。长期盈利预期影响资本开支，盈利预期上升时，行业内厂商整体倾向增加资本开支。行业供需最终取决于特定时候需求情况和之前厂商资本开支合力而形成行业整体供应能力。

行业盈利能力稳定需要行业供需相互匹配，供应和需求有序增长。实际情况是，需求和供应都可能由于超预期的因素而发生比较大波动，而导致供需关系偏离，甚至大幅度偏离均衡水平，从而导致行业盈利波动。宏观经济波动、技术创新、产业政策、自然灾害等都可能是超预期的影响来源。

供需失衡的潜在程度与需求波动性有关。房地产、家电、汽车等资本品属性的行业，其需求受到整体经济影响而产生更大的波动，从而引起这些产业的盈利波动。

供需失衡的潜在程度与固定支出占比及产能周期有关。固定支出占比越高的行业，在销量下降的情况下，盈利波动幅度会更大。产能周期越长的行业，新增供应能力越需要更长时间才能够实际投入运行，越可能出现较大幅度的供需失衡。所以，大宗材料行业的煤炭、钢铁、有色金属等，重资本的制造业都是典型的周期性行业。

（2）行业周期分析。行业周期的量化分析基于行业供需预测，围绕着供需关系进行。一般以开工率或供需缺口率为关键指标，结合历史数据对行业盈利进行预测研究。其中，开工率＝产量/产能，供需缺口率＝（产能－需求）/产能，行业盈利能力一般选取净资产收益率（ROE），也可以采用毛利率。

周期拐点研究是行业周期性分析中的重要任务。周期拐点除了通过行业供需分析进行量化预测以外，还可以结合行业经济现象进行研究。行业低谷时，通常会出现产品价格低位徘徊，行业普遍削减资本开支，竞争力差的公司缩减业务规模甚至破产清算，产业库存通常也处于偏低水平。行业高峰时，则有相反表现，产品价格持续上涨后开始徘徊，行业盈利上升，积极增加资本开支，产业库存处于偏高水平。

行业周期上升中，投资者会基于业绩弹性，选择行业细分的配置方向。公司业绩增长弹性取决于收入弹性和成本结构等因素。从收入弹性的角度，需要寻找具有更高产品价格弹性或更高业务规模弹性的细分领域，高价格弹性通常是供需失衡严重且持续时间较长的领域，高规模弹性可关注设备配套领域等对行业景气敏感的细分方向。

2. 行业景气预测

行业景气是行业盈利的相对位置。处于周期波动不同节点的行业有明显的表现差异，周期上升期的行业出现需求旺盛、生产开工率提升、价格上升、买卖活跃或企业盈利改善的现象，周期下降期的行业出现需求萎靡、生产能力过剩、产品滞销、价格下跌和企业盈利下降的现象。行业景气波动是行业在市场经济下的必然规律。

影响行业景气的外因是宏观经济指标波动、经济周期、产业政策、上下游产业链的供应需求变动，内因是行业本身的需求变动、产能变动、技术创新等。这些因素的共同作用下，行业的需求和供应能力都在发生变化，供需匹配程度就可能发生变化，而导致行业景气的变化。

行业景气指数，又称为景气度，是将能综合反映行业的各种指标进行加权编制而成的，能够反映行业供需关系变动趋势的一种综合指数。行业景气指数通常会包含需求、供应、价格、库存、新接订单等分项指标。

### （三）行业组织结构分析

1. 行业的市场结构

行业的市场结构反映的是市场竞争或垄断的程度。根据行业中企业数量的多少、进入限制程度和产品差别，行业基本上可分为四种市场结构：完全竞争、垄断竞争、寡头垄断、完全垄断。

（1）完全竞争。完全竞争型市场是指竞争不受任何阻碍和干扰的市场结构。其特点是：①生产者众多，各种生产资料可以完全流动；②产品不论是有形或无形的，都是同质的、无差别的；③没有一个企业能够影响产品的价格，企业是价格的接受者而不是价格的制定者；④企业的盈利基本上由市场对产品的需求来决定；⑤生产者可自由进入或退出这个市场；⑥市场信息对买卖双方都是畅通的，生产者和消费者对市场情况非常了解。

完全竞争是一个理论上的假设，该市场结构得以形成的根本因素在于企业产品的无差异，所有的企业都无法控制产品的市场价格。在现实经济中，完全竞争的市场类型是少见的，初级产品（如农产品）的市场类型接近完全竞争。

（2）垄断竞争。垄断竞争型市场是指既有垄断又有竞争的市场结构。在垄断竞争型市场上，每家企业都在市场上具有一定的垄断力，但它们之间又存在相互竞争。垄断竞争市场的特点是：①生产者众多，各种生产资料可以流动；②生产的产品同类但不同质，即产品之间存在着差异；③由于产品差异性的存在，生产者可以树立自己产品的信誉，从而对其产品的价格有一定的控制能力。制成品（如纺织、服装等轻工业产品）的市场类型具有垄断竞争特点。

垄断竞争型市场中，造成垄断的原因是产品差异化且存在用户黏性；造成竞争的原因是产品是类似的，产品存在可替代性。差异化和黏性引起的垄断保护并不是绝对的，在更长时间跨度下，或在较大价差吸引下，用户都可能迁移，从而转化为竞争。

（3）寡头垄断。寡头垄断型市场是指相对少量的生产者在某种产品的生产中占据很大市场份额，从而控制了行业供给的市场结构。寡头垄断形成原因有：①有竞争力的行业初始投入资本较大，阻止了大量中小企业的进入；②超大规模生产后，并不具备持续的规模经济效应，不足以形成垄断型市场。资本密集型、技术密集型产品市场，如钢铁、汽车等重工业以及少数储量集中的矿产品如石油等属于这种类型。

寡头垄断市场上，特定的少数生产者产量非常大，他们对市场的价格和交易具有一定的垄断能力。同时，由于生产者生产的是同一种产品，生产者的价格政策和经营方式对其他生产者有重要影响。现实经济中，这类行业通常存在着一个起领导作用的企业，其他企业跟随该企业定价与经营方式的变化而相应进行某些调整。

（4）完全垄断。完全垄断型市场是指企业独家生产某种特质产品的情形，即整个行业的市场完全处于一家企业所控制的市场结构。特质产品是指没有或缺少相近的替代品的产品。完全垄断可分为两种类型：①政府完全垄断，是根据政府授予的特许专营，通常在公用事业中居多，如国有铁路、邮电等部门；②私人完全垄断，是由于显著的规模经济效应、技术先进或专利生产而建立的私人垄断经营。

完全垄断型市场结构的特点是：①市场被独家企业所控制，其他企业不可以或不可能进入该行业；②垄断者能够根据市场的供需情况制定理想的价格和产量，在高价少销和低价多销之间进行选择，以获取最大的利润；③垄断者在制定产品的价格与生产数量方面的自由性是有限度的，会受到有关反垄断法和政府管制的约束。现实中，没有绝对的完全垄断型市场，每个行业都或多或少地引进了竞争。公用事业（如发电厂、煤气公司、自来水公司和邮电通信等）和某些技术高度密集型行业接近完全垄断的市场类型。

（5）行业集中度。分析行业市场结构时，通常会采用行业集中度指标。行业集中度是指某行业相关市场内前 n 家最大的企业所占市场份额（通常采用产值、产量、销售额、销售量等指标）的总和。最常用的行业集中度（$CR_n$）以某行业排名前 n 位的企业的销售额（或生产量等数值）占行业总的销售额的比例来度量，常用的有 $CR_4$、$CR_5$、$CR_{10}$。行业集中度指标越大，说明这一行业的集中度越高，市场越趋向于垄断；反之，集中度越低，市场越趋向于竞争。集中度是衡量行业市场结构的一个重要指标。

根据美国经济学家贝恩和日本通产省对产业集中度的划分标准，采用 $CR_8$ 行业集中度指标，产业市场结构粗分为寡占型（$CR_8 \geq 40\%$）和竞争型（$CR_8 < 40\%$）两类。其中，寡占型又细分为极高寡占型（$CR_8 \geq 70\%$）和低集中寡占型（$40\% \leq CR_8 < 70\%$）；竞争型又细分为低集中竞争型（$20\% \leq CR_8 < 40\%$）和分散竞争型（$CR_8 < 20\%$）。

2. 产业价值链

（1）产业价值链概念。美国哈佛商学院教授迈克尔·波特在其 1985 年出版的《竞争优势》中提出了价值链（Value Chain）理论。他认为，企业内部各业务单元的联系构成了企业的价值链，一般企业都可以视为一个由管理、设计、采购、生产、销售、交货等一系列创造价值的活动所组成的链条式集合体。企业从事链条上的每一项活动都会产生成本，同时也会带来一定的价值增值，当它出售产品或服务的价格比其花费的成本高时，就可以获得一定的利润。企业的价值活动就是指企业所从事的物质和技术上的界限分明的各种活动，根据其在价值增值过程中的参与形式可以划分为两大类：基本活动和辅助性支持活动。基本活动通常包括生产前的准备、生产机器制造、生产后的产品仓储和分销、销售、广告、服务等；辅助性支持活动通常包括一般管理、财务会计、战略计划、人力资源管理、技术开发和采购等。基本活动和辅助性支持活动的划分需要根据行业具体情况而定，比如，对于技术创新型行业，技术开发就是最关键的基本活动；对于人力驱动型业务的公司，人力资源管理就是重要的基本活动。

产业链分析，实质上就是将某一产业价值链进行分解考察，通过区分和界定处于产业价值链上的不同企业在某一特定产业内的各种活动，比较各个环节的价值和变化，以评价产业链上企业的竞争力和判断产业发展方向。企业的竞争策略是要在关键且重大的价值链活动上形成竞争优势，而不需要在所有价值链活动中都表现优异。所谓关键价值链活动，是产品或服务形成的核心环节，通常也是基本活动中价值量增加最大的环节。企业需要密切关注自身在各价值链活动环节的能力，特别是主要环节的能力，以建立企业在行业内的综合竞争优势。非核心的价值链环节，企业要优化内部管理，也可考虑采用外包或者合作模式，将该环节的优势资源纳入自身的价值链活动中，以实现企业价值链的最优配置。

核心活动和非核心活动的划分是相对的。比如，对于整车行业而言，非关键零配件的生产是非核心活动，一般通过外部采购的方式完成，但是对于生产该零配件的细分行业而言，生产又是其核心活动，需要通过专业化和规模化建立细分行业的竞争力。

（2）行业竞争结构影响因素。迈克尔·波特认为，一个行业激烈竞争的局面源于其竞争结构。一个行业内存在五种基本竞争力量，即潜在入侵者、替代产品、供方、需方以及行业内现有竞争者。

从静态角度看，这五种基本竞争力量的状况及其综合强度决定着行业内的竞争激烈程度，决定着行业内的企业可能获得利润的最终潜力。从动态角度看，这五种竞争力量抗衡的结果共同决定着行业的发展方向，共同决定行业竞争的强度和获利能力。五种力量的作用是不同的，常常是最强的某个力量或某几个力量处于支配地位、起着决定性的作用。

在五种力量中，每种力量都是行业结构或作为行业基础的经济特征和技术特征的一个函数。行业结构是相对稳定的，但又随着行业发展而不断发展演化。五种竞争力量的相对强度，能够以积极或消极的方式影响行业的盈利能力和行业结构。通常成熟性产业的行业结构相对稳定，但如果遭遇重大外部环境变化则会发生巨大变化；成长性产业的行业结构通常变化速度较快且不稳定。例如，一家企业在某行业中已经通过规模优势形成成本领先，并建立了有利的市场地位，传统模式的潜在入侵者较难对它构成威胁，但如果出现采用新技术的低成本替代品时，可能会失去其有利的市场地位。

（3）价值链分析和竞争策略。产业价值链的研究需要把价值链和行业竞争结构分析融合进行，从行业竞争结构角度理解特定行业或公司在价值链当中的优势。这种方法既可以用于行业分析也可以用于公司分析。

不同价值链环节具有不同的特征，也决定了其行业竞争基本策略。

在前端材料和通用零部件生产等产业链环节，其产品标准化程度比较高，主要竞争策略是成本优先，盈利较好的公司通常具有资源禀赋优势或规模优势。

核心零部件和产品组装环节与产品功能有密切关系，具有高度定制化特点，通常该环节和品牌厂商有紧密的协作关系，甚至是一体化生产模式，主要竞争策略是成本优先＋定制响应，盈利较好的公司通常具有规模优势且工艺技术能力强的特征，比如，在 IT 制造领域就出现了高度细化的工艺分工模式。

品牌厂商负责产品综合竞争力，核心价值链活动根据行业有所不同。消费类、服务类行业的用户识别、营销渠道和产品设计是其核心活动，竞争策略是通过规模化获得大众市场，通过差异化建立用户黏性获得较丰厚利润。IT 行业的技术开发和产品设计是核心活动，新产品容易形成规模优势和用户习惯，行业竞争策略主要是技术驱动和先发优势策略。

行业进入成熟阶段后，规模较大的公司会考虑产业链纵向延伸策略。产业链纵向延伸是指企业分别向前或向后价值链（产业链）拓展。以汽车整车厂为例，在汽车整车厂具有一定规模后，可以向上游的发动机、关键设备领域拓展，也可以向下游的汽车金融、汽车运输服务延伸。

产业链分析可以用于指导不同国家或地区根据自己独特的比较优势和竞争优势发展相应核心产业价值链环节，进而围绕核心产业价值链形成有效协作和分工的产业集群。此时产业竞争力的比较不再局限于最终产品或服务，也可以基于产业价值链上的某段价值活动的比较。

价值链分析可以用于技术创新对特定行业影响的研究。比如，液晶面板技术出现对传统电视机行业产生了巨大冲击，因为液晶面板对应的正是传统彩电业价值链的关键环节——显示器件的制造；而在游戏产业，尽管也经历了 2D、3D、虚拟现实技术等多次显示技术的更迭，但是这些技术并非游戏产业的核心价值链活动，所以，并没有对游戏行业造成巨大冲击。

## 三、行业兴衰及主要影响因素

行业兴衰是长期角度研究行业的发展问题。

## （一）行业生命周期

1. 行业生命周期

每个行业都要经历一个由成长到衰退的发展演变过程，这个过程称为行业的生命周期。行业的生命周期可分为幼稚期、成长期、成熟期和衰退期。行业生命周期体现在行业规模上会经历从萌芽——成长——成熟——衰退的发展过程，体现在行业地位上会经历“幼稚产业——先导产业——主导产业——支柱产业——夕阳产业”的过程（见表6－2－1）。

**表6－2－1　行业生命周期各阶段“价格、销售、利润、风险”情况**

| | 幼稚期 | 成长期 | 成熟期 | 衰退期 |
|---|---|---|---|---|
| 销售数量 | 从无到有 | 从少到多 | 稳定增长 | 下降 |
| 产品价格 | 快速下降 | 下降 | 稳定 | 稳定 |
| 盈利 | 亏损 | 快速增长 | 高 | 下降或亏损 |
| 公司数量 | 从无到少 | 从少到多 | 减少 | 下降 |
| 投资风险 | 高 | 较高 | 低 | 高 |

（1）幼稚期。行业幼稚期是行业从无到有的萌芽发展阶段。行业的萌芽发展是因为能够满足人们新的物质文化需求。新行业形成的方式有三种：分化、衍生和新生长。分化是指新行业从原行业中分离出来，分解为一个独立的新行业，比如半导体制造行业分化出了更为专业的晶圆代工。衍生是指出现与原有行业相关、相配套的行业，如汽车业衍生出来的汽车修理业，电池行业衍生出来的电池回收业等。新生长方式是指新行业独立发展而来，这种行业出现通常是技术创新的结果。

幼稚期结束的判断，有人会经验性采用1%～5%的渗透率为参考，但是，更科学的方法是评价产业是否具备大规模产业化或推广条件，一旦具备大规模产业化条件，就表明行业将进入下一行业生命周期阶段。

幼稚期阶段，创业公司的生产工艺或商业模式并不成熟，研究开发费用较高或试错成本较高；因产品竞争力尚未显现或大众对产品缺乏了解，致使市场需求狭小，销售收入较低，因此公司盈利不佳或出现较大亏损。由于幼稚期的公司存在产品性能不足或成本较高等产业化瓶颈问题需要解决，这类公司面临较大的风险，可能因产业化瓶颈无法解决而长期陷入财务困境，甚至引发破产。幼稚期公司的投资回报率和投资风险都很高，适合风险偏好较高的投资者，如创业投资。

（2）成长期。成长期的标志是行业的生产工艺或商业模式开始成熟，产品得到市场认可，需求快速释放，行业规模快速成长。在成长期初期（也称导入期），企业的生产技术逐渐成形，产品或服务趋向可产业化，销售量可能增速很高但绝对量不高，这个阶段的企业可能仍然处于亏损或者微利状态，仍需资金以投入研发、扩充设备、增加人员。成长期中后期，企业的产品和服务具有市场竞争力，并被消费者接受，销售收入和利润开始加速增长，新的机会不断出现，但企业仍然需要注入大量资金来实现高速成长。

成长期的判断标准是产业具备大规模产业化或推广条件。需要注意的是，对于新兴产业，可能因为产业政策支持而提前达成这一条件，比如，在太阳能电池和电动汽车领域。

成长期是行业格局形成的关键时期，企业不断向集团化、大型化方向发展。成长期初期考验的是企业的技术研发能力，能力强的公司因为技术率先突破会获得先发优势，抢占市场先机；成长期中后期考验的是企业综合的运营能力，涉及研发、生产管理、市场营销、投融资等各方面，能力强的公司会建立规模优势，盈利快速增长，并吸引投资，而进一步加强其优势地位。

成长期因为良好的发展前景吸引厂商进入，之后市场竞争优胜劣汰，市场上生产厂商的数量会在一个阶段后出现下降，之后开始逐渐稳定下来。成长期行业机遇与风险并存，这个阶段的公司投资风险较高，破产率与被兼并率都较高；如果投资于其中的优秀公司，投资者往往可以获得丰厚的投资回报。成长期公司投资回报率较高，风险也偏高，适合比较进取的投资者，也是股票投资中需要重点把握的窗口期。

(3) 成熟期。行业成熟期是产品技术成熟、市场需求趋向饱和、行业进入的自然增长的阶段。行业成熟表现在三个方面：①产品成熟，表现为产品的基本性能、式样、功能、规格、结构都将趋向成熟，且已经被消费者习惯使用。②技术和工艺的成熟，即行业内企业普遍采用的是较为稳定的技术或工艺。③行业结构上的成熟，表现为市场结构稳定，行业内企业间建立起了比较稳定的分工协作关系。

成熟期是一个相对较长的时期，具体来看，各个行业成熟期的时间长短往往有所区别。一般而言，技术含量高的行业成熟期历时相对较短，而公用事业行业成熟期持续的时间较长。

行业处于成熟期的特点主要有：①市场趋于饱和，行业增速较低，通常慢于 GDP 增速。②行业呈现集中特点，存续企业规模庞大。成熟期的行业市场经过优胜劣汰，已集中于少数资本雄厚、技术先进的大厂商控制，整个市场的生产布局和份额在相当长的时期内处于稳定状态。厂商之间的竞争手段逐渐从价格手段转向各种非价格手段，如提高质量、提高性能和加强售后服务等。

行业的利润由于产业比较集中、竞争烈度下降而处于较高的水平，企业投资风险也因市场结构比较稳定、新企业难以进入而较低。成熟期公司的投资回报适中，风险较低，适合价值型投资者。

由于技术创新、产业政策、经济全球化等各种原因，某些行业可能会在进入成熟期之后发生变化，可能迎来第二次增长，也可能受到挑战，进入衰退，甚至被终结。

（4）衰退期。行业衰退期是指成熟期后，行业可能进入的规模持续下降阶段。衰退期是经济新陈代谢的表现。行业衰退需要注意区分相对衰退和绝对衰退。相对衰退，是产业在耗尽其增长潜力后，可能会因为消费者偏好变化等原因发生需求下降，或因为产品价格下降而导致产业规模进入缓慢衰退，其特点是衰退进程缓慢，衰退期时间比较长。大量传统行业在成熟期后都会处于相对衰退，但行业本身会存在很久，甚至会与人类社会长期共存，如钢铁业、纺织业、烟草业。绝对衰退是行业因技术停滞、产品老化、缺乏竞争力而被替代，行业规模快速萎缩，其特点是衰退进程很快。绝对衰退是更典型的衰退，也是最值得研究的衰退现象，比如固定电话在手机出现后进入衰退，胶片相机在数码相机出现后进入衰退。

衰退期的行业特征：①行业需求下降，厂商预期保守，资本开支将显著下降，行业供应能力下降。②当产能的自然淘汰速度快于需求下降速度的时候，行业供需平衡能够保持，行业盈利毛利率基本稳定，但行业规模逐渐收缩，厂商数量减少，市场份额向优势公司集中；当产能自然淘汰速度慢于需求下降的时候，行业面临产能过剩，盈利下降，部分公司因破产而推出，市场份额向优势公司集中。衰退期公司的投资风险较高，尤其是被替代行业的公司投资风险极高。

2. 行业生命周期的研究重点

行业生命周期研究需要围绕市场渗透率和市场规模增速，以判断行业所处的周期阶段。研究重点也需要根据产业生命周期阶段而变化，以适应不同产业阶段的产业驱动核心因素的变化。

幼稚期的核心驱动力是技术进步。这个阶段主要保持对关键技术的紧密跟踪，了解技术现状以及未来演进的速度；研究行业应用场景，并对重要场景开展大规模产业化前景的量化评价。幼稚期并没有确切的量化判断指标，一旦行业在重要应用领域满足大规模产业化条件，就表明行业即将结束幼稚期，进入下一阶段。幼稚期投资通常采用技术先发策略。

成长期的核心驱动力是技术和产业化推动并重。这个阶段仍需要保持对关键技术的紧密跟踪；关注产业化推进能力，研究行业规模和成本的关系，以判断产品价格下降速度；从技术性能和成本角度综合评价产品竞争力。在投资选择方面，成长前期通常根据产业化推进采用先发优势策略进行研究，成长中后期则需要转向龙头公司策略，更全方面地进行公司竞争力评估。

成熟期行业驱动力减弱，投资选择通常关注龙头公司，并关注其新技术研发和多元化发展能力。

衰退期行业规模下降，如果是被新行业替代的绝对衰退行业，通常是回避。

新产品的进入规模化量产的临界点是幼稚期和成长期的分界点，也是行业生命周期研究的重要课题。只有能够跨越临界点的新产品或新服务，才真正走出试验阶段；具有大规模推广的条件，才能够给企业带来丰厚收益。临界点的研究需要基于特定应用场景，研究新产品对于用户的效用。在替代型技术创新中，经常采用对标分析方法，在性能相当情况下，预测评估新产品使用带来的经济性，经济性为零视为临界点。

例如，在对 LED 照明的跟踪研究中发现，由于持续的技术进步，2010 年 LED 照明的发光效率已经比荧光灯高 50%，产品价格已经下降到约 9.75 元/瓦，产品寿命达到 15 000 小时，基于工商业办公照明平均电费和平均照明时长等基本场景假设来判断，LED 已经比荧光灯更有经济性。由于办公照明是照明领域最大的单一应用场景，LED 照明一旦具有经济性，表明其对传统照明技术的全面取代已经被确认。

### （二）行业兴衰的主要影响因素分析

1. *行业兴衰的主要影响因素和发展环境*

行业兴衰是内外因素综合作用的结果。内部因素是行业自身的技术创新、生产组织或商业模式等因素，外部因素是行业所处的发展环境。

行业外部发展环境需要关注各种外部因素对行业的影响，如相关产业的技术进步、产业政策、货币政策、财政政策、产业组织创新、社会习惯改变和国际贸易等。

发展环境分析需要从行业需求、生产要素供应、替代品、行业政策环境等角度进行综合评估，以便建立前瞻性的研判体系。定量研究需要把上述影响因素反映到产品竞争力评价和行业需求预测当中。量化研究有助于得到更全面、科学的研究结论，也能够精细评估行业发展环境的相对变化。比如，可以通过对新能源汽车的应用推广的量化研究判断，更科学把握其对传统燃油车生产体系影响的进程，更好把握传统汽车产业链投资面临的风险。

2. *技术进步*

技术进步是行业内外都需要关注的关键因素。研究中，尤其需要关注行业关键环节的技术进步和工艺升级，所谓关键环节是行业核心功能形成的环节。

（1）技术进步的行业特征。技术进步的行业就是持续实现技术提升而推动产业快速发展的行业。典型的技术进步行业有 IT 产业、生物技术产业、新能源产业、新材料产业等。最典型的例子是集成电路产业的发展，半导体技术的持续进步使集成电路产品每 18 个月到 24 个月就可以实现性能翻番，产品性能的提升极大地拓展了半导体产业的应用。在过去的 50 年，集成电路一直是 IT 产业高速发展的核心驱动力量，使得 IT 行业成为全球主导产业集群。

技术进步行业具有广泛的辐射影响力，尤其是 IT 产业，对各行各业都产生了深远影响，推动传统产业的技术进步。数字化和智能化相结合的智能制造正逐渐渗透到制造业；人工智能技术对信息处理类和知识创造类行业都正在产生深远影响，例如，相关技术极大加强加快了新药的研制。

技术进步需要不断进行研究开发投入，所以这类行业具有高研发开支的特点。研发活动的投入强度成为划分高技术群类和衡量产业竞争力的标尺。研究开发的投资强度比设备硬件的投资强度更能体现一个国家和一个产业技术进步的实力与潜力。

技术进步行业通常具有比较高的技术风险，重大技术创新可能使行业格局发生巨大改变。比如太阳能电池领域，在追求光电转换效率和规模化能力的竞赛中，经历了多次主流技术的变迁，而每次主流技术变化，都可能导致领导厂商的更迭。

（2）技术进步对行业的影响。科学技术进入新兴学科不断涌现、日新月异的加速发展时代，而且理论科学向实用技术的转化速度也大大加快。

技术进步加快了行业的新旧更替。新产品性能优良，在大批量生产后市场价格大幅度下降，很快被消费者所接受。技术创新行业是全球经济的主要驱动力，在催生了一个又一个新行业的同时，往往也使一些旧行业进入衰退期，例如大规模集成电路计算机取代了一般的电子计算机，电子数码相机取代了胶片相机，LED 电光源取代了古老的白炽灯等传统电光源技术。

传统行业也在拥抱技术创新，利用技术进步行业的最新成果，探索新的业务模式、拓展新的市场空间。IT 技术成为其他行业的工具箱，各行各业都在将最新的 IT 技术，如互联网、移动互联网、云计算、人工智能技术和自身行业场景结合，赋能传统业务，保持行业生命力。

（3）新技术应用对行业生命周期、行业结构演变的影响。新技术是技术进步行业的核心驱动力，也是决定行业生命周期的关键力量。如果采用新技术创造出前所未有的新产品，将开创一个全新的产品生命周期，如第一次出现的计算机、手机。如果新技术可以复制出性能更好或成本更低的新产品，将开启替代型创新的产品生命周期，新产品在快速发展的同时也促使一个旧产业进入被替代的衰退期，如液晶面板对显像管的替代，互联网传媒对平面传媒的替代。

传统行业一旦取得重大新技术突破，有可能会改变原有的行业生命周期的发展路径。新技术可能通过新场景应用拓展，使传统行业获得行业第二次增长。如果新产品只是强化了原有应用场景的功能，通常并不会改变行业生命周期阶段。

全新产品的导入期和成长期是其产业结构形成的关键阶段。在这个阶段，技术领先和规模优势的公司会迅速占据有利地位，行业结构在成熟期会进入稳定状态。比如在互联网领域，在导入期和成长期具备优势的公司会迅速崛起，并快速形成规模优势地位。

替代型创新对行业结构的影响，取决于其对原有产业价值链的取代程度。如果技术创新是对产业价值链主要环节的全面取代，行业将完全重构，具有新技术的公司通常会获得行业优势地位。如果只是对一部分关键价值链环节的取代，则可能发生部分重构，新技术公司通常在被取代的价值链环节形成专业分工优势地位。

技术迭代本质上就是替代型创新的一个类型，也可能对行业结构有重大影响。如果技术迭代发生在行业关键核心制程，则新一代的技术有可能推动行业结构的调整，通常新技术公司将取得相对优势，这种现象在重资产技术驱动行业时常发生。

3. 社会经济发展引起消费变化

随着社会经济发展、生活水平改善、人均寿命增长、文明程度提高，人们对物质文化需求都会发生变化，从而对某些商品的需求发生变化，影响行业兴衰。如人们更注重生活的质量，天然食品备受人们青睐；健康投资从健身走向美丽；政府和居民具有更高的环保意识。这些社会观念、社会习惯、社会趋势的变化会使一些陈旧行业衰退的同时，也会孕育新兴行业的发展。

在收入相对比较低的时候，由于恩格尔定律的作用，人们对必须生活用品有较大需求。随着收入水平的提高，生活消费品支出占消费总支出的比例逐渐下降，人们需要更多的服务消费和金融投资，从而使金融、旅游、教育、医疗、体育、文化等行业从中获得了更快增长。

消费变迁研究，可以通过观察特定行业和社会经济发展变量的相关关系进行研究，也可以参考其他国家的发展历程进行对标研究。常用的社会经济发展变量有人均 GDP、人均可支配收入、城镇化率等。

4. 经济全球化

（1）经济全球化。所谓经济全球化，是指商品、服务、生产要素与信息跨国界流动的规模与形式不断增加，通过国际分工，在世界市场范围内提高资源配置效率，从而使各国经济相互依赖程度日益加深的趋势。20 世纪 90 年代以来，全球化的整体趋势加强。1995 年 1 月 1 日世界贸易组织诞生，标志着世界贸易进一步规范化，世界贸易体制开始形成。中国于 2001 年 12 月 11 日正式加入世界贸易组织。

经济全球化导致产业的全球性转移。发达国家将低端制造技术加速向发展中国家进行产业化转移。高新技术行业逐渐成为发达国家的主导产业，传统的劳动密集型、低端技术的资本密集型行业向发展中国家转移。发达国家通过掌握传统行业的核心技术，并通过不断向发展中国家转让其技术专利取得市场利益。这种梯度式的全球产业布局会因为主要经济体的经济发展而不断调整，以实现产业生产基地的最佳配置。

经济全球化要求产业在更大规模上进行资源优化配置，信息产业发展使得产业分工细化。早期的国际分工是基于各国比较优势行业的商品交换，表现在国际贸易上是行业间的贸易。随着经济全球化的日益加深，跨国公司在全球范围内寻求资源的最佳配置，将其产业链的不同环节分别布局在不同的国家。国际分工表现在贸易结构上，就是行业内贸易和公司内贸易的比重大幅度提高。尤其在 IT 产业，由于具有单品规模大、产业链长、产品附加值高的特点，产业呈现了更加专业化分工。

经济全球化使国际分工的规则基础出现了重要变化。传统的国际分工理论认为，国际分工的基础是各国的资源禀赋。随着经济全球化深化，决定各国比较优势的因素中，资源禀赋作用在减弱，后天因素的作用逐步增强，所谓后天因素，包括政府的效率、市场机制完善的程度、劳动者掌握知识与信息的能力、自身市场规模等。

（2）产业国际分工下的产业发展路径。产业发展除生命周期路径以外，还有一条是产业升级发展路径。所谓产业升级发展就是行业可以通过提升资本密集度和技术密集度而进入更高附加值的产业环节，获取更丰厚的利润。比如我国的电子产业从最早的组装产业、发展到电子零部件产业、再到集成电路等核心零部件的发展；半导体产业本身也经历从半导体封装、到芯片制造和芯片设计、再到半导体材料和设备的发展历程。

国际分工下的产业发展阶段也可以进行类似生命周期阶段的划分。产业发展阶段通常跟踪该产业在全球市场占比。已经具备全球竞争力的行业，全球制造占比通常较高，其未来的行业增长空间相对有限；尚待技术能力突破的行业，产业的全球占比通常较低，其未来具有更大的增长空间。比如在集成电路制造的高端制程和设备领域，我国占比都较低，这表明这些产业未来还有巨大的发展空间。

5. 产业政策

政府对于行业的管理和调控主要是通过产业政策来实现的。产业政策是国家（政府）系统设计的有关产业发展的政策目标和政策措施的总和。产业政策可以包括产业结构政策、产业组织政策、产业技术政策和产业布局政策等部分。其中，产业结构政策与产业组织政策是产业政策的核心。全球竞争加剧的背景下，我国产业体系面临的挑战不断加大，产业政策对于我国长期经济发展具有更加重要的战略意义。

（1）产业结构政策。产业结构政策是根据现阶段发展水平和进一步发展的要求，遵循产业发展演变的规律，提出在较长一段时期内产业发展的目标和方向。产业结构政策是行业发展重点的优先顺序的政策措施，其目标是促使行业之间的关系更协调、社会资源配置更合理，使产业结构高级化。

对战略产业的引导和鼓励。所谓战略产业，一般是指具有较高需求弹性和收入弹性、能够带动国民经济其他部门发展的产业。战略产业的扶植政策是对战略产业的发展起鼓励、刺激和保护作用的产业政策。

对衰退产业的转型与转移政策主要包括完善金融支持、产业淘汰与升级、出台倾斜性财税政策、产业撤让及调整等，旨在减少经济损失、维护社会稳定。例如 20 世纪 50 年代，日本政府通过税收和金融政策手段对煤炭、铝、合成纤维、船舶、化肥、石化等衰退产业提供支持，实现行业的设备处理、事业转移。

（2）产业组织政策。产业组织政策是调整市场结构和规范市场行为的政策，以“反对垄断、促进竞争、规范大型企业集团、扶持中小企业发展”为主要核心，其目的在于实现同一产业内企业组织形态和企业间关系的合理化。产业组织政策主要包括市场秩序政策、产业合理化政策、产业保护政策。

（3）产业技术政策和产业布局政策。产业技术政策是促进产业技术进步的政策，是产业政策的重要组成部分。它主要包括产业技术结构的选择和技术发展政策，鼓励采用先进技术等方面；促进资源向技术开发领域投入的政策。

产业布局是产业存在和发展的空间形式。产业布局政策的目标是实现产业布局的合理化。一般遵循以下原则：①经济性原则，即保证那些投资效率高、经济效益好、发展速度快的地区优先发展；②合理性原则，即鼓励各地区根据自身资源、经济、技术条件，发展具有相对优势的产业；③协调性原则，即促进地区间的经济、技术交流，形成合理的分工协作体系；④平衡性原则，即在加快先进地区发展的同时，逐步缩小先进地区与落后地区的差距。

（4）主要经济体加强产业政策力度。从国际来看，近年来全球主要经济体均加大产业政策出台力度，更加强调科技创新及产业链自主可控。在各种突发事件影响下，全球产业链、供应链安全性、稳定性受到挑战，主要发达国家更加重视加强对本国重点产业及科技创新支持，“再工业化”趋势明显。

（5）我国产业政策的发展。我国比较系统地实行产业政策是在20世纪80年代后半期。在此以前，产业政策的内容主要体现在国民经济发展计划之中。1989年3月15日，国务院发布《关于当前产业政策要点的决定》，成为我国第一个正式的产业政策。20世纪90年代，我国产业政策工作逐渐步入正轨，国家先后制定并颁布了一系列的产业政策、规划。加入WTO后，我国通过产业政策强化对行业发展的指导。

党的十八大以来，在创新驱动发展的战略导向下，我国产业政策不断丰富化。一方面，更加注重创造良好的产业发展环境，主要包括深化体制机制改革、营造公平竞争市场环境、完善金融扶持政策、加大财税政策支持力度、健全多层次人才培养体系、完善中小微企业政策、扩大对外开放以及健全组织实施机制等。另一方面，高度强调技术创新对于产业发展的引领作用，例如2017年、2019年分别发布“增强制造业核心竞争力三年行动计划”，2022年科技部、财政部印发《企业技术创新能力提升行动方案（2022—2023年）》，均高度强调技术创新在产业发展中的作用。党的二十大报告指出，要“建设现代化产业体系”，“坚持把发展经济的着力点放在实体经济上，推进新型工业化，加快建设制造强国、质量强国、航天强国、交通强国、网络强国、数字中国”，建设现代化产业体系成为产业政策的主线之一。2023年中央财经委提出要“保持并增强产业体系完备和配套能力强的优势，高效集聚全球创新要素，推进产业智能化、绿色化、融合化，建设具有完整性、先进性、安全性的现代化产业体系”，进一步明确建设现代化产业体系的目标和任务。

6. 货币政策、财政政策

货币政策是指中央银行为实现其特定的经济目标而采用的各种控制和调节货币供

应量和信用量的方针、政策和措施的总称。货币政策通过利率和信贷总量等政策工具影响整体借贷市场供应和贷款成本，进而影响行业需求。如房地产需求会受到货币政策的影响，宽松货币政策会增加信贷供应、降低贷款成本，刺激房地产销售上升和价格上涨。

财政政策是政府通过调整税收政策和财政支出结构以影响总需求，从而促进就业和国民收入增长的政策。税收决定了消费者和厂商的相应税负，税收政策调整可以改变消费者和厂商的行为，如对新兴产业的税收政策支持，可以促进更多资金投向该行业。财政支出则可以鼓励扶持特定行业发展或稳定市场需求的作用，如针对新能源汽车的补贴可以促进电动汽车的推广，家电下乡补贴则可以拉动农村地区的家电销售。

7. 重组、并购等资本市场活动

重组和并购是企业之间的重大资本市场活动。资产重组是指两个主体之间就资产或资产附属权力的重新配置；并购是两家或者更多的独立企业，合并组成一家企业。重组和并购可以增加产业资源的流动性，方便资本进入和退出，有利于行业更有效率的发展。

资产重组可以促进资源的优化配置，有利于产业结构的调整和产业健康发展。资产重组有利于资产向更有效率的厂商转移，有利于提升行业整体效率；资产重组是存量资产的重新配置，也是产业资本退出的一种途径，这有助于改善行业供需关系。

并购可以促进行业内资源和经营管理的整合优化，显著加快产业规模化进程。并购在资产整合以外，还可以全面实现技术研发、生产管理、销售渠道等各环节的优势互补，成功的并购使优势公司竞争力进一步加强，行业加速向优势公司集中。

资本市场活动在不同生命周期阶段具有不同侧重，与行业所处生命周期阶段的竞争核心要素有关。比如，幼稚期的资本市场活动通常围绕关键技术开展；成长期通常围绕核心制程、产品线扩张、产业链一体化（或专业分工）。

# 第三节　公司分析

## 一、公司分析概述

### （一）公司分析的概念

公司是指全部资本由股东出资构成、以营利为目的而依法设立的一种企业组织形式。在证券投资分析中，公司分析的对象主要是指上市公司，以及一些与上市公司存在关联关系或收购行为的非上市公司。

公司分析是指为了判断公司投资价值，对公司进行的分析，本书将介绍公司基本分析、公司财务分析和公司重大事项分析。

### （二）公司分析的方法

公司分析的方法包括定性分析和定量分析，通过对比分析（如横向可比分析和纵向产业链分析）、边际分析（如考虑产销规模）、统计分析（如回归分析）等方式切入，对公司发展前景、经营战略、竞争能力、财务状况、盈利能力、经营管理效率等方面进行全面分析。

公司分析需要的信息众多，信息主要来源有政策、行业、公司、竞争对手、相关产业链等，具体如下：

1. 政府部门、行业协会、证券交易所等机构发布的政策、市场、行业以及企业相关信息；
2. 公司按照法定信息披露义务通过指定媒体公开披露的信息；
3. 公司及其子公司通过公司网站、新闻媒体等公开渠道发布的信息，以及通过股东大会、新闻发布会、产品推介会等非正式公告方式发布的信息；
4. 证券公司以及咨询公司研究部门所出具研究报告中包含的行业数据或者公司信息；
5. 通过公司调研或者市场调查，从公司及其子公司、供应商、经销商等处获取的信息；
6. 从信息服务机构等第三方合法取得的市场、行业及企业相关信息；
7. 经公众媒体报道的公司及其子公司的其他相关信息等。

公司分析所收集的信息通常需要经过处理加工后才能使用，包括去重、处理异常值或缺失值、数据转换、数据标准化（格式）、数据直接逻辑相关性验证等，经处理的信息在数据口径、单位、货币汇率、数据格式等方面应保证一致或具有关联性，适合进行比较分析。

## 二、公司基本分析

公司基本分析包括资源分析、核心竞争力分析、治理结构分析、经营决策分析、成长性分析、盈利预测分析、上市公司调研。

### （一）公司资源分析

公司资源是指公司所拥有或控制的有效因素的总和，主要包括有形资源、无形资源、人力资源等。资源禀赋是公司独特的资源，这是其获得超额盈利、保持竞争优势的重要基础。公司资源研究重点在于把握其是否具有以下特征：

1. 独特稀缺性。稀缺性资源并非所有竞争者都能轻易取得，其能为公司带来资源方面的独特优势，如独特的地理位置、矿产资源、水资源、能源、交通、通讯设施、专利生产技术等。

2. 不可模仿性。部分资源需要经过长期累积及多年完善优化才能获得，短时间内难以被模仿复制，不仅是竞争优势的来源，也是价值创造的核心，如企业管理、研发能力、营销体系等。

3. 市场自然垄断性。公司市场资源受到市场规模的制约而不可无限复制，尽管竞争对手已具有复制其资源的能力，但因特定市场空间有限，不能支撑新的竞争者进入，因此不能与其竞争。

4. 持久性。可持续的资源禀赋才能使公司保持长久的竞争优势。比如，公司可通过持续更新换代或开发新产品新产线而保持持久性；驰名商标品牌，可以溢出、渗透、辐射到相关产品以获得持续竞争优势。

### （二）公司核心竞争力分析

公司核心竞争力是公司在开展生产经营业务过程中，将各种能力、资源有机结合后形成的，能够形成竞争优势的能力。核心竞争力分析是公司分析的关键，主要分析方法包括产业链上下游比较、行业内竞争对手分析、寻找成本驱动力、业务价值链分析等。

核心竞争力的构成要素包括：

1. 技术研发能力

技术研发能力分析主要体现在研发投入能力意愿和研发效率产出两方面。研发投入能力意愿影响公司长期经营生产模式和竞争能力，是保持竞争活力、决定竞争成败的关键因素。研发效率可以通过研发成果得以体现。研发投入力度通常可以通过研究开支占营业收入或总资产比例的大小进行分析判断，研发项目的累计投入金额和持续年份可以评价公司的研发意愿。

研发效率可以通过研发成果来体现，如：（1）通过新核心技术研制，开发出新产品或提高产品质量；（2）通过新工艺研究，改进生产方式，降低生产成本；（3）根据细分市场需要，实行产品差别化定位和生产；（4）通过产品研发，获得新的原料或半成品供给来源。这些研究都可以通过对比研究进行量化评估。

2. 生产管理能力

生产管理是公司最基本的生产经营活动，生产管理能力集中体现在生产过程中能否获得成本优势和产品质量优势。

成本优势是指公司的产品依靠低成本获得高于同行业其他企业的盈利能力，一般通过毛利率进行综合比较。生产成本主要包括原材料成本、劳动力成本、制造费用，成本优势的形成要围绕这些项目进行研究。产品的成本优势可以通过规模经济、专有技术、优惠的原材料、低廉的劳动力、科学管理、高效营销网络等获得。规模经济是决定产品生产成本的最重要因素，规模经济效应是指随着业务规模提升，成本费用将持续降低的现象。

质量优势是指公司产品在相同产品价格下，产品质量优于竞争对手。产品质量分析可以通过市场调研、竞品比对、问卷调查、各品牌数据分析以及阅读第三方研究报告等方式进行，也可以用产品退回率、保修费和维修费的计提、资产减值情况等进行验证分析。

3. 营销能力

公司营销能力，是公司产品竞争能力、销售活动能力和市场决策能力的综合体现。

产品竞争能力主要从产品的市场地位、收益性、成长性等方面来分析。市场地位分析的目的是判断公司在所处行业中的竞争地位，如是否为领导企业，是否在价格上具有影响力，是否有竞争优势等。衡量公司行业竞争地位的主要指标是产品的市场占有情况，通常可以从两个方面进行考察：其一，公司产品销售市场的地域分布情况；其二，公司产品在同类产品市场上的占有率及其变化。市场占有率越高，表示公司经营能力和竞争力越强。

销售活动能力是对公司销售组织、销售绩效、销售渠道等方面的综合考察。销售组织分析主要包括对销售机构、销售人员和销售管理等基础数据的分析。销售绩效分析是以销售计划完成率和销售活动效率分析为主要内容。销售渠道则主要分析销售渠道结构中间商评价和销售渠道管理。

市场决策能力是领导者结合产品竞争能力和销售活动能力，对整体市场进行把握决策的能力。产品的品牌战略是公司市场决策能力的重要体现。

4. 财务运营能力

财务运营能力的分析主要涉及两个方面：一是筹集资金的能力；二是使用和管理资金的能力。分析筹集资金的能力时应对比分析公司资金成本的相对高低；使用和管理资金的能力可以用投资报酬率、销售利润率和资产周转率类指标来衡量。此外，财务运营能力分析，也需要关注与之相匹配的财务风险水平，通常以资产负债率、流动比率和已获利息倍数等指标来衡量。

## （三）公司治理结构分析

1. 公司治理结构

公司治理结构有狭义和广义两种定义。狭义上的公司治理结构是指有关公司董事会的功能、结构和股东的权利等方面的制度安排。广义上的公司治理结构是指有关企业控制权和剩余索取权分配的一整套法律、文化和制度安排，包括人力资源管理、收益分配和激励机制、财务制度、内部制度和管理等。

研究治理结构的意义在于：（1）完善的公司治理能够提高信息披露质量，降低虚假披露和信息泄露的概率，提高信息透明度和财务信息可靠性，从而有助于投资者辨别公司风险和价值的能力，获得更好回报。（2）完善的公司治理能够使公司有意愿持续改善经营环境，提升经营业绩以获得更好声誉，提升公司价值和影响力。

公司治理研究应包含内部治理结构和外部治理机制。内部治理结构主要侧重于公司的内部治理，包括股东大会、董事会、监事会、高级管理团队及公司员工间权责利相互监督制衡的制度体系。外部治理机制主要包括除企业内部的各种监督机制外的各项市场机制对公司多维度的监督与约束。根据 2018 年 9 月 30 日中国证监会发布的《上市公司治理准则》规定，上市公司治理体系规范至少体现在以下方面：

（1）完善的公司章程及与治理相关的文件；（2）保障和维护股东权利；（3）有效的股东大会制度；（4）对董事会权力的合理界定与约束；（5）完善的独立董事制度；（6）明确监事会的独立性和监督责任；（7）优秀的职业经理层；（8）机构投资者及其他机构发挥积极作用；（9）相关利益者的共同治理；（10）建立并执行完善的信息披露事务管理制度。

2. 公司股权结构

股权结构是公司治理结构的基础。许多上市公司的治理结构出现问题都与股权结构有关。通常来讲，股权结构包含两个层次，即股权集中度和股权构成。

根据股权集中度不同，股权结构主要分为：（1）股权高度集中，绝对控股股东一般拥有公司股份的 50% 以上，对公司拥有绝对控制权；（2）股权高度分散，单个股东所持股份的比例均较低（通常不超过 10%），公司没有具有绝对影响力的大股东，所有权与经营权基本完全分离；（3）公司拥有较大的相对控股股东，同时还拥有其他大股东，所持股份比例在 10% ~50% 之间。

从股权构成方面，股权结构是指不同背景的股东所持股份所占的比例及其相互关系，主要包括国家股东、法人股东及社会公众股东等。股东可以凭借所拥有的股份主张一定的权力。

股权结构对公司治理影响包括两层含义：（1）股权集中度，是否会因控股股权集中而损害中小股东利益；（2）股权结构中，是否有重要机构投资者、战略投资者，发挥他们在公司治理中的积极作用。

3. 环境、社会责任和公司治理（ESG）披露

当前全球气候环境问题逐渐显现，我国“双碳”目标实现日期日益临近，可持续发展成为世界各国发展战略的主旋律，ESG 投资也成为资本市场高度关注的主题之一。我国近些年陆续出台了系列措施积极推进 ESG 投资，规范企业 ESG 信息披露行为。

（1）环境信息披露基本框架：属于环境保护部门公布的重点排污单位的公司或其

主要子公司，应当根据法律法规等要求披露环境信息，如排污信息、防治污染设施的建设和运行情况、行政处罚的情况等。重点排污单位之外的公司应当披露报告期内因环境问题受到行政处罚的情况，并可以参照上述要求披露其他环境信息。鼓励公司自愿披露环境责任的相关信息。

（2）社会责任信息披露基本框架：鼓励公司主动披露积极履行社会责任的工作情况，包括但不限于：公司履行社会责任的宗旨和理念，股东和债权人权益保护，职工权益保护，供应商、客户和消费者权益保护，环境保护与可持续发展，公共关系，社会公益事业等方面情况。鼓励公司积极披露报告期内巩固拓展脱贫攻坚成果、乡村振兴等工作具体情况。

（3）公司治理信息披露基本框架：公司应当披露公司治理的基本状况和治理框架等信息。公司应当说明控股股东、实际控制人在保证公司独立性方面的具体措施；存在独立性问题的，应当说明具体解决方案；控股方或其控制企业的竞争性业务情况和解决措施；具有表决权差异安排的，应根据要求披露详细情况；应当披露内部控制制度建设及实施情况，如有重大缺陷，应当说明具体情况及整改计划、整改效果等；应当披露报告期内对子公司的管理控制情况。

公司应当介绍股东大会、董事会召开情况和董事履职情况；应当介绍董事会下设专门委员会成员情况和会议情况，存在异议的应当具体披露；应当披露监事会发现的有关风险的简要意见，或监事会对报告期内的监督事项无异议；应当披露利润分配政策，特别是现金分红政策情况，说明是否程序合规，是否充分保护中小投资者的合法权益，是否由独立董事发表意见，是否有明确的分红标准和分红比例。

公司应当披露董事、监事和高级管理人员的基本情况、年度报酬情况、专业背景、主要工作经历，目前在公司的主要职责，以及近三年受证券监管机构处罚的情况；应当披露母公司和主要子公司的员工情况；应当披露股权激励计划、员工持股计划或其他员工激励措施在报告期的具体实施情况。

### （四）公司经营决策分析

#### 1. 财务决策

企业财务决策分析是对资金筹措、使用的综合分析，包括营运资本、现金、应收款项、存货、应付款项等流动性较强的项目管理分析，以评价企业的财务活动是否取得最佳经济效益。

（1）营运资本管理。营运资本管理主要分为流动资产管理和流动负债管理。流动资产管理追求最优投资规模，需同时考虑资金持有不足产生的资金短缺风险以及资金持有过度承担的额外成本。流动负债管理是指制定营运资本筹资策略以确定在筹资方式上采用短期资金来源和长期资金来源的比例。

（2）现金管理。现金是企业中流动性最强的资产，置存现金主要是满足交易性、预防性和投机性需要。现金管理的方法主要包括：现金流平衡，流入与流出的时间趋于一致；加速收款，提高信用考核等级，缩短应收账款时间；推迟应付账款，在不影响信誉的前提下，尽可能地推迟应付款的支付期，充分运用供货方所提供的信用优惠。

（3）应收款项管理。应收款项管理主要分为信用管理和收款管理。信用管理要素包括信用期的设置、信用标准的设定和现金折扣的配合等。收款管理要素包括对应收款项回收情况的监督（如账龄分析）、收账催账方式、坏账管理等。公司应收款项管理需要对成本效益作出权衡，如公司信用管理政策收紧则可能会损失部分信用等级欠佳的客户。

（4）存货管理。存货管理需要考虑各种存货成本与存货效益之间的权衡。企业储存存货可以保证生产或销售的经营需要，同时能够一定程度上应对价格变化的冲击。但过多的存货将占用较多的资金，并且会增加包括仓储费、保险费、维护费、管理人员工资在内的各项开支，使成本上升。因此，需要进行权衡，达到两者的最佳结合。

（5）短期债务管理。短期借款主要管理方式包括商业信用筹资和短期借款筹资管理。商业信用筹资是指在商品交易中由于延期付款或预收货款所形成的企业间的借贷关系，不承担筹资成本，但可能会牺牲部分的现金折扣。短期借款可以随需要灵活安排快速借贷，但短期内需要归还，某些情况下大额短期借款偿还可能导致企业出现现金流风险。

2. 投资决策

投资决策追求在有限的资金资源下实现最佳投资回报，在公司决策中具备较高的重要性和战略意义。投资决策考虑因素包括：（1）投资决策应以明确的投资目标为前提以体现企业竞争战略，大型投资项目通常具有重要战略意义；（2）投资决策需要分析、比较、择优，其中项目回报能力及回报时间是重要的选择依据，也应考虑项目经营风险；（3）投资决策需要在公司有限的资源范围内进行。

投资决策评价方法主要包括：（1）净现值法；（2）回收期法；（3）内含报酬率法。重点是内含报酬率法，这是项目投资效率评价的通行指标。内含报酬率是指能够使未来现金净流量现值等于原始投资额现值的折现率，或者说是使投资项目净现值为0的折现率，是项目本身的投资报酬率。内含报酬率法反映了投资项目的真实报酬率，在实务中有较多应用。

3. 筹资决策

企业筹资方式主要为债务筹资和普通股筹资。筹资决策是指企业通过筹资方式的组合使企业资金结构最优化，兼顾资金成本低和企业资金安全的目标。

长期债务筹资可匹配企业长期资金需求，其资本成本一般比普通股筹资资本成本低。长期负债筹资一般利率会高于短期负债利率，且负债的限制较多，即债权人经常会向债务人附加提出一些限制性的条件以保证企业的还款能力。债务筹资不会分散原有股东的控制权，但是债务增加企业杠杆，使公司运营具有更高风险。

普通股筹资通常不需要归还本金且没有固定的股利负担，但因投资者承担更高风险，故普通股筹资成本高于长期债务筹资。普通股筹资可以提高公司的信用价值，为使用更多的债务资金提供了强有力的支持，能增加公司信誉，也可以采用比较灵活的方式融资，筹资限制较少。普通股筹资可能会增加新股东，削弱原有股东对公司的控制。

除以上两种最常见的融资方式外，还有混合融资方式，如优先股筹资、永续债筹资、附认股权证债券筹资、可转换债券筹资等。

4. 股利决策

股利决策是公司是否进行股利分配事项的相关决策，公司股利分配时通常需兼顾股东对股利的要求，也要考虑到公司未来发展的资金需求和安全需要。投资者在分析研究公司股利决策时，应结合公司盈利稳定性、投融资决策、再投资回报能力和实际经营能力等评价其股利决策，判断其是否实现公司价值的最大化。

股利分配受到多种因素的影响。公司未来业务发展的资金需求是决定股利政策的关键，通常在成长期的公司分红率较低，而成熟期公司则分红率较高。公司运营的安全也是股利政策需要考虑的因素，这通常与公司盈利稳定性、流动性管理等有关。比如，周期类公司在盈利好的时候，也会多保留一部分收益，以备不时之需。

在我国上市公司的股利分配实践中，股利支付方式主要是现金股利、股票股利或者两种方式混合分配方式。现金股利是以现金支付的股利，它是股利支付的主要方式。公司支付现金股利除了要有累计盈余（特殊情况下可用补亏后的盈余公积金支付）外还要有足够的现金。股票股利是公司以增发股票作为股利的支付方式，其结果是股数增加的同时每股权益同比例被摊薄，并无实质影响。国际市场上，股票回购也是一种常规的分配形式。

### （五）公司成长性分析

公司成长性分析是在公司基本分析的各项内容的基础上，对公司未来业务增速的研究分析，成长性分析最终要落实到财务模型的关键假设上。成长性分析可以关注如下三个方面：

1. 分析公司成长的核心驱动类型是收入驱动还是资产驱动

收入驱动型公司的特征是其资产负债规模的发展主要取决于收入规模的扩张，通常资产负债规模伴随收入增加而增加，其收入规模通常可以代表其业务规模。传统生产型行业如制造业，以及商业、非金融服务业均属于收入驱动型。资产驱动型公司的特征是其收入的规模直接取决于资产负债的规模，银行业是典型的资产驱动型行业。

2. 分析公司成长属于内生增长还是外延增长

内生增长是指完全通过公司现有资产和业务，通过内生的技术进步或产能扩张等实现持续增长，而内生的技术进步是保证经济持续增长的决定因素。外延增长是指通过收购、兼并、重组等方式来扩大企业规模，从而实现迅速增长，具体包括横向一体化和纵向一体化等类型。横向一体化是指并购和自己类似的同类企业；纵向一体化是指在产业链的上下游寻找并购对象，和本企业形成互补关系。

3. 对于收入驱动型公司，进一步分析收入规模成长的核心驱动要素

（1）将公司销售、利润、资产规模等与行业及主要竞争对手比较，探究其成长是来源于整体行业还是公司自身的变化；

（2）分析行业增长是由供给推动还是由市场需求拉动引致，是创造市场需求还是满足市场需求，是依靠技术进步还是依靠其他生产要素等；

（3）基于核心竞争力角度，分析公司是否在战略决策、技术研发、组织管理、营销策划等方面表现出较强能力及成长性，进而促进公司的成长。

### （六）公司盈利预测分析

盈利情况是判断公司估值水平及投资价值的重要基础。盈利预测可以将影响因素和指标变化放入统一的体系内进行系统化处理，将业务模式、公司战略和行业发展状况等关键因素对企业价值的影响进行量化。

1. 公司盈利预测方法

（1）营业收入预测。营业收入预测的准确性是公司盈利预测中最为关键的因素，其预测需考虑历史数据和发展趋势、公司产品的需求变化、市场占有率和销售方式、主要产品的存货情况、销售收入的明细等方面。预测方法主要包括：

①收入增长率法。收入增长率法是收入预测时较为常见的方法，参考因素包括公司历史业务增长率、行业平均增长率、对标可比公司的增长率、外部机构的预测增长率等。收入增长率法适用于业务产线清晰、业务较成熟、市场相对稳定的收入预测，可以根据其历史经营情况和对未来的预期给出一个预计增长率。在使用增长率方法预测营业收入时，应考虑产能利用率或产能限制，关注产能更新扩张与收入的匹配，不可与实际脱节（见图6－3－1）。

②行业市占率法。行业市占率法先从分析市场入手，从行业角度分析目前所处市场总量的发展情况并考虑市场容量后续增长空间，再分析预测公司在该市场的竞争能力，预测公司未来市场占有率，对量、价、渗透率等多项指标进行预测分析，最终得到公司的销售收入（见图6－3－2）。

销售收入＝市场总量×市场占有率

对成熟行业来说，市场总量增长趋于平稳，可以集中研究本公司和竞争对手的产

| | A | B | C | D | E |
|---|---|---|---|---|---|
| 1 | | | | | |
| 2 | 盈利预测-收入预测 | | | | |
| 3 | （除百分比及特殊说明外，数字单位为百万人民币） | 20X2 | 20X3E | 20X4E | 20X5E |
| 4 | 本表假设 | | | | |
| 5 | 营业收入增长率 | 6% | 18% | 21% | 23% |
| 6 | | | | | |
| 7 | 利润表 | | | | |
| 8 | 营业收入 | 2376.86 | 2806.15 | 3395.78 | 4179.16 |
| 9 | | | =B8×(1+C5) | =C8×(1+D5) | =D8×(1+E5) |
| 10 | | | | | |

**图 6－3－1　收入预测——收入增长率法**

| | A | B | C | D | E | F |
|---|---|---|---|---|---|---|
| 1 | | | | | | |
| 2 | 盈利预测-收入预测 | | | | | |
| 3 | （除百分比及特殊说明外，数字单位为百万人民币） | 20X2 | 20X3E | 20X4E | 20X5E | |
| 4 | 本表假设 | | | | | |
| 5 | 市场总量增长率 | 14% | 15% | 15% | 15% | |
| 6 | 市场占有率 | 52% | 53% | 55% | 57% | |
| 7 | | | | | | |
| 8 | 利润表 | | | | | |
| 9 | 营业收入 | | | | | |
| 10 | 市场总量 | 1115.43 | 1277.48 | 1467.23 | 1689.71 | =D10×(1+E5) |
| 11 | 市场占有率 | 52% | 53% | 55% | 57% | =E6 |
| 12 | 营业收入 | 577.85 | 681.66 | 806.39 | 956.52 | =E10×E11 |
| 13 | | | | | | |

**图 6－3－2　收入预测——行业市占率法**

品和服务，并结合公司的增长目标和增长能力进行预测。而新兴产品市场还应考虑宏观经济、相关政策、行业周期等因素，其增速也通常较成熟产品市场的增长率高。

③自下而上法。与行业市占率法不同，自下而上法先从分析公司入手。价格数量法是自下而上法中较常见的一种，需对产品价格和销售数量作出假设，最终得出营业收入预测（见图 6－3－3）。

营业收入＝销售数量×单位价格

通常来说，如果公司主要通过自建产能的方式来提升收入，则适合采用自下而上法。销售数量的考虑因素包括产能、产能利用率、产销率等，单位价格的考虑因素包括竞争策略、定价方法、历史价格走势、政策影响等，整体需综合考虑公司生产能力、营销能力和市场状况等。

④多业务公司的收入预测。

营业收入＝业务 1 收入＋业务 2 收入＋……＋业务 $n$ 收入

该方法适用于目标公司有多种产品或多个业务，需要根据其产品线或业务模式对收入进行拆分，通过考虑产品分类、价格区间、销售方式、销售区域、新旧业务等特

盈利预测-收入预测

| | 20X2 | 20X3E | 20X4E | 20X5E | |
|---|---|---|---|---|---|
| **本表假设** | | | | | |
| 总产能（万吨） | 31.53 | 44.00 | 48.00 | 48.00 | |
| 产能利用率（%） | 70% | 72% | 75% | 80% | |
| 产销率 | 100% | 100% | 100% | 100% | |
| 单位价格（元/吨） | 8398 | 8200 | 8500 | 8700 | |
| | | | | | |
| **利润表** | | | | | |
| 营业收入 | | | | | |
| 销量（万吨） | 22.12 | 31.68 | 36.00 | 38.40 | =E5×E6×E7 |
| 单位价格（元/吨） | 8398 | 8200 | 8500 | 8700 | =E8 |
| 营业收入（百万元） | 1857.83 | 2597.76 | 3060.00 | 3340.80 | =E12×E13/100 |

**图 6-3-3　收入预测——自下而上法**

征，寻找最合理的拆分方式。而对每一组成部分营业收入的预测，可以将收入增长率法、行业市占率法、自下而上法等预测方法结合使用（见图 6-3-4）。

盈利预测-收入预测

| | 20X2 | 20X3E | 20X4E | 20X5E | |
|---|---|---|---|---|---|
| **本表假设** | | | | | |
| 风机总产能（万吨） | 31.53 | 44.00 | 48.00 | 48.00 | |
| 风机产能利用率（%） | 70% | 72% | 75% | 80% | |
| 风机产销率 | 100% | 100% | 100% | 100% | |
| 风机单位价格（元/吨） | 8398 | 8200 | 8500 | 8700 | |
| | | | | | |
| 发电规模（MW） | 770.88 | 1010.88 | 1084.00 | 1084.00 | |
| 发电小时数（h） | 4604.00 | 4800.00 | 4800.00 | 4800.00 | |
| 上网电价（元/KWh） | 0.48 | 0.47 | 0.46 | 0.45 | |
| | | | | | |
| **利润表** | | | | | |
| 营业收入 | | | | | |
| 风机销量（万吨） | 22.12 | 31.68 | 36.00 | 38.40 | =E5×E6×E7 |
| 风机单位价格（元/吨） | 8398 | 8200 | 8500 | 8700 | =E8 |
| 风机营业收入（百万元） | 1857.83 | 2597.76 | 3060.00 | 3340.80 | =E16×E17/100 |
| | | | | | |
| 光伏发电量（亿kWh） | 35.49 | 48.52 | 52.03 | 52.03 | =E10×E11/100000 |
| 上网电价（元/KWh） | 0.48 | 0.47 | 0.46 | 0.45 | =E12 |
| 发电营业收入（百万元） | 1712.45 | 2280.55 | 2393.47 | 2341.44 | =E20×E21×100 |

**图 6-3-4　多业务公司的收入预测**

盈利预测中诸多因素的预测可能均与收入预测相关，因此收入的详细拆分有助于对公司整体盈利情况的梳理把握，也有助于提升盈利预测的准确程度。

（2）营业成本预测。营业成本主要包括直接材料、直接人工、制造费用、其他成本等，在预测时应考虑生产成本的结构、主要原材料的价格走势和每年所需原材料的总量、成本变动和销售情况变动等因素。预测方法主要包括：

①毛利法。当行业发展趋于稳定时，行业地位稳定的公司，其毛利率水平通常较稳定，可结合历史水平、产业发展趋势、行业竞争环境以及对公司自身资源能力变化的研究进行预测（见图6-3-5）。

| | A | B | C | D | E |
|---|---|---|---|---|---|
| 1 | | | | | |
| 2 | **盈利预测-成本预测** | | | | |
| 3 | （除百分比及特殊说明外，数字单位为百万人民币） | 20X2 | 20X3E | 20X4E | 20X5E |
| 4 | **本表假设** | | | | |
| 5 | 营业收入 | 2376.86 | 2806.15 | 3395.78 | 4179.16 |
| 6 | 毛利率 | 38% | 38% | 38% | 38% |
| 7 | | | | | |
| 8 | **利润表** | | | | |
| 9 | 营业成本 | 1472.19 | 1739.81 | 2105.39 | 2591.08 |
| 10 | | | =C5×(1-C6) | =D5×(1-D6) | =E5×(1-E6) |
| 11 | | | | | |

图6-3-5 成本预测——毛利法

②成本拆分。成本拆分较毛利法更详细，适用于成本结构清晰、供需价格透明、成本信息充分的行业。成本拆分需要根据生产成本结构进行逐一拆分预测，找到影响成本的关键因素。和收入分拆一样，成本分拆亦需考虑客观条件的限制，应把握影响营业成本的关键驱动因素（见图6-3-6）。

| | A | B | C | D | E | F |
|---|---|---|---|---|---|---|
| 1 | | | | | | |
| 2 | **盈利预测-成本预测** | | | | | |
| 3 | （除特殊说明外，所有数字单位为百万元人民币） | 20X2 | 20X3E | 20X4E | 20X5E | |
| 4 | **本表假设** | | | | | |
| 5 | 水泥销量增长率 | 10% | 10% | 8% | 8% | |
| 6 | 水泥价格（元/吨） | 350 | 350 | 350 | 350 | |
| 7 | 水泥耗电量指标（度/吨） | 86 | 85 | 85 | 85 | |
| 8 | 水泥耗煤量指标（吨/吨） | 0.12 | 0.12 | 0.12 | 0.12 | |
| 9 | 平均电价（元/度） | 0.48 | 0.47 | 0.46 | 0.45 | |
| 10 | 平均煤价（元/吨） | 900 | 950 | 950 | 950 | |
| 11 | 原材料成本/营业收入 | 15% | 15% | 15% | 15% | |
| 12 | 其他营业成本/营业收入 | 12% | 12% | 12% | 12% | |
| 13 | | | | | | |
| 14 | **营业收入** | | | | | |
| 15 | 销量（万吨） | 5436.00 | 5979.60 | 6457.97 | 6974.61 | =(1 + E5) × D15 |
| 16 | 水泥价格（元/吨） | | 350.00 | 350.00 | 350.00 | =E6 |
| 17 | 营业收入 | | 20928.60 | 22602.89 | 24411.12 | =E15 × E16/100 |
| 18 | | | | | | |
| 19 | **营业成本** | | | | | |
| 20 | 用电成本 | | 2388.85 | 2525.07 | 2667.79 | =E7 ×E9×E15/100 |
| 21 | 用煤成本 | | 6816.74 | 7362.08 | 7951.05 | =E8 × E10 × E15/100 |
| 22 | 原材料成本 | | 3139.29 | 3390.43 | 3661.67 | =E11 × E17 |
| 23 | 其他营业成本 | | 2511.43 | 2712.35 | 2929.33 | =E12 × E17 |
| 24 | 营业成本合计 | | 14856.32 | 15989.93 | 17209.84 | =SUM(E20:E23) |
| 25 | | | | | | |

图6-3-6 成本预测——成本拆分

（3）销售费用预测。销售费用是指企业在销售商品和材料、提供劳务的过程中发生的各种费用，包括广告费、业务费、展览费、包装费等。对销售费用的预测应关注核心驱动要素，对于销售费用率较高的公司，还应对销售费用作出详细预测。

成熟行业中发展比较稳定的公司，其销售费用与营业收入通常维持较稳定的比例，可以参考历史年份的销售费用率或行业一般销售费用率水平给予预测。新兴行业或新产品推广的公司，因存在初期新品销售推广计划或新建销售渠道，因此其销售费用增长率可能高于营业收入增长率。此时，销售费用应采用销售收入驱动和单独预测相结合的方式进行预测（见图6－3－7）。

| | A | B | C | D | E |
|---|---|---|---|---|---|
| 1 | | | | | |
| 2 | 盈利预测-销售费用预测 | | | | |
| 3 | （除特殊说明外，所有数字单位为百万元人民币） | 20X2 | 20X3E | 20X4E | 20X5E |
| 4 | | | | | |
| 5 | 本表假设 | | | | |
| 6 | 销售费用/营业收入 | 15% | 16% | 17% | 17% |
| 7 | 营业收入 | 2376.86 | 2806.15 | 3395.78 | 4179.16 |
| 8 | | | | | |
| 9 | 利润表 | | | | |
| 10 | 销售费用 | | 448.98 | 560.30 | 710.46 |
| 11 | | | =C6×C7 | =D6×D7 | =E6×E7 |
| 12 | | | | | |

**图6－3－7　销售费用预测**

（4）管理费用预测。管理费用是指公司为组织和管理企业生产经营所发生的费用，包括职工工资及福利费、差旅费、会议费、业务招待费、固定资产折旧等。管理费用的预测方法同样应关注其核心驱动要素，特别是人力资源型公司。管理费用中的部分费用或与公司资产规模有关，或与收入有关，其他部分如折旧费用则相对比较平稳，可以参考历史水平和相关资产情况进行预测判断（见图6－3－8）。

（5）研发费用预测。研发费用是指企业研发开支的费用化部分，研发费用与研发开支的资本化部分具有较强的关联性。分析研发费用应对研发开支整体和资本化费用化比例关系进行研究，应分析研发开支整体投入变化趋势和资本化比例的变化情况。其中，研发开支整体的预测应以公司的研发战略为基础，与中长期研发战略、短期研发项目布局及落地进度等相关。而研发开支资本化比例分析可通过分析研发效率和研发成果来证实合理性，可参考同行业可比公司的资本化水平和公司历史资本化率水平进行比较验证。

（6）财务费用预测。财务费用是指企业为筹集生产经营所需资金等而发生的应予费用化的筹资费用，包括利息支出、利息收入、汇兑损益等。利息收支是重点，其预测与长期贷款、短期贷款、借款利率、存款有关，也需要对相应利率进行研究预判。

| | A | B | C | D | E | F |
|---|---|---|---|---|---|---|
| 1 | | | | | | |
| 2 | 盈利预测-销售费用预测 | | | | | |
| 3 | （除特殊说明外，所有数字单位为百万元人民币） | 20X2 | 20X3E | 20X4E | 20X5E | |
| 4 | | | | | | |
| 5 | 本表假设 | | | | | |
| 6 | 管理人员数量（人） | 308 | 308 | 317 | 327 | |
| 7 | 管理人员薪酬（万元/人） | 49.35 | 56.75 | 65.27 | 75.06 | |
| 8 | 其他费用增速 | 2% | 2% | 2% | 2% | |
| 9 | | | | | | |
| 10 | 利润表 | | | | | |
| 11 | 薪酬 | 152.00 | 174.80 | 207.05 | 245.25 | =E6×E7/100 |
| 12 | 其他费用 | 63.70 | 64.98 | 66.27 | 67.60 | =D12×(1+E8) |
| 13 | 租赁费 | 20.54 | | | | |
| 14 | 折旧摊销 | 33.08 | | | | |
| 15 | 办公费 | 1.71 | | | | |
| 16 | 差旅费 | 3.42 | | | | |
| 17 | 业务招待费 | 2.97 | | | | |
| 18 | 其他 | 1.98 | | | | |
| 19 | 管理费用 | 215.70 | 239.77 | 273.32 | 312.85 | =E11+E12 |
| 20 | | | | | | |

**图 6－3－8　管理费用预测**

（7）其他项目。包括减值损失、投资收益、营业外收支等项目预测，可考虑本年度是否可能发生特定事件而带来较大变动，并根据重要性原则进行单独预测。对成熟行业中发展比较稳定的公司，其变化通常对最终的盈利预测影响较有限。

2. 情景分析

盈利预测中存在大量相关假设，能够体现出预测者对公司行业发展、市场状况、公司经营、宏观政策等因素的判断和观点。由于预测事件本身存在多种路径，因此研究中采用情景分析反映不同假设场景，以及对盈利预测结果的影响。情景分析将关键性因素的变化带入预测假设中，通过分析、测算其对盈利预测相关指标的影响程度，反映出不同情景下的盈利预测结果。

相关因素大致可分为三类：（1）宏观经济假设，如 GDP 增长率、利率、汇率等；（2）行业和市场假设，如市场需求、产品价格、行业产能增长速度、平均产能利用率；（3）公司经营假设，如销售增长率、原材料价格变化、市占率、毛利率等（见图 6－3－9）。

## （七）上市公司调研

1. 公司调研的目的

公司调研是上市公司基本分析的重要环节。公司调研目的包括：

（1）核实公司公开信息中披露的信息，如重要项目的进展、融资所投项目等是否与信息披露一致；

（2）对公司公开信息中披露的对其利润有重大影响的会计科目或对主营业务发生

| | A | B | C | D | E | F | G |
|---|---|---|---|---|---|---|---|
| 1 | | | | | | | |
| 2 | 情景分析 | | 20X2 | 20X3E | 20X4E | 20X5E | |
| 3 | | | | | | | |
| 4 | | 当前情景 | 2 | | | | |
| 5 | | 乐观情景 | 1 | | | | |
| 6 | | 基本情景 | 2 | | | | |
| 7 | | 悲观情景 | 3 | | | | |
| 8 | | | | | | | |
| 9 | | 营业收入增长率 | | | | | |
| 10 | | 乐观情景 | | 30% | 35% | 40% | |
| 11 | | 基本情景 | | 18% | 21% | 23% | |
| 12 | | 悲观情景 | | 15% | 10% | 10% | |
| 13 | | 所应用的情景 | | 18% | 21% | 23% | =CHOOSE(C4,F10,F11,F12) |
| 14 | | | | | | | |
| 15 | | 营业成本/营业收入 | | | | | |
| 16 | | 乐观情景 | | 60% | 60% | 60% | |
| 17 | | 基本情景 | | 62% | 62% | 62% | |
| 18 | | 悲观情景 | | 65% | 65% | 65% | |
| 19 | | 所应用的情景 | | 62% | 62% | 62% | =CHOOSE(C4,F16,F17,F18) |
| 20 | | | | | | | |
| 21 | | 营业收入 | 2376.86 | 2806.15 | 3395.78 | 4179.16 | =(1 + F13)×E21 |
| 22 | | 营业成本 | 1472.19 | 1739.81 | 2105.39 | 2591.08 | =F19×F21 |
| 23 | | 毛利 | 904.68 | 1066.34 | 1290.40 | 1588.08 | =F21-F22 |
| 24 | | | | | | | |

**图 6－3－9　情景分析**

重大改变的事项进行实地考察和咨询；

（3）通过与公司管理层的对话与交谈，深入了解公司管理层对公司未来战略的设想（包括新的融资计划等），并对其专业胜任能力有一个基本的判断；

（4）通过对车间或工地的实地考察，对公司的开工率和生产经营环境有比较清醒的认识；

（5）深入了解公司可能面临的风险；

（6）提高公司盈利预测模型中相关参数的准确性。

2. 公司调研的对象

公司调研需要在合法合规的前提下，围绕上市公司的内部和外部运营环境进行。基于不同行业的特点调研对象侧重点会有所差异。调研的对象主要包括管理层及员工、公司本部及子公司、车间及工地、行业协会、供应商、公司客户、产品零售网点等。

3. 公司调研重点内容

公司调研重点内容包括上市公司经营活动的各个层面，包括公司基本情况、业务与技术、同业竞争与关联交易、高管信息、组织结构与内部控制、财务与会计信息、业务发展目标、公司风险因素及其他重要事项，并应重点关注存有重大疑问和重大变化的方面，如对上市公司公开披露信息中存有疑虑的重要敏感信息或影响公司经营状况的若干重要因素等。

4. 公司调研的流程

证券分析师在进行公司调研时通常遵循以下的流程：

（1）调研前的相关准备工作，包括资料收集和分析，完成财务模型的初步搭建，整理好问题清单。

（2）编写调研计划，包括调研目的、调研对象、调研内容、调研参与人员、调研时间、调研费用等。该计划需要满足合规和内部管理要求并获得批准。

（3）实地调研，包括访谈、考察、笔录。其中，访谈是目前上市公司实地调研中最常用的方法。上市公司高管或投资者关系负责人在接待来访的调研人员时，通常首先进行企业相关情况介绍，然后再与调研人员进行对话或就相关提问进行回答。随后，调研人员还可能有机会与上市公司员工、上市公司外部利益相关者、地方政府及监管机构、竞争对手等进行对话。而对上市公司相关人、财、物进行客观而具有针对性的观察是考察环节的主要方法。

（4）撰写和发布报告，主要包括调研成果和投资建议。报告撰写和发布应当遵循相关的法律法规。

5. 公司调研所涉及的防止内幕信息及分析师职业道德问题

（1）根据《关于进一步做好上市公司公平信息披露工作的通知》，上市公司及其工作人员接受调研过程中不得披露任何未公开披露的信息（法律法规有规定的情形除外）。调研过程及会谈内容须形成书面记录，由接受调研的人员与来访调研人员共同亲笔签字确认，并由上市公司董事会秘书通过交易所网站“上市公司专区”进行报备。

（2）调研人员应加强职业修养，坚守职业道德。与调研对象之间保持恰当距离、不收受馈赠或其他非分待遇，避免利益冲突。

（3）分析师通过自身分析研究而得出的有关上市公司经营状况的判断不属内幕信息，可以向客户披露。

## 三、公司财务分析

### （一）公司主要的财务报表

根据国际会计准则理事会（IASB）规定，财务报表的目标是向财务报表使用者提供与主体财务状况、经营成果和现金流量有关的会计信息，帮助广泛的财务报表使用者作出经济决策。按照中国证监会 2014 年修订的《公开发行证券的公司信息披露编报规则第 15 号——财务报告的一般规定》，要求披露的财务报表包括资产负债表、利润表、现金流量表和所有者权益变动表。

1. 资产负债表

资产负债表是反映企业在某一特定日期财务状况的会计报表，它表明权益在某一特定日期所拥有或控制的经济资源、所承担的现有义务和所有者对净资产的要求权。我国资产负债表按账户式反映，即资产负债表分为左方和右方，左方列示资产各项目，右方列示负债和所有者权益各项目。总资产 = 负债 + 净资产（资本、股东权益、所有者权益）。通过账户式资产负债表，可以反映资产、负债和所有者权益之间的内在关系，并达到资产负债表左方和右方平衡。同时，资产负债表还提供年初数和期末数的比较资料。

**【案例 6－1】**SA 公司财务报表。

**表 6－3－1　　资产负债表**

编制单位：SA 公司　　20×2 年 12 月 31 日　　单位：百万元

| 资产 | 年末金额 | 年初金额 | 负债和股东权益 | 年末金额 | 年初金额 |
|---|---|---|---|---|---|
| 流动资产： | | | 流动负债： | | |
| 货币资金 | 42 731 | 31 584 | 短期借款 | 83 | 30 |
| 交易性金融资产 | 3 915 | 9 398 | 应付票据 | 1 360 | 1 160 |
| 应收票据 | 0 | 0 | 应付账款 | 6 650 | 5 221 |
| 应收账款 | 69 | 92 | 预收款项 | 0.08 | 0.11 |
| 应收款项融资 | 5 813 | 9 714 | 合同负债 | 10 301 | 12 711 |
| 预付款项 | 481 | 498 | 应付职工薪酬 | 2 806 | 2 530 |
| 其他应收款合计 | 129 | 203 | 应交税费 | 6 052 | 4 816 |
| 其中：应收利息 | 0 | 0 | 其他应付款合计 | 6 267 | 4 344 |
| 应收股利 | 0 | 0 | 其中：应付利息 | 0 | 0 |
| 其他应收款 | 129 | 203 | 应付股利 | 19 | 2 |
| 存货 | 25 548 | 20 130 | 其他应付款 | 6 248 | 4 342 |
| 其他流动资产 | 6 393 | 532 | 一年内到期的非流动负债 | 133 | 113 |
| 流动资产合计 | 85 082 | 72 151 | 其他流动负债 | 1 855 | 1 967 |
| 非流动资产： | | | 流动负债合计 | 35 507 | 32 892 |
| 长期股权投资 | 2 758 | 2 708 | 非流动负债： | | |
| 其他权益工具投资 | 1 205 | 431 | 长期借款 | 3 242 | 197 |
| 投资性房地产 | 67 | 20 | 应付债券 | 2 996 | 3 991 |
| 固定资产 | 13 723 | 12 320 | 租赁负债 | 55 | 85 |
| 在建工程 | 3 619 | 2 571 | 递延收益 | 160 | 145 |
| 使用权资产 | 95 | 132 | 递延所得税负债 | 495 | 298 |
| 无形资产 | 5 267 | 4 033 | 非流动负债合计 | 6 948 | 4 716 |

续表

| 资产 | 年末金额 | 年初金额 | 负债和股东权益 | 年末金额 | 年初金额 |
|---|---|---|---|---|---|
| 商誉 | 561 | 561 | 负债合计 | 42 455 | 37 608 |
| 长期待摊费用 | 52 | 57 | 所有者权益（或股东权益）： | | |
| 递延所得税资产 | 3 501 | 2 825 | 实收资本（或股本） | 3 221 | 3 213 |
| 其他非流动资产 | 1 931 | 775 | 资本公积 | 11 617 | 10 432 |
| 非流动资产合计 | 32 780 | 26 433 | 减：库存股 | 664 | 59 |
| 资产总计 | 117 862 | 98 584 | 其他综合收益 | 330 | 167 |
| | | | 专项储备 | 137 | 109 |
| | | | 盈余公积 | 2 299 | 2 292 |
| | | | 未分配利润 | 57 111 | 43 646 |
| | | | 归属于母公司股东权益合计 | 74 049 | 59 800 |
| | | | 少数股东权益 | 1 358 | 1 177 |
| | | | 股东权益合计 | 75 407 | 60 977 |
| | | | 负债和股东权益合计 | 117 862 | 98 584 |

2. 利润表

利润表是反映企业一定期间生产经营成果的会计报表，表明企业运用所拥有的资产进行获利的能力。利润表将一定期间的营业收入与其同一会计期间相关的营业费用进行配比，以计算企业一定时期的净利润（或净亏损）。我国一般采用多步式利润表格式（见表6－3－2）。

**表6－3－2　　　　利　润　表**

编制单位：SA公司　　　　20×2年　　　　单位：百万元

| 项目 | 本年金额 | 上年金额 |
|---|---|---|
| 一、营业总收入 | 68 051 | 53 883 |
| 营业收入 | 68 051 | 53 883 |
| 二、营业总成本 | 39 441 | 33 664 |
| 营业成本 | 13 646 | 11 267 |
| 税金及附加 | 10 950 | 8 627 |
| 销售费用 | 11 521 | 10 767 |
| 管理费用 | 3 544 | 3 245 |
| 研发费用 | 321 | 212 |
| 财务费用 | －539 | －454 |
| 其中：利息费用 | 236 | 203 |

续表

| 项目 | 本年金额 | 上年金额 |
|---|---|---|
| 利息收入 | 768 | 670 |
| 三、其他经营收益 | | |
| 加：其他收益 | 93 | 122 |
| 投资收益 | 424 | 279 |
| 公允价值变动收益 | 20 | 41 |
| 信用减值损失 | 16 | 76 |
| 资产减值损失 | -12 | -17 |
| 资产处置收益 | 21 | 1 |
| 四、营业利润 | 29 172 | 20 721 |
| 加：营业外收入 | 85 | 178 |
| 减：营业外支出 | 56 | 87 |
| 五、利润总额 | 29 201 | 20 813 |
| 减：所得税费用 | 7 382 | 5 112 |
| 六、净利润 | 21 819 | 15 701 |
| （一）按经营持续性分类 | 0 | 0 |
| 持续经营净利润 | 21 819 | 15 701 |
| （二）按所有权归属分类 | 0 | 0 |
| 归属于母公司股东的净利润 | 21 604 | 15 567 |
| 少数股东损益 | 215 | 134 |
| 扣除非经常性损益后的净利润 | 21 475 | 15 330 |
| 七、每股收益 | | |
| （一）基本每股收益 | — | — |
| （二）稀释每股收益 | — | — |
| 八、其他综合收益 | 165 | -22 |
| 归属于母公司股东的其他综合收益 | 162 | -21 |
| 归属于少数股东的其他综合收益 | 2 | -1 |
| 九、综合收益总额 | 21 984 | 15 679 |
| 归属于母公司股东的综合收益总额 | 21 767 | 15 546 |
| 归属于少数股东的综合收益总额 | 217 | 134 |

利润表主要反映以下七个方面的内容：

（1）构成营业收入的各项要素。营业收入由主营业务收入和其他业务收入组成。

（2）构成营业利润的各项要素。营业收入减去营业成本（主营业务成本、其他业务成本)、税金及附加、销售费用、管理费用、财务费用、资产减值损失等，加上公允价值变动收益、投资收益等，即为营业利润。

(3) 构成利润总额（或亏损总额）的各项要素。利润总额（或亏损总额）在营业利润的基础上加营业外收入，减营业外支出后得到。

(4) 构成净利润（或净亏损）的各项要素。净利润（或净亏损）在利润总额（或亏损总额）的基础上，减去本期计入损益的所得税费用后得出。

(5) 每股收益。普通股或潜在普通股已公开交易的企业以及处于公开发行普通股或潜在普通股过程中的企业，还应在利润表中列示每股收益的信息，包括基本每股收益和稀释每股收益两项指标。

(6) 其他综合收益。该项目反映企业根据企业会计准则规定未在损益中确认的各项利得和损失扣除所得税影响后的净额。

(7) 综合收益总额。该项目反映企业净利润与其他综合收益的合计金额。

3. 现金流量表

无论是资产负债表还是利润表都不足以用来判断一家公司的经营状况的好坏。现金流量表反映企业一定期间现金的流入和流出，弥补了因使用权责发生制概念编制资产负债表和利润表而产生的不足。通过对现金流量表的分析，分析者可以更深入地了解企业当前和未来获得现金和现金等价物的能力及现金组成项目的变化趋势，有助于对诸如融资、股利分配和投资方面作出重要的决策。现金流量表主要分经营活动、投资活动和筹资活动产生的现金流量三个部分（见表 6 - 3 - 3）。

**表 6 - 3 - 3　　现金流量表**

编制单位：SA 公司　　20×2 年　　单位：百万元

| 项目 | 本年金额 |
| --- | --- |
| 一、经营活动产生的现金流量： | |
| 销售商品、提供劳务收到的现金 | 71 974 |
| 收到的税费返还 | 195 |
| 收到其他与经营活动有关的现金 | 2 696 |
| 经营活动现金流入小计 | 74 865 |
| 购买商品、接受劳务支付的现金 | 13 128 |
| 支付给职工以及为职工支付的现金 | 7 420 |
| 支付的各项税费 | 24 514 |
| 支付其他与经营活动有关的现金 | 8 122 |
| 经营活动现金流出小计 | 53 184 |
| 经营活动产生的现金流量净额 | 21 681 |
| 二、投资活动产生的现金流量： | |

续表

| 项目 | 本年金额 |
|---|---|
| 收回投资收到的现金 | 51 383 |
| 取得投资收益收到的现金 | 634 |
| 处置固定资产、无形资产和其他长期资产收回的现金净额 | 68 |
| 收到其他与投资活动有关的现金 | 0 |
| 投资活动现金流入小计 | 52 085 |
| 购建固定资产、无形资产和其他长期资产支付的现金 | 3 441 |
| 投资支付的现金 | 48 121 |
| 支付其他与投资活动有关的现金 | 21 |
| 投资活动现金流出小计 | 51 583 |
| 投资活动产生的现金流量净额 | 501 |
| 三、筹资活动产生的现金流量: | |
| 吸收投资收到的现金 | 676 |
| 取得借款收到的现金 | 4 770 |
| 收到其他与筹资活动有关的现金 | 2 |
| 筹资活动现金流入小计 | 5 448 |
| 偿还债务支付的现金 | 2 677 |
| 分配股利、利润或偿付利息支付的现金 | 8 337 |
| 支付其他与筹资活动有关的现金 | 49 |
| 筹资活动现金流出小计 | 11 063 |
| 筹资活动产生的现金流量净额 | -5 615 |
| 四、汇率变动对现金及现金等价物的影响 | 16 |
| 五、现金及现金等价物净增加额 | 16 583 |
| 加:期初现金及现金等价物余额 | 25 452 |
| 期末现金及现金等价物余额 | 42 036 |

经营活动产生的现金流量反映企业在不动用企业外部筹得资金的情况下,凭借经营活动产生的现金流量是否足以偿还负债、支付股利和对外投资。通常可以采用间接法和直接法两种方法反映。间接法是针对净利润(或综合收益)利用非现金交易进行调整后得到经营现金流;直接法是指直接通过现金收入和现金支出的主要类别列示经营活动的现金流量。

投资活动产生的现金流量反映为获得未来收益和现金流量而导致现金流出,以及以前资源转出带来的现金流入。

筹资活动的现金流量帮助投资者和债权人预计对企业未来现金流量的要求权以及

获得前期现金流入需付出的代价。

我国现金流量表要求按直接法编制，但在现金流量表的补充资料中还要单独按照间接法反映经营活动现金流量的情况（见表6－3－4）。

**表6－3－4　　SA公司净利润调节为经营活动现金流表**

编制单位：SA公司　　20×2年　　单位：百万元

| 项目 | 本期金额 | 上期金额 |
| --- | --- | --- |
| 1. 将净利润调节为经营活动现金流量： | | |
| 净利润 | 21 819 | 15 701 |
| 加：资产减值准备 | 13 | －64 |
| 信用减值损失 | －17 | 5 |
| 固定资产折扣、油气资产折耗、生产性生物资产折旧 | 959 | 871 |
| 使用权资产折旧 | 43 | 38 |
| 无形资产摊销 | 139 | 117 |
| 长期待摊费用摊销 | 32 | 35 |
| 处置固定资产、无形资产和其他长期资产的损失（收益以“－”号填列） | －21 | －1 |
| 固定资产报废损失（收益以“－”号填列） | 16 | 10 |
| 公允价值变动损失（收益以“－”号填列） | －20 | －41 |
| 财务费用（收益以“－”号填列） | －21 | 80 |
| 投资损失（收益以“－”号填列） | －424 | －290 |
| 递延所得税资产减少（增加以“－”号填列） | －676 | －875 |
| 递延所得税负债增加（减少以“－”号填列） | 139 | 87 |
| 存货的减少（减少以“－”号填列） | －5 411 | －5 670 |
| 经营性应收项目的减少（增加以“－”号填列） | 1 676 | －1 067 |
| 经营性应付项目的减少（减少以“－”号填列） | 3 159 | 11 089 |
| 其他 | 274 | 573 |
| 经营活动产生的现金流量净额 | 21 681 | 20 598 |
| 2. 不涉及现金收支的重大投资和筹资活动 | | |
| 债务转为资本 | | |
| 一年内到期的可转换公司债券 | | |
| 融资租入固定资产 | | |
| 3. 现金及现金等价物净变动情况： | | |
| 现金的期末余额 | 42 036 | 25 452 |
| 减：现金的期初余额 | 25 452 | 20 572 |

续表

| 项目 | 本期金额 | 上期金额 |
| --- | --- | --- |
| 加：现金等价物的期末余额 | | |
| 减：现金等价物的期初余额 | | |
| 现金及现金等价物净增加额 | 16 583 | 4 880 |

4. 所有者权益变动表

所有者权益变动表（又称股东权益变动表）是反映公司本期（年度或中期）内截至期末所有者权益各组成部分变动情况的报表。该表全面反映了企业的股东权益在年度内的变化情况，便于会计信息使用者深入分析企业股东权益的增减变化情况，并进而对企业的资本保值增值情况作出正确判断，提供对决策有用的信息。所有者权益变动表应当全面反映一定时期所有者权益变动的情况，包括所有者权益总量的增减变动、所有者权益增减变动的重要结构性信息、直接计入所有者权益的利得和损失。

股东权益增减变动表的各项内容包括：

（1）净利润；

（2）直接计入所有者权益的利得和损失项目及其总额；

（3）会计政策变更和差错更正的累积影响金额；

（4）所有者投入资本和向所有者分配利润等；

（5）按照规定提取的盈余公积；

（6）实收资本（或股本）、资本公积、盈余公积、未分配利润的期初和期末余额及其调节情况（见表6－3－5）。

5. 财务报表之间的内在逻辑关系

资产负债表、利润表、现金流量表三者互相关联，相互依托，报表之间存在勾稽关系，通过相同或者不同项目的同一数字体现出来。

三大财务报表之间的具体关系如下：

（1）利润表和资产负债表。利润表的利润来源于收入、成本、费用等一系列要素，收入减去成本、费用得到利润，成为利润表需要反映的因素。而资产负债表中的资产可以为企业带来收入。企业在使用相关资产过程中，其耗用也会使得资产逐步转化为利润表中的成本、费用。

（2）利润表、现金流量表和资产负债表。现金流量表是连接资产负债表和利润表的桥梁，起着纽带作用。利润表的收入和费用，日常会通过现金流或其他资金流进行核算和分配。资产负债表的货币资金可以通过企业现金流量表反映企业现金流的流入和流出明细。

6. 主要会计要素的确认和计量

会计要素是根据交易或者事项的经济特征所确定的财务会计对象的基本分类。会

表 6-3-5

## SA 公司 20×2 年所有者权益变动表

单位：万元

| 项目 | 20×2 年度 | | | | | | | | | | | | | | |
|---|---|---|---|---|---|---|---|---|---|---|---|---|---|---|---|
| | 归属于母公司所有者权益 | | | | | | | | | | | | | 少数股东权益 | 所有者权益合计 |
| | 股本 | 其他权益工具 | | | 资本公积 | 减：库存股 | 其他综合收益 | 专项储备 | 盈余公积 | 一般风险准备 | 未分配利润 | 其他 | 小计 | | |
| | | 优先股 | 永续债 | 其他 | | | | | | | | | | | |
| 一、上年期末余额 | 321 347 | | | | 1 043 175 | 5 930 | 16 738 | 10 858 | 229 221 | | 4 364 628 | | 5 980 036 | 117 652 | 6 097 688 |
| 加：会计政策变更 | | | | | | | | | | | | | | | |
| 前期差错更正 | | | | | | | | | | | | | | | |
| 同一控制下企业合并 | | | | | | | | | | | | | | | |
| 其他 | | | | | | | | | | | | | | | |
| 二、本年期初余额 | 321 347 | | | | 1 043 175 | 5 930 | 16 738 | 10 858 | 229 221 | | 4 364 628 | | 5 980 036 | 117 652 | 6 097 688 |
| 三、本期增减变动金额（减少以"－"号填列） | 710 | | | | 118 485 | 60 486 | 16 236 | 2 817 | 714 | | 1 346 435 | | 1 424 911 | 18 118 | 1 443 029 |
| （一）综合收益总额 | | | | | | | 16 236 | | | | 2 160 438 | | 2 176 674 | 21 745 | 2 198 419 |
| （二）所有者投入和减少资本 | 710 | | | | 118 485 | 60 480 | | | | | | | 58 716 | 3 735 | 62 451 |
| 1. 所有者投入的普通股 | 710 | | | | 83 738 | 63 131 | | | | | | | 21 317 | 937 | 22 254 |
| 2. 其他权益工具持有者投入资本 | | | | | | | | | | | | | | | |
| 3. 股份支付计入所有者权益的金额 | | | | | 34 747 | －2 651 | | | | | | | 37 398 | 488 | 37 886 |
| 4. 其他 | | | | | | | | | | | | | | 2 311 | 2 311 |
| （三）利润分配 | | | | | | 7 | | | 714 | | －814 005 | | －813 297 | －7 362 | －820 659 |
| 1. 提取盈余公积 | | | | | | | | | 714 | | －714 | | | | |
| 2. 提取一般风险准备 | | | | | | | | | | | | | | | |

续表

| 项目 | 20×2年度 | | | | | | | | | | | | | | |
|---|---|---|---|---|---|---|---|---|---|---|---|---|---|---|---|
| | 归属于母公司所有者权益 | | | | | | | | | | | | | 少数股东权益 | 所有者权益合计 |
| | 股本 | 其他权益工具 | | | 资本公积 | 减：库存股 | 其他综合收益 | 专项储备 | 盈余公积 | 一般风险准备 | 未分配利润 | 其他 | 小计 | | |
| | | 优先股 | 永续债 | 其他 | | | | | | | | | | | |
| 3. 对所有者（或股东）的分配 | | | | | | | | | | | -813 297 | | -813 297 | -7 329 | -820 626 |
| 4. 其他 | | | | | | 7 | | | | | 7 | | | -33 | -33 |
| （四）所有者权益内部结转 | | | | | | | | | | | | | | | |
| 1. 资本公积转增资本（或股本） | | | | | | | | | | | | | | | |
| 2. 盈余公积转增资本（或股本） | | | | | | | | | | | | | | | |
| 3. 盈余公积弥补亏损 | | | | | | | | | | | | | | | |
| 4. 设定受益计划变动额结转留存收益 | | | | | | | | | | | | | | | |
| 5. 其他综合收益结转留存收益 | | | | | | | | | | | | | | | |
| 6. 其他 | | | | | | | | | | | | | | | |
| （五）专项储备 | | | | | | | | 2 817 | | | | | 2 817 | | 2 817 |
| 1. 本期提取 | | | | | | | | 3 286 | | | | | 3 286 | | 3 286 |
| 2. 本期使用 | | | | | | | | -469 | | | | | -469 | | -469 |
| （六）其他 | | | | | | | | | | | 2 | | 2 | | 2 |
| 四、本期期末余额 | 322 057 | | | | 1 161 660 | 66 416 | 32 974 | 13 674 | 229 936 | | 5 711 063 | | 7 404 947 | 135 770 | 7 540 717 |

计要素按照性质分为资产、负债、所有者权益、收入、费用和利润，其中，资产、负债和所有者权益要素侧重于反映企业的财务状况，收入、费用和利润要素侧重于反映企业的经营成果。

（1）资产的定义及其确认条件。资产是指企业过去的交易或者事项形成的、由企业拥有或者控制的、预期会给企业带来经济利益的资源。将一项资源确认为资产，需要符合资产的定义，还应同时满足以下两个条件：①与该资源有关的经济利益很可能流入企业；②该资源的成本或者价值能够可靠地计量。

（2）负债的定义及其确认条件。负债是指企业过去的交易或者事项形成的、预期会导致经济利益流出企业的现时义务。将一项现时义务确认为负债，需要符合负债的定义，还需要同时满足以下两个条件：①与该义务有关的经济利益很可能流出企业；②未来流出的经济利益的金额能够可靠地计量。

（3）所有者权益的定义及确认条件。公司的所有者权益又称为股东权益，指企业资产扣除负债后，由所有者享有的剩余权益。所有者权益体现的是所有者在企业中的剩余权益，因此，所有者权益的确认主要依赖于其他会计要素，尤其是资产和负债的确认；所有者权益金额的确定也主要取决于资产和负债的计量。

（4）收入的定义及其确认条件。收入是指企业在日常活动中形成的、会导致所有者权益增加的、与所有者投入资本无关的经济利益的总流入。

企业应当在履行了合同中的履约义务，即在客户取得相关商品或服务控制权时确认收入。取得相关商品控制权，是指能够主导该商品的使用并从中获得几乎全部的经济利益。

（5）费用的定义及其确认条件。费用是指企业在日常活动中发生的、会导致所有者权益减少的、与向所有者分配利润无关的经济利益的总流出。

费用的确认除了应当符合定义外，也应当满足严格的条件：①与费用相关的经济利益应当很可能流出企业；②经济利益流出企业的结果会导致资产的减少或者负债的增加；③经济利益的流出额能够可靠计量。

（6）利润的定义及其确认条件。利润是指企业在一定会计期间的经营成果，包括收入减去费用后的净额、直接计入当期利润的利得和损失等。收入减去费用后的净额反映的是企业日常活动的业绩，直接计入当期利润的利得和损失反映的是企业非日常活动的业绩。直接计入当期利润的利得和损失，是指应当计入当期损益、最终会引起所有者权益发生增减变动的、与所有者投入资本或者向所有者分配利润无关的利得或者损失。

利润反映的是收入减去费用、利得减去损失后的净额的概念，因此，利润的确认主要依赖于收入和费用以及利得和损失的确认，其金额的确定也主要取决于收入、费用、利得和损失金额的计量。

(7) 会计要素计量属性及应用原则。会计计量是为了将符合确认条件的会计要素登记入账并列报于财务报表而确定其金额的过程。从会计角度看，计量属性反映的是会计要素金额的确定基础，主要包括历史成本、重置成本、可变现净值、现值和公允价值等。在各会计要素计量属性中，历史成本通常反映的是资产或者负债过去的价值，而重置成本、可变现净值、现值以及公允价值通常反映的是资产或者负债的现时成本或者现时价值。

企业在对会计要素进行计量时，一般应当采用历史成本。采用重置成本、可变现净值、现值、公允价值计量的，应当保证所确定的会计要素金额能够取得并可靠计量。

### (二) 公司财务报表分析概述

1. 使用财务报表的主体、目的和局限性

(1) 使用财务报表的主体及目的。公司财务报表的使用主体分布广泛，主要分为内部使用者与外部使用者。

①内部使用者包括公司的经理人员、雇员等。经理人员通过分析财务报表判断公司的现状、可能存在的问题，以便进一步改善经营管理。公司雇员评估企业的稳定性和盈利能力，关心企业是否有能力提供报酬和养老金。

②外部使用者包括公司的现有投资者及潜在投资者、公司的债权人、供应商与客户、政府等。投资者及潜在投资者主要关心公司的财务状况、盈利能力，判断公司发展趋势、竞争能力等，计算投资收益率，评价风险，决定自己的投资策略。债权人关心自己的债权能否收回，分析财务报表，得出对公司短期偿债能力和长期偿债能力的判断，以决定是否需要追加抵押和担保、是否提前收回债权等。供应商评估企业是否有能力如期支付到期货款等。

(2) 使用财务报表的局限性。财务报表分析以财务报表数据为主要分析依据，而财务报表本身存在一定的局限性。

①财务报表的信息披露。财务报表是企业会计系统的产物，而会计系统都会受会计环境和企业会计策略的影响。因此，财务报表信息披露存的局限性包括：财务报表没有披露企业的全部信息，管理层拥有更多的信息；已经披露的财务信息存在会计估计误差，难以对真实情况全面准确计量；管理层的各项会计政策选择，有可能导致信息可比性降低。

②财务报表信息的可靠性问题。只有依据规范的、可靠的财务报表，才能得出正确的分析结论。外部分析人员很难认定财务报表是否存在虚假陈述，即便存在注册会计师的鉴证，也不能保证财务报表没有任何错报和漏报。因此，分析人员必须自己关注财务报表的可靠性，对可能存在的问题保持足够的警觉。外部分析人员可以通过更细致的考察或获取其他有关信息，对财务报表信息的可靠性作出判断，发现一些“危

险信号”。常见的“危险信号”包括：财务报告失范、数据出现异常、关联方交易异常、资本利得金额过大、审计报告异常等。

2. 财务报表分析的功能、方法及原则

（1）财务报表分析的功能。财务报表分析的目的是将财务报表数据转换成有用的信息，通过评价过去的经营业绩、衡量现在的财务状况、预测未来的发展趋势以帮助信息使用者改善决策。

（2）财务报表分析的方法。财务报表分析的方法有比较分析法和因素分析法两大类。比较分析法是指对两个或几个有关的可比数据进行对比，揭示财务指标的差异和变动关系，是财务报表分析中最基本的方法。因素分析法则是依据分析指标和影响因素的关系，从数量上确定各因素对财务指标的影响程度。

进一步细分，比较分析法与因素分析法这两类分析方法又各自包含了不同种类的具体方法，如财务比率分析、结构百分比分析、趋势分析、差额分析、指标分解、连环替代、定基替代等。在实际分析过程中，各种方法往往需要结合使用。最常用的比较分析方法有单个年度的财务比率分析、对公司不同时期的财务报表比较分析、与同行业其他公司之间的财务指标比较分析三种。单个年度的财务比率分析是指对公司一个财务年度内的财务报表各项目之间进行比较。对公司不同时期的财务报表比较分析，可以从一个较长的时期来动态地分析公司状况。与同行业其他公司之间的财务指标比较分析，可以了解公司各种指标的优劣，在群体中判断个体。

（3）财务报表分析的原则：

①全面原则。财务分析可以得出很多比率指标，每个比率指标都从某个角度、方面揭示了公司的状况，但任何一个比率都不足以为评价公司提供全面的信息；同时，某一指标的不足可以由其他方面得到补充。因此，分析财务报表要坚持全面原则，将多个指标、比率综合在一起得出对公司全面客观的评价。

②考虑个性原则。一个行业的财务平均状况是行业内各公司的共性，但一个行业的各公司在具体经营管理活动中会采取不同的方式，这会在财务报表数据中体现出来。比如，某公司的销售方式以分期收款为主，会使其应收账款周转率表现出差异。在对公司进行财务分析时，要考虑公司的特殊性，不能简单地与同行业公司直接比较。

### （三）公司财务比率分析

财务比率是指同一张财务报表的不同项目之间、不同类别之间、在同一年度不同财务报表的有关项目之间，各会计要素的相互关系。财务比率是比较分析的结果，但同时财务比率分析也是对公司财务报表进行更深层次的比较分析或因素分析的基础。比率分析涉及公司管理的各个方面，比率指标也特别多，大致可归为以下几大类：变现能力分析、营运能力分析、偿债能力分析、盈利能力分析、投资收益分析、现金流量分析等。

1. 变现能力分析

变现能力是公司产生现金的能力，取决于可以在近期转变为现金的流动资产的多少，是考察公司短期偿债能力的关键。反映变现能力的财务比率主要有流动比率和速动比率。

（1）流动比率。流动比率是流动资产与流动负债的比值。其计算公式为：

$$流动比率=\frac{流动资产}{流动负债}$$

流动比率可以反映短期偿债能力。公司流动资产越多，短期债务越少，则偿债能力越强。如果用流动资产偿还全部流动负债，公司剩余的是营运资金（流动资产－流动负债＝营运资金）。因此，营运资金的多少可以反映偿还短期债务的能力，营运资金越多，不能偿还的风险越小。营运资金是个绝对数，而流动比率是个相对数，排除了公司规模不同的影响，更适合公司间以及同一公司不同历史时期的比较。

一般认为，生产型公司合理的最低流动比率是2，因为在流动资产中变现能力较差的存货金额约占流动资产总额的一半，剩下的流动性较大的流动资产至少要等于流动负债，公司的短期偿债能力才会有保证，但这并非统一标准。计算出来的流动比率，只有与同行业平均流动比率、本公司历史的流动比率进行比较，才能判断高低。一般情况下，营业周期、流动资产中的应收账款数额和存货的周转速度是影响流动比率的主要因素。

$$以SA公司为例，SA公司20\times2年末的流动比率=\frac{85\ 082}{35\ 507}\approx2.40$$

（2）速动比率（酸性测试比率）。速动比率是从流动资产中扣除存货部分，与流动负债的比值，是较流动比率更进一步的有关变现能力的指标。速动比率的计算公式为：

$$速动比率=\frac{流动资产-存货}{流动负债}$$

通常认为正常的速动比率为1，低于1反映了短期偿债能力偏低。但不同行业的速动比率会有很大差别，没有统一标准的速动比率。例如，采用大量现金销售的商店，几乎没有应收账款，远低于1的速动比率是很正常的。影响速动比率可信度的重要因素是应收账款的变现能力。

$$以SA公司为例，20\times2年末的速动比率=\frac{85\ 082-25\ 548}{35\ 507}\approx1.68$$

由于行业之间的差别，在计算速动比率时，除扣除存货以外，还可以从流动资产中去掉其他一些可能与当期现金流量无关的项目（如摊销费用等），以计算更进一步的变现能力，如采用保守速动比率（或称超速动比率）。其计算公式如下：

$$保守速动比率=\frac{现金+交易性金融资产+应收账款+应收票据}{流动负债}$$

将表6－3－1中的SA公司有关数据代入，其20×2年保守速动比率为：

$$保守速动比率=\frac{42\ 731+3\ 915+69}{35\ 507}\approx 1.32$$

此外，还有一些财务报表资料中没有反映出的因素，也会影响公司的变现能力及短期偿债能力。

以下几种因素会增强公司的变现能力：

①可动用的银行贷款指标。银行已同意公司未办理贷款手续的银行贷款限额，可以随时增加公司的现金，提高支付能力。

②准备很快变现的长期资产。公司可以将一些长期资产很快出售变为现金，增强短期偿债能力。

③偿债能力的声誉。如果公司的长期偿债能力一贯很好，有一定的声誉，在短期偿债方面出现困难时，可以通过发行债券和股票的方法解决资金的短缺问题，提高短期偿债能力。

以下几种因素会减弱公司的变现能力：

①未作记录的或有负债。或有负债是指公司有可能发生的债务，包括售出产品可能发生的质量事故赔偿、尚未解决的税额争议可能出现的不利后果、诉讼案件和经济纠纷案可能败诉并需赔偿等。没有记录的或有负债一旦成为事实上的负债，将会加大公司的偿债负担。

②担保责任引起的负债。公司有可能为他人向金融机构借款提供担保，为他人购物担保或为他人履行有关经济责任提供担保等。这种担保有可能成为公司的负债，增加偿债负担。

2. 营运能力分析

营运能力是指公司经营管理中利用资金运营的能力，一般通过公司资产管理比率来衡量，主要包括存货周转率（存货周转天数）、应收账款周转天数（应收账款周转率）、流动资产周转率和总资产周转率等。

（1）存货周转率和存货周转天数。存货周转率是营业成本被平均存货所除得到的比率，即存货的周转次数，是衡量和评价公司购入存货、投入生产、销售收回等各环节管理状况的综合性指标。用时间表示的存货周转率就是存货周转天数。其计算公式为：

$$存货周转率=\frac{营业成本}{平均存货}（次）\qquad 存货周转天数=\frac{360}{存货周转率}（天）$$

公式中的“营业成本”数据来自利润表，“平均存货”数据来自资产负债表中的“存货”期初数与期末数的平均值。

存货周转天数（存货周转率）指标的好坏反映存货管理水平，它不仅影响公司的短期偿债能力，也反映公司管理能力。还应对存货的结构以及影响存货周转速度的重要项目进行分析，可以分别计算原材料周转率、在产品周转率或某种存货的周转率等。其计算公式如下：

以 SA 公司为例，20×2 年存货周转率为：

$$存货周转率=\frac{13\ 646}{(20\ 130+25\ 548)\div 2}\approx 0.60\ （次）\quad 存货周转天数=\frac{360}{0.60}=600\ （天）$$

$$原材料周转率=\frac{耗用原材料成本}{平均原材料存货}\ （次）\quad 在产品周转率=\frac{制造成本}{平均在产品存货}\ （次）$$

存货周转分析的目的是从不同的角度和环节上找出存货管理中的问题，从而判断企业生产经营的连续性及存在的潜在风险。

（2）应收账款周转率和应收账款周转天数。应收账款周转率是营业收入与平均应收账款的比值，反映应收账款流动的速度。应收账款周转天数是应收账款周转率的倒数乘以 360 天，表示公司从取得应收账款的权利到收回款项转换为现金所需要的时间。计算公式分别为：

$$应收账款周转率=\frac{营业收入}{平均应收账款}\ （次）\quad 应收账款周转天数=\frac{360}{应收账款周转率}\ （天）$$

公式中的营业收入数据来自利润表。平均应收账款是指未扣除坏账准备的应收账款金额，是资产负债表中的应收账款期初数与期末数及对应坏账准备的平均数。

一般来说，应收账款周转率越高，平均收账期越短，说明应收账款的收回越快。影响该指标正确计算的因素有：①季节性经营；②大量使用分期付款结算方式；③大量使用现金结算的销售；④年末销售的大幅度增加或下降。

以 SA 公司为例，假设期末、期初坏账准备为零，20×2 年应收账款周转率为：

$$应收账款周转率=\frac{68\ 051}{(92+69)\div 2}\approx 845\ （次）\quad 应收账款周转天数=\frac{360}{845}\approx 0.43\ （天）$$

（3）流动资产周转率。流动资产周转率是营业收入与全部流动资产的平均余额的比值。计算公式为：

$$流动资产周转率=\frac{营业收入}{平均流动资产}（次）$$

公式中的平均流动资产是资产负债表中的流动资产合计期初数与期末数的平均数。

流动资产周转率反映流动资产的周转速度。周转速度快，会相对节约流动资产，等于相对扩大资产投入，增强公司盈利能力；而延缓周转速度，需要补充流动资产参加周转，形成资金浪费，降低公司盈利能力。

$$以\ SA\ 公司为例，20\times 2\ 年流动资产周转率=\frac{68\ 051}{(72\ 151+85\ 082)\div 2}\approx 0.87\ （次）$$

（4）总资产周转率。总资产周转率是营业收入与平均资产总额的比值，计算公式为：

$$总资产周转率 = \frac{营业收入}{平均资产总额}（次）$$

公式中的平均资产总额是资产负债表中的资产总计的期初数与期末数的平均数。

该项指标反映资产总额的周转速度。周转越快，反映销售能力越强。但需要结合公司的实际经营策略考虑，如公司可以通过薄利多销的方法，加速资产的周转。

$$SA公司20\times2年总资产周转率 = \frac{68\ 051}{(98\ 584 + 117\ 862) \div 2} \approx 0.63（次）$$

总之，各项资产的周转指标用于衡量公司运用资产赚取收入的能力，经常和反映盈利能力的指标结合在一起使用，可全面评价公司的盈利能力。

3. 长期偿债能力分析

长期偿债能力是指公司偿付到期长期债务的能力，通常以反映债务与资产、净资产的关系的负债比率来衡量。负债比率主要包括：资产负债率、产权比率、有形资产净值债务率、已获利息倍数、长期债务与营运资金比率等。

（1）资产负债率。资产负债率是负债总额除以资产总额的百分比，反映在总资产中有多大比例是通过借债来筹资的，计算公式如下：

$$资产负债率 = \frac{负债总额}{资产总额} \times 100\%$$

出于稳健性原则，公式中的负债总额不仅包括长期负债，还包括短期负债。资产总额则是扣除累计折旧后的净额。

这项指标反映债权人所提供的资本占全部资本的比例，也被称为举债经营比率。如果资产负债率过高，企业可能存在难以按期支付债务本金和利息的风险，但比率过低可能反映企业过分依赖股权融资。

$$以SA公司为例，20\times2年末资产负债率 = \frac{42\ 455}{117\ 862} \times 100\% \approx 36\%$$

（2）产权比率。产权比率是负债总额与股东权益总额之间的比率，也称为债务股权比率。计算公式如下：

$$产权比率 = \frac{负债总额}{股东权益} \times 100\%$$

该项指标反映由债权人提供的资本与股东提供的资本的相对关系，公司基本财务结构是否稳定。从数据看，SA公司债权人提供的资本为股东提供资本的56%，举债经营程度较高。一般而言，产权比率高，是高风险、高报酬的财务结构；产权比率低，是低风险、低报酬的财务结构。

资产负债率与产权比率具有相同的经济意义，两个指标可以相互补充。

$$续前例，SA公司20\times2年末的产权比率 = \frac{42\ 455}{75\ 407} \times 100\% \approx 56\%$$

（3）有形资产净值债务率。有形资产净值债务率是公司负债总额与有形资产净值的百分比。有形资产净值是股东权益减去无形资产净值后的净值，即股东具有所有权的有形资产的净值。计算公式为：

$$有形资产净值债务率=\frac{负债总额}{股东权益-无形资产净值}\times 100\%$$

有形资产净值债务率指标是产权比率指标的延伸，其更为谨慎、保守地反映了公司清算时债权人投入的资本受到股东权益的保障程度，即不考虑无形资产——商誉、商标、专利权以及非专利技术等的价值。从长期偿债能力来看，有形资产净值债务率越低越好。

$$SA公司20\times 2年期末有形资产净值债务率=\frac{42\ 455}{75\ 407-5\ 267}\times 100\%\approx 61\%$$

（4）已获利息倍数。已获利息倍数指标是指公司经营业务收益与利息费用的比率，用以衡量偿付借款利息的能力，也称利息保障倍数，计算公式如下：

$$已获利息倍数=\frac{息税前利润}{利息费用}（倍）$$

公式中的“税息前利润”是指利润表中未扣除利息费用和所得税之前的利润，可以用利润总额加利息费用来测算。利息费用是指本期发生的全部应付利息，不仅包括财务费用中的利息费用，还包括计入固定资产成本的资本化利息。由于我国现行利润表中利息费用没有单列，证券分析师一般以利润总额加利息费用来估计税息前利润。已获利息倍数的重点是衡量公司支付利息的能力，没有足够的税息前利润，利息的支付就会发生困难。

$$以SA公司为例，20\times 2年已获利息倍数=\frac{29\ 201+236}{236}\approx 125（倍）$$

要合理评价公司的已获利息倍数，不仅需要与其他公司，特别是本行业平均水平进行比较，还需要从稳健性角度出发，分析、比较本公司连续几年的该项指标水平，并选择最低指标年度的数据作为标准，保证最低的偿债能力。

结合这一指标，公司还可以测算长期负债与营运资金的比率。它是用公司的长期债务与营运资金相除计算的，其计算公式如下：

$$长期债务与营运资金比率=\frac{长期负债}{流动资产-流动负债}$$

$$以SA公司为例，20\times 2年期末长期债务与营运资金比率=\frac{6\ 948}{85\ 082-35\ 507}\approx 0.14$$

一般情况下，长期债务不应超过营运资金。长期债务会随时间延续不断转化为流动负债，并需运用流动资产来偿还。保持长期债务不超过营运资金，就不会因这种转化而造成流动资产小于流动负债，从而使长期债权人和短期债权人感到贷款有安全保障。从SA公司该项指标来看，长期债务的数额远未超出营运资金数额，说明借钱给

SA 公司风险不大。

（5）影响长期偿债能力的其他因素。

①租赁负债。当公司急需某种设备或资产而又缺乏足够的资金时，可以通过租赁的方式解决。在租赁期开始日，确认使用权资产和租赁负债；租赁期开始日后，对使用权资产计提折旧，并确定使用权资产是否发生减值，并对已识别的减值损失进行会计处理，同时按照固定的周期性利率计算租赁负债在租赁期内各期间的利息费用，并计入当期损益。

②担保责任。由于担保项目的时间长短不一，有的担保项目涉及公司的长期负债，有的涉及公司的短期负债，证券分析师在分析公司长期偿债能力时，应判断担保责任带来的潜在长期负债问题。

③或有项目。或有项目的特点是现存条件的最终结果不确定，处理方法要取决于未来的发展。或有项目一旦发生，便会影响公司的财务状况，需要予以重视。

4. 盈利能力分析

盈利能力即公司赚取利润的能力。一般来说，公司的盈利能力应关注正常的营业状况。非正常的营业状况尽管也会给公司带来收益或损失，但这只是特殊情况，不能说明公司的持续盈利能力。因此，证券分析师在分析公司盈利能力时，应当考虑相关事项是否具有持续影响，非持续性影响事项可能包括但不限于：证券买卖等非正常项目、已经或将要停止的营业项目、重大事故或法律更改等特别项目、会计准则和财务制度变更带来的累计影响等。

反映公司盈利能力的指标很多，通常使用的主要有净利率、毛利率、资产净利率、净资产收益率等。

（1）净利率。净利率是指净利润与营业收入的百分比，其计算公式为：

$$净利率=\frac{净利润}{营业收入}\times 100\%$$

该指标反映每 1 元营业收入带来的净利润是多少，表示营业收入的收益水平。通过分析营业净利率的升降变动，可以关注公司在扩大营业业务收入的同时，经营管理的提升情况，是否提高了盈利水平。

以 SA 公司为例，$20\times 2$ 年净利率 $=\frac{21\ 819}{68\ 051}\times 100\%\approx 32\%$

（2）毛利率。毛利率是毛利占营业收入的百分比，其中毛利是营业收入与营业成本的差。计算公式为：

$$毛利率=\frac{营业收入-营业成本}{营业收入}\times 100\%$$

毛利率表示每 1 元营业收入扣除营业成本后，可以用于各项期间费用和形成盈利的余额，毛利率是公司营业净利率的基础。

续前例，SA 公司 20×2 年毛利率 $=\dfrac{68\ 051-13\ 646}{68\ 051}\times 100\%\approx 80\%$

（3）资产净利率。资产净利率是公司净利润与平均资产总额的百分比。计算公式如下：

$$资产净利率=\frac{净利润}{平均资产总额}\times 100\%$$

资产净利率可表明公司资产利用的综合效果，指标越高，表明资产的利用效率越高，说明公司在增加收入和节约资金使用等方面取得了良好的效果，否则相反。资产净利率是一个综合指标，公司的资产是由投资人投资或举债形成的。净利润的多少与公司资产总量、资产结构、经营管理水平有着密切的关系。为了正确评价公司经济效益的高低、挖掘提高利润水平的潜力，证券分析师可以用该项指标与本公司前期、与计划、与本行业平均水平和本行业内先进公司进行对比，分析形成差异的原因。

以 SA 公司为例，20×2 年末资产净利率 $=\dfrac{21\ 819}{(117\ 862+98\ 584)\div 2}\times 100\%\approx 20\%$

（4）净资产收益率。净资产收益率是净利润与净资产的百分比，也称净值报酬率或权益报酬率。按照《公开发行证券公司信息披露编报规则第 9 号——净资产收益率和每股收益的计算及披露》（2010 年修订）规定，目前我国上市公司须根据归属于公司普通股股东的净利润和扣除非经常性损益后归属于公司普通股股东的净利润分别计算和披露加权平均净资产收益率，以反映报告期中各种权益要素的综合收益水平，其计算公式为：

$$加权平均净资产收益率=\frac{P_0}{E_0+N_p/2+E_iM_i/M_0-E_jM_j/M_0\pm E_kM_k/M_0}\times 100\%$$

式中，$P_0$——归属于公司普通股股东的净利润或扣除非经常性损益后归属于公司普通股股东的净利润；$N_P$——归属于公司普通股股东的净利润；$E_0$——归属于公司普通股股东的期初净资产；$E_i$——报告期发行新股或债转股等新增的、归属于公司普通股股东的净资产；$E_j$——报告期回购或现金分红等减少的、归属于公司普通股股东的净资产；$M_0$——报告期月份数；$M_i$——新增净资产次月起至报告期期末的累计月数；$M_j$——减少净资产次月起至报告期期末的累计月数；$E_k$——因其他交易或事项引起的、归属于公司普通股股东的净资产增减变动；$M_k$——发生其他净资产增减变动次月起至报告期期末的累计月数。

以 SA 公司为例，20×2 年度内，简化考虑，假设除未分配利润外，其他所有者权益项目均无变化。

①假定 20×2 年公司利润表中除公允价值变动收益、投资收益、营业外收入和营业外支出为非经常性损益外，其余均为经常性损益。

以公司普通股股东净利润为分子：

加权平均净资产收益率 $=21\ 819\div(60\ 977+21\ 819\div2)\times100\%\approx30.4\%$

以扣除非经常性损益后归属于公司普通股股东的净利润为分子：

加权平均净资产收益率 $=(21\ 819-20-424-85+56)\div(60\ 977+21\ 819\div2)\times100\%$

$\approx29.7\%$

②若 SA 公司其他条件不变，假定其 20×2 年 10 月通过定向增发新增股东权益 500 000 万元，有关加权平均净资产收益率指标应计算如下：

以公司普通股股东净利润为分子：

加权平均净资产收益率 $=21\ 819\div(60\ 977+21\ 819\div2+5\ 000\times2\div12)\times100\%\approx30.0\%$

以扣除非经常性损益后归属于公司普通股股东的净利润为分子：

加权平均净资产收益率 $=(21\ 819-20-424-85+56)\div(60\ 977+21\ 819\div2+5\ 000\times2\div12)\times100\%\approx29.4\%$

净资产收益率反映公司所有者权益的投资报酬率，具有很强的综合性。杜邦财务分析法就是以净资产收益率为主线，将公司在某一时期的销售成果以及资产营运状况全面联系在一起，层层分解，逐步深入，构成一个完整的分析体系（见图 6－3－10）。

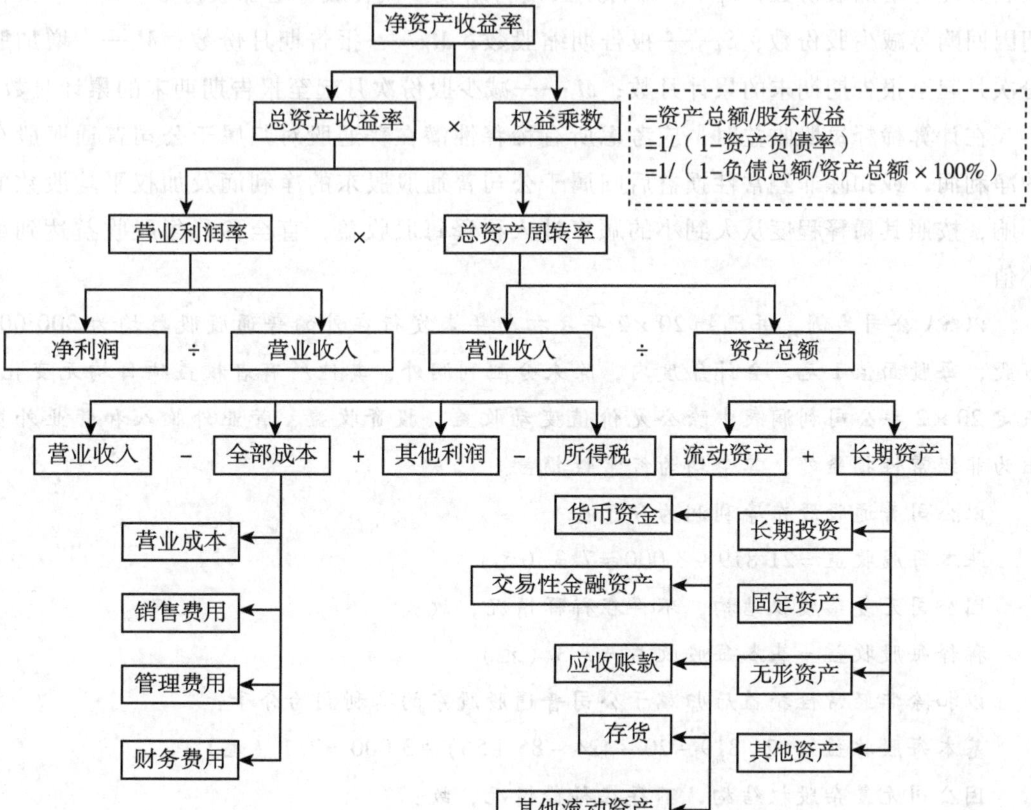


**图 6－3－10　杜邦财务分析图**

5. 投资收益分析

（1）每股收益。每股收益是净利润与公司发行在外普通股总数的比值。按照《公开发行证券公司信息披露编报规则第9号——净资产收益率和每股收益的计算及披露》（2010年修订）规定，目前我国上市公司须根据归属于公司普通股股东的净利润和扣除非经常性损益后归属于公司普通股股东的净利润分别计算和披露基本每股收益和稀释每股收益。计算公式分别为：

$$基本每股收益 = \frac{P_0}{S_0 + S_1 + S_iM_i/M_0 - S_jM_j/M_0 - S_k}$$

稀释每股收益 $= P_1/(S_0 + S_1 + S_iM_i/M_0 - S_jM_j/M_0 - S_k +$ 认购权证、股份期权、可转换债券等增加的普通股加权平均数）

式中：$P_0$——归属于公司普通股股东的净利润或扣除非经常性损益后归属于普通股股东的净利润；$P_1$——归属于公司普通股股东的净利润或扣除非经常性损益后归属于公司普通股股东的净利润（考虑稀释性潜在普通股对其影响，按《企业会计准则》及有关规定进行调整）；$S_0$——期初股份总数；$S_1$——报告期因公积金转增股本或股票股利分配等增加股份数；$S_i$——报告期因发行新股或债转股等增加股份数；$S_j$——报告期因回购等减少股份数；$S_k$——报告期缩股数；$M_0$——报告期月份数；$M_i$——增加股份次月起至报告期期末的累计月数；$M_j$——减少股份次月起至报告期期末的累计月数。

在计算稀释每股收益时，应考虑所有稀释性潜在普通股对归属于公司普通股股东的净利润，或扣除非经常性损益后归属于公司普通股股东的净利润及加权平均股数的影响，按照其稀释程度从大到小的顺序计入稀释每股收益，直至稀释每股收益达到最小值。

以SA公司为例，并已知20×2年年初与年末发行在外的普通股股数均为300 000万股，每股面值1元。会计年度内，除未分配利润外，其他所有者权益项目均无变化。假定20×2年公司利润表中除公允价值变动收益、投资收益、营业外收入和营业外支出为非经常性损益外，其余均为经常性损益。

以公司普通股股东净利润为分子：

基本每股收益 = 21 819 ÷ 3 000 ≈ 7.3（元）

因公司无复杂股权结构，不存在稀释情况，故：

稀释每股收益 = 基本每股收益 = 7.3（元）

以扣除非经常性损益后归属于公司普通股股东的净利润为分子：

基本每股收益 = (21 819 − 20 − 424 − 85 + 56) ÷ 3 000 ≈ 7.1（元）

因公司无复杂股权结构，不存在稀释情况，故：

稀释每股收益 = 基本每股收益 = 7.1（元）

（2）市盈率。市盈率是（普通股）每股市价与每股收益的比率。计算公式为：

$$市盈率=\frac{每股市价}{每股收益}（倍）$$

该指标是衡量上市公司盈利能力的重要指标，反映投资者对每1元净利润所愿支付的价格，可以用来估计公司股票的投资报酬和风险，是市场对公司的共同期望指标。一般说来，市盈率越高，表明市场对公司的未来越看好。在市价确定的情况下，每股收益越高，市盈率越低，投资风险越小；反之亦然。在每股收益确定的情况下，市价越高，市盈率越高，风险越大；反之亦然。

续前例，已知SA公司的普通股每股收益为7.3元，每股市场价格为200元。依上式计算SA公司市盈率$=\frac{200}{7.3}\approx 27$（倍）。

（3）股利支付率。股利支付率是普通股每股股利与每股收益的百分比。其计算公式为：

$$股利支付率=\frac{每股股利}{每股收益}\times 100\%$$

该指标反映公司股利分配政策和支付股利的能力。

续前例，假设SA公司应付普通股股利750 000万元，SA公司每股股利为2.5元（=7 500÷3 000），则20×2年股利支付率为：

$$股利支付率=\frac{2.5}{7.3}\times 100\%\approx 34\%$$

与股利支付率指标关系比较紧密的一个指标是股票获利率，是指每股股利与股票市价的比率。其计算公式如下：

$$股票获利率=\frac{普通股每股股利}{普通股每股市价}\times 100\%$$

股票获利率高说明可以获得稳定的股利收益。

续前例，依上式计算SA公司股票获利率为：

$$股票获利率=\frac{2.5}{200}\times 100\%\approx 1.25\%$$

（4）每股净资产。每股净资产是年末净资产（即年末股东权益）与发行在外的年末普通股总数的比值，也称为每股账面价值或每股权益。计算公式为：

$$每股净资产=\frac{年末净资产}{发行在外的年末普通股股数}$$

其中的年末净资产指扣除优先股权益后的余额。

该指标反映发行在外的每股普通股所代表的净资产成本即账面权益。在投资分析时，只能有限地使用这个指标，因其是用历史成本计量的，既不反映净资产的变现价值，也不反映净资产的产出能力。每股净资产在理论上提供了股票的最低价值。

以SA公司为例，已知SA公司20×2年年末净资产=年末股东权益=75 407万元，20×2年每股净资产为：

$$每股净资产=\frac{75\ 407}{3\ 000}\approx 25\ （元）$$

（5）市净率。市净率是每股市价与每股净资产的比值，计算公式为：

$$市净率=\frac{每股市价}{每股净资产}\ （倍）$$

续前例，已知SA公司每股净资产为25元，每股市价为200元，代入上式得到：

$$市净率=\frac{200}{25}=8\ （倍）$$

6. 现金流分析

现金流量分析不仅要依靠现金流量表，还要结合资产负债表和利润表。

（1）流动性分析。流动性指将资产迅速转变为现金的能力。流动比率虽然也能反映流动性，但有很大的局限性。一般而言，真正能用于偿还债务的是现金流量，因此，现金流量和债务的比较可以更好地反映公司偿还债务的能力。

①现金到期债务比。现金到期债务比是经营现金净流量与本期到期债务的比值，计算公式如下：

$$现金到期债务比=\frac{经营现金净流量}{本期到期的债务}$$

公式中，经营现金净流量是现金流量表中的经营活动产生的现金流量净额，本期到期的债务是指本期到期的长期债务和本期应付的应付票据。

以SA公司为例，假设SA公司的本期到期长期债务为1 000万元，计算得到20×2年现金到期债务比为：

$$现金到期债务比=\frac{21\ 681}{10+1\ 360}\approx 15.8$$

若同业平均现金到期债务比为10，说明SA公司偿还到期债务的能力是较强的。

②现金流动负债比。现金流动负债比是经营现金净流量与流动负债的比值，计算公式如下：

$$现金流动负债比=\frac{经营现金净流量}{流动负债}$$

续前例，SA公司20×2年现金流动负债比$=\frac{21\ 681}{35\ 507}\approx 0.61$

同样，若同业平均现金流动负债比为0.3，说明SA公司偿还流动债务的能力是较强的。

③现金债务总额比。现金债务总额比是经营现金净流量与负债总额的比值，计算公式如下：

$$现金债务总额比 = \frac{经营现金净流量}{债务总额}$$

此项比值越高，表明公司承担债务的能力越强，该比值也体现了企业最大付息能力。

续前例，SA 公司 20×2 年现金债务总额比 $= \frac{21\ 681}{42\ 455} \approx 0.51$

（2）获取现金能力分析。获取现金能力是指经营现金净流入和投入资源的比值。投入资源可以是营业收入、总资产、营运资金、净资产或普通股股数等。

①营业现金比率：

$$营业现金比率 = \frac{经营现金净流量}{营业收入}$$

该比率反映每 1 元营业收入得到的净现金，其数值越大越好。

续前例，SA 公司的 20×2 年营业现金比率 $= \frac{21\ 681}{68\ 051} \approx 0.32$

②每股营业现金净流量：

$$每股营业现金净流量 = \frac{经营现金净流量}{普通股股数}$$

该指标反映公司最大的分派股利能力，超过此限度，就要借款分红。

续前例，SA 公司 20×2 年每股营业现金净流量 $= \frac{21\ 681}{3\ 000} \approx 7.2$（元）

③全部资产现金回收率：

$$全部资产现金回收率 = \frac{经营现金净流量}{期末资产总额} \times 100\%$$

该指标说明公司资产产生现金的能力。

若同业平均全部资产现金回收率为 10%，说明 SA 公司资产产生现金的能力较强。

续前例，SA 公司有 20×2 年全部资产现金回收率 $= \frac{21\ 681}{117\ 862} \times 100\% \approx 18\%$

（3）财务弹性分析。财务弹性是指公司适应经济环境变化和利用投资机会的能力。这种能力来源于现金流量和支付现金需要的比较。现金流量超过需要，有剩余的现金，适应性就强。财务弹性是用经营现金流量与支付要求进行比较。支付要求可以是投资需求或承诺支付等。

①现金满足投资比率：

$$现金满足投资比率 = \frac{近5年经营活动现金净流量}{近5年资本支出、存货增加、现金股利之和}$$

该比率越大，说明资金自给率越高。达到 1 时，说明公司可以用经营活动获取的现金满足扩充所需资金；若小于 1，则说明公司是靠外部融资来补充。

假设 SA 公司近 5 年经营现金流量平均数与 20×2 年相同，平均资本支出为 45 亿元，存货平均增加50亿元，现金股利平均每年50亿元，则：

$$现金满足投资比率=\frac{21\ 681}{4\ 500+5\ 000+5\ 000}\approx 1.5$$

②现金股利保障倍数：

$$现金股利保障倍数=\frac{每股营业现金净流量}{每股现金股利}$$

该比率越大，说明支付现金股利的能力越强。

续前例，已知SA公司每股营业现金净流量为7.2元，每股现金股利为2.5元，则：

$$现金股利保障倍数=\frac{7.2}{2.5}=2.9（倍）$$

（4）收益质量分析。收益质量是指报告收益与公司业绩之间的关系。从现金流量表的角度来看，收益质量分析主要是分析会计收益与现金净流量的比率关系，其主要的财务比率是营运指数。

$$营运指数=\frac{经营现金净流量}{经营所得现金}$$

经营所得现金=经营净收益+非付现费用

=净利润-非经营收益+非付现费用

关于收益质量的信息，列示在现金流量表的补充资料中。其中，非经营收益涉及处置固定资产、无形资产和其他资产的损失，固定资产报废损失，财务费用，投资损失等项目；非付现费用涉及计提的资产减值准备、固定资产折旧、无形资产摊销、长期待摊费用摊销、待摊费用的减少、预提费用的增加等项目。

营运指数小于1，说明一部分收益尚没有取得现金，停留在实物或债权形态，而实物或债权资产的风险大于现金，说明收益质量不够好。此外，营运指数小于1，反映公司为取得同样的收益占用了更多的营运资金，即取得收益的代价增加了。应收账款增加和应付账款减少使收现数减少，会影响公司的收益质量。

以SA公司为例，部分补充资料如下：SA公司的非经营收益包括处置固定资产收益6 800万元、财务收入53 900万元、投资收益42 400万元，非付现费用包括计提的资产减值准备10 000万元、固定资产折旧100 000万元、无形资产摊销50 000万元、长期待摊费用摊销10 000万元，代入上式则：

经营所得现金=21 819-(424+68+539)+(100+1 000+500+100)

=22 488（万元）

$$营运指数=\frac{21\ 681}{22\ 488}\approx 0.96$$

### （四）会计报表附注分析

1. 会计报表附注项目

会计报表附注是为了便于会计报表使用者理解会计报表的内容而对会计报表的编制基础、编制依据、编制原则和方法及主要项目等所作的解释，是对会计报表的补充说明。企业的年度会计报表附注一般披露如下内容：

（1）不符合会计核算前提的说明。

（2）重要会计政策和会计估计的说明。

（3）重要会计政策和会计估计变更的说明以及重大会计差错更正的说明。

（4）或有事项的说明，主要包括或有负债的类型及其影响、很可能会给企业带来经济利益的或有资产形成的原因及其产生的财务影响。

（5）资产负债表日后事项的说明。

（6）对关联方关系及其交易的说明。

（7）重要资产转让及其出售的说明。

（8）企业合并、分立的说明。

（9）会计报表重要项目的说明。

（10）企业所有者权益中，国家所有者权益各项目的变化数额及其变化原因。

（11）收入说明，主要包括企业当期确认的销售商品的收入、提供劳务的收入、工程结算收入（建造合同收入）、利息收入、使用费收入和本期分期收款确认的收入的金额。

（12）所得税的会计处理方法，即企业的所得税会计处理是采用应付税款法，还是采用纳税影响会计法。如果采用纳税影响会计法，应说明是采用递延法还是债务法。

（13）合并会计报表的说明，包括合并会计报表的编制方法以及合并范围的确定原则、依据；本年度合并报表范围的变更及理由；分户列示未纳入合并范围子企业资产、负债、销售收入、实现利润、税后利润等主要财务决算指标，并说明其对企业合并财务决算报告的影响。

（14）企业执行国家统一规定的各项改革措施、政策，对财务状况发生重大事项的说明。

（15）企业主辅分离辅业改制情况的说明。

（16）有助于理解和分析会计报表需要说明的其他事项。

2. 对会计报表附注项目的分析

会计报表附注是会计报表的补充，主要对会计报表不能包括的内容或者披露不详尽的内容作进一步的解释说明。证券分析师在进行公司财务分析时，一般应特别关注财务报表附注以下内容：

（1）重要会计政策和会计估计及其变更的说明。

①会计政策是指企业在会计核算时所遵循的具体原则以及企业所采纳的具体会计处理方法，是指导企业进行会计核算的基础。由于会计政策在具体使用中可以有不同的选择，一般情况下企业会选择最恰当的会计政策反映其经营成果和财务状况。会计报表附注中所披露的企业采纳的会计政策，主要包括：收入确认、存货期末计价、投资期末计价、固定资产期末计价、无形资产期末计价、所得税的核算方法、长期股权投资的核算方法、借款费用的处理方法等。

②会计估计是指企业对其结果不确定的交易或事项以最近可利用的信息为基础所作的判断。在会计报表附注中需披露会计估计的程序及方法，如计提坏账准备的比例、计提有关资产减值准备的方法等。

会计政策和会计估计对于企业会计报表具有重大影响，证券分析师应详细分析企业所采纳的会计政策和会计估计，确定企业会计政策及会计估计方法的选择是否考虑了谨慎、实质重于形式和重要性三方面，是否最恰当地反映了企业的经营成果和财务状况。同时，要关注企业对重要会计政策和会计估计所作的变更，分析会计政策和会计估计变更是否更加准确地反映了企业的经营成果和财务状况，分析会计政策和会计估计变更的影响。

（2）或有事项。企业的或有事项指可能导致企业发生损益的不确定状态或情形，常见的包括：已贴现商业承兑汇票形成的或有负债，未决诉讼、仲裁形成的或有负债，为其他单位提供债务担保形成的或有负债，很可能给企业带来经济利益的或有资产。这些或有事项可能导致企业资金的损失或者给企业带来收益，给企业的财务状况带来不确定的影响。证券分析师要分析或有事项给企业带来的潜在风险和收益，更全面地掌握企业在生产运营过程中的实际状况。

3. 会计报表附注对基本财务比率的影响分析

会计报表本身所能反映的财务信息受到一定限制，以会计报表为基础的财务比率分析也存在一定的局限。会计报表附注提供与会计报表所反映的信息相关的其他财务信息。证券分析师通过分析会计报表附注对基本财务比率的影响，为其决策提供更充分的信息。

（1）对变现能力比率的影响。变现能力比率主要有流动比率和速动比率，其分母均为流动负债，不包括或有负债。但或有负债是在会计报表附注中披露，不在会计报表中反映。按照《企业会计准则第 13 号——或有事项》的规定：“或有负债指过去的交易或者事项形成的潜在义务，其存在须通过未来不确定事项的发生或不发生予以证实；或过去的交易或者事项形成的现时义务，履行该义务不是很可能导致经济利益流出企业或该义务的金额不能可靠计量。”或有事项准则规定，只有同时满足如下三个条件才能将或有事项确认为负债：①该义务是企业承担的现时义务；②该义务的履行很可能导致经济利益流出企业；③该义务的金额能够可靠地计量。或有负债确认的第②项和第③项条件往往需要会计人员的职业判断。

或有事项准则规定必须在会计报表附注中披露的或有负债包括：①已贴现商业承兑汇票形成的或有负债。②未决诉讼、仲裁形成的或有负债。③为其他单位提供债务担保形成的或有负债。④其他或有负债（不包括极小可能导致经济利益流出企业的或有负债）。企业有可能利用或有事项准则对其他或有负债“极小可能”的规定不披露或少披露或有负债。这些或有负债一旦成为事实上的负债，将会加大企业的偿债负担。

变现能力分析应该结合会计报表附注，如果存在或有负债，显然会减弱企业流动资产的变现能力。如果存在未披露的或有负债，更会令变现能力指标的准确性大打折扣。

（2）对运营能力比率的影响。运营能力比率衡量公司在资产管理方面的效率，包括应收账款周转率、存货周转率等。

①对应收账款周转率的影响：

$$应收账款周转率=\frac{营业收入}{平均应收账款}$$

平均应收账款指未扣除坏账准备的应收账款余额，即资产负债表中期初应收账款余额与期末应收账款余额的平均数。营业收入数据来自利润表。收入、应收账款确认产生偏差会导致应收账款周转率偏差。

②对存货周转率的影响：

$$存货周转率=\frac{营业成本}{平均存货}$$

除了个别计价法外，存货的实物流转与价值流转并不一致，只有应用个别计价法计算出来的存货周转率才是“标准的”存货周转率。因而，其他存货流转假设（我国会计准则允许采纳先进先出法和加权平均法）都是采用一定技术方法在销售成本和期末存货之间进行分配。若物价持续上涨，在先进先出法下销售成本偏低，而期末存货则高，计算出的存货周转率偏低。同时，按照企业会计准则，上市公司期末存货应按成本与可变现净值孰低法计价，在计提存货跌价准备的情况下，期末存货价值小于其历史成本，分母变小，存货周转率会变大。

（3）对负债比率的影响。负债比率包括资产负债率、产权比率、有形净值债务率等。如前文所述，由于或有负债的存在，资产负债表确认的负债并不一定完整反映了企业的负债总额。因而分析资产负债率时，不得不关注会计报表附注中的或有事项。不考虑或有负债的资产负债率夸大了企业的偿债能力。

（4）对盈利能力比率的影响。盈利能力比率包括净利率、毛利率、资产净利率和净值报酬率。其分子都是净利润，影响利润的因素就是影响盈利能力的因素。一般来说，企业的盈利能力分析只涉及正常的营业状况。非正常的营业状况也会给企业带来收益或损失，但只是特殊状况下的个别结果，不能说明企业的盈利能力，主要包括：①证券买卖等非经常项目；②已经或将要停止的营业项目；③重大事故或法律更改等特别项目；④会计准则和财务制度变更带来的累积影响等因素。

除此之外，影响企业利润的因素主要有：①存货流转假设。在物价持续上涨的情况下，采用先进先出法结转的营业成本较低，因而计算出的利润偏高。②计提的损失准备。计提方法和比例影响利润总额。③长期投资核算方法，采用权益法或成本法。④固定资产折旧是采用加速折旧法还是直线法。⑤收入确认方法。⑥或有事项的存在。⑦关联方交易。

证券分析师通过会计报告附注项目的分析，可以更全面地掌握公司经营过程中的实际状况，评判当前企业的财务状况和经营成果，预测未来的发展趋势。

## 四、重大事项分析

### （一）资产重组和并购

1. 资产重组

国内资产重组的概念多种多样。中国证监会 2023 年 2 月 17 日颁布的《上市公司重大资产重组管理办法》，将重大资产重组定义为：上市公司及其控股或者控制的公司在日常经营活动之外购买、出售资产或者通过其他方式进行资产交易达到规定的比例，导致上市公司的主营业务、资产、收入发生重大变化的资产交易行为。参照上述定义和我国的实际情况，本书将资产重组定义为：资产重组是指企业资产的拥有者、控制者与企业外部的经济主体进行的，对企业资产的分布状态进行重新组合、调整、配置的过程，或对设在企业资产上的权利进行重新配置的过程。

资产重组根据重组对象的不同大致可分为对企业资产的重组、对企业负债的重组和对企业股权的重组。对企业资产的重组包括收购资产、资产置换、资产出售、租赁和托管资产、受赠资产；对企业负债的重组主要是指债务重组。根据债务重组的对象不同，又可以分为与银行之间和与债权人之间进行的债务重组。

上述对企业资产和负债的重组属于在企业层面发生的、根据授权情况经董事会或股东大会批准即可实现的重组。这种重组行为可称为战术性资产重组。对企业股权的重组由于涉及股份持有人变化或股本增加，一般都需要经过有关主管部门的审核或核准，涉及国有股权的还需经国家财政部门的批准。此类行为对企业未来发展方向的影响通常巨大，被称为战略性资产重组。

以下对主要的重组手段和方法进行扼要介绍：

（1）购买资产。购买资产通常指购买房地产、债权、业务部门、生产线、商标等有形或无形的资产。单纯的购买资产，收购方不必承担相关的债务和义务，但无法获得运营管理能力，不适合跨领域的多元化扩张。

（2）收购公司。收购公司通常是指获取目标公司股权，使其成为全资子公司或者获取控股地位的重组行为。收购公司不仅同时获得了资产和负债，而且快速获得公司组织形成的核心能力。

（3）收购股份。收购股份通常指以获取参股地位而非目标公司控制权为目的的股权收购行为。收购股份通常是试探性的多元化经营的开始和策略性的投资，或是为了强化与上游、下游企业之间的协作关联。

（4）合资或联营组建子公司。合资或联营可以将公司与其他具有互补竞争力的合作方伙伴联系起来，获得共同的竞争优势。

（5）公司合并。公司合并，包括吸收合并和新设合并两种形式，是指两家以上的公司结合成一家公司，原有公司的资产、负债、权利和义务由新设或存续的公司承担。公司合并的目的是实现战略伙伴之间的一体化，进行资源、技能的互补，从而形成更强、范围更广的公司竞争力。同时，公司合并还可以减少同业竞争，扩大市场份额。

（6）股权置换。目的通常在于引入战略投资者或合作伙伴，实现公司控股股东与战略伙伴之间的交叉持股，建立利益关联。股权置换通常不涉及控股权的变更。

（7）股权—资产置换。股权—资产置换是由公司原有股东以出让部分股权或增发新股为代价，获得其他公司或股东的优质资产。其优点就在于，公司不用支付现金便可获得优质资产，扩大公司规模。

（8）资产置换。资产置换是指公司重组中为了使资产处于最佳配置状态获取最大收益，或出于其他目的而对其资产进行交换。

（9）资产出售或剥离。资产出售或剥离是指公司将其拥有的某些子公司、部门、产品生产线、固定资产等出售给其他的经济主体。资产出售或剥离也是资产优化配置的手段，通常用于非核心业务或亏损业务的处置。

（10）公司分立。公司分立是指公司将其部分资产负债及相关业务转移给新建立的公司，把新公司的股票按比例分配给母公司的股东，从而形成一个与母公司有着相同股东的新公司。公司分立可解决新业务的激励问题，常见于新业务培育，也可通过分立规避垄断。

（11）资产配负债剥离。资产配负债剥离是将公司资产及相关负债一并剥离出公司母体，而接受主体一般为其控股母公司。这一方式在甩掉劣质资产的同时，能够迅速减小公司总资产规模，降低负债率，而公司的净资产不会发生改变。

（12）接受附义务的资产赠与或者对外捐赠资产。国有股的无偿划拨是当前证券市场上公司重组的一种常见方式，通常发生在属同一级财政范围或同一级国有资本运营主体的国有企业和政府机构之间。国有股的受让方一定为国有独资企业。国有控股权的划拨实际是公司控制权的转移和管理层的重组，其目的或是为了调整和理顺国有资本运营体系，或是为了利用优势企业的管理经验来重振处于困境中的上市公司。

（13）股权的协议转让。股权的协议转让是指股权的出让与受让双方不是通过交易所系统集合竞价的方式进行买卖，而是通过面对面的谈判方式，在交易所外进行交易，故通常称之为场外交易。这些交易往往出于一些特定的目的，如引入战略合作者或被有较强实力的对手善意收购等。

（14）公司股权托管和公司托管。公司股权托管和公司托管是指公司股东将其持有的股权以契约的形式，在一定条件和期限内委托给其他法人或自然人，由其代为行使对公司的表决权。当委托人为公司的控股股东时，公司股权托管就演化为整个公司的托管。

在实践中，一家公司可能会连续采用几种方式进行重组，以期达到资产的效用优化配置。

2. *并购*

并购是兼并与收购的简称，是指目标公司控股权发生转移的各种产权交易形式的总称，主要形式有合并、兼并、收购等。兼并一般指两家或两家以上公司的合并，组成一个新的企业。收购是指一个企业通过购买和证券交换等方式获取其他企业的全部或部分股权。并购的交易形式见资产重组的“收购公司”和“公司合并”。并购的法律依据主要为《上市公司收购管理办法（2020年修正）》及各大交易所规则、指引。

并购对于被并购方是重大资产重组，但是对于并购方而言，如果自身规模巨大，则不一定达到重要的程度。

3. *资产重组、并购的影响*

从理论上讲，资产重组可以促进资源的优化配置，有利于产业结构的调整，增强公司的市场竞争力，从而使一批上市公司由小变大、由弱变强。但在实践中，需要观察整合是否成功，主要包括企业资产的整合、人力资源配置和企业文化的融合、企业组织的重构。着眼于改善上市公司经营业绩、调整股权结构和治理结构的调整型公司重组和控制权变更型重组，是我国证券市场最常见的资产重组目的。

对于战略扩张型资产重组而言，通过收购、兼并，对外进行股权投资，公司可以拓展市场份额，或进入新业务领域。这种重组，短期来看，受被收购兼并方生产及经营现状影响较大，磨合期较长，因而见效可能较慢；长期来看，这类重组往往能够使公司通过扩大市场规模和生产规模，降低成本，巩固或增强其市场竞争力。

分析师在分析资产重组和并购对公司的影响时，首先，需根据重要程度鉴别是报表性重组还是实质性重组。实质性重组一般要将被并购企业50%以上的资产与并购企业的资产进行置换，或双方资产合并。其次，战略性重组的效果需要较长的重组期才能达成。一般而言，控制权变更时并不代表公司经营活动马上发生变化，而是需要完成相应的重组整合后，公司经营业绩才会产生显著改变。最后，基于对于未来整合效果的预期和交易成本进行比较后，才能评价资产重组和并购交易对公司的影响。通常，基于财务目的的并购不会带来明显的价值增量，只有通过资源互补、强强联合，才能够显著增厚公司价值。

4. 资产重组、并购中的价值评估

资产重组无一例外都会涉及资产定价问题，而客观、专业的资产评估往往成为交易双方确定交易价格的主要依据。企业资产评估常采用以下三种方法：（1）市场价值法，即按照市场上近期发生的类似资产的交易价来确定被评估资产的价值；（2）重置成本法，即按资产全新情况下的现价或重置成本减去已使用年限的折旧，来确定被评估资产的价值；（3）收益现值法，即按照预期利润率计算的现值来确定被评估资产的价值。这三种方法可以互相检验，也可以单独使用。

（1）市场价值法。市场价值法也是相对估值法。市场价值法有三个步骤：①选择适合评估资产价值的指标，常用直接反映盈利能力的指标，如净利润、EBIT、EBITDA，影响盈利的重要指标，如净资产、营业收入；②选择具有可比性的交易资产，如考虑同行业、同产品链、类似财务结构；③通过计算样本公司估值水平确定合理估值倍数，计算标的资产价值。

由于评估标的多为非上市性质资产或股权，所以需要考虑因为交易场景不同而带来的参考交易价格的差异。比如，未上市股权价值的评估，如果参考的是上市公司的交易价格就需要进行定价体系差异调整，给予下修。

资产如果基于未被收购的场景给出盈利预测假设，市场价值法得到的是合理的收购价格。如果基于收购整合后的场景给出的盈利预测假设，得到的是收购方的预期价值。如果存在竞购者，实际交易价格可能被抬高，而处于两个价格的中间位置。

市场价值法的优点是：适用范围比较广，评估标的既可以是资产评估也可以是股权；方法比较灵活，评估指标也可以选择不同的基准指标；方法本身容易理解和掌握。市场价值法的缺点是：常用的单一指标估值往往不能完全解释交易价格，需要用多种方法验证；股权类资产的参考标的具有各自特征，而影响可比性；无法发现市场本身的定价风险。

（2）重置成本法。重置成本法是指在评估资产时按被评估资产的现时重置成本扣减其各项损耗价值来确定被评估资产价值的方法。

采用重置成本法的理论依据是：资产的价值取决于资产的成本。资产的原始成本越高，资产的原始价值越大，反之则小，两者在质和量的内涵上是一致的。重置成本测算按现行市场条件下重新购建一项全新资产所支付的全部货币总额，重置成本与原始成本的构成是相同的，但通常会因物价水平变动而上涨。

资产价值是一个变量，会随着时间推移而折损，所以资产价值还需要根据损耗情况进行贬值测算。贬值测算通常需要考虑：资产投入使用后，因磨损和自然力作用，出现资产的物理损耗或有形损耗（也称实体性贬值）；新技术出现，使得原有资产技术性能降低，其价值也相应减少，这种损耗称为资产的功能性损耗，也称功能性贬值；资产的外部政治、法规要求、宏观经济等环境因素变化引致资产价值降低，也称资产的经济性贬值。物理损耗类似折旧，其测算方式可以参考折旧的计算处理方法，根据已经使用年限进行测算，也可以根据设备实际使用频率进行测算。功能性损耗的准确测算需要基于新旧资产的全使用周期价值进行，尤其需要关注新旧设备性能不同而导致的运营全成本的差异。

运用重置成本法评估资产的程序。首先确定被评估资产并估算重置成本，然后确定被评估资产的使用年限，接着估算被评估资产的损耗或贬值，最后计算确定被评估资产的价值。

采用重置成本法评估资产的优点有：比较充分地考虑了资产的损耗，评估结果更加公平合理，适合于单项资产和特定用途资产的评估，在不易计算资产未来收益或难以取得市场参照物条件下可广泛应用，有利于企业资产保值。重置成本法的缺点，由于需要依赖资产历史资料为依据在当前环境下确定价值，工作量巨大，且经济性损耗也不易全面准确计算。

（3）收益现值法。收益现值法是通过估算被评估资产未来预期收益并折算成现值，借以确定被评估资产价值的一种资产评估方法。当人们购买的目的不在于资产本身，而是购买资产得到的获利能力，可采用收益现值法。

收益现值法必须具备的前提条件包括：首先，被评估资产必须是能用货币衡量其未来期望收益的单项或整体资产；其次，资产所有者所承担的风险可以量化反映。实践中，单项资产如果可以单独购买，应该采用市场价格或重置成本法确定其价值，只有当资产形成组合或者资产与业务运营能力相结合，才适合采用收益现值法。

收益现值法本质上就是现金流贴现法在资产评估当中的应用。其具体流程分为三步：①分析业务、预测该项资产未来各期的收益值；②基于业务的风险状况确定合理的贴现率；③通过预期收益值的贴现得到资产收益的现值。收益期限应根据法律、契约、合同规定确定，如果没有约定可以采用无限期。

收益现值法测算结果和交易主体有紧密关系。基于资产现状的收益现值计算是市场交易价格的下限参考，收购方基于预期整合效应调整参数得到的预期价值是交易价格的上限参考。整合效应包括业务整合引起收入增加、成本下降，也包括资产合并引起风险下降。

采用收益现值法评估资产的优点：能真实和较准确地反映企业盈利决定的长期价值；与投资决策相结合，用此评估法评估资产的价格，易为买卖双方接受。采用收益现值法评估资产的缺点：预期收益额预测比较复杂，需要基于主观判断给出很多假设，容易受到不可预见因素的影响；适用范围较小，一般适用于企业整体资产、业务线和可预测未来收益的单项资产评估。

## （二）关联交易

### 1. 关联交易方式

上市公司的关联交易，是指上市公司或者其控股子公司与上市公司关联人之间发生的转移资源或者义务的事项。《企业会计准则第36号——关联方披露》第三条对关联方进行了界定，即“一方控制、共同控制另一方或对另一方施加重大影响，以及两方或两方以上同受一方控制、共同控制或重大影响的，构成关联方”。所谓控制，是指有权决定一个企业的财务和经营政策，并能据以从该企业的经营活动中获取利益。所谓共同控制，是指按照合同约定对某项经济活动所共有的控制，仅在与该项经济活动相关的重要财务和经营决策需要分享控制权的投资方一致同意时存在。所谓重大影响，是指对一个企业的财务和经营政策有参与决策的权力，但并不能够控制或者与其他方一起共同控制政策的制定。

我国上市公司的常见的关联交易主要有以下几种：

（1）关联购销。关联购销类关联交易，主要集中在以下两种行业：一种是资本密集型行业，如冶金、有色、石化和电力行业等；另一种是市场集中度较高的行业，如家电、汽车行业等。现代产业的产业链越来越长，上市公司与集团其他公司之间、与其他大股东之间产生关联交易在所难免。购销类关联交易在各类关联交易中居首位。

（2）资产租赁。上市公司与其集团公司之间普遍存在着资产租赁关系，包括土地使用权、商标等无形资产的租赁和厂房、设备等固定资产的租赁。

（3）担保。涉及上市公司的关联信用担保也普遍存在，上市公司与集团公司或者各个关联公司可以相互提供信用担保。关联公司之间相互提供信用担保虽能有效解决各公司的资金问题，但也有可能引起经济纠纷，增加上市公司的财务风险。上市公司与其主要股东，特别是控股股东之间的关联担保可以是双向的，既可能是上市公司担保主要股东的债务，也可能反过来是主要股东为上市公司提供担保。

（4）托管经营、承包经营等管理方面的合同。绝大多数的托管经营和承包经营属于关联交易，关联方大多是控股股东。托管方或是上市公司，或是关联企业。自己的资产被关联公司托管或承包经营以后，可以获得比较稳定的托管费用和承包费用。另外，关联托管和承包往往是进行关联收购的第一步。因为在托管期间，可以对所托管或承包的企业进行深入细致的了解，考察企业的发展潜力以降低收购的风险。

（5）关联方共同投资。共同投资形式的关联交易通常是指上市公司与关联公司就某一具体项目联合出资，并按事前确定的比例分配收益。

### 2. 关联交易对公司的影响

从理论上说，关联交易属于中性交易，它既不属于单纯的市场行为，也不属于内幕交易的范畴，其主要作用是降低交易双方信息不对称，减少交易成本，保证供应链稳定，促进渠道畅通，有利于实现利润的最大化。实际操作中，因为关联交易有其非经济特性，关联交易价格可由关联双方协商决定，在评估和审计等中介机构尚不健全的情况下，关联交易容易成为企业调节利润和一些部门及个人获利的途径，使中小投资者利益受损。

交易价格如果不能按照市场价格来确定，就有可能成为利润调节的工具。如服务收费因外界无法准确判断其合理性，操作弹性较大，集团公司可以通过调低上市公司应缴纳费用标准或者承担相关费用，甚至将以前年度已缴纳的费用退回，从而达到转移费用、增加利润的目的。上市公司通过关联交易获得贴补，从表面上看对上市公司是好事，但这种贴补不可能持久且终究要付出代价，也不利于上市公司培育核心竞争力。

资产重组中的关联交易，要结合重组目的、重组阶段、重组方实力、重组整合效应具体分析。如果上市公司重组目的带有短期化倾向，如为了短期业绩的改观、配股融资能力的增强等，企业经营现状的改变将是非质变性的。重组后能否带来预期长期效益还要看后期整合的结果。通常有关联交易性质的资产重组，由于其透明度较低，更需要进行长时期的跟踪分析。

证券投资分析师在分析关联交易时，应关注交易价格的公允性。分析师需要研究关联交易的披露，通过关联交易占公司资产的比重、关联交易的利润占公司利润的比重判断关联交易的影响程度，通过可参考的交易判断关联交易的公允性，以还原公司的真实经营状况。尤其需要注意，关联交易可能给上市公司带来的隐患，如资金占用、信用担保、关联购销等。

### （三）会计政策和税收政策变化

1. 会计政策变化

会计政策是指企业在会计确认、计量和报告中所采用的原则、基础和会计处理方法。会计政策会因为会计准则变更，或企业根据实际情况认为需要，而发生变更。公司会计政策变更将影响年末资产负债表和当年利润表，如果采用追溯调整法还将影响公司年初及以前年度的利润、净资产、未分配利润等数据。

近几年，我国企业会计准则不断完善，多个重大准则出现更新，进而产生会计政策的变化。近年来，财政部制定发布了《企业会计准则第 14 号——收入（2017）》《企业会计准则第 21 号——租赁（2018）》《企业会计准则第 7 号——非货币性资产交换（2019）》等会计准则，对收入、租赁、非货币性资产交换的会计政策进行了调整，影响企业会计处理。以《企业会计准则第 14 号——收入（2017）》为例，企业应在履行了合同中的履约义务，即在客户取得相关商品控制权时确认收入，按照分摊至各单项履约义务的交易价格计量收入。首次执行时应根据累积影响数，调整首次执行当年年初留存收益及财务报表其他相关项目金额，对可比期间信息不予调整。

2. 税收政策变化

税收政策变更也将对上市公司的业绩产生影响。企业缴纳的税收中比较重要的有企业所得税、增值税、消费税、资源税，这些税收政策的税率变化或优惠政策的变化对上市公司的业绩都产生直接影响。个人所得税直接影响最终消费端的消费力，同时也间接影响上市公司的人力成本。

值得注意的是，税收政策变化的影响不能简单通过静态分析而得出，而是应该动态分析，在考虑供需两端的变化、国内竞争博弈、国际竞争等因素后确定合理均衡水平。以增值税的出口退税为例，增值税出口退税是指销售时免征增值税，同时将购进时支付的增值税进项税额退给企业，这就意味着产品是以不含税价格进入国际市场，因此提高了企业在国际市场上的竞争能力。但是，在出口退税率提高的情况下，因为国内同行业公司都获得了更多退税，这些公司可能通过调低产品价格以争取市场，所以，厂商最后实际能得到的只是出口退税提高的部分好处。

# 第四节 策略分析

## 一、投资策略分析概述

### （一）投资策略的含义和分类

1. 投资策略的含义

投资策略是指投资者根据其财务目标、风险偏好、市场见解和资产分析等因素，制定的一系列为避免风险、获取最理想收益的规则、原则和方法，用于指导其投资决策和行动。

策略分析能够帮助投资者在投资研究中对市场、资产和风险等方面进行深入探究和评估，以制定明智的投资决策，并确定适当的方法、规则和计划来实现投资目标。第一，策略分析有助于投资者捕捉市场的宏观和微观趋势，从而更好地预测市场的发展方向。第二，策略分析帮助投资者理解不同资产类别之间的相关性和表现，从而更有效地进行资产配置，实现风险分散和回报优化。第三，策略分析有助于投资者确定适当的风险管理方法，包括设置止损位、分散投资等，降低投资组合的风险水平。第四，策略分析可以指导投资者应该在何时买入和卖出资产。第五，策略分析需要投资者定期审查投资组合的表现，并根据市场动态和个人情况进行调整，确保策略的持续有效。

2. 投资策略的主要分类

（1）根据决策灵活性，分为积极型、消极型、混合型投资策略。

①积极型投资策略：积极型投资策略基于市场有效性存在瑕疵和可选择的套利机会的假设前提。它要求投资者根据市场情况变动积极调整投资组合，并通过灵活的投资操作获取超额收益，通常将战胜市场作为基本目标。常见的积极型投资策略包括板块轮动和市场风格转换调整投资组合。

②消极型投资策略：投资者根据事先确定的投资组合构成和调整规则进行投资，不主动根据市场环境的变化进行调整。该策略的理论基础是市场有效性假说，即所有证券价格都充分反映了可获得的信息。因此，买入并持有证券，被动接受市场变化而不进行调整，更有可能获取市场收益，同时避免了过多的交易成本和误判市场走势造成的损失。常见的被动型投资策略包括指数基金、交易所交易基金等。

③混合型投资策略：投资者在实际操作中，将积极策略和消极策略相结合，以达到更好的投资效果。通常情况下，完全积极和完全消极的投资策略之间存在广泛的中间地带。虽然指数化投资策略被视为被动投资策略的代表，但是各种指数增强型或指数优化型策略已经带有了主动投资的成分。

（2）根据适用期限，分为战略性投资策略和战术性投资策略。

①战略性投资策略。战略性投资策略也称为战略性资产配置策略（Strategic Asset Allocation，SAA）或者长期资产配置策略（Long - term Allocation），是指着眼较长投资期限，追求收益与风险最佳匹配的投资策略。因其着眼长期，故不会随市场行情的短期变化而轻易变动。常见的长期投资策略包括：

· 买入持有策略（Buy - and - hold）。确定恰当的资产组合，并在诸如 3 ~ 5 年的适当持有时间内保持这种组合。买入持有策略是一种典型的被动型投资策略，通常与价值型投资相联系，具有最小的交易成本和管理费用，但不能反映环境的变化。

· 固定比例策略（Constant Mix Strategy）。保持投资组合中各类资产占总市值的比例固定不变。在各类资产的市场表现出现变化时应进行相应调整，买入下跌的资产，卖出上涨的资产。

· 投资组合保险策略（Portfolio Insurance）。投资组合保险策略是一大类投资策略的总称，这些策略的共性是强调投资人对最大风险损失的保障。其中，固定比例投资组合保险策略（Constant Proportion Portfolio Insurance，CPPI）最具代表性。其基本做法是将资产分为风险较高和较低（通常采用无风险资产，例如国债）两种，首先确定投资者所能承受的整个资产组合的市值底线，然后以总市值减去市值底线得到安全边际，将这个安全边际乘以事先确定的乘数就得到风险性资产的投资额。市场情况变化时，需要相应调整风险资产的权重。

**【案例 6 - 2】** 某投资者初始资金为 100 万元，市值底线为 75 万元，乘数为 2，则可以投资于股票（高风险资产）的金额是 50 万元 [ =2×(100 万元 -75 万元)]，其余 50 万元投资于国债（无风险资产）。若股票下跌 20%（股票市值变为 40 万元），国债价格不变，则总市值变为 90 万元，此时投资于股票的金额相应变为 30 万元 [ =2×(90 万元 -75 万元)]，该投资者需要卖出 10 万元股票并将所得资金用于增加国债投资。反之，如果股票上涨 20%（股票市值变为 60 万元），则投资者投资于股票上的金额应变为 70 万元 [ =2×(110 万元 -75 万元)]，投资者还需要卖出 10 万元国债用于追加股票投资。其结果类似于追涨杀跌。

图 6-4-1 可以说明三种长期投资策略的异同。

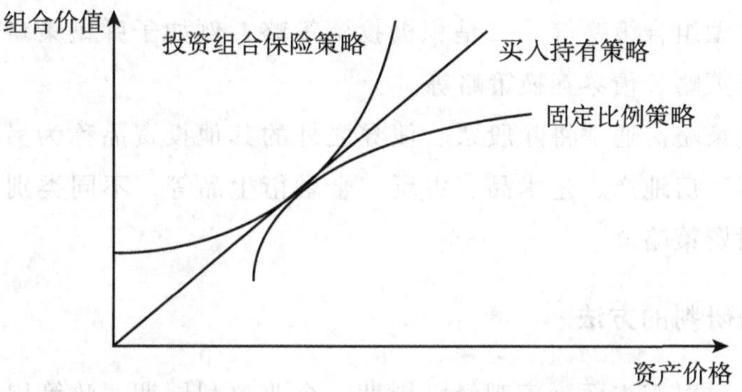


**图 6-4-1 三种长期投资策略比较**

②战术性投资策略。战术性投资策略也称为战术性资产配置策略（Tactic Asset Allocation，TAA），通常是一些基于对市场前景预测的短期主动型投资策略。常见的战术性投资策略包括：

·交易型策略（Trading Strategy）。根据市场交易中经常出现的规律性现象，制定某种获利策略。代表性策略包括均值—回归策略（Mean - Return）、动量策略（Momentum）或趋势策略（Trending）。

·均值—回归策略通常假定证券价格或收益率走势存在一个正常值或均值，高于或低于此均值时会发生反向变动，投资者可以依据该规律进行低买高卖。

·动量策略也称惯性策略，其基本原理是“强者恒强”，投资者买入所谓赢家组合（即历史表现优于大盘的组合），试图获取惯性高收益。

·趋势策略与动量策略的操作思路类似，只不过动量策略更侧重量化分析，而趋势策略往往会与技术分析相联系。

·多—空组合策略（Long - short），有时也称为成对交易策略（Pair - trading），通常需要买入某个看好的资产或资产组合，同时卖空另外一个看淡的资产或资产组合，试图抵消市场风险而获取单个证券的阿尔法收益差额。

·事件驱动型策略（Event - driven）。根据不同的特殊事件（例如公司结构变动、行业政策变动、特殊自然或社会事件等）制定相应的灵活投资策略。

（3）根据投资品种，分为股票投资策略、债券投资策略、另类产品投资策略等。

①股票投资策略。按照不同分类标准，可以把常见的股票投资策略分为以下类别：首先，按照投资风格划分，可以区分为价值型投资策略、成长型投资策略和平衡型投资策略。其次，按收益与市场比较基准的关系划分，可以分为市场中性策略、指数化策略、指数增强型策略和绝对收益策略。另外，按照投资决策的层次划分，可以分为配置策略、选股策略和择时策略。

②债券投资策略。通常可以按照投资的主动性程度，把债券投资策略分为两类：一是消极投资策略，例如指数化投资策略、久期免疫策略、现金流匹配策略、阶梯形组合策略、哑铃型组合策略等。二是积极投资策略，例如子弹型策略、收益曲线骑乘策略、或有免疫策略、债券互换策略等。

③另类投资策略。通常将除股票、债券之外的其他投资品称为另类投资，例如大宗商品、贵金属、房地产、艺术品、古玩、金融衍生品等，不同类别的投资品均有其较为专业化的投资策略。

### （二）大势研判的方法

大势研判通过对基本面（宏观经济周期、企业盈利周期、政策周期等）、流动性、估值等因素的分析，给出对市场方向、幅度、节奏、上下行风险的判断。

1. 市场预期对资产价格的影响

“预期差”是个别投资者的预期与市场预期之间的差别，分析师需要在其最擅长的领域内获得不同于其他市场参与者，或者说是不同于市场一致预期的新的预期。

（1）预期变化导致资产价格变化。通常情况下，股票价格的变化是由预期之外的事情引起的。例如，假设经济数据公布的前一天，市场中的投资者对经济数据的预期比较一致，不存在大幅分化。然而，当次日公布数据时，如果数据大幅超出预期，之前股市点位对应的经济数据悲观预期被证伪，股市就会大幅上涨。这种情况下，经济数据出现了预期差就是当天股价大幅上涨的原因。

经济数据公布之后，投资者开始反思为什么经济会超预期。一些投资者展开调研，通过一系列的数据验证，发现经济确实在走强。此时投资者不断上修对经济状况的预期，股价继续上涨。因此，在经济数据的预期形成和不断修正的过程中，股价才会发生相应的变化。进行股票策略研究，需要能够提前预见可能影响股票价格的因素，并及时调整投资策略以应对这些因素的影响。这样才能更好地把握市场机会，获得更好的投资回报。

（2）不同期限的事件对股票价格的影响。股票市场投资者对短期、中期和长期问题的反应模式是不同的。

短期问题方面，如果短期事件对行业格局、公司基本面没有产生实质性影响，那么这一事件对资产价格可能仅产生脉冲式冲击，股价下跌反而是一个买入机会。反之，如果短期事件未来无法带来实质性利好，股票价格也难以形成持续上行趋势。然而，需要注意的是，一些看似偏向短期事件性的负面因素可能会反复出现，最终演变成长期问题，影响行业和公司的中长期基本面趋势，这就是“短期问题长期化”，投资者需要关注这一类因素的影响。

中长期问题方面，股票价格通常以“看长做短”的方式反映中长期基本面预期的变化。股票价格反映资产的基本面预期，虽然投资者放眼未来，但短期市场情绪会受长期预期变化的影响。例如，新能源汽车行业的发展趋势实际上是一个长期问题，仅凭周度和月度的新能源汽车销量、渗透率数据无法作出长期趋势判断，但短期新能源汽车销量高速增长，可能说明未来汽车电动化趋势速度或将超出投资者预期，投资者将会抢跑，映射到中短期，相关板块股票价格也将上行。

“短期问题长期化”和“看长做短”两个现象，意味着既要对短期问题作好评估，又要对短期数据展现的长期问题保持敏感。

（3）把握和跟踪市场预期的方法。股票价格反映人们对未来价值的预期，那么该如何把握市场预期？市场预期调查是获取市场预期的基本方法，另外，“观察市场，以市场为检验”是把握和跟踪市场预期的有效手段，我们需要观察市场交易结果，得到背后隐含的市场预期。以经济数据公布为例，假设当下投资者们对经济运行状况预期不一致。判断市场预期究竟如何时，市场实验是一种有效的方法。等待第二天经济数据公布时，如果股票市场上涨，说明先前市场整体的预期低于实际值；如果下跌，说明之前市场整体的预期偏乐观。

2. 基本面趋势投资

（1）各类资产价格的主要驱动因素具有一致性。虽然各类资产并不相同，但是它们也会受到相同的驱动力的影响，这些驱动力主要包含基本面、流动性、估值等。

基本面因素包含宏观周期、政策周期和制度周期等，各类资产的表现均会受到基本面因素的影响。

对于债券类资产，实际利率是资产价格主要驱动力之一，而实际利率由基本面（经济增长）决定。对于大宗商品，实体经济供需是核心驱动力，供需结构决定大宗商品价格走势，供需缺口将直接体现在价格的边际变化上，当需求下滑趋缓，而供给收缩加速时，供需边际出现缺口，大宗商品的价格开始呈现上涨。对于权益类资产，股票回报率可以拆分为盈利增长、估值变化和分红增长。企业盈利周期与宏观经济周期往往高度相关，企业盈利受经济增长（收入端）与通胀水平、资金面（成本端）的共同影响。在经济复苏阶段，需求上升，且通胀、资金利率维持低位，企业盈利往往加速恢复，是投资权益类资产的黄金时期。

如果说基本面因素决定资产价格的中期变化方向，那么流动性因素往往影响资产价格，影响潜在收益率的高低。从历史上来看，流动性充裕的年份，资产收益率往往“水涨船高”。

流动性对大类资产影响的分析包括流动性来源（总量变化）与资金分配过程（存量分配）两个层面。从流动性来源角度，货币政策周期是首要观察指标。无风险收益率是大类资产（特别是金融类资产）定价的基础，当流动性宽松，无风险利率下行，特别是当资产价格已经反映相对悲观预期时（估值处于低位），流动性的边际变化将带来资产价格的重估；而当资产价格透支乐观预期（估值走高），流动性开始边际收紧时，大类资产则面临估值去化的压力。

从存量流动性分配角度，理论上而言，资金流向由大类资产的预期收益率决定，而预期收益率又取决于基本面驱动因素变化和资产估值定位。大类资产之间的确存在一定的资金分流带来的“跷跷板”效应，但由于各个市场之间并非完全打通，投资资产并非完全可替代，市场结构和产品形式也会一定程度上影响资金的流向和流动的速度。

尽管基本面趋势（经济基本面、流动性等）是决定大类资产收益的核心因素，但是估值提示资产配置性价比，在关注短期择时的战术配置层面尤为重要。当前的估值水平在一定程度上决定了资产未来的潜在收益率，但这里隐含了一个假设，即大类资产的估值存在一定的均值回归特征。

衡量大类资产估值的方法有绝对估值与相对估值。大类资产的绝对估值往往受到基本面环境变化影响，因素回溯估值需要考虑中枢本身的变化，相对估值则可能存在更强的均值回归属性，相对更加稳定。

权益类资产的传统主要估值指标有市盈率、市净率、市盈率相对盈利增长比率、市销率等。债券类资产的主要估值指标中，绝对估值指标是债券到期收益率，收益率越高，反映债券估值越低，潜在收益空间越大。相对估值指标有期限利差、信用利差、国别溢价等。

考虑大类资产估值定位（高估还是低估）的难点在于估值中枢的确定（可比的估值区间）。对于A股市场，伴随着资本存量的不断拓展，A股的PB中枢从2005年到2015年实际上经历着系统性的降低；而伴随着中国经济的转型，未来PB中枢仍可能提高。债券收益率的绝对估值水平受到基本面环境（经济增长、通胀、制度等）变化影响，相对估值（各类利差）则更能反映市场情绪的变化，均值回归特征更加明显，有助于提示债券类资产的潜在机会与风险。

隐含股权风险溢价是衡量股债之间相对估值的重要指标。股权风险溢价越高，显示市场风险偏好越低，权益类资产相对债券越低估；反之亦然。从历史规律来看，A股市场的股权风险溢价存在一定的均值回归特征，因此可以作为衡量权益类资产相对估值的重要指标。如果股权风险溢价过低，显示权益类资产估值过高，未来预期收益率空间将非常有限。

（2）基本面趋势是影响中期资产价格的主要因素。股价可以拆分成基本面和估值的乘积，而估值在长期零增长模型下等于权益要求收益率的倒数，而权益要求收益率可以拆分成无风险利率和风险溢价之和，因此部分投资者认为，股价由盈利、无风险利率、风险偏好（股权风险溢价）决定。这种思考方式简单易懂，但是隐含了两个不正确的前提：利率对于股价是外生的、风险偏好独立于基本面。

实际上，正如我们上一部分所述，利率与股价的主要驱动因素均是基本面（经济增长），利率对于股价并不是外生的。投资者认为的流动性宽松行情，在大类资产上通常出现避险资产下跌，风险资产上涨的组合，这是基本面预期改善，驱动资产价格的特征。改革、宏观流动性、股市资金供需常被认为是单独影响股市风险偏好的因素，这些因素的影响的确存在，但是基本面才是风险偏好的主要影响因素。多年以来，我国表征基本面（PMI）和股市隐含股权风险溢价（表征市场中期风险偏好）呈现稳定的负相关关系。归根结底，基本面趋势才是影响中期资产价格的主要因素。

3. 核心驱动因素对投资风格的传导关系

（1）成长—价值风格。一般来说，成长股指的是未来增长空间比较大，但波动可能会比较剧烈的股票，而价值股则是指那些增长前景有限，但经营情况稳定的股票。对于成长风格来说，重要的是盈利增速持续获得验证，大部分时间创业板综相对沪深300的业绩增速与股价呈现正相关。

（2）小盘—大盘风格。大盘股和小盘股的区别主要在于市值总额、市场流通量的大小，以及市场定价的高低。大盘股，一般是指流通盘较大的上市公司的股票。相对而言，小盘股就是指流通盘较小的上市公司的股票。

对于小盘股风格来说，重要的是业绩增长的潜力，小企业长大更加容易的时候，股价也倾向于跑赢。小企业长大的先行指标是收入，盈利能力和利润的兑现是后验的。

从经验上看，经济走向过热、大盘性价比下降、新的产业趋势出现都有利于大盘风格向小盘风格切换；经济周期过热的弹性、产业趋势的强度决定了小盘跑赢大盘的幅度。

### （三）大类资产配置的方法

1. 全球资产配置和大类资产配置的方法和逻辑

（1）如何认识大类资产。

从资产价值来源的视角，我们可以把大类资产分成三个大类。①资本化资产：这类资产估值的决定因素是未来现金流（分红、利息和最终价值的支付）。其估值的方法通常是对未来现金流进行贴现，因此这类资产的价值变化通常对利率环境的变化较为敏感。代表性资产是权益类资产、固收类资产、房地产等。②消耗品或贸易资产：这类资产的价值主要是反映在实际的生产生活中的实用性价值，因此其价值的决定因素是实体经济中的供求关系。代表性资产是大宗商品，例如能源、工业金属、农产品等。③储值型资产：这类资产估值的决定因素是投资者心理和喜好，往往很难准确地进行估值，价格波动往往较大，而且很容易受到流动性环境的影响。代表性资产是贵金属和艺术品，例如古董、珠宝。

将大类资产进一步细化为不同的子类别可以优化资产配置方案（见图6－4－2）。①权益类资产：可以按照地理区域来进行划分，也可以按照板块或者风格进行划分。代表性的地理区域如美股、港股、新兴市场股票，代表性的风格/特征包括大盘股或小盘股、成长风格或价值风格、周期股票或者防御类股票。②固定收益方面：首先，也可以根据债券的风险等级和发行主体，分为利率债和信用债。其中，利率债可以分为国债和通胀保值债券。国债又分为长期国债和短期国债，对应着不同的利率水平和久期；而信用债则依据发行人的信用评级，可以进一步分为投资级债券、高收益债券等。③另类投资方面：主要包括私募股权投资和风险投资、大宗商品、房地产以及艺术品等。其中，私募股权投资和风险投资的投资门槛相对比较高，需要更为专业的金融和产业知识；大宗商品则可以通过相关的基金或者期货进行投资。投资者一般比较熟悉房地产的投资，但可能仅限于商业地产、公寓、办公楼以及普通商品住宅等，其实房

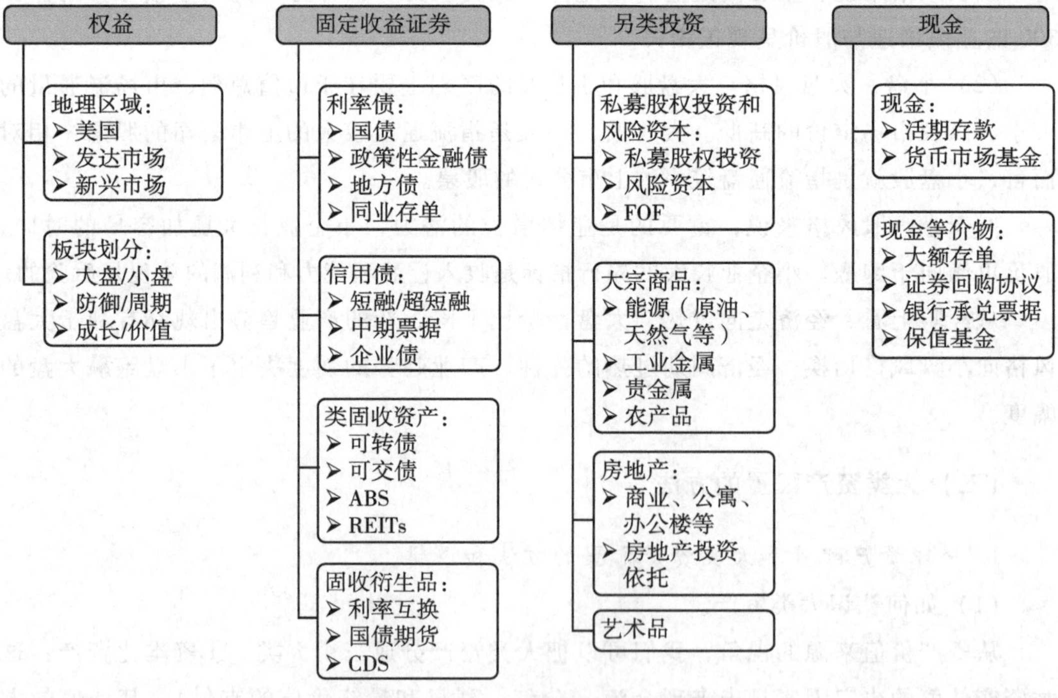


**图6－4－2　常见的大类资产分类**

地产投资信托（REITs）也是未来地产行业中逐渐成熟的投资工具。④现金也是资产配置中不可或缺的一环。现金又可以分为活期存款或者货币市场基金，另外还有一些现金等价物，其风险收益特征与现金类似，包括大额存单、证券回购协议、银行承兑票据等。

（2）大类资产配置的决策期限。任何投资决策都要考虑决策的期限问题。同样，我们也可以根据投资决策期限的不同把资产配置分为战略资产配置和战术资产配置。通常来说战略的核心是风险敞口问题，而战术配置的核心是把握市场机会。

①战略资产配置属于长期策略，投资期限一般在 3 ~ 5 年或者更长；核心解决的问题是风险敞口问题，简单地说就是要提高投资的性价比，获取风险调整后的最大收益。投资者需要设定自己的中长期风险收益目标以及各种约束，并对大类资产的长期收益率、波动性以及各类资产之间的相关性进行预测，划定出适合自己风险收益要求的大类资产配置比例。

②战术资产配置属于短期策略，投资期限一般在 3 ~ 12 个月；核心问题在于把握市场机会，抓住市场短期变化或者各资产间相对价值的变化带来的投资机会，起到转移风险、增强收益的目的。从某种程度上来说，战术资产配置成功的关键在于正确预测市场的能力。

在实践中，战略与战术配置的问题如何平衡？从市场经验来看，机构的大类资产配置通常以战略资产配置为基础，辅以战术配置短期调整。

资产配置的再平衡与战略和战术配置同样重要。市场环境在时刻改变，积极应对变化并且进行合理再平衡是有意义的。一般来说，资产配置的“再平衡”有两种方式：①逆向调节：上调表现较差资产比例、下调表现较好资产比例。②追逐趋势：下调表现较差资产比例，上调表现较好资产比例。战术资产配置是对未来相对清晰的判断认知，而战略资产配置则是对未来不确定充满敬畏。在进行资产配置再平衡思考的过程中，投资者需要考虑各种情况出现的可能，并在综合概率前景分布下选取效果更好，估值性价比和安全边际更高的投资方向。

（3）大类资产配置的决策流程分为“六步走”。

①确定资本市场假设并形成预期。第一步是对可以投资的资产预期收益率和预期波动率进行预判。首先，这需要对经济基本面、通货膨胀、货币政策、政治周期变动等影响资本市场的宏观变量进行基本假设。

②选择资产类别。完成了大类资产预期收益率、波动率和相关性的假设后，第二步需要选择合适的资产类别来匹配自身的负债需求。负债端需要考虑资金久期、资金成本以及资金能够承受的最大回撤等，这决定了资产端的流动性选择、承受风险的能力。若投资久期偏长，且风险承受能力较高，可以选择房地产、成长型权益资产来获取较高的预期回报率；若投资久期偏短，且资金属性以稳健型为主，定期有取用需求，

那么需要考虑配置更多的债券类资产来获得较高的流动性。

③战略资产配置。第三步，利用合适的资产配置模型（均值方差模型、BL模型、风险平价模型等），输入大类资产的收益率、波动率等变量，设置合适负债端约束条件，对模型进行优化得到中长期的战略资产配置方案，一般以合适的比例区间为准。

④战术资产配置。中长期资产配置比例往往较为粗糙，而短周期内投资决策仍需进行战术资产配置。战术性资产配置是根据资本市场环境及经济条件对资产配置状态进行动态调整，例如需要考虑资产所处的经济周期、货币和信用环境等，从而增加投资组合价值的积极战略。

⑤资产再平衡。即使设定了当下投资周期的资产配置比例，也无法保证最终组合会按照预期收益率的表现得到最终结果。这是由于短周期的突发性事件往往使得资产表现偏离原有基准。所谓资产配置再平衡就是指资产在市场变化中会偏离原先按照最优解配置的投资比例，在保障收益率的同时降低波动性这个配置原则下，参照之前的比例通过买入或者卖出重新达到最优比例的过程。

⑥分析配置有效性并进行调整。最后一步是对整个资产配置机制的定期检查和更新，分析投资组合运行过程的漏洞，判断组合表现是否按照模型的规则能够得到计划的风险收益比，调整资产配置机制是提高投资有效性很重要的一环。

（4）战略资产配置和战术资产配置的主要逻辑。战略资产配置核心解决的问题是风险敞口问题。需要根据各类资产中长期的风险收益判断，结合一定的量化模型，给出一定风险敞口下的资产配置方案。第一步是资产收益率预测，第二步则是根据风险收益要求与资产配置模型给出配置组合（见图6－4－3）。

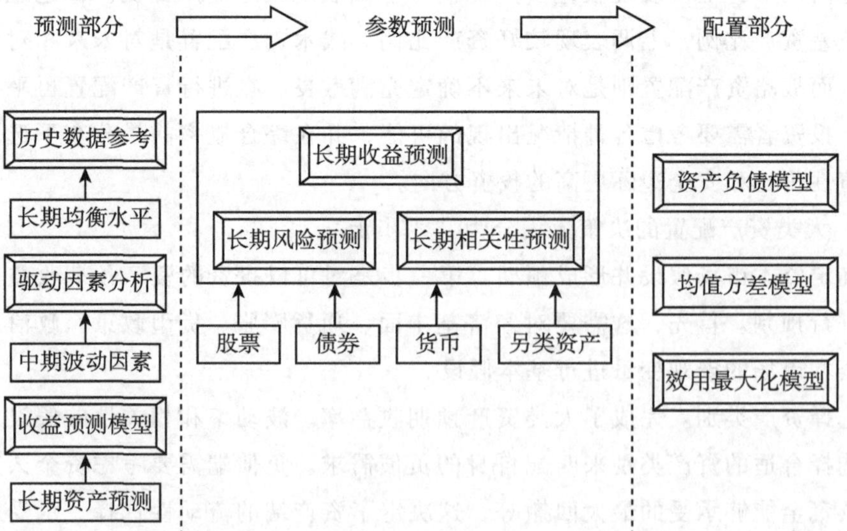


**图6－4－3　资产配置的主要步骤**

战略资产配置的投资久期往往较长，而配置基础则是对大类资产风险收益的中长期预测，然后才是资产的选择和配置组合。首先，在资产价格的预测部分，我们可以根据历史数据（收益率、波动率、相关性）作为长期均衡中枢水平的参考。其次，考虑到未来经济中枢、通胀前景、全球政策环境、技术革命等的变化，确定长期中枢的调整因素，得到各类资产（股票、债券、货币、另类资产）的长期收益和风险水平预测值或预测区间。最后，选择特定的资产配置模型（资产负债模型、均值方差模型、效用最大化模型等）确定各类资产的配置比例，得到长期战略的资产配置结果。

各类资产的预期收益率并非完全独立，而是存在内在联系性。这使得我们在预测各类资产回报率、进行大类资产配置决策的时候能够有一个相对统一的分析框架。一般来说，近似化的可以认为：

①大宗商品价格 = 通货膨胀

②货币资产收益率 = 通货膨胀率 + 实际无风险利率

③国债收益率 = 货币资产收益率 + 期限风险溢价

④企业债收益率 = 国债收益率 + 信用风险溢价

⑤股票收益率 = 国债收益率 + 股权风险溢价

因此，各类资产预期收益通常可以由各类资产各部分风险参数的预测累加得到，所以对各个部分风险溢价参数的预测有赖于我们对大类资产驱动因素的预判和假设，当前资产估值定位有助于提示溢价变动的潜在空间。

进行战术性配置需要承受更大的风险和波动。从成功率与风险承受角度来说，战术资产配置通过追求阶段性最优资产类别进行资产轮动，需要经常调整投资组合中的类别以充分抓住变化的市场条件，对投资者面向短期市场变化的预测能力提出了更高的要求，因而可能承受更大的风险与波动。

2. 国际通用战术资产配置方法：美林投资时钟

（1）美林投资时钟的构建方法。美林投资时钟属于战术资产配置的经典方法：从经济周期的变化出发，找寻大类资产轮动的规律。美林证券在2004年的报告《The Investment Clock》中，基于对美国1973年至2004年间历史数据的研究，将资产轮动及行业策略与经济周期联系起来，并首次提出了美林投资时钟模型，目的是通过对经济周期及宏观政策的分析判断进行战略资产配置。

美林投资时钟采用产出缺口（实际GDP－潜在GDP）和CPI分别衡量经济增长状况和通胀情况，并据此将经济周期划分为四个阶段：衰退、复苏、过热、滞胀，经典的经济周期为从左下角“衰退”开始顺时针方向循环，但有时会出现逆时针移动或跳跃（见图6－4－4）。资产类别则分为四个大类：债券、股票、大宗商品、现金。在不同的经济阶段下，各类资产分别在不同的经济阶段占据优势。

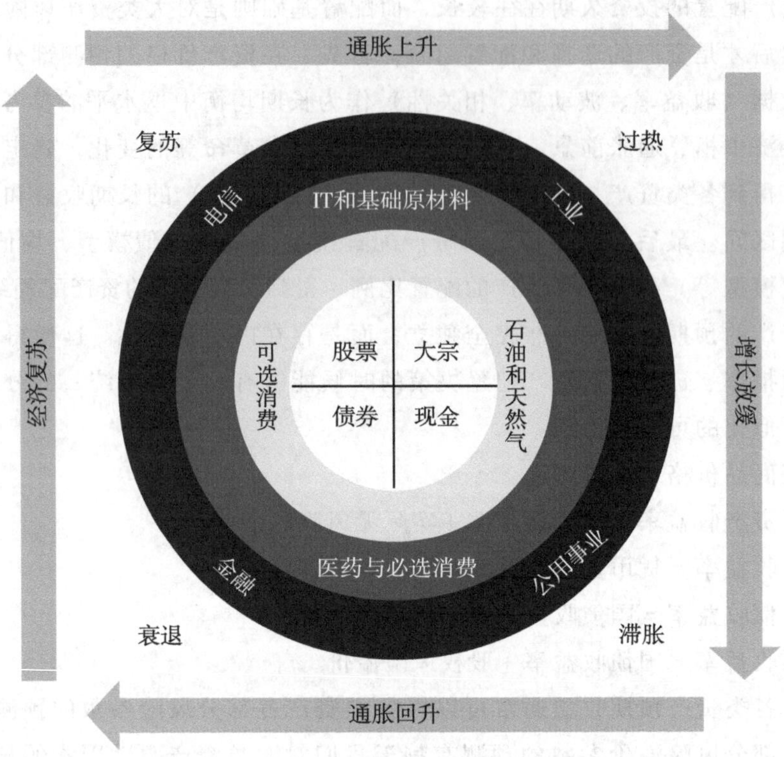


**图 6－4－4　美林投资时钟 4 阶段周期**

（2）投资时钟下的不同经济阶段的资产选择。具体而言，美林时钟指示的经济周期四个阶段对应的大类资产表现特点如下：

①衰退阶段：经济增长下行，通胀下行。由于生产能力超出需求水平，大宗商品价格在供给削弱预期中下跌，驱动通胀进一步下行。而企业在经济增长不振的环境下盈利微弱，且实际收益率走低（不利于股市价格）。此时，中央银行往往削减短期利率（不利于持有现金）以刺激经济恢复到可持续增长的路径，带动收益率曲线整体下行，投资债券此时最为有利。

②复苏阶段：经济增长拐头上行，通胀维持低位。宽松的货币政策起到刺激经济的效果，投资、消费等需求的加速增长下，实际 GDP 增长超过潜在水平，产能逐渐转向较为强劲的扩充周期。但成本价格往往具有一定黏性，因此通胀率继续处在低位。此时经济增长逐步恢复，企业盈利大幅上升，中央银行仍保持宽松政策，债券收益率维持低位，但良好的经济增长预期下债券的增长空间相较于股市更为有限，投资股票是最佳选择。

③过热阶段：经济增长持续，但通胀拐头升高。经济体在持续的产能扩充后开始面临潜在资源的约束，企业产能增长开始放缓，而需求仍然强劲，叠加成本端价格走高，推动通胀转为抬升。此时中央银行通常考虑采用加息等货币政策，收紧资金环境以

期经济增长回归可持续的自然水平，债券收益率总体上行（不利于债券投资）。而企业业绩尽管仍在增长，但通胀、基准利率上行往往拖累估值，股市价格需在两者间权衡。而此时的 GDP 增长率仍高于潜在水平，供给扩张叠加价格走高，大宗商品是最佳选择。

④滞胀阶段：经济增长降至潜在水平以下，但通胀持续上升。此时企业产量增长受限，为保持盈利而提价，通胀由供给端传导至需求端，出现“工资—价格螺旋”的成本推升型通胀。价格水平持续上升但 GDP 增长受限，需求遭受打击后进一步驱动 GDP 增长下行。此时中央银行的政策制定陷入两难，往往需要通胀拐头回落后才能放松货币环境（债券增长受限），股市表现糟糕，而经济增长恶化拖累生产端需求，大宗商品价格逐渐趋于回落。此时利率仍处于较高位置，持有现金是最佳选择。

（3）美林投资时钟也提供了部分行业或风格在不同经济阶段的投资逻辑：

①周期性：经济增长上升的阶段，周期性行业占优。如科技板块（复苏期业绩增长）、原材料板块（过热期大宗商品涨价）；而经济放缓的阶段则是现金债券及防御性行业占优。

②成长型和价值型：通胀下行阶段折现率下降，金融资产表现较好，成长型风格（类似长久期）占优；而通胀上行期间现金、大宗商品等实体资产表现较好，价值型风格相对更佳（类似短久期）。此外，利率敏感的行业如金融板块，对货币政策转向最早反应，在衰退开始转向复苏期时表现一般较好。

3. 投资时钟理论的局限性

（1）中国版美林投资时钟的实践结论。由于国内宏观经济结构尚未稳定，货币政策逻辑存在一定差异性，以及资本市场时间相对较短，美林投资时钟在中国各阶段的占优资产和美国的经验也有差异。但总体来说中国资产价格依然能够反映美林投资时钟的基本特征。

①复苏阶段：股票 > 债券 > 现金 > 大宗商品。典型的阶段是 2009 年初，金融危机后政策大幅刺激，经济快速从低迷状态中恢复。股票风险偏好回升，领涨大类资产。需求刺激下，大宗商品价格飙升。而债券在经济复苏环境下表现欠佳，现金收益率同样较低。

②过热阶段：股票 > 大宗商品 > 现金 > 债券。典型的阶段是 2016 年 10 月至 2017 年 8 月，彼时房地产投资周期进入新一轮的过热周期，商品价格大幅上涨，领涨大类资产。股票同样上涨，现金次之，债券在通胀和经济双重因素压制下表现最差。

③滞胀阶段：大宗商品 > 债券 > 现金 > 股票。典型的阶段是 2010 年 2 月至 2011 年 5 月，彼时刚经历了金融危机后的快速修复，中国经济进入到基本面放缓的同时通胀压力增加的阶段，大宗商品在这个阶段表现最好，其次是债券。成本上行周期，股票盈利受损，同时流动性收紧风险偏好回落，权益资产表现最弱。

④衰退阶段：债券 > 现金 > 股票 > 大宗商品。2018 年 6 月至 2019 年 1 月，中国经

济基本面在外部贸易摩擦和内部信用去杠杆的双重压力下，进入需求走弱，通缩加剧的衰退环境。这个阶段债券收益率快速下行，利率债拥有超额收益和绝对收益。而股票和大宗商品在需求的拖累下表现不佳。

（2）在中国投资市场应用美林时钟的局限性。美林投资时钟在2014年之后规律出现较大偏差，2015年开始投资时钟的转动速度加快。2014年货币宽松周期重启以来，实际经济周期仍处于增速下滑，通胀下行的“衰退”组合中，但阶段性占优的大类资产已经经历了债市→股市→房地产、商品的快速轮动（这个资产的轮动顺序依然符合美林投资时钟从衰退到滞胀的规律）。这个阶段由于“基本面疲弱+货币大幅宽松”导致资产波动性加剧，局部泡沫被放大。资金面因素而非供需基本面因素占据主导，流动性泛滥带来的资产价格快速走高，也使得资产估值短时间内泡沫化，加速了大类资产的轮动和价格的波动性。

具体而言，美林投资时钟提供的资产配置方法简便直观，但在指标较少、不同经济体结构和市场差异等层面仍有一定的局限性：

①经济框架的指标可能需要修改。目前各类资产价格对于经济景气度的指标已经有前瞻性，如果用经济的同步指标来划分周期，可能无法准确地划分资产价格波动的拐点，比如股市企稳回升一般领先于宏观经济企稳向上的时间拐点，所以经济指标的选取还有待进一步优化。

②没有考虑到商业周期、资金流动等因素的影响。经济周期是对经济体增长与价格层面的判断，数据上更注重需求端，而在供给端还可结合对商业周期如“生产——库存——销售”循环的分析。另一方面，周期更多站在供需视角进行考量，但市场中的资产价格（尤其是短期内）还会受到资金的影响，因此美林时钟的另外一个局限性是没有加入对资金流向的监测以更准确地判断资产价格变化。

③没有考虑数据的时间维度。GDP一般为季度数据，因此可以加入相对高频的数据，如PMI（月度）、利率利差（日度）等以观察经济景气度、资金价格水平等，或加入价格同比、产能利用率等低频数据以观察长时间维度下的增长及价格变化。结合不同频次的数据走势，更准确地把握宏观经济转向的趋势或修正判断。

除经济结构、指标统计差异和市场成熟度等方面造成的解释力度降低外，美林投资时钟在美国的应用也有不符合模型的情形出现。投资时钟理论更多是提供了一种自上而下、通过宏观分析获利的资产配置框架，在现实情形中还需结合具体情景进行具体分析。

## 二、股票投资策略

### （一）股票投资策略的含义和分类

股票投资策略是指投资者为了达到特定的财务目标，基于一定的投资理念、风险偏好和市场分析，制定的一系列规则、方法和计划，用于选择、购买、持有或出售股票投资组合的行动方针。

1. 股票投资策略的常见分类

（1）按照投资风格划分，可以区分为价值型投资策略、成长型投资策略和平衡型投资策略。

价值型投资策略是股票投资中一种基于寻找低估股票的方法。价值型投资者相信市场有时会低估一些公司的股票，导致它们的股价低于其真实价值。价值型投资策略的核心是寻找低估的股票并买入，然后等待市场重新认识到其价值，股价回升。价值型投资者通常会通过分析公司的基本面数据，如市盈率、市净率、股息率等，来评估股票的估值水平。价值型投资策略强调的是长期投资和价值发现，而非短期市场波动。

成长型投资策略是股票投资中一种专注于寻找具有高增长潜力的公司股票的方法。成长型投资者相信某些公司具有良好的前景和创新能力，能够在未来实现高于行业平均水平的盈利增长。成长型投资策略的核心思想是选择具有高增长潜力的公司股票并持有，以享受其未来的增长。成长型投资者通常关注公司的收入增速、利润增速、市场份额等指标，以评估公司的成长潜力。他们通常会选择那些在行业中处于领先地位、拥有创新产品或服务的公司，并相信这些公司将持续获得市场份额和利润增长。

平衡型投资策略通过在不同类型股票之间分散投资来平衡风险和回报的策略。它旨在构建一个多样化的投资组合，包括价值股和成长股等不同类型的股票，以降低整体投资组合的波动性。通过在市场环境和投资目标变化时，调整不同类型股票的比例，平衡型投资策略能够在市场的不同阶段获得相对稳定的回报。平衡型投资策略的关键在于投资组合的分散和配置，以达到风险和回报的平衡，从而实现长期稳健的投资收益。

（2）按收益与市场比较基准的关系划分，可以分为市场中性策略、指数化策略、指数增强型策略以及绝对收益策略。

市场中性策略通过同时构建多头和空头头寸，以对冲市场风险并追求稳定的收益。该策略的目标是在不同市场环境下实现相对稳定的回报，而不依赖于整体市场的涨跌，通过在多个股票中建立多头和空头头寸的平衡，以抵消市场整体波动对投资组合的影响。市场中性策略的核心思想是同时建立买入和卖空头寸，以实现相对稳定的回报。

指数化策略是股票投资中一种基于追踪特定指数的方法。该策略的核心思想是购买一篮子股票，以复制特定市场指数的表现。指数化投资者通过购买指数基金或交易所交易基金（ETF）等工具，追踪广泛市场指数（如沪深300指数）、行业指数或其他特定类型的指数。通过这种方式，投资者可以在整体市场表现上获得类似的回报，而不需要挑选个别股票。

指数增强型策略通过有效地跟踪基准指数，并通过主动管理来寻求超过指数的投资回报。该策略的目标是在基准指数的基础上实现额外的收益，该策略的收益包括基准指数的跟踪收益和超过指数的主动管理收益。跟踪收益是通过跟踪基准指数（如沪深300、中证500等）而获得的，而主动管理收益是通过不同维度的选股来获取。通过精选具有潜在超额收益的个股，投资者试图实现超过基准指数的投资回报。

绝对收益策略致力于严格控制投资组合的回撤和波动，并通过主动风险管理来力争实现正向的投资回报。这种策略强调资本保护，追求投资组合净值的稳步上涨。绝对收益策略的核心思想是通过采取多种手段，如投资组合的分散、使用衍生品进行对冲、动态的仓位调整等，来控制风险并寻求正收益。投资者在选择绝对收益策略时，通常注重策略的低波动性和回撤幅度，以确保在不同市场环境下能够保持资本的相对稳定。

（3）按照投资决策的层次划分，可以分为配置策略、选股策略和择时策略。

配置策略是指根据投资者的需求和目标，在不同的资产类别之间进行投资资金的分配。通过合理的资产配置，投资者可以在不同资产之间进行分散投资，以降低整体投资组合的风险，并提高风险调整后的回报率。配置策略的核心目标是通过选择相关性较低的资产类别，使投资组合在保持预期收益基本不变的情况下降低整体波动性。

选股策略旨在通过评估和选择个别股票，构建具有潜在增长和价值的投资组合。选股策略的核心是基于各种因素和指标，如基本面分析、技术分析、行业前景、盈利能力、估值水平等，来筛选和挑选具有良好投资潜力的个别股票。这种策略的目标是寻找具有增长潜力、低估值或具备其他有利特征的股票，以实现超过市场平均水平的回报。

择时策略旨在通过准确预测市场短期走势，以选择最佳的买入和卖出时机。择时策略的核心思想是基于技术分析、市场指标、图表模式和其他相关工具，以确定股票市场的趋势和转折点。通过识别市场的买入和卖出信号，投资者可以调整自己的股票仓位，以最大化投资回报或降低风险。

2. 常见的股票投资策略：趋势型策略、事件驱动型策略、相对价值型策略

趋势型策略通过捕捉股票价格的上升或下降趋势来进行交易。趋势型策略的核心思想是认为市场价格存在明显的趋势，即过去的价格走势可能会延续到未来。投资者根据价格的上升或下降趋势，采取相应的买入或卖出操作。趋势型策略通常依赖于技术分析工具和指标来识别和确认市场趋势，如移动平均线（MA）、指数平滑异同移动平均线（MACD）等。投资者会根据这些工具和指标生成买卖信号，并根据信号进行交易操作。

事件驱动型策略通过利用特定事件或情况对股票价格产生的影响来进行交易。这些事件可以包括收购、合并、重组、股权分置改革、股票回购、分红和公司重大新闻等，也可以包括国家产业政策、重大区域事件、特殊自然事件和社会事件等。事件驱

动型策略依靠市场情绪的启动，带动相关公司股价快速上涨，从而实现快速盈利。事件驱动型策略存在较高的风险，因为事件的发展和市场情绪变化可能导致投资结果不如预期，因此，投资者在实施事件驱动型策略时需要谨慎，并严格控制风险。

相对价值型策略利用相关联资产之间的定价误差来获取价差收益。该策略基于观察到的相关资产之间的定价扭曲，当其中一种资产被高估，而另一种资产被低估时，投资者通过建立多头低估资产的头寸和空头高估资产的头寸，以套取这种定价差异的收益。但是，这一策略也可能存在巨大的风险，因为套利是投资者针对暂时出现的不合理价格进行的交易行为，希望价差在预期的时间内能够沿着自己设想的轨迹达到合理的状态，既然如此，对价差合理的判断正确与否以及价差是否沿着设想的轨道运行，就决定了套利存在的潜在风险。目前，国内相对价值策略主要包括：ETF 一/二级市场套利、ETF 事件套利、分级基金的折/溢价套利、分级基金的折算套利、融券配对交易、股指的期限套利、股指的跨期套利、商品期货的扩市场套利、商品期货的跨品种套利和 Alpha 策略等。

### （二）投资者和行业结构

#### 1. A 股市场的投资者结构

（1）A 股市场的投资者结构简介。证券投资者是证券市场的需求主体，也是市场资金的供给者。投资者的存在使得各种证券的发行有了保证，直接融资渠道得以建立，市场的正常交易得以维持。证券投资者之间的交易保证了证券市场资金和证券转换的连续性，是证券市场实现资源配置最重要的前提。在证券市场的构成要素中，投资者与上市公司一起构成证券市场的重要基础。

根据投资者的行为主体不同，可以把投资者分为个人投资者和机构投资者。

个人投资者为自然人，指从事证券买卖的居民。居民个人买卖证券是对其剩余、闲置的货币加以运用的一种方式。在发达证券市场上，个人投资者多数不直接参与证券市场的买卖。他们有的通过证券经纪人买卖证券，有的通过购买投资基金的方法间接参与证券市场。我国绝大部分个人投资者是直接参与证券的买卖，或是通过购买基金的方法间接地投资证券市场。

机构投资者是相对于个人投资者而言的。从广义的角度来看，一切参与证券市场投资的法人机构都可以称作机构投资者。它既包括开放式基金、封闭式基金、社保基金，也包括参与证券投资的保险公司、证券公司、合格境外机构投资者，还包括一些投资公司和企业法人。与资金量小、信息不足、缺乏技巧的个人投资者相比，机构投资者具有资金与人才实力雄厚、投资理念成熟、抗风险能力强等特征，因而其发育程度被视为评价市场稳定性的重要指标。在外国成熟的证券市场上，机构投资者是市场的主要参与者，具有举足轻重的作用，也被视为市场成熟的一个标志。

我国2000—2014年投资者期末账户数开立情况、2015—2022年投资者期末数量见表6-4-1和表6-4-2。

**表6-4-1　　投资者期末股票账户数**　　(单位：万户)

| 年份 | 全国投资者期末股票账户数 | | | | |
|---|---|---|---|---|---|
| | 总数 | A股 | | B股 | |
| | | 个人 | 机构 | 个人 | 机构 |
| 2000 | 5 904.64 | 5 851.76 | 25.66 | 25.73 | 1.49 |
| 2001 | 6 679.27 | 6 500.98 | 30.45 | 146.26 | 1.58 |
| 2002 | 6 823.09 | 6 638.31 | 30.83 | 152.37 | 1.58 |
| 2003 | 6 961.02 | 6 771.35 | 32.18 | 155.89 | 1.6 |
| 2004 | 7 106.11 | 6 912.65 | 33.22 | 158.55 | 1.69 |
| 2005 | 7 189.44 | 6 994.12 | 34.01 | 159.6 | 1.71 |
| 2006 | 7 482.11 | 7 281.29 | 36.26 | 162.67 | 1.89 |
| 2007 | 11 286.43 | 11 005.22 | 46.9 | 232.19 | 2.12 |
| 2008 | 12 363.89 | 12 074.93 | 48.61 | 238.02 | 2.33 |
| 2009 | 14 027.88 | 13 727.72 | 54.06 | 243.72 | 2.38 |
| 2010 | 15 454.02 | 15 146.04 | 58.02 | 247.44 | 2.52 |
| 2011 | 16 546.90 | 16 233.42 | 61.32 | 249.46 | 2.7 |
| 2012 | 17 064.47 | 16 748.51 | 62.91 | 250.23 | 2.82 |
| 2013 | 17 517.64 | 17 197.84 | 65.53 | 251.34 | 2.92 |
| 2014 | 18 401.17 | 18 075.64 | 69.98 | 252.5 | 3.05 |

**表6-4-2　　投资者数量**　　(单位：万个)

| 年份 | 全国期末投资者数量 | | | | |
|---|---|---|---|---|---|
| | 总数 | A股 | | B股 | |
| | | 自然人 | 非自然人 | 自然人 | 非自然人 |
| 2015 | 9 910.53 | 9 812.14 | 26.06 | 237.85 | 2.35 |
| 2016 | 11 811.04 | 11 710.77 | 30.32 | 238.55 | 2.33 |
| 2017 | 13 398.30 | 13 295.83 | 33.83 | 238.93 | 2.29 |
| 2018 | 14 650.44 | 14 549.66 | 33.07 | 238.82 | 2.28 |
| 2019 | 15 975.24 | 15 874.80 | 35.86 | 237.99 | 2.19 |
| 2020 | 17 777.49 | 17 676.13 | 39.59 | 237.55 | 2.16 |
| 2021 | 19 740.85 | 19 635.78 | 44.83 | 237.24 | 2.14 |
| 2022 | 21 213.62 | 21 105.06 | 48.85 | 236.93 | 2.07 |

数据来源：中国证券登记结算有限责任公司。

（2）机构投资者的发展与壮大。我国证券市场机构投资者的发展大致可以分为三个阶段：

第一阶段是1991—1997年。该阶段的机构投资者为证券公司、信托公司、老基金和非专业证券投资的企业法人。由于当时国家对机构投资者投资范围没有明确限制，部分机构投资者的资金并没有全部用于股票投资，如不少老基金投资房地产和上市公司法人股。

第二阶段是1998—2000年。该阶段的特点是管理层开始有计划、有步骤地推出一系列旨在培育机构投资者的政策措施。1998年，证券投资基金（封闭式）的出现开创了我国机构投资时代的新篇章。1997年11月，经国务院批准，中国证监会颁布了《证券投资基金管理暂行办法》。1998年3月，首批两家基金管理公司获准成立。与此同时，老基金的"整编归队"为证券投资基金带来了新生力量。据不完全统计，由老基金规范形成的证券投资基金达20余只，为市场带来"归队"资金约50亿元；同时，老基金的清理更为证券投资基金带来了一批有深厚实业背景的社会机构。它们通过置换老基金中的不良资产"买壳入行"。1999年下半年，允许三类企业作为战略投资者入市、允许保险资金入市、银行资金可以通过质押贷款进入证券市场等举措，使得机构投资者入市步伐明显加快。

第三阶段是2001年至今，机构投资者多元化格局的形成是该阶段的特点。2001年9月22日，第一只华安创新开放式基金宣告成立，从而使基金的发展跨入新的历史时期，标志着我国证券市场真正开始步入机构投资者时代。

作为2001年才出现的新生品种，开放式基金无论在数量上还是在品种上都有了长足的发展。2002年11月5日，中国证监会和中国人民银行联合发布《合格境外机构投资者境内证券投资管理暂行办法》，打开了合格境外机构投资者（Qualified Foreign Institutional Investor，QFII）直接投资A股的大门。

2011年12月16日，中国证监会、中国人民银行、国家外汇管理局联合发布《基金管理公司、证券公司人民币合格境外机构投资者境内证券投资试点办法》，开启了人民币合格境外机构投资者（简称RQFII）的试点。经审批的境内基金管理公司、证券公司的香港子公司，可以运用在香港募集的人民币资金投资境内证券市场。

2014年4月10日，中国证券监督管理委员会和香港证券及期货事务监察委员会发布《中国证券监督管理委员会 香港证券及期货事务监察委员会联合公告》，决定原则批准上海证券交易所、香港联合交易所有限公司、中国证券登记结算有限责任公司、香港中央结算有限公司开展沪港股票市场交易互联互通机制试点。两地投资者可通过当地证券公司（或经纪商）买卖规定范围内的对方交易所上市的股票，2014年11月17日，沪港通正式开通。2016年12月5日，深港通下股票交易也正式开通。

至此，我国证券市场机构投资者已经形成了以公募基金、券商、保险公司、社会保障基金、企业年金、职业年金、QFII、沪深港通、信托公司、财务公司、企业法人以及私募投资机构等为主体的多元化格局。

展望后续，2023年全面实行注册制的成功落地，将加速优化资本市场生态。对于机构投资者。一方面，随着多层次资本市场格局形成、退市机制趋向严格，上市公司质量有望提升，源头活水的增加将带来更多投资机会；另一方面，直接融资市场的发展与居民资产向资管产品迁移浪潮共振，机构投资者占比有望加速提升。

2. A股市场的行业结构

在A股市场中，我们常常能看到某些行业在同一时间段的表现总是呈现出较为相近的走势，这背后的原因可能是这些行业同时具有某种风格特征或属性。另外，为了便于投研工作的管理与开展，大多数投资机构也将投研部门根据研究内容划分为周期、消费、科技等部门。这些现象都表明，股票市场中的股票数量众多，把具备特定的相关要素的股票进行分类是有必要的。

按照大类行业风格，当前A股市可以分为周期、先进制造、科技（TMT）、消费、医药医疗和金融地产六大板块。其中，周期板块是所有大类风格板块中包含最多行业数量的板块，主要包括上游能源类的煤炭、石油石化、有色金属与中游原材料类的钢铁、建筑材料、基础化工、造纸，以及建筑装饰、交通运输、公用事业、工程机械。这些公司普遍具有受宏观经济影响大、盈利波动周期性强、重资产等特点。先进制造板块主要包括2B或2G类商业模式为主的电力设备、机械设备、国防军工、汽车、环保。科技（TMT）板块主要覆盖战略性新兴产业，包含电子、通信、计算机、传媒。消费板块主要包含偏2C类的实物消费行业（农林牧渔、食品饮料、纺织服饰、轻工制造、家用电器）以及服务消费行业（社会服务、商贸零售、美容护理）。医药医疗板块因为相比其他消费行业来说具有较为独立的产业逻辑，且投资专业度高，市值占比大，因此可以单独列出。金融地产板块内公司业务有别于其他实体经济，大多具有垄断性质，主要包括银行、非银金融和房地产。

需要注意的是，没有任何一种完美的分类，所有的划分都是在准确性和实用性之间进行权衡取舍，不必纠结。个别行业的划分有时可能存在分歧，但在自上而下的视角中，这些分歧并不影响大类风格板块的趋势性走向及其对市场的表征性。

### （三）主题投资的方法

1. 主题投资的定义及特征

（1）主题投资的定义。主题是指在传统行业、市场风格维度外，对短期或中长期的投资方向作出概括和凝练的一种范式，常呈现出跨行业、跨风格的特征。

主题投资是基于市场特征，围绕特定的“主题”，对符合相应基本面趋势、预期受益的行业和公司进行投资的一种方法和模式。主题投资对具有同一类属性指标、受相同催化剂驱动的上市公司进行分类，并根据核心驱动力的发展变化调整投资方向和敞口。同类属性指标可以是：公司所处地区、所在产业链、市值规模、催化事件、技术水平、资本运作、管理层属性等。主题投资突破了行业划分的固定性，以及企业多元化经营趋势带来的局限，更灵活，更与时俱进。

（2）主题投资与其他投资策略的区别。主题投资与行业投资、价值投资和概念炒作等常见的投资策略相比，有以下几个方面的区别：

主题投资与行业投资的区别：主题投资突破了行业划分的固定性，以及企业多元化经营趋势造成的局限。从关键点来看，主题投资的更强调发掘、识别核心驱动力，而行业配置则更强调跟踪行业的景气轮动。从分析基础来看，主题投资更关注趋势演化的阶段，而行业投资则更注重行业景气度和性价比的相对变化。从指导意义来看，主题投资过程反映预期的兑现，行业投资的过程则反映行业景气的相对强弱。此外，在缺点方面，主题投资“核心假设变量”更易变，缺乏统一标准；而行业投资的缺点为“核心假设变量”因行业而异，相对比较复杂。

主题投资与价值投资的区别：价值投资侧重于分析已知的静态信息，对显著影响企业发展的非线性因素估计不足；主题投资面向未来，比起当前内在价值与市场价格的差距，更看重驱动价格变化的因素。价值投资关注企业的内在价值，认为在长周期中，股票价格将向价值回归，投资过程反映的是市场的纠偏；主题投资关注趋势的演化，认为在股票价格波动的背后，是市场预期在发生变化，投资过程反映的是预期的兑现。

主题投资与概念炒作的区别：主题投资是一种中长线投资行为，主要目标是发掘出符合基本面趋势、长期有业绩支撑、未来大概率成为蓝筹绩优股的标的；而概念炒作则依赖于某些事件或预期引发的投资热点，是一种资金驱动型的短期投资策略，投资标的一般缺乏实际业绩支撑，行情持续时间较短。

总之，主题投资、行业投资和价值投资都有各自适用的环境，没有绝对优劣之分。在实际操作中需要根据自身目标、风险偏好和市场环境等因素，灵活运用各种投资策略，以实现最佳的投资效果。

2. 主题投资的类型及特点

根据核心驱动力的不同，主题投资可被分为宏观性主题、事件性主题、制度性主题和产业性主题四大类。

（1）宏观性主题：某些长周期、全局性的宏观趋势所引发的广泛的、跨行业、跨地域乃至跨资产类别的投资机会。这类主题通常具有较长的投资期限，并将随着政策和数据的验证情况而反复表现。例如城镇化、消费升级等。

（2）事件性主题：某些局部、微观、偶发的事件会提升相关企业的资产价值、盈利能力、估值水平。事件性主题的投资期限较短，容易出现在横盘震荡、缺乏投资主线时，投资者需要快速反应和调整投资策略的情况，例如奥运会等。

（3）制度性主题：通过改革释放制度红利，从而引发的投资机会。这类主题需要长期的发展规划和密集的政策催化，其投资机会相对集中，一般出现在风险偏好大幅提升时，行情容易出现。制度性主题的投资期限一般为中期，需对政策趋势有深入理解和预判，例如国企改革、“一带一路”倡议等。

（4）产业性主题：由政策扶持、科技突破或工程革命所引发的投资机会。这类主题通常需要业绩的支撑，其投资机会相对集中，并且当风险偏好大幅提升时，行情容易出现。产业性主题的投资期限一般为中期，适应于行业发展趋势明确，需要对行业发展有深入理解和预判的情况。例如新能源汽车、5G 通信、人工智能等。

3. 主题投资的方法

（1）主题投资表现的宏观环境。主题投资往往风靡于风险偏好上升期。当市场的风险偏好上升时，通常小盘股占优、主题投资行情增多。

海外主题行情时常引领国内股市。由于先进国家产业发展方向往往领先于中国，海外市场热点将对 A 股投资形成映射，为 A 股主题投资指引方向，例如移动互联网、新能源车、人工智能等。近年来，随着国际资本流动便利性增大，海内外联动性也在不断增强。

（2）主题投资的步骤。主题投资的实施需要系统性和纪律性，在操作上分为四步：①挖掘投资主题：从宏观经济、政策制度、技术进步和确定性事件等多个角度，挖掘投资主题；②明确核心驱动力：在锁定具有长期发展前景的主题后，寻找影响其预期变化的关键催化和变量；③选择投资目标：以驱动力为基础，寻找最明确的受益方向和弹性最大的标的，构建投资组合；④投资组合退出：密切跟踪驱动因素的强弱变化，选择合适的退出时机。

（3）优质主题的特点。优质的 A 股主题，通常具有以下特点：①立意高远：主题的价值取向来源足够高端，市场空间足够广大，逻辑不断加强且难以证伪。②鲜明生动：主题的标签在大众视野中频频出现，引发群体探究和好感。逻辑简单明了，容易理解和接受，易传播营销，易引起大众共鸣参与，认同度高，形成资金合力。③简明但纵深强：主题的纵深强，难以证伪，催化剂频次高、持续性强。④弹性大：主题板块曾经或正在创造良好回报，形成正向反馈。

（4）如何选择主题标的。优质的主题标的往往具有以下特征：①主题龙头标的：与主题相关性最强的龙头股票一般弹性最大，并随主题行情逐步向相关性次强的标的扩散。因此，需优先关注龙头股，同时也要关注其他具有潜力的标的。②筹码分散标的：筹码分散标的更容易受到资金青睐，通常具有较高的弹性。因此，要关注筹码分散度、流通市值、换手率等指标，选择筹码分散度高、流通市值小、换手率高的标的。③强辨识度、强稀缺性、直接受益于主题的标的：辨识度强、稀缺性强且能够直接受益于主题的标的更容易得到市场认可和关注，往往弹性更大，也更容易体现出主题价值。

## 三、行业比较分析方法

### （一）行业比较概述

1. 行业比较的含义

行业比较，指从中观角度出发，从基本面、估值等不同角度将不同行业纳入同一可比框架，通过行业之间的横向比较来对行业配置提供参考的一种研究方法。行业比较上承宏观、下启微观的具体公司，介于宏观经济和微观公司之间。行业比较的目的不在于寻找景气最好的品种，而在于寻找未来一段时间能够取得较好超额收益的品种。

在投资研究过程中，通常存在两种思维方式：一是自下而上；二是自上而下。前者自下而上侧重于从具体公司出发，强调个股的独立性和特定情况，以企业的财务状况、盈利能力、竞争优势、管理团队等因素为核心，通过详细分析和评估公司自身的基本面等情况来挖掘投资机会。而后者自上而下则是从宏观角度出发，通过对宏观经济、行业景气和政策进行分析和评估来寻找整体市场和行业中的投资机会。行业比较就是一种典型的自上而下的研究范式。

2. 行业比较局限性

但是行业比较也不总是有效的，尤其是在经济周期剧烈波动时，系统性风险占主导地位，大势判断比行业选择更加重要。另外，行业比较在一定程度上依赖于行业景气波动和估值的历史表现与规律。这些历史的可参考性，未来可能因行业运行机制以及行业发展前景的变化而变化。

3. 行业比较出现的背景

不同行业之间天然存在关联性。在中国资本市场历史经验中，人们往往发现不同行业之间好像存在着密切的联系，有些在市场中经常呈现着“同涨同跌”的现象。而且，有些年份涨幅靠前的行业很有可能具备一些共同的特征，投资者只需要选择对行业或者赛道，无须对个股进行过分了解，就能实现不小的收益。

公司投资价值往往会随其所处行业以及行业阶段的不同而有明显差异。不同行业在市场中的表现与基本面特征往往差异很大，总是有些行业的增长快于宏观经济的增长，而有些行业的增长慢于宏观经济的增长。不同行业有自己特定的生命周期。处在生命周期不同发展阶段的行业，其投资价值也不一样。在国民经济中具有不同地位的行业，其投资价值也不一样。上市公司的投资价值可能会因为所处行业的不同而产生差异。因此，行业是决定公司投资价值的重要因素之一。

4. 行业比较的应用价值

（1）解决了单一行业之间不可比的问题，使行业之间具有横向可比性。行业比较习惯于从宏观自上而下看待问题，把宏观中观化，同时解决了单一行业研究之间不可比的问题。能够从多个行业的联系去看待一个问题，相互验证，将不同行业研究贯穿在一起，不断寻找各个行业之间的定位，通过行业比较研究在不同时段选择行业配置。

（2）使研究更具全局性，避免单一行业研究的局限性。如果只依赖单一行业分析，往往会存在较大局限性。单一行业研究往往仅重点关注其上下游。但很多时候，必须将不同行业结合起来才能明白其上下游变化的原因。比如，钢铁研究往往重点关注焦煤和房地产开发。但如果研究钢铁时，对房地产开发的预测只是来自房地产分析师的预测，那么有很大风险。如果房地产开工好转，那么除了钢铁，还应该看到水泥、挖掘机、重卡和纯碱的需求好转，所有横向相关行业的变化都应值得关注。而且单个行业的变化可能有其特殊的原因，但是横向多个行业都出现这种情况，就是宏观层面的问题，蕴含着很大的投资机会。行业比较可以解决单一行业分析的局限性。

（3）行业比较的结果其实也是对市场大势的判断。比如，当基于防御原因推荐零售、医药，回避银行、地产、钢铁、电力、有色时，对大势就是不看好的，所以行业配置体现了对大势的看法。

## （二）行业比较分析框架

1. 行业比较分析框架概述

不同行业由于商业模式差异等往往会有独特的特点，这些特点往往会成为行业之间难以直接进行比较的障碍。比如重资产行业往往会有较大的固定资产和资本开支投入，而计算机、传媒等行业则主要是轻资产为主。行业比较的任务就是在一个可比框架下对不同行业进行评估。

“基本面＋估值”框架是所有行业比较的出发点。和公司分析类似，我们希望找到行业景气度或基本面上行同时估值便宜的行业进行投资。这个背后的理论基础是经典估值理论。行业基本面或景气可以采用每个季度上市公司披露的财务报表进行判断，但是采用财报数据具有一定滞后性。因此，除财报外，我们也可以跟踪表征各行业景气的关键指标的变化（比如产品价格、销量、库存等）。

2. 基本面比较

（1）行业景气比较。处于不同周期阶段的行业所呈现的特征具有明显差异性。例如，处于景气上升期的行业往往会出现需求旺盛、生产满负荷、资本开支扩大等景象。反之，处于景气下降期的行业往往会出现需求萎靡、生产能力过剩、产品滞销、应收款增加、价格下跌和多数企业亏损的景象。行业景气周期波动是行业在市场经济下的必然规律。根据这一特点并综合目前国内外有关行业景气方面的定义，行业景气可定义如下：当行业处于不同的周期节点时呈现不同的市场景象，称之为行业景气。

影响行业景气的外因是宏观经济指标波动、经济周期、上下游产业链的供应需求变动，内因是行业的产品需求变动、生产能力变动、技术水平变化及产业政策的变化等。在分析行业景气变化时，通常会关注到以下几个重要因素：①需求。当行业产品需求增加时，会导致销售增加和总产量提高，行业景气由差向好转变，但这取决于需求量的多少和维持时间的长短。短时间的需求量提高不能作为景气转好的特征，仅作为波动而已。②供给。当行业内部因竞争或产业政策限制，总供应下降，而总需求不变，这时企业效益好转，景气转好。只要总需求不变，这种景气转变往往能维持较长的时间。③产业政策。由于环保因素或产业升级，使行业的企业数减少，导致竞争下降，效益转好，这种景气能长时间维持。④价格。价格因素是比较敏感的因素，也是波动较多的因素。价格上涨，一般实际需求增加，行业景气向好。但如果价格上涨是由于原料价格上涨造成反而会使行业景气向淡。价格因素导致的景气转变往往持续时间不长，这是由于价格因素改变会导致供应能力变化，供求关系改变进一步影响价格。

因此，在做行业景气比较研究时，我们需要对不同行业所涉及的重要中观表征指标（即可表征行业需求、供给等方面的中观指标）进行追踪，根据高频中观数据，比较各行业的景气度，从而挖掘投资机会。

（2）财务分析比较。基本面还可以通过上市公司每个季度披露的财务报表进行比较研究。由于A股上市公司的利润表是同一标准，所以我们以利润表为标准去整理各个行业的关键指标，这样能够保证不同行业的同一标准，同时也有利于在同一平台上整合。而且财务数据相比于行业中观指标而言更加标准化，可比性更强。

值得注意的是，在进行财务比较时我们需要首先将每个行业中的所有上市公司视为一个整体，来计算得到各行业在各项财务指标以及增速上变化，这是行业比较的基础。财务分析比较中一般有两种分析维度：绝对景气和景气环比变化。绝对景气一般通过直接比较各行业的净利润累计增速、ROE绝对水平和其所处的历史分位来看。但是绝对景气是一种静态比较，只能得到当前绝对水平的比较，无法动态判断哪些行业基本面在好转，哪些在恶化。因此，我们还需要从景气环比变化角度来动态衡量。一般可以选择用营收增速、净利润增速、ROE等指标的环比变化来对行业景气改善进行判断。除此之外，针对于不同属性的行业还存在特别的判断。如上游周期类行业由于周期属性大，往往可以观察其资本开支、在建工程和固定资产的增速变化。

3. 估值比较

（1）行业比较估值方法概述。高景气、基本面好的行业未必就一定有投资价值，前提是需要合理的估值匹配。估值方法主要可分为两类：绝对估值法和相对估值法。对单一公司而言，估值可以用现金流折现法和可比公司估值法，但是对行业而言，由于绝对估值法需要涉及较多假设，不太适用，因此多采用相对估值法。而对不同行业之间进行估值比较时，需要注意采用合适的估值指标。通常而言，煤炭、钢铁、有色金属、基础化工、公用事业、房地产、金融等重资产行业估值多用市净率（P/B）进行比较，其余行业估值多用市盈率（P/E）进行比较。

不同行业由于各自具有独特属性，因此很难将估值的绝对值进行比较，但行业各自的估值分位数具有可比性。如A行业市盈率20倍是正常水平，而B行业市盈率中枢可能只有10倍左右，不能由于B行业的市盈率低于A行业，从而认为B行业更有估值优势，因为B行业的市盈率总是低于A行业，此时需要引入“分位数”的概念。既然无法直接对各行业估值绝对值进行比较，我们可以将各行业当前估值绝对水平在历史时间序列中所处的分位排序进行横向比较，如A行业估值处于历史100%分位，而B行业估值处于历史5%分位，则我们可以说B行业相比于A行业在估值上更低。分位数的概念和应用除了估值外，其余指标的比较也常用到。

（2）行业估值整体法计算方法。通常而言，我们在计算行业整体可比估值时，均采用整体法，即把该行业中的所有上市公司视为一个整体，在估值计算的分子端和分母端都用行业中所有上市公司这一指标的总和。在相对估值法中，市盈率（P/E）和市净率（P/B）是最常使用的两个指标。

$$\text{行业市盈率（P/E）}=\frac{\text{行业内上市公司总市值之和}}{\text{行业内上市公司净利润之和}}$$

其中，滚动市盈率是最常用的，即分母端净利润采用最近四个季度滚动净利润之和。

$$\text{市净率（P/B）}=\frac{\text{行业内上市公司总市值之和}}{\text{行业内上市公司净资产之和}}$$

其中，净资产通常使用最新披露的净资产。

除了以上两个常用的指标外，对成长行业有时还会用到PEG。PEG是在P/E估值法的基础上发展起来的，是将市盈率与企业成长率结合起来的一个指标，它弥补了P/E对企业动态成长性估计的不足。

$$\text{PEG(市盈率相对盈利增长比率)}=\frac{P/E}{\text{净利润增长率}}\times 100\%$$

其中，净利润增长率最好采用公司未来3或5年的每股收益复合增长率。对于行业而言，只需把PEG计算公式中分子分母的口径按照整体法变成行业P/E和行业净利润增长即可。

通常，成长型行业的PEG都会高于1（即市盈率等于净利润增长率），甚至在2以上，投资者愿意给予其高估值，表明市场预期该行业未来很有可能会保持业绩的持续快速增长，未来会因业绩增长而出现持续的市盈率下降。

除此外，对于一些亏损行业而言，或正处于导入期的行业还可使用市销率P/S估值法［市销率也称价格营收比或市值营收比，是以行业市值除以该行业上一财年（或季度）的营业收入］等方法进行估值。

4. 其他因素

基本面并非决定市场的唯一因素，非基本面因素的研究不容忽视，仅依据基本面进行市场判断可能面临巨大的风险。因此，除上述基本面和估值外，不同行业还可以在资金、市场交易特征等方面进行比较。①资金：如可以比较各类资金对于不同行业的配置情况。②市场交易特征：市场交易特征包括如日历效应、成交量比较等，通过历史经验复盘和总结，可以对行业择时起到一定辅助作用。

### （三）行业比较分析案例

2015 年中随着 TMT 板块泡沫的破裂，市场开始进入全面调整阶段，前期聚集在 TMT 方向的各路资金开始寻找新的方向。2016 年初至 2017 年末，申万 31 个一级行业中食品饮料、家用电器、煤炭、钢铁、银行、有色、建材为该期间绝对收益为正的行业，区间涨幅分别达到 64%、38%、12%、10%、7%、7% 和 5%，基本属于地产消费链以及周期板块。从行业比较的视角而言，2015 年下半年地产链相关行业以及部分周期行业在政策驱动下景气开始拐头向上，与此同时，其行业估值也实现了从底部开始的向上修复。

基本面：当时政策端颁布了两个影响后续行业基本面的重要政策：一是 2015 年下半年国务院印发《关于进一步做好城镇棚户区和城乡危房改造及配套基础设施建设有关工作的意见》，开启棚改货币化 2.0 时代。第一财经数据显示，2016 年全国棚改货币化安置比例从 2014 年的 9% 迅速提升至 48.5%。棚改货币化直接刺激了地产后周期消费板块的需求，如家电、食品饮料等。二是面对国内产能过剩等压力，2015 年 11 月 10 日，中央开始强调加强供给侧改革。在 2015 年 12 月 18 日的中央经济工作会议上强调去产能、去库存、去杠杆、降成本、补短板五大任务。

棚改货币化和供给侧改革实施后，城镇化的进程加速为地产后周期的消费带来催化，同时传统周期板块经历供给收缩，行业盈利能力得到大幅改善。全国 70 个大中城市新建商品住宅价格指数从 2015 年下半年开始进入上行周期；秦皇岛动力煤市场价从 2015 年 11 月见底后开启上行周期；水泥价格在 2016 年一季度末见底，并开启上行周期。种种信号一步步验证了地产消费链以及周期板块的行业景气正处于拐头向上的趋势。滞后的财务表现也同样印证了这一假设。食品饮料扣非净利润累计增速从 2014Q4 的 -7.1% 提升至 2017Q3 的 33.5%，家用电器扣非净利润累计增速从 2015Q4 的 -5.1% 提升至 2016Q4 的 36.2%，建材从 2015Q4 的 -65.7% 提升至 2017Q1 的 489.4%，煤炭从 2015Q4 的 -126.1% 提升至 2017Q1 的 734.7%，是同期各行业中基本面改善最为明显的几大行业。

随着地产链相关行业（食品饮料、家电、建材）以及典型周期行业（煤炭）的景气度不断提升，其行业估值也均从底部开始向上修复。食品饮料 P/E（TTM）在 2016 年初仅为 23.9 倍，处于 2005 年以来 21% 分位；家用电器 P/E（TTM）在 2016 年初仅为 16.8 倍，处于 2005 年以来 30% 分位；建材和煤炭以 P/B 衡量在 2016 年初分别为 1.8 倍和 1.1 倍，分别处于 23% 和 5% 分位，行业估值分位数均处于历史较低水平。随后食品饮料和家用电器 P/E（TTM）分别涨到 2018 年初的 38.5 倍和 23.2 倍，其历史分位数处于 2005 年以来 67% 和 55% 分位。建材 P/B 涨到 2017 年 4 月最高的 2.6 倍，处于 2005 年以来 61% 分位，煤炭 P/B 涨到 2018 年年初最高的 1.7 倍，处于 2005 年以来 36% 分位。

# 第七章　技术分析

## 第一节　证券投资技术分析概述

技术分析是证券投资分析中常用的一种分析方法，各种理论和技术指标都经过几十年甚至上百年的实践检验，在今天看来仍然具有参考意义。但技术分析以三大假设为理论依据、以历史数据为信息基础、以经验总结而非缜密逻辑为分析思路等特点都导致了技术分析的局限性，并在实际运用中存在技术分析对长期趋势判断无效以及“骗线”等现象。

### 一、技术分析的基本假设与要素

#### （一）技术分析的含义

技术分析是以证券市场过去和现在的市场行为为分析对象，应用数学和逻辑的方法，探索出一些典型变化规律，并据此预测证券市场未来变化趋势的技术方法。技术分析法不但用于证券市场，还广泛应用于外汇、期货和其他金融市场。

#### （二）技术分析的基本假设

作为一种投资分析工具，技术分析是以一定假设条件为前提的。这些假设是：市场行为涵盖一切信息、证券价格沿趋势移动和历史会重演。

(1) 市场行为涵盖一切信息。这条假设是进行技术分析的基础。其主要思想是：任何一个影响证券市场的因素，最终都必然体现在股票价格的变动上。外在的、内在的、基础的、政策的和心理的因素，以及其他影响股票价格的所有因素，都已经在市场行为中得到了反映。这是技术分析的基础。

(2) 证券价格沿趋势移动。这一假设是进行技术分析最根本、最核心的条件。其主要思想是：证券价格的变动是有一定规律的，即保持原来运动方向的惯性，而证券价格的运动方向是由供求关系决定的。技术分析法认为，证券价格的运动反映了一定时期内供求关系的变化。供求关系一旦确定，证券价格的变化趋势就会一直持续下去。只要供求关系不发生根本改变，证券价格的走势就不会发生反转。

(3) 历史会重演。这条假设是从人的心理因素方面考虑的。市场中进行具体买卖的是人，是由人决定最终的操作。这一行为必然要受到人类心理学中某些规律的制约。技术分析法认为，根据历史资料概括出来的规律已经包含了未来证券市场的一切变动趋势，所以可以根据历史预测未来。

技术分析的三个假设有合理的一面，也有不尽合理的一面。例如，第一个假设是市场行为包括了一切信息，但市场行为反映的信息同原始的信息毕竟有一些差异，信息损失是必然的。又如，一些基本因素的确是通过供求关系来影响证券价格和成交量，但证券价格最终要受到其内在价值的影响。再如，第三个假设为历史会重演，但证券市场的市场行为是千变万化的，不可能有完全相同的情况重复出现，差异总是或多或少地存在。

### （三）技术分析的要素

证券市场中，价格、成交量、时间和空间是技术分析的要素。这几个因素的具体情况和相互关系是正确分析的基础。市场行为最基本的表现就是成交价和成交量。过去和现在的成交价、成交量涵盖了过去和现在的市场行为。技术分析就是利用过去和现在的成交量、成交价资料，以图形和指标分析工具来分析、预测未来的市场走势。

在进行行情判断时，时间有着很重要的作用。一个已经形成的趋势在短时间内不会发生根本改变，中途出现的反方向波动，对原来趋势不会产生大的影响。一个形成了的趋势又不可能永远不变，经过了一定时间又会有新的趋势出现。循环周期理论着重关心的就是时间因素，它强调了时间的重要性。

从某种意义上讲，波动空间可以认为是价格的一方面，指的是价格波动能够达到的极限。

## 二、技术分析的理论基础——道氏理论

### （一）形成过程

道氏理论是技术分析的理论基础，许多技术分析方法的基本思想都来自于道氏理论。该理论的创始人是美国人查尔斯·亨利·道。为了反映市场总体趋势，他与爱德华·琼斯创立了著名的道·琼斯平均指数。他们在《华尔街日报》上发表的有关证券市场的文章，经后人整理，成为我们今天看到的道氏理论。

### （二）主要原理

1. 市场平均价格指数可以解释和反映市场的大部分行为。这是道氏理论对证券市

场的重大贡献。道氏理论认为收盘价是最重要的价格，并利用收盘价计算平均价格指数。目前，世界上所有的证券交易所计算价格指数的方法大同小异，都源于道氏理论。此外，他还提出平均价格涵盖一切信息的假设。目前，这仍是技术分析的一个基本假设。

2. 市场波动具有某种趋势。道氏理论认为，价格的波动尽管表现形式不同，但最终可以将它们分为三种趋势：主要趋势（Primary Trend）、次要趋势（Secondary Trend）和短暂趋势（Near Term Trend）。主要趋势是那些持续 1 年或 1 年以上的趋势，看起来像大潮；次要趋势是那些持续 3 周 ~3 个月的趋势，看起来像波浪，是对主要趋势的调整；短暂趋势持续时间不超过 3 周，看起来像波纹，其波动幅度更小。

3. 主要趋势有三个阶段（以上升趋势为例）。第一个阶段为累积阶段。该阶段中，股价处于横向盘整时期。在这一阶段，聪明的投资者在得到信息并进行分析的基础上开始买入股票。第二个阶段为上涨阶段。在这一阶段，更多的投资者根据财经信息并加以分析，开始参与股市。尽管趋势是上升的，但也存在股价修正和回落。第三个阶段为市场价格达到顶峰后出现的又一个累积期。在这一阶段，市场信息变得更加为众人所知，市场活动更为频繁。第三个阶段结束的标志是下降趋势，并又回到累积期。

4. 两种平均价格指数必须相互印证。例如，道氏理论认为，工业平均指数和运输业平均指数必须在同一方向上运行才可确认某一市场趋势的形成。

5. 趋势必须得到交易量的确认。在确定趋势时，交易量是重要的附加信息，交易量应在主要趋势的方向上放大。

6. 一个趋势形成后将持续，直到趋势出现明显的反转信号。这是趋势分析的基础。然而，确定趋势的反转却不太容易。

### （三）道氏理论的应用及应注意的问题

道氏理论从来就不是用来指出应该买卖哪只股票，而是在相关收盘价的基础上确定股票市场的主要趋势，因此，道氏理论对大形势的判断有较大的作用，但对于小波动则显得无能为力。道氏理论甚至对次要趋势的判断作用也不大。

道氏理论的另一个不足是它的可操作性较差。一方面，道氏理论的结论落后于价格变化，信号太迟；另一方面，理论本身存在不足，使得一个很优秀的道氏理论分析师在进行行情判断时，也会因得到一些不明确的信号而产生困惑。

## 三、技术分析方法的分类

在价、量历史资料基础上进行的统计、数学计算、绘制图表方法是技术分析方法的主要手段。一般说来，可以将技术分析方法分为常用的五类。

### （一）指标类

指标类是根据价、量的历史资料，通过建立一个数学模型，给出数学上的计算公式，得到一个体现证券市场的某个方面内在实质的指标值。指标反映的内容大多是无法从行情报表中直接看到的，它可为我们的操作提供指导方向。常见的指标有相对强弱指标（RSI）、随机指标（KDJ）、趋向指标（DMI）、平滑异同移动平均线（MACD）、能量潮（OBV）、心理线（PSY）、乖离率（BIAS）等。

### （二）切线类

切线类是按一定方法和原则，在根据股票价格数据所绘制的图表中画出一些直线，然后根据这些直线的情况推测股票价格的未来趋势，为投资操作提供参考。这些直线就叫切线。切线的画法最为重要，画得好坏直接影响预测的结果。常见的切线有趋势线、轨道线、黄金分割线、甘氏线、角度线等。

### （三）形态类

形态类是根据价格图表中过去一段时间走过的轨迹形态来预测股票价格未来趋势的方法。价格走过的形态是市场行为的重要部分，从价格轨迹的形态中，我们可以推测出证券市场处在一个什么样的大环境之中，由此对今后的投资给予一定的指导。主要的形态有 M 头、W 底、头肩顶、头肩底等十几种。

### （四）K 线类

K 线类是根据若干天的 K 线组合情况，推测证券市场中多空双方力量的对比，进而判断证券市场行情的方法。K 线图是进行各种技术分析最重要的图表。

### （五）波浪类

波浪理论是把股价的上下变动和不同时期的持续上涨、下跌看成是波浪的上下起伏，认为股票的价格运动遵循波浪起伏的规律，数清楚了各个浪就能准确地预见到跌势已接近尾声、牛市即将来临，或是牛市已到了强弩之末、熊市即将来到。波浪理论较之别的技术分析流派，最大的区别就是能提前很长时间预计到行情的底和顶，而别的流派往往要等到新的趋势已经确立之后才能看到。但是，波浪理论又是公认的较难掌握的技术分析方法。

以上五类技术分析流派从不同的方面理解和考虑证券市场，有的有相当坚实的理论基础，有的没有很明确的理论基础。在操作上，有的注重长线，有的注重短线；

有的注重价格的相对位置，有的注重绝对位置；有的注重时间，有的注重价格。尽管各类分析方法考虑的方式不同，但目的是相同的，彼此并不排斥，在使用上可相互借鉴。

## 四、技术分析方法应用时应注意的问题

### （一）技术分析必须与基本分析结合起来使用

从理论上看，技术分析法和基本分析法分析股价趋势的基本点是不同的。基本分析法的基点是事先分析，即在基本因素变动对证券市场发生影响之前，投资者已经在分析、判断市场的可能走势，从而作出顺势而为的买卖决策。但是基本分析法很大程度上依赖于经验判断，其对证券市场的影响难以数量化、程式化，受投资者主观能力的制约较大。技术分析法的基点是事后分析，以历史预知未来，用数据、图形、统计方法来说明问题，不依赖人的主观判断，一切都依赖于用已有资料作出客观结论。但未来不会简单重复过去，所以仅依靠过去和现在的数据预测未来并不可靠。因此，为了提高技术分析的可靠性，投资者只有将技术分析法与基本分析法结合起来进行分析，才能既保留技术分析的优点，又考虑基本因素的影响，以提高测试预判的准确程度。

### （二）多种技术分析方法综合研判

技术分析方法多种多样，但每种方法都有其独特的优势和功能，也有不足和缺陷。没有任何一种方法能概括股价走势的全貌。实践证明，单独使用一种技术分析方法有相当大的局限性和盲目性，甚至会给出错误的买卖信号。为了减少失误，只有将多种技术分析方法结合运用，相互补充、相互印证，才能减少出错的机会，提高决策的准确性。

### （三）理论与实践相结合

各种技术分析的理论和方法都是在一定的特殊条件和特定环境下得到的。随着环境的变化，一些成功方法自己在使用时却有可能失败。因此，在使用技术分析方法时，要注意掌握各种分析方法的精髓，并根据实际情况作适当调整。同时，只有将各种方法应用于实际，并经过实践检验后成功的方法才是好的方法。

# 第二节　证券投资技术分析主要理论

## 一、K 线理论

### （一）K 线的画法和主要形状

1. K 线的画法

K 线又称日本线，起源于 200 多年前的日本。当时日本没有证券市场。K 线只是用于米市交易。经过上百年的运用和变更，目前已经形成了一整套 K 线分析理论，在实际中得到了广泛应用。

K 线是一条柱状的线条，由影线和实体组成。影线在实体上方的部分叫上影线，下方的部分叫下影线。实体表示一日的开盘价和收盘价。上影线的上端顶点表示一日的最高价，下影线的下端顶点表示一日的最低价。根据开盘价和收盘价的关系，K 线又分为阳（红）线和阴（黑）线两种，收盘价高于开盘价时为阳线，收盘价低于开盘价时为阴线（见图 7－2－1）。

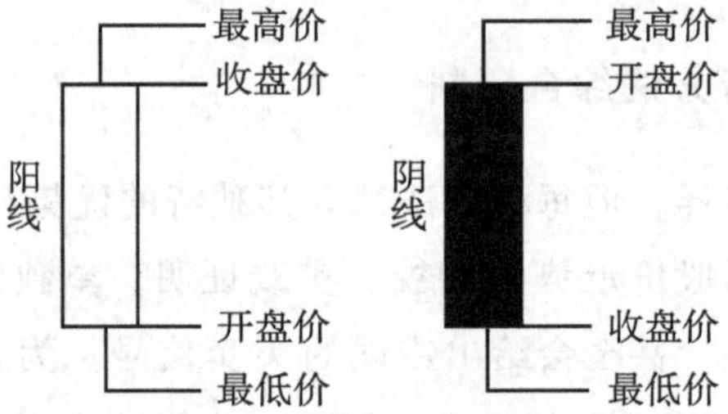


图 7－2－1　K 线的两种常见形状

日开盘价是指每个交易日的第一笔成交价格，日收盘价是指每个交易日的最后一笔成交价格，日最高价和日最低价是每个交易日成交股票的最高成交价格和最低成交价格。4 个价格中，收盘价是最重要的，很多技术分析方法只关心收盘价，而不理会其余 3 个价格。人们在说到目前某只股票的价格时，说的往往是收盘价。

目前我国沪深两地证券交易所均采用集合竞价方式产生开盘价和收盘价，每个交易日的 9:15～9:25 为开盘集合竞价时间，当天 14:57～15:00 为收盘集合竞价时间。

一条 K 线记录的是某种股票一天的价格变动情况。将每天的 K 线按时间顺序排列在一起，就可反映该股票自上市以来的每天的价格变动情况，这就是日 K 线图。

除了日 K 线外，我们还可以画周 K 线和月 K 线。其画法与日 K 线几乎完全一样，区别只在 4 个价格时间参数的选择上。周 K 线是指这一周的开盘价、这一周之内的最高价和最低价以及这一周的收盘价。月K线则是这一个月之内的4个价格。周K线和月K线的优点是反映趋势和周期比较清晰。

2. K线的主要形状

除了图7-2-1所画的K线形状外，由于4个价格的不同取值，还会产生其他形状的K线（见图7-2-2）。

光头阳线和光头阴线。这是没有上影线的K线。当收盘价或开盘价正好就是最高价时，就会出现这种K线。

光脚阳线和光脚阴线。这是没有下影线的K线。当开盘价或收盘价正好就是最低价时，就会出现这种K线。

光头光脚的阳线和阴线。这种K线既没有上影线也没有下影线。当收盘价和开盘价分别是最高价和最低价时，就会出现这种K线。

十字形。当收盘价与开盘价相同时，就会出现这种K线，它的特点是没有实体。

T字形和倒T字形。当收盘价、开盘价和最高价三价相等时，就会出现T字形K线图；当收盘价、开盘价和最低价三价相等时，就会出现倒T字形K线图。它们没有实体，也没有上影线或者下影线。

一字形。当收盘价、开盘价、最高价、最低价4个价格相等时，就会出现这种K线图。在存在涨跌停板制度时，当一只股票一开盘就封死在涨跌停板上，而且一天都不打开时，就会出现这种K线。同十字形和T字形K线一样，一字形K线同样没有实体。

**图7-2-2 K线的几种别的形状**

## （二）K线的组合应用

K线图反映的是一段时间以来买卖双方实际战斗的结果。从中可以看到买卖双方争斗中力量的增减、风向的转变等。因此，熟悉这些K线组合对市场走势的分析至关重要。

1. 单根K线的应用

应用单根K线研判行情，主要从实体的长短、阴阳，上下影线的长短以及实体的长短与上下影线长短之间的关系等几个方面进行。由于K线的类型很多，这里仅就几种具有典型意义的单根K线进行分析。

（1）大阳线实体，如图7-2-3（左）。它是大幅低开高收的阳线，实体很长以至于可以忽略上下影线的存在。这种 K 线说明多方已经取得了决定性胜利，这是一种涨势的信号。如果这条长阳线出现在一段盘局的末端，它所包含的内容将更有说服力。

（2）大阴线实体，如图 7-2-3（右），含义正好同大阳线实体相反。这时，空方已取得优势地位，是一种跌势的信号。如果这条长阴线出现在一段上涨行情的末端，行情下跌的可能性将更大。

（3）有上下影线的阳线和阴线，如图 7-2-4。这是两种最为普遍的 K 线形状，说明多空双方争斗很激烈。双方互有攻防。阳线是到了收尾时多方占优势，阴线则是到收尾时空方占优势。

**图 7-2-3　大阳线与大阴线实体**

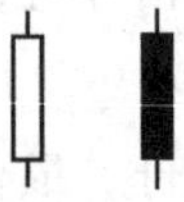

**图 7-2-4　有上下影线的阳线和阴线**

对多方与空方优势的衡量，主要依靠上下影线和实体的长度来确定。一般说来，上影线越长，下影线越短，阳线实体越短或阴线实体越长，越有利于空方占优；上影线越短，下影线越长，阴线实体越短或阳线实体越长，越有利于多方占优。上影线和下影线相比的结果，可以判断多方和空方的努力对比。上影线长于下影线，利于空方；下影线长于上影线，则利于多方。

（4）十字星。十字星的出现表明多空双方力量暂时平衡，使市势暂时失去方向，但却是一个值得警惕、随时可能改变趋势方向的 K 线图形。十字星分为两种：一种是大十字星，如图 7-2-5（左）所示，它有很长的上下影线，表明多空双方争斗激烈，最后回到原处，后市往往有变化。另一种为小十字星，如图 7-2-5（右），它的上下影线较短，表明窄幅盘整，交易清淡。

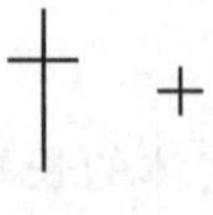

**图 7-2-5　十字星**

总之，应用一根 K 线进行分析时，多空双方力量的对比取决于影线的长短与实体的大小。一般来说，指向一个方向的影线越长，越不利于股价今后朝这个方向变动。

阴线实体越长，越有利于下跌；阳线实体越长，越有利于上涨。另外，当上下影线相对实体较短时，可忽略影线的存在。

2. 由多根 K 线的组合推测行情

K 线组合的情况非常多，要综合考虑各根 K 线的阴阳、高低、上下影线的长短等。无论是两根 K 线、三根 K 线乃至多根 K 线，都是以各根 K 线的相对位置和阴阳来推测行情的。

将前一天的 K 线画出，然后，将这根 K 线按数字划分成五个区域（见图 7－2－6）。

**图 7－2－6　K 线区域划分**

对于两根 K 线的组合来说，第二天的 K 线是进行行情判断的关键。简单地说，第二天多空双方争斗的区域越高，越有利于上涨；越低，越有利于下跌。也就是说，从区域 1 到区域 5 是多方力量减少、空方力量增加的过程。

例如，连续两阴两阳线的情况（见图 7－2－7）。这是多空双方的一方已经取得决定性胜利，今后将以取胜的一方为主要运动方向。左图是空方获胜。右图是多方获胜。第二根 K 线实体越长，超出前一根 K 线越多，则取胜的一方优势越大。

**图 7－2－7　连续两阴阳**

总之，无论 K 线的组合多复杂，考虑问题的方式是相同的，都是由最后一根 K 线相对于前面 K 线的位置来判断多空双方的实力大小。由于三根 K 线组合比两根 K 线组合多了一根 K 线，获得的信息就多些，得出的结论相对于两根 K 线组合来讲要准确些，可信度更大些。也就是说，K 线多的组合要比 K 线少的组合得出的结论可靠。

### （三）应用 K 线组合应注意的问题

无论是一根 K 线，还是两根、三根以至更多根 K 线，都是对多空双方争斗的一个描述，由它们的组合得到的结论都是相对的，不是绝对的。有时应用一种组合得到明天会下跌的结论，但是次日股价没有下跌，反而上涨。避免这种情况发生的一个重要原则是尽量使用根数多的 K 线组合的结论，并将新的 K 线加进来重新进行分析判断。一般说来，多根 K 线组合得到的结果不大容易与事实相反。

## 二、切线理论

证券市场有顺应潮流的问题。“顺势而为，不逆势而动”，已经成为投资者的共识。

### （一）趋势分析

股价变动有一定的趋势，在长期上涨或下跌的趋势中，会有短暂的盘旋或调整，投资者应把握长期趋势，不为暂时的回调和反弹所迷惑；同时，也应及时把握大势的反转。切线理论就是帮助投资者识别大势变动方向的较为实用的方法。

1. 趋势的含义

趋势是指股票价格的波动方向。若确定了一段上升或下降的趋势，则股价的波动必然朝着这个方向运动。上升的行情中，虽然也时有下降，但不影响上升的大方向；同样，下降行情中也可能上升，但不断出现的新低使下降趋势不变。

技术分析的三大假设中的第二条明确说明价格的变化是有趋势的，没有特别的理由，价格将沿着这个趋势继续运动。这一点就说明趋势这个概念在技术分析中的重要地位。

2. 趋势的方向

（1）上升方向。如果图形中每个后面的峰和谷都高于前面的峰和谷，则趋势就是上升方向。这就是常说的一底比一底高或底部抬高。

（2）下降方向。如果图形中每个后面的峰和谷都低于前面的峰和谷，则趋势就是下降方向。这就是常说的一顶比一顶低或顶部降低。

（3）水平方向（无趋势方向）。如果图形中后面的峰和谷与前面的峰和谷相比，没有明显的高低之分，几乎呈水平延伸，这时的趋势就是水平方向。这种方向在市场上出现的机会是相当多的，进行技术分析时，很容易出错，参考作用也不大。

3. 趋势的类型

按道氏理论的分类，趋势分为三个类型：

（1）主要趋势。主要趋势是趋势的主要方向，了解了主要趋势才能顺势而为。主要趋势是股价波动的大方向，一般持续的时间比较长（这是技术分析第二大假设所决定的）。

（2）次要趋势。次要趋势是在主要趋势过程中进行的调整。由于趋势不会是直来直去的，总有个局部的调整和回撤，次要趋势完成的正是这一使命。

（3）短暂趋势。短暂趋势是在次要趋势中进行的调整。短暂趋势与次要趋势的关系就如同次要趋势与主要趋势的关系一样。

这三种类型的趋势最大的区别是时间的长短和波动幅度的大小。主要趋势持续时间最长，波动幅度最大；次要趋势次之；短期趋势持续时间最短，波动幅度最小。

### （二）支撑线和压力线

1. 支撑线和压力线的含义

支撑线又称为抵抗线，是指当股价下跌到某个价位附近时，会出现买方增加、卖方减少的情况，从而使股价停止下跌，甚至有可能回升。

压力线又称为阻力线，是指当股价上涨到某价位附近时，会出现卖方增加、买方减少的情况，股价会停止上涨，甚至回落。

在某一价位附近之所以形成对股价运动的支撑和压力，主要由投资者的筹码分布、持有成本以及投资者的心理因素所决定。当股价下跌到投资者（特别是机构投资者）的持仓成本价位附近，或股价从较高的价位下跌一定程度（如50%），或股价下跌到过去的最低价位区域时，都会导致买方大量增加买盘，使股价在该价位站稳，从而对股价形成支撑。当股价上升到某一历史成交密集区，或当股价从较低的价位上升一定程度，或上升到过去的最高价位区域时，会导致大量解套盘和获利盘的抛出，从而对股价的进一步上升形成压力。

2. 支撑线和压力线的作用

如前所述，支撑线和压力线的作用是阻止，或暂时阻止股价朝一个方向继续运动（见图7－2－8）。

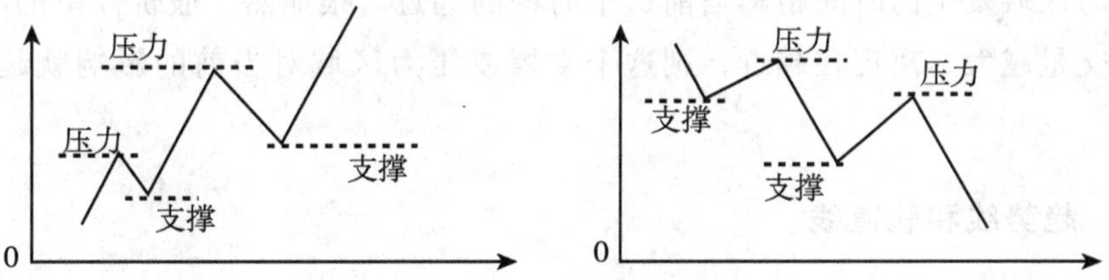


**图7－2－8　支撑线和压力线**

同时，支撑线和压力线又有彻底阻止股价按原方向变动的可能。当一个趋势终结了，它就不可能创出新的低价或新的高价，这时的支撑线和压力线就显得异常重要（见图7－2－9）。

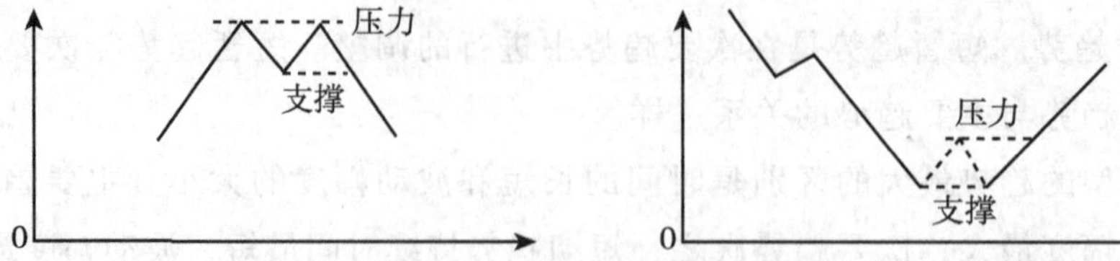


图 7-2-9 支撑线和压力线

3. 支撑线和压力线的相互转化

一条支撑线如果被跌破，那么这一支撑线将成为压力线；同理，一条压力线被突破，这个压力线将成为支撑线。这说明支撑线和压力线的地位不是一成不变的，而是可以改变的，条件是它被有效的、足够强大的股价变动突破（见图 7-2-10）。

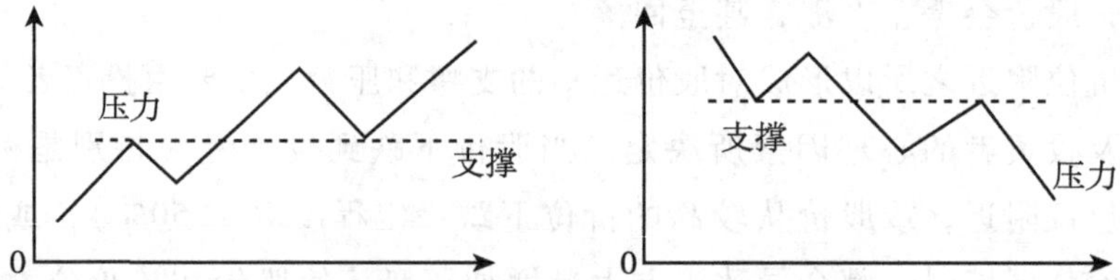


图 7-2-10 支撑线和压力线的转化

4. 支撑线和压力线的确认和修正

如前所述，每一条支撑线和压力线的确认都是人为进行的，主要是根据股价变动所画出的图表，这里面有很大的人为因素。

一般来说，一条支撑线或压力线对当前的影响从以下三个方面的考虑：一是股价在这个区域停留时间的长短；二是股价在这个区域伴随的成交量大小；三是这个支撑区域或压力区域发生的时间距离当前这个时期的远近。很显然，股价停留的时间越长、伴随的成交量越大、离现在越近，则这个支撑或压力区域对当前的影响就越大；反之就越小。

## （三）趋势线和轨道线

1. 趋势线

（1）趋势线的含义。由于证券价格变化的趋势是有方向的，因而可以用直线将这种趋势表示出来，这样的直线称为趋势线。反映价格向上波动发展的趋势线称为上升趋势线；反映价格向下波动发展的趋势线则称为下降趋势线。由于股票价格的波动可分为长期趋势、中期趋势和短期趋势三种，因此，描述价格变动的趋势线也分为长期趋势线、中期趋势线和短期趋势线三种。由于价格波动经常变化，可能由升转跌，也可能由跌转升，甚至在上升或下跌途中转换方向，因此，反映价格变动的趋势线不可能一成不变，而是要随着价格波动的实际情况进行调整。

(2) 趋势线的画法。连接一段时间内价格波动的高点或低点可画出一条趋势线。在上升趋势中，将两个低点连成一条直线，就得到上升趋势线；在下降趋势中，将两个高点连成一条直线，就得到下降趋势线。如图 7－2－11 中的直线 L。标准的趋势线必须由两个以上的高点或低点连接而成。

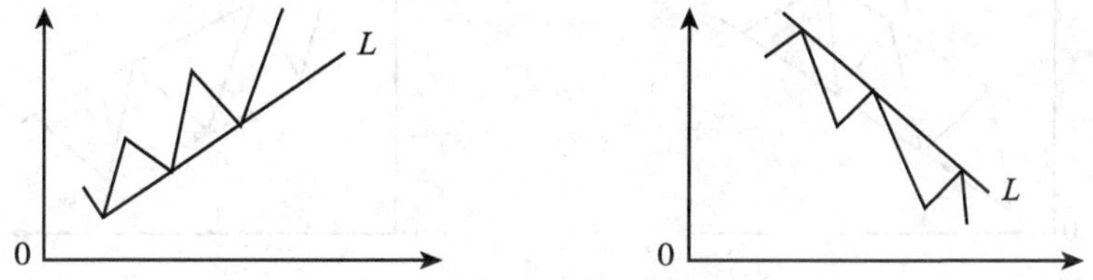


**图 7－2－11 趋势线**

由图 7－2－11 可看出，上升趋势线起支撑作用，是支撑线的一种；下降趋势线起压力作用，是压力线的一种。

虽然我们很容易画出趋势线，但最关键的问题是正确确定趋势线的高点或低点。一般来说，上升趋势线的两个低点，应是两个反转低点，即下跌至某一低点开始回升，再下跌没有跌破前一低点又开始上升，则这两个低点就是两个反转低点。同理，确定下跌趋势线也需要两个反转高点，即上升至某一高点后开始下跌，回升未达前一高点又开始回跌，则这两个高点就是反转高点。

(3) 趋势线的确认及其作用。首先，必须确实有趋势存在。其次，画出直线后，还应得到第三个点的验证才能确认这条趋势线是有效的。一般说来，所画出的直线被触及的次数越多，其作为趋势线的有效性越能得到确认，用它进行预测越准确有效。另外，这条直线延续的时间越长，越具有有效性。

一般来说，趋势线有两种作用：第一，对价格今后的变动起约束作用，使价格总保持在这条趋势线的上方（上升趋势线）或下方（下降趋势线）。实际上，就是起支撑和压力的作用。第二，趋势线被突破后，就说明股价下一步的走势将要反转。越重要、越有效的趋势线被突破，其转势的信号越强烈。被突破的趋势线原来所起的支撑和压力作用，现在将相互交换角色（图 7－2－12）。

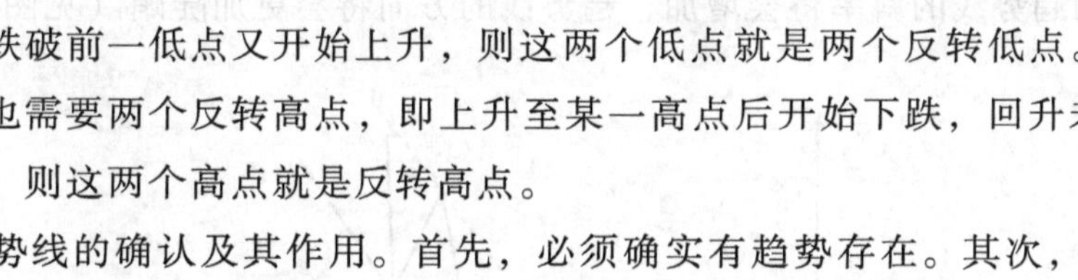


**图 7－2－12 趋势线突破后起相反作用**

2. 轨道线

轨道线又称通道线或管道线，是基于趋势线的一种方法。在已经得到了趋势线后，通过第一个峰和谷可以画出这条趋势线的平行线，这条平行线就是轨道线，如图 7－2－13 中的虚线。

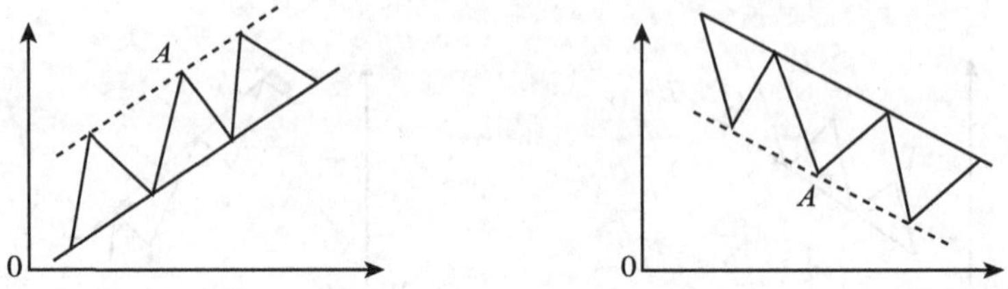


图 7－2－13　轨道线

两条平行线组成的一个轨道，就是常说的上升和下降轨道。轨道的作用是限制股价的变动范围，让它不能变得太离谱。一个轨道一旦得到确认，那么价格将在这个通道里变动。对上面或下面的直线的突破将意味着行情有一个大的变化。

与突破趋势线不同，对轨道线的突破并不是趋势反转的开始，而是趋势加速的开始，即原来的趋势线的斜率将会增加，趋势线的方向将会更加陡峭（见图 7－2－14）。

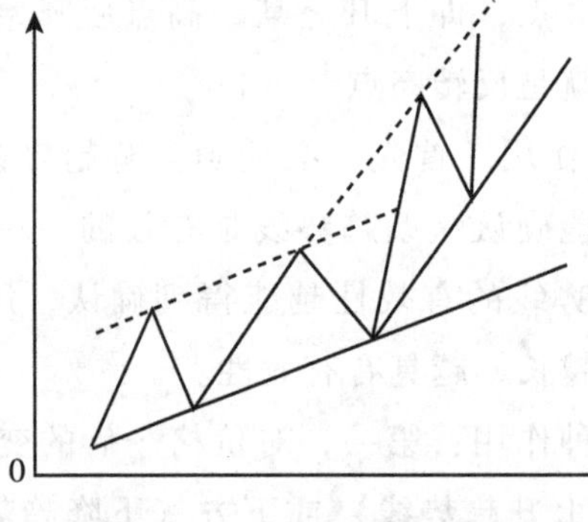


图 7－2－14　趋势的加速

轨道线也有一个被确认的问题。一般而言，轨道线被触及的次数越多，延续的时间越长，其被认可的程度和重要性越高。

轨道线的另一个作用是提出趋势转向的警报。如果在一次波动中未触及轨道线，离得很远就开始掉头，这往往是趋势将要改变的信号。这说明，市场已经没有力量继续维持原有的上升或下降的趋势了。

轨道线和趋势线是相互合作的一对。很显然，先有趋势线，后有轨道线。趋势线比轨道线重要。趋势线可以单独存在，而轨道线则不能单独存在。

### （四）应用切线理论应注意的问题

切线为我们提供了很多价格移动可能存在的支撑线和压力线，这些直线有很重要的作用。但是，支撑线、压力线有被突破的可能，它们的价位只是一种参考，不能把它们当成万能的工具。

## 三、形态理论

形态理论是将K线组合中所包含的K线根数增加，这样，众多的K线组成了一条上下波动的曲线，这条曲线就是股价在这段时间移动的轨迹，它比前面K线理论中的K线组合情况所包括的内容要全面得多。

趋势的方向发生变化一般不是突然来到的，变化都有一个发展的过程。通过对形态理论的研究，可以预测趋势方向的变化。

### （一）股价移动规律和两种形态类型

股价移动规律。股价的移动是由多空双方力量大小决定的。在一个时期内，多方处于优势，股价将向上移动；在另一个时期内，如果空方处于优势，则股价将向下移动。

股价移动的两种形态类型。根据股价移动的规律，我们可以把股价曲线的形态分成两大类型：持续整理形态和反转突破形态。前者保持平衡，后者打破平衡。

### （二）反转突破形态

反转突破形态描述了趋势方向的反转，是投资分析中应该重点关注的变化形态。反转变化形态主要有头肩形态、双重顶（底）形态、三重顶（底）形态、圆弧顶（底）形态、喇叭形态以及V形反转形态等多种形态。

1. 头肩形态

头肩形态是实际股价形态中出现最多的一种形态，也是最著名和最可靠的反转突破形态。它一般可分为头肩顶、头肩底以及复合头肩形态三种类型。

（1）头肩顶形态。头肩顶形态是一个可靠的沽出时机。一般通过连续的3次起落构成该形态的3个部分，也就是要出现3个局部的高点。中间的高点比另外两个都高，称为头；左右两个相对较低的高点称为肩。这就是头肩顶形态名称的由来（见图7-2-15左图）。

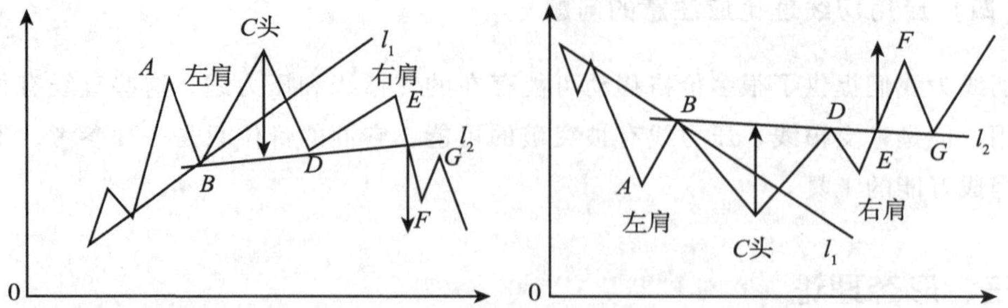


**图 7－2－15　头肩顶（底）形态**

头肩顶形态的形成过程大体如下：

①股价长期上升后，成交量大增，获利回吐压力亦增加，导致股价回落，成交量较大幅度下降，左肩形成。

②股价回升，突破左肩之顶点，成交量亦可能因充分换手而创纪录，但价位过高使持股者产生恐慌心理，竞相抛售，股价回跌到前一低点水准附近，头部完成。

③股价第三次上升，但前段的巨额成交量将不再重现，涨势亦不再凶猛，价位到达头部顶点之前即告回落，形成右肩。这一次下跌时，股价急速穿过颈线，再回升时，股价也仅能达到颈线附近，头肩顶形态宣告完成。

这种头肩顶反转向下的道理与支撑线和压力线的内容有密切关系。图 7－2－15 左图中的直线 $l_1$ 和直线 $l_2$ 是两条明显的支撑线。从 $C$ 点到 $D$ 点，突破直线 $l_1$ 说明上升趋势的势头已经遇到了阻力，$E$ 点和 $F$ 点之间的突破则是趋势的转向。另外，$E$ 点的反弹高度没有超过 $C$ 点，也是上升趋势出现问题的信号。

图 7－2－15 左图中的直线 $l_2$ 是头肩顶形态中极为重要的直线——颈线。在头肩顶形态中，它是支撑线，起支撑作用。

头肩顶形态走到了 $E$ 点并掉头向下，只能说是原有的上升趋势已经转化成了横向延伸，还不能说已经反转向下了。只有当走到了 $F$ 点，即股价向下突破了颈线时，才能说头肩顶反转形态已经形成。

同大多数的突破一样，这里颈线被突破也有一个被认可的问题。百分比原则和时间原则在这里都适用。一般而言，以下两种形态为假头肩顶形态：第一，当右肩的高点比头部还要高时，不能构成头肩顶形态；第二，如果股价最后在颈线水平回升，而且回升的幅度高于头部，或者股价跌破颈线后又回升到颈线上方，这可能是一个失败的头肩顶，宜进一步观察。

头肩顶形态是一个长期趋势的转向形态，一般出现在一段升势的尽头。这一形态具有如下特征：①一般来说，左肩与右肩高点大致相等，有时右肩较左肩低，即颈线向下倾斜；②就成交量而言，左肩最大，头部次之，而右肩成交量最小，即呈梯状递减；③突破颈线不一定需要大成交量配合，但日后继续下跌时成交量会放大。

当颈线被突破，反转确认以后，大势将下跌。下跌的深度，可以借助头肩顶形态的测算功能进行。

从突破点算起，股价将至少要跌到与形态高度相等的距离。

形态高度的测算方法是这样的：量出从头到颈线的直线距离（图 7－2－15 的左图中从 $C$ 点向下的箭头长度），这个长度称为头肩顶形态的形态高度。

上述原则是股价下落的最起码的深度，是最近的目标，价格实际下落的位置要根据很多别的因素来确定。上述原则只是给出了一个范围，只对我们有一定的指导作用。

（2）头肩底形态。头肩底是头肩顶的倒转形态，是一个可靠的买进时机。这一形态的构成和分析方法，除了在成交量方面与头肩顶有所区别外，其余与头肩顶类同，只是方向正好相反，如图 7－2－15 的右图。例如，上升改成下降，高点改成低点，支撑改成压力。

值得注意的是，头肩顶形态与头肩底形态在成交量配合方面的最大区别是：头肩顶形态完成后，向下突破颈线时，成交量不一定放大；而头肩底形态向上突破颈线，若没有较大的成交量出现，可靠性将大为降低，甚至可能出现假的头肩底形态。

（3）复合头肩形态。这种形态与头肩形态基本相似，只是左右肩部或者头部出现多于一次。其形成过程也与头肩形态类似，分析意义也和普通的头肩形态一样，往往出现在长期趋势的底部或顶部。复合头肩形态一旦完成，即构成一个可靠性较大的买进或沽出时机。

2. 双重顶形态和双重底形态

双重顶形态和双重底形态就是市场上众所周知的 M 头和 W 底，是一种极为重要的反转形态，它在实际中出现得也非常频繁。与头肩形态相比，就是没有头部，只是由两个基本等高的峰或谷组成。图 7－2－16 是这种形态的简单形状。

从图中可以看出，双重顶（底）一共出现两个顶（底），也就是两个相同高度的高点（低点）。

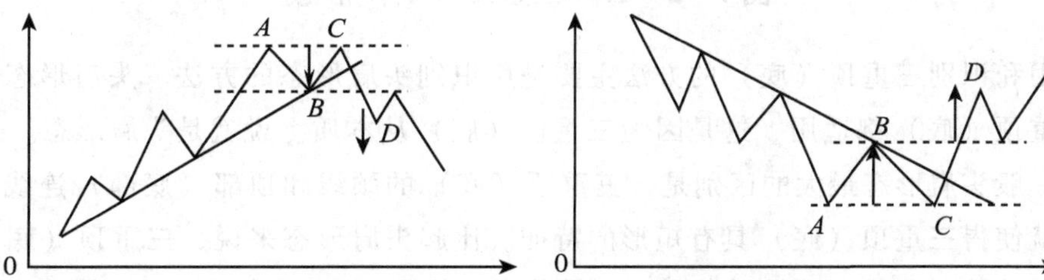


**图 7－2－16 双重顶和双重底形态**

双重顶反转突破形态一旦得到确认，同样具有测算功能，即从突破点算起，股价将至少要跌到与形态高度相等的距离。

这里的形态高度是从顶点到颈线的垂直距离，即从 $A$ 或 $C$ 到 $B$ 的垂直距离。图 7-2-16 的左图中右边箭头所指的将是股价至少要跌到的位置，在它之前的支撑都不足取。

总结起来，双重顶反转形态一般具有如下特征：①双重顶的两个高点不一定在同一水平，两者相差少于3%就不会影响形态的分析意义；②向下突破颈线时不一定有大成交量伴随，但日后继续下跌时成交量会扩大；③双重顶形态完成后的最小跌幅度量度方法是由颈线开始，至少会下跌从双头最高点到颈线之间的差价距离。

对于双重底，有完全相似或者说完全相同的结果。只要将对双重顶的介绍反过来叙述就可以了。

需要注意的是，双重底的颈线突破时必须有大成交量的配合，否则即可能为无效突破。

3. 三重顶（底）形态

三重顶（底）形态是双重顶（底）形态的扩展形式，也是头肩顶（底）形态的变形，由三个一样高或一样低的顶和底组成。与头肩形的区别是头的价位回缩到与肩部差不多相等的位置，有时甚至低于或高于肩部一点。从这个意义上讲，三重顶（底）形态与双重顶（底）形态也有相似的地方，只是前者比后者多"折腾"了一次。

图 7-2-17 是三重顶（底）形态的简单图形。它的颈线差不多是水平的，三个顶（底）也差不多是相等高度。

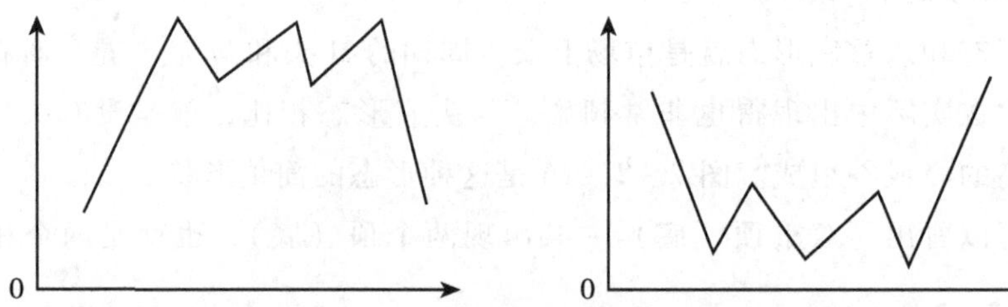


**图 7-2-17　三重顶（底）形态**

应用和识别三重顶（底）的方法主要是用识别头肩形态的方法。头肩形态适用的方法三重顶（底）都适用，这是因为三重顶（底）从本质上说就是头肩形态。

与一般头肩形态最大的区别是，三重顶（底）的颈线和顶部（底部）连线是水平的，这就使得三重顶（底）具有矩形的特征。比起头肩形态来说，三重顶（底）更容易演变成持续形态，而不是反转形态。另外，三重顶（底）的顶峰与顶峰，或谷底与谷底的间隔距离和时间在分析时不必相等。此外，如果三重顶（底）的三个顶（底）的高度从左到右依次下降（上升），则演变成了直角三角形态。这些都是我们在应用三重顶（底）时应该注意的地方。

4. 圆弧顶（底）形态

将股价在一段时间的顶部高点用折线连起来，每一个局部的高点都考虑到，我们有时可能得到一条类似于圆弧的弧线，盖在股价之上；将每个局部的低点连在一起也能得到一条弧线，托在股价之下，如图 7-2-18 所示。

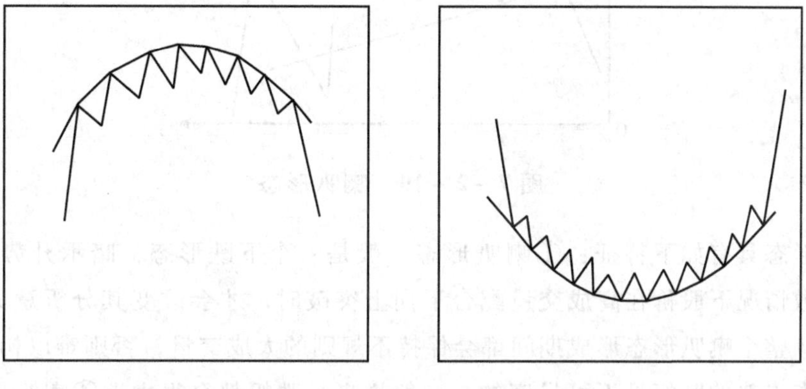

**图 7-2-18 圆弧顶（底）形态**

圆弧形又称为碟形、圆形或碗形等，这些称谓都很形象。不过应该注意的是，图中的曲线不是数学意义上的圆，也不是抛物线，而仅仅是一条曲线。人们已经习惯于使用直线，在遇到图 7-2-18 中这样的顶和底时，用直线显然就不够了，因为顶、底的变化太频繁，一条直线刻画不过来。

圆弧形态在实际中出现的机会较少，但是一旦出现则是绝好的机会，它的反转深度和高度是不可测的，这一点同前面几种形态有一定区别。

圆弧形态具有如下特征：①形态完成、股价反转后，行情多属暴发性，涨跌急速，持续时间也不长，一般是一口气走完，中间极少出现回档或反弹。因此，形态确信后应立即顺势而为，以免踏空、套牢。②在圆弧顶或圆弧底形态的形成过程中，成交量的变化都是两头多，中间少。越靠近顶或底成交量越少，到达顶或底时成交量达到最少。在突破后的一段，都有相当大的成交量。③圆弧形态形成的时间越长，今后反转的力度就越强，越值得人们去相信这个圆弧形。一般来说，应该与一个头肩形态形成的时间相当。

5. 喇叭形态

喇叭形态也是一种重要的反转形态。它大多出现在顶部，是一种较可靠的看跌形态。更为可贵的是，喇叭形态在形态完成后，几乎总是下跌，不存在突破是否成立的问题。这种形态在实际中出现的次数不多，但是一旦出现，则极为有用。

喇叭形态的正确名称应该是扩大形或增大形。因为这种形态酷似一个喇叭，故得名。图 7-2-19 是喇叭形态的图形。

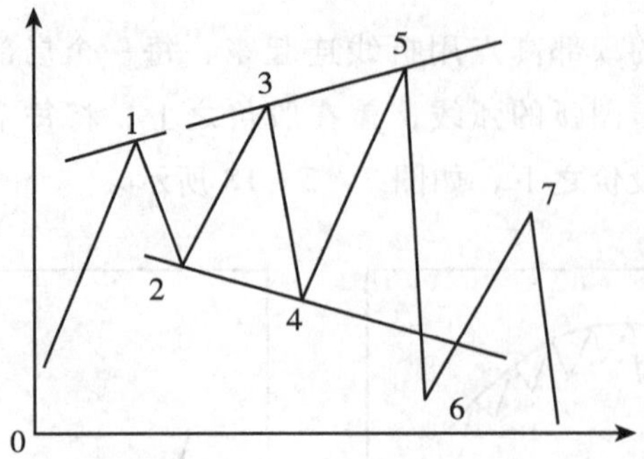


图 7－2－19　喇叭形态

喇叭形态具有如下特征：①喇叭形态一般是一个下跌形态，暗示升势将到尽头，只有在少数情况下股价在高成交量配合下向上突破时，才会改变其分析意义；②在成交量方面，整个喇叭形态形成期间都会保持不规则的大成交量，否则难以构成该形态；③喇叭形态走势的跌幅是不可量度的，一般说来，跌幅都会很大；④喇叭形态源于投资者的非理性，因而在投资意愿不强、气氛低沉的市道中，不可能形成该形态。

6. V 形反转形态

V 形走势是一种很难预测的反转形态，它往往出现在市场剧烈的波动之中。无论是 V 形顶还是 V 形底的出现，都没有一个明显的形成过程，这一点同其他反转形态有较大的区别，因此往往让投资者感到突如其来甚至难以置信。图 7－2－20 是 V 形和倒 V 形形态的简单图示。

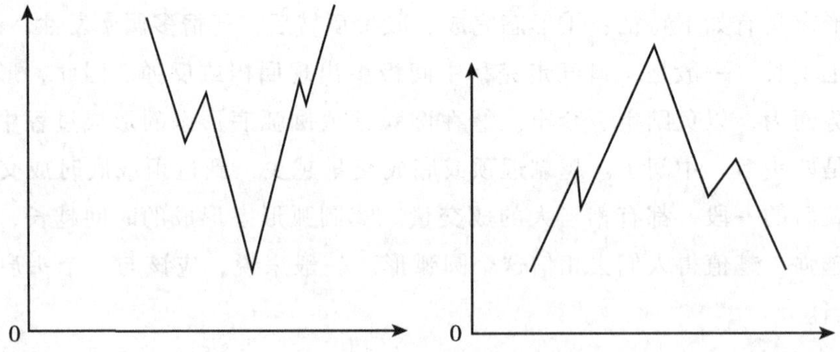


图 7－2－20　V 形和倒 V 形形态

就沪深证券市场而言，V 形反转同突发利好消息的出现有密切关系。上海证券市场最明显的 V 形反转的例子是 1994 年 8 月 1 日的从低谷 325 点的反转。

V 形走势的一个重要特征是在转势点必须有大成交量的配合，且成交量在图形上形成倒 V 形。若没有大成交量，则 V 形走势不宜信赖。

V 形形态是一种失控的形态，在应用时要特别小心。

### （三）持续整理形态

与反转突破形态不同，持续整理形态描述的是，股价向一个方向经过一段时间的快速运行后，不再继续原趋势，而在一定区域内上下窄幅波动，等待时机成熟后再继续前进。这种运行所留下的轨迹称为整理形态。三角形、矩形、旗形和楔形是著名的整理形态。

1. 三角形整理形态

三角形整理形态主要分为三种：对称三角形、上升三角形和下降三角形。第一种有时也称正三角形，后两种合称直角三角形。以下我们分别对这三种形态进行介绍。

（1）对称三角形。对称三角形情况大多是发生在一个大趋势进行的途中，它表示原有的趋势暂时处于休整阶段，之后还要随着原趋势的方向继续行动。由此可见，见到对称三角形后，股价今后走向最大的可能是沿原有的趋势方向运动。

图 7－2－21 是对称三角形的一个简化图形，这里的原有趋势是上升，所以，三角形完成以后是突破向上。从图中可以看出，对称三角形有两条聚拢的直线，上面的向下倾斜，起压力作用；下面的向上倾斜，起支撑作用。两直线的交点称为顶点。正如趋势线的确认要求第三点验证一样，对称三角形一般应有 6 个转折点（如图中的 *A*、*B*、*C*、*D*、*E*、*F*）。这样，上下两条直线的支撑压力作用才能得到验证。

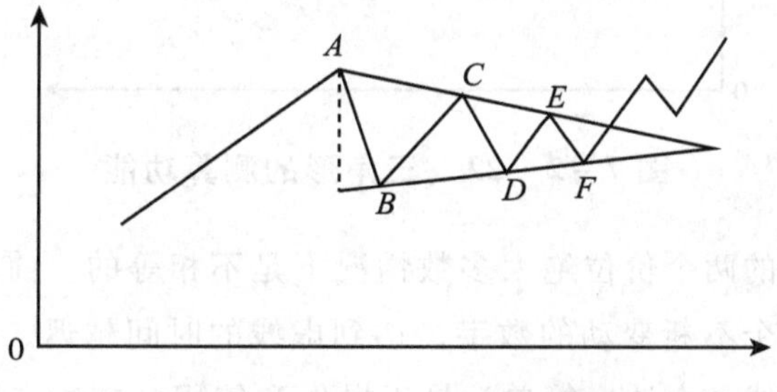


**图 7－2－21　对称三角形**

对称三角形只是原有趋势运动途中的休整状态，所以持续的时间不会太长。持续时间太长，保持原有趋势的能力就会下降。一般来说，突破上下两条直线的包围，继续原有既定方向的时间要尽量早，越靠近三角形的顶点，三角形的各种功能就越不明显，对我们投资的指导意义就越不强。根据经验，突破的位置一般应在三角形的横向宽度的 1/2～3/4 的某个位置。三角形的横向宽度指三角形的顶点到底的高度，如图 7－2－21 所示。不过这有个大前提，必须认定股价一定要突破这个三角形。前面已经说过了，如果股价不在预定的位置突破三角形，那么这个对称三角形态可能会转化成别的形态。

对称三角形的突破也有真假的问题，方法与前述的类似，可采用百分比原则、日数原则或收盘原则等确认。这里要注意的是，对称三角形的成交量因愈来愈小的股价波动而递减，而向上突破需要大成交量配合，向下突破则不必。没有成交量的配合，很难判断突破的真假。

对称三角形被突破后，也有测算功能。这里以原有的趋势上升为例介绍两种测算价位的方法。

方法一：如图 7－2－22 所示，从 *C* 点向上带箭头直线的高度，是未来股价至少要达到的高度。箭头直线长度与 *AB* 连线长度相等。*AB* 连线的长度称为对称三角形的高度。

从突破点算起，股价至少要运动到与形态高度相等的距离。

方法二：如图 7－2－22 所示，过 *A* 点画平行于下边直线的平行线，即图中的斜虚线，它是股价今后至少要达到的位置。

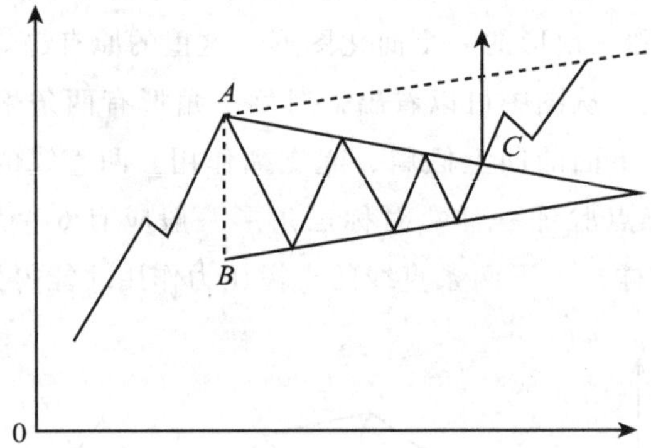


**图 7－2－22　三角形的测算功能**

这两种方法得到的两个价位绝大多数情况下是不相等的。前者给出的是个固定的数字，后者给出的是个不断变动的数字，达到虚线的时间越迟，价位就越高。这条虚线实际上是一条轨道线。方法一简单，易于操作和使用；方法二更多的是从轨道线方面考虑的。

另外，虽然对称三角形一般是整理形态，但有时也可能在顶部或底部出现而导致大势反转，这是三角形形态在实际应用时要注意的问题。

（2）上升三角形。上升三角形是对称三角形的变形。两类三角形的下方支撑线同是向上发展的，不同的是上升三角形的上方阻力线并非是向下倾斜的，而是一条水平直线。

上升三角形比起对称三角形来，有更强烈的上升意识，多方比空方更为积极。通常以三角形的向上突破作为这个持续过程终止的标志。

如果股价原有的趋势是向上，遇到上升三角形后，几乎可以肯定今后是向上突破。

如果原有的趋势是下降，则出现上升三角形后，前后股价的趋势判断起来有些难度。一方要继续下降，保持原有的趋势；而另一方要上涨，两方必然发生争执。如果在下降趋势处于末期时（下降趋势持续了相当一段时间），出现上升三角形还是以看涨为主。这样，上升三角形就成了反转形态的底部。

同样，上升三角形在突破顶部的阻力线时，必须有大成交量的配合，否则为假突破。突破后的升幅量度方法与对称三角形相同。图 7－2－23 是上升三角形的简单图形表示以及测算的方法。

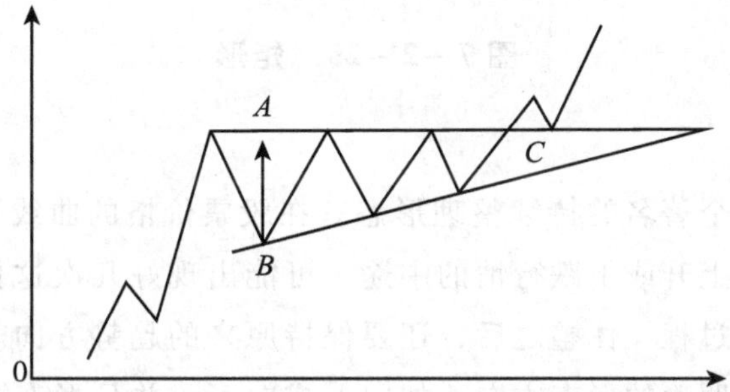


**图 7－2－23　上升三角形**

（3）下降三角形。下降三角形同上升三角形正好反向，是看跌的形态。它的基本内容同上升三角形可以说完全相似，只是方向相反。这里要注意的是：下降三角形的成交量一直十分低沉，突破时不必有大成交量配合。另外，如果股价原有的趋势是向上的，则遇到下降三角形后，趋势的判断有一定的难度；但如果在上升趋势的末期，出现下降三角形后，可以看成是反转形态的顶部。图 7－2－24 是下降三角形的简单图形。

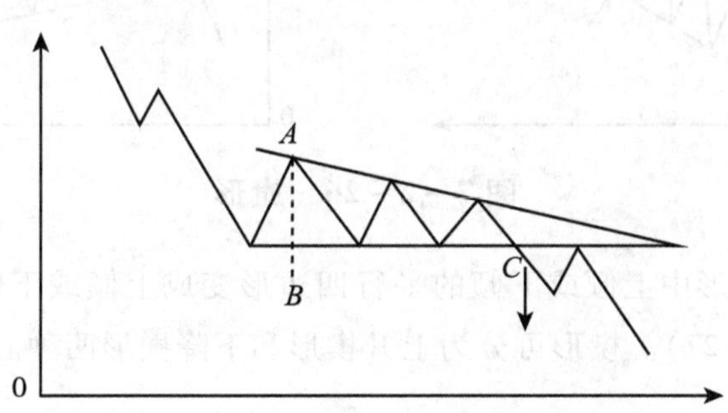


**图 7－2－24　下降三角形**

2. 矩形

矩形又叫箱形，也是一种典型的整理形态，股票价格在两条横着的水平直线之间上下波动，呈现横向延伸的运动。矩形在形成之初，多空双方全力投入，各不相让。空方在价格涨到某个位置就抛压，多方在股价下跌到某个价位就买入，时间一长就形成两条明显的上下界线。随着时间的推移，双方的战斗热情会逐步减弱，成交量减少，市场趋于平淡。图 7－2－25 是矩形的简单图示。

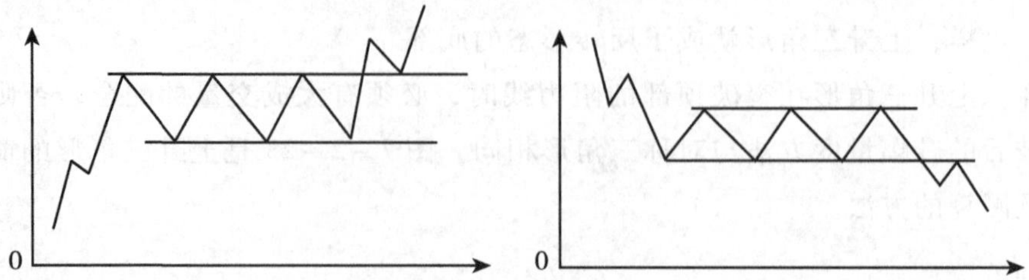


**图 7－2－25　矩形**

3. 旗形和楔形

旗形和楔形是两个著名的持续整理形态。在股票价格的曲线图上，这两种形态出现的频率很高，一段上升或下跌行情的中途，可能出现好几次这样的图形。它们都是一个趋势的中途休整过程，休整之后，还要保持原来的趋势方向。这两种形态的特殊之处在于，它们都有明确的形态方向，如向上或向下，并且形态方向与原有的趋势方向相反。例如，如果原有的趋势方向是上升，则这两种形态的方向就是下降。

旗形。从几何学的观点看，旗形应该叫平行四边形，它的形状是一个上倾或下倾的平行四边形（见图 7－2－26）。旗形又可分为上升旗形（见图 7－2－26 的左图）和下降旗形（见图 7－2－26 的右图）两种。

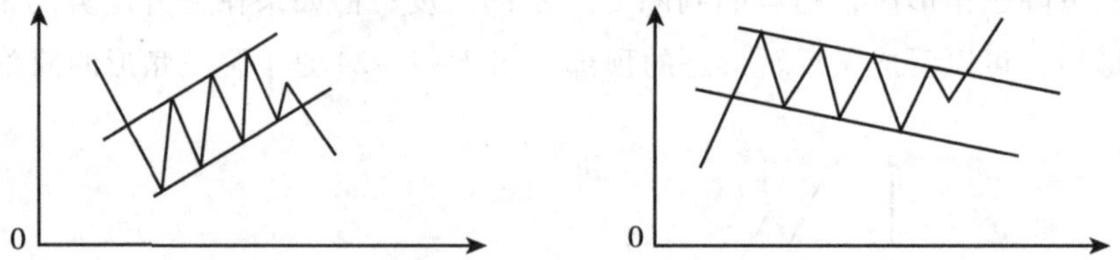


**图 7－2－26　旗形**

楔形。如果将旗形中上倾或下倾的平行四边形变成上倾或下倾的三角形，就会得到楔形（见图 7－2－27）。楔形可分为上升楔形和下降楔形两种。

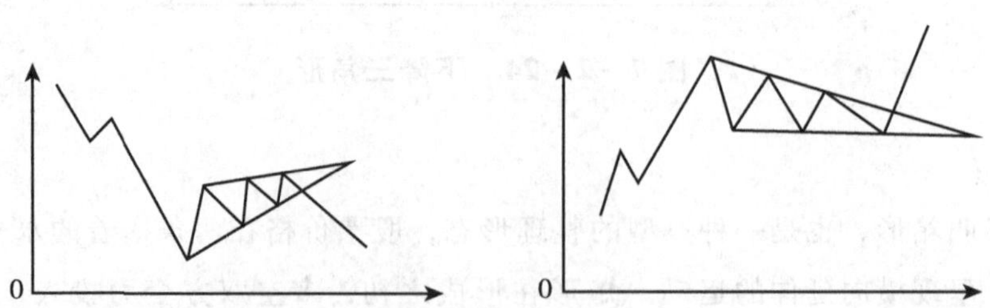


**图 7－2－27　上升楔形和下降楔形**

## （四）缺口

缺口，通常又称为跳空，是指证券价格在快速大幅波动中没有留下任何交易的一段真空区域。从这个意义上说，缺口也属于形态的一种。缺口的出现往往伴随着向某个方向运动的一种较强动力。缺口的宽度表明这种运动的强弱。一般来说，缺口越宽，运动的动力越大；反之，则越小。不论向何种方向运动所形成的缺口，都将成为日后较强的支撑或阻力区域，不过这种支撑或阻力效能依不同形态的缺口而定。

缺口分析是技术分析的重要手段之一。有关的技术分析著作常将缺口划分为普通缺口、突破缺口、持续性缺口和消耗性缺口四种形态。由于缺口具有不同形态，而每种形态各具特点，人们可以根据不同的缺口形态预测行情走势的变化方向和变化力度，因此，缺口分析已成为当今技术分析中极其重要的技术分析工具。

1. 普通缺口

普通缺口经常出现在股价整理形态中，特别是出现在矩形或对称三角形等整理形态中。普通缺口一般会在 3 日内回补；同时，成交量很小，很少有主动的参与者。普通缺口的支撑或阻力效能一般较弱。

2. 突破缺口

突破缺口是证券价格向某一方向急速运动，跳出原有形态所形成的缺口。突破缺口蕴含较强的动能，常常表现为激烈的价格运动，具有极大的分析意义，一般预示行情走势将要发生重大变化。

一般来说，突破缺口形态确认以后，无论价位（指数）的升跌情况如何，投资者都必须立即作出买入或卖出的指令，即向上突破缺口被确认立即买入，向下突破缺口被确认立即卖出，因为突破缺口一旦形成，行情走势必将向突破方向纵深发展。

3. 持续性缺口

持续性缺口是在证券价格向某一方向有效突破之后，由于急速运动而在途中出现的缺口，它是一个趋势的持续信号。在缺口产生的时候，交易量可能不会增加，但如果增加的话，则通常表明一个强烈的趋势。

持续性缺口的市场含义非常明显，它表明证券价格的变动将沿着既定的方向发展变化，并且这种变动距离大致等于突破缺口至持续性缺口之间的距离，即缺口的测量功能。持续性缺口一般不会在短期内被封闭，因此，投资者可在向上运动的持续性缺口附近买入证券或者在向下运动的持续性缺口附近卖出证券，而不必担心是否会套牢或者踏空。

4. 消耗性缺口

消耗性缺口一般发生在行情趋势的末端，表明股价变动的结束。若一轮行情走势中已出现突破缺口与持续性缺口，那么随后出现的缺口就很可能是消耗性缺口。判断消耗性缺口最简单的方法就是考察缺口是否会在短期内封闭。若缺口封闭，则消耗性缺口形态可以确立。消耗性缺口容易与持续性缺口混淆，它们的最大区别是：消耗性缺口出现在行情趋势的末端，而且伴随着大的成交量。

由于消耗性缺口形态表明行情走势已接近尾声，因此，投资者在上升行情出现消耗性缺口时应及时卖出证券，而在下跌趋势中出现消耗性缺口时买入证券。

#### （五）应用形态理论应该注意的问题

形态分析是较早得到应用的方法，相对比较成熟。尽管如此，也有正确使用的问题。一方面，站在不同的角度，对同一形态可能产生不同的解释。例如，头肩形是反转形态，但有时从更大的范围去观察，则有可能成为中途持续形态。另一方面，进行实际操作时，形态理论要求形态完全明朗才能行动，从某种意义上讲，有错过机会的可能。此外，同其他技术方法一样，不能把形态理论当成万能的工具，更不应将其作为金科玉律。形态分析得出的结论仅是一种参考。

### 四、波浪理论

#### （一）波浪理论的形成过程及其基本思想

1. 理论的形成过程

波浪理论的全称是艾略特波浪理论（Elliott Wave Theory），是以美国人艾略特（R. N. Elliott）的名字命名的一种技术分析理论。

波浪理论的形成经历了一个较为复杂的过程。最初由艾略特首先发现并应用于证券市场，但是他的这些研究成果没有形成完整的体系，在他在世的时候没有得到社会的广泛承认。直到20世纪70年代，柯林斯的专著《波浪理论》（Wave Theory）出版后，波浪理论才正式确立。

2. 理论的基本思想

艾略特最初提出波浪理论是受到股价上涨下跌现象不断重复的启发，力图找出其上升和下降的规律。艾略特认为，由于证券市场是经济的晴雨表，而经济发展具有周期性，所以股价的上涨和下跌也应该遵循周期发展的规律。不过股价波动的周期规律比经济发展的周期要复杂得多。

艾略特的波浪理论以周期为基础。他把大的运动周期分成时间长短不同的各种周期，并指出，在一个大周期之中可能存在一些小周期，而小的周期又可以再细分成更小的周期。每个周期无论时间长短，都是以一种模式进行，即每个周期都是由上升（或下降）的5个过程和下降（或上升）的3个过程组成。这8个过程完结以后，我们才能说这个周期已经结束，将进入另一个周期。新的周期仍然遵循上述的模式。这是波浪理论最核心的内容，也是艾略特对波浪理论最为突出的贡献。

与波浪理论密切相关的理论除经济周期以外，还有道氏理论和斐波那奇数列。

艾略特波浪理论中的大部分理论是与道氏理论相吻合的。不过艾略特不仅找到了股价移动的规律，而且还找到了股价移动发生的时间和位置，这是波浪理论较之于道氏理论更为优越的地方。道氏理论必须等到新的趋势确立以后才能发出行动的信号，而波浪理论可以明确地知道目前股价是处在上升（或下降）的尽头，还是处在上升（或下降）的中途，可以更明确地指导操作。

艾略特波浪理论中所用到的数字2、3、5、8、13、21、34……都来自斐波那奇数列。这个数列是数学上很著名的数列，它有很多特殊的性质，是波浪理论的数学基础。

### （二）波浪理论的主要原理

1. 理论考虑的因素

波浪理论考虑的因素主要有三个方面：第一，股价走势所形成的形态；第二，股价走势图中各个高点和低点所处的相对位置：第三，完成某个形态所经历的时间长短。三个方面中，股价的形态是最重要的，它是指波浪的形状和构造，是波浪理论赖以生存的基础。

高点和低点所处的相对位置是波浪理论中各个波浪的开始和结束位置。通过计算这些位置，可以弄清楚各个波浪之间的相互关系，确定股价的回撤点和将来股价可能达到的位置。完成某个形态的时间可以让我们预先知道某个大趋势的即将来临。波浪理论中各个波浪之间在时间上是相互联系的，用时间可以验证某个波浪形态是否已经形成。

以上三个方面可以简单地概括为：形态、比例和时间。这三个方面是波浪理论首先应考虑的，其中又以形态最为重要。

2. 理论价格走势的基本形态结构

艾略特认为证券市场应该遵循一定的周期，周而复始地向前发展。股价的上下波动也是按照某种规律进行的。通过多年的实践，艾略特发现每一个周期（无论是上升还是下降）可以分成8个小的过程，这8个小过程一结束，一次大的行动就结束了，紧接着的是另一次大的行动。现以上升为例说明这8个小过程。

图7－2－28是一个上升阶段的8个浪的全过程。0～1是第一浪，1～2是第二浪，2～3是第三浪，3～4是第四浪，4～5是第五浪。这5浪中，第一浪、第三浪和第五浪称为上升主浪，而第二浪和第四浪称为是对第一浪和第三浪的调整浪。上述5浪完成后，紧接着会出现一个3浪的向下调整，这3浪是：从5到$a$为$a$浪、从$a$到$b$为$b$浪、从$b$到$c$为$c$浪。

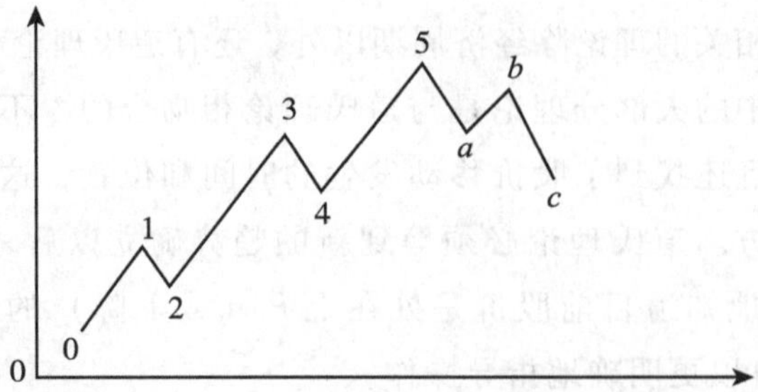


**图7－2－28　8浪结构的基本形态图**

应当注意，一个完整周期有上升趋势和下降趋势；而趋势是分层次的，处于层次较低的几个浪可以合并成一个较高层次的大浪，而处于层次较高的一个浪又可以细分成几个层次较低的小浪。但无论趋势是何种规模，8浪的基本形态结构是不会变化的。

在图7－2－28中，从0到5我们可以认为是一个大的上升趋势，而从5到$c$可以认为是一个大的下降趋势。如果我们认为5到$c$是2浪的话，那么$c$之后一定还会有上升的过程，只不过时间可能要等很长。这里的2浪只不过是一个更大的8浪结构中的一部分。

### （三）波浪理论的应用及其应注意的问题

1. 理论的应用

我们知道了一个大的周期的运行全过程，就可以很方便地对大势进行预测。首先，我们要明确当前所处的位置。只要明确了目前的位置，按波浪理论所指明的各种浪的数目就会很方便地知道下一步该干什么。

要弄清楚目前的位置，最重要的是认真、准确地识别3浪结构和5浪结构。这两种结构具有不同的预测作用。一组趋势向上（或向下）的5浪结构，通常是更高层次的波浪的1浪，中途若遇调整，我们就知道这一调整肯定不会以5浪的结构、而只会以3浪的结构进行。

如果我们发现了一个5浪结构，而且目前处在这个5浪结构的末尾，我们就清楚地知道，一个3浪的回头调整浪即将出现。如果这一个5浪结构同时又是更上一层次波浪的末尾，则我们就知道一个更深的、更大规模的3浪结构将会出现。

2. 应用波浪理论应注意的问题

尽管从表面上看，波浪理论会给我们带来利益，但是从波浪理论自身的构造看，它有许多不足之处，如果使用者过分机械、教条地应用波浪理论，肯定会招致失败。

波浪理论最大的不足是应用上的困难，也就是学习和掌握上的困难。波浪理论从理论上讲是8浪结构完成一个完整的过程，但是主浪的变形和调整浪的变形会产生复杂多变的形态，波浪所处的层次又会产生大浪套小浪、浪中有浪的多层次形态，这些都会使应用者在具体数浪时发生偏差。浪的层次确定和起始点确认是应用波浪理论的两大难点。波浪理论的第二个不足是面对同一个形态，不同的人会产生不同的数法，而且都有道理，谁也说服不了谁。例如，一个下跌的浪可以被当成第二浪，也可能被当成 $a$ 浪。如果是第二浪，那么紧接而来的第三浪将是很诱人的；如果是 $a$ 浪，那么这之后的下跌可能是很深的。具体结果如何尚需实践的检验。

## 五、量价关系理论

在技术分析中，研究量与价的关系占据了极重要的地位。成交量是推动股价上涨的原动力，市场价格的有效变动必须有成交量配合，量是价的先行指标，是测量证券市场行情变化的温度计，通过其增加或减少的速度可以推断多空战争的规模大小和指数股价涨跌幅度。然而到目前为止，人们并没有完全掌握量价之间的准确关系。这里仅就目前常用的量价关系理论“成交量与股价趋势——葛兰碧九大法则”进行介绍。

葛兰碧在对成交量与股价趋势关系研究之后，总结出下列九大法则：

(1) 价格随着成交量的递增而上涨，为市场行情的正常特性。此种量增价升的关系，表示股价将继续上升。

(2) 在一个波段的涨势中，股价随着递增的成交量而上涨，突破前一波的高峰，创下新高价，继续上扬。然而，此段股价上涨的整个成交量水准却低于前一个波段上涨的成交量水准。此时股价创出新高，但量却没有突破，则此段股价涨势令人怀疑，同时也是股价趋势潜在反转信号。

(3) 股价随着成交量的递减而回升，股价上涨，成交量却逐渐萎缩。成交量是股价上升的原动力，原动力不足显示出股价趋势潜在的反转信号。

(4) 有时股价随着缓慢递增的成交量而逐渐上升，渐渐地，走势突然成为垂直上升的喷发行情，成交量急剧增加，股价跃升暴涨；紧随着此波走势，继之而来的是成交量大幅萎缩，同时股价急速下跌。这种现象表明涨势已到末期，上升乏力，显示出趋势有反转的迹象。反转所具有的意义，将视前一波股价上涨幅度的大小及成交量增加的程度而言。

(5) 股价走势因成交量的递增而上升，是十分正常的现象，并无特别暗示趋势反转的信号。

(6) 在一波段的长期下跌形成谷底后，股价回升，成交量并没有随股价上升而递增，股价上涨欲振乏力，然后再度跌落至原先谷底附近，或高于谷底。当第二谷底的成交量低于第一谷底时，是股价将要上升的信号。

(7) 股价往下跌落一段相当长的时间，市场出现恐慌性抛售，此时随着日益放大的成交量，股价大幅度下跌；继恐慌卖出之后，预期股价可能上涨，同时恐慌卖出所创的低价，将不可能在极短的时间内突破。因此，随着恐慌大量卖出之后，往往是(但并非一定是) 空头市场的结束。

(8) 股价下跌，向下突破股价形态、趋势线或移动平均线，同时出现了大成交量，是股价下跌的信号，明确表示出下跌的趋势。

(9) 当市场行情持续上涨数月之后，出现急剧增加的成交量，而股价却上涨无力，在高位整理，无法再向上大幅上升，显示了股价在高位大幅振荡，抛压沉重，上涨遇到了强阻力，此为股价下跌的先兆，但股价并不一定必然会下跌。股价连续下跌之后，在低位区域出现大成交量，而股价却没有进一步下跌，仅出现小幅波动，此即表示进货，通常是上涨的前兆。

# 第三节　证券投资技术分析主要技术指标

## 一、技术方法简述

### (一) 技术指标法的含义与本质

所谓技术指标法，就是应用一定的数学公式，对原始数据进行处理，得出指标值，将指标值绘成图表，从定量的角度对股市进行预测的方法。这里的原始数据指开盘价、最高价、最低价、收盘价、成交量和成交金额等。技术指标是一种定量分析方法，它克服了定性分析方法的不足，极大提高了具体操作的精确度。尽管这种分析不是完全准确，但至少能在我们采取行动前从数量方面给予帮助。

### (二) 技术指标的分类

技术指标从不同的角度有不同的分类。如以技术指标的功能为划分依据，将常用的技术指标分为：

趋势型指标，如移动平均线 (MA)、指数平滑异同移动平均线 (MACD)。

超买超卖型指标，如威廉指标 (WMS)、随机指标 (KDJ)、相对强弱指标(RSI)、乖离率指标 (BIAS)。

人气型指标，如心理线指标 (PSY)、能量潮指标 (OBV)。

大势型指标，如腾落指数 (ADL)、涨跌比指标 (ADR)、超买超卖指标(OBOS)。

### （三）技术指标法与其他技术分析方法的关系

其他技术分析方法都有一个共同的特点，就是过分重视价格，而对成交量重视不够。然而没有成交量的分析，无疑是丢掉重要的一类信息，分析结果的可信度将降低。

技术指标种类繁多，考虑的方面也多，人们能够想到的，都能在技术指标中得到体现。这一点是别的技术分析方法无法比拟的。

在进行技术指标的分析与判断时，也经常用到别的技术分析方法的基本结论。例如，在使用 RSI 等指标时，经常要用到形态理论中的头肩形、颈线和双重顶之类的结果以及切线理论中支撑线和压力线的分析手法。因此，全面学习技术分析的各种方法是很重要的。

### （四）应用时注意的问题

第一，任何技术指标都有自己的适应范围和应用条件，得出的结论也都有成立的前提和可能发生的意外。因此，不管这些结论成立的条件，盲目绝对地相信技术指标是要出错的。但从另外一个角度看，也不能认为技术指标有可能出错而完全否定技术指标的作用。

第二，应用一种指标容易出现错误，但当使用多个具有互补性的指标时，可以极大地提高预测精度。因此，在实际应用时，应采用若干个互补性的指标进行组合分析，以提高决策水平。

## 二、主要技术指标——平均线（MA）

限于篇幅，本部分仅介绍其中的平均线（MA）。MA 是指用统计分析的方法，将一定时期内的证券价格（指数）加以平均，并把不同时间的平均值连接起来，形成一根 MA，用以观察证券价格变动趋势的一种技术指标。

### （一）MA 的计算公式

根据对数据处理方法的不同，移动平均线可分为算术移动平均线（SMA）、加权移动平均线（WMA）和指数平滑移动平均线（EMA）三种。在实际应用中常使用的是指数平滑移动平均线［EMAt（N）］，其计算公式为：

$$EMA_t(N) = C_t \cdot \frac{1}{N} + EMA_{t-1} \cdot \frac{N-1}{N}$$

式中：$C_t$ ——计算期中第 $t$ 日的收盘价；$EMA_{t-1}$ ——第 $t-1$ 日的指数平滑移动平均数。

天数 $N$ 是 MA 的参数，例如 10 日的 MA 简称为 10 日线，表示为 MA（10）。同理，有 5 日线、15 日线等概念。起点的移动平均值可用起点的收盘价代替。

根据计算期的长短，MA 又可分为短期、中期和长期移动平均线。通常以 5 日、10 日线观察证券市场的短期走势，称为短期移动平均线；以 30 日、60 日线观察中期走势，称为中期移动平均线；以 13 周、26 周研判长期趋势，称为长期移动平均线。西方投资机构非常看重 200 天移动平均线，并以此作为长期投资的依据：若行情价格在 200 天均线以下，属空头市场；反之，则为多头市场。

由于短期移动平均线较长期移动平均线更易于反映行情价格的涨跌，所以一般又把短期移动平均线称为快速 MA，长期移动平均线则称为慢速 MA。

### （二）MA 的特点

MA 的基本思想是消除股价随机波动的影响，寻求股价波动的趋势。它有以下几个特点：

1. 追踪趋势。MA 能够表示股价的趋势方向，并追踪这个趋势。如果能从股价的图表中找出上升或下降趋势，那么 MA 将与趋势方向保持一致。原始数据的股价图表不具备这个追踪趋势的特性。

2. 滞后性。在股价原有趋势发生反转时，由于 MA 追踪趋势的特征，使其行动往往过于迟缓，调头速度落后于大趋势。这是 MA 一个极大的弱点。

3. 稳定性。根据 MA 的计算方法，要想较大地改变移动平均的数值，当天的股价必须有很大变化，因为 MA 是股价几天变动的平均值。这个特点也决定了 MA 对股价反应的滞后性。这种稳定性有优点，也有缺点，在应用时应多加注意，掌握好分寸。

4. 助涨助跌性。当股价突破移动平均线时，无论是向上还是向下突破，股价都有继续向突破方向发展的愿望。

5. 支撑线和压力线的特性。由于 MA 的前四个特性，使得它在股价走势中起支撑线和压力线的作用。MA 被突破，实际上是支撑线和压力线被突破，从这个意义上就很容易理解后面将介绍的葛兰威尔法则。

MA 的参数作用实际上就是调整 MA 上述几方面的特性。参数选择得越大，上述的特性就越大。比如，突破 5 日线和突破 10 日线的助涨助跌的力度完全不同，10 日线比 5 日线的力度大。

### （三）MA 的应用法则——葛兰威尔（Granvile）法则（简称葛氏法则）

在 MA 的应用上，最常见的是葛兰威尔的移动平均线八大买卖法则。此法则是以证券价格（或指数）与移动平均线之间的偏离关系作为研判的依据。八大法则中有 4 条是买进法则，有 4 条是卖出法则（见图 7－3－1）。

葛氏法则的内容是：一是MA从下降开始走平，股价从下上穿平均线（①点处）；股价跌破平均线，但平均线呈上升态势（②点处）；股价连续上升远离平均线，突然下跌，但在平均线附近（③点处）再度上升；股价跌破平均线，并连续暴跌，远离平均线（④点处）。以上四种情况均为买入信号。

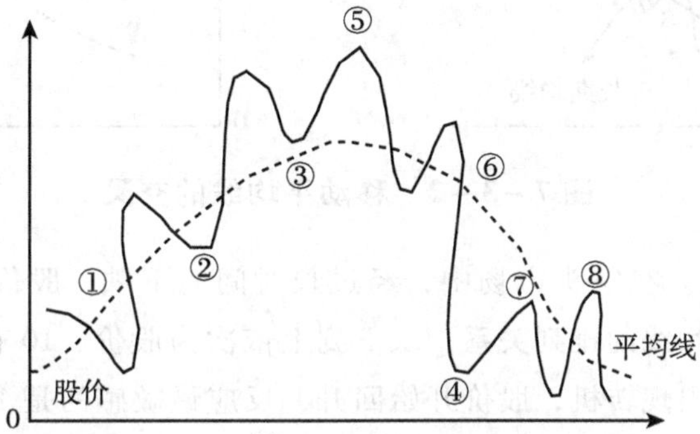


**图7-3-1 葛兰威尔买卖八大法则**

二是移动平均线呈上升状态，股价突然暴涨且远离平均线（⑤点处）；平均线从上升转为盘局或下跌，而股价向下跌破平均线（⑥点处）；股价走在平均线之下，且朝着平均线方向上升，但未突破平均线又开始下跌（⑦点处）；股价向上突破平均线，但又立刻向平均线回跌，此时平均线仍持续下降（⑧点处）。以上四种情况均为卖出信号。

葛氏法则的不足是没有明确指出投资者在股价距平均线多远时才可以买进卖出，这可用乖离率指标弥补。

**（四）MA的组合应用**

1. 黄金交叉与死亡交叉

一般情况下，投资者可利用短期和长期两种移动平均线的交叉情况来决定买进和卖出的时机。当现在价位站稳在长期与短期MA之上，短期MA又向上突破长期MA时，为买进信号，此种交叉称为黄金交叉；反之，若现在行情价位于长期与短期MA之下，短期MA又向下突破长期MA时，则为卖出信号，交叉称之为死亡交叉（见图7-3-2）。

黄金交叉与死亡交叉，实际上就是向上突破压力线或向下突破支撑线，所以只要掌握了支撑和压力的思想就不难理解。

2. 长、中、短期移动平均线的组合使用

在实际应用中，常将长期MA（250日）、中期MA（50日）、短期MA（10日）结合起来使用，分析它们的相互关系，判断股市趋势。三种移动平均线的移动方向有时趋于一致，有时不一致，可从两个方面来分析、研判。

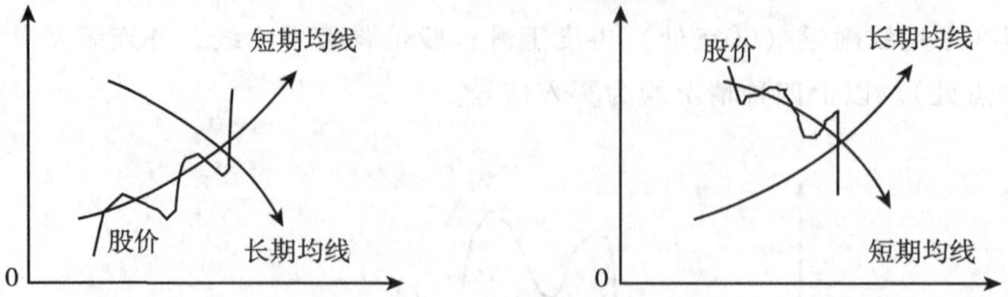


**图 7－3－2　移动平均线的交叉**

方向一致的情况。在空头市场中，经过长时间的下跌，股价与 10 日平均线、50 日平均线、250 日平均线的排列关系，从下到上依次为股价、10 日均线、50 日均线和 250 日均线。若股市出现转机，股价开始回升，反应最敏感的是 10 日平均线，最先跟着股价从下跌转为上升；随着股价继续攀升，50 日平均线才开始转为向上方移动。至于 250 日平均线的方向改变，则意味着股市基本趋势的转变，多头市场的来临。若股市仅出现次级移动，股价上升数星期或两三个月，使得短期均线和中期均线向上移动；当次级移动结束后，股价再朝原始方向运动，平均线则从短期均线、中期均线依次向下移动。在多头市场中，情形则恰恰相反。

方向不一致的情况。当股价进入整理盘旋后，短期平均线、中期平均线很容易与股价缠绕在一起，不能正确指明运动方向。有时短期均线在中期均线之上或之下，此种情形表示整个股市缺乏弹性，静待多方或空方打破僵局，使行情再度上升或下跌。

另一种不协调的现象是中期平均线向上移动，股价和短期平均线向下移动，表明股市上升趋势并未改变，暂时出现回档调整现象。只有当股价和短期均线相继跌破中期均线，并且中期均线亦有向下反转迹象时，则上升趋势改变。或是中期平均线仍向下移动，股价与短期平均线却向上移动，表明下跌趋势并未改变，中间出现一段反弹情况而已。只有当股价和短期均线都回到均线之上，并且中期均线亦有向上反转，趋势才改变。

移动平均线是实际中常用的一类技术指标，它的分析方法和思路对其他的指标有重要影响。但该指标也存在一些盲点，特别是在盘整阶段或趋势形成后中途休整阶段以及局部反弹或回落阶段，MA 极易发出错误的信号，这是使用 MA 时最应该注意的。另外，MA 只是作为支撑线和压力线，站在某线之上，当然有利于上涨，但并不是说就一定会涨，支撑线也有被击穿的时候。

# 第八章　量化分析

随着技术的发展，量化投资在市场中的占比不断提升，本部分中，我们将从量化投资的特点、概念出发，介绍因子投资、人工智能等量化投资方法，并从资产配置、择时、行业轮动、基本面量化等方面展开介绍量化策略的开发过程。

## 第一节　量化投资分析概述

### 一、量化投资分析的特点

量化研究是一种利用数学、统计学和计算机科学等方法对金融市场进行系统化研究的方法。它的目标是通过量化模型和算法来分析市场数据、发现规律和趋势，并利用这些信息作出投资决策。

量化投资与传统投资在以下几个方面存在重要的差异：

决策过程：传统投资依赖于投资者或基金经理的主观判断和经验，而量化投资则依赖于算法和数据分析。传统投资可能会受到情绪和个人偏见的影响，而量化投资致力于基于数据和统计模型进行客观的决策。

投资策略：传统投资通常依赖于基本面分析（如公司财务状况、行业趋势等）和技术分析（如图表模式、价格走势等）。相比之下，量化投资依赖于系统化的模型和算法，利用大量的历史数据和统计分析来识别投资机会。

交易执行：传统投资者通常通过手动下单和交易来执行投资策略，而由于经常和规则化的策略搭配使用，量化投资会更多地使用计算机程序来自动执行交易，程序化交易（通过计算机程序实现自动交易）、算法交易（程序化交易的一种，通过优化算法降低交易摩擦）常常和较高频率的量化策略一起使用。

风险管理：量化投资非常注重风险管理和资金管理。它使用严格的风险模型和止损策略来控制投资组合的风险水平。传统投资也关注风险管理，但它可能更多地依赖于投资者的主观判断和经验。

数据和技术要求：量化投资对大量的历史数据和实时市场数据有较高的需求，也需要高度的技术和编程能力。此外，在涉及更高频率的量化策略时，对交易系统的执行效率也有更高的要求。传统投资可能更依赖于基本面分析和人工研究，对技术要求较低。

投资周期：传统投资者通常会持有投资组合较长的时间，以期望长期价值的增长。相比之下，量化投资通常更注重短期波动和市场趋势，并倾向进行更高频的交易。

## 二、量化投资分析的理论基础和主要应用

投资组合理论、资本资产定价模型、套利定价理论、有效市场假说、期权定价理论和行为金融理论构成当代金融投资理论的主体。这些思想的发展从根本上改变了旧有的投资管理方法，即主要依靠基本面研究。因此，量化投资使得投资管理的组合化、系统化和科学化的进步越来越突出（见图8－1－1）。

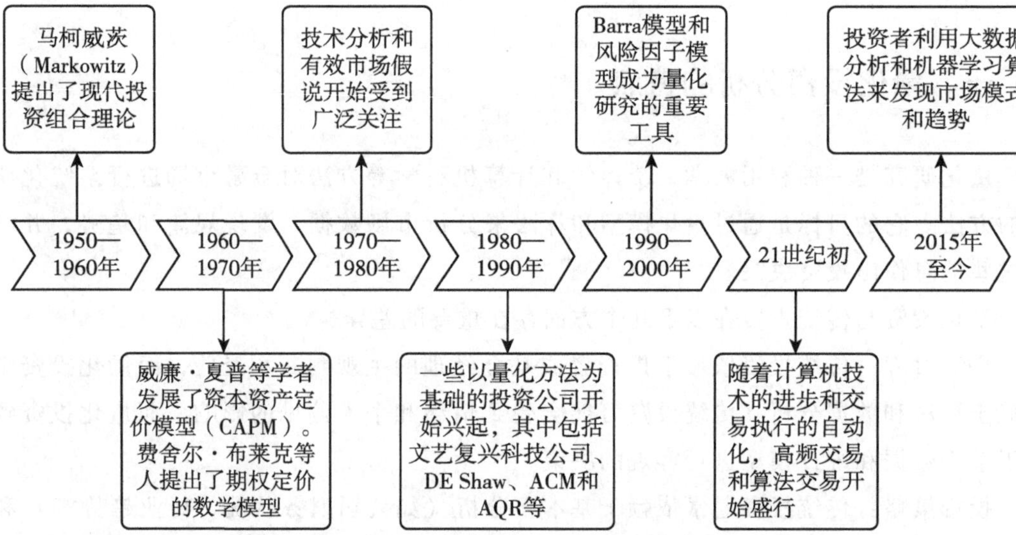


**图8－1－1　量化研究的发展历史**

当代的投资组合管理理念是由马柯威茨（Markowitz）在1952年提出的，当时他在金融领域的主要学术杂志《The Journal of Finance》杂志上发表了他的文章《投资组合选择》。作为量化交易方法之父，马柯威茨率先使用均值和方差对股票投资的收益和风险进行统计量化，并开发了计算理想资产配置的基本公式。

其后，越来越多的经济金融学者通过数量化的模型研究市场和解决投资交易问题。夏普（William Sharpe）、林特耐（John Lintner）、特里诺（Jack Treynor）和简·莫辛（Jan Mossin）分别于1964年、1965年和1966年在马柯威茨投资组合理论基础上，发展出了资本资产定价模型（CAPM）。该模型不仅提供了评价收益—风险相互转换特征

的可运作框架，也为投资组合分析、基金绩效评价提供了重要的理论基础。

在20世纪70年代，技术分析和有效市场假说开始受到广泛关注。技术分析使用图表和技术指标等工具来预测股票价格的走势，而有效市场假说认为市场价格已经包含了所有可获得的信息，无法通过分析获取超额收益。

1973年，费舍尔·布莱克（Fischer Black）、米伦·斯科尔斯（Myron Scholes）和罗伯特·默顿（Robert Merton）提出了期权定价的数学模型，即布莱克—斯科尔斯模型。这个模型为期权定价提供了一个重要的理论基础，并对后来的量化研究起到了重要的推动作用。

20世纪80年代，一些以量化方法为基础的投资公司开始兴起。其中包括文艺复兴科技公司（Renaissance Technologies）、DE Shaw、ACM和AQR等。这些公司采用了先进的数学模型和算法来进行交易和投资，取得了显著的投资回报。

20世纪90年代，Barra模型和风险因子模型成为量化研究的重要工具。Barra模型使用多个风险因子来解释股票回报的波动，而风险因子模型则用于评估投资组合的风险和回报。

21世纪初，随着计算机技术的进步和交易执行的自动化，高频交易和算法交易开始盛行。这些交易方式利用快速的计算能力和复杂的算法来进行大量的短期交易。

在过去的几年里，随着大数据的出现和机器学习技术的快速发展，量化研究进入了一个新的阶段。投资者利用大数据分析和机器学习算法来发现市场模式和趋势，并利用这些信息进行预测和交易决策。

### 三、量化投资分析的主要内容和方法

量化投资是一种利用量化技术进行投资的方法，它基于计算机、统计学原理和数学模型，通过收集和分析市场数据，建立投资模型来预测未来走势，以获得投资回报。量化分析的主要步骤包括数据收集、数据清洗、模型建立、回测等。量化分析的主要方法与技术内容包括：量化选股、量化择时、股指期货套利、商品期货套利、统计套利、期权套利、算法交易、资产配置和风险管理等。

## 第二节 量化投资技术介绍

### 一、量化选股

量化选股假设股票收益率是由一些因子决定的。这些因子是利用经济和金融理论

或市场经验找到的，然后通过拟合历史数据和进行统计分析进行验证和筛选。最后，这些因子被组合成选股标准，满足这些标准的股票被购买。多因子量化选股在实践中已经是一个相当成熟和固定的策略，其总体框架可以分解为五个步骤：因子选择、因子有效性测试、因子筛选、综合评分模型、模型评估和改进。

## 二、量化择时

量化择时主要侧重于利用数量化的方法寻找有效的择时指标，以及通过有效指标对市场情绪、资金流向、分析师预期、行业景气等方面进行衡量，最终得到对于指数、行业、市场未来的多空观点判断。由于不同指标衡量的时间窗口不同，因此完整的量化择时体系会从指标特征出发提示短期和长期的择时信号。通常在市场趋势较强、特征明显的阶段，短期和长期信号有效性更强；而在市场趋势较弱、轮动较快的阶段，对于短期信号的关注会更多。

可能的择时指标包括成交额、北向资金流向、风格强弱信号、均线排列信号、ERP、一致预期信号等。

## 三、股指期货套利

股指期货是一种标的为股票指数的金融期货。在股指期货运行过程中，若产生偏离现货（股票指数），或各不同到期月份合约之间的价格偏离程度大于交易成本、冲击成本、资金机会成本等各项成本总和时，即可进行股指期货的套利交易。

股指期货的套利有两种类型：一是在期货和现货之间套利，称之为期现套利（Arbitrage）；二是在不同的期货合约之间进行价差交易套利，其又可以细分为市场内价差套利（Intramarket Spread）、市场间价差套利（Intermarket Spread）和跨品种价差套利（Intercommodity Spread）。

具体策略方法可参考商品期货套利。

## 四、商品期货套利

商品期货套利是一种金融衍生品交易策略，旨在通过利用商品期货市场中的价格差异来获得稳定的利润。这种策略涉及同时进行两种或更多种相关商品合约的交易，以从价格波动中获取收益。

一些常见的商品期货套利策略包括：

（1）跨期套利：这种套利涉及在不同到期日的期货合约之间进行交易。例如，投资者可以同时买入近月合约（较短期）并卖出远月合约（较长期），以期待未来价格变动带来的利润。

（2）跨市场套利：利用不同交易所或地理位置上的商品期货合约价格差异进行套利。投资者可以在一个市场买入合约，同时在另一个市场卖出相同或相关的合约，从而获得价格差异带来的利润。

（3）跨品种套利：这种套利策略涉及不同但相关联的商品合约之间的交易。例如，投资者可以同时买入黄金期货合约，并卖出白银期货合约，以期望两种贵金属之间的价格关系变化带来利润。

（4）基差套利：基差是指现货价格与期货价格之间的差异。投资者可以根据基差的变化情况，同时进行现货和期货交易，以获得基差收敛或扩大带来的利润。

## 五、统计套利

统计套利是一种利用数学和统计学原理来识别和利用金融市场中的价格差异和趋势的交易策略。该策略依赖于历史价格数据和统计分析，以发现潜在的交易机会，从而获得利润。

统计套利交易的核心思想是利用价格和市场行为中的统计学规律。这些规律可能是短期波动的重复模式，或是长期趋势中的特定关系。通过深入分析和建模历史数据，投资者可以发现市场中存在的非随机性模式，并据此进行交易决策。

常见的统计套利策略包括：

（1）均值回归：这种策略利用股票、商品或其他资产价格在一定时间段内的均值水平，并预期价格将围绕均值波动。当价格偏离均值时，投资者会采取相应的买入或卖出行动，期待价格回归到均值水平。

（2）配对交易：在配对交易中，投资者会选择两种或更多相关性较高的资产，通过对冲的方式进行交易。一般对冲是同时进行两笔行情相关、方向相反、数量相当、盈亏相抵的交易。

## 六、算法交易

算法交易，又称为自动化交易，是一种利用算法和数学模型来执行交易决策的金融交易策略。这种交易策略旨在消除人为情感和主观判断对交易的影响，以及通过快速执行交易指令来利用市场价格波动，从而获得更好的交易结果。

算法交易的核心原理是将交易规则、数学模型和统计学方法程序化，以便在满足预设条件时自动执行交易。这些规则和模型可以基于技术指标、市场趋势、价格关系、套利机会等。通过使用算法交易，交易者可以快速识别市场中的交易机会，并以高效的方式进行买入和卖出，从而降低交易成本，并提高交易的执行效率。

算法交易的一些常见特点和优势包括：

（1）快速执行：算法交易系统可以以毫秒级的速度执行交易指令，相比手动交易更快捷高效。

（2）去情感化：由于完全由计算机执行交易，算法交易消除了交易员的情感干扰，避免了人为决策的主观判断。

（3）严格遵循策略：算法交易系统严格遵循预先设定的交易规则和策略，不会因市场波动或媒体影响而改变决策。

（4）多样化的策略：算法交易可以基于不同的策略和模型进行交易，如趋势跟随、均值回归、套利等。

## 七、资产配置与宏观量化

现代大类资产配置理论的探索研究从 20 世纪 50 年代的 Markovitz 均值方差模型开始到现在，已经经历了近 70 年的发展。资产配置问题一般分为战略资产配置和战术资产配置，均值方差模型及其衍生方法作为传统投资组合构建的第一方阵，虽然常因其敏感性、对收益率预测的依赖性等缺点而被诟病，却由于理论的完整性、使用的简便及较为优秀的历史表现而始终占据战略配置模型的基石地位，也是目前广泛使用的目标风险类组合最常用的模型，该模型还可以衍生出最大化收益、最大化夏普率等组合。

如果说均值方差框架可以是中长期战略资产配置的基础模型，那么美林时钟则是战术资产配置的经典框架。美林时钟理论由美林证券于 2004 年首次提出，通过经济增长趋势、通胀水平的起伏将经济周期划分为 4 个阶段并探寻经济周期所处阶段与资产之间的轮换关系。该模型给出了根据周期变化进行资产配置的基础理论，成为广大依据宏观数据进行资产配置的模型的基础。

宏观量化研究是指运用量化方法和模型来分析宏观经济现象和市场行为的研究领域。由于宏观经济因素和金融市场之间存在一定的关联性和相互影响，通过分析和理解宏观经济波动和金融市场波动之间的关联性，宏观量化研究利用大量的统计数据和计量工具，以系统性和定量化的方式来研究宏观经济因素对金融市场的影响以及市场行为的规律。

## 八、风险控制

量化风险控制指通过数据、模型构建定量的风险控制体系，包括组合波动率控制、敞口控制等。在建立模型前，首先需要对市场交易数据、宏观数据等进行处理，然后根据组合目标构建风险归因模型、预测模型等，Barra 风险模型、目标波动率等都属于风险模型。

# 第三节 因子投资

## 一、因子投资的基本原理

资本资产定价模型（CAPM）认为所有的证券收益率都与单一的共同因素（市场投资组合）的收益率呈线性关系，为了反应 CAPM 的不可检验性，史蒂芬·罗斯在 1976 年提出了套利定价理论（APT）。套利定价理论将证券收益率与一系列因子线性相关的假设建立在收益率产生过程的多因子模型上，这些因素表明了证券收益率的一些基本因子。在现实中，人们会发现，当收益率由单一因子（市场组合）产生时，套利定价理论产生的联系与 CAPM 的联系是相同的。因此，套利定价理论作为多因子量化选股模型的重要理论基础，它实际上是一个通用的资本资产定价模型。市场中的小市值、价值股表现明显超过市场，而这一效应不能用 CAPM 解释。1981 年，大卫·布斯和雷克斯·桑奎菲尔德成立了维度投资顾问公司，买入小市值、低估值的股票，获得了高额回报。1992 年，Fama 和 French 对美国股票市场决定不同股票回报率差异的因子的研究发现，股票的市场的 Beta 值不能解释不同股票回报率的差异，而上市公司的市值、账面市值比、市盈率可以解释股票回报率的差异，因此提出了著名的三因子模型。但是套利定价理论并没有指出影响证券收益的具体因子，在应用中需要预先判断哪些因子可能影响证券收益，并使用统计分析方法进行验证。研究者从不同角度出发，发现了各类影响证券收益的因子，比较经典的有 Fama - French 三因子模型。

1. CAPM（具体见本书第三章第六节）

资本资产定价模型假设所有投资者都按马柯威茨的资产选择理论进行投资，对期望收益、方差和协方差等的估计完全相同，投资人可以自由借贷。基于这样的假设，资本资产定价模型研究的重点在于探求风险资产收益与风险的数量关系，即为了补偿某一特定程度的风险，投资者应该获得多少的报酬率。

2. APT 模型（具体见本书第三章第七节）

套利定价理论（APT）是一种多因子资产定价模型，是资本资产定价模型的拓展方案。APT 认为资产价格受到多种因子驱动，这些因子包括宏观经济变量或公司经营相关等因素，而且资产的预期收益与这组多因子是线性相关。

与 CAPM 认为市场完全有效的假设不同，APT 认为市场有时候会对股票进行错误定价，但最终会修正价格，达到公允价值。因此，投资者可以利用市场的这种价格偏差来获利。

3. Fama - French 三因子模型

CAPM 大量实证检验失败后，产生了两种解释：一是行为金融认为投资者投资的非理性才导致 CAPM 失效；二是认为金融市场需要比 CAPM 更复杂的模型来描述投资者的投资行为。比较著名的改进模型有 Merton（1973）提出的跨期资本资产定价模型（ICAPM）和罗斯（1976）提出的套利定价理论（APT）。

Fama - French 在 CAPM 和 APT 基础上提出 Fama - French 三因子模型。他们在研究中发现，$\beta$ 对股票收益率的解释能力很弱，但在模型中加入公司规模因子（SMB）和账面市值比因子（HML）后模型的解释能力大大提高，于是在 1993 年首次提出三因子模型，形式如下：

$$r_{it} - r_{ft} = \alpha_i + \beta_{im}(r_{mt} - r_{ft}) + \beta_{is}SMB_t + \beta_{ih}HML_t + \varepsilon_{it}$$

其中，$r_{it}$ ——投资组合 $i$ 在 $t$ 时刻的期望回报率；$r_{ft}$ ——$t$ 时刻的无风险收益率；$\alpha_i$ ——投资组合 $i$ 的超额收益；$\beta_{im}$ ——市场风险敞口；$r_{mt}$ ——市场组合收益率；$\beta_{is}$ ——规模风险暴露；$SMB_t$ ——规模因子；$\beta_{ih}$ ——账面市值风险暴露；$HML_t$ ——账面市值比因子；$\varepsilon_{it}$ 干扰项。

随着多因子研究的逐渐深入，Fama 和 French 随后针对三因子模型存在的异常进行了深入研究。他们发现股票收益率与股票的盈利能力与投资增速间存在显著关系，且这种关系不属于市值与账面市值比可以解释的，随后 Fama - French 认为盈利能力与投资增速可以通过股利贴现模型进行解释，于是在三因子的基础上增加了盈利因子（RMW）与投资增速因子（CMA）。三因素模型无法解释的大部分异常情况都被五因素模型充分解释了，但它仍然无法解释所有的回报异常。仍有未被发现的因素，因为市场环境中资产超额收益对五个因素的因素暴露并不能充分代表超额收益的变化。包含更多因素的资产定价模型已经发展起来，新的模型基本上都是基于这些传统模型。资产定价无疑是在不断变化的，不可能有一个完美的模型，只有不断迭代。

## 二、因子投资的方法

1. 单因子测试

在单因子测试环节中，主要分为两个步骤，分别是因子预处理和因子有效性检验。

（1）因子预处理，包括去极值和标准化处理，其中去极值方法分为中位数去极值、三倍标准差去极值等方法。以中位数去极值为例：在某一期截面上，计算出股票的因子原始值序列 b，计算序列 b 的中位数 m，进一步计算 b 与 m 的绝对偏差值 abs （b－m），成为新序列 bnew，然后计算新序列 bnew 的中位数 mnew，得到序列 b 的上限为 m＋5×mnew，下限为 m－5×mnew，进而将序列 b 中超过上限的用上限值代替，超过下限的用下限值代替。序列 b 经过去极值处理之后，再减去均值除以标准差，即得到标准化之后的因子值。

（2）因子经过预处理后，会进行有效性检验，一般分为两个维度——因子 IC/IC_IR 和因子分组收益。

因子 IC 计算：以成长因子为例，在某一期截面上，计算出股票的因子值序列 f，并且获取股票在下一期对应的收益率序列 r，进而计算序列 f 和 r 的秩相关性，即为某一期因子 IC 值。整个回测期，每期计算的因子 IC 值构成 IC 序列，IC 序列的均值除以标准差即为因子 IC_IR。由于因子选股具有方向性，所以因子 IC_IR 的绝对值越高，因子选股效果越强。

因子分组收益：同样某一期截面上，计算出股票的因子值序列 f 和对应下期收益率序列 r，将因子值序列 f 从低到高排序，进而将截面上股票等分为 10 等份，每等份内股票等权，计算每个组合的收益率。整个回测期，每期计算出因子 10 等分组合收益，然后对 10 个序列求平均值，即为因子分组收益。因子分组收益单调性越好，同时因子多头组合超额收益越高，则因子选股效果越强。

2. 因子合成

在将单因子合成为复合因子时，需要考虑因子间相关性。以成长、盈利因子为例，某一期截面上，分别计算出成长因子值序列 g 和盈利因子值序列 p，进而计算两序列之间的相关性，整个回测期可以得到相关性的序列，其平均值即为两因子间的相关性。

针对相关性较高的因子，需要进行相关性剥离处理，剥离相关性一般采用正交法，分为逐步正交和对称正交。以逐步正交法为例，首先会基于因子重要性从高到低对因子排序，因子重要性可以依据因子 IC_IR 来确定，然后依次将因子对排序在其前面的所有因子进行多元线性回归，回归残差即为剥离相关性后的新因子。

处理了因子相关性后，可以考虑采取等权或者因子 IC_IR 加权的方式合成为复合因子，其中因子 IC_IR 加权，是指以过去一段时间（比如过去 12 个月）因子的 IC_IR 值作为赋权依据，因子等权是指以 $1/n$ 的形式给因子赋权。

3. 组合构建

组合构建方式可以分为因子打分选股和组合优化选股，这两种方式可以适用不同的场景。其中，因子打分选股方式简洁明了，可以适用于在没有指定跟踪基准下构建股票多头组合，首先筛选出具有选股效果的单因子，然后采用等权或 IC_IR 加权等方式合成为复合因子，进而选择复合因子值最高的前 $N$ 只股票构建组合。

组合优化选股适用于在指定跟踪基准下构建股票多头组合，典型代表为指数增强组合的构建。指数增强组合是在紧密跟踪基准指数的基础上期望获取一定的超额收益，在构建组合时要控制组合和跟踪基准的各项偏离约束，包括仓位偏离、行业偏离、风格偏离、个股权重偏离等。因此，组合的构建可以理解为求最优解的过程，在设置约束条件的情况下使目标函数最大化。各项偏离约束具体理解为：

（1）仓位偏离约束是指组合和基准指数在股票仓位上要保持一致；

（2）行业偏离约束是指组合和基准指数在行业上权重要保持低偏离，比如以医药行业为例，计算出基准指数在医药上的权重 w，则组合在医药上的权重须在 w 的基础上控制偏离，比如允许偏离正负1%，其他行业也会同时控制偏离。

（3）风格偏离约束是指组合和基准指数在主要风格上要保持低偏离，比如以市值风格为例，计算出基准指数在市值因子上的暴露值 f，则组合在市值因子上的暴露值须在 f 的基础上控制偏离，比如允许偏离正负 0.1。

（4）个股权重偏离约束是指组合和基准指数在同一股票上的权重要保持低偏离，比如基准指数在某一成分股上的权重为 wq，则组合在该股票上的权重须在 wq 的基础上控制偏离，比如允许偏离正负1%。

目前，量化选股主要使用的因子分为两类：基本面因子和量价因子，它们包括规模、估值、分红、盈利、成长、财务质量、反转因子、波动率、流动性以及分析师预期变化等。

## 第四节　人工智能技术在量化领域的应用

### 一、常见机器学习方法介绍

机器学习是研究怎样使用计算机模拟或实现人类学习活动的科学，是人工智能中最具智能特征，最前沿的研究领域之一，常见的机器学习方法包括决策树、支持向量机、神经网络等模型。

决策树是在已知各种情况发生概率的基础上，通过构成决策树来求净现值的期望值大于等于零的概率，评价项目风险，判断其可行性的决策分析方法，是直观运用概率分析的一种图解法，由于这种决策分支画成图形很像一棵树的枝干，故称决策树。

支持向量机是一类按监督学习方式对数据进行二元分类的广义线性分类器，其决策边界是对学习样本求解的最大边距超平面。支持向量机（SVM）使用铰链损失函数计算经验风险并在求解系统中加入了正则化项以优化结构风险，是一个具有稀疏性和稳健性的分类器。

神经网络是通过对人脑的基本单元神经元的建模和联接，探索模拟人脑神经系统功能的模型。神经网络的学习是一个过程，在其所处环境的激励下，相继给网络输入一些样本模式，并按照一定的规则调整网络各层的权值矩阵，待网络各层权值都收敛到一定值，学习过程结束，然后就可以用生成的神经网络来对真实数据进行分类。

## 二、机器学习方法在量化投资中的应用

监督学习属于机器学习中的一类，是指训练样本有明确的自变量输入和因变量输出，任务是通过自变量的数据来预测因变量的类别或值。监督学习可以分为分类和回归，训练样本中包含的因变量为类别的，为分类任务；训练样本中包含的因变量为数值的，为回归任务。

在量化投资中，分类任务可以用于预测市场的变化方向（上涨或下跌）、波动状态（高波动、中波动、低波动）等，常见的分类算法包括决策树、支持向量机、随机森林、神经网络等。分类模型在预测市场上涨或下跌时，一般包括以下流程：

1. 初始数据收集：收集股票市场相关数据，包括行情数据、公司基本信息、财务数据等；

2. 特征工程提取：将收集到的数据进行数据清洗和特征提取，去掉冗余信息，并对数据进行标准化、缺失值处理等；

3. 数据集划分：将数据集分成训练集和测试集，训练集用于训练模型，测试集用来验证和评估模型的效果；

4. 模型构建：选择合适模型，并基于训练集样本进行模型构建；

5. 模型评估：使用测试集来评估模型的表现，评估指标例如准确率、混淆矩阵、感受性曲线（ROC）等指标来评估模型的效果；

6. 模型调参和优化：对模型进行调参和优化，例如调整模型复杂度、正则化、学习率等，以获得更好的预测效果；

7. 模型预测：使用训练得到的模型，输入测试集之外的数据，预测股票市场的变化方向。

# 第五节　量化研究策略的开发、回测和评价

由于不同策略的开发流程存在差异，我们选择部分有代表的策略类型进行介绍。

## 一、资产配置策略

资产配置策略的主要目标是解决不同时期各类资产的配置权重问题，因此在开发

过程中，我们主要通过设定目标函数（最大化收益、最小化风险等）求解的方式来得出结论。此前我们已经介绍了均值—方差类的模型，此类模型存在有效前沿估计的依赖问题及无法融入主观观点，在实际策略开发过程中，我们可以通过 Black – Litterman 模型（B – L 模型）加入主观观点。其核心逻辑是从假设正态分布的市场均衡收益率出发，加入正态观点后使用贝叶斯方法形成期望收益率正态后验分布。该模型的优点是：如果我们有另一个模型可以持续地对各资产产生预测或择时观点，那么我们可以用B – L 模型将观点融入传统资产配置中。

而从风险平价模型开始，优化模型的关注目标转为关注风险而非收益。风险平价组合又称等风险贡献组合（Equal Risk Contribution），目标是将风险平均分配到各资产中，考虑资产之间的相关性后，尽可能使得资产之间的风险贡献达到真正相同。

假设投资组合中共有 $N$ 种资产，资产 $i$ 的收益率为 $r_i$，投资组合的权重向量 $w = [w_1, w_2, \cdots, w_n]'$，则组合的波动率 $\sigma_p = \sqrt{w' \sum w}$，（$\sum$ 为资产收益率的协方差矩阵）。资产 $i$ 的边际风险贡献为 $MRC_i = \frac{\partial \sigma_p}{\partial w_i}$，即组合总风险对资产 $i$ 权重 $w_i$ 的偏导数，风险贡献即为 $RC_i = w_i \cdot \frac{\partial \sigma_p}{\partial w_i}$，组合总风险为所有资产风险贡献之和，即 $\sigma_p = \sum RC_i$。

风险平价即是让风险资产之间的风险贡献相同，即 $RC_i = RC_j$，对于任意 $i \neq j$，也就是将总风险平均分摊到每个资产上，优化目标为：

$$\min_w \sum_i \left(RC_i - \frac{\sigma_p}{N}\right)^2 \qquad \text{s. t.} \begin{cases} \sum_i w_i = 1 \\ w_i \geqslant 0 \end{cases}$$

为了改善风险平价的被动性，风险预算模型被提出，其目标为使得各资产的风险贡献按一定预算比例分配，预算可自行设置，具体优化式为：

$$\min_w \sum_{i,j} (RC_i/b_i - RC_j/b_j)^2 \qquad \text{s. t.} \begin{cases} \sum_i w_i = 1 \\ w_i \geqslant 0 \end{cases}$$

其中，b 为对每个资产的风险预算。

该模型虽然允许了调整风险预算，但预算的设置较为主观、灵活，并会对模型结果产生较大影响，这点与 B – L 模型有些相似。

在实际应用中，投资者可以根据观点设置 B – L 模型的参数和风险预算模型中的风险预算，形成资产配置动态调仓策略。

在回测中，每期按照策略的配置比例进行配置，最终根据组合的长期年化收益、波动率和夏普率水平进行比较和评价。

## 二、择时策略

择时策略主要通过测试寻找能对标的未来走势有预测能力的指标，并根据指标变化方向更新对标的的多空信号。以均线排列策略（MASS）为例，策略从短到长排列均线，并比较相邻两均线的高低，短均线在上方记为1分，短均线在下方记为0分，将所有得分加总，再标准化到0～100分。以此得分定量择时的基本原则是得分上升阶段做多，下降阶段做空。

此外，北上资金净流入也是一个有效的择时指标。对于累计净流入，买入信号为当日累计净流入上穿M日均线，反之卖出；对于单日净流入，买入信号为当日净流入上穿布林带上轨，M日均线+N×标准差，反之卖出。对于港股而言，类似地，南下资金净流入是有效的择时指标。

在择时测试中，若根据指标买卖能够跑赢指数则认为有效，除了收益率，指标的的胜率也是重要的评价标准。

## 三、行业轮动策略

行业轮动策略是利用市场局部趋势获利的一种可主动可量化的投资策略。各行业在不同时期所处的经营趋势、发展形势不同，收益表现具有显著差异，强势时间的错位是行业轮动策略有效的基础，若能提前发现强势行业，可大幅提高未来投资收益。

传统行业轮动策略以趋势策略为主，但相比个股，信息影响对行业收益边际贡献较小。从趋势维度构建的行业组合，长期收益与等权组合基本持平。因此，行业轮动策略逐渐由单维度扩展多维度，加入资金流、宏观、财务指标、一致预期等信息进行多维度行业比较。

行业轮动策略的评价标准同样包括组合的收益风险特征，以及月度、年度战胜指数和行业等权组合的胜率。

## 四、基本面量化

基本面量化策略包括行业景气度、行业内选股等。

行业景气度研究主要针对各行业，寻找供需、财务等方面能够代表行业发展状况的指标，构建可跟踪的行业景气指标体系、刻画行业景气度是研究行业配置的基础，分析一个行业是否景气，其核心在于思考行业景气来源。自上而下来看，行业宏观景气度是推动行业景气度变动的主要来源；在不同宏观环境下，行业供需关系的变化反映在行业供需景气度上；行业上市公司景气度是行业景气最直观的表现，同样也是行业宏观景气度及供需景气度的结果。以供需、上市公司、宏观三个维度进行行业景气度的研究，通过量化测算的方式寻找供需、上市公司、宏观景气维度的领先指标合成行业景气指标。

行业内选股主要根据行业的特点选择特定指标，构建针对单行业的选股模型。对于不同的行业来说，驱动股价的核心变量可能存在差异，如周期行业供需逻辑可能更重要，消费行业的销售、成本数据更关键，因此可以根据不同行业进行分别建模，构建各自的行业选股策略。行业内选股因子可以分为通用因子、特质因子。通用因子在各行业均可计算，但适用性不同；而特质因子仅在部分行业使用，如证券业的各项业务收入等。行业内选股需要分领域构建模型，需要将行业逻辑和量化方法较好地结合。

## 第六节　量化投资技术的应用前提和适用范围

量化投资方法能够具备有效性首先离不开大量高质量的数据。量化模型的建立需要大量历史数据作为基础，因此数据的质量对模型的可信程度有较大影响。其次，可执行的策略是量化投资能持续的核心，依据历史数据构建的策略需要考虑各方面的限制条件，具备可重复性，并且也需要制定严格的风控制度来确保策略的平稳运行。最后，市场本身的流动性充足也是量化策略能够从理论走向实践的关键支撑。

多因子、高频量化投资策略本质上属于概率问题，策略成功的主要根源在于大数定律的有效性。根据大量数据和模型结果证明，如果一个因子在一段时间内的胜率较高，该因子大概率可以实现超额收益。这里同时需要强调“一段时间”这个限制条件，因为市场上存在众多不确定因素，目前有效因子的胜率随时会因为市场的变化而失效，所以量化投资需要不断创新，不断发掘新的有效因子。由于传统量化模型主要根据市场有效性不足的情况来寻找错误定价规律，因此传统因子、高频量化可能在市场失效、定价错误时候更适用。

而宏观量化和行业景气投资则有所不同，此类策略更多关注于中观行业和宏观经济指标，通过指标客观分析行业周期、经济周期以及其他宏观政策因素所带来的影响，以量化模型的方式对行业景气和经济周期进行刻画，并且评估货币政策、财政政策以及其他宏观/行业政策措施对经济和行业板块的预期影响，实际上是一种基本面认知的定量化处理，这类方法不依赖于市场的无效，反而在市场有效、规律延续性强时更适用。

量化投资在国际金融市场上应用广泛，是主流的投资策略之一。从美国市场上来看，从宏观的对冲，到股票技术面和基本面、大宗商品交易顾问（CTA)、债券和 ETF

套利等，量化基本覆盖全部主流策略，最多的是股票和债券。对比国内，量化投资主要应用于股票量化和大宗商品交易顾问（CTA）。无论国内、国外金融市场，股票和大宗商品交易顾问（CTA）都会大量运用量化策略的原因，是股票和商品市场是全球最具有流动性和活跃性的金融市场之一。股票和大宗商品的交易量通常非常大，这为量化投资提供了丰富的交易机会。同时，这些市场也具有相对较高的波动性和趋势性，量化投资策略通常侧重于利用市场的这些特点，因此这两个品种涉及的量化策略相对更丰富。

# 第九章 股 票

第一节主要介绍估值基本理论；第二节对绝对估值的原理和方法作出介绍，分析绝对估值方法及适用性；第三节介绍相对估值的原理和方法，谈论不同估值方法及适用性；第四节介绍估值模型的基本原理与方法，简要介绍运用财务模型进行预测的主要方法。

## 第一节 基本理论

股票估值是现代金融学的重要内容，相关估值方法层出不穷。股票估值的基本理论认为，股票有其内在价值，股票价格是围绕其内在价值上下波动的。投资者可以使用一定的估值方法计算股票的内在价值，与市场价格相比较，从而得出股票被高估或是被低估的结论。可见，股票估值是股票交易的前提和基础。

### 一、股票估值基本原理

#### （一）市场价格、内在价值、公允价值与安全边际

1. 市场价格

有价证券的市场价格是指该证券在市场中的交易价格，反映了市场参与者对该证券价值的评估，受到供需关系等多种因素影响。根据产生该价格的证券交易发生时间，我们通常又将其区分为历史价格、当前价格和预期市场价格。

2. 内在价值

市场价格对投资者至关重要，很多投资者仅仅因为预期市场价格上涨而买入证券，因预期市场价格下跌而卖出证券。与此同时，几乎所有投资者也常常会问这样的问题："以这个价格买（卖），是不是合算呢？这个证券到底应该值多少钱?"换言之，投资者在心理上会假设证券都存在一个由证券本身决定的价格，投资学上将其称为内在价值（Intrinsic Value）。这个概念大致有两层含义：

（1）内在价值是一种相对"客观"的价格，由证券自身的内在属性或者基本面因

素决定，不受外在因素（比如短期供求关系变动、投资者情绪波动等等）影响的理论价值。

（2）市场价格基本上是围绕内在价值形成的。套用20世纪有名的投资人科斯托兰尼（Andre Kostolany）的妙喻，它们之间的关系犹如“小狗与牵着它的主人一般。小狗前前后后地跑，尽管不会离主人太远，但方向未必一致”。

现代金融学关于证券估值的讨论，基本上是运用各种主观的假设变量，结合相关金融原理或者估值模型，得出某种理论价格，并认为那就是证券的内在价值。将内在价值与市场价格进行比较，从而确定投资的“安全边际”。在这种理论的指导下，投资行为简化为：

市场价格<内在价值时，价格被低估，买入证券。

市场价格>内在价值时，价格被高估，卖出证券。

由于每个投资者对证券“内在”信息的掌握并不相同，主观假设（比如未来市场利率、通货膨胀率、汇率等）也不一致，即便大家都采用相同的计算模型，每个人算出来的内在价值也不会一样。

3. 公允价值

投资者可以参考当前的市场价格来估计自己持有（或打算买入/卖出）的证券价值，也可以运用特定的估值模型计算证券的内在价值。在证券市场完全有效的情况下，证券的市场价格与内在价值是一致的，但是现实中的证券市场却并非完全有效。多数情况下，两者存在差异。因此，采用市场价格来为证券估值不完全可靠。

在实践中，将市场价值和模型定价两者相结合，引入了公允价值（Fair Value）的概念。根据我国财政部颁布的《企业会计准则第22号——金融工具确认和计量》，如果存在活跃交易的市场，则以市场报价为金融工具的公允价值；否则，采用估值技术确定公允价值。该准则特别指出：“估值技术包括参考熟悉情况并自愿交易的各方最近进行的市场交易中使用的价格、参照实质上相同的其他金融工具的当前公允价值、现金流量折现法和期权定价模型等。”

4. 安全边际

格雷厄姆和多德在其经典著作《证券分析》中提出安全边际（Margin - of - safety）的概念。安全边际是指证券的市场价格低于其内在价值的部分，任何投资活动均以之为基础。“就债券或优先股而言，它通常代表盈利能力超过利率或者必要红利率，或者代表企业价值超过其优先索偿权的部分；对普通股而言，它代表了计算出的内在价值高于市场价格的部分，或者特定年限内预期收益或红利超过正常利息率的部分。”

基于安全边际的价值投资策略，是比较证券内在价值与市场价格的差异，当内在价值大于证券市场价格之差达到某一程度时，就可以进行证券投资。安全边际越大，相应投资风险越低。

### （二）货币的时间价值

货币的时间价值原理认为，货币随时间的推移而发生增值，同样金额的货币在不同时点上的价值不同，当前持有的货币比未来获得的同样金额的货币更有价值，两者存在着一定的换算关系。必须将不同时点的货币换算成同一时点的货币价值才可以进行比较。

证券的价值是证券未来所有可获得现金流的现值，买入某个证券就等于买进了未来一系列现金流，证券估值也就等价于现金流估值。

评估证券价值时，首先需要将不同时点的投资金额和收益金额换算成同一时点的资金。对于投资者来讲，投资是现金流出，收益是现金流入，所有现金流入的现值（正数）和现金流出的现值（负数）之和，就是投资该证券的净现值。未来的资金流入与资金流出均按照一定的贴现率换算为现值后，再确定其净现值。

贴现率是将未来资金折算成现值所使用的利率。一般情况下，贴现率的确定需要考虑无风险利率以及风险溢价。

## 二、预期收益率和风险的含义和计算

1. 预期收益率和风险的含义

预期收益率的基本原理认为，一个投资项目的预期收益由两个部分组成：无风险报酬（资金的时间价值）和风险报酬（对所承担风险的补偿）。风险报酬是进行投资而获得的超过资金时间价值的额外收益。在财务投资领域，风险表现为投资项目或购买的证券未来收益的不确定性。投资者由于承担了风险，就会要求更高的回报，也可以说风险报酬是对投资者承担风险的补偿。这样：

投资项目的预期收益率 = 无风险报酬率（资金的时间价值）+ 风险报酬率

一般情况下，可以将中长期国债收益率当成是无风险报酬率。风险报酬率与风险大小有关，风险越大，风险报酬率越高。

2. 预期收益率和风险的计算

在衡量市场风险和收益模型中，使用最久也是至今大多数公司采用的是资本资产定价模型。按照资本资产定价模型，单个风险资产的期望收益率由两个部分组成：无风险利率和风险溢价。其中，风险溢价的大小取决于 $\beta$ 值。$\beta$ 值越高，表明单个风险资产的风险越高，所得到的补偿也就越高。

## 三、各类估值方法的特点

估值的方法有多种，在大类上，通常分为相对估值法和绝对估值法。绝对估值法是按照未来现金流贴现对公司内在价值评估的方法，主要采用现金流贴现法，比如股利贴现模型、自由现金流贴现模型等；相对估值法是使用其他可比公司的估值指标作为目标公司估值的依据，比如市盈率法、市净率法、市销率法、EV/EBITDA 估值法等。每种估值方法都有一定的适用性，证券分析师进行证券估值时，应当注意每种方法的适用范围，根据具体情况选择不同的估值方法，也可以综合使用多种估值方法，通过多种方法相互印证，确保估值的合理。

### （一）绝对估值

绝对估值法是通过标准化的公式，基于证券基本财务要素对未来现金流进行计算和处理，得出该证券内在价值的绝对金额。各种基于现金流贴现的方法均属此类，其中，比较常用的绝对估值法就是股利贴现法和自由现金流贴现法。

股利贴现模型（Dividend Discount Model，DDM）认为股票内在价值是由公司发放的各期股利决定的，股票内在价值就是股票未来每年股利收入的贴现值之和。

自由现金流贴现模型（Free Cash Flow Model，FCFM）认为股票内在价值是未来一定时期内自由现金流的现值。这种方法需要对未来现金流作出合理的预测，并使用适当的折现率计算这些现金流的现值。

### （二）相对估值

与绝对估值不同，相对估值法参考其他可比证券或该证券的历史估值，确定待估证券的价值，判断目前价格是否合理。相对估值不是孤立地对每个股票进行估值，通常运用证券的市场价格与某个财务指标之间存在的比例关系对证券进行估值，常见的相对估值方法有市盈率法、市净率法、市销率法、市值回报增长比法等。

1. 市盈率法

市盈率 = 每股价格/每股收益。市盈率指标建立了价格和盈利之间的比例关系，在投资领域被广泛使用。用市盈率估值法，每股价格 = 市盈率 × 每股盈利，通常市盈率可选择行业平均市盈率或同类可比公司平均市盈率。显然，市盈率法要求每股收益为正数，因此对于亏损公司并不适用。此外，周期性行业的盈利水平往往波动比较大，缺乏长期稳定的市盈率水平，也不适用于市盈率估值方法。

2. 市净率法

市净率 = 每股价格/每股净资产。市净率适用于银行业、房地产行业等具有重资本特征的行业。

3. 市销率法

市销率 = 每股价格/每股销售收入。相对于市盈率而言，亏损公司可以使用市销率。对于绝大多数新兴领域的公司，在初创期，往往并不具备盈利能力，销售收入和销售收入增长率就成为体现公司价值的重要指标。在这种情况下，使用市销率对其估值目前已经被投资者普遍接受。

4. 企业价值倍数（EV/EBITDA）

企业价值倍数 = EV/EBITDA。其中，EV 为企业价值，包括股权价值和债权价值；EBITDA 为息税折旧摊销前利润。EV/EBITDA 最早用于对收购公司的定价，比较适用于资本密集、准垄断或具有巨额商誉的被收购公司，被视为评价公司偿债能力的关键指标，目前已广泛应用于公司估值。该指标排除了会计准则以及税率的影响，也排除了折旧、摊销等非现金因素，可以更加准确地揭示公司价值。但是，该方法不如市盈率、市净率等简单直观，计算方法也较为复杂，使用者需要具备较高的财务分析能力，且不适用于固定资产更新较快的公司。

5. 市值回报增长比估值法

市值回报增长比（PEG）即市盈率对公司利润增长率的倍数，计算公式为：市值回报增长比 = 市盈率/增长率。从公式中可以看出，该指标与市盈率之间存在较强的关联性。市场上有许多高成长公司的市盈率往往高于市场平均水平，但是如果将市盈率和公司业绩增长率对比，这一比值就可能在合理范围之内了。因此，该指标主要适用于高成长行业的估值，不太适用于业绩稳定增长的成熟行业。

### （三）资产价值法

资产价值法就是对目标企业的资产进行估价从而确定目标企业价值的方法。根据企业资产负债表的编制原理，企业的资产价值、负债价值与权益价值三者之间存在下列关系：

权益价值 = 资产价值 - 负债价值

因此，如果可以评估出三个因素中的两个，则剩下的一个也就可以计算出来了。

按照使用的资产价值标准不同，又可分为账面价值法、重置成本法和清算价值法。账面价值法基于资产历史成本，根据资产负债表中账面净资产确定企业价值，适用于资产账面价值与实际价值比较相近的情况。当资产账面价值与实际价值偏差较大时，适用于重置成本法。账面价值法、重置成本法都适用于持续经营的企业，清算价格法适用于停止经营的企业或业务。

### （四）其他估值方法

在金融工程领域中，常见的估值方法还包括无套利定价和风险中性定价，它们在衍生产品估值中得到广泛应用。

无套利定价（Non - arbitrage Pricing Principle）。无套利定价的理论基础是经济学的一价定律，指相同的商品在同一时刻的不同市场中只能以相同的价格出售，否则市场参与者就会在各市场之间低买高卖，最终导致价格趋同。根据这一原理，合理的金融资产价格应该消除套利机会。

风险中性定价（Risk Neutral Pricing Theory）。在现实世界中，投资者会有不同的风险偏好，从而导致金融资产估值必须选择不同的贴现率。风险中性定价理论不考虑投资者不同的风险偏好水平和预期收益率的差异，对风险均持中性态度，采用无风险利率作为贴现率进行估值。

## 四、企业价值和股权价值的概念及计算方法

投资者在投资一家企业之前，需要先判断企业的价值。在企业估值中，最常用的两个指标是：企业价值（Enterprise Value，EV）和股权价值（Equity Value，E）。

企业价值，是指企业所有出资人（包括股东、债权人）共同拥有的公司产生的价值，包括股权价值和债权价值。企业的价值取决于其未来创造的收益。

企业价值 = 普通股股权价值 + 债务价值 + 优先股价值 + 少数股东权益 − 现金及现金等价物

需要注意的是，这里的债务只包括付息债务，例如短期借款、长期借款、应付债券等。

普通股股权价值 = 公司发行在外的股份总数 × 每股价格

可见，股权价值代表了普通股东的利益，企业价值则代表了所有投资人的利益。

## 五、科技创新企业的估值方法

随着众多的科技创新企业进入资本市场，如何判断科创企业的估值受到投资者广泛的关注。一方面，科创企业大多数成立时间较短，缺少绝对估值所必要的各项财务数据，且市场前景具有不确定性，未来现金流预测和估值都有较大的难度。另一方面，科创企业技术和经营模式都比较多样化，很多情况下难以在市场上找到与之具有可比性的公司，导致相对估值法的使用也受到限制。

科创企业在生命周期的各个阶段呈现出不同的盈利风险特征，因此，对于不同发展阶段的科创企业，应采用不同的估值方法。在初创期，经营状况不稳定，盈利模式还不成熟，风险较高。由于企业估值缺乏财务数据的支持，通常依据用户数量、市占率、网络流量等反映市场开发能力以及研发费用、专利数量等反映研发能力的非财务指标评估企业的潜能和价值，以市场上已有的可比交易作为定价的参考。

在成长初期，收入开始快速增长，但由于研发费用高，短期很可能仍不盈利。这

个阶段销售收入是衡量企业的盈利能力和成长性的主要财务指标，因此，通常以收入作为主要估值依据，相应地使用市销率估值法（P/S）、EV/SALES 估值方法。

随着科创企业开始盈利并保持较高的增速，高成长特征日益明显，这时可以采用适合高成长公司的市盈率相对盈利增长比率（PEG）估值方法，结合成长性因素进行估值和定价。进入成熟期之后，科创企业清晰明确的盈利模式提高了未来预测的准确性，相对稳定的财务数据可以更加客观地反映企业价值，这一阶段的科创企业具备了使用市盈率估值法、现金流贴现模型等估值方法的条件。

## 第二节　绝对估值法

绝对估值法的基本思想是任何资产（包括企业或股权）的价值都是该资产在未来时期产生的各期现金流的现值之和。股票的绝对估值方法主要是现金流贴现模型，除此之外，也可以采用实物期权定价法、资产评估法等方法为股票估值，本书主要介绍现金流贴现模型。

### 一、现金流贴现法的基本原理

现金流贴现模型（Discounted Cash Flow，DCF）是运用收入的资本化定价方法来决定普通股票内在价值的方法。按照收入的资本化定价方法，任何资产的内在价值是由其在未来时期产生的现金流决定的。由于现金流是未来时期的预期值，因此必须按照一定的贴现率还原成现值。也就是说，资产的价值来源于其未来产生的现金流，将预期的未来的现金流按一定比率贴现，再进行加总得到资产的内在价值。常用的现金流贴现模型有两类：一是股利贴现模型；二是自由现金流贴现模型。除此以外，还有一些分析师采用经济利率贴现法。不同的模型原理基本相同，只是使用的指标有所不同。

现金流贴现法的主要步骤包括：一是预测未来时期现金流量；二是计算贴现率；三是计算内在价值。

### 二、现金流贴现法的常见形式

#### （一）股利贴现模型（Discounted Dividend Model，DDM）

股利贴现模型，是一种最基本的股票绝对估值模型。股利贴现模型的基本观点，是公司股票的价值由公司未来时期发放的股利所决定。对大多数股票投资者而言，投资股票主要是为了获取未来支付的股利以及买卖差价。股票内在价值是投资者未来时期分得的现金股利的现值，即未来时期所有现金股利现值的总和。在该模型中，股利是关键变量。

企业在股利分配之后，剩余的未分配资金可以用于未来发展。股利分配比例越大，可用于企业未来发展资金就越少，对于投资驱动型企业来讲，未来的增长率会受到较大影响。因此，如果分红率过高，有可能对企业估值造成负面影响。企业为了维持未来持续的盈利增长，通常将分红率维持在一个合适的水平。这也可以解释为什么成长性公司在其高速增长阶段往往分红率低。

1. 一般公式及计算步骤

$$V = \frac{D_1}{1+k} + \frac{D_2}{(1+k)^2} + \frac{D_3}{(1+k)^3} + \cdots + \frac{D_\infty}{(1+k)^\infty} = \sum_{t=1}^{\infty} \frac{D_t}{(1+k)^t} \qquad (9-2-1)$$

式中，$V$——股票在期初的内在价值；$D_t$——时期 $t$ 末以现金形式表示的每股股息；$k$——一定风险程度下现金流的适合贴现率，即必要收益率。

在公式（9-2-1）中，假定所有时期内的贴现率都是一样的。需要指出的是，股票期初的内在价值与该股票的投资者在未来时期是否中途转让无关。根据公式（9-2-1），可以引出净现值的概念。净现值（$NPV$）等于内在价值（$V$）与投资成本（$P$）之差，即：

$$NPV = V - P = \sum_{t=1}^{\infty} \frac{D_t}{(1+k)^t} - P$$

如果 $NPV>0$，意味着股票价格被低估；如果 $NPV<0$，意味着股票价格被高估。

2. 内部收益率

内部收益率就是指使得投资净现值等于零的贴现率。如果用 $k^*$ 代表内部收益率，根据内部收益率的定义可得下式：

$$NPV = V - P = \sum_{t=1}^{\infty} \frac{D_t}{(1+k^*)^t} - P = 0$$

所以：$P = \sum_{t=1}^{\infty} \frac{D_t}{(1+k^*)^t}$ (9-2-2)

由此可见，内部收益率实际上是使得未来股息流贴现值恰好等于股票市场价格的贴现率。

运用现金流贴现模型决定普通股票内在价值存在一个困难，即投资者必须预测所有未来时期支付的股息。由于普通股票没有一个固定的生命周期模式，因此通常要给无穷多个时期的股息流模式加上一些假定，以便于计算股票的内在价值。

这些假定围绕着股息增长率 $g_t$。两个时期的股息增长率与 $D_{t-1}$ 和 $D_t$ 之间满足如下关系：

$$D_t = D_{t-1}(1+g_t) \tag{9-2-3}$$

$$g_t = \frac{D_t - D_{t-1}}{D_{t-1}} \times 100\% \tag{9-2-4}$$

**【案例9－1】** 若预期在 $t=3$ 时每股股息是4元，在 $t=4$ 时每股股息是4.2元，那么有：

$g_4 = (4.2-4) \div 4 \times 100\% = 5\%$

3. 零增长模型、不变增长模型和可变增长模型

不同股息增长率的假定派生出不同类型的贴现现金流模型。假设股息增长率等于零、股息按照不变的增长率增长、股息增长率变化，分别得到零增长模型、不变增长模型和可变增长模型。

（1）公式。

①零增长模型假定股息增长率等于零，即 $g=0$。也就是说，未来的股息按一个固定数量支付。根据这个假定，我们用 $D_0$ 来替换 $D_t$，得：

$$V = \sum_{t=1}^{\infty} \frac{D_0}{(1+k)^t} = D_0 \cdot \sum_{t=1}^{\infty} \frac{1}{(1+k)^t} \tag{9-2-5}$$

因为 $k>0$，按照数学中无穷级数的性质，可知：$\sum_{t=1}^{\infty} \frac{1}{(1+k)^t} = \frac{1}{k}$

因此，零增长模型公式为：$V = \frac{D_0}{k}$　　(9－2－6)

式中，$V$——股票的内在价值；$D_0$——未来每期支付的每股股息；$k$——必要收益率。

②不变增长模型可以分为两种形式：一种是股息按照不变的增长率增长；另一种是股息以固定不变的绝对值增长。相比之下，前者比后者更为常见。因此，我们主要对股息按照不变增长率增长这种情况进行介绍。如果我们假设股息永远按不变的增长率增长，就可以建立不变增长模型。假设时期 $t$ 的股息为：

$D_t = D_{t-1}(1+g) = D_0(1+g)^t$

将 $D_t = D_0(1+g)^t$ 代入现金流贴现模型（9－2－1）中，可得：

$$V = \sum_{t=1}^{\infty} \frac{D_0(1+g)^t}{(1+k)^t} = D_0 \sum_{t=1}^{\infty} \frac{(1+g)^t}{(1+k)^t}$$

运用数学中无穷级数的性质，如果k＞g，可得：$\sum_{t=1}^{\infty} \frac{(1+g)^t}{(1+k)^t} = \frac{1+g}{k-g}$

从而得出不变增长模型：$V = D_0 \frac{1+g}{k-g}$　　(9－2－7)

由于 $D_1 = D_0(1+g)$，有时把公式（9－2－7）写成如下形式：

$$V = \frac{D_1}{k - g} \tag{9-2-8}$$

**【案例9-2】**假定某公司在未来每期支付的每股股息为8元，必要收益率为10%，运用零增长模型，可知该公司股票的价值为80元(=8÷0.1)；而当时股票价格为65元，每股股票净现值为15元(=80-65)。这说明该股票每股被低估15元，因此可以购买该种股票。

**【案例9-3】**2023年某公司支付每股股息为1.80元，预计在未来日子里该公司股票的股息按每年5%的速率增长。因此，预期下一年股息为1.89元[=1.80×(1+5%)]。假定必要收益率是11%，根据不变增长模型可知：

该公司每股股票价值=1.80×(1+5%)÷(11%-5%)=31.50（元）

当前每股股票价格是40元，因此股票被高估8.50元，投资者应该出售该股票。

**【案例9-4】**2023年某公司支付每股股息为1.30元，预期股息将永久性地每年增长5%。股票的$\beta$系数为0.90，无风险利率为3.35%，市场风险补偿为5%，计算该公司每股价值。

必要收益率=3.35%+0.90×5%=7.85%

每股价值=1.30×(1+5%)÷(7.85%-5%)=47.89（元）

③可变增长模型。零增长模型和不变增长模型都对股息的增长率变化模式进行了一定的假设。事实上，股息的各期增长率是变化不定的，因此，零增长模型和不变增长模型并不能很好地在现实中对股票的价值进行评估。下面，我们主要对可变增长模型中的二阶段增长模型进行介绍。

二阶段增长模型假定在时间$L$以前，股息以一个不变的增长速度$g_1$增长；在时间$L$后，股息以另一个不变的增长速度$g_2$增长。在此假定下，我们可以建立二元可变增长模型：

$$\begin{aligned} V &= \sum_{t=1}^{L} \frac{D_0(1+g_1)^t}{(1+k)^t} + \sum_{t=L+1}^{\infty} \frac{D_L(1+g_2)^{t-L}}{(1+k)^t} \\ &= \sum_{t=1}^{L} \frac{D_0(1+g_1)^t}{(1+k)^t} + \frac{1}{(1+k)^L} \cdot \sum_{t=L+1}^{\infty} \frac{D_L(1+g_2)^{t-L}}{(1+k)^{t-L}} \\ &= \sum_{t=1}^{L} \frac{D_0(1+g_1)^t}{(1+k)^t} + \frac{1}{(1+k)^L} \cdot \frac{D_{L+1}}{k-g_2} \end{aligned} \tag{9-2-9}$$

$$D_{L+1} = D_0 \cdot (1+g_1)^L \cdot (1+g_2)$$

**【案例9-5】**A公司目前股息为每股0.20元，预期回报率为16%，未来5年中每股股息的超常态年增长率为20%，随后的年增长率为10%，即$D_0=0.20$元，$g_1=0.20$，$g_2=0.10$，$L=5$，$k=0.16$，代入（9-2-9）得：

$$V = \sum_{t=1}^{5} \frac{0.20(1+0.20)^t}{(1+0.16)^t} + \frac{1}{(1+0.16)^5} \times \frac{D_{L+1}}{0.16-0.10}$$
$$=1.11+4.34$$
$$=5.45\ (元)$$

因此，A 公司股票当前的理论价值为 5.45 元。当市场价格高于 5.45 元时，投资者应该出售该股票；反之，若市场价格低于 5.45 元，则投资者应该买进该股票。

（2）内部收益率。

①零增长模型也可用于计算投资于零增长证券的内部收益率。用证券的当前价格 $P$ 代替 $V$，用 $k^*$（内部收益率）替换 $k$，零增长模型可变形为：

$$P = \sum_{t=1}^{\infty} \frac{D_0}{(1+k^*)^t} = \frac{D_0}{k^*} \tag{9-2-10}$$

进行转换，可得：$k^* = \frac{D_0}{P} \times 100\%$　　(9-2-11)

②利用不变增长模型同样可以用于求解股票的内部收益率。首先，用股票的市场价格 $P$ 代替 $V$；其次，用 $k^*$ 代替 $k$，其结果是：

$$P = D_0 \cdot \frac{1+g}{k^*-g} \tag{9-2-12}$$

经过变换，可得：$k^* = \left(D_0 \frac{1+g}{P} + g\right) \times 100\% = \left(\frac{D_1}{P} + g\right) \times 100\%$

③在可变增长模型中，用股票的市场价格 $P$ 代替 $V$，$k^*$ 代替 $k$，同样可以计算出内部收益率 $k^*$。不过，由于可变增长模型相对较为复杂，不容易直接得出内部收益率，因此，主要采取试错法来计算 $k^*$。

试错法的主要思路是，首先估计一个收益率水平 $k_1^*$，将其代入可变增长模型中。比较在此收益率水平下股票的理论价值和股票的市场价格。通过反复试错，所估计的收益率水平将逐步逼近实际的内部收益率水平。

（3）应用。

零增长模型的应用似乎受到相当的限制，毕竟假定对某一种股票永远支付固定的股息是不合理的，但在特定的情况下，对于决定普通股票的价值仍然是有用的。在决定优先股的内在价值时这种模型相当有用，因为大多数优先股支付的股息是固定的。

零增长模型实际上是不变增长模型的一个特例。假定增长率 $g$ 等于零，股息将永远按固定数量支付，这时不变增长模型就是零增长模型。从这两种模型来看，虽然不变增长的假设比零增长的假设有较小的应用限制，但是在许多情况下仍然被认为是不现实的。但由于不变增长模型是多元增长模型的基础，因此这种模型是极为重要的。

从本质上来说，零增长模型和不变增长模型都可以看成是可变增长模型的特例。例如，在二阶段增长模型中，当两个阶段的股息增长率都为零时，二阶段增长模型就是零增长模型；当两个阶段的股息增长率相等且不为零时，二阶段增长模型就是不变增长模型。相对于零增长模型和不变增长模型而言，二阶段增长模型较为接近实际情况。然而，对于股票股息的增长形态，我们可以给予更细的分析，以更贴近实际情况。与二阶段增长模型相类似，我们还可以建立三阶段甚至多阶段增长模型，其原理、方法和应用方式与二阶段增长模型相似，证券分析者可以根据自己的实际需要加以考虑。

**（二）自由现金流贴现模型（Free Cash Flow Model，FCFM）**

自由现金流量，就是企业产生的、在满足了再投资需要之后剩余的现金流量，这部分现金流量是在不影响公司持续发展的前提下可供分配给企业资本供应者（股东和债权人）的最大现金额。自由现金流贴现模型的基本观点，是公司价值等于公司预期自由现金流的现值。通常，可以将自由现金流分为企业自由现金流（FCFF）和股东自由现金流（FCFE）两种。

企业在盈利之后，会将一定数量的资金用于投资扩大生产。对于重资产行业来讲，需要把大量盈利用于投资再生产，可用于分配的自由现金流较少，公司内在价值较低。企业未来永续自由现金流和永续增长率取决于再投资回报率的大小。再投资回报率越高，企业未来盈利增长越快，永续自由现金流和永续增长率就会越高，相应的企业价值也越高。

1. 企业自由现金流模型（FCFF）

企业自由现金流模型是对企业自由现金流折现从而计算出企业价值。企业自由现金流是可以向所有出资人（包括股东和债权人）进行自由分配的现金流。

（1）企业自由现金流的计算。与股利贴现模型相似，也分为零增长、固定增长、多阶段几种情况，只是将各期股利改为各期企业自由现金流。企业自由现金流计算公式如下：

$$FCFF = EBIT \times (1 - T) + D\&A - \Delta NWC - CapEx + Other$$

= 息税前利润 ×（1 – 所得税率）+ 折旧和摊销 – 净营运资本量

– 资本性投资 + 其他现金来源

式中，$EBIT$——息税前利润（扣除所得税和利息前的利润）；$D\&A$——折旧和摊销；$\Delta NWC$——净营运资本量；$CapEx$——资本性投资。

自由现金流是指已扣除了各种必要的支出，可以为企业自由分配的现金流量。各种必要的支出包括企业正常生产经营所需要的营运资本和资本支出。

息税前利润（$EBIT$）不包括支付给债权人的利息，因此 $EBIT$ 是可供分配给股东和债权人的利润。折旧和摊销是非现金支出，在计算自由现金流时应该加回。净营运资本和资本性支出是企业持续经营所必要的支出，在计算自由现金流时需要扣除。

（2）贴现率。企业自由现金流贴现模型采用企业加权平均资本成本（$WACC$）为贴现率。计算公式如下：

$$WACC = \frac{E}{E+D} \cdot K_E + \frac{D}{E+D} \cdot K_D \cdot (1-T) \tag{9-2-13}$$

式中，$E$——股票市值；$D$——负债市值（通常采用账面值）；$T$——公司所得税税率；$K_E$——公司普通股成本；$K_D$——公司负债成本。

（3）计算步骤。根据预期企业自由现金流数值，用加权平均资本成本作为贴现率，计算企业的总价值。然后减去企业的负债价值，得到企业股权价值。企业股权价值除以发行在外的总股数，即可获得每股价格。

**【案例9-6】** 某公司上年度自由现金流为5 000 000元，预计今年自由现金流增长率为5%，公司的负债市值与股票市值之比为25%，股票投资者必要收益率16%，负债的税前成本为8%，税率为25%，公司负债市场价值11 200 000元，公司现有2 000 000股普通股发行在外。则该公司每股内在价值为：

步骤一：确定现金流。

$FCFF_0 = 5\ 000\ 000$，$g_{FCFF} = 5\%$，$FCFF_1 = FCFF_0 \times (1 + g_{FCFF}) = 5\ 250\ 000$（元）

步骤二：确定贴现率（WACC）。

$WACC = 0.8 \times 16\% + 0.2 \times 8\% \times (1 - 25\%) = 12.8\% + 1.2\% = 14\%$

步骤三：计算出股票价值。

①公司价值 $V_A = \frac{FCFF_1}{WACC - g_{FCFF}} = \frac{5\ 250\ 000}{(14\% - 5\%)} = 58\ 333\ 333$（元）。

②计算股权价值。考虑到公司负债价值 $V_D = 11\ 200\ 000$（元），则公司股权价值：

$V_E = V_A - V_D = 58\ 333\ 333 - 11\ 200\ 000 = 47\ 133\ 333$（元）

③计算每股股票内在价值。因为发行在外股票数量为2 000 000股，所以每股内在价值 $= \frac{47\ 133\ 333}{2\ 000\ 000} = 23.57$（元）。

**【案例9-7】** 某公司上一年息税前利润为6 000 000元，每股股利1.2元，预计2024年自由现金流增长率为5%。公司有3 000 000股股票流通在外。公司折旧是500 000元，资本支出是1 000 000元，营运资本减少额为200 000元；该公司的负债权益比为25%，负债市场价值15 500 000元，公司计划保持负债比率不变；负债的税前成本为8%，税率为25%；该公司股票的股息按每年5%的速率增长。股票的$\beta$值是1.5，当时的风险溢价率为4%，国债利率是6%。按照股利贴现模型和企业自由现金流贴现模型分别对公司每股股票进行估值：

股利折现模型下：

股权资本成本 $= 6\% + 1.5 \times 4\% = 12\%$

每股价值 $= 1.2 \times (1 + 5\%) \div (12\% - 5\%) = 18$（元）

企业自由现金流模型下：

现金流（$FCFF_0$）$=6\ 000\ 000\times(1-25\%)+500\ 000+200\ 000-1\ 000\ 000$

$=4\ 200\ 000$（元）

$FCFF_1 = FCFF_0\cdot(1+g_{FCFF}) = 4\ 410\ 000$ 元

贴现率（$WACC$）$=0.8\times12\%+0.2\times8\%\times(1-25\%)=9.6\%+1.2\%=10.8\%$

公司价值 $V_A = \dfrac{FCFF_1}{WACC-g_{FCFF}} = \dfrac{4\ 410\ 000}{(10.8\%-5\%)} = 76\ 034\ 483$（元）

公司股权价值（$V_E$）$= V_A - V_D = 76\ 034\ 483-15\ 500\ 000=60\ 534\ 483$（元）

计算股票内在价值：因为发行在外股票数量为 3 000 000 股，所以：

每股内在价值 $=\dfrac{60\ 534\ 483}{3\ 000\ 000}= 20.18$（元）

2. 股东自由现金流贴现模型（FCFE）

在 *DCF* 估值模型中，使用最为广泛的就是股权自由现金流模型（*FCFE*）。股东自由现金流是分配给普通股股东的现金流，是考虑了给债权人支付之后的现金流。

（1）股东自由现金流的定义与计算。股东自由现金流，指公司经营活动中产生的现金流量，在扣除公司业务发展的投资需求和对其他资本提供者的分配后，可分配给股东的现金流量。股东自由现金流贴现模型是对股东自由现金流进行折现，计算股票的内在价值。

$FCFE = FCFF -$ 用现金支付的利息费用 $+$ 利息税收抵减 $-$ 优先股股利

（2）贴现率。采用股东要求的必要回报率作为贴现率。

（3）计算步骤。首先计算未来各期期望股东自由现金流，确定股东要求的必要回报率，作为贴现率计算企业的权益价值 $V_E$，进而计算出股票的内在价值。

**【案例 9－8】** 某公司 2023 年股东自由现金流 *FCFE* 为 1 347 000 元，预计 2024 年增长 5%。公司现有 2 000 000 股普通股发行在外，股东要求的必要回报率为 8%。

步骤一：计算未来现金流。

$FCFE_0 = 1\ 347\ 000$ 元，$g_{FCFE} = 5\%$，$FCFE_1 = FCFE_0\times(1+g_{FCFE}) = 1\ 347\ 000\times(1+5\%)=1\ 414\ 350$（元）

步骤二：计算股票内在价值。

根据固定增长模型进行贴现，计算如下：

公司股权价值（$V_E$）$=\dfrac{FCFE_1}{k-g_{FCFE}} = \dfrac{1\ 414\ 350}{(8\%-5\%)} = 47\ 145\ 000$（元）

股票内在价值 $=\dfrac{47\ 145\ 000}{2\ 000\ 000}=23.57$（元）

## （三）现金流贴现模型的比较

对于上述几种现金流贴现模型的相同点和不同之处，总结如下：

不同的估值模型采用的现金流不同：股利贴现模型使用的现金流是红利，企业自由现金流贴现模型使用的现金流是企业自由现金流，股东自由现金流贴现模型使用的股东自由现金流。

不同的估值模型采用不同的贴现率：股利贴现模型和股东自由现金流贴现模型使用的都是股东要求的必要回报率（股权资本成本），企业自由现金流贴现模型使用的加权平均资本成本（WACC）。企业自由现金流包括股东自由现金流和债权人自由现金流，与之相对应的资本成本也是股东和债权人投入的全部资本的成本，即企业加权平均资本成本。

## 三、企业价值的创造的来源和组成部分

根据现金流贴现模型，企业价值是企业未来所有现金流的现值。模型中已经将企业价值公式化。为了更加深入地理解企业价值，可以将企业价值进行拆分。企业的价值由三部分构成：资产的价值（Invested Capital value）、盈利的价值（Franchised Value）和成长的价值（Growth Value）。资产的价值是股东和债权人投入的全部资本；盈利的价值是企业创造的高于资本成本的超额收益；成长的价值是企业未来成长创造的超额价值。可见，企业价值的增加是由盈利的价值和成长的价值决定的。

企业价值来源等于所有出资人（股东和债权人）投入的资产价值与企业创造的增加值的现值之和，其中，增加值收益率为 $ROIC - WACC$，$ROIC$ 为投入资本的收益率，$WACC$ 为加权平均资本成本。

$ROIC > WACC$，企业价值增加；

$ROIC = WACC$，企业价值不变；

$ROIC < WACC$，企业价值减少。

可见，只当 $ROIC > WACC$ 时，企业才创造价值。

## 四、经济增加值贴现模型

经济增加值（Economic Value Added，EVA）也称为经济利润，是指公司运用投入资本所创造的高于资本成本的价值。它衡量了扣除资本占用费用后企业经营产生的利润，是衡量企业经营效率和资本使用效率的重要指标。

相比传统的会计方法，经济增加值全面考虑了债务的成本和股权资本的成本，比较准确地揭示了企业经营的经济效益。经济增加值等于投入资本回报率与资本成本之差乘以投入资本，计算公式为：

$$EVA = IC \cdot (ROIC - WACC) \quad (9-2-14)$$

其中，投入资本（IC）包括股权人和债权人的投资，即股权资本和债权；投入资本回报率（ROIC）等于调整税后净经营利润（NOPLAT）与投入资本的比值，即 $ROIC = \frac{NOPLAT}{IC}$，其中，NOPLAT 是扣除所得税后的净经营利润。

代入上式，可以得到：

$$EVA = NOPLAT - IC \cdot WACC \quad (9-2-15)$$

**【案例 9-9】** 某公司上年年初的投入资本为 10 000 万元，经营活动产生的息税前利润为 2 000 万元，所得税率为 25%，该公司的 WACC 为 10.5%，计算该公司上年的经济增加值（EVA）。

$EVA = 2\ 000 \times (1 - 25\%) - 10\ 000 \times 10.5\% = 450$（万元）

采用经济增加值贴现法时，企业内在价值是估值时点投入资本账面价值与 EVA 之和按加权平均资本（WACC）贴现的现值。

## 五、二阶段模型和三阶段模型

### （一）两阶段模型

在绝对估值法中，两阶段模型是较为主要的类型。两阶段模型把时间分为两个阶段：预测期和永续期。在第一阶段预测期间，需要对公司的财务状况进行详细预测，估算每年的现金流。第二阶段为永续期，将永续期公司的价值称为终值（Terminal Value），估算此期间的所有现金流在预测期最后一年的贴现价值，即可得到终值。

在两阶段模型中，价值的计算公式为：

$$FV = \sum_{t=1}^{n} \frac{FCF_t}{(1+r)^t} + \frac{TV}{(1+r)^n}$$

式中，FV——总价值；$FCF_t$——第 t 期的自由现金流；r——贴现率；TV——终值；n——预测期期数。

对于终值的估算主要有两种方法：增长率法和可比法。

增长率法是假设在预测期之后，公司现金流以一个不变的增长率永续增长，将终值期全部现金流贴现到预测期的最后一年，得到公司的终值。终值的计算公式为：

$$TV = \frac{FCF_n \cdot (1+g)}{1+r} + \frac{FCF_n \cdot (1+g)^2}{(1+r)^2} + \frac{FCF_n \cdot (1+g)^3}{(1+r)^3} + \cdots$$

当 $g < r$ 时，通过等比数列求和，可以得到终值为：

$$TV = \frac{FCF_n \cdot (1+g)}{r-g}$$

代入公式中，得到：

$$FV = \sum_{t=1}^{n} \frac{FCF_t}{(1+r)^t} + \frac{FCF_n \cdot (1+g)}{(r-g)(1+r)^n}$$

一般来讲，永续期的增长率会低于预测期增长率。

可比法是使用预测期最后一年的自由现金流的合理倍数来估算终值，即：

$TV$ = 预测期最后一年的自由现金流 × 合理倍数

代入公式中，得到：

$$FV = \sum_{t=1}^{n} \frac{FCF_t}{(1+r)^t} + \frac{\text{自由现金流} \times \text{合理倍数}}{(1+r)^n}$$

可比法实际上是一种绝对估值和相对估值结合的方法，选择合适的指标倍数是可比法的关键所在。

### （二）三阶段模型

三阶段模型是在二阶段模型的基础上建立的。三阶段模型把时间分为三个阶段，第一阶段为预测期，第二阶段为过渡期，第三阶段为永续期。

在三阶段模型中，价值的计算公式为：

$$FV = \sum_{t=1}^{m} \frac{FCF_t}{(1+r_1)^t} + \sum_{t=m+1}^{n} \frac{FCF_t}{(1+r_1)^m (1+r_2)^{t-m}} + \frac{TV}{(1+r_1)^m (1+r_2)^{n-m}}$$

式中，$FV$——总价值；$FCF_t$——第 $t$ 期的自由现金流；$r_1$——预测期贴现率；$r_2$——过渡期贴现率；$m$——预测期期数；$n$——预测期和过渡期的期数之和；$TV$——终值。

与两阶段模型相比，三阶段模型在预测期和永续期之间增加了过渡期。三阶段模型适用于从高速增长逐步进入稳定增长的公司，这些公司经历高速增长期之后，增长速度开始放缓，最终达到稳定增长状态。

## 六、资本成本

### （一）股权资本成本

1. 股权资本成本的含义

股权资本成本，是企业为取得和使用股权资本所要支付的代价，如果不考虑取得股权资本而发生的筹资费用，股权资本成本是股东投资时所要求的必要收益率。

2. 股权资本成本的计算

在计算投资者要求的必要回报率时，我们常用资本资产定价模型（$CAPM$）。在衡量市场风险和收益模型中，资本资产定价模型是当今人们确定股权资本成本的重要方法和依据。

资本资产定价模型的主要观点是：①单个资产的期望收益率由两个部分组成：无风险利率和风险溢价，风险溢价是对所承担风险的补偿。②风险溢价的大小取决于风险系数$\beta$值的大小。$\beta$值越高，表明单个证券的风险越高，所得到的补偿也应越高。③投资风险可分为系统性风险和非系统性风险，风险系数$\beta$用于评估证券的系统性风险。

在资本资产定价模型$Z(R_i) = R_f + \beta_i[E(R_m) - R_f]$中，参数的确定方式如下：

无风险利率（$R_f$）是指在没有任何风险的情况下，投资者可以获得的预期收益率，通常选择长期政府债券收益率作为无风险收益率。使用名义收益率还是实际收益率取决于将进行贴现处理的现金流是名义的还是实际的。在实务操作中，公司财务预测数据是名义的。

风险系数$\beta_i$是一种评估市场系统性风险的工具，用于衡量单个证券相对于总体市场的价格波动情况。如果一个证券的价格波动性和总体市场波动性完全一致，那么这个证券$\beta$值就是1。$\beta$大于1，则证券的波动程度大于总体市场，反之亦然。$\beta$越高，意味风险越大。如果$\beta$是负值，则表示证券的变化方向与总体市场相反。

$$\beta = \frac{\text{单个证券收益率相对于市场收益率的协方差}}{\text{市场收益率的方差}}$$

计算$\beta$系数时，需要对计算周期、收益率计算方法和市场指数等指标进行选择，市场指数通常可以选择沪深300指数，计算周期通常定为52周。计算过程可以分为三步：

第一步，计算市场指数每日收益率的方差；第二步，计算市场指数每日收益率与该证券每日收益率的协方差；第三步，计算$\beta$值。

市场平均收益率$E(R_m)$，即整个市场的平均报酬率。一般选取过去5~10年的股票市场的收益率作为市场平均收益率。

风险溢价是市场平均收益率$E(R_m)$和无风险利率$R_f$之差。

**【案例9-10】**假设无风险收益率是4%，股票市场总体的预期收益率是10%，某公司股票的$\beta$值是1.2，使用资本资产定价模型（CAPM）估算该股票的预期收益率。

$E(R_i) = 4\% + 1.2 \times (10\% - 4\%) = 11.2\%$

### （二）公司加权平均资本成本（WACC）的计算公式

$$\text{公司加权平均资本成本}（WACC）= \frac{E}{E+D} \cdot K_E + \frac{D}{E+D} \cdot K_D \cdot (1-T)$$

公司从外部获取资金的方式主要有股权融资和债务融资两种。加权平均资本成本就是公司各类资本成本的加权平均值。计算方法是将每种资本的成本（税后）乘以各类资本所占总资本的比例，然后进行加总。加权平均资本成本受到资本结构、无风险利率、风险溢价、$\beta$值等多种因素的影响。

**【案例9-11】** 某公司的投资资本由所有者权益和长期负债两部分构成，所有者权益占投资资本的比重为60%，长期负债占40%，利率为6%。市场预期收益率为10%，国债利率为5%，股票的风险系数$\beta$为1.10。在采用现金流折现对该公司进行估值时，计算如下：

股权资本成本 = 5% + 1.10 × (10% - 5%) = 10.5%

加权平均资本成本 = 10.5% × 60% + 6% × 40% = 8.7%

## 七、绝对估值方法的优点与不足

绝对估值法是对企业内在价值的评估，不涉及与其他企业价值的比较。在绝对估值方法中，多种估值模型为估值提供了更多的选择。股利贴现模型比较适用于成熟行业和分红稳定的大型公司。对于成长性行业、不支付股利或者股利较低的股票，股利贴现模型并不适用。自由现金流模型适用于不同行业和类型的企业，尤其适用于盈利相对稳定的公司。

现金流贴现法在估值实践中应用广泛，其优势在于可以更加准确地反映公司的内在价值，逻辑清晰，有着更加完善的价值投资理论基础。但是现金流贴现法基于财务预测和假设，主观因素较多且计算复杂，主要缺点在于：

一是现金流量的预测难度比较大。现金流贴现法的核心思想是将公司未来预期的现金流量按一定的贴现率进行贴现。这种方法需要预测公司未来各个时期的现金流量。然而由于未来经营环境的复杂多变，导致公司未来收益的不确定性，准确预测未来现金流非常困难。

二是贴现率的确定难度比较大。在绝对估值模型中，贴现率一般是固定的。但是在实践中，企业的资本结构中各类资金的权重、企业的风险系数都是变化的，这些因素的变化导致折现率难以准确估算。

现金流量的预测、贴现率的确定，都会影响估值结果的可靠性。

# 第三节　相对估值法

## 一、相对估值法的原理与步骤

相对估值法的基本原理是，投资者对价值相同的资产应该支付同等的相对价格，从而可以借助市场上可比资产的价格来确定目标资产的价格。常见的市盈率法、市净率法、市销率法、市值回报增长比法等均属相对估值方法。在相对估值法中，可比公司的选取至关重要。

相对估值法以可比公司的证券市场价格为依据，运用其市场价格与某个财务指标之间的比例关系对目标公司进行估值定价。估值过程一般分为三步：

第一步，可比公司的选取。

在选取可比公司时，通常会选择与目标公司在同一行业或领域、业务和规模相近的公司，此外可比公司的资本结构、投资回报率等诸多方面的特征应与目标公司存在一定的差异。合适的可比公司才能确保目标公司估值的准确性。

第二步，计算可比公司的估值倍数。

常用的估值指标主要包括：市盈率倍数、市净率倍数、市销率倍数、EV/EBITDA倍数等。先计算得到单个可比公司的估值倍数，然后对可比公司估值倍数求平均值或中位数。

第三步，计算目标公司的合理价格。

用可比公司的估值倍数，乘以目标公司相应的财务指标，计算得到目标公司的合理价格。

相对估值法表现形式比较简单，不像绝对估值法那样需要较多的主观假设和对未来的预测，但是相对估值法也有一些局限性。相对估值法是基于可比公司的估值，假设可比公司的定价合理，如果可比公司被高估或者被低估，目标公司也会相应地被高估或者被低估。因此在实践中，通过多种估值方法来检验估值结果的可信度是非常必要的。

## 二、常用的相对估值方法

### （一）市盈率估值法

市盈率（P/E）又称价格收益比或本益比，是每股价格与每股收益之间的比率，其计算公式为：

$$市盈率=\frac{每股价格}{每股收益} \tag{9-3-1}$$

如果我们能分别估计出股票的市盈率和每股收益，那么我们就能由此公式估计出股票价格。这种评价股票价格的方法就是市盈率法。对股票市盈率估计最常用的是市场归类决定法。在有效市场的假设下，风险结构等类似的公司，其股票市盈率也应相同。因此，只要选取风险结构类似的公司求取市盈率的平均数，就可以此作为市盈率的估计值。除此之外，对股票市盈率的估计还有简单估计法和回归分析法等。

1. 简单估计法

这一方法主要是利用历史数据进行估计。

①算术平均数法或中间数法。这种方法就是将股票各年的市盈率历史数据排成序列，剔除异常数据（过高或过低者），求取算术平均数或是中位数，以此作为对未来市盈率的预测。这一方法适用于市盈率比较稳定的股票。

②回归调整法。这种方法是在方法①的基础上进行调整的。先把按算术平均法所求出的市盈率作为该证券市盈率的正常值，假设异常值总是具有向正常值回归的趋势，我们对下一年的市盈率作出以下预测：如果这一年的市盈率高于这个值，就认为下一年的市盈率值将会向下调整；反之，则认为会向上调整。与平均数法类似，这一方法也适用于市盈率比较稳定的股票。

③市场预期回报率倒数法。在绝对估值的不变增长模型中，我们可以进一步假定：第一，公司利润内部保留率 $b$ 为固定不变；第二，再投资利润率 $r$ 为固定不变，且股票持有者的预期回报率与再投资收益率相当。由第二个假设不难得到：

$$E_t = E_{t-1} + r \cdot I_{t-1} \quad (9-3-2)$$

式中，$E$——预期收益；$I$——再投资。

再由第一个假设得到：$I_{t-1} = bE_{t-1}$

代入前面的式子得到：$E_t = E_{t-1} + brE_{t-1} = E_{t-1}(1 + br)$

这样，可以得到收益的预期增长率（$g_E$）$= \dfrac{E_t - E_{t-1}}{E_{t-1}} = br$

由于第一个假设，股息的增长率（$g$）一定与收益的增长率相同，即：

$$g = g_D = g_E = br$$

因此，不变增长模型可以变形为：$P_0 = \dfrac{D_0(1+g)}{k - br}$

在股票持有者的预期回报率与再投资收益率相当的假设下，即 $r = k$，则：

$$P_0 = \frac{D_0(1+g)}{r - br}$$

$$r = k = \frac{D_0(1+g)}{(1-b)P_0} = \frac{D_1}{(1-b)P_0} = \frac{E_1}{P_0}$$

$$D_1 = (1-b)E_1 \quad (9-3-3)$$

从上面的分析中可以看出，在上述假设条件之下，股票持有者预期的回报率恰好是市盈率的倒数。因此，我们可以通过对各种股票市场预期回报率的跟踪分析来对合理市盈率进行预测。

需要注意，股票持有者的预期回报率与再投资收益率相等的假设在整体市场角度具有一定合理性，所以，市场预期回报率倒数法在策略分析当中应用较多；而公司研究中，特定公司的这两个参数并不经常相同，所以该方法并不绝对适用于公司定价。

尽管如此，市场预期回报率倒数直观揭示了市场预期回报率和市盈率之间的联动关系。

2. 回归分析法

回归分析方法是指利用回归分析的统计方法，通过考察股票价格、收益、业绩增长、风险、货币的时间价值和股息政策等各种因素变动与市盈率之间的关系，得出能够最好解释市盈率与这些变量间线性关系的方程，进而根据这些变量的给定值对市盈率大小进行预测的分析方法。一般认为，市盈率与收益、股息政策、业绩增长和风险等关系最密切。美国学者 Whitebeck 和 Kisor 用多重回归分析法发现，在 1962 年 6 月 8 日的美国股票市场中有以下规律：

$$\text{市盈率} = 8.2 + 1.500 \times \text{收益增长率} + 0.067 \times \text{股息支付率} - 0.200 \times \text{增长率标准差} \quad (9-3-4)$$

这个方程描述了在某一时刻，这三个变量对于市盈率变动的解释。其中的系数表示了各变量的权重，正负号表示其对于市盈率影响的方向，而这些方向与我们的常识恰恰是吻合的。增长越快，股息越多，风险越低，则市盈率越大。

20 世纪 60 年代以来，在美国的证券界，这样的模型出现了数百个，每一种可能的变量和变量的组合都考虑到了。所有这些模型的一个共同特点是：它们能解释在某一段时间内股价的表现，却很少能成功解释较长时间内市场的复杂变化。导致这种缺陷的原因可能有如下三个：

（1）市场风格的变化。当市场风格发生变化时，各变量权重将有所变化。

（2）数据观测值的变化，如历史股票收益增长率、历史股息支付率等随时间变化。

（3）尚有该模型所没有捕捉到的其他重要因素。

用回归分析法得出的有关市盈率估计方程具有很强的时效性，套用过去的方程是不现实的，需要在实践中不断改进。

需要注意的是，市盈率通常可分为静态市盈率和动态市盈率，其区别在于，静态市盈率使用的是前一年的每股收益，动态市盈率使用的是每股收益的预测值。在相对估值时，目标公司和可比公司使用的市盈率指标计算口径应该是一致的。

### （二）市净率估值法

市净率（P/B）又称净资产倍率，是每股市场价格与每股净资产间的比率，其计算公式为：

$$\text{市净率} = \frac{\text{每股价格}}{\text{每股净资产}} \quad (9-3-5)$$

式中的每股净资产又称账面价值，指每股股票所含的实际资产价值，是支撑股票市场价格的物质基础，通常被认为是股票价格下跌的底线。每股净资产的数额越大，表明公司资本实力越雄厚，抵御风险的能力越强。正因为如此，市净率反映的是，相对于净资产，股票当前市场价格是处于较高水平还是较低水平。市净率越大，说明股价处于较高水平，其投资价值可能较低；反之，市净率越小，说明股价处于较低水平，安全边际较高，其投资价值可能较大。

**【案例9-12】**上年12月31日，某公司的股票收盘价为5.50元，公司发行在外的股份数为3亿股，其资产和负债的账面价值分别为10亿元和3.50亿元，则：

每股净资产 $=(10-3.50)\div 3=2.17$（元）

市净率 $=5.50\div 2.17=2.53$

使用市净率估值的步骤与市盈率倍数法类似，也是先选取可比公司，计算可比公司的平均市净率，以此作为目标公司市净率的参考值。

不同行业的市净率差别较大，银行业和房地产行业的盈利主要来源于资产规模增长，净资产可以从较大程度上反映公司的盈利能力，因此对银行业和房地产行业估值时，市净率是常用的估值方法。

### （三）市销率估值法

市销率（P/S）为股票价格与每股销售收入之比，其计算公式为：

$$\text{市销率}=\frac{\text{每股价格}}{\text{每股销售收入}} \tag{9-3-6}$$

市销率反映了股票价值与营业收入之间的关系，营业收入越高，市销率越低，该股票的投资价值可能越大，反之亦然。市销率定价通常是用待估值股票的每股销售收入乘以可比公司市销率计算而得。

**【案例9-13】**某公司目前发行在外的普通股股数为4 000万股，公司营业收入18 000万元，净利润9 200万元。采用市销率法计算每股股票价值，选取的三家可比公司的相关数据如下表：

| 可比公司 | 营业收入（万元） | 普通股股数（万股） | 股票价格（元/股） |
|---|---|---|---|
| 公司1 | 20 000 | 5 000 | 15 |
| 公司2 | 30 000 | 6 000 | 18 |
| 公司3 | 40 000 | 8 000 | 27 |

公司1的市销率 $=15\div(20\ 000\div 5\ 000)=3.75$

公司2的市销率 $=18\div(30\ 000\div 6\ 000)=3.60$

公司3的市销率 $=27\div(40\ 000\div 8\ 000)=5.40$

可比公司平均市销率 $=(3.75+3.60+5.40)\div 3=4.25$

公司每股股票价值 $=4.25\times(18\ 000\div 4\ 000)=19.13$（元）

### （四）市值回报增长比

市值回报增长比（*PEG*）即市盈率对公司利润增长率的倍数，计算公式为：

$$市值回报增长比 = \frac{市盈率}{增长率 \times 100}$$

使用 *PEG* 指标计算股权价值的公式为：

$$每股价值 = 每股收益 \times PEG \times 增长率 \times 100$$

**【案例 9－14】** 某公司当年每股收益 0.35 元，净利润增长率为 12%，可比公司 *PEG* 平均值为 1.5，该公司每股价值 $=0.35 \times 1.5 \times 12 = 6.3$（元）。

比如，一只股票当前的市盈率为 20 倍，其未来预期每股收益复合增长率为 20%，那么这只股票的 *PEG* 就是 1。如果假定 $PEG = 1$ 时，表明市场赋予这只股票的估值可以充分反映其未来业绩的成长性；如果 $PEG > 1$，则意味着这只股票的价值有可能被高估；如果 $PEG < 1$，则意味着这只股票的价值有可能被低估。*PEG* 是对成长的相对定价，主要是考察相对于公司增速，市盈率是否合理。

市值回报增长比指标计算公式中包含了市盈率指标。可见，两个指标之间存在较强的关联性。*PEG* 往往不是单独使用，而是和市盈率等其他指标结合起来考虑，市值回报增长不如市盈率使用这么广泛，但仍然是重要的估值指标。

### （五）企业价值倍数（EV/EBITDA）

企业价值倍数 = *EV/EBITDA*

式中，*EV*——企业价值，包括股权价值和债权价值；*EBITDA*——息税折旧摊销前利润。

*EV/EBITDA* 也是一个重要的相对估值指标，计算得出的倍数与行业平均水平或历史水平进行对比，判断股票价值被高估还是低估。企业价值倍数较高通常说明股票被高估，较低则说明股价可能被低估。

*EV/EBITDA* 倍数是价值和盈利的比例关系。在该指标中，企业价值（*EV*），即投入企业的所有资本的市场价值，包括股东权益和债权价值。盈利指标采用了息税折旧前盈利（*EBITDA*），这一指标反映了包括股东和债权人的所有投资人所获得的税前收益水平。由于排除了会计准则和税率的影响，也排除了折旧摊销等非现金因素，该指标可以更加准确地反映公司价值。

*EBITDA* 指标不受企业融资来源的影响，因此也适用于不同资本结构的企业之间比较。此外，*EBITDA* 指标中不包括投资收益、营业外收支等其他收益项目，仅反映主营业务创造的价值，企业之间更具有可比性。

**【案例 9－15】** 某公司 2023 年平均总资产是 5 000 万元，平均资产负债率是 60%，其中有息负债占负债总额的比例为 40%，有息负债的平均利率为 10%，适用的所得税税率为 25%。2023 年公司净利润为 1 500 万元，折旧摊销合计 300 万元。同行业可比公司 *EV/EBITDA* 是 8。使用 *EV/EBITDA* 倍数，计算公司的企业价值。

$EBITDA$ = 净利润 + 所得税 + 利息 + 折旧摊销

$= 1\,500 \div (1-25\%) + 5\,000 \times 60\% \times 40\% \times 10\% + 300$

$= 2\,000 + 120 + 300 = 2\,420$（万元）

企业价值（$EV$）$= 2\,420 \times 8 = 19\,360$（万元）

### （六）收益倍数法和资产倍数法的区别与联系

收益倍数法认为企业价值或股权价值与企业的某种收益存在关联关系，企业价值可以通过该类收益乘以某个特定的倍数来得到，而这一倍数可以通过对可比公司的已有估值推算得到。即，根据可比公司的数据确定目标公司的估值倍数，目标公司的收益指标与估值倍数相乘，计算出企业价值或股权价值。市盈率法、市销率法和 *EV/EBITDA* 倍数法都是常用的收益倍数法，这些方法采用不同的收益计算口径。

与收益倍数法对应的是资产倍数法，即认为企业价值或股权价值与企业的某种资本量之间存在倍数关系，找到这种倍数关系一般都从可比公司的相应数据入手。根据可比公司的数据确定目标公司的估值倍数，目标公司的该类资本指标与估值倍数相乘，计算出企业价值或股权价值。市净率法是常用的资产倍数法。

收益倍数法和资产倍数法之间存在一定联系。以市盈率和市净率为例，市净率与市盈率之间存在如下关系：$(P/B)/(P/E) = E/B = ROE$ 或 $P/B = P/E \cdot ROE$，即市净率等于市盈率与净资产收益率的乘积。市盈率和市净率指标的勾稽关系，可以解释为什么 *ROE* 高的公司对应的 *PB* 通常更高。

## 三、相对估值法的优点和适用性

### （一）相对估值法和绝对估值法的比较

相对估值法运用比较简单，不像绝对估值法那样需要较多的市场环境假设和复杂的财务预测。相对估值法是基于可比公司的估值，以可比公司为参照标准且假设可比公司的定价合理。在相对估值法中，对可比公司的选择有着严格标准，合适的可比公司才能确保估值的准确性。缺点则是，如果可比公司本身被高估或者被低估，目标公司也会相应地被高估或者被低估。

### （二）相对估值常用指标的比较

市盈率倍数法是一种应用比较广泛的估值方法，简单易于计算。局限性在于，市盈率法要求每股收益为正数，因此对于亏损公司并不适用。另外，周期性行业公司的盈利波动比较大，导致市盈率水平不稳定，也不适用于市盈率估值方法。

对银行业和房地产行业估值时，市净率是常用的估值方法。然而对于部分行业而言，净资产指标不能准确反映公司未来的盈利能力，因此还需要综合使用其他估值方法。例如高科技行业和轻资产公司，并不适用市净率估值法。

市销率也是较为常用的估值指标，反映业务规模对公司价值的决定作用。对于一些无利润甚至亏损的公司，无法计算市盈率，对于轻资产公司，市净率则并不适用，市销率可以适用于这些公司。对于还不具备盈利能力的初创公司，市销率定价目前已经被投资者较普遍接受。例如，互联网公司、生物制药公司等科技创新型企业，市销率估值法可以弥补市盈率法在估值方面的不足，起到相互补充的作用。市销率估值法的局限性在于，由于公司之间的差异，销售收入相同的公司并不一定具有相同的潜在盈利能力。

市值回报增长比（*PEG*）适用于高成长性公司，一般和市盈率结合起来考虑。对于某些高成长、高市盈率的股票，如果仅从市盈率的角度来看，这些股票估值显然过高，但如果将市盈率和公司利润增长率对比，*PEG* 指标就很可能比较合理了。换而言之，市值回报增长指标可以用来解释部分高成长股票的高市盈率背后的合理性。

企业价值倍数（*EV/EBITDA*）应用广泛，不同公司基于 *EV/EBITDA* 指标具有较强的可比性，且适用于同资本结构的公司之间比较。不足之处在于 *EV/EBITDA* 指标计算相对复杂。

总之，每种估值指标都有一定的适用范围和局限性，投资者在使用指标时需要结合其他因素综合分析。

# 第四节 估值建模应用

## 一、构建估值模型的基本原理

### （一）估值模型的含义和作用

1. 估值模型的含义

估值模型已经成为金融从业人员进行投资分析的重要工具，是借助于软件工具（如 Excel）建立的一个包括财务报表预测和股票估值的量化分析体系。在估值模型中，分析人员运用会计和财务分析方法，对公司的财务报表，包括利润表、资产负债表和现金流量表中的数据进行分析。并结合合理的假设进行财务预测，在此基础上，综合使用多种估值方法，计算公司的内在价值。

构建估值模型不但需要掌握各种估值理论和方法，熟练运用 Excel 等工具，还需要具备会计、金融、行业研究等多方面知识和能力，尤其要对行业和公司的基本情况和发展特点、规律都有着较为深刻的认识。

2. 估值建模的意义和作用

（1）全局性把握公司。估值模型可实现把公司历史数据、预测数据集中存放在一个统一完整的体系内，公司过往业绩和未来预测在模型中清晰呈现，便于全面了解和把握公司经营情况和财务状况。

（2）分析过程清晰可见。整个分析过程在模型中全部呈现，数据之间的逻辑关系、数据运算方法、预测和估值过程都清晰可见。

（3）灵活可调整。企业估值涉及各种假设参数的设定。所有数据集中在一个系统内，当某一影响因素改变时，相关多个指标都会随之变动，可实现灵活快速调整。

### （二）构建估值模型的基本原理

估值模型按照会计核算框架建立，包含公司历史财务报表和财务预测表，按照会计核算方法和会计科目之间的逻辑关系，使用 Excel 函数公式在会计科目之间和财务报表之间建立勾稽关系，对公司未来的经营情况和财务状况进行预测，在此基础上对公司价值进行评估。由此可见，合理的假设和报表勾稽关系的建立是构建估值模型的关键。

1. 假设参数的设置

估值模型中包括了大量的基本假设。基本假设是指在财务预测过程中，基于历史数据和对未来的判断进行的一些假设，比如收入增长率、成本费用率、折旧率、利率等。

模型中的预测数据是根据历史数据和基本假设得到的，因此可以说我们设定的假设直接影响预测的结果。如果假设不合理，预测结果很难令人信服，科学合理的假设是至关重要的。

需要注意的是，模型中的假设不仅需要参考历史数据，而且需要综合考虑宏观经济展望、行业趋势、公司未来的发展计划等信息而设定。如果上述因素发生重大变化，模型中的假设需要相应进行调整和修正。

2. 建立财务报表勾稽关系

估值建模的关键就是建立利润表、资产负债表和现金流量表三张财务报表的勾稽关系。三张会计报表的数据是具有关联性的，按照勾稽关系建模才能够确保报表数据正确。勾稽关系是指一个会计报表和另一个会计报表之间以及一个会计报表内部相关项目的内在逻辑对应关系，在模型中使用数学公式表示其相互关系。构建模型，就是把三张报表中项目的相互关系用公式表示出来，其中一个项目输入数值之后，就可以通过公式计算得出和其具有勾稽关系的其他项目的值，各种计算结果可以在模型中直接显示出来。

会计报表项目之间的一些基本勾稽关系，在资产负债表中，资产 = 负债 + 所有者权益；在利润表中，收入 - 费用 = 利润；在现金流量表中，现金流入 - 现金流出 = 现金净流量。以上反映会计要素数量关系的等式是构建模型和财务预测的理论基础。

利润表和现金流量表之间的关联性主要体现在，利润表中的收入、费用科目也是资金流向的反映，收入意味着现金流入，费用意味着现金流出。利润表和资产负债表之间的关联性主要体现在，利润增加了资产和所有者权益。现金流量表和资产负债表之间的关联性主要是现金流动的结果体现在资产负债表中，比如现金流量表的期末现金对应着资产负债表中的现金科目。资产和负债的增加或减少，都会引起现金的变化。

### （三）估值建模的基本步骤

第一步，数据汇总。财务模型是根据历史数据和基本假设对公司的财务报表进行预测，因此，首先需要对目标公司的相关数据进行汇总和整理。估值模型中主要有三类数据：历史数据、预测数据和假设参数。历史数据是预测的依据，假设参数直接影响到预测结果。估值模型应该包含财务预测和估值需要的全部数据。

第二步，业务梳理。估值模型应该建立在对公司业务模式深入了解的基础之上。因此，需要对目标公司各项业务和产品进行系统梳理，全面掌握公司经营发展计划和投资融资计划，对公司深入研究有助于对未来发展作出合理假设。

第三步，财务预测。以历史数据为基础，结合宏观经济展望、行业发展趋势和对公司的深入理解，给出关键假设，预测公司财务数据，主要是对利润表、资产负债表和现金流表主要科目的预测。

第四步，估值分析。在财务预测的基础上，根据公司的特点综合运用多种估值方法，对公司进行价值评估。

第五步，结果评价。比较不同估值方法得到的结果，分析各种估值方法的适用性，得出估值分析的结论。

### （四）财务模型的基本框架

1. Excel 表格

财务模型是由多个工作表组成的，这些工作表以利润表、资产负债表、现金流量表三张核心财务报表为主体，除此之外，还有业绩拆分、假设参数、投资和筹资情况预测、敏感性分析等内容，这些主要是财务预测的中间过程，为三张报表的预测提供辅助支持。

2. 数据

估值模型中的数据可分为三类：历史数据、假设参数和预测数据。历史数据是财务预测的基础，需要确保模型中引用的历史数据准确客观。假设参数是对未来的判断进行的一些基本假设。预测数据是根据历史数据和假设参数，运用会计核算方法和Excel函数公式计算得到的。

## 二、财务预测的步骤和主要方法

财务预测主要是对三张财务报表的预测，为公司估值提供数据基础。财务报表的预测需秉承审慎、专业、客观原则，符合基本的会计核算原理和勾稽关系。

### （一）财务预测的步骤和重点

一般情况下，财务预测应从利润表入手。收入的预测是财务预测的基础，模型中有较多基于收入的假设参数。收入预测对整个财务预测有着重要影响，因此一般情况下，对收入应进行详细拆分和预测，确保相关假设的合理性。

利润表预测完成后，就可以对资产负债表进行预测。资产负债表中的一些科目的预测是以利润表相关科目为前提的。资产负债表中的营运流动资金科目，例如应收账款、预付账款、存货、应付账款和预收账款等，需要在利润表的营业收入和营业成本的基础上进行预测。

现金流量表中的数据主要来自利润表和资产负债表的预测结果。现金流量表体现的是现金增减变动情况，反映资产负债表中资产、负债和所有者权益的变动对现金流量的影响。非现金资产增加，引起现金的流出和减少；反之亦然。负债和所有者权益增加，引起现金的流入和增加。根据资产负债表和利润表中预测结果，将有关数据通过勾稽关系转入现金流量表中相应项目，可以完成对现金流量表的预测。通常情况下，使用间接法进行现金流量表的预测，即将净利润通过一系列调节后，得到经营活动现金流量。科目调整主要包括：一是折旧和摊销，这两项是非现金支出；二是财务费用，财务费用与筹资活动有关，是筹资活动产生的现金流出。

### （二）财务预测的主要方法

财务预测的主要方法包括比例法、增长率法等，以及在收入和成本预测中常用的收入拆分法、成本分解法等方法。

1. 比例法

财务模型中的大量科目的预测采用比例假设，比例法是最常用的预测方法，按照可比的财务指标进行划分，比例假设可以分为以下几种：

(1) 基于收入的假设参数：

①营业成本占收入的比例。对于经营比较稳定的公司来讲，其毛利率通常会保持在相对稳定的水平上，也就是营业成本占营业收入的比例会保持在一定范围内。对于这种类型的公司，我们可以在收入预测的基础上，通过对经营成本与收入之间的比例关系进行假设，预测经营成本。这个假设的比例可以基于营业收入和营业成本的历史数据，通过求平均数和线性回归等方法得到。

②费用占收入的比例。销售费用通常与销售规模有关，销售规模扩大，则销售费用增加；反之亦然。对于成熟行业和发展稳定的公司而言，销售费用占销售收入的比例比较稳定，波动较小。因此，我们可以按在销售收入中的占比来预测销售费用。同样地，管理费用的预测也可以在分析公司管理费用与经营规模数据相关性的基础上，对其在销售收入中的占比进行假设。

③应收账款占收入的比例。应收账款与营业收入密切相关，是营业收入的一部分。可以通过假设应收账款在营业收入中的比例，对应收账款进行预测。预收账款也与收入具有较强的相关性，与应收账款的预测方法类似。

(2) 基于营业成本的假设参数。存货、应付账款和预付账款都与营业成本相关，基于营业成本的假设参数主要有：存货占营业成本的比例、应付账款占营业成本的比例和预付账款占营业成本的比例等。

(3) 基于净利润的假设参数。少数股东权益和净利润相关，可以通过假设少数股东权益占净利润的比例，对少数股东权益进行预测。股利的预测也可以采用类似的方法，假设股利占净利润的比例。

(4) 基于固定资产的假设参数。折旧与固定资产相关，折旧率是基于固定资产的假设参数。在财务模型中，固定资产折旧率需要根据固定资产折旧年限、固定资产残值率等条件计算得出。

2. 增长率法

增长率法也是在财务模型中使用较多的预测方法。该方法是根据公司的历史财务数据和对未来的预期，给出增长率的假设，然后以增长率为依据对财务模型中的科目进行预测。历年数据是增长率假设参数的重要参考。

增长率的预测可以以历史增长率为基础，通过求平均值、线性回归等方法得出增长率的预测值。除此之外，也可以基于公司经营情况、投资计划和发展规划等信息，结合行业增速和宏观经济环境等因素，预测未来增长率。

3. 拆分法

在财务预测中，对于重要的科目需要进行更加详细的预测。根据构成情况进行合理地拆分，然后对各个组成部分分别预测。以营业收入和营业成本为例，对于业务多元化或多产品线的公司，因为不同的业务和产品增长率、毛利率和成本构成各不相同，在预测收入和成本时，需要按业务不同种类或产品不同类别进行拆分，分别进行预测。详细的、合理的拆分有助于提高预测的精确度。

4. 情景分析法

情景分析法用于多场景预测，如果预测未来的发展存在多种可能性，有必要对多种可能出现的情形进行分别预测和评估。由于未来充满不确定性，实际的情况不一定与假设相一致，甚至可能存在较大偏差。因此，在估值模型中，运用情景分析非常必要，可以帮助我们全面了解公司在未来可能出现的各种情况。

公司面临的情景可以分为中性情景、乐观情景和保守情景三种情况，对应三种情景，假设条件相应有所变化。公司财务预测和价值判断应该主要基于中性场景。中性场景是更大概率会出现的场景，且应基于审慎稳健的财务假设。

## 三、估值分析的主要方法和步骤

财务预测是估值的基础，为公司估值提供数据支持。在估值模型中，采用绝对估值法和相对估值法测算公司价值。估值方法有很多种，各种估值方法都有其适用性，需要结合目标公司的实际情况选择适合的估值方法，并且所选用的估值方法应该是业内通用的估值方法。

综合各种估值方法，可以得到目标公司的估值区间。各种估值方法互相补充，相互印证，提高估值结果的可靠性。

### （一）资本成本的估算

估算资本成本需要对相关指标进行假设，主要包括：资本结构、无风险利率 $R_f$、市场预期回报率 $R_m$ 等。计算 $\beta$ 系数时，需要对计算周期、收益率计算方法和市场指数等指标进行选择。

根据以上假设和资本资产定价模型来计算股权资本成本；对债务资本成本作出假设后，计算加权平均资本成本 *WACC*。

### （二）永续增长率的假设

对于企业来说，估值的基本假设前提是永续经营。对于永续增长率的假设，一般来讲不应该超过经济长期增长率，我们通常会假设永续增长率为2% ~3% 。

### （三）敏感性分析

敏感性分析是分析敏感性因素（或称“关键因素”）的变动对估值结果的影响程度。在估值模型中，通常选取 *WACC* 和永续增长率作为敏感性因素，计算这两个指标在多个不同取值的情况下对应的不同估值结果。需要注意的是，两个指标的取值都应该控制在合理的范围之内。

### （四）参考可比公司估值

在估值模型中，参考可比公司进行估值通常包括以下几个方面：一是可比公司的选取，通常会选取与目标公司所在同一行业、业务及相关财务指标比较相近的公司。二是计算可比公司的市盈率（*P/E*）、市净率（*P/B*）、市销率（*P/S*）和 *EV/EBITDA* 等估值指标的算术平均数、加权平均数或者中位数。需要注意的是，在计算可比公司估值倍数的平均值时，应剔除极端大小的异常值。三是根据可比公司的平均估值倍数和目标公司收益指标预测值，计算目标公司的每股价值。

### （五）估值结果汇总和评价

我们在估值模型中使用多种估值方法进行估值，不同的估值方法得到的估值结果有所不同。模型中最终的估值结论通常是综合各种估值方法的结果，得到的一个估值区间。

将各种估值方法的结果进行比较，需要特别注意的是，如果某一种估值方法的结果与其他估值方法的结果有较大差别，应分析差距产生的原因，检查假设是否合理。

## 四、不同行业估值方法和估值模型的差异

一般情况下，在估值时需要使用多种估值方法，不同估值方法之间可以互相检验。

由于每一种估值方法都有其适用范围和局限性，需要根据行业和企业的特点，对估值方法进行合理选择。比如，对于重资产企业，以净资产估值方式为主，盈利估值方式为辅；对于轻资产企业，以盈利估值方式为主，净资产估值方式为辅。

估值模型既有一定的通用性，也存在适用性问题。因此在实践中，需要根据行业和公司的特点对估值模型作一些必要的修改和调整。下面主要介绍机械行业、银行业、房地产行业和互联网行业的财务预测和估值方法。

### （一）机械行业估值方法的选择

机械制造业是重要的基础性行业，为众多下游行业提供技术装备。机械制造子行

业众多，通常包括通用设备、专用设备、轨道交通设备、工程机械、自动化设备五大类。

由于机械设备的下游应用广泛，对机械制造公司的收入增长情况进行预测时，有必要对下游多个领域的需求分别进行详细分析。以机床制造行业为例，机床行业从事机械加工设备的生产制造，其下游行业主要包括：航空航天、造船业、工程机械、汽车、轨道交通、纺织机械、电力设备等。机床制造业的销售收入增长取决于相关下游产业的增长情况。

机械行业的景气状况与宏观经济环境密切相关，其中基础设施投资对机械行业的拉动效果显著，因此对机械设备公司的财务预测需要以宏观经济数据的分析作为基础。例如，工程机械需求增长与固定资产投资增长存在相关性，对于工程机械类公司的收入预测重点考虑固定资产投资增长对行业的影响。

机械行业整体是成熟行业，大多数机械设备公司的细分领域都属于行业生命周期的成熟期，增长比较稳定，因此行业适用市盈率法、现金流贴现法等估值方法。在绝对估值方面，由于风险较小，可以采用较低的贴现率。在相对估值方面，机械行业的公司数量众多，这为相对估值提供了足够数量的可比公司。但是机械的细分子行业也比较多，不同的子行业在增长速度、发展前景等方面差异比较大，这些行业特点都是在进行估值分析时需要考虑的因素。部分机械设备公司在本行业需求放缓的情况下，开始稳定地进行分红，此类公司比较适用股利贴现法估值。

**（二）银行业估值方法的选择**

商业银行是经营货币的金融企业，其资产负债结构、盈利模式与生产企业不同，估值方法和估值模型也有一些独特之处。

商业银行的业务大致可分为负债业务、资产业务和中间业务，其中负债业务产生利息支出，资产业务产生利息收入。商业银行的营业收入主要为净利息收入，即利息收入减去利息支出之后的差额。对商业银行营业收入预测需要先预测资产和负债，因此商业银行的财务预测是从资产负债表入手的。

在对银行进行估值的时候，我们常用绝对估值法中的股利贴现法（*DDM*）。由于银行股的股利和相应的贴现率都是容易计算的，因此 *DDM* 被更广泛地采用。而使用 *DCF* 时，由于自由现金流的计算要考虑银行补充资本金等一系列现金需求，而且加权资本成本的计算也要考虑复杂的银行存款成本的计算，所以 *DCF* 在银行的估值中实际使用较少。

商业银行在经营方面同质化比较明显，比较容易找到与之具有可比性的公司。相对在估值法中，市净率是更加主流的银行业估值方法。银行是典型的重资本行业，商业银行存贷款业务的规模增长和盈利情况与其资本规模直接相关，使用市净率估值法更为合理。

## （三）房地产行业估值方法的选择

房地产开发业务主要包括土地使用权的取得、开发建设、预售和销售、结转收入几个环节。与一般的制造业不同，房地产项目开发建设周期比较长，对资金需求量大，并且房地产公司主要采取预售模式。以上行业特点决定房地产公司的估值方法和估值模型的特点。

在房地产行业财务预测中，以下会计科目需要重点关注：

无形资产：房地产公司的土地使用权计入无形资产，土地使用权占无形资产很大比重。公司取得土地使用权，增加了土地储备，为未来的发展提供了保障。因此，对土地使用权的预测也是财务预测的重点。

存货：房地产企业的存货包括已完工的房地产开发项目、在建房地产开发项目等。与一般生产制造企业相比，房地产企业存货价值在资产中占比很高，且存货在一定程度上决定了企业的盈利能力，在财务预测中需要重点对存货进行预测。

预收账款：房地产项目开发建设周期比较长，房地产企业通常采用预售的方式，在项目完工交付之前，预收款项金额比较高，满足收入确认条件时才转入营业收入。

此外，由于房地产行业具有金融属性，融资需求大，资金不足将严重影响公司业务的发展，现金流量表以及对筹资的预测也是财务预测的关键环节。

市盈率法是房地产企业主要的估值方法，但是也存在可能不适用的情况。市盈率法适合盈利比较稳定的房地产公司。由于预售和收入结算不同步的特点，有可能导致部分房地产公司在不同年份之间业绩不均衡，甚至起伏比较大，在这种情况下，市盈率法就不是很适用。

净资产价值（*NAV*）估值法：净资产价值估值法是房地产公司估值常用方法。对企业所有的在建项目和投资项目进行现金流预测和折现后汇总得到企业价值，再减去公司的净负债，就可以得到公司的净资产价值。*NAV* 估值法在计算时考虑了公司所有的在建项目价值和土地价值，反映了对公司未来业绩增长的预期，可以很好地体现公司的价值。

*NAV* 估值法是一种绝对估值方法，需要对销售面积、成本、售价、开工时间、竣工时间等多项指标进行假设和预测，估值过程比较复杂。主观假设较多是其不足之处，如果假设不合理，估值结果也不会理想。

## （四）互联网行业估值方法的选择

随着互联网行业的迅速发展，互联网企业在市场中的地位和作用不断提升，互联网行业的估值也受到越来越多的关注。

互联网企业商业模式通常以数据为核心，注重获取客户。在拥有庞大的客户群体的基础上，通过广告、游戏、电商等业务形式实现盈利。

对互联网公司估值也应该从分析公司的盈利能力入手，预测公司营业收入和经营成本等各项指标。由于互联网企业的高成长、高风险的特点，相比传统行业，在估值上存在一定的难度。主要体现在以下几个方面：

一是历史数据相对缺乏。企业的价值主要取决于其未来的收益。对企业的财务预测是基于企业的历史数据，很多互联网企业，尤其是在初创期的企业，由于成立时间不长，历史数据较少，基于少量的财务数据难以对企业未来发展趋势作出准确预判。

二是高风险特征明显，盈利情况不稳定。尽管互联网行业成长性很高，但相对于传统行业，互联网企业的经营风险很大，盈利情况不太稳定，某些互联网企业甚至盈利波动剧烈，因此难以对其未来收益作出准确预测。

三是可比公司数量较少。互联网行业经营业态丰富，且技术和商业模式更替较快，即使同一领域的互联网企业之间在业务模式、规模、技术等方面也各具特色。尤其是某些新的商业模式下的互联网企业找到与之具有可比性的公司难度更大，相对估值法不太适用于这类企业。

针对互联网企业经营数据较少的问题，在估值中，可适当增加一些反映互联网企业影响力和市场地位的指标，比如用户数量、品牌影响力、市场占有率、专利数量等，这些非财务指标可作为财务指标的补充，在评价互联网企业价值方面具有一定的参考意义。

互联网企业在不同发展阶段有着不同的财务特征。因此，对于处在不同生命周期的互联网企业，应采用不同的估值方法：

在初创期，用户数量、市场占有率、流量等反映市场开发能力，以及研发费用、专利数量等反映研发能力的非财务指标是企业估值的主要依据，通常采用可比交易法，以市场上已有的类似交易作为企业定价的参考。

在成长期，收入开始快速增长，但短期仍不盈利。这个阶段销售收入是衡量企业盈利能力和成长性的主要财务指标，相应地可以使用市销率法（*P/S*）、*EV/SALES* 等估值方法。对于风险高、具有较大不确定性的公司，可适当采用情景分析法，考虑多种可能出现的结果，尽可能提高估值分析的全面性。

进入成熟期之后，盈利趋于稳定，可以使用市盈率估值法、现金流贴现模型等估值方法。在贴现率方面，在计算风险系数和风险溢价时需要充分考虑互联网企业的风险特征。

## 五、估值理论的发展和创新

在估值实践中，对传统估值理论和估值方法的拓展和创新不断出现，其目的在于适应不断变化的环境所提出的新需求和新挑战。近年来出现的 ESG 估值体系就是这样的一种拓展和创新。

环境、社会和公司治理又称为 ESG（Environmental，Social and Governance），是一种关注企业环境、社会、公司治理的企业评价标准。近年来，ESG 投资理念越来越受到资本市场和投资者重视，企业 ESG 表现已经成为投资者进行投资决策中考虑的重要因素。

随着可持续投资理念不断深入人心，ESG 在企业创造价值方面将发挥越来越大的作用。比如，ESG 理念倡导节能降耗，有助于企业降低经营成本；ESG 理念强调企业的社会责任感，有助于企业形象的提升。长期来看，ESG 对企业经营业绩的提升和企业形象的提升都会起到促进作用，从而对估值产生积极影响。

目前 ESG 对企业创造价值的贡献已经得到广泛认可，在传统的企业估值体系中纳入 ESG 评价标准，可以更好地体现 ESG 对企业估值的正面影响。ESG 对企业现金流的贡献可能主要体现在长期而非短期，长期来看，ESG 表现突出的企业增长速度将高于行业平均水平。因此在绝对估值中，可以考虑对相关假设参数进行适当调整，以反映 ESG 长期的影响。比如，提高永续增长率，采用较低的贴现率等。在相对估值法中，可以将 ESG 评级纳入可比公司的选择标准，使公司之间基于 ESG 评级更加具有可比性。

将 ESG 评价标准纳入估值体系对企业估值具有重要意义。ESG 估值可以更加全面地反映企业内在价值，为科学的投资决策提供有力支持。目前，ESG 估值标准虽然已得到初步运用，但市场也在不断探索如何构建更加科学完善的 ESG 估值体系。

# 第十章 固定收益证券

固定收益证券是指现金流相对稳定的证券，在证券市场中占据重要地位。固定收益证券市场的设立与不断发展满足了投资者与融资方的资金需求，使得大量资金找到了合理的投资方式，也为宏观金融政策建立了发挥作用的机制。固定收益证券市场是当今世界金融市场的重要组成部分，其作用是权益证券市场难以替代的。近年来，中国债券种类越来越丰富，市场规模也有了快速发展。

本章分为三节，第一节阐述固定收益证券的基本理论、债券的概念和分类、利率与收益率的计算和影响因素；第二节分析债券的定价和估值模型，还会介绍资产证券化产品、城投债、绿色债券等其他债券类型；第三节阐述债券信用评级的相关内容，包括信用利差、信用评级的概念和影响因素。

## 第一节 基本理论

### 一、基本理论

#### （一）基本概念

1. 基本概念

债券是一种有价证券，指各类经济主体以筹集资金为目的向债券投资者出具的、承诺按一定利率定期支付利息并到期偿还本金的债务凭证，也可以看作一系列未来现金流的组合，债券发行筹集的资金一般可以满足各主体短中长期的资金需要。

债券本质上反映了发行者和投资者之间的债权债务关系，而且是这一关系的法律凭证。债券代表投资者的权利，持有债券的人是债权人，不同于公司股东，债权人作为公司外部利益的相关者，有按期取得利息并在到期日收回本金的权利，转让债券也就将债券代表的权利一并转移。

2. 基本要素

债券作为债权债务关系的法律凭证，票面通常包括四个基本要素：票面价值、到期期限、票面利率、发行者名称，这些要素共同决定了债券的特性和风险。

票面价值是指债券发行人承诺在债券到期时偿还给债券持有人的金额，该金额的确定要根据债券的发行对象、市场资金供给情况及债券发行费用等因素综合考虑。

到期期限是指从债券发行日起至合同约定的偿还债券本金为止的时间段，根据不同的偿还期限，可将债券划分为短期债券、中期债券和长期债券。

票面利率又称为名义利率，是债券年利息与债券票面价值的比率，通常用百分数表示。

发行者名称是指发行债券主体的名称。发行者可以是企业、金融机构、政府等各种机构。全球最大的债券发行者是主权国家，发债的目的是为政府开支筹措资金，债券的发行者应履行对债权人偿还本息的义务。

3. 主要特征

(1) 可偿付性，是指债务人必须按期向债权人支付利息并偿还本金，他们之间的借贷经济关系将随偿还期结束。

(2) 流动性是指债券持有人能灵活地转让债券，提前收回本金和已实现的投资收益。流动性的好坏一般通过转让债券的难易程度，以及是否能将债券以合理的价格转让两个方面来判断。

(3) 安全性，是指债券持有人的收益相对稳定，不随发行者经营收益的变化而波动，可按合同约定收回本金，除非债务人不能按时足额按约定偿付，此时债券违约发生。

(4) 收益性是指债券能为投资者带来一定的收入，可以表现为三种形式。一是利息收入，即债权人在持有债券期间按约定的条件分期、分次取得利息或到期一次性取得利息；二是资本损益，即债权人到期收回的本金与买入债券或中途卖出债券与买入价格的价差收入；三是再投资收益，即投资债券所获现金流再进行投资的利息收入。收益性体现了在债券投资中获得回报的方式、风险和回报的关系以及如何选择最有利可图的债券，体现出时间价值的观念，以及债券投资是如何创造收益的。

## （二）债券的分类

根据不同的标准可将债券划分为不同种类，分类具体如下：

1. 根据发行主体分类

不同的发行主体代表着不同的风险和回报特征，因此将债券按照发行主体进行分类是我们更好地理解债券市场、进行投资决策的重要步骤。

(1) 政府债券。政府债券的发行者是政府，包括中央政府或是地区政府。中央政府发行的债券称为国债，主要用途是满足由政府投资的公共设施、重点建设项目的资金需要及弥补国家财政赤字。政府债券根据不同的发行目的，会发行不同的期限的债券，几个月到几十年不等。

除了政府部门为发行主体外，有的国家把政府担保的债券也划归为政府债券体系，也就是政府保证债券，由一些与政府有直接关系的公司或金融机构发行，并由政府提供担保。

（2）金融债券。金融债券的发行主体是银行或非银行金融机构，发行债券的目的主要有：筹资用于某种特殊用途，或者改变本身的资产负债结构。金融机构往往有良好的信誉，一般资金实力雄厚且信用度较高，具有更大主动权和灵活性，以中期金融债券较为多见。

（3）公司债券。公司债券是公司按照法定程序发行、约定在一定期限还本付息的有价证券，发行目的主要是满足经营需要。由于公司的经营情况有好有坏，公司债券的风险相对于政府债券和金融债券更高。公司债券有中长期的，也有短期的，根据公司的资金需要灵活发行。

2. 根据利息是否固定分类

在债券市场中，利息支付是投资者获取回报的重要方式之一。因此，将债券根据利息是否固定进行分类能够帮助投资者了解债券的现金流特征、风险和回报，从而更加准确地评估其投资价值。

（1）固定利率债券。固定利率债券是指在发行时规定以不变的利率支付利息的债券，筹资成本和投资收益可事先预计，不确定性较小，但债券发行人和投资者必须承担市场利率波动的风险。

（2）浮动利率债券。浮动利率债券是指债券利率随市场利率定期浮动的债券。市场利率考虑了通货膨胀的影响，因此浮动利率债券可较好抵御通货膨胀风险。

（3）可调利率债券。又称可变利率债券、含权债，是指在债券存续期内允许根据事先选定参考利率指数的变化，可对利率进行定期调整的债券。调整间隔往往事先设定，包括1个月、6个月、1年、2年、3年或5年。

3. 根据付息方式分类

债券的付息方式直接关系到投资者在债券期限内所能获得的利息支付情况。根据付息方式分类，债券可划分为以下几种：

（1）零息债券。零息债券也称为贴现债券，是指在发行时不支付利息，到期时只支付面值的债券，通常以低于面值的价格发行，持有人以买卖价差的方式取得利息。

（2）附息债券。附息债券指在债券存续期内，对持有人每半年或每年定期支付利息。按照计息方式的不同，还可细分为固定利率债券和浮动利率债券两类。

（3）累息债券。这类债券的持有人必须在债券到期时一次性获得本息，且存续期间没有利息支付，发行人在到期日偿付压力较大。

（4）永久债券。又称年金债券，指的是没有到期日，无限期地定期支付利息的债券。永久债券一般附有息票，购买此债券的投资者通常不要求还本，只能按期得到利息收入。

4. 根据信用状况分类

信用状况直接关系到债券发行方履行债务的能力和意愿，对投资者的风险承受能力和回报预期产生深远影响，将债券根据信用状况方式进行分类对于投资者来说具有重要意义。

（1）利率债。利率债是指以政府信用为基础而发行债券。由于有政府信用背书信用风险很小，影响利率债内在价值的因素主要是市场利率。我国狭义的利率债，包括国债和地方政府债；广义的利率债还可包括中央银行发行的票据，政策性银行、开发性金融机构发行的金融债等。虽然利率债信用风险小，但也有可能出现实质性违约。

（2）信用债。信用债是指以企业的商业信用为基础发行的债券，发行人的信用是影响该类债券的重要因素。我国债券市场上的信用债，包括非金融企业发行的债券和商业性金融机构发行的债券。信用债券与政府债券相比存在更多信用风险，所以信用债券比国债收益率更高。

（3）同业存单。同业存单是存款类金融机构在全国银行间市场上发行的记账式定期存款凭证，其投资和交易主体为全国银行间同业拆借市场成员、基金管理公司及基金类产品。存款类金融机构可以在当年发行备案额度内，自行确定每期同业存单的发行金额、期限，但单期发行金额不得低于5 000万元人民币。

5. 根据期限长短分类

根据偿还期限的不同，债券可分为短期债券、中期债券和长期债券。偿还期限在1年以下的为短期债券，在1年及以上且10年以下的为中期债券，在10年以上的为长期债。但期限划分的标准不完全固定，比如我国企业债券的期限划分依据略有不同，将偿还期限在1年以上5年以内的视为中期企业债券，5年以上的视为长期企业债券。

## 二、票面利率与收益率

在债券投资中，利率和收益率是两个重要的概念。利率是指债券发行方向持有人支付的固定或浮动利息金额，而收益率则是投资者实际获得的回报率。

债券的利率决定了债券持有人将从发行方获得的利息收入。较高的利率通常意味着更高的利息支付，这会提供更丰厚的现金流。投资者可以根据利率来评估债券在特定期限内的收益，并与其他投资机会进行比较。利率还反映了债券的风险水平，信用评级较低的发行方通常需要支付更高的利率来吸引投资者。

然而，单纯的利率并不能完全反映债券投资的实际回报。这时候就需要考虑到收益率。收益率是根据购买债券时的价格和利息支付计算得出的综合回报率。它不仅考虑了利息收入，还包括债券的购买价格。如果投资者以面值购买债券，那么收益率将等于利率；但如果投资者以溢价或折价购买债券，那么收益率将减少或增加。

债券的收益率是投资者评估债券投资吸引力的重要指标，较高的收益率表示相对较高的回报，可能吸引更多的投资者参与。投资者可以通过比较不同债券的收益率来评估风险和回报之间的平衡，并选择最适合自己需求的债券投资。

综上所述，利率和收益率在债券投资中起着关键作用。利率影响着债券的利息支付和发行方的融资成本，而收益率则涵盖了债券的利息和价格变动，提供了一个更全面的投资回报评估指标。第三章已经就货币的时间价值、利率的基本计算以及利率基础知识进行解释，本章内将更多针对债券利率的相关计算与应用进行介绍。

### （一）基本概念

1. 基准利率

基准利率是指中央银行为调控市场而设定的利率，同时也是其他金融机构设定市场利率的依据。基准利率是央行达到货币政策目标的重要途径之一。通常情况下，基准利率是银行向央行借款的利率，也称为政策利率。在美国，基准利率通常指联邦基金利率，即美国同业拆借市场的利率；在欧洲，基准利率通常指欧洲央行的主要再融资利率。中国央行基准利率主要有央行 7 天逆回购利率（OMO）、中期借贷便利（MLF）、贷款市场报价利率（LPR），分别影响金融市场短期、中期、长期利率定价。基准利率反映了一个国家或地区的货币政策方向和整体经济状况，是市场上各种金融工具的定价基准之一。

2. 货币市场利率

货币市场利率是指市场上短期资金流动的利率，也称为短期利率。它是由市场供求关系决定的，通常受到基准利率、市场流动性、机构行为等因素的影响，包括银行间同业拆借利率、贴现率、回购利率等。货币市场利率反映了市场对短期资金的需求和供给情况，是市场上资金价格的重要指标。

货币市场利率和基准利率有密切的关系，但又是不同的概念。基准利率是央行设定的主导利率，用来引导整体金融体系的利率水平，是央行对货币政策调控的重要的价格工具。各国央行的基准利率多数为短期利率。货币市场利率可以视为市场上短期资金交易的成本，反映了短期市场资金供求情况和风险偏好。两者之间相互影响，通常是基准利率对货币市场利率产生引导作用，但由于阶段性供需格局的变化或对未来的预期发生变化，市场利率会阶段性大幅偏离政策利率，波动更大。基准利率一般取决于经济和通胀等基本面情况，是重要的货币政策工具之一。

3. 债券收益率

当谈及债券收益率时，有几个关键的指标需要考虑，包括当期收益率、到期收益率、即期利率、远期利率。对应指标与计算方法第三章已有详细介绍。本部分补充介绍持有期收益率和赎回收益率。

（1）持有期收益率。持有期收益率是指买入债券到卖出债券期间所获得的年平均收益（实际收益率），考虑了债券的购买价格、每期付息和债券到期时的收益。持有期收益率可以帮助投资者评估他们投资债券所能获得的回报，并与其他投资进行比较。它与到期收益率的区别仅在于期末现金流是卖出价格而非债券到期偿还金额，计算公式一般为：

$$P = \sum_{t=1}^{T} \frac{C_t}{(1+z)^t} + \frac{P_T}{(1+z)^T}$$

式中，$P$——债券买入的时价格；$P_T$——债券卖出时价格；$C_t$——债券每期付息金额；$T$——债券期限（期数）；$t$——收到现金流的时间；$z$——持有期收益率。

**【案例 10-1】** 假设某投资者按 100 元价格平价购买了年息 8%、每年付 1 次的长期债券持有 2 年后按 106 元价格卖出，该投资者持有期收益率计算为：

$$100 = \frac{8}{1+z} + \frac{8+106}{(1+z)^2} \Rightarrow z = 10.85\%$$

（2）赎回收益率。可赎回债券是指允许发行人在债券到期以前按某一约定的价格赎回已发行的债券。通常在预期市场利率下降时，发行人会发行可赎回债券，未来用低利率成本发行的债券替代成本较高的已发债券。

赎回收益率是指债券在提前赎回时投资者所能获得的年化收益率。当债券发行方决定提前赎回债券时，投资者可以根据赎回价值与购买价值之间的差异计算赎回收益率。可赎回债券的约定赎回价格可以是发行价格债券面值，也可以是某一指定价格。首次赎回收益率是累积到首次赎回日止，利息支付额与指定的赎回价格加总的现金流量的现值等于债券发行价格的利率。赎回收益率可用 $y$ 来表示，一般公式为：

$$P = \sum_{t=1}^{n} \frac{C}{(1+y)^t} + \frac{M}{(1+y)^n}$$

式中，$P$——发行价格；$n$——一直到第一个赎回日为止的年数；$M$——赎回价格；$C$——每年利息收益。

**【案例 10-2】** 某信用债券的票面价值为 1 000 元，息票利率为 5%，期限为 4 年，现 950 元的发行价向全社会公开发行，2 年后债券发行人以 1 050 元的价格赎回，第一赎回日为付息日后的第一个交易日，则赎回收益率计算如下：

$$950 = \sum_{t=1}^{2} \frac{50}{(1+y)^{t}} + \frac{1\ 050}{(1+y)^{2}}$$

用试错法计算，该债券的到期收益率 $y = 10.25\%$。

综上所述，当期收益率、到期收益率、即期利率、远期利率、持有期收益率和赎回收益率是相互关联的指标，它们可以帮助投资者评估债券投资的回报和风险，并根据不同的投资策略作出相应的决策。

各类收益率的比较和归纳见表10-1-1：

表10-1-1　　各类债券收益率对比表

| 收益率类型 | 定义 | 特点 |
|---|---|---|
| 到期收益率 | 持有债券至到期时所产生的总回报率 | 根据面值和购买价格计算 |
| 当期收益率 | 每一期间内债券的现金流与购买价格之间的回报率 | 反映每一期间的实际现金流 |
| 即期收益率 | 在某一时间点上可观察到的未来现金流的折现率 | 考虑预期的未来现金流 |
| 远期收益率 | 在即期利率中从未来的某一时点到另一时点的隐含利率水平 | 市场对未来利率变动的预期 |
| 持有期收益率 | 在持有债券期间实际获得的总回报率 | 债券到期价值和中间现金流 |
| 赎回收益率 | 在债券提前赎回时产生的回报率 | 仅适用于可提前赎回的债券 |

4. 收益率曲线

债券收益率曲线是描述不同到期期限债券的收益率之间关系的图形，是金融市场中重要的参考工具。通过观察债券收益率曲线，可以了解到市场对未来利率走势的预期和风险偏好。

（1）基本概念。债券收益率曲线是金融市场中的重要指标之一，它能够反映出市场参与者对未来经济和利率走势的预期。因此，通过分析和解读债券收益率曲线，我们可以获取关于市场预期、金融风险和货币政策的有价值信息。

收益率曲线也被称为债券收益率曲线或利率曲线，是一种衡量债券市场利率的指标，它反映不同到期期限与债券收益率之间的关系。通常情况下，收益率曲线呈现出向上的形态，即较短期限的债券收益率低于较长期限的债券收益率。

（2）基本类型。收益率曲线一般有四种类型：水平收益率曲线、正向收益率曲线、反向收益率曲线和拱形收益率曲线（见图10-1-1）。

水平收益率曲线，即债券市场上不同到期期限的债券收益率保持一致或相等的情况下形成的曲线，此时短期和长期收益率都处于相似的水平。在实践中，水平收益率曲线通常并不是完全水平的。

正向收益率曲线的典型特征是，期限较长的债券的利率高于短期债券，长期持有债券需要考虑通货膨胀等风险因素，投资者要求的风险溢价会更高。

反向收益率曲线的短期债券收益率高于长期债券的收益率，因为投资者担心近期前景，需要更高的收益来持有这些较短期限的投资。较低的利率倾向于意味着较弱的经济增长，反向收益率曲线可能预示了紧缩的货币政策。

拱形收益率曲线表示期限相对较短的债券，利率与期限呈正向关系，期限相对较长的债券，利率与期限呈反向关系。图像呈现出先上升后下降的山峰形状。

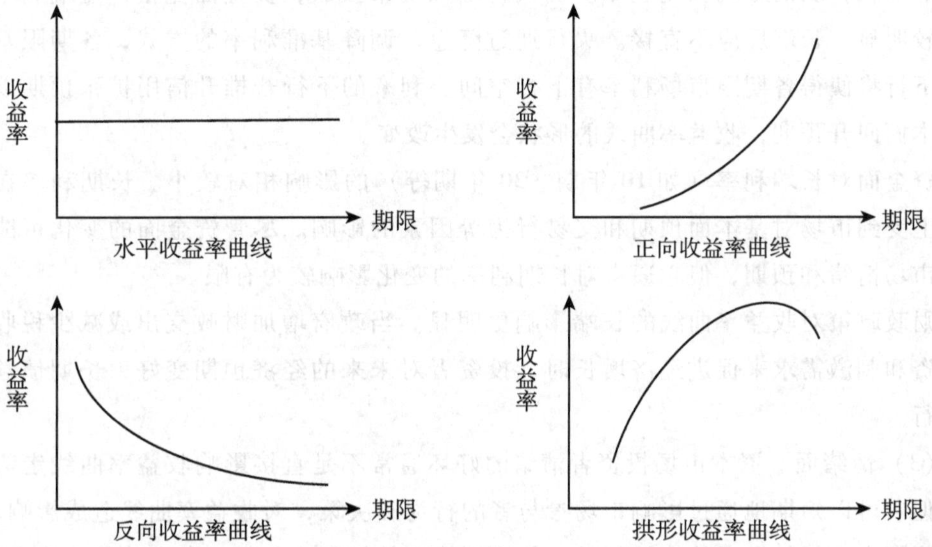


**图 10－1－1　四种典型的收益曲线形状**

**（二）影响因素**

收益率曲线的走势是多个因素综合作用的结果，这些因素包括经济基本面、政策面、情绪面等，且上述因素在实际操作中对债券长端和短端都具有影响，具体变化情况需要根据实际情况综合多项因素分析讨论。

（1）经济基本面。经济基本面是决定利率变动的重要因素之一。经济增长、通胀预期、就业状况和产出缺口等因素都会直接或间接地影响利率水平。经济基本面包括GDP、通货膨胀率、劳动力市场状况等，其中，最主要的两个因素是通货膨胀预期和经济增长。

简单来说，在某一时点，通货膨胀预期变高，或是经济增长加快则债券收益率上行，价格走低；反之亦然。

结合经济学的知识来看，二者可以进一步与下文所述的货币政策影响一并讨论。

通常情况下，通胀预期上升，或是经济过热、快速扩张时，会伴随紧缩的货币政策，债券收益率上行，价格走低。

（2）政策面。政策面包括货币政策、财政政策以及监管政策等，而政策面通过影响资金面、经济基本面和市场参与者行为来影响债券市场。一般来说，货币政策偏宽松从短端对债市构成利好，财政政策偏积极从长端对债市构成利空，但也要结合实际情况进行具体分析。

中央银行通过调整货币供应量和基准利率等方式，对利率产生重大影响。货币政策对收益率曲线的短端影响更为直接，但也会通过影响经济、通胀预期来影响收益率曲线的形状，从而影响长端利率。当央行增加货币投放，资金面宽松，短端利率下行会比较明显，长端反应不直接。央行通过降息、调降基准利率的方式，各期限基准利率的下行将使得各期限市场利率有下行空间。利率的下行若推升信用扩张预期以及经济基本面回升预期，收益率曲线的形状会发生改变。

资金面对长端利率（如10年期、30年期等）的影响相对较小。长期利率在很大程度上受到市场对基本面预期和交易行为等因素的影响。尽管资金面的变化可能间接影响市场情绪和预期，但它通常对长期利率的变化影响较为有限。

财政政策对收益率曲线的长端影响更明显。当政府增加财政支出或减少税收，通过投资和刺激需求来促进经济增长时，投资者对未来的经济预期变好，长期债券收益率上行。

（3）情绪面。资本市场投资者情绪的好坏通常不是直接影响收益率曲线走势的因素，但它可以短期地通过影响市场参与者的行为和决策，对收益率曲线造成影响。

当资本市场投资者情绪较好时，他们可能更偏好风险资产，资金从债市流向股市，推动债市价格下行而收益率上行。当资本市场参与者情绪较差时，他们可能更倾向于拉长久期和信用下沉，这可能促使他们将资金投入各类固定收益资产中，由此固收类资产价格上行，债券市场收益率可能趋于下行。

### （三）收益率曲线不同经济阶段特点

从期限结构理论的角度来看，收益率曲线在不同经济阶段呈现出不同的特点。随着经济的发展和变化，利率期限结构会受到多种因素的影响，如市场供需格局、金融政策变化和经济基本面的变化等。这些因素将塑造出具有独特形态和特点的收益率曲线，给投资者和经济观察者提供了重要的参考信息。

实际环境下，不同经济阶段对应的收益率曲线形态并不固定，变化较为复杂。总体来看，短端利率主要受货币政策和市场流动性的影响，央行可以一定程度上掌握资金利率和短端利率的走势，而长端利率则主要受基本面预期和一些交易行为的影响。本部分主要讨论理想环境下各个经济阶段内收益率曲线的特点以及所蕴含的意义，也可以为投资研究提供不一样的视角。

由于短端和长端利率反应的因素不完全相同，收益率曲线的形状可能发生改变，从而在不同经济阶段会产生熊陡、熊平、牛平、牛陡这四种情况。

（1）复苏阶段——熊陡（期限利差走阔）。“熊陡”一般与复苏期相对应。经济开始出现回暖迹象，由于投资者预期先行，市场对于经济增长的预期将迅速回升，长端利率大幅上行。但是货币政策依旧比较宽松，市场流动性充裕，短端利率上行的动力相对较小。综合来看，长、短端利率整体上行（熊市），短端利率的上升幅度小于长端利率（曲线变陡），期限利差走阔，收益率曲线整体呈“熊陡”。

（2）过热阶段——熊平（期限利差收窄）。“熊平”一般与过热期相对应。这一阶段，经济由复苏转向过热，随着通胀的走高，为了预防可能到来的恶性通胀等潜在负面影响，货币政策逐步退出宽松并转为紧缩，流动性收紧，导致短端利率大幅上行。而基本面预期引起的长端利率变动已经在上一阶段中基本完成，因此长端利率的上升空间有限。综合来看，长、短端利率整体上行（熊市），短端利率的上升幅度大于长端利率（曲线变平），期限利差收窄，收益率曲线整体呈“熊平”。

（3）滞胀阶段——牛平（期限利差收窄）。“牛平”一般与滞胀期相对应。在这一阶段，经济基本面边际恶化，但是由于通胀等原因，货币政策依旧处于收紧的状态。此时，市场会率先作出反应，导致长期利率迅速下行，而短端利率受限于货币政策，下行幅度有限。综合来看，长、短端利率整体下行（牛市），短端利率的下行幅度显著小于长端利率（曲线变平），期限利差收窄，收益率曲线整体呈“牛平”。

（4）衰退阶段——牛陡（期限利差走阔）。“牛陡”一般与衰退期相对应。经济基本面持续下行的压力下，货币政策开始转向宽松，短端利率明显下行。而此时，由于经济下行已经持续了一段时间，市场对于经济增速回落的预期大部分已经提前体现在了长端利率中，货币政策转向也为经济回暖提供一定支撑，因此长端利率下行空间有限。综合来看，长、短端利率整体下行（牛市），短端利率的下行幅度显著大于长端利率（曲线变陡），期限利差走阔，收益率曲线整体呈“牛陡”。

## 第二节 债券定价

债券定价是金融领域中一个重要的概念，它涉及对利率、期限、风险以及市场需求与供给等多个因素的综合考量。

债券定价的基本原理是根据债券的现金流、到期时间和市场利率等因素来确定其合理的市场价格。通过对债券的现金流进行贴现处理，即将未来的现金流折算为当前价值，可以计算出债券的内在价值。然后，根据市场上类似债券的交易价格和交易量，结合市场参与者对未来经济环境和利率走势的预期，来决定债券的实际交易价格。

在债券定价过程中，市场利率是一个至关重要的因素。当市场利率上升时，债券价格下降；反之亦然。

此外，债券定价还考虑了债券的期限和风险。一般来说，较长期限的债券通常提供更高的利率，因为投资者愿意为长期持有债券所承担的时间风险收取额外的回报。此外，不同债券的信用风险和流动性风险也会对定价产生影响，高风险债券通常具有更高的利率，以吸引投资者对风险进行补偿。

准确的债券定价有助于投资者制定合理的投资策略，并为金融市场的稳定运行提供基础。下面将从债券收益分析、其他债券各方面介绍债券定价的计算和相关概念。

## 一、债券收益分析

### （一）债券定价

在债券市场中，债券定价是一个关键的概念。为了理解债券定价，我们需要掌握一些基本概念，如单利与复利、现值与终值，这些内容参见本书第三章。此外，我们还需掌握票息与资本利得、债券现金流以及债券贴现率等概念。

1．票息与资本利得

票息与资本利得是债券投资者可以获得的两种回报方式。票息是指债券持有人从债券发行人那里获得的固定利息支付，而资本利得是指债券在买入价和卖出价之间的价值差异。

投资者持有债券或其他固定收益证券，可以获得固定的利息或票息收益，这部分收益就是票息。票息通常是以年化的形式给出，表示投资者每年可以获得的固定利息金额，如果将票息用 $CP$ 表示，票面价值用 $P$ 表示，票息率用 $CR$ 表示，则一般计算公式为：

$$CP = P \cdot CR$$

比如，某国开债面值为 100 000 元、票面利率为 4%，则每年应支付票息金额 = 100 000元 ×4% =4 000 元。

债券投资的资本利得是指债券买入价与卖出价或买入价与到期偿还额之间的差额。同股票的资本利得一样，债券的资本利得可正可负，当卖出价或偿还额高于买入价时，资本利得为正，这就是资本收益；当卖出价或偿还额低于买入价时，资本利得为负，此时可称为资本损失。如果用 $CG$ 来表示资本利得，债券卖出价格为 $SP$，而债券的购买价格为 $BP$，则债券的资本利得为：

$$CG = SP - BP$$

比如，某投资者在 2022 年 1 月 1 日以面值 100 元的价格购买了一张中国政府债券，该债券票面利率为4%，到期日为2025年1月1日。截至2023年6月20日，该债券市场价格为105元，如果该投资者现在卖出该债券，那么他的债券资本利得（$CG$）$= SP - BP = 105 - 100 = 5$ 元。

2. 债券现金流

债券现金流是指在债券持有期内，投资者可从该债券所获得的现金流入和现金流出情况，一般而言，债券的现金流包括票息收益和本金回收两个部分，每期现金流一般用 $CF_t$ 来表示，$t$ 是收到或者支付现金流的时间点。而债券价格是债券所有现金流的现值之和。

现金流的影响因素有很多，票息收益是债券的主要现金流来源之一，债券发行人会在债券发行时设定票息利率，债券持有人每年可以从发行人获得的固定利息收益，票息金额越大现金流越多；本金是债务人在债券到期时需要偿清的金额，本金金额越大可获得的债券现金流就越多；利率波动也对现金流产生间接影响，比如当市场利率上升，债券价格下跌，如果此刻卖出债券，则投资者遭受资本损失，收到的现金流随之减少。

3. 债券贴现率

债券贴现率是用于将未来现金流折现到当前价值的利率。债券贴现率受市场利率、债券风险以及债券期限等因素的影响，它决定了债券的价格和收益率。

债券贴现率是指投资人在未来所能获得的债券本金和利息的折现率，通常用于计算债券的现值。如果债券贴现率用 $DR$ 表示，$FV$ 表示债券的面值，$P$ 表示债券当前市场价格，$C$ 是债券每年的票息收入，$d$ 是债券到期时间与当前时间点之间的天数，对处于最后付息周期的固定利率债券、待偿期在一年及以内的到期一次还本付息债券和零息债券，按照单利计算的债券贴现率的公式一般为：

$$DR = \frac{C + FV - P}{P} \times \frac{365}{d}$$

对于具有固定利率的长期债券而言，到期收益率按复利计算，一般计算公式为：

$$P = \frac{C/f}{(1 + DR/f)^{\frac{d}{365/f}}} + \frac{C/f}{(1 + DR/f)^{\frac{d}{365/f}+1}} + \cdots + \frac{C/f}{(1 + DR/f)^{\frac{d}{365/f}+n-1}} + \frac{FV}{(1 + DR/f)^{\frac{d}{365/f}+n-1}}$$

其中，$f$——年付息频次，例如半年付息则需要将对应票息收入等指标除以2，季度付息则除以4；$n$——结算日至到期兑付日的债券付息次数。多期复利的计算使用金融计算器等专业计算设备更为简便。

【**案例10－3**】假设某公司发行了一张票面价值为100元、期限为5年、每年支付6元的债券，当前市场价格为107元，则该债券的贴现率计算如下：

$$107 = \frac{6}{(1+DR)^1} + \frac{6}{(1+DR)^2} + \cdots + \frac{6+100}{(1+DR)^5}$$

由此计算可得贴现率约为4.41%。

## （二）债券估值

在金融市场中，债券估值是投资者和分析师必须面对的重要任务之一。债券作为一种固定收益工具，具有各种类型和特点，因此准确估值对于投资决策至关重要。通过债券估值，我们可以确定债券的公平价格，并评估其潜在回报和风险。

债券估值涉及许多关键概念和技术，如现金流贴现、利率风险、信用风险以及市场环境等。本部分介绍具体如何进行债券估值，包括债券估值模型、各类债券的定价和计算、久期和凸性的定义和计算。

1. 债券估值模型

债券估值模型有多种方法可以用来确定债券的价格和价值。这些方法在估值过程中会考虑不同的因素和变量，以提供准确和全面的分析结果，债券的估值模型有利息法（Interest Rate Method）、折现法（Discounting Method）和市场价值法（Market Value Method）。

（1）利息法。利息法也称为收益率法，是一种通过债券票息流量来计算债券价值的方法，该方法将债券未来的票息收入按照一定的利率加权，并得出债券的总收益，即债券当前价值（见图10-2-1）。如果用$BV$来表示债券价值，$R$表示债券收益率，$T$是指债券到期年限，估值模型的公式一般为：

$$BV = \sum_{t=1}^{T} \frac{C_t}{(1+R)^t} + \frac{P_T}{(1+R)^T}$$

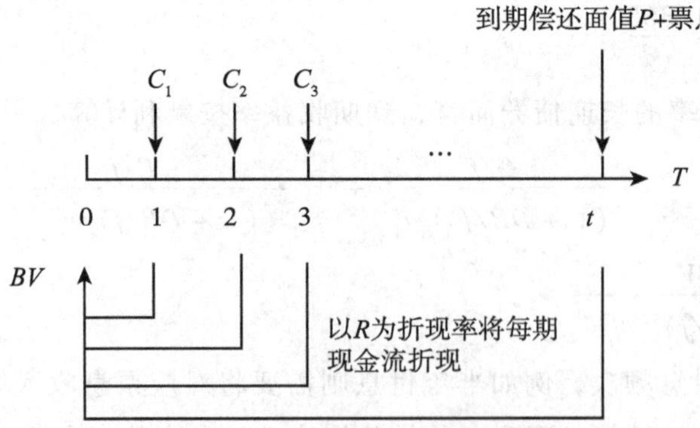


**图10-2-1　利息法计算债券价值**

利息法优点在于，考虑了债券的每期现金流，并将其贴现为现值，能够较为准确地计算债券的公允价值，相对简单易懂，适用于大多数债券类型，适用于已发行债券

（无需市场交易数据）或没有可比交易的情况下进行估值。

缺点在于，对不同期限、不同利率的现金流敏感，输入数据的准确性对结果影响较大；而且无法很好地考虑到债券的期权特性（如可赎回、可转换等），可能导致估值结果与实际价值存在偏差。

（2）折现法。折现法也称为现金流量贴现法，通过对未来现金流量进行贴现计算出债券的现值，该方法通过考虑各期现金流量的时间价值，采用某种折现率计算出债券现值（见图 10－2－2）。如果 $CF_t$ 债券每年现金流量，$R$ 是债券的折现率，$t$ 是未来现金流出现的年份，公式一般为：

$$BF = \sum_{t=1}^{T} \frac{CF_t}{(1+R)^t}$$

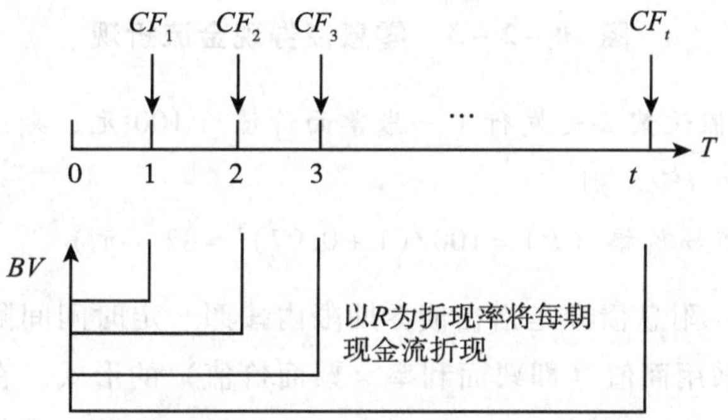


**图 10－2－2　折现法计算债券价值**

折现模型考虑了债券的每期现金流，并将其贴现为现值，可以较精确地计算债券的公允价值。它相对简单易懂，适用于大多数债券类型。但缺点在于，该模型对于不同期限、不同利率的现金流较为敏感，输入数据的准确性对结果影响较大。此外，该模型无法很好地考虑到债券的期权特性。

（3）市场价值法。市场价值法是通过分析市场上类似债券的价格和收益率，结合考虑该债券是否有信用风险等因素来确定债券的价值。

市场价值法的优点在于，基于市场上已有的交易和可比债券的市场价格，更具客观性和实时性，适用于流动性较高且有充足可比交易的市场环境，能够反映当前市场对该债券的价格和估值，而且考虑了市场上的供需关系和投资者情绪等因素。

缺点在于，如果市场上缺乏可比的交易或债券，市场价值法的应用会面临困难，且无法直接考虑债券的现金流情况和发行人的特定风险因素，仅反映了当前市场价格水平。而对于非公开市场的债券，如私募债，市场价值法可能无法提供准确的估值结果。

2. 各类债券定价计算

（1）零息债券。零息债券是指没有票息收入，到期时只支付面值的债券。在计算纯贴现债券的价值时，可以直接使用折现公式计算。如果用 $FV$ 表示债券面值，$DR$ 表示折现率，$n$ 表示债券到期时间与当前时间之间的年数，则一般公式为：

$$P = \frac{FV}{(1 + DR)^n}$$

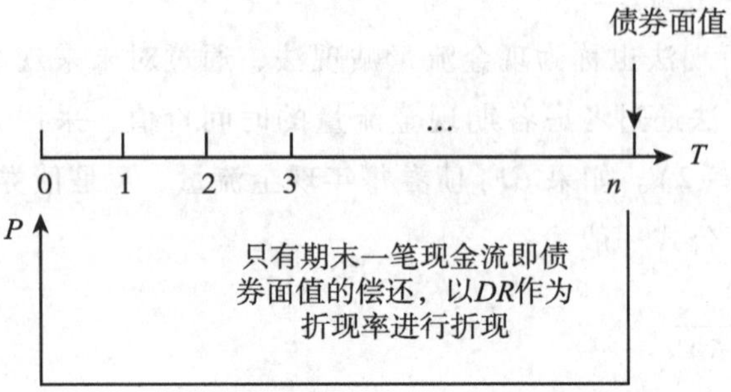


**图 10－2－3　零息债券现金流折现**

**【案例 10－4】**假设某公司发行了一张票面价值为 100 元、期限为 3 年的纯贴现债券，假设折现利率为 7%，则：

该债券的当前市场价格（$P$）$=100/(1+0.07)^3 \approx 82$（元）

（2）附息债券。附息债券是指在债券期限内按照一定时间间隔发放固定票息的债券，利息支付通常采用面值（即票面利率×票面价值）的形式。在计算平息债券的价值时，应考虑债券现值以及与之相关的未来现金流量，如果 $n$ 指债券到期与当前时间之间的年数，债券面值用 $P$ 表示，$R$ 为利率，则平息债券当前价值的计算公式如下：

$$p = \sum_{t=1}^{n} \frac{C}{(1 + R)^t} + \frac{P}{(1 + R)^n}$$

**【案例 10－5】**假设某公司发行了一张票面价值为 100 元、期限为 5 年、每年支付 4 元的平息债券，假设折现利率为 8%，则该债券的当前市场价值为（见图 10－2－4）：

$$P = \sum_{t=1}^{5} \frac{4}{(1 + 8\%)^t} + \frac{100}{(1 + 8\%)^5} \approx 84\text{（元）}$$

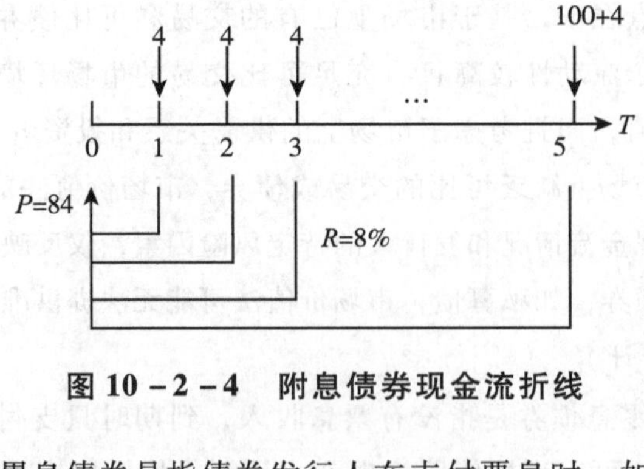


**图 10－2－4　附息债券现金流折线**

（3）累息债券。累息债券是指债券发行人在支付票息时，如果某次票息未能按时支付，则未支付的部分会被累加至下一个支付期次，依次累积，直至最终偿付。由于其可以在到期日一次性还本付息，通常可以将其视作面值等于到期还本付息额的零息债券，并按零息债券的定价公式定价。

（4）永续债券。永续债券也称为无限期债券，是指不具有到期日的债券。在支付票息时，持有人可以无限期地获得固定的利息收入，但是该债券的本金不会得到偿还。由于没有到期日，永久债券的价格受市场需求和供应的影响较大，并且也不需要考虑面值和到期时间等因素。如果用 $C$ 表示每年的票息收入，$R$ 表示利率，则永续债券的价值计算公式如下：

$$P = \frac{C}{R}$$

**【案例 10-6】** 中国人寿保险股份有限公司在 2021 年发行了一笔 100 亿元的永久债券，票面利率为 3.95%。假设当前市场利率为 3.5%，则该债券的价值（见图 10-2-5）：

$$P = \frac{3.95}{3.5\%} = 112.86\ （亿元）$$

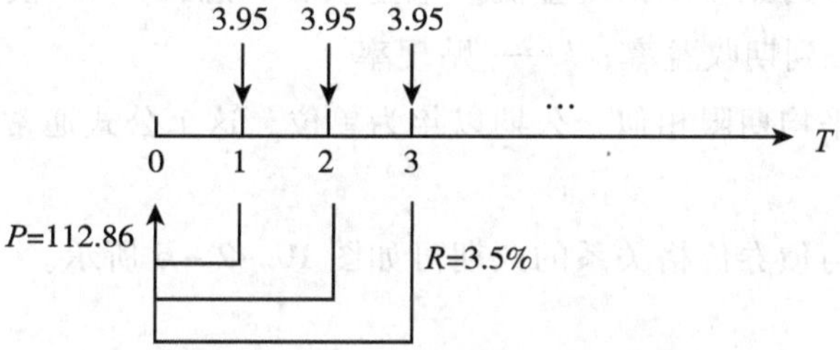


**图 10-2-5　永续债券现金流折线**

3. 久期和凸性

久期和凸性对债券估值有重要影响。久期衡量债券价格对利率变动的敏感性，长久期表示价格波动较大；凸性描述债券价格对利率变动的非线性响应，高凸性意味着债券价格上涨较快、下跌较慢。

久期和凸性的理解有助于投资者评估债券风险与收益，制定合适的投资策略：在利率上升时，长久期债券价格下跌幅度较大；而在利率下降时，价格上涨幅度较大。凸性使价格变动速度不对称，在利率上升时，高凸性债券价格下跌幅度较小；而在利率下降时，价格上涨幅度更大。久期和凸性能帮助投资者更好地把握债券估值。

（1）久期。久期是以未来时间发生的现金流，按照收益率折现成现值，再用每笔现值乘以距离该笔现金流发生时间点的时间年限，然后进行求和，以这个总和除以债券价格得到的数值就是久期。概括来说，就是债券各期现金流支付所需时间的加权平均值。它代表了固定收益证券价格对市场利率变动的敏感程度，是测量债券风险的指标，最早由麦考利于 1938 年提出。久期反映了固定收益证券的平均剩余期限和现金流量在债券投资组合中所占比例，可以理解为现金流加权平均期限（WACF）的升级版①。一组现金流的久期，等于现金流发生的平均时间，每笔现金流的权重是用现金流的现值而非名义值计算的。

如果久期用 $D$ 来表示，则久期的公式可以表示为：

$$D = \sum_{t=1}^{T} \frac{PV(CF_t)}{P} \cdot t = \sum_{t=1}^{T} w_t \cdot t$$

其中，$D$——久期；$P$——债券市场价格；$CF_t$——$t$ 时刻收到的现金流；$PV$——现金流现值；$t$——流入的时间；$w_t$——该笔现金流权重。

如果所有的现金流都用债券到期收益率进行贴现，每一笔现金流的权数是：

$$w_t = \frac{CF_t/(1+k)^t}{P}$$

久期的完整公式是：

$$D = \frac{1}{P} \times \left[\frac{CF_1}{1+YTM} \times 1 + \frac{CF_2}{(1+YTM)^2} \times 2 + \cdots + \frac{CF_T}{(1+YTM)^T} \times T\right]$$

其中，$CF_t$——$t$ 时刻收到的现金流，本金或者利息；$P$——债券市场价格；$T$——到期期限；$YTM$——到期收益率；$k$——贴现率。

与现金流加权平均期限相似，久期以年为单位，这个公式通常也称为麦考利久期，简写为 D 或是 MD。

衡量利率变动与债券价格关系的久期可如图 10－2－6 所示。

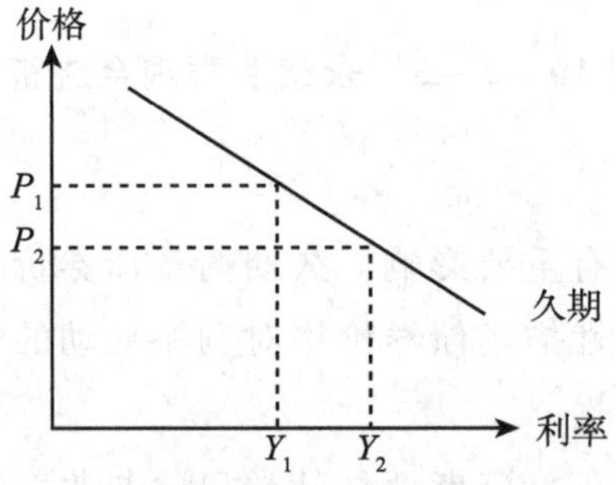


**图 10－2－6　衡量利率与价格的关系—久期**

比如，1 个 10 年期、面值为 1 000 人民币的零息债券的价格为 558.39 元，收益率为 6%，债券的久期是 10 年，计算如下：

$$MD = \frac{(10 \times 1\,000)/(1+0.06)^{10}}{558.39} = 10(\text{年})$$

① 国际专业人士学习平台、瑞士投资专业人士培训中心、中国证券业协会 编著，中国证券业协会 编译．固定收益证券估值与分析［M］．中国财政经济出版，2018：66－67．

正好等于到期期限。

即使债券现金流与上述标准公式不同，如利息半年支付 1 次或者需要提取偿债基金，计算久期的方法不变。

麦考利久期（*MD*）考虑了所有影响债券波动的因素，包括所有的现金流、到期收益率及当前的债券价格。*MD* 的暗含假设是，利率期限结构是水平的，即所有期限的到期收益率等于 1 个单一的值，这个值被称为“市场收益率”。

如果利率期限结构（或称收益率曲线）不是水平的，那么相应各期限的即期利率各不相同，所以在对债券的现金流进行贴现时，不同时期适用的贴现率也是不同的，这样计算出来的久期会与麦考利久期的数值不同。

债券久期是债券的剩余期限、票面利率、累积利息、收益率、偿债基金条款以及提前赎回条款等因素的函数。久期和债券剩余期限是正向关系，债券的剩余期限越长，久期越大，但是随着剩余期限增加，久期增大的速度会减小。因此，与债券的剩余期限可以无限增大不同，久期是不会无限增加的，如果用 *PD* 表示永续债券，用 *YTM* 表示到期收益率，则最大的久期是①：

$$PD = \frac{1}{YTM} + 1$$

零息债券的久期等于它的剩余期限；附息债券由于支付票息的原因，久期小于剩余期限。在其他条件相同的条件下，久期与债券的票息率呈反向关系，票息率越高则久期越短，反之则久期越长。久期随着票息率不断增加而变小，但变小的速度是递减的。久期与一般利率水平（*YTM*）呈反向关系；久期的计算基础是贴现过程，贴现率越高，久期就越短。

从久期公式 *D* 可以推导出：

$$\frac{\Delta P}{P} = -\frac{D}{1+k} \cdot \Delta k$$

其中，$\Delta k$——利率变动量；$k$——现时利率；$D$——久期；$P$——债券价格；$\Delta P$——债券价格变动量。这个重要的公式表明，利率每变化 1 个单位，债券价格变化的百分比在一阶近似意义上与久期成一定比例，上面这个公式也经常表示为：

$$\frac{\Delta P}{P} = -D^{mod} \cdot \Delta k$$

这里的 $D^{mod}$ 被称为债券的“修正久期”，或者“敏感性”，一般公式为：

$D^{mod} = \dfrac{D}{1+k}$，又或者可以写为：$\Delta P = -D^{P} \cdot \Delta \mathrm{k}$

① 国际专业人士学习平台、瑞士投资专业人士培训中心、中国证券业协会 编著，中国证券业协会 编译．固定收益证券估值与分析［M］．中国财政经济出版，2018：73．

其中，$D^P \frac{D}{1+k} \cdot P = -\frac{\Delta P}{\Delta k}$

公式中的 $D^P$ 称为债券的“价格久期”①。用债券的修正久期或者价格久期，人们可以估计收益率变化 1 个单位时债券价格变化的百分比和绝对额。

**【案例 10－7】**比如，一个面值为 1 000 元人民币、4 年后到期、票息率为 6% 的债券，市场收益率是 7%，债券的久期是 3.67 年，如果收益率上升 50bps（+0.50%，上升到 7.5%），价格会如何变化？如果收益率上升 200bps（+2%，上升到 9%），价格会有怎样的变化？

根据久期定义，有：

$$\frac{\Delta P}{P} = -D \times \frac{\Delta k}{1+k} = -3.67 \times \frac{0.005}{1+0.07} = -1.71\%$$

久期预测债券价格会下跌 1.71%，收益率为 7% 时的价格为：

$$P = \frac{60}{1.07} + \frac{60}{1.07^2} + \frac{60}{1.07^3} + \frac{1\ 060}{1.07^4} = 966.13\ (元)$$

新的价格 $= 966.13 \times (1 - 0.0171) = 949.61$（元）

收益率为 7.5% 时的实际价格 $(P) = \frac{60}{1.075} + \frac{60}{1.075^2} + \frac{60}{1.075^3} + \frac{1\ 060}{1.075^4} = 949.76$（元）

与 949.61 元很接近，按照同样方法计算，可以得到当 $\Delta k = +2\%$ 也即收益率上行时，债券价格会下跌 6.85%，即下跌至价格 899.95 元；收益率为 9% 时的实际价格为 902.81 元。这个例子说明，当收益率变化很小时，久期对价格的预测作用是很好的，但如果收益率变化很大，久期的预测效果就不太好。②

（2）凸性。凸性是指债券价格相对于利率变化的曲率，是收益率变化 1 % 所引起的久期的变化，用来衡量债券价格收益率曲线的曲度，也即债券价格对利率的变化呈现出的非线性特征，是价格利率曲线的二次拟合。简单地说，如果一个固定收益证券的价格与市场利率之间的关系呈现出凸性，那么当市场利率发生变化时，这种价格变化会比线性关系更加敏感，即价格上涨和下跌的幅度不同。

凸性分为正凸性和负凸性。正凸性，是指债券价格在利率上升和下降时的波动并不对称。具有正凸性的债券在市场利率上升时，价格下跌速度相对较慢，而在利率下降时，价格上涨速度相对较快；负凸性比较少见，一般在含权债中出现。

凸性与久期之间的关系式表示为：

$$\Delta P \approx -D \times \Delta y + \frac{1}{2} \times convexity \times (\Delta y)^2$$

---

① 在美国称为美元久期。

② 国际专业人士学习平台、瑞士投资专业人士培训中心、中国证券业协会 编著，中国证券业协会 编译．固定收益证券估值与分析［M］．中国财政经济出版，2018：76.

其中，$\Delta P$——债券价格的变化量；$\Delta y$——市场利率的变化量；$D$——债券的久期；*convexity*——债券的凸性。可以看出当市场利率变化比较小时，债券价格与利率变化呈现出线性关系，这时候凸性对预测未来债券价格并没有太大的影响；但当市场利率发生大幅波动的时候，考虑凸性因素可以使得预测更加精确。

凸性可用图 10－2－7 表示。

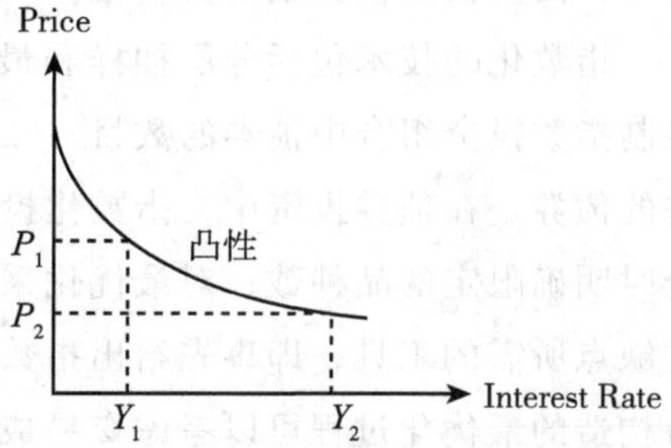


**图 10－2－7 衡量利率与价格的非线性关系——凸性**

但凸性只是对久期的修正，并不能完全取代久期来衡量债券价格对利率变化的敏感程度。久期是衡量固定收益证券价格波动的主要指标，而凸性则更多地用于对久期的修正和弥补久期存在的缺陷。

**【案例 10－8】** 假设某金融机构持有一笔 3 年期、票面利率为 5% 的债券，每年支付一次息票，票面价值为 100 元。假设该债券的久期为 2.5 年，凸性为 7.5，求当市场利率从 4% 上升至 5% 时，该债券价格变化的百分比计算过程如下：

$$\Delta P \approx -2.5 \times 1\% + \frac{1}{2} \times 7.5 \times (1\%)^2 \approx -2.46\%$$

因此，当市场利率从 4% 上升 5% 时，该债券价格将下跌约 2.46%。

### （三）债券投资策略

不同的债券投资策略适用于不同的投资者需求和风险承受能力，投资者可以根据自己的情况进行选择。每种策略都有其优劣之处。多样化和分散化的投资组合可能会在最终回报和风险之间提供一个平衡点。下面将介绍消极、积极的管理策略及基于模型因素的组合构建策略。

1. 消极管理策略

（1）购买并持有。最简单的消极策略是构造一个债券投资组合并一直持有它，可以将投资组合所得到的息票收入、到期债券的本金收入再投资于新发行的债券。这样投资收益中唯一变动的部分就是再投资风险。[①]

（2）指数化。指数化的目标是尽可能地复制某预先选定的基准的表现。然而，债券投资组合指数化和股票投资组合指数化有很大的不同，债券基准指数包含的债券样本数比股票指数包含的股票样本数大得多。而且，因为每年有非常多的债券到期，同

① 国际专业人士学习平台、瑞士投资专业人士培训中心、中国证券业协会 编著，中国证券业协会 编译．固定收益证券估值与分析［M］．中国财政经济出版，2018：205－206.

时有非常多的债券发行，所以这些指数中成分债券的变动比股票指数中成分股的变动要大，而且很多债券缺乏流动性。

指数化的技术包括分层抽样和最优化采样。对分层抽样来说，有双重目的：一是限制指数投资组合中债券的数目；二是避免交易中债券的头寸太小，以及购入流动性差的债券。在债券投资中，指数化投资者最终选取的债券数目取决于构造各组债券组合时明确限定的品种数；对最优化采样来说，债券风险模型提供了克服分层抽样方法的缺点所需的工具，即事先给出指数化组合相对基准指数的跟踪误差的度量标准，组合构造的最优化过程可以考虑交易成本和因素之间的风险置换关系，而且允许指数编制者通过限定指数化组合中债券数目的方式，选择跟踪误差的水平。

（3）利率免疫。免疫策略是消极债券管理的方法之一。所谓免疫策略，是指构造这样一种投资组合，以至于任何由利率变化引起的资本损失（或利得）能被再投资的回报（或损失）所弥补，即在未来的给定期限内锁定收益率，避免期间市场利率波动的影响。构建免疫策略投资组合的关键取决于资产的久期与负债的久期是否相等，即久期匹配 ，使投资人在特定投资时间内获得固定报酬来应付未来的负债。对于单期负债来说，现金流出发生在期末，只要使资产久期等于该债务偿还期，即可以实现久期匹配。对于多期负债，我们可以将其拆为多笔单期对待，也可以计算负债的平均久期。

利率免疫虽然保护投资组合免于因利率变动而遭受损失，但这也排除了从利率变动中获利的可能性。由于短期利率波动性很大，免疫策略对投资期长的投资组合更有效。久期会随着利率的变动而变动，因此无法做到完美免疫，时间流逝以及利率变动都使得投资组合免疫带有不完全性。

（4）资产负债管理。经典的组合管理方法将焦点放在投资者资产负债表的资产端，但资产负债管理的原则要考虑资产负债表的两端，并涉及将负债现金流与组合现金流相匹配。这么做旨在通过协调和优化资产和负债的组合，使投资者或机构能够实现其风险管理和财务目标。下面将从资产和负债两个方面分别说明如何进行债券投资策略的资产负债管理，并提供相应的例子：

从资产端来看，选择适当的债券品种：根据投资者或机构的风险承受能力、流动性需求和收益目标，选择合适的债券品种来构建投资组合；或者分散投资风险，即通过将投资组合分散在不同类型、行业、地区和发行人的债券上，减少特定风险对整体投资组合的影响。

从负债端来看，单期免疫负债旨在通过构建投资组合，将投资组合的久期与负债的久期相匹配，从而降低利率波动对投资组合价值的影响；多期免疫负债在单期免疫负债基础上发展起来，考虑到了负债在未来多个时间段内的支付和偿还需求，通过选择适当的债券组合和久期匹配来实现多期免疫负债，以确保在不同时间点上的利率变动不会对负债的偿付能力产生重大影响；超额头寸免疫的目标是通过调整投资组合的久期，使其与负债久期之间存在一定的超额头寸，从而实现额外收益并保持对利率变动的免疫。

2. 积极管理策略

类似于股票市场中的积极投资，这种策略旨在通过分析市场和寻找低估的债券，买低卖高，以获得额外回报率。积极投资者通常会频繁地交易债券，以追求更大的利润。

但是，这种策略需要更多的时间和资源来进行市场研究和跟踪，积极管理策略要求组合经理寻求债券组合的业绩超过基准业绩，即要求所管理的组合与基准组合之间存在正的收益差。

（1）常数久期。在整个利率周期内，将所管理债券投资组合的平均久期限定为“常数”，这一简单做法可以改进“买入并持有策略”的效果。这一策略在利率上下波动过程中，可以取得更好投资业绩。

（2）收益增强。投资者可以应用某种债券估值模型，买进被模型确定为被错误定价（低定价）的债券，从而构造投资组合。此外，就风险特征而言，债券之间的可比性（可替代性）较之股票更强；债券投资组合管理人也可以卖出以利率为基础变量的看涨或看跌期权，来提高组合收益率，债券投资的关键在于预测长期利率的变动时机。

（3）利差策略。利差策略通过调整债券投资组合中各种债券头寸，因债券市场中不同子市场之间的利差的变动而获利的策略。头寸调整的主要技术称为债券置换，即从债券投资组合中置换出一种定价偏高的债券，换入另一种投资组合管理人认为被市场低估了的债券。债券的低估与高估均以对未来利率期限结构的变动预测为基础，并以利差来衡量，前者（低估）表现为利差过大而后者（高估）表现为利差过小，一旦两种债券收益率利差收窄（置换出的债券收益率上升，买进的债券收益率下降），投资组合管理人将因债券价差而获得资本利得。

（4）收益率曲线策略。收益率曲线策略通过配置组合内债券的期限来预测收益率曲线的变动（平行移动、扭曲变动和蝶式变动）。当收益率曲线发生变化时，组合的期限结构对总收益产生显著影响。收益率曲线策略有三种：子弹策略、哑铃策略和梯子策略①（见图 10－2－8）。

子弹策略中的组合将债券配置在一个单一期限，哑铃策略中的组合将债券期限分布在收益率曲线的两端。假如组合经理预计收益率曲线即将发生平行移动，在两个组合的久期大致相同的情况下，投资者会选择哑铃策略组合而不是子弹策略组合，因为哑铃组合的凸性大于子弹组合，这会改进收益状况；到期日平均配置或称“梯子”要

① 国际专业人士学习平台、瑞士投资专业人士培训中心、中国证券业协会 编著，中国证券业协会 编译．固定收益证券估值与分析［M］．中国财政经济出版，2018：217．

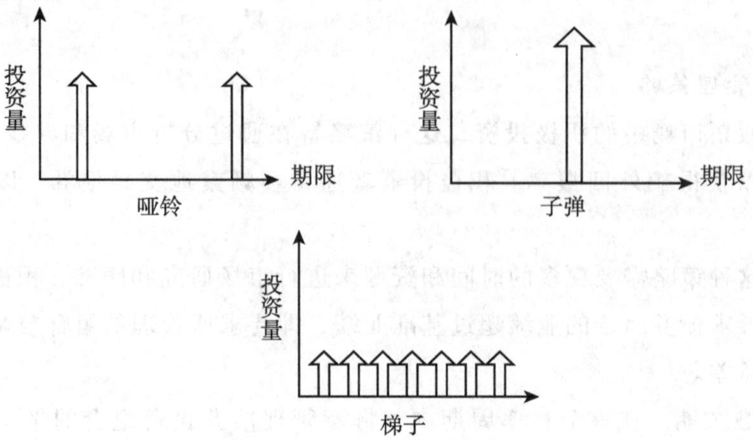


**图 10－2－8　子弹、哑铃与梯子策略**

求将组合中各债券的投资额按到期日进行平均分配。

3. 基于因素模型的组合构建

多因素模型（*MFM*）认为一项资产的收益可由若干有限的因素解释。以三因素模型为例，投资者可以更全面地了解投资组合的回报来源，它提供了一种分析投资组合回报的框架，帮助投资者识别市场、规模和价值等变量因素对投资组合表现的贡献。多因素模型为更好地进行债券风险管理提供了必要的工具。三因素模型的形式如下：

$$R_i = B_{i,1} \cdot F_1 + B_{i,2} \cdot F_2 + B_{i,3} \cdot F_3$$

其中，$R_i$——资产（债券）$i$ 的收益；$B_{i,n}$——暴露因子；$F_n$——第 $n$ 个因素。

## 二、其他债券

资产证券化产品、非公开定向债务融资工具（*PPN*）、市政债、城投债、项目收益债券、绿色债券等其他债券都是不同类型的债务融资工具，它们在市场中扮演着重要角色。然而，每种债务融资工具都有其特定的风险和定价方法。

### （一）资产证券化

1. 基本概念

根据国际金融报告准则（IFRS）定义，资产证券化是将资产或资产组合通过重新包装成现金流，并将其出售给投资者，将其转化为证券的过程。资产证券化涉及将金融资产（如应收账款、贷款或其他金融工具）转移至一个单独的实体（通常称为特殊目的实体），该实体发行以这些资产为支持的证券。然后，由转让的资产产生的现金流用于支付向投资者发行的证券。

具体而言，资产证券化是指将具有一定收益性、安全性和流动性的资产（比如房屋、汽车、信用卡账单、抵押贷款、消费借款等）转移给一个特殊目的实体（SPV）进行打包捆绑，再通过发行证券化产品（如证券化债券、证券化基金等）将这些资产分散地转让给投资者。这样一来，原本数量庞大、无法直接交易的资产就被拆分成若干份较小的证券，吸引了更多的投资者参与到这个市场中来，并且也降低了单个投资者的风险。

在这个过程中，SPV 被特别设置用于分离资产、管理现金流、减轻境内外税务负担等。证券化产品的各种结构和形式也在不断变化，以适应不同的投资者需求和市场情况。

资产证券化具有诸多优点，例如资产拥有者可以将资产转化为现金流，投资者可以通过购买证券化产品来获得更高的收益，同时降低了单个资产或贷款的风险集中度等。

2. 主要特征

（1）资产池。资产证券化的核心是形成一个广泛的资产组合，这个资产组合称为“资产池”。资产池通常由一系列资产（如贷款、抵押品等）组成，这些资产通常来自于特定领域或特定类型的资产。

（2）证券化工具。通过发行证券化工具（如证券化债券）来将资产池中的资产分散地转移到投资者手中，证券化工具发行后，投资者可以根据自己的投资策略和风险承受能力，在二级市场上买入或卖出这些产品。

（3）特殊目的实体。证券化的过程中需要设立特殊目的实体（SPV），用于承担汇集资产、发行证券化工具和接受投资者支付的款项等职能。这样可以有效隔离基础资产和证券化交易，保证证券化产品的稳健性和可靠性。

（4）风险分散。资产证券化的核心目的之一是通过将资产池分散到多个投资者手中，从而实现风险分散的目的，可以将单一的风险分散到整个证券化市场中，从而降低单一投资者所承担的风险。

3. 资产证券化的过程

资产证券化通过将各种现金流量稳定的资产（如房屋抵押贷款、汽车贷款、信用卡债务等）转化为可交易的证券产品。其过程包括以下关键步骤（见图 10－2－9）：

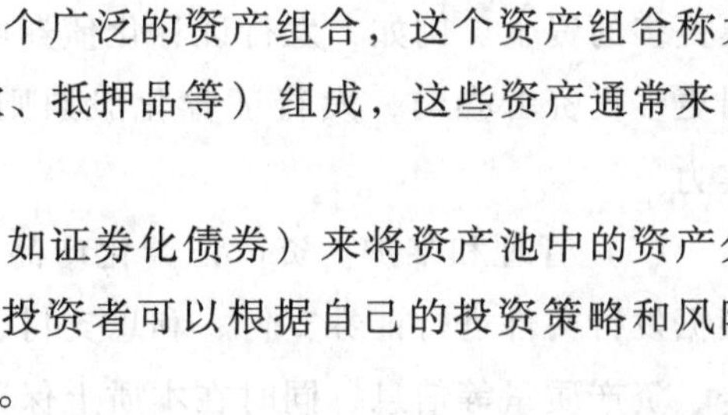

**图 10－2－9　资产证券化的基本流程**

（1）确定资产池。这是资产证券化的第一步，需要拥有一定数量和质量的金融资产，例如房屋抵押贷款、车辆贷款、信用卡账户等。其中，这些资产需要在法律、财务和风险控制等方面予以评估和筛选，并由专业人士进行核实。

（2）设立特殊目的实体。为了能够将资产池与投资者之间分离开来，需要设立一个特殊目的实体（SPV），通常是以法人或信托形式存在，由该实体来筹集资金、购买资产池中的资产并发行证券，以此来获得资金。

（3）信用增级。内部信用增级是由SPV用基础资产中所产生的部分现金流来提供的，其常见的方式有建立优先或次级结构和现金储备账户等；外部信用增级是由外部第三方提供的信用增级工具，其常见的形式有担保、保险等。在资产池未能产生足够的现金流偿付本息时，由担保机构或保险公司根据约定向投资者支付定的到期证券本息。[①]

（4）信用评级。信用评级由专门评级机构应资产证券发起人或承销商的请求进行，评级主要考虑资产的信用风险，而不考虑市场风险和发起人信用风险。由于出售的资产都经过了信用增级，资产支持证券的信用级别会高于发起人的信用级别。

（5）发行证券。SPV会根据资产池资产的性质和数量发行不同类型的证券，以筹集更多的资金。例如，发行证券化债券可以给借款人提供低利率的资金来源，同时吸引更多投资者参与，发行证券化股票则可以吸引更多的股东参与，增加企业的资本实力。

（6）管理和维护。资产证券化产品的管理和维护由SPV负责，其具体内容包括：根据发行文件进行证券支付、利息支付、证券回购等操作，按照合同规定披露财务报告、资产质量等信息，同时在本质上保证SPV与原始权益人之间的利益相互分离。

（7）交易和流通。持有证券化产品的投资者可以在二级市场上进行交易和流通，证券的价格则由市场供求关系决定。通常情况下，不同类型的证券都由不同的交易所或场外交易平台进行交易和流通，通过市场供求关系来实现证券价格的形成。

总之，进行资产证券化需要严谨的财务数据分析、法律、税务、风险管理等方面的专业知识，需要金融机构、法律机构、清算机构、评级机构、审核机构等多方的协作。

4. 资产证券化的分类

（1）住房抵押贷款支持证券（Mortgage - Backed Securities，MBS）。住房抵押贷款支持证券化，是资产证券化中最早、最重要的一种。住房抵押贷款支持证券的生成依赖三个基本条件：一是住房抵押贷款规模较大，这是证券化的基础；二是商业银行希望通过证券化以获得额外的资金来源，并获得可观的服务费；三是中介机构发行的住房抵押贷款支持证券被投资者所接受。

---

① 姚长春 编著. 固定收益证券：定价与利率风险管理［M］. 北京大学出版，2006：392.

MBS 通过将大量抵押贷款组合成一个资产池，并将其切割成不同等级的证券进行发行，这些抵押贷款通常是来自于房地产市场，投资者购买 MBS 后，就可以从其中所包含的抵押贷款的还款本息中获取收益。

MBS 的特点在于单笔贷款规模不大，住房抵押贷款的申请者为消费者个人，每笔贷款的规模相对较小。对于一个家庭而言，住房贷款数额很大，几十万元至几百万元，要相当于一个家庭很多年的积蓄，贷款周期长且最长可达 30 年。贷款具有抵押性，住房贷款的周期长，发生风险的可能性大，因此商业银行从事住房贷款一般都以住房为抵押品。住房具有保值和增值的功能，商业银行从事以住房为抵押的贷款，风险并不是很高。

（2）资产支持证券（Asset - Backed Securities，ABS）。资产支持证券，是通过将其他类型的资产，如汽车贷款、信用卡债权、消费者分期购买债务等，汇集成一个资产池，再转化为特定的证券产品。典型商品是汽车贷款证券和信用卡证券。

与 MBS 不同，ABS 的特点在于多样性，可以基于不同类型的债权池进行构建，提供灵活的投资机会。ABS 的商品没有从政府那里得到担保，而是通过统计手法测算出风险后，再由信用级别高的银行提供部分担保，或进行优先及滞后部分安排，对滞后部分的风险进行控制，优先部分取得高信用评级后卖给一般投资者。

对于债权持有人来说，ABS 提供了一种融资工具的机会，将长期的固定利率债务转化为具有流动性的可交易证券。同时，ABS 也可以为发行人提供融资渠道，允许他们通过将资产转让给投资者来获得现金流，从而支持业务的发展和扩张。

然而，需要注意的是，ABS 市场也存在一定的风险。例如，如果资产池中的债务质量下降，或者在经济衰退时出现违约风险，投资者可能会面临损失。因此，在购买 ABS 之前，投资者应仔细评估和了解相关资产的质量、信用评级以及与之相关的风险因素。

（3）有担保债务的凭证（Collateralized Debt Obligation，CDO）。有担保债务凭证是把所有可能的现金流打包在一起，并且进行重新包装，再以产品的形式投放到市场的凭证。这个现金流可能来自各种类型的债券、贷款，甚至保费、CDS 费用。CDO 将这些债务资产组合成一个资产池，并将其切割成不同等级的证券进行发行，这使得投资者可以根据风险和收益要求进行选择。

CDO 的特点在于债务资产的多样性和不同等级的证券结构，发行人通常会对债务资产进行评级，从而确定不同等级证券的优先级和风险水平。投资者可以根据自己的风险承受能力和投资目标选择适合的 CDO。根据底层资产的不同，有担保债务凭证可以分为有担保债券的凭证和有担保贷款的凭证。

有担保债券的凭证（Collateralized Bond Obligation，CBO）：CBO 是以一大群债券为支撑而发行的新债，将不同种类的债券（通常是公司债券）组合成一个资产池，然后再将该资产池切割成不同等级的证券进行发行的过程。投资者可以根据风险偏好选择高级或低级证券，并根据相应的风险水平获取相应的收益。

CBO 的特点在于债券的多样性和结构化等级，允许投资者选择不同风险和回报水平的证券，满足特定的投资偏好，即较高等级的证券通常具有较低的风险和较低的利率，而较低等级的证券则具有较高的风险和较高的利率。

有担保贷款的凭证（Collateralized Loan Obligation，CLO）：如果支撑性资产为贷款，那么新发行的债券被称为有担保的债务凭证。CLO 的投资者可以根据风险和收益要求选择不同等级的证券。与 CDO 类似，CLO 也根据贷款资产的风险和回报进行不同等级证券的划分，即高级证券通常具有较低的风险和利率，而次级证券则具有较高的风险和利率。

各类资产证券化产品的汇总见表 10－2－1：

**表 10－2－1　　　　资产证券化产品对比表**

| 产品 | 定义 | 类型 | 风险分散程度 | 收益来源 |
|---|---|---|---|---|
| MBS | 将抵押贷款打包成证券化产品 | 抵押贷款 | 高度分散，基于大量抵押贷款池 | 偿还抵押贷款的本金和利息 |
| ABS | 将各种现金流资产（如车贷、信用卡债务等）打包为证券化产品 | 汽车贷款、信用卡债务等 | 中度分散，基于不同种类的资产池 | 由资产所产生的现金流 |
| CDO | 通过将多个不同信用评级的债务资产打包为证券化产品 | 多种类型债务资产 | 低至中度分散，基于不同信用评级的债务资产 | 来自债务资产的利息和偿还 |
| CBO | 通过将多个高风险债券资产（如信贷违约债券）打包为证券化品种 | 高风险债务资产 | 低度分散，基于少量高风险债务资产 | 来自债务资产的利息和偿还 |
| CLO | 将多个企业贷款打包成证券化产品 | 企业贷款 | 高度分散，基于大量企业贷款池 | 来自企业贷款的利息和偿还 |

5. 风险及定价分析

从风险的角度来看，资产证券化可能面临交易结构风险，资产证券化是一种结构融资方式，当发起人破产时，其他债权人对证券化资产享有追索权，这些资产的现金流量将会转给发起人的其他债权人，资产支持证券的投资者将面临本息损失的风险；信用风险，即证券化资产所产生的现金流不能支持本金和利息的及时支付；提前归还风险，即在未来某个时间市场利率低于发行债券的息票利率时，发行人可以收回这种债券并以按较低利率发行的新债券来替代它；利率风险，是指债券价格受利率波动发生逆向变动而造成的风险，对于一个到期前不得不出售债券的投资者来说，在购置债券后利率的上升，将意味着一次资本损失的实现。这种风险即是利率风险。

从定价的角度来讲，可用静态现金流折现法、期权调整利差法（OAS）对资产证券化进行定价。对静态现金流折现法来讲，计算出各期现金流情况和风险收益，再使用风险收益率做贴现率对各期现金流进行折现求出现值。静态现金流折现法是基于利息收入的再投入收益率与证券到期收益率相同，且不发生提前还款的假设前提。如果用 $P$ 代表证券价格、$R$ 是静态现金流的折现率（历史数据对提前还款率进行预测），$CF_t$ 是证券在第 $t$ 期数的预期现金流，公式如下：

$$P = \sum_{t=1}^{T} \frac{CF_t}{(1+R)^t} = \frac{CF_1}{(1+R)^1} + \frac{CF_2}{(1+R)^2} + \cdots + \frac{CF_T}{(1+R)^T}$$

而期权调整利差（OAS）法是比较完善和成熟的调整利差方法。通过对未来各期现金流分析调整后，以某一基准无风险收益率曲线平移一个固定常数，使得计算出理论价格与实际产品市场价格相等。该方法的前提有：利率与提前还款之间存在一定相关联系；利率波动区间是一个某个常数；利率路径的模拟尽量全面。

6. 资产证券化的意义

通过资产证券化，原本无法直接交易的债务资产得以转化为具有流动性的证券产品，为投资者提供了多样化的投资机会。同时，资产证券化也能够帮助原始贷款机构转移风险，提高流动性，并促进资金的有效配置。资产证券化有如下几项意义：

（1）提高资金利用效率。资产证券化可以将原本不易快速流动的资产转换为证券后，通过证券市场实现资金的快速融入和流转，提高了市场上资金的使用效率，加快了经济发展的速度。

（2）降低融资成本。通过证券化的方式可以吸引更多的投资者参与，增加了市场的竞争力，从而降低了融资的成本，让一些原本难以融资的企业和个人能够获得融资机会。

（3）实现风险管理。将原本分散于多个资产中的风险通过证券化合并到一个证券产品中，再通过资产池的分散和 SPV 的隔离来实现风险分散，从而降低了单个风险的集中度和整个市场面临的风险。

（4）扩大市场规模。通过证券化的方式可以将原本具有较高阈值或门槛的资产转化为较小单位的证券产品，扩大了市场规模和基础资产的流动性。同时，资产证券化也可以把原先难以进入市场的中小投资者吸引到市场中来。

（5）推动金融创新。资产证券化作为一种金融创新工具，可以通过不断推陈出新的方式和产品形态，满足投资者和借款人不同的需求，促进金融市场的发展与创新。

### （二）非公开定向债务融资工具（PPN）

1. 基本概念

非公开定向发行是指具有法人资格的非金融企业，向银行间市场特定机构投资人发行债务融资工具，并在特定机构投资人范围内流通转让的行为。

根据中国银行间市场交易商协会的定义，非公开定向债务融资工具（Private Placement Note，PPN）指非金融企业向银行间市场专项机构投资人和特定机构投资人（如有）发行、并在定向发行文件约定的定向投资人之间流通转让的债务融资工具。

与公开发行债券不同，PPN 的发行范围相对较小，且目标受众通常是一些拥有一定实力、专业素质较高的机构投资者或个人投资者，尤其是那些拥有一定风险承受能力的投资者。

2. 主要特征

（1）非公开定向。PPN 的发行是由发行人在非公开场合中向特定的投资者进行发行，这点与公开发行债券有明显区别。由于 PPN 不需要经过公开市场的认购和销售，因此可以减少发行成本，提高效率。

（2）定制需求。PPN 的发行人可以根据自身融资需求和投资人的风险偏好、期限、收益预期等因素来定制债券的期限、利率等具体条款和条件，以满足不同投资人的需求。这种灵活的债券设计往往能够使其更容易被投资者接受。

（3）高风险性。PPN 通常作为一种私募债券发行，其发行对象多为机构投资者和大额个人投资者。由于其单笔发行规模较大，而且投资者大多需要具备一定的风险承受能力和专业素质，因此 PPN 的风险相对较高。

（4）灵活性强。PPN 的发行条件比较灵活，包括融资金额、期限、利率、折扣、转换价值等都可以根据市场需求进行定制，既可以增加债务的募集数量，也可以满足不同投资者的收益预期等要求。这就使得债券的设计更加贴合企业需求和市场需求。

（5）收益高。相对于公开发行债券，PPN 的发行规模较小，但是由于面向的是专门的机构投资者及部分个人投资者发行，其报价会有较高的收益水平，同时还可以将债券的期限、利率等条款设定得更为灵活，从而在此基础上形成相对较高的收益水平。

3. 风险及定价分析

非公开定向融资工具的风险主要体现在：一是流通和转让风险，非公开定向发行缩小了信息披露范围，简化了发行注册条件，需要相应限定定向工具在定向投资人范围内流通转让，这一特殊性决定了债券流通和转让存在着限制，带来的弊端是产品流动性有所降低，影响定向工具的市场深度；二是发行价格存在流动性溢价，由于非公开定向融资工具的流动性受限，因此定向工具应该比公开发行的产品有流动性溢价，即定向债券应该比公开发行的同类产品利率更高，来弥补投资者的流动性损失。

从定价分析的角度来讲，贴现现金流（DCF）是一种常见的定价方法，基于未来现金流量的贴现来计算债券的价值。需要预测 PPN 在未来的现金流量，并确定适当的贴现率；相对价值模型通过与类似 PPN 或市场上其他债券进行比较来确定价值，投资者可以参考相似债券的市场价格或利率水平，以及市场上的交易情况来对 PPN 进行定价，此方法依赖于类似的市场交易数据；债券期权定价模型也可以用来对 PPN 进行定价，如果 PPN 具有附加债券期权，例如可转换、回售或赎回条款等，可以使用债券期权定价模型来计算债券的价值，这些模型基于衍生品理论和期权定价原理，能够考虑债券期权的价值和影响因素。

### （三）城投债、市政债与项目收益债券

城投债、市政债和项目收益债券是现代金融市场中的重要债务融资工具，它们在促进城市发展、改善基础设施、推动经济增长等方面发挥着重要作用。

1. 城投债

（1）基本概念。城市投资基础设施建设债券（简称“城投债”），是指由中国城市基础设施投融资有限责任公司牵头，联合地方政府及其下属的城市投资公司、城市发展投资公司等机构，共同发行用于城市基础设施建设的企业债券。

在城投债的发行中，一些大中型城市和经济发达地区比如北京、上海、深圳、杭州、广州、天津等城市，一直是城投债的主要发行地区。这些城市以其较好的财政实力、较强的融资能力以及较为稳健的市场环境，促进了城投债的快速发展。

（2）风险及定价分析。从风险角度来看，城投债作为比较安全的投资品种，其风险相对较小。①信用风险方面，城投债通常是由地方政府或其下属的城市投资公司、城市发展投资公司等机构发行的企业债券，如果发行人无法按时兑付本息，可能会导致债券违约。②市场风险方面，城投债的价格和收益率与市场利率、市场需求有关，市场变动可能会对城投债的价格和收益率产生不利影响。③流动性风险方面，城投债通常市场关注度较高，二级市场交易活跃。

城投债的定价主要有两种常见的方法，分别是发行利率法和市场比较法。①发行利率法是按照预设的收益率或利率来确定城投债的发行价格，这种方法会考虑市场上同期限、同评级的债券利率水平以及发行人的信用风险。一般情况下，承销商或投资银行会根据市场条件和投资者需求来确定最终的发行利率。②而市场比较法是通过与市场上类似债券的市场报价进行比较来确定城投债的定价。这个方法通常适用于已上市的城投债，可以根据市场上类似债券的交易价格或报价来决定具体定价，更能直接地反映市场对债券的估值水平。

2. 市政债

（1）基本概念。根据中国人民银行的定义，市政债券一般是为了满足地方经济与

社会公益事业的发展需要而由地方政府发行的，以当地政府的税收能力作为还本付息担保的债券，所筹集的资金一般用于交通、通信、住宅、教育、医院等地方性公共设施的建设，在我国市场内通常被称作地方债。

(2) 风险及定价分析。①信用风险方面，市政债券的信用风险是主要的影响因素，来自于发行人的违约风险，即无法按时支付利息或本金。投资者应该仔细选择信用评级高的市政债券，同时关注发行人的财务状况和经济环境；但我国地方政府信用状况较好，基本不存在违约的情形。②利率风险方面，市政债券价格受市场利率波动的影响，如果市场利率上升，市政债券价格下跌；反之则价格上涨。③流动性风险方面，有实证研究发现流动性溢价是市政债券收益率的重要影响因素，即在二级市场上买卖市政债券时可能遇到的交易难度和价格不利情况。

市政债券的定价方法和其他债券的定价方法非常类似，包括贴现现金流量模型法、相对价值法、市场交易法，在此不再赘述。

3. 项目收益债券

(1) 基本概念。根据人民政府官网定义，项目收益债是以具有稳定收入预期和现金流预期的项目公司为发行主体而发行的一种企业债券，募集资金专款专用直接投入固定资产投资项目，项目运营收入专户管理，专项用于债券本息支付。这种债券的信用支持主要来自对项目本身未来稳定现金流收益的预期，而非主要取决于项目主体的资信水平，由于募集资金专款专用和项目现金流闭合运行，能有效隔离企业其他业务的风险传递。

项目收益债券的发行通常用于特定项目的融资，如公路、桥梁、水利设施、清洁能源等。这些项目需要大量的资金支持，而政府和公共机构的融资渠道有限，因此需要通过债券市场进行融资。

(2) 风险及定价分析。①项目风险方面，项目收益债券的收益和风险取决于特定项目的运营情况。如果项目出现问题或者收益低于预期，债券本息还款能否如期支付将面临风险。②流动性风险方面，项目收益债券通常不像其他债券那样在二级市场上交易活跃，因此可能会面临流动性风险。如果没有足够的买家或者卖家，投资者可能无法在需要时及时出售或购买这些债券。③利率风险方面，由于是固定收益证券，项目收益债券的价格与市场利率水平有关。如果市场利率上升，债券价格将下降，这对于投资者来说可能会带来损失。④政策风险方面，由于项目收益债券通常是由政府或公共机构发行，所以政策风险也是一种可能的风险。政策变化可能导致项目收益减少，从而影响债券的本息偿付能力。

从定价方面来看，项目收益债券除了常用的现金流贴现模型、相对价值法以外，还有收益质量评估法，即评估项目的收益质量，涉及对项目的可行性、未来现金流量和市场需求等进行详细分析和预测。

相关比较见表 10－2－2。

**表 10－2－2　　市政债、城投债与项目收益债券的对比表**

| 产品 | 定义 | 发行者 | 还本付息来源 | 风险特点 |
| --- | --- | --- | --- | --- |
| 市政债 | 由地方政府发行的债券，筹资用于公共事业建设和社会福利项目 | 地方政府 | 地方政府财政收入和其他筹资手段 | 政府信用风险、宏观环境风险 |
| 城投债 | 由城市投资公司或城市基础设施建设公司发行，支持城市基础设施建设和公共服务项目 | 城市投资公司、城市基础设施建设公司 | 政府支持、城市投资公司现金流或特定项目收益 | 公司信用风险、特定行业风险、政府支持风险 |
| 项目收益债 | 由特定项目的主管部门或企业发行的债券，用于特定项目的建设，收益来自项目的现金流 | 特定项目的主管部门或企业 | 项目现金流或特定资产负债结构 | 项目风险、运营风险、市场风险 |

## （四）绿色债券

绿色债券是一种专门用于资助环境友好项目的债券，它在全球范围内迅速崛起，并成为可持续发展领域的重要金融工具。绿色债券的引入旨在解决全球气候变化、资源短缺和环境污染等重大环境挑战，并促进低碳经济的发展。在这个章节中，我们将探讨绿色债券的定义、特点和可能存在的问题。

1. 基本概念

"绿色债券"又称气候债券，国际资本市场协会（ICMA）将绿色债券定义为"将所募集资金专用于资助符合条件的绿色项目或为这些项目进行再融资的债券工具"，是应对温室气体造成全球平均气温上升等气候变化而衍生出的绿色投融资产品。① 相比于普通债券，绿色债券主要在四个方面具有特殊性：债券募集资金的用途、绿色项目的评估与选择程序、募集资金的跟踪管理以及要求出具相关年度报告等。

绿色债券的主要特征是它们的资金使用将被投入符合环保标准的项目中，例如可再生能源、能效改进、污染防控等；发行者通常是企业、政府机构或金融机构，借以减缓环境变化对全球经济及社会带来的危害。

2. 主要特征

（1）收益率偏低：同一主体，绿色债券的收益率低于非绿色债券，投资者对绿色

① 李依颖．新冠肺炎疫情冲击下的绿色债券发展研究［J］．金融经济，2020（9）：65－70，77.

债券具有比较高的偏好，愿意为此支付更高的价格，对应为绿色溢价。

（2）提供可持续发展的选项：绿色债券可以为投资者提供投资可持续发展的选项。这种债券可以吸引那些更注重社会和环境责任的投资者，从而推动可持续发展的进程。

（3）对照普通债券价格定价：绿色债券与普通债券的定价方式基本相同。发行人通过支付利息以支付资本，同时对绿色项目进行适当的监测和报告，以便投资者了解这些项目的环境价值和财务表现。

3. 中国绿色债券的发展历程

自2015年7月，我国第一只绿色债券成功发行以来，绿色债券实现了由无到有、规模由小到大的跨越式发展。截至2023年6月，目前国内绿色债券发行共计2 614只、发行规模29 996.59亿元，发行规模呈大幅度上涨趋势。其中，低碳转型债券发行总规模327.20亿元，乡村振兴债券发行总规模9 170.05亿元，可持续发展债券31.50亿元。

此外，中国政府已出台多项支持“绿色金融”的政策。2019年的《关于绿色金融体系建设的指导意见》鼓励金融机构加大对绿色债券的投资力度；2022年7月出台的《中国绿色金融债券原则》显著促进债券市场的标准化和规范化，这些政策的颁布为绿色债券的发行提供了更好的宏观政策环境。

现阶段我国绿色债券涵盖了清洁能源、节能减排、环保产业和生态保护等领域。同时，越来越多的企业和金融机构开始发行绿色债券，这些债券也得到了越来越多投资者的青睐。

4. 绿色债券的用途与意义

绿色债券作为一种特殊类型的债券，可用于节能项目、可再生能源项目、环境保护项目的融资，主要用途及意义如下：

（1）筹集资金绿色项目资。绿色债券的首要功能是筹集资金来支持可持续发展和环境友好项目。通过发行绿色债券，发行人可以吸引投资者的资金，用于资助与环境保护、可再生能源、节能减排等相关的项目。

（2）促进经济可持续发展与绿色产业转型。绿色债券的发行旨在推动可持续发展目标的实现。借助绿色债券，发行人能够获得资金支持，进而投资于可持续发展项目，如清洁能源、能效改善、环境保护等领域，从而促进经济的绿色转型和可持续发展。

（3）提升信息透明度并具有较好的社会效益。绿色债券要求发行人对资金用途进行披露和验证，从而提供了更高的市场透明度，这种透明度有助于投资者了解债券所支持的环境和社会效益，评估风险和回报。

（4）促进投资者关注ESG，有利于将资金流入ESG项目。绿色债券的发行推动了投资者对环境、社会和治理因素的关注。投资者越来越重视企业的环境责任和可持续性表现，通过投资绿色债券，他们可以将资金投向符合其ESG价值观的项目。

(5) 绿色债券市场的发展为投资者和发行人创造新的市场机会。对于投资者而言，绿色债券提供了多样化的投资选择，可以参与支持可持续发展的项目并获取相应回报；对于发行人而言，绿色债券为其提供了一种融资渠道，并吸引绿色产业投资者的关注。

总体而言，绿色债券的功能不仅限于筹集资金，还包括推动可持续发展、提升市场透明度、促进 ESG 投资等方面的作用，这种创新的融资工具有助于推动经济的低碳转型和可持续发展的实现。

5. 风险和可能存在的问题

(1) 绿色标准缺乏统一性：绿色债券融资项目的绿色认证标准缺乏统一性，不同的债券评级机构和绿色认证机构标准不尽相同，这可能导致一些存在问题的项目被认为是符合绿色标准的项目而得以融资。

(2) 存在一定项目风险：绿色债券的本金和利息来源与特定项目的绿色收益息息相关，如果项目本身存在问题，如技术难题、市场风险等，投资者将面临损失。

(3) 面临政策的不确定性：环境立法和政策调整可能对融资的绿色项目产生影响。这种政策调整可能导致已经发行的绿色债券价格波动，从而产生风险。

(4) 绿色债券定价困难：绿色债券的定价问题一直是一个难题。由于缺乏足够的历史数据和可比的债券市场参考，为绿色债券的定价提供可靠的基础很难。

6. 绿色债券定价的影响因素

绿色债券的定价与传统债券类似，主要受到市场利率、债券期限、信用评级等因素的影响。但是由于绿色债券具有环保属性，其发行标准和信息披露要求相较于传统债券更加严格，因此也可能会受到一些额外因素的影响，常见因素有：

(1) 绿色项目评估：绿色债券的定价首先需要对其支持的绿色项目进行评估。这包括评估项目的环境效益、可持续性、碳排放减少潜力等因素，评估结果将影响债券的发行规模、期限和利率等。

(2) 发行人信用评级：发行人信用评级越高，其借款成本越低，债券定价也会越高。

(3) 债券的期限：一般来说，长期债券的风险相对更高，因此需要提供更高的利率来吸引投资者购买，而短期债券的风险相对较小，因此利率也相对较低。

(4) 绿色债券的环保属性：绿色债券的价值在一定程度上还取决于它所支持的环保项目的质量和影响力，如果该项目能够带来较大的环境和社会效益，那么该债券的需求和价格通常会更高。

(5) 绿色债券认证机构评级：绿色债券通常由专门的第三方认证机构对其项目的绿色性进行评估和认证，这些机构的评级和认证结果可能会影响债券的定价和投资者的信任度。

总体来说，绿色债券的定价需要综合考虑上述因素，通常需要在发行人和承销商之间进行协商和评估。同时，投资者也需要对绿色债券的价值和风险进行全面评估，以作出更准确的投资决策。

7. 绿色债券未来展望

绿色债券作为一种新型的金融工具，在全球范围内逐渐受到关注和认可，中国也开始在绿色债券领域积极探索和推进。未来随着中国社会对环境保护的重视程度不断提高以及政府加强在绿色经济和可持续发展方面的支持，绿色债券在中国的前景也将变得更加广阔。

预计未来几年，绿色债券的规模和种类将会不断增加，绿色债券发行的各个领域也将不断扩展，同时中国的绿色金融体系也将逐步完善，中国绿色债券市场将不断发展和壮大。

## 第三节　债券评级

信用利差和信用评级是固定收益领域中重要的概念。信用利差是指不同借款人或债券发行人的借款成本之间的差异，而信用评级则是对借款人或债券发行人信用风险进行评估的过程。这两个概念密切相关，并且对借贷双方以及整个金融市场都有重要影响。

### 一、信用利差

在金融市场中，信用利差是衡量债券市场上不同债券的风险和回报之间的差异的指标，它是债券收益率和无风险利率之间的差异，反映了投资者对债券违约风险的看法。

#### （一）基本概念

信用利差又称信贷风险溢价或信用溢价，是借款人与借款人之间或者某个借款人在不同时间借款的利率差异，反映了市场对于不同借款人信用状况的认知和评估。一般来说，信用利差越大，意味着借款人信用风险越高，借款成本也就越高。

#### （二）影响因素

1. 市场风险偏好

市场风险偏好是指投资者对于市场风险的态度和情绪。当市场风险偏好高时，投资者愿意承担更多的风险，同时也会更愿意购买信用状况较差的债券，从而导致信用利差收窄；相反，当市场风险偏好低时，投资者则更愿意购买信用状况较好的债券，信用利差会扩大。

2. 借款人信用等级

信用等级是一种基于借款人信用状况的评估体系，通过对借款人的财务、经营、管理能力等进行考察，将其划分为不同的等级。通常来说，信用等级越高，代表着借款人还款的概率越大，投资者也更愿意购买这类债券，因此这类债券的信用利差较小；相反，信用等级越低的债券则意味着借款人还款的风险越大，投资者需要承担更高的风险溢价，因此其信用利差较大。

3. 借款期限

借款期限是指债券的到期时间，通常来说，借款期限越长，债券的风险也就越大，因此投资者需要承担更高的风险溢价，导致信用利差较大；相反，借款期限较短的债券相对风险较小，因此其信用利差较小。

### （三）计算公式

信用利差的影响因素会在计算公式中体现出来，本质上信用利差反映了投资者对于风险的补偿，对于信用状况较差的债券，违约概率高，投资者需要承担更高的风险，因此会要求更高的收益率进行补偿。

信用利差计算公式如下：

信用利差 = 风险债券收益率 - 无风险债券收益率

**【案例 10 -9】** 债券 A 是一家信用评级为 AAA 的公司发行的 5 年期固定利率债券，票面利率为 4%。当前市场上该类型债券的无风险利率为 2%。债券 B 是一家信用评级为 AA 的公司发行的 5 年期固定利率债券，票面利率为 5%。当前市场上该类型债券的无风险利率为 2%。

根据债券 A 的票面利率和当前市场无风险利率，可以计算出债券 A 的到期收益率。假设债券 A 的票面价值为 100 元，每年支付 4 元的利息，并在 5 年后偿还 100 元本金。根据现金流量贴现计算方法，可以得到债券 A 的到期收益率为 3.5%。

同样地，根据债券 B 的票面利率和当前市场无风险利率，可以计算出债券 B 的到期收益率。假设债券 B 的票面价值为 100 元，每年支付 5 元的利息，并在 5 年后偿还 100 元本金。根据现金流量贴现计算方法，可以得到债券 B 的到期收益率为 4%。

两个债券的相对信用利差等于债券 B 的到期收益率减去债券 A 的到期收益率。债券 B 相对于债券 A 的信用利差 =4% -3.5% =0.5%。

需要注意的是，实际计算信用利差可能涉及更多的变量和复杂的计算方法。同时，债券的信用利差也会受到市场供求关系、发行人的具体情况以及评级机构的评级变动等因素的影响，因此实际情况可能更加复杂和多变。

### （四）信用利差和信用评级的关系

信用利差的计算公式作为衡量债券信用风险大小的工具，与信用评级有密切的联系。信用评级是一种对借款人信用状况的定量评估，通过对借款人的财务、经营、管理能力等因素进行考察，将其划分为不同的评级等级。

信用评级越高，代表着借款人还款的概率越大，投资者也更愿意购买这类债券，因此这类债券的信用利差较小；相反，信用评级越低的债券则意味着借款人还款的风险越大，投资者需要承担更高的风险溢价，因此其信用利差较大。

假设某家国内公司获得 AAA 级评级，说明该公司具有较高的信用水平和偿债能力，其违约概率相对较低。于是，在发行债券时，该公司可以获得相对较低的借款利率，这意味着该公司可以从市场上以较低的成本融资，信用利差较小。

相反地，如果一家公司的信用评级比较低，例如只有 CCC 级别，那么意味着该公司的财务状况比较弱，其偿债能力也相对较差，违约风险较大。在发行债券时，该公司需要承担更高的借款成本，这意味着该公司需要支付更高的利息费用来吸引投资者，因此它的信用利差就相对较大。

## 二、信用评级

信用评级对借贷市场和债券市场都有重要的作用。对借贷市场而言，信用评级可以帮助银行和其他金融机构评估借款人的信用风险，确定借款条件和利率；对债券市场而言，信用评级可以提供投资者关于债券发行人信用质量的重要参考，影响投资者对债券的购买决策。同时，市场上的信用评级也会直接影响到债券的定价和流动性。

### （一）基本概念

1. 信用评级的定义

信用评级是一种评估借款人、公司或国家信用状况的方法，通过评定信用等级，反映其偿债能力及违约风险，并为不同等级的借款人预测违约率，以揭示借款人或发债主体的违约风险。

信用评级的主要目的是帮助投资者了解借款人的信用状况，从而更加科学地进行投资决策，信用评级需要借助专业机构平台对借款人的信用资质进行判断和研究，比如国际有名的标普、穆迪和惠誉评级机构。

2. 评级机构

信用评级是金融市场中非常重要的一环，它为投资者和借款人提供了关于债券、贷款和其他金融工具信用风险的评估和分级。在评级过程中，评级机构扮演着核心角色，它们通过对发行人的信用状况和债券特征进行全面的调查和分析，最终发布信用评级报告。

评级机构是专门从事信用评级业务的独立机构，它们的目标是利用大量的数据和信息，运用各种定量和定性方法进行评级分析，为市场提供独立、客观、专业和可靠的信用评级服务。

在全球最有影响力的信用评级机构中，标准普尔全球评估服务公司（S&P Global Ratings）的评估模型主要围绕三个维度展开：经济和行业风险评估、企业风险评估和借款人资本结构评估。在标普的评级包含 AAA 到 D 共十个评级，AA 级至 CCC 级可加上加号（+）和减号（-），表示评级在各主要评级分类中的相对强度。投资级债券指评级从 AAA 到 BBB - 级别的债券，而投机级/可信度低的债券是指从 BB + 到 D 之间的债券，履约能力相对脆弱，依赖于良好的经营状况和经济金融环境的改善，一旦变差就有可能出现违约。此外，评级为 CC 的债券，违约可能性较高且无法确定违约的具体时间；评级为 C 的债券，违约可能性较高且相对于高等级债券求偿顺序靠后，回收率低；评级为 D 的债券，指已经违约或是推迟支付利息或偿还本金的债券。

与标普有所不同的是，穆迪公司（Moody's Investor Service）的相应评级是从 Aaa 到 C 之间的九个评级划分，其中 Aaa 偿付能力最高，从 Aa 到 Caa 的各个等级后面加上修正数字 1、2 及 3，表示评级在各主要评级分类中的相对强度。评级从 Aaa 到 Baa3 之间的债券均为投资级债券，而 Ba1 到 C 之间的债券为投机级别/可信度低的债券（见表 10 - 3 - 1）。

**表 10 - 3 - 1　　标普与穆迪信用评级相应对比①**

| 标普 | 含义 | 穆迪 |
|---|---|---|
| AAA | 偿付能力最高。公司具有极强的支付利息以及偿还本金的能力 | Aaa |
| AA +<br>AA<br>AA - | 具有很强的支付利息以及偿还本金的能力。它与 AAA 级债券仅有很小的差别 | Aa1<br>Aa2<br>Aa3 |

① 国际专业人士学习平台、瑞士投资专业人士培训中心、中国证券业协会 编著，中国证券业协会 编译. 固定收益证券估值与分析 [M]. 中国财政经济出版，2018：151 - 152.

续表

| 标普 | 含义 | 穆迪 |
|---|---|---|
| A +<br>A<br>A - | 具有很强的支付利息以及偿还本金的能力，在经营环境以及经济状况发生不利影响时，它们支付利息以及偿还本金的能力不如更高级别的债券稳定 | A1<br>A2<br>A3 |
| BBB +<br>BBB<br>BBB - | 具有充足的支付利息以及偿还本金的能力。这些债券有一定的保障，但当经济状况变得不利或者经营环境发生变化时，无法支付利息或偿还本金的可能性高于那些级别更高的债券 | Baa1<br>Baa2<br>Baa3 |
| BB +<br>BB<br>BB - | 相较于其他投机级别债券，还本付息能力较强。但当经营状况变差，以及面对不利的经济金融环境时，履约能力不足 | Ba1<br>Ba2<br>Ba3 |
| B +<br>B<br>B - | 相较于 BB 级债券，还本付息能力较弱，但目前有履约能力。当经营状况变差，以及面对不利的经济金融环境时，履约能力受损 | B1<br>B2<br>B3 |
| CCC +<br>CCC<br>CCC - | 当前履约能力脆弱，履约能力依赖于良好的经营状况和经济金融环境的改善。一旦上述条件变差，会发生违约情况 | Caa1<br>Caa2<br>Caa3 |
| CC | 违约可能性比较高。虽然违约还没有发生，但标普认为违约已经成为定论，虽然无法确定违约的具体时间 | Ca |
| C | 违约可能性比较高，相对于高等级债券而言，该债券求偿顺序靠后，回收率低 | C |
| D | 指已经违约或是推迟支付利息或偿还本金的债券 | |

惠誉评级机构（Fitch Ratings）主要采用三种评估模型——财务模型、企业管理模型、行业环境模型，而且还具有自主研发的系统化评级模型，可以根据不同类型及复杂程度的证券提供适合的评级服务。在评级术语方面，与标普较为相似，从给投资级别债券的最高评级是 AAA，最低评级是 BBB -。

### （二）信用风险

1. 基本概念

评级机构的本职业务是对债务人或发行人的还款能力和信用状况进行评估，提供有用的信息来降低投资者面临的信用风险，而信用风险是指在金融交易中，因为交易另一方无法或者无意愿履行合同义务而导致的损失风险。

简而言之，就是借款人或发行人违约的风险。信用风险是金融市场中最主要的风险类型之一。

2. 分类特征

信用风险可以分为三种类型：个别违约风险、组合违约风险和集中违约风险。

个别违约风险是指由于某个特定的交易对手方无法履行合同，而给另一方造成直接损失，这种风险通常是企业债券和贷款等单一资产带来的风险。个别违约风险的主要特点是随机性、不确定性和不可预测性。

与个别违约风险针对某个特定交易对手方不同，组合违约风险是指在一个投资组合中，由于多个交易对手方相继发生违约，导致整个投资组合遭受损失的风险，这种风险通常是证券化产品、互惠基金等衍生品投资带来的风险。组合违约风险的主要特点是相关性和扩散效应。

而集中违约风险并不局限于某个投资组合，而是扩大到区域、行业、企业或者产品中，多个交易对手方相继发生违约，导致该区域、行业、企业或者产品遭受损失的风险，这种风险通常是国家和地方政府债务、房地产业和基础设施项目投资带来的风险。集中违约风险的主要特点是关联性和系统性。

信用风险的特点包括：不可避免性、持续性和不对称性。信用风险的不可避免在于每次商业往来中都存在着一定的信用风险，而且不仅一次发生，而是长期存在，并且伴随交易的推进而逐渐加剧。风险的不对称性在于预期收益和预期损失不对称，当某一主体承受一定的信用风险时，该主体的预期收益和预期损失是不对称的。

但不能否认的是，信用风险是难以量化的，作为一种非对称性的风险，难以准确地计算和衡量，其大小和影响程度不仅受到经济和市场环境的影响，还与交易双方的信用状况、资金来源和用途、合同条款及担保方式等多种因素有关（见表 10－3－2）。

表 10－3－2　信用风险三种类型对比表

| 类型 | 定义 | 风险特点 |
|---|---|---|
| 个别违约风险 | 某个债务人或发行机构无法按时偿还本息的风险 | 仅涉及单个债务人或发行机构 |
| 组合违约风险 | 一个组合中多个债务人或发行机构出现违约的风险，会对整个信用组合造成影响 | 涉及多个债务人或发行机构，但仍保持一定程度的分散化 |
| 集中违约风险 | 多个组合中少数几个重要债务人或发行机构同时违约的风险 | 集中在少数几个重要债务人或发行机构，缺乏充分分散 |

3. 计算公式

尽管信用风险较难衡量，还是有一些可供选择的模型。Merton Model 是一种常见的信用风险计算模型，考虑了债务人违约的概率和影响因素。如果用 CVaR（Conditional Value at Risk）表示信用风险价值，*PD* 表示违约概率，*EAD* 表示风险敞口，而 *LGD* 表示违约损失率，则该模型可以使用以下公式表示：

$$CVaR = PD \cdot EAD \cdot LGD$$

【案例 10－10】假如某公司申请贷款 100 万元，银行通过对公司财务状况的评估，发现该公司违约的概率为 10%，债务违约损失率为 50%。则：

该公司的信用风险价值（*CVaR*）$= PD \cdot EAD \cdot LGD$

$= 10\% \times 100$ 万元 $\times 50\% = 5$（万元）

因此，当该公司需要贷款时，银行可能会根据其信用风险价值来决定是否给予贷款，并决定贷款金额和利率等条件。

### （三）影响因素

影响债券信用评级的因素有很多，但这些因素并不是孤立存在的，而是相互关联的。例如，一个行业风险较高的公司，其财务指标也通常是比较薄弱的；而政治与市场环境不稳定，则可能会影响整个市场的信用评级。

影响因素主要包括以下几个方面：

第一，财务健康状况。这是判断债券发行人信用评级的最主要的因素之一，包括利润率、负债率、现金流等财务指标。一个财务状况良好的公司，其债券具有更高的信用评级，反之则会面临较高的信用风险。例如，中国平安保险是国内知名的保险公司之一，其财务状况非常稳定，其债券评级通常是 AAA 级。

第二，行业风险。不同行业的信用评级也存在很大的差异，一些风险较高的行业，如能源、采矿业和金融等，会拥有比较低的信用评级。但在我国能源、采矿等行业主要是由央企和国企经营，风险可控，信用评级通常较高。而随着中国的经济不断发展逐渐成为国内的支柱产业之一的房地产行业，由于开发商的并购、扩张和过度杠杆化，以及房地产市场供需格局发生趋势性改变，销售放缓，房地产行业盈利能力下降，资金压力增加，导致其信用评级水平降低。

第三，市场环境。宏观经济环境、货币政策、市场流动性等因素同样会对信用评级产生影响。例如，2015 年中国股市出现大幅度暴跌，在这个背景下，一些公司面临着流动性风险，进而影响其信用评级。

第四，发行人的信誉度。发行人的历史表现和信誉度也是信用评级的重要考虑因素之一。例如，有些公司不能按照合同约定进行偿还债务，或是弄虚作假，这些都会影响其信誉度，并导致其信用评级下降。

### （四）相关财务指标与计算

信用评级的财务指标是衡量发行人偿还债务能力和信用风险的重要参考，其中包括一般比率、获利能力比率、流动比率、偿付能力比率、经营比率和杜邦恒等式等多个方面。

1. 一般比率

一般比率是衡量企业整体财务状况的关键指标之一，主要包括以下几个比率：

（1）产权比率是公司负债总额与股东权益总额之间的比率，是衡量企业资本结构的重要指标。如果用 $D$ 表示负债总额，$E$ 表示股东权益，则它的计算公式如下：

$$\frac{D}{E}=\frac{\text{负债总额}}{\text{股东权益}}$$

（2）资产负债率是企业总负债占总资产的比例，它反映了企业在所有资产中融资的依赖程度。它的计算公式如下：

$$\frac{D}{A}=\frac{\text{负债总额}}{\text{资产总额}}$$

2. 获利能力比率

获利能力是企业生产经营活动所获得的经济效益的一种反映，主要包括以下几个方面：

（1）净利润率是企业净利润占销售收入的比例，反映了企业销售收入变现的能力。净利润用 $NI$ 表示，销售收入用 $sales$ 表示，则净利润率可用 $PM$ 来表示，它的计算公式如下：

$$PM=\frac{NI}{sales}$$

（2）营业利润率是企业营业利润占销售收入的比例，反映了企业核心经营活动所创造的利润水平。用 $OPM$ 表示营业利润率，$PM$ 表示营业利润，则它的计算公式如下：

$$OPM=\frac{PM}{sales}$$

（3）总资产利润率是企业净利润占总资产的比例，衡量了企业运用资产获取利润的能力。如果资产用 $asset$ 表示，总资产净利润用 $ROA$ 表示，则它的计算公式如下：

$$ROA=\frac{NI}{aseet}$$

3. 流动比率

流动比率是企业当前流动资产与流动负债之间的比例，主要反映了企业短期偿付能力的强弱。使用 $CL$ 表示流动负债（current liabilities），用 $CA$ 表示流动资产（current assets），$CR$ 表示流动比率，公式如下：

$$CR=\frac{CA}{CL}$$

4. 偿付能力比率

偿付能力比率是对企业债务偿付能力的判断，主要反映企业本金和利息的还款能力，其中包括以下几个指标：

（1）利息保障倍数是衡量企业利润是否足以支撑支付债务利息的能力。如果用 $ICR$ 表示该倍数，$EBIT$ 表示息税前利润，利息支出记为 $I$，则它的计算公式如下：

$$ICR=\frac{EBIT}{I}$$

（2）速动比率是用于衡量企业是否能够及时地偿还短期债务，是一项非常重要的偿付能力比率，如果将该比率记为 $QR$，流动资产为 $CA$，流动负债为 $CL$，而存货记为 $IV$，则计算公式如下：

$$QR=\frac{CA-IV}{CL}$$

5. 营运比率

经营比率反映了企业的运营活动水平和效益情况，包括应收账款周转率、存货周转率和总资产周转率等。

（1）应收账款周转率是衡量企业销售收入和应收账款之间的比例，反映了企业的收款能力水平。使用 $ART$ 来表示该比率，$sales$ 为销售收入，$AR$ 表示为应收账款，它的一般计算公式如下：

$$ART=\frac{sales}{AR}$$

（2）存货周转率是衡量企业销售收入和存货之间的比例，反映了企业库存管理和销售状况。如果用 $IT$ 表示该指标，存货使用 $IV$ 来表示，用 $sales$ 来表示销售收入，则它的一般计算公式是：

$$IT=\frac{sales}{IV}$$

（3）总资产周转率是企业销售收入和总资产之间的比例，反映了企业资产配置和管理的效率，如果用 $TAT$ 表示总资产周转率，用 $TA$ 表示总资产，用 $sales$ 表示销售收入，则公式为：

$$TAT=\frac{sales}{TA}$$

6. 杜邦恒等式

杜邦恒等式是衡量企业综合经营能力和财务状况的综合指标，它被广泛应用于对企业运营情况的分析。但该恒等式不仅可以用于企业盈利能力的分析，也可以在评估债券信用评级时发挥重要作用。债券信用评级是评估债券违约风险的过程，而杜邦恒等式提供了一种综合性的方法，帮助分析师了解债券发行人的财务状况和偿债能力。

杜邦恒等式包括三个指标：净资产收益率（$ROE$）、净利润率（$PM$）和总资产周转率（$TAT$）。对于 $ROE$ 来说，一般用 $E$ 来表示股东权益，而净利润用 $NI$ 表示，$EM$ 是以权益乘数度量的财务杠杆，则：

$$ROE = \frac{NI}{E} = PM \cdot TAT \cdot EM$$

在债券信用评级中，评级机构会考虑多个因素，如发行人的收入、债务水平、盈利能力和现金流状况等。这些因素与杜邦恒等式中的指标有很强的关联性。例如，净利润率和总资产周转率可以提供对发行人盈利能力和运营效率的评估。如果发行人的净利润率下降或总资产周转率较低，可能表明其盈利能力或运营效率存在问题，从而增加了债务偿还的风险。

此外，杜邦恒等式中的权益乘数也对债券信用评级具有重要意义。权益乘数反映了发行人的资本结构和负债水平。债券评级机构通常会关注发行人的财务稳定性和债务偿还能力。如果发行人的权益乘数过高，意味着其负债水平较高，可能增加了违约风险。

通过将杜邦恒等式的概念应用于债券信用评级，分析师可以综合考虑发行人的净利润率、总资产周转率和权益乘数等指标，以获得更全面的财务状况和偿债能力的评估。这有助于评级机构更准确地判断债券发行人的违约风险，并为投资者提供关键的信用评级参考。

综上所述，杜邦恒等式在债券信用评级中具有重要的应用价值。通过综合考虑发行人的净利润率、总资产周转率和权益乘数等指标，可以提供更深入的财务分析，帮助评级机构和投资者更好地理解债券发行人的财务状况和偿债能力，从而作出明智的投资决策。

### （五）我国信用体系

随着信息技术的快速发展，中国信用体系也迎来了新的机遇和挑战。大数据、云计算、人工智能等新兴技术被广泛应用于信用体系建设中，使得信用信息的收集、处理和分析更加高效和精确。同时，随着移动支付、电子商务和共享经济的兴起，个人和企业的信用数据也变得更加丰富和多样化。

我国政府高度重视信用体系的建设，并出台了一系列政策和法规，以促进其发展。例如，推行信用记录奖惩制度、建立失信黑名单和信用修复机制等，通过激励诚信行为、打击不良信用行为和提供信用服务，进一步完善信用体系建设。

1. 基本概念

我国信用体系是指在经济和社会活动中，对个人、企业和其他组织的信用行为进行评估、记录和管理的体系。信用是社会经济运行中的重要组成部分，对于促进经济发展、维护市场秩序、提升社会信任度具有重要作用。为了更好评估和管理个人、企业和其他组织的信用行为，我国建立了庞大而复杂的信用体系。

2. 发展历程

我国信用体系的发展可以追溯到 20 世纪 80 年代，随着市场经济的逐渐发展和改革开放的推进，诚信问题也逐渐显现。从 1994 年开始，我国政府开始对企业的信用状况进行评级，旨在提高企业之间的信任度，进一步促进市场的发展。2000 年，国务院办公厅印发了《关于实行企业信用评价工作的意见》，标志着我国信用体系建设正式启动。

随着数字化技术和互联网的发展，我国信用体系建设进入了快速发展期。2014 年，国务院印发了《社会信用体系建设规划纲要（2014—2020 年）》，并明确提出了筹建全国信用信息共享平台、建立个人信用记录和信用评级等具体工作任务。我国已经逐渐建立了一套全面的信用信息系统。

3. 我国信用体系特点

第一，全面性。我国信用体系具有全面性，涵盖个人、企业、政府机构、社会组织等各个领域的信用评价和管理。个人信用评价包括个人征信、失信记录等；企业信用评价包括企业征信、信用等级评定等；政府机构和社会组织的信用评价也在不断发展和完善。

第二，多元化。我国信用体系采用了多种信用评估方法，以确保评估的客观性和准确性。其中包括基于金融数据的评估方法，如个人的征信报告和企业的信用报告；还包括基于征信机构的评估方法，如央行征信系统、商业银行的征信数据库等。此外，还有基于社会行为的评估方法，如互联网行为数据和社交网络数据等。

第三，集中化。我国信用体系由多个政府部门和征信机构共同参与建设和管理，形成一个相对集中的信用评估与监管体系。其中，央行作为最高监管机构，负责整体规划和协调；其他政府部门和征信机构负责具体的信用评估和管理工作。

第四，数据驱动。我国信用体系依赖大量的数据支持，通过收集、整理和分析大数据，对个人和企业的信用状况进行评估和监测。这些数据包括金融交易数据、公共记录数据、社会行为数据等，通过算法和模型进行处理和分析，生成信用评估报告。

第五，互联互通。我国信用体系推动各类信用信息的共享和交流，促进不同领域之间的互联互通，提高信用评估和管理的效率和准确性。例如，个人可以授权征信机构查询自己的信用报告，并将此报告提供给银行、房地产中介等机构作为参考；企业间也可以相互查询信用状况，以评估商业合作的风险。

总结起来，我国信用体系具有全面性、多元化、集中化、数据驱动和互联互通等特点。通过建立和完善信用体系，可以促进公平竞争、提升经济效率、保障消费者权益、建立社会诚信意识和维护市场秩序。这一体系在推动经济社会发展、提升国家竞争力方面发挥着重要作用。

4. 信用体系构成

我国的信用体系构成主要由个人征信系统、企业信用信息系统、政府行政许可信息系统、政府采购信用信息系统以及个人消费信用评级系统等方面构成（见图10－3－1）。

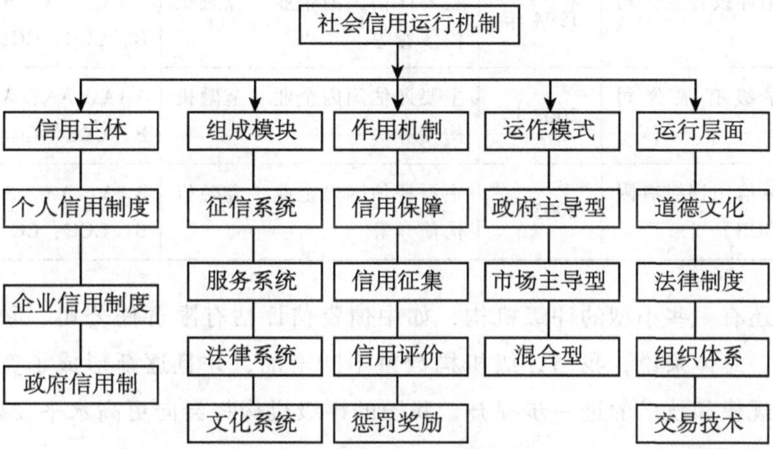


**图10－3－1　我国社会信用运行机制**

个人征信系统包括记录个人信用历史和信贷活动，如个人的贷款、信用卡应用、还款记录等。

企业信用信息系统在总体上包括企业信用信息公示系统、工商注册信息系统、税务信息系统、金融信贷信息共享平台等。

政府行政许可信息系统用以记录政府部门各种许可的评审结果和信息。例如，在企业申请营业执照等方面，政府部门会根据一定标准进行审核和许可，并通过该系统予以记录；而政府采购信用信息系统一般用来记录政府与服务商、供应商之间采购合作的数据信息。

个人消费信用评级系统是指记录个人在消费领域的信用表现和信誉情况，主要涵盖消费者的信用卡消费、网购、租赁等领域；信用监管部门是主要负责对各个领域及企业和个人的信用信息进行监管，保障信用体系的可靠性和有效性。

综上所述，我国全面的信用体系由多个部分构成，覆盖了政府、企业和个人等各个领域，并通过数字化技术和互联网等手段实现共享和协同，进而促进诚信行为的形成和发展。

5. 信用评级机构

我国评级机构是指依法获得评级业务资格，并通过中国证监会等相关监管机构审核批准的评级机构。根据中国证监会的规定，评级机构可以对债券、金融产品、上市公司等进行信用评级。我国评级机构部分列示见表10－3－3。

表 10-3-3　　　　中国部分主要信用评级机构对比

| 评级机构 | 成立时间 | 经营范围 | 评级等级 |
| --- | --- | --- | --- |
| 中诚信国际信用评级有限责任公司（CCXI） | 1992 年 | 主要评估国内企业、地方政府债券和金融机构债券等 | AAA、AA、A、BBB、BB、B、CCC、CC、C、D |
| 大公国际信用评级有限公司（CCCR） | 1994 年 | 主要评估国内企业、金融机构债券等 | AAA、AA、A、BBB、BB、B、CCC、CC、C、D |
| 联合信用评级有限公司（UCR） | 2002 年 | 主要评估国内企业、金融机构债券等 | AAA、AA、A、BBB、BB、B、CCC、CC、C、D |
| 东方金诚国际信用评级有限责任公司（GCR） | 2005 年 | 主要评估国内企业、金融机构债券等 | AAA、AA、A、BBB、BB、B、CCC、CC、C、D |

此外，还有一些小型的评级机构，如中债资信评估有限责任公司、联合资信评估有限公司等。总体来说，我国评级机构数量不断增加，并且逐渐形成了竞争格局。在未来，随着规模和技术的进一步提升，我国的评级机构将会向更高水平发展。

6. 信用体系面临的挑战与展望

我国信用体系在建设和发展过程中面临着一些挑战，以下是其中几个主要的挑战：

第一，数据质量与可靠性。信用体系的建设需要依赖大量的数据支持，包括金融数据、公共记录数据和社会行为数据等。然而，数据的质量和可靠性不一致或存在问题可能影响信用评估的准确性。例如，部分企业可能存在不真实的财务数据报告，个人信息数据也可能存在泄露和虚假的情况。因此，确保数据的质量和可靠性是一个重要的挑战。

第二，信息的隐私保护与信息安全。信用体系建设需要收集和处理大量的个人和企业信息，涉及隐私保护和信息安全的问题。如何在充分保障个人隐私的前提下，有效管理和利用数据，防止数据泄露和滥用，是一个重要的挑战。同时，加强信息安全体系建设、提升数据存储和传输的安全性也是必要的。

第三，多元数据整合与共享。我国信用体系涉及多个部门和征信机构，各自拥有不同的数据源和评估方法。如何实现这些数据的整合和共享，使得评估更加全面和准确，是一个挑战。同时，跨部门和跨机构的数据共享也需要解决数据安全、数据格式标准等问题。

第四，信用修复与失信惩戒，因为信用体系不仅要记录和评估信用状况，还应该提供信用修复和失信惩戒机制。对于一些信用较差的个人和企业，如何给予信用修复的机会，鼓励其改正错误，重新建立起良好的信用记录，是一个挑战。同时，对于恶意失信行为，如何进行有效的惩戒和追责也是一个难点。

第五，公众参与和诚信意识培养目前还不足。信用体系的建设需要广泛的公众参与和诚信意识的培养。培养公众对信用体系的认知度和接受度，提高社会大众对诚信的重视，是一个长期而艰巨的任务。同时，还需要加强对诚信教育和宣传的力度，形成全社会的诚信文化氛围。

此外，我国信用体系还存在评级虚高的问题，我国信用债市场评级集中在 AA 级（含）以上，评级区分度低，一方面是我国债券市场打破刚兑较晚，未建成以违约率为核心的评级质量验证机制；另一方面也与我国监管对外部评级的要求较高有关，债券的发行、交易、质押、投资等方方面面都有外部评级的限制。因而投资者普遍偏好高评级信用债，发行人希望提高信用等级来获得更多的市场认可。

克服上述问题与挑战需要政府、企业和个人共同努力，加强监管与合作，推动信用体系的健康发展，并持续完善相关的法律、制度和技术保障。

中国信用体系的发展对于经济社会的可持续发展至关重要。它不仅可以提高金融风险管理的能力，减少信用风险，还可以激励个人和企业更加重视信用建设，增强市场竞争力和创新能力。同时，它也为个人和企业提供了更多的融资渠道和业务机会，促进了经济的良性发展。

在未来，随着技术的不断进步和政策的不断完善，相信中国信用体系将为社会提供更可靠、高效的信用服务，进一步推动中国经济的发展和社会的进步。

# 第十一章　衍生产品

金融衍生品是一种价值取决于标的资产价格变化的金融合约。金融衍生品在资产的价格发现和投资组合的风险控制上具有重要的作用。同时，金融衍生品由于其复杂的结构和特性，衍生品的定价也是学术界一直关注的重点问题。我国衍生产品市场发展虽然起步较晚，但是近年飞速发展，产品种类不断增多，市场规模不断扩大，提高了我国金融市场的运行效率，由此了解衍生产品的基本运行模式、相关产品的主要定价方式、套期保值与套利的方式以及背后蕴含的风险至关重要。

本章分为五节，第一节阐述衍生产品基础知识，介绍了衍生产品的基本类型与特征；第二节与第三节分别围绕期货中较为常见的股指期货、国债期货，以及常用的期权产品，讨论了其定价模型与保值套利交易模式；第四节内容重点介绍开展衍生产品业务可能面临的风险；第五节介绍其他产品估值，包括远期、互换、可转债、REITs以及部分创新产品。

## 第一节　基本理论

### 一、衍生产品的基本概念

金融衍生产品是指一种金融合约，其价值取决于标的资产的市场价格，可以是一种或多种基础资产，包括证券、指数、利率、债券、商品、外汇等。近年来，衍生产品的标的资产类别逐渐扩充，也包括自然现象（气温、降雪量、飓风等）和人类行为（选举、温室气体排放等）。其中，衍生产品的标的资产交易市场被称为现货市场，该市场与衍生产品市场相对应。衍生产品的收益取决于标的资产在一段时间内的价格变化，因此可以在投资过程中用于规避未来价格波动或是投机盈利[1][2]。

① 中国证券业协会 编著．金融市场基础知识（2022）．中国财政经济出版社，2022：448.

② 中国期货业协会 编著．期货及衍生品基础（第三版）．中国财政经济出版社，2021：3.

衍生产品的本质是一种具有法律效力的合约，它规范了合约双方的义务与权利。其中，合约双方区分为买方（buyer，又称 holder）与卖方（seller，又称 writer）；合约的买方购买衍生产品，也称其为衍生产品合约的多头或其在衍生产品上持有多头头寸/长头寸；反之，衍生产品的卖方即卖出衍生产品，称其为空头或其在衍生产品上持有空头头寸/短头寸。

由图 11－1－1 可知，在现货交易中，标的资产所有权在合约签订时发生转移，之后标的资产所产生的利得均归属于买方。而在衍生产品交易中，标的资产所有权在合约到期时才发生转移，此后的利得归属于合约的多头方/买方，而合约期间的利得仍归属于合约空头方/卖方。

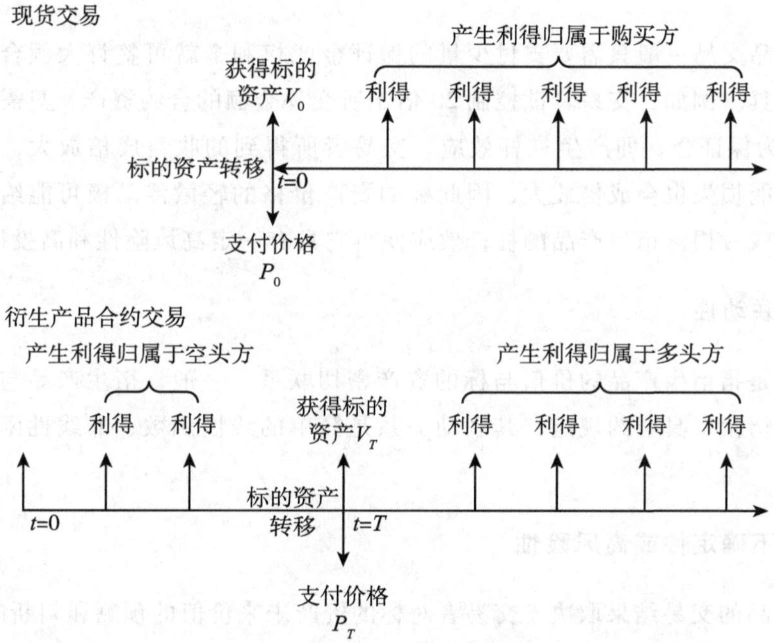


**图 11－1－1　现货交易与衍生产品合约交易的获利对比**

衍生产品合约到期时（$t=T$）的交割方式分为实物交割及现金交割。实物交割的交易双方按照合约对标的资产的所有权进行转移，多与商品相关，实物交割存在储存成本、运输成本等额外费用。现金交割则是衍生产品合约交易的一方只支付给对方标的物合约价格与交割时即期价格之间的现金价差，以此取代实物交割。

若投资者希望在衍生产品合约到期前终止合约，那么可以进入一份与原先合约拥有反向头寸并且具有相同到期日的合约以此提前结束合约。

## 二、衍生产品的基本特征①

### （一）跨期性

衍生产品要求交易双方预测汇率、股价、利率等因素的变化趋势，并在此基础上约定在未来某一时点按照一定条件进行交易或选择是否交易的合约；同时，对于这些因素变化趋势的判断会直接影响交易双方的盈亏情况。由于衍生品可以影响交易双方在未来时点的现金流，因此投资存在跨期性。

### （二）杠杆性

衍生产品交易一般只需要支付少量的保证金或权利金就可签订大额合约或互换不同的金融工具。例如，交易者欲控制20倍于所交易金额的合约资产，只需缴纳合约金额的5%作为保证金，即产生杠杆效应。交易者所得到的收益成倍放大，对应所面对的风险与可能损失也会成倍放大，因此标的资产价格的轻微浮动极可能给交易者带来巨大的盈利或亏损。衍生产品的杠杆效应使得它具有一定高风险性和高投机性。

### （三）联动性

联动性是指衍生产品的价值与标的资产密切联系。一般，衍生产品与标的资产的定价关系由衍生工具合约规定，其联动关系是简单的线性函数、非线性函数或者分段函数。

### （四）不确定性或高风险性

衍生产品的交易结果取决于交易者对标的资产未来价值的预测和判断的准确程度，由此存在盈亏的不确定性。

## 三、衍生产品具有的风险

（1）交易中由于对方违约，未履行承诺造成损失的信用风险；

（2）因标的资产价格不利变动给持有者带来可能损失的市场风险；

（3）投资者因无法在市场上找到交易对手而导致不能平仓或变现所带来的流动性风险；

（4）因交易者无法按时付款或交割可能带来的结算风险；

① 中国证券业协会 编著．金融市场基础知识（2022）．中国财政经济出版社，2022：449.

（5）因管理者或交易者的人为错误或系统故障、控制失灵而造成的操作风险；

（6）因为合约违反所在国法律，无法履行或合约条款遗漏及模糊导致的法律风险。

## 四、衍生产品的分类①

### （一）根据产品形态分类，金融衍生产品可分为：独立衍生产品、嵌入式衍生产品

独立衍生产品是相对嵌入式衍生产品而言的。根据我国《企业会计准则第22号——金融工具确认和计量》的规定，独立存在的衍生产品包括远期合同、期货合同、互换和期权。

嵌入衍生产品是指镶嵌到非衍生产品（即主合同）中，使混合产品的全部或部分现金流量随特定利率、金融工具价格、商品价格、汇率、价格指数、费率指数、信用等级、信用指数或其他类似变量的变动而变动的衍生产品。

### （二）按合约双方的权利和义务分类：远期承诺、或有索取权

远期承诺双方在签订合约时不需要支付任何成本，即合约初始时价格为零，但在合约到期时，双方都必须履行合约，一方义务提供货物，另一方义务支付约定金额。在交易过程中双方的权利与义务是对等的，双方同时具有盈利或亏损的可能。

或有索取权是在未来某特定事件发生后，才会获得索取收益的权利，权利与义务并不对等，因此其结果取决于标的资产的价格或收益，最为典型的代表即为期权，期权的多头方只有权利没有义务，需要预先支付期权费。

### （三）根据交易场所的不同主要分为两类：场外交易（如远期、掉期/互换）、交易所交易（如期货）②

交易所交易的衍生产品是指在有组织的交易所上市交易的衍生产品，例如在期货交易所和专门的期权交易所交易的各类期货合约、期权合约，在股票交易所交易的股票期权产品等。

场外交易市场交易的衍生产品是指不在交易所集中交易，而以各种各样的通讯方式，以一对一形式开展、分散交易的衍生产品，例如金融机构之间、金融机构与大规模交易者之间进行的各类互换交易和信用衍生产品交易。从近年发展情况看，这类衍生品的交易份额占比不断提高，超过了交易所市场的份额占比，甚至有专业化的交易

① 中国证券业协会 编著．金融市场基础知识（2022）．中国财政经济出版社，2022：451.

② 中国证券业协会 编著．金融市场基础知识（2022）．中国财政经济出版社，2022：453.

商出现，增强了市场流动性。

## （四）按金融衍生工具自身交易的方式及特点分类[①]：远期、期货、期权和互换

1. 远期

远期合约是一种场外（OTC）衍生产品合约，合约双方会约定在未来的某一确定时间，以确定的价格买卖一定数量的某种金融资产的合约。合约规定交易的有效期、标的物和交割时的执行价格等项内容，是一种保值工具。根据标的物的不同，远期合约主要包括远期外汇合约、远期利率合约、远期股票合约等。

远期合约是现金交易，买方和卖方达成协议在未来的某一特定时期交割一定质量和数量的商品。其中，价格的确定既可以预先确定，也可以在交割时确定，但是为合约双方约定的固定价格，也称为远期价格。如果即期价格（标的资产立刻交割的当时市场价格）低于远期价格，市场状况被称作为正向市场或溢价；如果即期价格高于远期价格，市场状况被称作为反向市场或差价。在远期合约中，多头头寸是同意将来以某一约定价格在某一时刻买入资产的一方，空头寸方是远期合约中同意将来以某一约定价格在某一时刻卖出资产的一方。

远期合约是场外交易，由此交易双方都面临双方违约的风险。

2. 期货

期货合约是一种在交易所内交易，双方在当前时点签订并约定标的资产在未来某一时刻交易价格的合约。期货合约具有标准化的特点，即关于合标的资产的种类、品级、交割时间、交割数量以及交割方式都由交易所详细规定。

期货合约是一种标准化的远期合约，具有特殊性。远期合约是按照交易双方的实际需求设计合约并在场外交易，具有定制化的特征。标准化以及交易所交易的特征使得期货合约具有更好的流动性，并且不存在任何违约风险（见表 11 -1 -1）。

**表 11 -1 -1　　远期合约与期货合约的区别总结[②]**

| | 远期合约 | 期货合约 |
|---|---|---|
| 交易地点不同 | 私人合约，场外交易 | 交易所交易 |
| 监管程度不同 | 很少受到监管或者没有监管 | 受严格监管 |
| 合约标准化程度不同 | 客户定制化合约，合约灵活 | 标准化合约 |
| 交易风险不同 | 有违约风险 | 有清算所保证，无违约风险 |
| 交割不同 | 合约到期时交割一次 | 每日结算，盯市 |
| 保证金制度不同 | 无统一的保证金要求，双方按照约定有无与多少 | 按照规定比例缴纳保证金 |

① 中国期货业协会 编著．期货及衍生品基础（第三版）．中国财政经济出版社，2021：16.

② 中国期货业协会 编著．期货及衍生品基础（第三版）．中国财政经济出版社，2021：24 -25.

3. 期权

期权合约是指持有者在规定时间内具有按交易双方商定的价格买入或卖出一定数量某种金融资产的权利。期权交易是对一定期限内的选择权的买卖。期权交易双方在成交后，买方以支付一定数额的期权费为代价，拥有在一定期限内以一定价格买入或卖出一定数量某种金融资产的权利，而不用承担必须买进或卖出的义务；卖方在收取一定数量的期权费后在一定期限内必须无条件服从买方的选择并履行成交时的允诺。期权交易是一种有偿的单方面权利转让，这种权利只属于买方。

期权交易的对象是权利，而非现实金融资产。虽然期权买方和卖方已协定可能发生的现实金融资产的成交价格，但这种交易最终是否发生，取决于期权买方选择是否行权。而期权的标的物对应为选择购买或出售的资产，包括债券、股票、指数、商品、货币等。

依据期权合约购进或售出标的资产的行为称为执行。执行价格或行权价格，是看期权所约定的交易价格，该价格在期权合约签订时就已经确定，其性质与远期价格、期货价格类似。

按照权利的划分，期权可分为看涨期权与看跌期权。看涨期权赋予期权购买者在未来以约定价格买入某种资产的权利。看涨期权的买方需要支付一笔期权费以获得选择行使期权的权利；看涨期权的卖方在买方行使权利时有义务按约定价格卖出该标的资产。看跌期权赋予期权购买者在未来以约定价格卖出某种资产的权利。看跌期权的买方需要支付一笔期权费；看跌期权的卖方在买方行权时有义务按约定价格买入该标的资产。

按照行权的时间划分，期权可分为美式期权和欧式期权。美式期权可以在交易后、期权到期日前的任意时间点选择是否执行期权。欧式期权是在期权到期日当天才能选择是否执行期权。比较这两种期权，美式期权相较于欧式期权灵活性更高，因此其期权费也更为昂贵。

4. 互换

互换合约是一种场外（OTC）交易合约，交易双方约定在未来某一期限按照某种方式相互交换一系列现金流。

按照标的资产不同划分，主要常见的互换可以分为货币互换、利率互换与权益互换。其中，利率互换是交易双方在一笔名义本金数额的基础上相互交换具有不同特质的利率支付，即同种通货不同利率的利息交换。通过这种互换行为，交易一方可将某种固定利率资产或负债换成浮动利率资产或负债，另一方则取得相反结果。交易双方通过利率互换降低彼此支付的资金成本，并得到了理想的利息支付模式。

货币互换是指协议双方同意在一系列未来日期根据本金的币种向对方支付利息，两种利息的币种不同，计息方式也可以不同，期末双方交换两种不同货币的本金。

权益互换中协议双方中一方或双方支付的标的资产一般为单一股票、一篮子股票或股票指数等权益资产的收益率。

**（五）从标的资产的种类分类：股权类产品的衍生产品、货币衍生产品、利率衍生产品、商品衍生产品、信用衍生产品以及其他衍生产品**

股权类产品的衍生产品，是指以股票或股票指数为标的资产的金融衍生产品，主要包括股票期货、股票期权、股票指数期货、股票指数期权以及上述合约的混合交易合约。

货币衍生产品，是指以各种货币作为标的资产的金融衍生产品，主要包括远期外汇合约、货币期货、货币期权、货币互换以及上述合约的混合交易合约。

利率衍生产品，是指以利率或利率的载体为标的资产的金融衍生产品，主要包括远期利率协议、利率期货、利率期权、利率互换以及上述合约的混合交易合约。

商品衍生产品的对应标的资产多为大宗商品，其价值取决于实物商品的供求或未来价格的预期波动。常见的大宗商品包括能源化工、贵金属、有色金属、农产品等。

信用衍生产品，是指以资产所蕴含的信用风险或违约风险为标的的金融衍生工具，此种衍生产品可以转移或在一定程度上防范信用风险，是近30年以来发展最迅猛的一种衍生品，主要包括信用互换、信用联结票据以及信用风险缓释合约、信用风险缓释凭证等信用风险缓释工具。

其他衍生产品。除以上金融衍生产品之外，还有非常多金融衍生产品的开发是基于非金融标的资产进行的，例如管理政治风险的政治期货、管理气候变化风险的天气期货、管理巨灾风险的巨灾衍生产品等。

# 第二节　期货估值

## 一、期货估值的基本概念

### （一）期货的价格

期货的合约价值是指每手期货合约代表的标的物的价值，如沪深300指数期货的合约价值为“300元沪深300指数期货的点数”（其中300元为沪深300指数期货的合约乘数）。在交易期货时，必须按照合约价值或交易单位的整数倍进行买卖。

期货的结算价是指每日交易结束后，结算未平仓合约的当日交易保证金和盈亏依据的基准价。我国郑州商品交易所、大连商品交易所和上海期货交易所规定，当日结算价取某一期货合约当日成交价格按照成交量的加权平均价；当日无成交价格的，将上一交易日的结算价作为当日结算价。中国金融期货交易所规定，当日结算价是指某一期货合约最后一小时成交价格以成交量为权数的加权平均价。

### （二）保证金

期货交易采取保证金制度。在期货交易中，期货买方和卖方必须按照其所买卖期货合约价值的某个比例（通常为5%～15%）缴纳保证金。保证金的用途是结算和确保履约。保证金制度是期货市场风险管理的重要手段。

1. 在国际期货市场上，保证金制度的实施一般具有以下特征：

（1）对交易者的保证金数量要求需要反映其所面对的风险大小。交易者面临的风险越大，需要缴纳的保证金数量越大。

（2）交易所根据合约特点设定最低保证金标准，并可根据市场风险状况等调节保证金水平。如价格波动越大的合约，其交易者面临的风险也越大，设定的最低保证金标准则越高；当出现过度投机时，交易所可提高保证金最低缴纳门槛，提高交易者入市成本，打压投机行为，防范市场风险增大。

（3）保证金的收取分级实施。交易所或结算机构只向其会员收取保证金，作为会员的期货公司则向其客户收取保证金，两者分别称为会员保证金和客户保证金。

2. 在我国境内，期货交易所规定的商品期货交易保证金比例具有以下特点：

（1）在期货合约上市运行的不同阶段，商品期货会规定不同的交易保证金比例。越临近商品交割期，交易保证金的规定比例会增大，这是为了防范实物交割中可能出现的违约风险。

（2）交易所会动态调整同一合约的交易保证金比例，其调整根据该合约持仓量而定，合约持仓量越大，交易保证金比例越高。

（3）当某期货合约出现连续涨跌停板时，交易保证金比例相应提高。

（4）当某品种某月份合约按结算价计算的价格变化，连续若干个交易日的累积涨跌幅达到一定程度时，交易所有权根据市场情况，对部分或全部会员的单边或双边持仓，按同比例或不同比例提高交易保证金水平限制部分或全部会员划出资金，暂停部分或全部会员增开新仓，调整涨跌停板幅度，采取限期平仓或强行平仓等一种或多种措施，以控制风险。

（5）当某期货合约交易出现异常情况时，交易所可调整交易保证金比例，但需要依据规定的程序。

在我国，期货交易者缴纳的保证金所允许的形式有现金和现金等价物，例如流动性强、价值稳定的标准仓单或国债等有价证券。

### （三）基差与净基差

期货的基差是某一特定地点某种标的资产的现货价格与相同标的资产的某一特定期货合约价格间的价差。

基差 = 现货价格 - 期货价格

根据约翰·赫尔（John C. Hull）在《期权、期货及其他衍生产品》（原书第 11 版）一书中的讨论，前文定义更多适用于标的资产为商品的期货计算；而当标的资产为金融类资产时，有时也会将计算公式变换为：

基差 = 期货价格 - 现货价格

基差的变动会产生基差风险，即使用期货进行套期保值时效果具有不确定性。套期保值的本质是用较小的基差风险代替较大的现货价格波动风险。如果能够了解基差产生及变动的原因，就可以预测基差的变化，从而使风险对冲得更为充分，甚至可以获取对冲之后的净盈利。

当期货价格高于现货价格或者远期期货合约价格高于近期期货合约价格时，这种市场状态称为正向市场，可称为现货贴水或期货升水。

当现货价格高于期货价格或者近期期货合约价格高于远期期货合约格时，这种市场状态被称为反向市场、现货溢价或者逆转市场，可称为现货升水或期货贴水。反向市场的出现主要存在以下两种情形：一是近期对某种商品或资产需求非常迫切，远大于近期产量及库存量，使现货价格大幅度提高，高于期货价格；二是预计将来该商品的供给会大幅度增加，导致期货价格大幅度下降，低于现货价格。反向市场的价格关系意味着由于市场对现货及近期月份合约的需求密切，为持有现货，购买者更愿意承担全部持仓费。在反向市场上，随着时间的推进，现货价格与期货价格会如在正向市场上一样会逐步趋同。

净基差或扣除持有收益的净基差（BNOC）指扣除了持有收益的基差。

净基差 = 基差 - 持有收益

净基差是必须由计算得到的值，而不是一个市场上可供交易的价格，基于净基差的期权价值属性，理论上净基差应当大于等于零；但在现实中，净基差也常出现在零之下的情况。

## 二、股指期货

### （一）股指期货的基本概念

股指期货，是以股票指数为标的资产的期货合约。双方约定在未来某个特定的时间，按照事先确定的股价指数的大小，进行标的指数的买卖。①

股指期货与其他期货在产品定价、交易规则等方面并无明显区别，但由于股指期货的标的资产存在特殊性，因此对应衍生产品具有一定的特殊属性。

一是与股票指数现货交易模式相似，股指期货以指数点数报出，期货合约的价值由所报点数与每个指数点所代表的金额相乘得到。每一股指期货合约每点所代表的固定金额被称为合约乘数，都被预先确定。因此，股指期货合约的规模并不是确定的，它会跟随股指期货市场点数的变化而变化。

二是股票指数期货没有实际交割的资产，指数是由多种股票组成的组合；合约到期时，股指期货无法将所有标的股票进行交割，故而只能采取现金交割的方式。

三是与利率期货相比，由于股价指数波动大于债券，而期货价格与标的资产价格紧密相关，股指期货价格波动的幅度通常要大于利率期货。由于股票价格波动频繁，投资者须密切关注股票市场的变化，从而及时调整投融资策略和资产配置，降低风险并增加收益。相对于现货市场，股指期货具有交易成本低、流动性强、对市场影响小等特点。因此，利用股指期货与股票、股票组合等其他金融工具，投资者和经营者可灵活构建各种组合来达到各种不同的市场目的。

### （二）基本合约条款

1. 合约乘数

合约乘数是一份股指期货合约的合约价值用股指期货指数需要点乘的某一既定的货币金额。

股票指数点越大，或合约乘数越大，那么股指期货合约价值也就越大。沪深300股指期货的合约乘数为每点人民币300元。

2. 保证金

合约交易保证金是指投资者进行期货交易时缴纳的用来保证履约的资金，一般占交易合约价值的一定比例。

沪深300股指期货的交易保证金最初设定为12%。上市之初，按照证监会“高标准、稳起步”的指示精神，在12%最低保证金标准的基础上，中国金融期货交易所实际收取的交易保证金甚至上浮到15%。由于股指期货近几年以来运行稳健，为降低交易成本和提高市场的资金使用效率，中国金融期货交易所一度将沪深300股指期货所有合约的交易保证金标准统一调整至10%，并将沪深300股指期货合约最低保证金标准下调至8%；但至2023年8月，为加强风险控制，沪深300股指期货的保证金收取

① 中国期货业协会 编著．期货及衍生品基础（第三版）．中国财政经济出版社，2021：259

比例再次由10%回升至12%。目前中国金融期货交易所列举的沪深300股指期货、中证500股指期货、中证1 000股指期货和上证50股指期货合约的最低交易保证金均为8%。

### （三）股指期货定价理论①

1. 基差与无套利定价理论

股指期货的基差一般也称为“升贴水”，是股指期货减去现货指数的差额。当股指期货价格高于对应的现货指数时，基差为正，期货呈现“升水”；当股指期货价格低于对应的现货指数时，基差为负，期货呈现“贴水”。

依据无套利定价理论，持有股指期货应与持有股票现货获得同样收益，而由于期货杠杆交易，仅用部分保证金，剩余资金可以获得无风险投资收益，因此期货应有小幅升水才能保证与股票现货间无套利机会。此外，由于持有股票会获得分红，而持有股指期货不会，股指随分红自然回落，因此在分红集中或较高的月份，股指期货应表现为显著贴水。

2. 持有成本模型

持有成本模型是一种在时间差异上用来表示期货价格与现货价格之间相互关系的模型。在一般情况下，期货价格等于现货价格加上持仓费。持仓费又称之为持仓成本，是指为持有或保留某种商品、资产等而支付的仓储费、运输费、保险费和借款利息等费用总和。

资产种类不同，持仓费用不同。金融资产的持仓费一般只包括借款利息支出减该资产的收益。

持仓费高低与距期货合约到期时间长短相关联。交易时距交割时间越近，所需要付出的持仓费越低。理论上，当期货合约到期时，持仓费会减小到零，基差也将变为零。

持有成本模型的假设条件如下：

（1）借贷利率相同且维持不变；（2）无逐日盯市的保证金结算风险；（3）无税收和交易成本；（4）卖空股指成分股无限制；（5）股利发放时间、数量确定，无股利不确定性风险；（6）股指成分股可无限分割；（7）期货和现货头寸均持有到期货合约到期日。

该模型是在完美市场假设下，基于一个套利组合而推导出来的。理论上指数套利操作会使得股指期货实际价格回归其理论价格，但持有成本模型的假设过多偏离现实

① 国际专业人士学习平台、瑞士投资专业人士培训中心、中国证券业协会 编著中国证券业协会 编译．衍生产品估值与分析．中国财政经济出版社，2018：51.

情况，欠缺考虑市场环境因素，如未考虑指数现货与股指期货市场之间的互动性、假设无风险利率不变、未考虑股价的波动性、现实资本市场存在摩擦以及现实资本市场上的股指期货套利有风险等。

设：$T$——期货合约的期限（以年计）；$S_0$——期货合约标的资产的当前价格；$F_0$——期货的当前价格；$r$——按连续复利的无风险利率，这一利率的期限对应于合约的交割日，即 $T$ 年后无风险利率 $r$ 是指在无信用风险的前提下（即资金一定全被偿还的情况下）借入和借出金的利率。

**【案例 11－1】** 如果进行标的资产的期货投资，假设购买 1 股无股息股票的 3 个月期期货合约，股票的当前价格为 40 元，3 个月期的无风险利率为每年 5%。

对应 3 个月后股票的价值 $=40\times e^{5\%\times\frac{3}{12}}=40.50$（元）

当期货价格相对该股票价值偏高或偏低时，投资者或套利者可以进行如表 11－2－1 的操作。

**表 11－2－1 期货价格与现货价格偏离时的套利机会**

| 期货合约价格 =43 元 | 期货合约价格 =39 元 |
|---|---|
| **现在的交易** | **现在的交易** |
| 以 5% 的利率借入 40 元，期限 3 个月 | 卖空 1 股股票资产，收入现金 40 元 |
| 买入 1 股股票资产 | 将 40 元以 5% 利率投资 3 个月 |
| 在期货合约中同意在 3 个月时以 43 元的价格卖出股票资产 | 在期货合约中同意在 3 个月时以 39 元的价格买入股票资产 |
| **3 个月后的交易** | **3 个月后的交易** |
| 以 43 元的价格卖出股票资产 | 以 39 元的价格买入股票资产 |
| 偿还贷款本息合计 40.50 元 | 收入 40.50 元的投资所得，对卖空交易进行平仓 |
| **最终盈亏情况** | **最终盈亏情况** |
| 盈利 2.50 元 | 盈利 1.50 元 |

通过表 11－2－1 可知，为了确保市场中不存在套利机会，期货价格应该与未来的资产价值相等，即：

$$F_0=S_0e^{rT}$$

结合股指期货的具体情况来看，通常可以将股指看成支付股息的投资资产，标的资产是构成股指的股票组合，股息等于构成资产所支付的股息。假设股息为已知收益率 g（而不是现金收入），则上述期货价格公式可以进一步演变为：

$$F_0=S_0e^{(r-g)T}$$

其中，$r-g$ 可以理解为期货价格在期限 $T$ 内随期限的增速。

假设进行沪深300指数3个月期货合约操作。假定构成股指的股票提供2%的年收益率（按连续复利），股指的当前价格为3 800，按连续复利的无风险利率为每年5%。此时，$r=5\%$，$S_0=3\ 800$，$T=0.25$，$g=2\%$，对应期货价格应为：

$$F_0 = 3\ 800 \times e^{(5\% - 2\%) \times 0.25} = 3\ 828.61\text{（元）}$$

### （四）运用股指期货开展套期保值

《中华人民共和国期货和衍生品法》第四条规定，套期保值，是指交易者为管理因其资产、负债等价值变化产生的风险而达成与上述资产、负债等基本吻合的期货交易和衍生品交易的活动。交易人在买进（或卖出）实际货物的同时，在期货交易所卖出（或买进）同等数量的期货交易合同作为保值，是一种为避免或减少价格发生不利变动的损失，而以期货交易临时替代实物交易的一种行为。①

在使用期货合约对现货交易进行套期保值时，所使用合约的标的资产与所要保值的现货一致，而现货资产与期货合约的交易金额、所需要的套期保值期限与期货的到期期限都相同，则可以实现完全消除价格风险的目的，从而达到完美套期保值的目的。但现实中往往不能实现这种完美的套期保值，如市场上不存在以该资产为标的的期货合约，此时只能转向选择具有相同价格发展趋势、与这种标的资产相关性高的期货作为保值工具，这种套期保值即交叉套期保值。

为尽可能减少价格风险，必须选择最合适的期货合约、最合理的套期保值头寸以及最佳的套期保值期限。将用在套期保值的期货合约头寸与被套期保值的标的资产头寸的比称为套期保值比率；而能够最有效、最大限度地消除被保值对象价格变动风险的套期保值比率称为最优套期保值比率。

用股指期货进行的套期保值多数是交叉套期保值。因为投资者只有买卖指数基金或严格按照指数的构成买卖一篮子股票，才能做到与股指期货的完全对应。现实中，由于股指期货的标的指数大多包含几十种甚至上百种价格和市场规模都有很大差异的股票，因此对于绝大多数的股市投资者而言，很少会完全按照指数成分股来构建股票组合。在实际生活中，绝大多数投资者也根本不可能完全按指数的构成复制股票组合。因此，要有效地对投资者的股票组合进行套期保值，股票现货与所使用的股指期货合约的头寸比例就成了必须确定的核心问题，即必须确定最优套期保值比率。

计算最优套期保值比率常用最小方差法，这样计算的最优套期保值比率称为最小方差套期保值比率。它是使整个套期保值组合（包括用于套期保值的股指期货部分）收益的波动最小化的套期保值比率，具体体现为整个资产组合收益的方差最小化。

结合CAPM来看，股票或股票组合的$\beta$系数代表了其与整个市场组合相关性的大

---

① 中国期货业协会 编著．期货及衍生品基础（第三版）．中国财政经济出版社，2021：262

小，则当用来进行套期保值的股指期货的标的股指与整个市场组合高度相关时，股票或股票组合的$\beta$系数也就近似于其与该指数的相关性大小，因此也就成为股指期货最小方差套期保值比率的一个良好近似，也即此时可以把$\beta$系数用作最优套期保值比率。例如，在我国沪深300指数与整个市场走势高度一致时，用沪深300股指期货为A股市场特定股票或股票组合进行套期保值，就可以用被保值股票或股票组合的$\beta$系数作为最优套期保值比率。这样，在给定被保值股票或股票组合的$\beta$系数确定的情况下，就可以计算套期保值时所需要买入或卖出的股指期货合约的数量，即：

$$买卖期货合约的数量=\frac{现货总价值\times(\beta_{目标}-\beta_{组合})}{期货总价值\times\beta_{期货}}$$

期货总价值 = 期货指数点 × 合约乘数

其中，$\beta_{目标}$——要调整到的给定$\beta_{系数}$，$\beta_{目标}=0$ 时对应为完全套保。

具体来看，套期保值策略主要包括卖出套期保值和买入套期保值两种。[①②]

1. 卖出套期保值

卖出套期保值针对已持有股票的投资者，是指为了规避股票市场价格下跌的风险，交易者在股票市场和期货市场上建立盈亏冲抵机制的操作，操作具体体现为卖出股票指数期货合约。一般在投资者持有股票组合并担心股市大盘下跌而影响股票组合的收益时会进行套期保值操作。

股指期货的卖出套期保值较为常见，如市场中性类的对冲策略通过构造股票组合追求相对指数的$\alpha$收益，同时卖出股指期货对冲指数波动的风险。

**【案例11-2】**某投资者持有市值合计为1亿元的股票组合，该组合的$\beta$系数为1.27，当前沪深300股指期货为4000点（合约乘数对应为每点300元），且期货的$\beta$系数为1.05，由此可知此时若进行完全套保，应该卖出合约数量为：

$$\frac{100\ 000\ 000\times(0-1.27)}{4000\times300\times1.05}=-101(手)$$（计算结果为负值，对应属于卖出合约状态）

在上述理想情况下，若未来市场下跌10%，该股票组合市值下跌约1 270万元（=10%×100 000 000×1.27），其股指期货头寸盈利约1 272.60万元（=101×4 000×300×1.05×10%），期货头寸盈利基本可以覆盖原有股票组合的下跌风险，差额部分源于计算套保手数时的取整。

2. 买入套期保值

买入套期保值针对持有空头头寸或计划买入股票的投资者，为了规避股票市场价格上涨的风险，交易者通过在期货市场买入股票指数，在股票市场和期货市场上建立

① 中国期货业协会 编著. 期货及衍生品基础（第三版）. 中国财政经济出版社，2021：125

② 中国期货业协会 编著. 期货及衍生品分析与应用（第四版）. 中国财政经济出版社，2021：221

盈亏冲抵机制的操作。进行买入套期保值的情形主要是：投资者在未来计划持有股票组合，担心股市大盘上涨而使购买股票组合成本上升。

通过融券构造股票空头组合，同时用买入股指期货套期保值来构造对冲组合，在现实市场中较为少见，主要原因在于用融券构造股票空头组合的费率较高、流动性较差。

**【案例11－3】** 某投资者预期3个月后会有3 000万元资金到账，且投资者看中A、B、C三只股票，当前市场价格分别为20元、25元、50元，计划每只股票投入1 000万元进行投资。由于现在处于行情看涨期，投资者担心资金到账时股价已上涨，于是采取买进股指期货合约的方法锁定成本。假定对应期限的到期的沪深300股指期货为4000点，每点乘数为300元，期货的$\beta$系数为1.05。三只股票的$\beta$系数分别为1.5、1.3和0.8，则应该先计算目标$\beta$系数，也即对应未来股票组合的$\beta$系数：

$$\beta_{目标} = \frac{1}{3} \times 1.5 + \frac{1}{3} \times 1.3 + \frac{1}{3} \times 0.8 = 1.2$$

由此可知此时若进行完全套保，应该买入合约数量为：

$$\frac{30\ 000\ 000 \times (1.2 - 0)}{4000 \times 300 \times 1.05} = 29(手)$$

在上述理想情况下，若3个月后投资者收到3 000万元，此时现指与期指均已涨了10%，即沪深300股指期货已涨至4400点，而三只股票分别上涨至23元（上涨15%）、28.25元（上涨13%）、54元（上涨8%）。如果仍旧分别买进50万股、40万股和20万股，则共需资金3 360万元（$=23\times50+28.25\times40+54\times20$），显然资金缺口为360万元。

但由于投资者在股指期货上操作买入套期保值，3个月后将股指期货合约卖出平仓，共计可得365.40万元（$=29\times4400\times300\times1.05$），弥补购买股票组合的资金缺口后尚有余裕。通过套期保值基本可将未来买进股票组合的价格锁定在当前水平。

**（五）运用股指期货开展投机和套利交易**

股指期货的交割方式是现金交割，意味着在期货到期交割时，若期货价格与交割结算价出现偏差，则需由一方向另一方进行现金交割补偿。这样的机制也保证了股指期货最终会向现货指数进行回归或趋于一致，由此产生股指期货的期现套利机会。

股指期货市场的投机交易是指交易者对股指期货合约价格的未来变动趋势作出判断，通过在看涨时买进股指期货合约，在看跌时卖出股指期货而获取价差收益的交易行为。股指期货的标的资产是股票指数，其反映的信息面更为广泛，为获取收益交易者应全面地收集和研究经济信息，综合研判股指期货的价格走势。①

1. 期现套利

根据股指期货合约的定价理论，其价格由标的股指的现货价格、收益率和无风险利率共同决定。在正常情况下，期货指数与现货指数呈现动态关联。但是，受各种现实因素影响，股票指数与股指期货指数都在不断变化中，期货与现货价格关系经常偏离其应有的水平。当这种偏离幅度较大时，交易者能够得到套利机会。交易者可以利用这种套利机会从事套利交易，获取无风险利润。②

套利的机会一般出现于当实际的股指期货价格不等于理论价格时。根据前文对于股指期货的价格计算，如果 $F_0 > S_0e^{(r-g)T}$，可以通过以即期价格（即马上支付）买入构成指数的股票并且同时承约股指期货合约空头而获利。如果 $F_0 < S_0e^{(r-g)T}$，可以通过相反的操作即卖空或卖出构成指数的股票，并且同时承约股指期货的多头而获利。上述交易策略即为指数套利。

为简化运算，假设采用单利计算模式，股指期货价格的计算公式也可以写作：

$$F_0 = S_0 + S_0 \cdot (r-g)T = S_0 \cdot [1 + (r-g) \cdot T]$$

如果投资 $t$ 时间后出现不定时的股利分配，而非出现在期货合约结束时点，股指期货价格的计算公式也可以写作：

$$F_0 = S_0 \cdot [1 + (r-g) \cdot (T-t)]$$

**【案例 11－4】** 买卖双方签订一份 3 个月后交割一篮子股票组合的期货合约，该股票组合与沪深 300 指数构成完全对应，现在市场价值为 114 万元，对应于沪深 300 指 3800 点（每点乘数为 300 元）。假设市场年利率为 6%，且预计 1 个月后可收到 9 900 元现金红利，此时该期货合约的合理价格计算包括：

持有期资金成本（对应资金应得的利息收入）$= 1\ 140\ 000 \times 6\% \times \frac{3}{12} = 17\ 100$（元）

持有期股息收入 $= 9\ 900 \times 6\% \times \frac{3-1}{12} = 99$（元）

现金红利与对应的股息收入合计为 9 999 元。

持有期的净持有成本 $= 17\ 100 - 9\ 999 = 7\ 101$（元）

该股指期货合约的价格 $= 1\ 140\ 000 + 7\ 101 = 1\ 147\ 101$（元）

如果将上述金额用指数点数进行计算，114 万元对应为 3800 点：

持有期资金成本（对应资金应得的利息收入）$= 3800 \times 6\% \times \frac{3}{12} = 57$（点）

现金红利 $= 33$ 点

① 中国期货业协会 编著．期货及衍生品分析与应用（第四版）．中国财政经济出版社，2021：223

② 中国期货业协会 编著．期货及衍生品基础（第三版）．中国财政经济出版社，2021：269

持有期股息收入 $=33\times6\%\times\frac{3-1}{12}=0.33$（点）

现金红利与对应的股息收入合计为 33.33 点。

由此，持有期的净持有成本为 23.67 点。综上所述，该股指期货合约的价格应为 3823.67 点。

在现实生活中，股指期货合约的市场价格很少刚好等于股指期货理论价格，多数情况下市场价格会偏离理论价格。当股指期货合约的市场价格高于其理论时，称为期价高估。当股指期货合约的市场价格低于其理论时，称为期价低估。

当存在期价高估时，交易者可通过卖出股指期货同时买入对应的现货股票进行套利交易，这种操作称为正向套利。当存在期价低估时，交易者可通过买入股指期货的同时卖出对应的现货股票进行套利交易，这种操作称为反向套利。套利是在期现两个市场同时反向操作，将利润锁定，不论价格涨跌都不会因此而产生风险，故常将期现套利交易称为无风险套利，相应的利润称为无风险利润。

按照前文的股指期货交易假设，但实际沪深 300 股指期货的期指为 3850 点，高出理论期指 26.33 点（对应约为 7 899 元），这时投资者可以通过卖出沪深 300 股指期货，同时买进对应的现货股票进行套利交易，且不论未来交割时期价点位为何，均可获得无风险套利（见表 11-2-2）。

**表 11-2-2　股指期货价格高估时的套利机会**

| | 乐观情况 | 不变情况 | 悲观情况 |
|---|---|---|---|
| 交割点位 | 3900 | 3850 | 3830 |
| 现货市场收入现金（元）（卖出股票组合获得现金+股息贷款收回现金） | $3900\times300+9\,900\times\left(1+6\%\times\frac{2}{12}\right)$ = 1 179 999 | $3850\times300+9\,900\times\left(1+6\%\times\frac{2}{12}\right)$ = 1 164 999 | $3830\times300+9\,900\times\left(1+6\%\times\frac{2}{12}\right)$ = 1 158 999 |
| 还贷所需现金（元） | 1 140 000 + 17 100 = 1 157 100 | 1 157 100 | 1 157 100 |
| 现货盈亏（元） | 1 179 999 - 1 157 100 = 22 899 | 7 899 | 1 899 |
| 期货盈亏 | 3850 - 3900 = 50 点 对应为 15 000 元 | 0 元，盈亏平衡 | 3850 - 3830 = 20 点 对应为 6 000 元 |
| 现期盈亏合计（元） | 22 899 - 15 000 = 7 899 | 7 899 | 1 899 + 6 000 = 7 899 |

2. 跨期套利

跨期套利是在同一交易所同一期货品种不同交割月份期货合约间的套利。跨期套利是利用不同月份的股指期货合约的价差关系，买进（卖出）某一月份的股指期货的同时卖出（买进）另一月份的股指期货合约，并在未来某个时间同时将两个头寸平仓了结的交易行为。①

股指期货一般都有两个到期交割月份以上合约，可分为近期合约和远期合约。其中，交割月距离现在较近的合约称为近期合约，交割月距离现在较远的合约称为远期合约。当近期合约价格小于远期合约价格时，称为正常市场或正向市场；远期合约价格小于近期合约价格时，称为逆转市场或反向市场。

在正常市场中，远期合约与近期合约之间的价差主要取决于持有成本。股指期货的持有成本相对低于商品期货，而且可能收到的股利在一定程度上可以降低股指期货的持有成本。当实际价差高于或低于正常价差时，就存在套利机会。如假定 3 月和 2 月沪深 300 股指期货的正常价差为 100 点，当 3 月和 2 月沪深 300 股指期货的实际价差为 150 点，明显高于 100 点的水平，此时可通过买入价格低估合约同时卖出价格高估合约的做法进行套利，可以获取稳定利润。

**【案例 11－5】** 假设沪深 300 当前股指期货的基差为 3%（对应 $r-g$），5 月 1 日上午沪深 300 指数为 4030 点，沪深 300 股指期货 9 月份合约价格为 4100 点，6 月份合约价格为 4050 点，9 月份期货合约与 6 月份期货合约之间的实际价差为 50 点，而此时理论价差为：

$$S_0 \times (r-g) \times (T_1 - T_2) = 4030 \times 3\% \times \frac{(9-6)}{12} = 30.225(\text{点})$$

由此投资者认为价差很可能会逐渐缩小回归至理论值，于是买入 6 月份合约，卖出 9 月份合约。5 月 1 日下午 9 月份合约涨至 4120 点，6 月份合约涨至 4090 点，9 月份期货合约与 6 月份期货合约之间的实际价差缩小为 30 点，在不考虑交易成本的情况下，投资者平仓（卖出 6 月份合约并买入 9 月份合约）后每手合约获利 6 000 元（$=20\times300$）。

股指期货跨期套利买入和卖出交易均在期货市场实施，不涉及股票现货市场，整个交易策略制定和执行相对简单。在实际交易中，跨期套利交易灵活，所占用资金较少，风险较小而收益可观，较适合资金体量小的中小投资者（见表 11－2－3）。

① 中国期货业协会 编著．期货及衍生品基础（第三版）．中国财政经济出版社，2021：277.

表 11-2-3　　股指期货跨期套利操作总结

| | 套利机会触发点 | 套利操作 |
| --- | --- | --- |
| 多头套利 | 当前价差低于正常水平<br>预期价差将增大 | 卖近期合约，买远期合约 |
| 空头套利 | 当前价差高于正常水平<br>预期价差将减小 | 买近期合约，卖远期合约 |

3. 跨市场套利

股指期货跨市场套利是在世界各国和各地区的不同期货交易市场之间对同一个期货品种的套利交易行为，尤其是当同一股指期货合约在两家或两家以上交易所进行交易时，由于区域间的时区差别和地理差别，各合约间存在一定的价差关系。例如日经225指数期货合约分别在大阪证券交易所（OSE）、新加坡交易所（SGX）和芝加哥商业交易所（CME）上市交易；三种期货合约的标的资产都是日经225指数，但合约乘数、报价单位及交易时间不尽相同。其中，大阪证券交易所上市的日经225指数期货合约，以日元报价，合约乘数为1 000日元/指数点；新加坡交易所和芝加哥商业交易所则既有日元报价的日经225指数期货合约，又有美元报价的日经225指数期货合约，对应日元报价的指数期货合约乘数为500日元/指数点，美元报价的指数期货合约乘数为5美元/指数点，且在芝加哥商业交易所开仓买卖的日经225指数期货合约可以在新加坡交易所对冲平仓，而新加坡交易所的开始交易时间比大阪证券交易所开市时间长，这就为三家交易所的日经225指数期货合约的套利提供了机会和方便、快捷的交易通道。一旦投资者发现某家交易所挂牌的日经225指数期货合约产生了异动，便可通过在该交易所买（卖）合约的同时，在另一家期货交易所卖（买）同等数量的合约，等两者价差恢复到合理水平后同时平仓出场，赚取差价。

目前中金所推出的三大股指期货在境外市场尚没有相同品种，因此国内普通投资者还无法进行股指期货跨市套利交易。

4. 跨品种套利

股指期货跨品种套利是指利用两种不同的但相关联的指数期货产品之间的价差进行交易。这两种指数受同一供求因素制约和影响，且能够相互替代，同时一买一卖相同交割月份但不同种类的股指期货合约是跨品种套利的交易方式。例如道·琼斯指数期货与标准普尔指数期货之间就可以进行跨品种套利交易，上证50股指期货、沪深300股指期货和中证500股指期货之间也可以进行跨品种套利交易。

跨品种套利的前提条件是出现不同品种期货合约在短期内价差偏离平时正常合理范围时的套利机会，在买入价格偏低品种的期货合约的同时，卖出价格偏高品种的期货合约，当未来不同品种的期货合约价差回归正常合理水平时，反向对冲平仓所持有的全部期货合约即可获取收益。同时注意，相关性越高的标的资产，即股指相关性更高，它们之间跨品种套利的效果才会越好。

5. Alpha 套利

Alpha 套利（套利）是利用做空股指期货对冲掉证券资产系统性风险带来的收益，从而有可能根据交易者的评估，以更稳健的方式获得更积极、更主动的超额收益。

Alpha 套利的实现首先基于寻找一个具有较高回报且积极稳定的投资组合，然后通过卖出相对应的股指期货合约来对冲该投资组合的市场风险（系统性风险），使组合的值在投资全程中一直保持为零，从而获得与市场相关性较低的积极风险收益。

Alpha 套利的盈亏来源为现货组合的超额收益空间与交易成本的差额。构建 Alpha 套利组合后，需要密切跟踪检验组合的表现，对资产结构及时调整，相应地调整期货头寸，并重新计算资产组合的系统风险。在动态调整之前，还应预先考虑交易费用和资金成本。频繁地调整套利组合必然增加交易成本，使整体收益受损。

**【案例 11－6】** 某投资者认为市场未来将陷入震荡整理，但前期一直弱势的消费类股票的表现将强于指数。根据这一判断，该投资者从医药、零售、食品饮料等行业选择了 20 只股票构造投资组合，经计算，该组合的 $\beta$ 值为 0.92。4 月 28 日，该投资者开仓买入消费类股票组合，共买入市值 7 亿元的股票；同时在沪深 300 股指期货 6 月合约上建立空头头寸，此时的 6 月合约价位在 3825 点，期货的 $\beta$ 系数为 1，对应需要买卖的股指期货合约数量为：

$$700\,000\,000 \times \frac{0-0.92}{3825 \times 300 \times 1} = -561(\text{手})$$

即卖出 561 手合约。此时，组合的 $\beta$ 调整至零。6 月底时 6 月期货合约临近到期，而此时投资者认为消费类股票超越指数的走势将告一段落，因此把全部股票卖出，同时买入平仓 6 月期货合约空头。在这段时间里，6 月期货合约下跌到 3750 点，跌幅约 2%，而消费类股票组合的市值增长了 4%。

$$\begin{aligned}\text{此次 Alpha 套利的操作获利} &= 700\,000\,000 \times 4\% + (3825-3750) \times 561 \times 300 \\ &= 4\,062.25\ (\text{万元})\end{aligned}$$

Alpha 套利在实际操作中主要面临的难点在于选取能够获得阶段性超额收益的股票；判断价差点位，选择在组合与指数价差较窄时建立套利头寸；当价差扩大获得套利收益后，根据市场状况择机平掉套利头寸获取收益。

## （六）套期保值与期现套利的区别

从形式上看，期现套利与套期保值非常相似。如同样是在两个市场内操作，同样是交易方向相反，同样是期货数量相等以及时间同步。但二者具有区别（见表 11－2－4）。

表 11－2－4　　套期保值与期现套利的区别

| | 套期保值 | 期现套利 |
| --- | --- | --- |
| 在现货市场上所处地位不同 | 与对应现货存在实质性联系，现货风险客观存在 | 与现货并没有实质性的联系，没必要承受现货风险 |
| 目的不同 | 目的在于“保值”，即为了避险而进行期货交易，具有必要性，注重转移市场风险，并不以盈利为目的；多数套期保值的成功案例中，期货交易亏损，但只要期货与现货两个市场的盈亏基本相抵，就达到了套期保值锁定风险的目的 | 目的在于“利”，看到有利可图才进行买卖，希望在承担较小风险的同时获得较为稳定的利润 |
| 操作方式及价位观不同 | 在现货市场上持有头寸，或者预期将持有现货头寸，因而在期货市场上建立反向的期货头寸以管理现货风险，即如果没有现货市场的交易需求，就不会持有期货 | 所持有的多头部位、空头部位以及现货部位都是套利交易的一部分，套利者从这些头寸的相对价格差异中获得利润；对期现套利者而言，不可能在期价比现价低的情况下买现货卖期货 |

## （七）股指期货交易的风险度量

股指期货交易的风险和收益是成正比的，期货的风险不可低估。股指期货以股票指数为标的物的期货合约不涉及股票本身的交割，其价格以股票指数为基础计算，合约以保证金交易，以现金清算形式进行交割。

以期货风险度衡量股指期货交易的风险：

$$风险度=\frac{持仓保证金}{持仓权益}$$

若投资者没有持仓，则风险度为零；若投资者满仓，则风险度为 100%；正常情况下投资者的风险度在 0～100% 范围内波动，风险度越高，则投资者与期货公司面临的风险越高；若风险度大于 100%，则表示保证金不足，此时期货公司一般会提前通知投资者追加保证金或者减仓，如果继续恶化达到 120% 风险度，则期货公司有权不通知投资者直接强行平仓。

**【案例 11－7】** 如投资者期货账号内有 1 万元，开了一手沪深 300 股指期货需要 3 000 元保证金（其中 3 000 元为开仓按金，2 250 元为维持按金），则此时保证金占用是 3 000 元，投资者的可用资金是 7 000 元，当行情变动和计算盈亏时，均先用可用资金计算。若账户亏损 7 000 元，账号内可用资金为 0 元，保证金占用资金为 3 000 元，不会被期货公司强平；当行情持续向下，投资者持续亏损 750 元，总资金仅剩 2 250

元，即将低于维持按金，则会被强行平仓。最终平仓后剩余资金2 250元。

## 三、国债期货

国债期货是指以主权国家发行的国债为期货合约标的资产的期货品种。全球交易活跃的国债期货品种主要是中长期国债期货，其交易主要集中在美国、欧洲和亚太地区。

### （一）国债期货的基本概念

1. 转换因子

国债期货实行一篮子可交割国债的多券种交割方式，当合约到期进行实物交割时，可交割国债是一系列剩余期限不同、票面利率不同、付息频率不同的符合条件的国债。这种多券种交割方式必须确定各种可交割国债价格与期货合约标的名义标准国债价格之间的转换比例，这个转换比例就是转换因子（Conversion Factor，CF）。

转换因子在数值上等于面值1元的可交割国债在其剩余期限内的所有现金流按国债期货合约标的票面利率折现的现值。中金所国债期货转换因子的计算公式如下：

$$CF = \frac{1}{\left(1 + \frac{r}{f}\right)^{tf/12}} \cdot \left[\frac{c}{f} + \frac{c}{r} + \left(1 - \frac{c}{r}\right) \cdot \frac{1}{\left(1 + \frac{r}{f}\right)^{n-1}}\right] - \frac{c}{f} \cdot \left(1 - \frac{tf}{12}\right)$$

式中，$r$——国债期货合约标的票面利率；$t$——交割月到下一付息月的月份数；$n$——剩余付息次数；$c$——可交割国债的票面利率；$f$——可交割国债每年的付息次数。计算结果应进行四舍五入至小数点后四位。

可交割国债的票面利率是转换因子的首要影响因素。根据计算公式可知：可交割国债票面利率高于国债期货合约标的票面利率，转换因子大于1；可交割国债票面利率等于国债期货合约标的票面利率，转换因子等于1；可交割国债票面利率低于国债期货合约标的票面利率，转换因子小于1。当然，可交割国债的剩余期限和付息频率也会在一定程度上影响转换因子的大小。

可交割国债的转换因子在国债期货合约上市时由交易所公布，在合约存续期间是一个固定数值。合约存续期间如有新增发行国债符合可交割国债的要求，交易所会同时公布新增可交割国债其转换因子。

2. 国债交割价格

用可交割国债的转换因子乘以期货交割结算价可得到转换后该国债的交割价格（净价），用国债交割净价加上持有国债期间的应计利息收入即可得到国债期货交割时卖方出让可交割国债时应得到的实际现金价格（全价），该价格为可交割国债的出让价格，即国债交割全价，也称为发票价格。其计算公式如下：

发票价格（国债交割全价）= 国债期货交割结算价 × 交国债转换因子 + 应计利息

中金所规定，国债期货交割时，应计利息的日计数基准为“实际持有天数/实际计息天数”，每 100 元可交割国债的应计利息：

$$\text{应计利息}=\frac{\text{可交割国债票面利率}\times 100}{\text{每年付息次数}}\times\frac{\text{第二交割日}-\text{上一付息日}}{\text{当前付息周期实际天数}}$$

3. 最便宜可交割债券（CTD）与隐含回购利率（IRR）[①②]

在一篮子可交割国债的交割制度下，发行期限和剩余期限在一定范围内的国债都可以参与交割。即便使用转换因子进行折算，各种可交割国债在交割便利性和交割成本等方面仍然存在差别。由于期货合约的卖方拥有可交割国债的选择权，卖方一般会选择最便宜、交割成本最低、对己方最有利的可交割国债进行交割，该债券就是最便宜可交割国债，通常称为最便宜可交割债券（cheapest to deliver，CTD）。根据无套利定价原理，最便宜可交割债券的价格决定了国债期货的价格。

理论上，最便宜可交割债券是能够使投资者买入国债现货、持有到期交割的最经济、获得收益率最高的国债。购买国债并持有到期交割的收益率一般用隐含回购利率（Implied Repo Rate，IRR）来衡量。隐含回购利率是指投资者买入国债现货并用于期货交割所得到的投资收益率。如果购买国债后，在交割日之前没有利息支付，可交割国债的隐含回购利率（*IRR*）为：

$$IRR=\frac{\text{期货报价}\times\text{转换因子}+\text{交割日应计利息}-\text{国债购买价格}}{\text{国债购买价格}}\times\frac{365}{\text{交割日之前的天数}}$$

其中，国债购买价格为市场价格（净价）加上应计利息的全价。隐含回购利率越高的国债价格越便宜，用于期货交割对合约空头越有利，隐含回购利率最高的国债就是最便宜可交割国债。

**【案例 11 - 8】** 2023 年 6 月 16 日，T2309 合约结算价格为 101.530 元；其可交割国债“22 附息国债 10”，转换因子为债券 0.9818，债券为净价 100.1163 元，票面利率为 2.76%，到期日为 2032 年 5 月 15 日，付息频率为一年两次。

此时，上次付息日 5 月 15 日至计算日 6 月 16 日，应计利息天数是 32 天：

$$\text{应计利息}=\frac{2.76\%\times 100}{2}\times\frac{32}{184}=0.24\ (\text{元})$$

购买价格 = 100.1163 + 0.24 = 100.3563（元）

T2309 债券合约第二交割日为 2023 年 9 月 13 日，上一付息日至第二交割日为 121 天：

---

① 中国期货业协会 编著. 期货及衍生品分析与应用（第四版）. 中国财政经济出版社，2021：257

② 中国期货业协会 编著. 期货及衍生品基础（第三版）. 中国财政经济出版社，2021：197

$$应计利息 = \frac{2.76\% \times 100}{2} \times \frac{121}{184} = 0.9075（元）$$

$$发票价格 = 101.530 \times 0.9818 + 0.9075 = 100.589654（元）$$

“22 附息国债 10” 自购买日（6 月 16 日）至第二交割日为债券 89 天，在第二交割日之前没有利息支付，所以“22 附息国债 10” 的隐含回购利率为

$$IRR = \frac{100.589654 - 100.3563}{100.3563} \times \frac{365}{89} \times 100\% = 0.9527\%$$

以此类推，通过计算可以得到一篮子可交割国债的隐含回购利率，隐含回购利率最高的可交割国债就是最便宜可交割债券。此时如“22 附息国债 10”在 T2309 的 13 只可交割国债中隐含回购利率最高，应为最便宜可交割债券。

除了隐含回购利率外，最小基差和最小净基差也常被用于寻找最便宜可交割债券，国债期货的基差（basis）定义为可交割国债现货价格与调整后国债期货价格的差，表示购买国债现货用交割时的绝对收益水平。对于任何一只可交割债券，其基差可表示为：

基差 = 国债现货价格 - 期货价格 × 转换因子

如中金所 5 年期国债期货价格为 97.525 元，可交割国债现货价格为 99.640 元，票面利率为 3.42%，转换因子为 1.0167，则该国债的基差 = 99.640 - 97.525 × 1.0167 = 0.4863 元。

净基差是考虑国债购买日到交割日期间的利息收入与资金机会成本（或回购融资成本），是基差扣除持有期收益，反映的是购买国债现货用于国债期货合约交割的净成本。此时持有收益是指投资者持有可交割国债至交割期间的利息收入与资金成本的差值。

国债净基差（BNOC）= 国债基差（basis）- 持有收益（carry）

持有收益（carry）= 持有利息收入 - 融资成本

净基差 = 国债现货价格 - 期货价格 × 转换因子 - 持有利息收入 + 融资成本

国债期货合约到期交割时，国债基差和净基差都将归零。

在选择最便宜可交割债券时，在大多数情况下最大隐含回购利率、最小净基差和最小基差所得结果是相同的，但个别情况下会得到不同结果，这归结于各自略有差异的评判原则。最大隐含回购利率衡量的是购买国债现货用于交割的理论收益率，是一个相对比例的概念；而基差和净基差则是购买国债现货用于交割的理论收益（成本）水平，是一个绝对金额的概念。即使理论收益水平排名相同，但由于购买国债现货的价格不一样，理论收益率排名未必相同，因此在个别情况下三种计算结果出现不一致。一般来讲，使用比率更能反映交易的优劣情况，因此最大隐含回购利率被认为是更为可靠的方法。其次，基差和净基差的区别在于后者考虑了持有期的票息收益以及资金

的机会成本（或融资成本），而前者没有考虑，因此最小净基差更为常用。

### （二）国债期货定价理论

与前文的股指期货类似，国债期货理论价格同样可以运用持有成本模型计算，由于空头方拥有选择交割时间和所交割债券的权利，因此精确地确定长期国债期货的理论价格十分困难，但是如果假定已知最便宜可交割债券及交割日期，长期国债期货可等价为提供阶段性收入的期货合约。

$$F_0 = (S_0 - I)e^{rT}$$

其中，$I$——期货期限内券息的贴现值；$T$——期货到期时间，$r$——适用于期限 $T$ 内的无风险利率。

**【案例 11-9】** 假定对于某一国债期货已知最便宜可交割债券的票面利率为债券 12%，转换因子 1.6000，已知期货交割日期为 270 天后，每半年一次支付一次券息，上一次付息日为 60 天前，下一次付息为 122 天后，再下一次付息为 305 天后。利率期限结构为水平，每年 10%（连续复利）。假定债券的当前报价为 115 元。债券的现价等于报价加上从上一次付息到今天的累计利息，也即：

$$115 + \frac{12\% \times 100}{2} \times \frac{60}{60 + 122} = 116.978（元）$$

在 122 天后，债券持有者将收到 6 元的券息，其贴现值为：

$$\frac{12\% \times 100}{2} \times e^{-0.1 \times \frac{122}{365}} = 5.803（元）$$

期货合约将持续 270 天直至交割，期货的现金价格为：

$$(116.978 - 5.803) \times e^{0.1 \times \frac{270}{365}} = 119.711（元）$$

在债券交割时会有 148 天（270 天交割与 122 天的差额）的累计利息，此后至下一付息日有 35 天（305 天与 270 天的差额），期货的报价为：

$$119.711 - \frac{12\% \times 100}{2} \times \frac{148}{148 + 35} = 114.859（元）$$

由转换因子的定义，1.6000 倍的标准债券等价于一个债券 12% 的债券。因此，期货的报价应为：

$$\frac{114.859}{1.6000} = 71.79（元）$$

此外，将连续复利简化为单利计算，也可以获得简化后的计算公式，即：

国债期货理论价格债券 = 国债现货价格债券 + 国债持有成本

= 国债现货价格债券 +（持有国债资金占用成本债券

－持有国债期间利息收入）

在实际计算中，可以用最便宜可交割国债净价代替国债现货价格，假定该国债至交割日期间没有券息支付，则国债期货理论价格为：

$$国债期货理论价格=\frac{\begin{matrix}最便宜可交割\\国债净价债券\end{matrix}+\begin{matrix}持有国债资金\\占用成本\end{matrix}-\begin{matrix}持有国债期间\\利息收入\end{matrix}}{转换因子}$$

其中“持有国债资金占用成本”应按持有可交割国债全价计算，“持有国债期间利息收入”为可交割债券购买日至交割日的应计利息。根据中金所规定，“持有国债期间利息收入”为可交割债券购买日至第二交割日的应计利息。

**【案例 11-10】** 续案例 11-9，2023 年 6 月 16 日，T2309 期货价格为 101.530 元，其最便宜可交割国债“22 附息国债 10”国债现货净价为 100.1163 元，转换因子为 0.9818。“22 附息国债 10”发行日为 2022 年 5 月 15 日，到期为 2032 年 5 月 15 日，票面利率为 2.76%，一年付息两次，付息日为每年的 5 月 15 日和 11 月 15 日。假设市场利率 $r=3\%$。此时，上次付息日 5 月 15 日至计算日 6 月 16 日，应计利息天数是 32 天：

$$应计利息=\frac{2.76\%\times100}{2}\times\frac{32}{184}=0.24\ （元）$$

购买价格即债券全价 = 100.1163 + 0.24 = 100.3563（元）

T2309 债券合约第二交割日为 2023 年 9 月 13 日，“22 附息国债 10”自购买日（6 月 16 日）至第二交割日为债券 89 天，在第二交割日之前没有利息支付，所以“22 附息国债 10”的资金占用成本为：

$$资金占用成本=100.3563\times\frac{89}{365}\times3\%=0.73411321\ （元）$$

$$同时可知“22附息国债10”的利息收入=\frac{2.76\%\times100}{2}\times\frac{89}{184}=0.6675\ （元）$$

$$故此时T2309期货的理论价格=\frac{100.1163+0.73411321-0.6675}{0.9818}=102.04\ （元）$$

### （三）运用国债期货开展套期保值

国债期货的套期保值是指投资者通过建立与现货相反的期货头寸，使得债券投资组合净值免受到利率波动的影响。一般来说，用国债期货做套期保值是为了对冲中长期利率风险。①

国债期货套期保值策略分为多头套期保值、空头套期保值两类。持有债券资产投资者，如果担心利率上升，债券价格下跌导致资产的跌价风险，可以通过国债期货空

① 中国期货业协会 编著．期货及衍生品基础（第三版）．中国财政经济出版社，2021：204.

头套期保值策略对冲价格风险；如果规划未来购入债券资产或投资，担心利率下调，债券价格上涨导致未来持有债券成本的上升，可以通过国债期货进行多头套期保值策略对冲价格风险。①

通过国债期货进行套期保值的基本操作步骤包括：

（1）确定套期保值的目的和需求：投资者需要根据自己的投资需求和风险承受能力，确定套期保值的目的和需求，例如降低价格波动风险、锁定收益等；

（2）选择合适的期货合约：结合持仓久期、套保期限、市场情况等，投资者需要选择与自己持有的现货债券相匹配的期货合约；

（3）建立期货头寸：投资者需要根据自己持有的现货债券的数量和期货合约的转换因子，计算出需要建立的期货头寸，选择合适的期货开仓比例，以达到对冲的目的；

（4）进行期货交易：投资者需要在期货交易所进行期货交易，建立相应的期货头寸；

（5）监控市场变化：投资者需要密切关注市场变化和各种因素的影响，及时调整交易策略，例如对期货合约移仓，或是套保系数调整，以实现更好的投资回报；

（6）将期货平仓退出，完成交割。

*1. 期货合约的选择*

理论上，国债期货对其标的对应的可交割债券进行套期保值效果较好，如选择2年期国债期货合约来对冲2年期国债的价格波动风险。实践中，投资者持有或计划持有投资组合中的债券会在发行期限、剩余期限等方面如果超出期货合约可交割债券的范围，投资者可以选择流动性好、相关性较强的期货合约进行套期保值。

*2. 套期保值比率的计算*

套期保值比率是指计算被保值现货头寸与国债期货合约的比例关系。套期保值者应该通过比较利率变动所引起的债券组合价值的变动和国债期货合约价值变动，从而确定有效对冲现货债券或债券组合利率风险所需国债期货合约的数量，达到最佳的套期保值效果。理想的套期保值目标，是在一定的利率变动下，国债组合价值的变化等于所持期货合约价值的变化，因此确定和调整套期保值比率是套期保值的核心。

$$\text{套期保值比率} = \frac{\text{国债现货价格变化}}{\text{国债期货合约价格变化}}$$

确定国债期货套期保值比率的常用方法有修正久期法和基点价值法。

（1）修正久期。债券久期是债券价格对债券收益率的弹性，即债券收益率发生微小变动时，债券价格的变动幅度与债券收益率变动幅度的比率。麦考利久期与修正久

① 中国期货业协会 编著．期货及衍生品分析与应用（第四版）．中国财政经济出版社，2021：259.

期在第十章已有介绍。修正久期主要考虑到期收益率变化1%（100个基点）时，债券价格变动百分比。债券组合的久期可以通过计算组合中债券久期的加权平均得到，对应权重等于组合中债券市值所占比重。

修正久期法是利用债券组合久期和国债期货合约久期的对比，确定最优套期保值比率和对冲利率风险所需的国债期货合约数量。

国债期货价格近似等于最便宜可交割债券价格除以其转换因子，用最便宜可交割债券的久期替代国债期货的久期。通过修正久期法确定最优套期保值比率的计算公式为：

$$\text{最优套期保值比率}=\frac{\text{被套保债券价格}\times\text{债券的久期}}{\text{期货价格}\times\text{期货合约的久期}}$$

$$=\frac{\text{被套保债券价格}\times\text{债券的久期}}{\text{CTD 期货价格/转换因子}\times\text{CTD 期货合约的久期}}$$

对冲所需国债期货合约数量为：

$$\text{对冲所需国债期货合约数量}=\frac{\text{被套保债券市值}\times\text{债券的久期}}{\text{期货市值}\times\text{期货合约的久期}}$$

$$=\frac{\text{被套保债券市值}\times\text{债券的久期}}{\left(\text{CTD 期货价格}\times\dfrac{\text{期货合约面值}}{100}\right)/\text{转换因子}\times\text{CTD 期货合约的久期}}$$

（2）基点价值法。基点价值（Basis Point Value，BPV，DV01）是指到期收益率每变化一个基点（bp，即0.01个百分点）时，引起资产价值的变动额。基点价值是指利率变化一个基点债券价格变动的绝对额，通过对比前文所述的修正久期法，二者衡量的都是债券价值与利率的关系，久期是百分比相对变动，基点价值则是绝对值变动。

基点价值法是通过比较债券组合和国债期货合约的基点价值，确定套期保值比率和对冲利率风险所需国债期货合约数量。

国债期货合约的基点价值约等于最便宜可交割国债的基点价值除以其转换因子。债券组合的基点价值可以通过组合中债券基点价值的加权平均计算得到，权重等于组合中债券所占比重。

通过基点价值法确定最优套期保值比率的计算公式为：

$$\text{最优套期保值比率}=\frac{\text{被套保债券基点价值}}{\text{期货合约基点价值}}=\frac{\text{被套保债券 DV01}}{\text{CTD 期货 DV01/转换因子}}$$

对冲所需国债期货合约数量为：

$$\text{对冲所需国债期货合约数量}=\frac{\text{被套保债券基点价值}}{\text{期货合约基点价值}}$$

$$=\frac{\text{被套保债券 DV01}}{\left(\text{CTD 期货 DV01}\times\dfrac{\text{期货合约面值}}{100}\right)\Big/\text{转换因子}}$$

【案例 11－11】某投资者担心出现利率风险，持有800万元面值的国债A，计划两个月后将其卖出故现阶段对其进行套期保值，选定使用10年期国债期货的最便宜可交割债券，进行国债期货空头套期保值交易（若投资者是计划未来买入，则进行买入套期保值操作）。

若国债A当前的市场价格为98.50元，全价为99.94元，对应修正久期为7.43，基点价值为0.0730. 对冲所用期货合约价格为95.970元，10年期国债期货CTD的修正久期为8.17，基点价值为0.0815，转换因子为1.125。

此时通过修正久期法计算，有：

$$\text{对冲所需国债期货合约数量} = \frac{\frac{8\ 000\ 000}{100} \times 99.94 \times 7.43}{\frac{1\ 000\ 000}{100} \times 95.97 \div 1.125 \times 8.17} = 9\ (\text{手})$$

通过基点价值法计算，有：

$$\text{对冲所需国债期货合约数量} = \frac{\frac{8\ 000\ 000}{100} \times 0.073}{\frac{1\ 000\ 000}{100} \times 0.0815 \div 1.125} = 8\ (\text{手})$$

具体见表11－2－5。

**表11－2－5　　使用国债期货进行套期保值实例**

| 时间 | 国债现货市场 | 国债期货市场 |
|---|---|---|
| 此时 | 投资者拟出售国债A，价格为98.50元（国债A为中金所10年期国债期货CTD券） | 卖出9手中金所10年期国债期货，期货合约价格为95.970元 |
| 情况1：<br>2个月后国债A价格下跌至97元 | 卖出面值800万元国债A，价格为97元<br>卖出国债A后，收入下滑<br>$\frac{800}{100} \times (98.5 - 97) = 12$(万元) | 平仓9手10年期国债期货，价格为94.50元<br>期货平仓盈利<br>$9 \times 100 \times \frac{(95.97 - 94.50)}{100} = 13.23$(万元) |
| 若不计套期保值成本，该策略能够对冲国债价格下跌风险，较此时直接卖出国债总收益略高，提升1.23万元，达到锁定未来收益的套期保值目的 | | |
| 情况2：<br>2个月后国债A价格上涨至99.80元 | 卖出面值800万元国债A，价格为99.80元<br>卖出国债A后，收入增长<br>$\frac{800}{100} \times (99.80 - 98.50)$<br>$= 10.4$(万元) | 平仓9手10年期国债期货，价格为97.20元<br>期货平仓亏损<br>$9 \times 100 \times \frac{(97.2 - 95.97)}{100} = 11.07$(万元) |
| 若不计套期保值成本，该策略能够对冲国债价格波动风险，较此时直接卖出国债总收益略低，减少0.67万元，达到锁定未来收益的套期保值目的 | | |

（3）久期管理。在进行债券组合管理时，通过直接买卖现券改变久期存在诸多弊端，包括流动性问题、不同债券信用状况的差异，而使用国债期货可以在不改变现券持仓的情况下改变组合的久期。国债期货因其高杠杆、交易成本低、流动性好、违约风险小等特性在投资组合风险管理、目标久期管理和资产配置中有着明显优势。

投资者可以利用国债期货保证金和杠杆机制，通过调整资产组合内的国债期货持仓，调高或调低投资组合的久期，管理组合目标久期。一般期货头寸资金占用相对较小，在组合管理中忽略不计。在实务操作中，投资者在不改变持有现货债券的前提下，可以通过买卖国债期货合约达到组合久期管理的目的。

在债券组合中，可以通过增加国债期货多头头寸，调高组合久期，组合的利率敏感性将上升，利率下行时组合价值增值幅度将增加；可以通过增加国债期货空头头寸，调低组合久期，组合的利率敏感度性将降低，利率上行时组合的跌价幅度将减小。

$$\text{调整后的债券组合久期} = \frac{\text{初始组合久期} \times \text{初始组合市值} + \text{期货久期} \times \text{期货市值}}{\text{初始组合市值}}$$

**【案例 11－12】** 某债券投资组合的市值为 10 亿元，久期为 6，预计未来利率会下降，故决定适当增加国债期货多头持仓，通过购买 200 手的 5 年期国债期货来提高组合久期，该国债期货报价为 105，久期为 4.8，购买的国债期货不计入组合的市值，调整后的债券组合久期为：

$$\frac{10\text{ 亿元} \times 6 + 200 \times 0.0105\text{ 亿元} \times 4.8}{10\text{ 亿元}} = 7$$

如果已有既定的组合久期目标，通过国债期货对组合的久期进行调整，所需国债期货合约数量为

$$\text{国债期货数量} = \frac{(\text{目标久期} - \text{组合现有久期}) \times \text{组合市值}}{\text{期货久期} \times \text{期货价格}}$$

$$= \frac{(\text{目标久期} - \text{组合现有久期}) \times \text{组合市值}}{\text{CTD 期货久期} / \text{转换因子} \times \text{CTD 价格}}$$

**【案例 11－13】** 由于债券投资组合市值仍为 10 亿元，久期为 6，预计未来债券市场利率波动会比较大，为了降低组合的波动性，希望将久期降至 4，对冲采用国债期货报价为 105，久期为 4.8，此时涉及的国债期货合约数量为：

$$\text{国债期货数量} = \frac{(4-6) \times 10\text{ 亿元}}{0.0105\text{ 亿元} \times 4.8} = -397\text{（手）}$$

其中，计算结果负值对应为卖出国债期货合约。若希望将组合久期调整为零，则该问题对应为套期保值，计算需卖出约 1 190 手。

使用国债期货进行久期管理和套期保值具有诸多优势：

（1）国债期货只调整投资组合利率风险的单一因素，不影响投资组合的仓位；

（2）国债期货为场内交易，价格比较公允，买卖方便，违约风险低；

(3) 国债期货拥有较高的杠杆，占用资金少，资金的使用效率高。

### (四) 运用国债期货开展投机和套利交易

1. 国债期货的期现套利

国债期现套利是指投资者利用国债期货和现货价格的偏离，同时买入（或卖出）现货国债并卖出（或买入）国债期货，以期获得套利收益的交易策略。国债存在较为活跃的现货市场，期现套利较为方便。国债期货期现套利策略主要包括基差交易策略和 IRR 套利策略。

(1) 基差交易策略。国债基差交易是指国债基差的买卖交易。基差交易的利润来源有两个：一是基差的变化；二是现券持有收益。在基差交易中，不仅要考虑基差变化，还要考虑现券持有收益，综合来看，净基差的变化更好地衡量了国债基差交易的损益。

买入国债现券、卖出国债期货，等同于做多基差或买入基差；即持有或是买入可交割国债现货，卖出等同于转换因子数量的期货合约，然后择机平仓获利。基差的多头可以从基差走强中获得利润。此外，如果国债现券持有收益为正，同样也可获得持有收益。

**【案例 11-14】** 某附息国债净价为 97.8685 元，应计利息 1.4860 元，转换因子 1.017，国债期货合约价格为 96.336 元，则基差为 -0.105。预计基差将扩大，买入国债，卖出国债期货。若 1 个月后，国债价格为 97.7000 元，国债期货价格为 96.000 元，则二者基差扩大至 0.068，基差收益为 0.173。

此外，在持有现券国债期间，还获得持有期收益。买入基差交易中，通常持有债券的利息要高于短期拆借利率，因而持有收益通常为正。

卖出国债现券、买入国债期货，相当于卖出基差或做空基差；即卖出可交割国债现货，买入相当于转换因子数量的期货合约，然后择机平仓获利。基差的空头可以从基差走弱中获得利润，但如果国债现券持有收益为正，将会有持有收益的损失，需要权衡。

**【案例 11-15】** 某附息国债净价为 98.2136 元，应计利息 0.4233 元，转换因子 1.004，国债期货合约价格为 96.336 元，则基差为 1.4923。预计基差将缩小，做空国债，买入国债期货。若 1 个月后，进行平仓，国债价格为 97.5000 元，国债期货价格为 96.000 元，则二者基差缩小至 1.116，基差收益为 0.3763。

(2) IRR 套利策略。隐含回购利率（IRR）套利策略是根据隐含回购利率与市场融资利率的对比进行的多空操作策略。当市场融资利率低于 IRR，则表明资金成本低，投资者持有可交割债券至到期交割时所得收益将会覆盖融资成本，适宜采用买入可交割国债现货同时卖出国债期货的正向套利策略；当 IRR 低于市场融资利率，投资者适宜采用卖出现券同时做多国债期货的反向套利策略。

2. 国债期货的跨期套利

在国债期货交易中，当国债期货同一品种、不同交割月合约间价差过大或过小时，就存在潜在的套利机会。

买入价差套利，适用于国债期货合约间价差被低估的情形，买入高价合约的同时卖出低价合约，待价差恢复后，同时平仓获利；卖出价差套利，适用于国债期货合约间价差被高估的情形，卖出高价合约的同时买入低价合约，待价差恢复后，同时平仓获利。①

3. 国债期货的跨品种套利

国债期货跨品种套利交易策略主要是利用不同期限债券对市场利率变动的不同敏感程度而制定的。投资者通过在两个或多个不同品种的国债期货上建立相反的头寸，利用不同品种合约价差变化获得收益。

一般情况下，期限长的债券对利率变动的敏感程度要大于期限短的债券对利率变动的敏感程度。当市场利率上升或下降时，长期债券价格的跌幅或涨幅要大于短期债券价格的跌幅或涨幅。投资者可以根据对市场利率变动趋势的预测，选择期限不同的国债期货合约进行跨品种套利。②

目前我国可交易的国债货品种有 2 年期合约、5 年期合约与 10 年期合约，交易代码分别对应为 TS、TF、T。跨品种交易的实质是交易期限利差。期限利差是指长端利率与短端利率之差，如 5 年期国债期货合约与 10 年期国债期货合约走势应当与 5 年期国债与 10 年期国债走势一致，决定 5 年期国债与 10 年期国债相对价格走势的是期限利差。期限利差扩大，5 年期国债相对于 10 年期国债上涨；期限利差缩小，5 年期国债相对于 10 年期国债下跌。

市场利率变动，即收益率曲线的变动主要包括水平移动、斜率变动和曲度变化三种情形。

（1）水平移动。若收益率曲线水平移动，各期限的收益率都将沿同一方向发生变动，变动幅度大致相当。在这种情况下，应采用梯式策略，将头寸均匀分布于各期限上。

如投资者预计 2～10 年各期限的国债收益率将平行下移，于是买入 2 年、5 年和 10 年期国债期货，采用梯式投资策略。其中，各期限的利率变动幅度大致相当，因此拟配置在各期限的国债期货的 DVO1 基本相同。假设投资者准备买入 100 手 10 年期国

① 中国期货业协会 编著．期货及衍生品分析与应用（第四版）．中国财政经济出版社，2021：271

② 中国期货业协会 编著．期货及衍生品基础（第三版）．中国财政经济出版社，2021：212

债期货，对应需买入 207 手$\left(=\frac{81.79\times100}{39.51}\right)$2 年期国债期货和 151 手$\left(=\frac{81.79\times100}{54.31}\right)$5 年期国债期货。若一段时期后，收益率曲线整体下移，投资者获平仓，此时投资者可以获利。反之预期收益率上行，应该卖出建仓。

(2) 斜率变动。收益率曲线斜率的变动通常伴随着曲线的整体移动，即长短期利率均向某个方向变动，但是变动幅度不同，引起长短期利差发生变化（见表 11－2－6）。

**表 11－2－6　使用国债期货针对收益率曲线斜率变动的配置**

| 斜率变动 | 特征 | 描述 | 配置策略 |
|---|---|---|---|
| 牛平 | 向下变平 | 利率向下移动，长短期利差收窄 | 卖出短端国债期货，买入长端国债期货 |
| 牛陡 | 向下变陡 | 利率向下移动，长短期利差变宽 | 买入短端国债期货，卖出长端国债期货 |
| 熊平 | 向上变平 | 利率向上移动，长短期利差收窄 | 卖出短端国债期货，买入长端国债期货 |
| 熊陡 | 向上变陡 | 利率向上移动，长短期利差变宽 | 买入短端国债期货，卖出长端国债期货 |

(3) 曲度变化。收益率曲线的曲度变化分为变凹和变凸两种方式。收益率曲线通管向下凸出的，而变凹后收益率曲线的凸度会变小，如果用利率的相对变来衡量，意味着中间期限的利率向上移动，而长短期限的利率向下移动度之，收益率曲线变得更凸出，中间期限的利率相对向下移动，而长短期限的利率则相对向上移动（见表 11－2－7）。

**表 11－2－7　使用国债期货针对收益率曲线曲度变化的配置**

| | 中间期限 | | 两端的长短期限 | |
|---|---|---|---|---|
| 变凹 | 利率相对上移 | 卖出国债期货 | 利率相对下移 | 买入国债期货 |
| 变凸 | 利率相对下移 | 买入国债期货 | 利率相对上移 | 卖出国债期货 |

# 第三节　期权估值

## 一、期权估值的基本概念

### （一）期权交易流程中的基本概念①

多头指买入看涨期权、买入看跌期权，前者在标的资产价值上涨的时候盈利，后者在标的资产价值下跌的时候盈利。买入期权需要付出一定的权利金，如果未来行情

① 中国期货业协会 编著．期货及衍生品基础（第三版）．中国财政经济出版社，2021：281.

不利，买方最大的损失就是权利金，因为可以通过放弃行权来平仓。

空头指卖出看涨期权、卖出看跌期权，前者在标的资产价值下跌的时候盈利，后者在标的资产价值上涨的时候盈利。卖出期权最大的收益就是开仓后买方支付的权利金，如果发生较大的不利行情的话，卖出期权的损失会远大于其最大收益。

投资者可以平仓或进行实物交割的方式了结期权交易。期权交易中，投资者了结其头寸的方式包括：平仓、执行/行权、放弃、履约或到期失效（见表 11－3－1）。期权多头和空头了结方式不同，其中，当期权多头要求行权时，被指定履约的空头必须履约，即以履约的方式了结期权头寸。

**表 11－3－1　　　　期权了结头寸方式总结**

| | 看涨期权 | 看跌期权 |
|---|---|---|
| 多头头寸－平仓 | 卖出看涨期权 | 卖出看跌期权 |
| 多头头寸－行权 | 按执行价格买进标的资产 | 按执行价格卖出标的资产 |
| 多头头寸－放弃 | 期权到期，多头不执行期权，即放弃期权，期权作废 | |
| 空头头寸－平仓 | 买入看涨期权 | 买入看跌期权 |
| 空头头寸－履约 | 按执行价格卖出标的资产 | 按执行价格买进标的资产 |
| 空头头寸－到期失效 | 期权到期多头不行权，或空头没有被指定履约，期权失效，空头履约义务解除 | |

交易单位或合约规模是 1 手（1 张）期权合约代表的标的物数量。期权交易应当以 1 手的整数倍进行；期权价格乘以交易单位，等于 1 手期权合约的合约价值。

行权价格也称执行价格、履约价格，是期权合约中约定的买方行使权利时购买或出售标的资产的价格。

期权的交割是指看涨期权买方（看跌期权卖方）行权（履约）时支付执行价格获得标的资产，或看跌期权买方（看涨期权卖方）行权（履约）时交付标的资产获得执行价格的过程，有现金交割和实物交割两种。

一般来说，对于各种现货期权和期货期权，交易双方直接按照执行价格对标的资产进行实物交收；指数期权按照执行价格与期权行权日当天交易结束时的市场价格之差以现金进行结算。

### （二）期权价格及其影响因素

1．期权的价格构成

期权价格又称为权利金、期权费或保险费，是期权买方（卖方）买进（出售）权利的价格，即期权买方为获得按约定价格购买或出售标的资产的权利而向卖方支付的费用。

期权价格是由买卖双方竞价产生的。对期权的卖方而言权利金是卖出期权的报酬，如果期权买方认为能够获利，则可以选择在期权到期日或有效期内按既定价格行权，如果认为行使期权会导致亏损就会放弃行权，其所付出的最大代价便是权利金，因此对于期权买方来说其风险是可预测且有限的，在进行期权交易时期权买方无须缴纳保证金，不存在违约风险。期权的卖方在期权交易中面临与进行期货交易同样大的风险，而期货价格走势又是无法确切预知的，所以期权的卖方为证明其具有潜在履约义务的能力，必须交纳一定数额的保证金。

期权价格分成两部分，即内在价值和时间价值（见图 11－3－1）。

期权价格 ＝ 内在价值 + 时间价值。

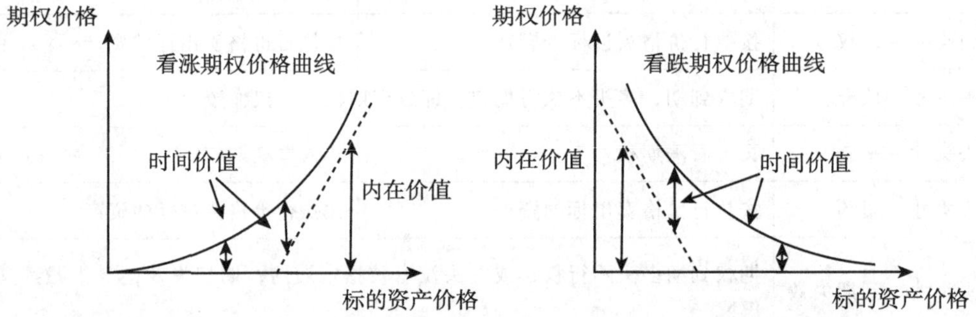


**图 11－3－1　看涨期权（左图）与看跌期权（右图）价格构成**

设：$S_0$——标的资产，如股票的当前价格；$K$——期权的行权价格；$T$——期权的期限；$S_T$——标的资产，如股票在时刻 $T$ 的价格；$r$——在 $T$ 时刻到期的无风险投资利率（连续复利）；$C$、$P$——美式看涨期权、看跌期权价值；$C$、$P$——欧式看涨期权、看跌期权价值。

期权的内在价值、内涵价值、履约价值，是指在不考虑交易费用和期权费的情况下，多头立即执行期权合约可获取的收益。

内在价值体现的是执行价格与标的资产价格的关系。对于看涨期权而言，如果标的资产价格 $S_T$ 高于行权价格 $K$，则期权持有者将执行看涨期权，按价格 $K$ 购买股票，并同时将其按市场价格 $S_T$ 卖出，每股净得（$S_T-K$）的利润；如果 $S_T$ 低于 $K$，则期权持有者将不会行权，可以在市场上按比执行期权更低的价格直接购买标的资产，对应期权到期时没有任何价值。

同理对于看跌期权而言，如果标的资产价格 $S_T$ 低于行权价格 $K$，则期权持有者将执行看跌期权，按价格 $K$ 卖出股票，并同时按市场价格 $S_T$ 买入标的资产，每股净得（$K-S_T$）的利润；如果 $S_T$ 高于 $K$，则期权持有者将不会行权，可以在市场上按比执行期权更高的价格直接卖出标的资产，对应期权到期时没有任何价值。

综上所述，期权的内在价值总是大于等于零。

看涨期权内在价值 = $\text{Max}(S_T - K, 0)$

看跌期权内在价值 = $\text{Max}(K - S_T, 0)$

依据期权的内在价值的不同，可将期权分为实值期权、虚值期权和平值期权（见表11-3-2）。

**表11-3-2 实值、虚值和平值期权的价格关系**

| | 看涨期权 | 看跌期权 |
|---|---|---|
| 实值期权 | $K < S_T$ | $K > S_T$ |
| 虚值期权 | $K > S_T$ | $K < S_T$ |
| 平值期权 | $K = S_T$ | $K = S_T$ |

实值期权（in-the-money，ITM）是一种内在价值大于零的期权。对于实值看涨期权而言，标的资产的价格高于执行价格；对于实值看跌期权而言，执行价格高于标的资产的价格。在不考虑交易费用和权利金的情况下，买方立即执行期权合约可以获得行权收益。深度实值期权是指执行价格明显低于标的资产价格的看涨期权和执行价格明显高于标的资产价格的看跌期权。

虚值期权（out-of-the-money，OTM）、价外期权是指不具有内在价值的期权。虚值看涨期权的标的资产价格低于执行价格，虚值看跌期权的执行价格低于标的资产价格。在此种情形下，期权的内在价值等于零。深度虚值期权是指看涨期权的执行价格远远高于标的资产价格，看跌期权的执行价格远远低于标的资产价格。

平值期权（at-the-money，ATM）是指标的资产价格等于期权的执行价格，期权内在价值等于零。

如果某个看涨期权处于实值状态，同一标的资产、执行价格相同的看跌期权一定处于虚值状态；反之亦然。若期权处于虚值或平值的状态，多头不会选择执行期权。

期权的时间价值、外在价值，是指期权的权利金超出内在价值的部分，它是期权有效期内标的资产价格波动为期权持有者带来收益的可能性所隐含的价值。时间价值的价值来源于是距离到期前的不确定价值，标的资产价格波动率越高，期权时间价值就越大。

时间价值需要注意以下特征：

（1）如果内在价值等于零，期权价格即为时间价值。因此，虚值期权和平值期权的价格等于期权的时间价值，且由于期权的价值不能为负值，因此平值期权和虚值期权的时间价值总是大于等于零。

（2）美式期权的时间价值总是大于等于零。对于实值美式期权而言，由于在有效期的正常交易时间内可以随时行权，如果期权的权利金低于其内涵价值，买方可以通过立即行权获利，而不考虑交易成本。因此在不考虑交易成本的情况下，权利金与内涵价值的差总是大于零，也即处于实值状态的美式期权的时间价值总是大于等于零。然而，在实际期权交易中，也有实值美式期权的时间价值小于零的情况。

（3）实值欧式看跌期权的时间价值可能小于零。由于欧式期权只能在期权到期时行权，所以在有效期的正常交易时间内，即使期权的权利金低于内涵价值，即处于实值状态的欧式期权具有负的时间价值时，买方也不能立即行权获利。

（4）在同一系列期权中，无论是看涨还是看跌期权，平值期权的时间价值最大。

2. 期权价格的影响因素

期权价格的主要影响因素包括标的资产的价格、期权的执行价格、期权的剩余期限、无风险利率和标的资产价格波动率等，[①] 此外标的资产在期权有效期内是否支付收益（如股票资产的预期股利），也会对期权价格产生一定影响。

（1）标的资产的价格。在期权有效期内，标的资产的价格变化对期权价格涨跌起着重要的决定作用。行权价与标的资产的市场价之间的相互关系不仅决定内在价值，而且影响时间价值；二者的相对差额决定了内在价值的有无及其大小。看涨期权的标的资产市场价格超过行权价越多，内在价值越大；差额越少则内在价值越小；当市场价格等于或低于行权价时，内在价值为零。看跌期权的标的资产市场价格低于行权价越多，内在价值越大；当市场价格等于或高于行权价时，内在价值为零。

行权价与标的资产市场价格的关系还决定了时间价值的有无和大小。一般来说，行权价与标的资产市场价格的差额越大，则时间价值就越小；反之，差额越小，则时间价值就越大。当一种期权处于极度实值或极度虚值时，其时间价值都将趋向于零；而当一种期权正好处于平值期权时，其时间价值却达到最大。

综上所述，看涨期权价格随标的资产价格上涨而上涨，即标的资产价格对看涨期权价格的影响是正向的。但看涨期权处于极度虚值时，标的资产价格上涨，期权仍然处于深度虚值，此种情形标的资产价格变化对期权价格的影响应该不大，期权价格特别低，且会持续处于低位。看跌期权价格随标的资产价格上涨而下跌，即标的资产价格对看跌期权价格的影响是负向的。若看跌处于极度虚值时，标的资产价格下跌，期权仍然处于深度虚值，此种情形标的资产价格变化对期权价格的影响应该不大，期权价格特别低，且会持续处于低位。

（2）期权的执行价格。看涨期权的执行价格是期权多头行权时购买标的资产的价格，因此执行价格越低越好，故执行价格越低的看涨期权，价格应该越高，即看涨期权价格与执行价格负相关。根据期权价格和执行价格的关系，执行价格越低，期权的

① 中国期货业协会 编著．期货及衍生品基础（第三版）．中国财政经济出版社，2021：293.

价格越高且期权价格变大的斜率逐渐增加，但斜率不会超过45°。

看跌期权的执行价格是期权多头行权时卖出标的资产的价格，因此执行价格越高越好，故执行价格越高的看跌期权，价格应该越高，即执行价格与看跌期权价格正相关。

（3）资产价格波动率。价格波动率是指标的资产价格的波动程度，它是期权定价模型中最重要的变量。

在其他因素不变的条件下，标的资产价格的波动增加了期权向实值方向转化的可能性，权利金也会相应增加，而且价格波幅越大，期权权利金就越高。因为标的物价格波动越大，风险也越大，购买期权保险的需求就越大。同时，标的资产价格反复波动时，价格趋势出现逆转的可能性越大，期权变成有行使价值的机会也就越多，期权买方也更乐于接受期权卖方所提出的更高的期权价格。标的资产价格的波动变大时，买方获取较高收益的可能性也会增加，而损失不会随之增加，但期权卖方的市场风险会随之大幅增加。因此标的资产价格波动率越高，期权价格也应该越高。

（4）期权的剩余期限。期权合约的剩余有效期限是指距离期权合约到期日前剩余时间的长短。在其他因素不变的情况下，期权有效期越长，其时间价值也就越大。对于期权的买方来说，剩余有效期限越长，选择的余地越大，标的资产价格向买方所期望的方向变动的可能性就越高，买方行使期权的机会也就越多，获利的可能性就越大；反之亦然。对于卖方来说，剩余有效期限有效期越长，风险越大，买方愿意支付更多的权利金来占有更多的盈利机会，卖方得到的权利金也就越多。因此，期权的时间价值与期权合约的剩余有效期限成正比，并随着期权到期日的日益临近而逐步衰减，而在到期日时，时间价值为零。

（5）无风险利率。无风险利率水平也会影响期权的时间价值，同时也会影响标的资产价格，从而影响期权的内在价值。

假设标的资产价格不受无风险利率影响，即无风险利率仅影响期权的时间价值。当利率提高时，期权的时间价值会减少；反之，当利率下降时，期权的时间价值则会增高。但利率水平对期权时间价值的整体影响有限。

（6）标的物在持有期的收益。在持有期间，有些标的物可能给持有者带来一定收益，例如股票在持有期间可能发放分红，持有的国债或外汇如果存放于银行在持有期间也可能产生利息。收益大小也在一定程度上影响期权价格，但影响有限。标的资产支付收益负向影响看涨期权价格，正向影响看跌期权价格。

3. 期权价格的平价关系

期权价格上下限即期权价格范围，期权价格上限是指期权价格可能达到的最高价；期权价格下限是指期权价格可能达到的最低价；看涨期权和看跌期权的平价关系是指看涨期权和看跌期权价格之间的一种等式关系。

(1) 期权价格上限。看涨期权给其持有者以行权价格买入标的资产的权利。无论发生什么情况，期权的价格都不会超出标的资产价格，否则可以通过购买标的资产并同时卖出看涨期权来获取无风险盈利。因此，标的资产价格是看涨期权价格的上限。

美式看跌期权持有者有权以行权价格卖出标的资产，无论标的资产价格变得多么低，期权的价值都不会高于行权价格。欧式看跌期权在 $T$ 时刻的价值不会超出行权价格，因此，其当前价格不会超过行权价格的贴现值。若上述条件不满足，可以通过卖出期权，并同时将所得收入以无风险利率进行投资，即可以获取无风险盈利。

(2) 期权价格下限. 无孳息标的资产的欧式看涨期权的价格下限需要通过投资组合的思路进行计算。

假设存在两个投资组合：

组合 A：一份欧式看涨期权加上在时间 $T_{收益}$ 为 $K$ 的零息债券

组合 B：一单位标的资产

在组合 A 中，$T$ 时刻零息债券的价值为 $K$。此时如果 $S_T > K$，投资者卖出零息债券并获得资金 $K$，继而行使看涨期权，用资金 $K$ 获得标的资产，对应此时组合 A 的价值为 $S_T$。如果 $S_T < K$，期权到期时价值为零，此时组合 A 的价值为 $K$。综上在 $T$ 时刻组合 A 的价值为 $\max(S_T, K)$。组合 B 在时间 $T$ 的价值为 $S_T$。

在 $T$ 时刻组合 A 的价值总不会低于组合 B 的价值，因此在无套利的条件下，当前时刻组合 A 的价值也不会低于组合 B 的价值。零息债券在当前时刻的价值是 $Ke^{-rT}$，因此有：

$$c + Ke^{-rT} \geqslant S_0$$

或可得：

$$c \geqslant S_0 - Ke^{-rT}$$

同时考虑看涨期权在到期时的最低价值为零，因此看涨期权的当前价值不能为负值，即 $c \geqslant 0$。因此最终可得看涨期权的价格下限为：

$$c \geqslant \max(S_0 - Ke^{-rT}, 0)$$

同理假设投资组合：

组合 A：一份欧式看跌期权加上一单位标的资产

组合 B：在时间 $T$ 收益为 $K$ 的零息债券

可知，无孳息标的资产的欧式看跌期权的价格下限为（见表 11-3-3）：

$$p \geqslant \max(Ke^{-rT} - S_0, 0)$$

**表 11-3-3　　无孳息标的期权价格上下限**

| | 看涨期权 | | 看跌期权 | |
|---|---|---|---|---|
| | 欧式 | 美式 | 欧式 | 美式 |
| 价格上限 | $C = c \leqslant S_0$ | | $p \leqslant Ke^{-rT}$ | $P \leqslant K$ |
| 价格下限 | $C = c \geqslant \max(S_0 - Ke^{-rT}, 0)$ | | $p \geqslant \max(Ke^{-rT} - S_0, 0)$ | $P \geqslant \max(K - S_0, 0)$ |

（3）看跌—看涨期权平价公式。具有相同行权价格与期限的欧式看跌期权与看涨期权的价格之间满足看跌—看涨平价公式。其本质在于买入期权的定价和卖出期权的定价是等价的，看涨期权和看跌期权价格会保持在一个均衡水平。

假设存在两个投资组合：

组合 A：一份欧式看涨期权加上在时间 $T$ 收益为 $K$ 的零息债券

组合 B：一份欧式看跌期权加上一单位标的资产

若标的资产无孳息，看涨期权与看跌期权具有相同的行权价格 $K$ 与期限 $T$。

组合 A 中的零息债券在时间 $T$ 的价值为 $K$。如果此时标的资产价格 $S_T > K$，那么看涨期权将被执行，组合 A 的价值为 $(S_T - K) + K = S_T$。如果 $S_T < K$，那么看涨期权作废，组合 A 的价值为 $K$。

组合 B 中在时间 $T$ 时标的资产的价值为 $S_T$。如果 $S_T < K$，看跌期权将会被执行，组合 B 的价值为 $(K - S_T) + S_T = K$。如果 $S_T > K$，看跌期权作废，组合 B 的价值为 $S_T$。

在时间 $T$ 当期权到期时，两个组合的价值均为：

$\max(S_T, K)$

由于组合 A 及组合 B 中所涉及的期权均为欧式期权，在到期日之前均不能执行，且两个组合在时间 $T$ 具有相同的收益，故而组合 A 和组合 B 在当前时刻必须有相同的价值，否则将产生无风险套利机会，也即可以买入便宜的组合，而同时卖空较贵的组合，在 $T$ 时刻平仓，获得无风险收益。在当前时刻，两个组合拥有相同的现值，对应获得平价公式：

$$c + Ke^{-rT} = p + S_0$$

**【案例 11－16】** 3 个月的股票看涨期权报价为 3 元，3 个月的股票看跌期权报价为 2 元，两份期权的行权价格都为 $K = 35$ 元，标的资产股票的报价为 $S_0 = 35$ 元，3 个月期的贷款的年化复利利率为 6%。

根据平价公式，计算得到看跌期权的理论价格：

$$p = c + Ke^{-rT} - S_0 = 3 + 35 \times e^{-6\% \times 3/12} - 35 = 2.48 > 2 \text{ 元}$$

可知此时看跌期权相对看涨期权被低估（实际价格偏低）。故可以实施套利策略，以 3 元的价格卖出一个看涨期权，同时以 2 元的价格买入一个看跌期权，以 35 元的价格买入一股股票，并以 6% 的年利率借款 34.48 元，3 个月后偿还，由此最终获得 0.48 元的无风险净利。

## 二、期权的定价模型

### （一）二叉树模型①

对期权定价时，常用构造二叉树的方式，展示在期权期限内可能会出现的股

① 约翰·赫尔（John C. Hull）编著，王勇、索吾林、张翔 编译．期权、期货及其他衍生产品（原书第 11 版）．机械工业出版社，2023：211.

票价格变动路径。这种方法假设股票价格服从随机游走，在二叉树形上的每一步，股票价格以某种概率会向上移动一定的比率，同时以某种概率会向下移动一定的比率。①

该模型的基础假设是期权到期且只有两种可能，即上升或下降。在单一时间段内，给定标的资产在0时刻的价格（当前价格）为 $S_0$，计算到期日为 $T$、行权价格为 $K$ 的看涨期权的当前价格。假设 $T$ 时刻标的资产价格变化只有两种可能：一是上涨到 $uS_0$，其中 $u>1$，对应的期权价值为 $C_u = \max(0, uS_0 - K)$，对应价格上涨的概率为 $q$；二是下跌到 $dS_0$，其中 $d<1$，对应的期权价值为 $C_d = \max(0, dS_0 - K)$，对应价格下跌的概率为 $1-q$，用二叉树表现该过程为：

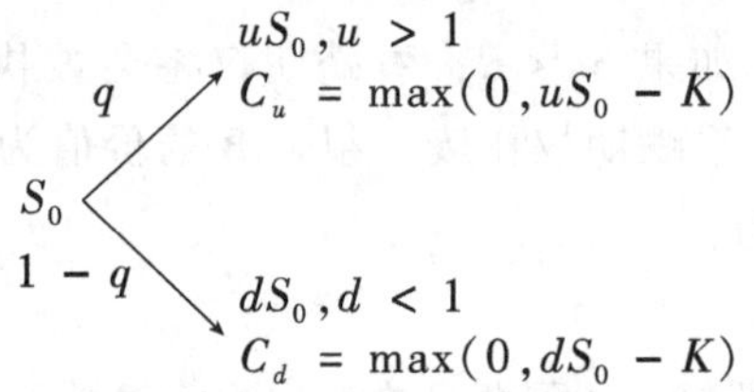


假设一个由一定量的标的资产的多头与一份看涨期权的空头所组成的资产组合。通过调整组合中标的资产的持有量 Δ，可以使该资产组合没有任何风险，即卖出一份看涨期权（$-C$），并同时购买 Δ 单位的标的资产（$\Delta S_0$）。如果股票价格上涨，在期权到期时投资组合的价值为 $\Delta uS_0 - C_u$；如果股票价格下跌，组合的价值为 $\Delta dS_0 - C_d$。无论标的资产价格如何变动，令上述两个组合的期末价值都相同，不存在无风险套利机会。此时可得：

$$\Delta uS_0 - C_u = \Delta dS_0 - C_d$$

也即：

$$\Delta = \frac{C_u - C_d}{S_0 \cdot (u-d)}$$

由此可以看出 Δ 主要用于衡量看涨期权价值相对于标的资产价值的变动额，或是当标的资产变动一定幅度时，看涨期权的价值变动额。

在无套利的市场中，无风险资产的收益必须等于无风险利率，于是进一步可得该资产组合的现值与构建该资产组合的成本相同，也即：

$$e^{-rT} \cdot (\Delta uS_0 - C_u) = \Delta S_0 - C$$

代入前文计算所得 Δ，将公式简化可得：

$$C = \frac{C_u - C_d}{u-d}(1 - ue^{-rT}) + e^{-rT}C_u$$

① 中国期货业协会 编著．期货及衍生品分析与应用（第四版）．中国财政经济出版社，2021：49.

也即：

$$C = e^{-rT} \cdot \left(\frac{e^{rT} - d}{u - d}C_u + \frac{u - e^{rT}}{u - d}C_d\right)$$

若令 $p = \frac{e^{rT} - d}{u - d}$，则可得：

$$C = e^{-rT} \cdot [pC_u + (1 - p)C_d]$$

由此看涨期权的当前价格等于其未来两种可能价值的加权平均值的无风险贴现值。如果把其中的权重 $p$ 看成概率，那么该计算表示看涨期权的价格等于期望收益的无风险贴现值，$p$ 可以被视作风险中性概率。标的资产价格变动的原始概率 $q$ 与 $p$ 并不相同，期权价格和标的资产的价格算法类似，但相互独立。

在这一概率 $p$ 下，投资者是风险中性的，不会因为风险索要额外的风险溢酬，所有资产的期望收益率均为无风险收益率 $r$。此时看涨期权价值是未来期权价值在风险中性测度下的概率加权贴现值，即为二叉树定价模型的最基本计算方式。

**【案例 11－17】** 标的资产为不支付红利的股票，当前价格为每股 20 元，假定 1 年后的价格或者为 25 元/股（$uS_0$），或者为 15 元/股（$dS_0$）；此时无风险年利率为 8%，考虑连续复利；计算对应的 1 年期行权价格为 18 元/股的欧式看涨期权的价格可知：

$$u = \frac{25}{20} = 1.25, d = \frac{15}{20} = 0.75$$

$$C_u = \max(0, uS_0 - K) = 25 - 18 = 7\ (\text{元／股})$$

$$C_d = \max(0, dS_0 - K) = 0\ (\text{元／股})$$

$$p = \frac{e^{rT} - d}{u - d} = \frac{e^{8\% \times 1} - 0.75}{1.25 - 0.75} = 0.66658$$

看涨期权的价格（$C$）$= e^{-rT} \cdot [pC_u + (1 - p)C_d]$

$$= \frac{0.66658 \times 7 + 0}{e^{8\% \times 1}} = 4.3073\ (\text{元／股})$$

如果进一步将 $T$ 分为很多小的时间间隔 $\Delta t$，而在每一个 $\Delta t$ 内进行单步二叉树的分析，可以获得多期的二叉树定价分析模型：

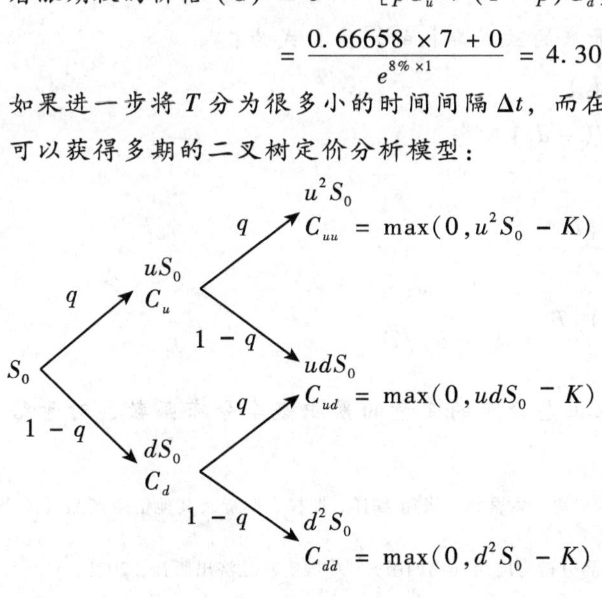

### （二）Black - Scholes - Merton 定价模型[①]

Black - Scholes - Merton（BSM）期权定价模型是一种用于计算欧式期权价格的数学模型，由费雪·布莱克（Fischer Black）、米伦·舒尔茨（Myron Scholes）和罗伯特·默顿（Robert Merton）于1973年共同提出。

该模型的基本原理是在无套利条件下，构造一个由期权与标的资产所组成的无风险资合，其收益率为无风险利率 $r$，由此得出期权价格满足的偏微分方程而可求出期权价格。衍生品的价格与标的资产价格有完美的相关性；在建立了一个适当的标的资产与期权的组合后，二者的盈亏可以相互抵消，使得该组合在未来短时间内的价值变化不再是随机的。[②]

BSM期权定价模型与二叉树定价模型的主要区别在于BSM期权定价模型建立的头寸只是在一个非常短的时间内是无风险的（理论上仅在一瞬间存在无风险），因此为了保持无风险状态，交易组合必须被频繁地调整再平衡以确保交易组合的收益率等于无风险利率。在极限条件下，多期的二叉树期权定价模型收敛成BSM期权定价模型。

BSM期权定价模型主要遵循以下基本假设：

（1）完全的连续时间市场：投资者可以在任何时间自由交易标的资产，不存在交易成本和税收，没有卖空限制；

（2）无套利的市场机会；

（3）标的资产价格是连续变动的，即价格不发生跳跃，服从几何布朗运动；

（4）标的资产的价格波动服从对数正态分布，即连续复利收益率服从正态分布；

（5）期权有效期内，无风险利率 $r$、标的资产的预期收益率 $\mu$、标的资产的价格波动率 $\sigma$ 是常数，投资者可以以无风险利率无限制借入或贷出资金。

BSM定价模型中无孳息标的资产的欧式期权的定价公式为：

$$C = S_0 \cdot N(d_1) - Ke^{-rT} \cdot N(d_2)$$

$$P = Ke^{-rT} \cdot N(-d_2) - S_0 \cdot N(-d_1)$$

其中：

$$d_1 = \frac{\ln(S_0/K) + [r + \sigma^2/2)]T}{\sigma\sqrt{T}}$$

$$d_2 = \frac{\ln(S_0/K) + [r - (\sigma^2/2)]T}{\sigma\sqrt{T}} = d_1 - \sigma\sqrt{T}$$

在该模型中 $N(d)$ 为服从标准正态分布的变量的累积概率分布函数，对于给定的

---

① 约翰·赫尔（John C. Hull）编著，王勇、索吾林、张翔 编译．期权、期货及其他衍生产品（原书第11版）．机械工业出版社，2023：247.

② 中国期货业协会 编著．期货及衍生品分析与应用（第四版）．中国财政经济出版社，2021：51.

$d$、$N(d)$ 的值可以在标准正态分布表中查到。此外，满足：

$N(-d) = 1 - N(d)$

在 BSM 定价模型中，对期权进行估值所需要的变量包括标的资产的价格、期权的执行价格、期权的剩余期限、无风险利率和标的资产价格波动率。在计算期权价值时并不需要标的股票的预期收益率，而仅需要风险中性概率。在风险中性的前提下，预期收益率从用无风险利率 $r$ 替代。

$N(d_2)$ 表示在风险中性条件下 $S_T$ 大于 $K$ 的概率，或者说是欧式看涨期权被执行的概率。$N(d_1)$ 是看涨期权价格对标的资产价格的导数，反映了短时间内期权价格变动与其标的资产价格变动的比率。如果要抵消标的资产价格变化给期权价格带来的影响，那么一个单位的看涨期权多头就需要 $N(d_1)$ 单位的标的资产的空头进行对冲。

**【案例 11-18】** 若一标的资产股票（不支付红利）的市场价格为 180 元/股，无风险利率为6%，股票的年波动率为10%，欧式期权的行权价格为160 元/股，期限为1 年。

对应 $S_0 = 180$, $K = 160$, $T = 1$, $r = 6\%$, $\sigma = 0.1$，有：

$$d_1 = \frac{\ln(180/160) + (0.06 + 0.1^2/2) \times 1}{0.1} = 1.83$$

$$d_2 = 1.83 - 0.1 = 1.73$$

查阅标准正态分布累积概率分布表可得，$N(d_1) = 0.9664$，$N(d_2) = 0.9582$：

欧式看涨期权和看跌期权的价格分别为：

$$C = 180 \times 0.9664 - 160 \times e^{-0.06} \times 0.9582 = 29.57 \text{（元/股）}$$

$$P = 160 \times e^{-0.06} \times (1 - 0.9582) - 180 \times (1 - 0.9664) = 0.64 \text{（元/股）}$$

### （三）用希腊字母对期权价格进行敏感性分析

根据前文所述期权的定价原则可知，影响期权价格的因素主要包括标的资产的价格、期权的执行价格、期权的剩余期限、无风险利率和标的资产价格波动率。以下希腊字母衡量了在其他变量保持不变的情况下，期权价值对于某一给定标的变量的微小变动的敏感性。①

德尔塔（Delta，$\Delta$）：衡量标的资产价格变动对期权理论价格的影响程度，可以理解为期权对标的资产价格变动的敏感性。

伽马（Gamma，$\gamma$）：衡量 Delta 值对标的资产价格的敏感度。

维伽（Vega，$\upsilon$）：度量期权价格对波动率的敏感性，该值越大，表明期权价格对波动率的变化越敏感。

西塔（Theta，$\theta$）：度量期权价格对到期日变动的敏感度，是期价值的时间损耗。

① 中国期货业协会 编著．期货及衍生品分析与应用（第四版）．中国财政经济出版社，2021：56.

柔（Rho，$\rho$）：度量期权价格对利率变动的敏感性。

拉姆达（Lambda，$\lambda$）：度量期权价值的变动百分比相对于资产价格变动百分比的大小。该指标亦被用作度量杠杆度，期权在构建之时就是具有杠杆性的证券，所以 $\lambda$ 永远大于 1。

**（四）波动率**

标的资产的价格波动率 $\sigma$ 用于度量标的资产收益的不确定性，常用历史数据和隐含波动率来估计。

历史波动率、估计波动率的一种方法是运用股票价格的历史数据。计算时选择合适的时间长度来估计模型使用的参数，假设资产价值未来的波动率是已知的且是恒定的。但即使是零星的经验也表明价格波动性不稳定，经常跳跃式波动。①

计算时首先需要观测到 $n$ 个固定时间间隔的标的资产价格，如每天（=1/252）或每周（=1/52）或每月（=1/12），如果 $n$ 太大，会选用过于久远的数据而得到与实际情况不同的波动率，$n$ 太小则估计的精度偏低。对于市场中的资产价格数据而言，较好的折中应该是运用 90～180 天的时间段的日数据。上述观测值可用于计算时间段内的收益率：

$$r_i = \ln\left(\frac{S_i}{S_{i-1}}\right) \qquad i = 1,2,3,\cdots,n$$

基于收益率与其均值 $\bar{r}$ 可以以类似标准差的方式计算波动率：

$$\sigma = \sqrt{\frac{1}{n-1}\sum_{i=1}^{n}(r_i - \bar{r})^2}$$

隐含波动率，即隐含在期权的市场价格中的波动率，可以通过期权定价模型推算获得。

隐含波动率是通过已知的期权价格计算出来的，市场上期权的价格是众多交易者交易均衡的结果，因此它代表了市场上主要参与者的一致认知。如果计算出的隐含波动率上升，则意味着市场大多数参与者认为市场会出现大的波动；反之则意味着市场大多数参与者认为市场波动会减小。在成熟市场中，绝大多数情况下，市场下跌的速度是快于上涨的速度，因此隐含波动率就成为预测市场下跌的恐慌性指标，如 VIX 指数。

如果隐含波动率高于历史波动率，投资者可以卖出波动性，因为波动率越高，售出期权收到的期权价格将越高。如果隐含波动率低于历史波动率，投资者可以购买波动性，此时购买期权所支付的期权价格将比平常要低。

---

① 中国期货业协会 编著．期货及衍生品分析与应用（第四版）．中国财政经济出版社，2021：56

## 三、期权的套期保值与套利

### （一）单一期权构建的四种基本头寸

假设投资的标的资产为股票（对其他标的资产同样可以建立类似的交易策略），以单个股票期权即可构建买进看涨期权、卖出看涨期权、买进看跌期权、卖出看跌期权四种基础的交易策略（见图 11－3－2、表 11－3－4、表 11－3－5）。[①]

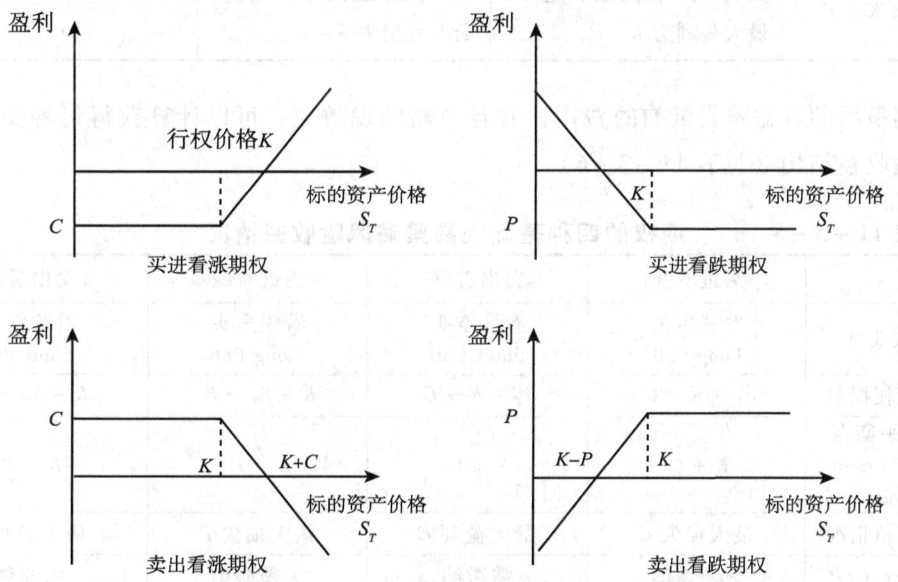


**图 11－3－2　期权的四种基础交易策略**

**表 11－3－4　　　　标的资产价格对于看涨期权的影响**

| 标的资产价格 | 看涨期权多头 | 看涨期权空头 | 头寸处置方式 |
|---|---|---|---|
| $S_T \leqslant K$ | 亏损，亏损值恒定为最大损失 C | 盈利，盈利值恒定为最大盈利 C | 不执行期权，期权作废 |
| $K < S_T < K + C$ | 亏损，亏损小于 C，$S_T$ 越高亏损越少 | 盈利，盈利小于 C，$S_T$ 越高盈利越少 | 行权，支付 K 购买或是以价格 K 卖出标的资产 |
| $S_T = K + C$ | 盈亏平衡 | 盈亏平衡 | |
| $S_T > K + C$ | 盈利，$S_T$ 越高盈利越多 | 亏损，$S_T$ 越高亏损越多 | |

① 中国期货业协会 编著．期货及衍生品基础（第三版）．中国财政经济出版社，2021：305

表 11-3-5　　标的资产价格对于看跌期权的影响

| 标的资产价格 | 看跌期权多头 | 看跌期权空头 | 头寸处置方式 |
|---|---|---|---|
| $S_T \geq K$ | 亏损，亏损值恒定为最大损失 $P$ | 盈利，盈利值恒定为最大盈利 $P$ | 不执行期权，期权作废 |
| $K-P < S_T < K$ | 亏损，亏损小于 $P$，$S_T$ 越低亏损越少 | 盈利，盈利小于 $P$，$S_T$ 越低盈利越少 | 行权，以价格 $K$ 卖出或是支付 $K$ 购买标的资产 |
| $S_T = K-P$ | 盈亏平衡 | 盈亏平衡 | |
| $S_T < K-P$ | 盈利，$S_T$ 越低盈利越多，最大盈利为 $K-P$ | 亏损，$S_T$ 越高亏损越多，最大亏损为 $K-P$ | |

用最后的收益减去最初的费用，并且忽略贴现效应，可以计算获得每种交易策略的风险收益结构（见表 11-3-6）。

表 11-3-6　　期权的四种基础交易策略风险收益情况

| | 买进看涨 | 卖出看涨 | 买进看跌 | 卖出看跌 |
|---|---|---|---|---|
| 期权头寸 | 看涨多头 Long Call | 看涨空头 Short Call | 看跌多头 Long Put | 看跌空头 Short Put |
| 行权损益 | $S_T-K-C$ | $S_T-K+C$ | $K-S_T-P$ | $K-S_T+P$ |
| 盈亏平衡点 Break-even Point | $K+C$ | $K+C$ | $K-P$ | $K-P$ |
| 极值情况 | 最大损失 $C$ | 最大盈利 $C$ | 最大损失 $P$ | 最大盈利 $P$ |
| 保证金 $C/P$ | 无须缴纳 | 需缴纳 | 无须缴纳 | 需缴纳 |
| 行权方式 | 买进标的资产 | 卖出标的资产 | 卖出标的资产 | 买进标的资产 |
| 行权持仓 | 标的资产多头 | 标的资产空头（或平仓标的资产多头） | 标的资产空头 | 标的资产多头（或平仓标的资产空头） |
| 适用情形 | （1）牛市或预期后市上涨<br>（2）价格见底，市场波动率大或正在扩大，或隐含波动率低 | （1）横盘整理或小幅下跌<br>（2）横盘，市场波动率低或收窄，或隐含波动率高 | （1）熊市或预期后市下跌<br>（2）价格见顶，波动率大或正在扩大，或隐含波动率低 | （1）横盘整理或小幅上涨<br>（2）横盘，市场波动率低或收窄，或隐含波动率高 |
| 基本运用 | （1）赚取价差收益，获得更大的杠杆效应<br>（2）以较低成本持有标的资产，同时锁定最大损失<br>（3）规避标的资产价格上涨风险 | （1）赚取权利金或期权价差收益<br>（2）履约平仓标的资产多头头寸 | （1）赚取价差收益，获得更大的杠杆效应<br>（2）实现做空标的资产的目的，同时锁定最大损失<br>（3）规避标的资产价格下跌风险 | （1）赚取权利金或期权价差收益<br>（2）履约平仓标的资产空头头寸<br>（3）履约买进标的资产 |

【案例 11－19】某股票的看涨期权为例，行权价格 $K=100$ 元，看涨期权权利金报价为 $C=7$ 元，对应可知不同股价情况下，购买看涨期权（看涨期权的多头）或卖出看涨期权（空头）的投资者的盈利情况见表 11－3－7。

表 11－3－7　　到期日投资者盈利情况

| $S_T$ | 多头盈利 | 多头净利润 | 空头盈利 | 空头净利润 |
|---|---|---|---|---|
| 90 | 0 | －7 | 0 | 7 |
| 95 | 0 | －7 | 0 | 7 |
| 100 | 0 | －7 | 0 | 7 |
| 105 | 5 | －2 | －5 | 2 |
| 107 | 7 | 0 | －7 | 0 |
| 110 | 10 | 3 | －10 | －3 |
| 115 | 15 | 8 | －15 | －8 |
| 120 | 20 | 13 | －20 | －13 |

期权是一个零和博弈，看涨期权或是看跌期权买卖双方的净利润与净亏损正好可以相抵。

以单个股票期权与股票本身亦可构建交易策略。一是备兑看涨期权承约，指交易组合由一只股票的多头与一个看涨期权的空头组成，股票的多头“保护”或掩护投资者，使其免遭如果股票价格急剧上涨会给看涨期权带来的损失；二是保护看跌期权策略，交易组合包括一个看跌期权的多头与一只股票本身的多头（见图 11－3－3）。

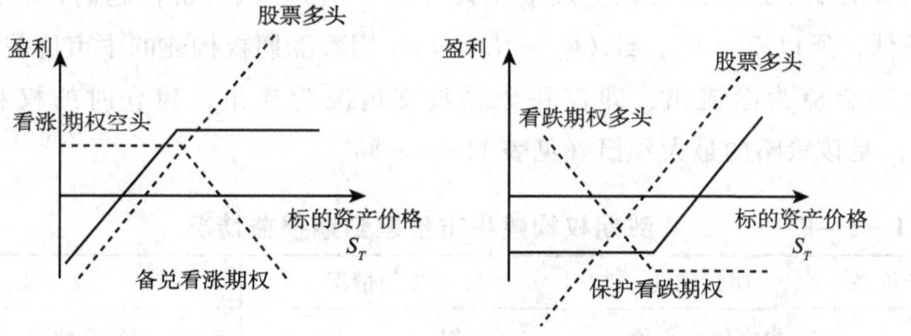


图 11－3－3　备兑看涨期权与保护看跌期权收益情况

### （二）差价期权策略

差价交易策略是指将相同类型的两份或多份期权（即两份或多份看涨期权，或者两份或多份看跌期权）、采用不同的交易方向（即买入和卖出）组合在一起的交易策略。由于策略是通过买进和卖出相同类型、不同执行价格期权构建的，权利金总收支为卖出期权和买进期权的价差，所以称为价差期权策略。该策略的潜在收益和潜在损失幅度都相对较小。①

1. 牛市价差期权

牛市价差期权是由同一期权系列的相同类型、不同执行价格的两个期权，采用买进低执行价格同时卖出高执行价格期权的方式构建的。

该策略在标的资产价格上涨时获利，但盈利有限；在标的资产价格下跌时亏损，亏损也有限。概括即为上行收益有限，下行亏损有限；同时认为该策略适用于标的资产价格小幅上涨的情形。

此时投资者认为标的资产后市有一定程度上涨，但上涨幅度较小，购买看涨期权，为降低权利金投入成本，卖出执行价格更高的看涨期权抵补支出；或投资者对标的资产后市谨慎看多，卖出看跌期权，为防止行情判断错误造成较大损失，买进执行价格更低的看跌期权防范风险（见图 11-3-4）。

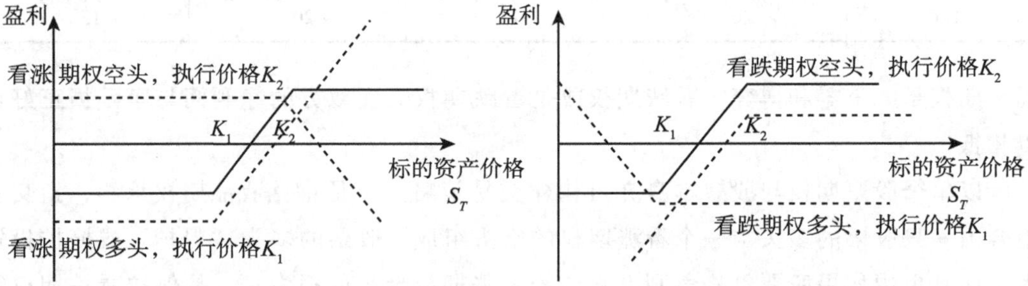


**图 11-3-4　用看涨/看跌期权构建牛市价差到期损益情况**

利用看涨期权建仓时权利金现金流为（$C_2 - C_1$）。执行价格越高，看涨期权的价格通常越低，所以 $C_2 < C_1$，或（$C_2 - C_1$）$< 0$。用看涨期权构建的牛市价差期权，建仓时权利金现金流为净流出，即权利金总收支情况为支出；建仓时的权利金现金流（$C_2 - C_1$）是该策略的最大亏损（见表 11-3-8）。

**表 11-3-8　看涨期权构建牛市价差到期损益情况**

| 标的资产价格 | 期权属性 | 行权履约情况 | 盈亏情况 |
|---|---|---|---|
| $S_T \leqslant K_1$ | $C_1$ 为虚值或平值<br>$C_2$ 为虚值 | $C_1$ 不行权<br>$C_2$ 不履约 | 亏损，该策略的最大亏损为 $C_2 - C_1$ |
| $S_T > K_2$ | $C_1$ 为实值<br>$C_2$ 为实值 | 支付 $K_1$ 购买资产<br>以 $K_2$ 卖出标的资产 | 盈利，该策略的最大盈利为（$K_2 - K_1$）+（$C_2 - C_1$） |

① 中国期货业协会 编著. 期货及衍生品基础（第三版）. 中国财政经济出版社，2021：320

续表

| 标的资产价格 | 期权属性 | 行权履约情况 | 盈亏情况 |
|---|---|---|---|
| $K_1 < S_T \leqslant K_2$ | $C_1$ 为实值<br>$C_2$ 为虚值或平值 | 支付 $K_1$ 购买资产<br>将资产以市价 $S_T$ 卖出 | 盈利或亏损，此时损益为 $S_T - K_1 + (C_2 - C_1)$ |
| 其中 | | | |
| $S_T = K_1 - (C_2 - C_1)$ | 损益为零，该策略的损益平衡点为 $K_1 - (C_2 - C_1)$，损益平衡点位于 $K_1$ 和 $K_2$ 之间 | | |
| $S_T > K_1 - (C_2 - C_1)$ | 策略盈利，$S_T$ 等于 $K_2$ 时盈利达到最大，在 $K_2$ 及以上盈利保持不变，最大盈利为 $(K_2 - K_1) + (C_2 - C_1)$ | | |
| $S_T < K_1 - (C_2 - C_1)$ | 策略亏损，$S_T$ 等于 $K_1$ 时亏损达到最大，在 $K_1$ 及以下亏损保持不变，最大亏损为 $C_2 - C_1$ | | |

利用看跌期权建仓时权利金现金流为（$P_2 - P_1$）。执行价格越高，看跌期权的价格通常越高，从而 $P_2 > P_1$，或（$P_2 - P_1$）$>0$。用看跌期权构建的牛市价差期权，建仓时权利金现金流为净流入，即权利金总收支情况为收入；建仓时的权利金现金流（$P_2 - P_1$）是该策略的最大盈利（见表 11-3-9）。

**表 11-3-9　　看跌期权构建牛市价差到期损益情况**

| 标的资产价格 | 期权属性 | 行权履约情况 | 盈亏情况 |
|---|---|---|---|
| $S_T \geqslant K_2$ | $P_1$ 为虚值<br>$P_2$ 为虚值或平值 | $P_1$ 不行权<br>$P_2$ 不履约 | 盈利，该策略的最大盈利为 $P_2 - P_1$ |
| $S_T < K_1$ | $P_1$ 为实值<br>$P_2$ 为实值 | 以 $K_1$ 卖出标的资产支付 $K_2$ 购买资产 | 亏损，该策略的最大亏损为 $(K_1 - K_2) + (P_2 - P_1)$ |
| $K_1 \leqslant S_T < K_2$ | $P_1$ 为虚值或平值<br>$P_2$ 为实值 | 支付 $K_2$ 购买资产<br>将资产以市价 $S_T$ 卖出 | 盈利或亏损，此时损益为 $S_T - K_2 + (P_2 - P_1)$ |
| 其中 | | | |
| $S_T = K_2 - (P_2 - P_1)$ | 损益为零，该策略的损益平衡点为 $K_2 - (P_2 - P_1)$，损益平衡点位于 $K_1$ 和 $K_2$ 之间 | | |
| $S_T > K_2 - (P_2 - P_1)$ | 策略盈利，$S_T$ 等于 $K_2$ 时盈利达到最大，在 $K_2$ 及以上盈利保持不变，最大盈利为 $P_2 - P_1$ | | |
| $S_T < K_2 - (P_2 - P_1)$ | 策略亏损，$S_T$ 等于 $K_1$ 时亏损达到最大，在 $K_1$ 及以下亏损保持不变，最大亏损为 $(K_1 - K_2) + (P_2 - P_1)$ | | |

**【案例 11-20】**投资者以 3 元的价格买入了一份 3 个月期限、执行价格为 30 元的看涨期权并同时以 1 元的价格卖出了一份 3 个月期限、执行价格为 35 元的看

涨期权。

如果股票价格高于35元，牛市差价的收益为5元，扣除成本后净盈利为3元；

如果股票价格低于30元，牛市差价的收益为零，扣除成本后净亏损2元；

如果股票价格介于30元和35元之间，牛市差价的收益为股票价格与30元的差（$S_T-30$），扣除成本后为（$S_T-32$）。这一牛市差价策略的成本为2元（=3-1）。

若股票价格为32元，该策略达到盈亏平衡点，扣除成本后净盈利为零。

2. 熊市价差期权

熊市价差期权是由同一期权系列的相同类型、不同执行价格的两个期权，采用买进高执行价格同时卖出低执行价格期权的方式构建的。

该策略在标的资产价格下跌时获利，但盈利有限；标的资产价格涨时亏损，亏损也有限。同时认为该策略适用于标的资产价格小幅下跌的情形。

投资者认为标的资产后市有一定程度下跌，但下跌幅度不会太大，购买看跌期权，为降低权利金投入成本，卖出执行价格更低的看跌期权抵补支出；或投资者对标的资产后市谨慎看空，卖出看涨期权，为防止行情判断错误造成较大损失，买进执行价格更高的看涨期权防范风险（见图11-3-5）。

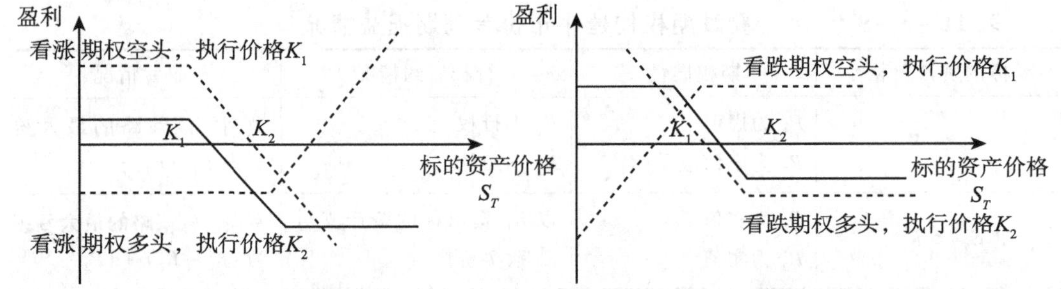


**图11-3-5 用看涨/看跌期权构建熊市价差到期损益情况**

利用看涨期权建仓时权利金现金流为（$C_1-C_2$）。执行价格越高，看涨期权的价格通常越低，所以$C_1>C_2$，或（$C_1-C_2$）>0。用看涨期权构建的熊市价差期权，建仓时权利金现金流为流入，即权利金总收支情况为收入；建仓时的权利金现金流（$C_1-C_2$）是该策略的最大盈利（见表11-3-10）。

**表11-3-10 看涨期权构建熊市价差到期损益情况**

| 标的资产价格 | 期权属性 | 行权履约情况 | 盈亏情况 |
|---|---|---|---|
| $S_T \leqslant K_1$ | $C_1$为虚值或平值<br>$C_2$为虚值 | $C_1$不行权<br>$C_2$不履约 | 盈利，该策略的最大盈利为$C_1-C_2$ |
| $S_T>K_2$ | $C_1$为实值<br>$C_2$为实值 | 以$K_1$卖出标的资产<br>支付$K_2$购买资产 | 亏损，该策略的最大亏损为$(K_1-K_2)+(C_1-C_2)$ |

续表

| 标的资产价格 | 期权属性 | 行权履约情况 | 盈亏情况 |
|---|---|---|---|
| $K_1 < S_T \leqslant K_2$ | $C_1$ 为实值<br>$C_2$ 为虚值或平值 | 以市价 $S_T$ 购买资产<br>履约以 $K_1$ 卖出 | 盈利或亏损，此时损益为 $K_1 - S_T + (C_1 - C_2)$ |
| 其中 | | | |
| $S_T = K_1 + (C_1 - C_2)$ | 损益为零，该策略的损益平衡点为 $K_1 + (C_1 - C_2)$，损益平衡点位于 $K_1$ 和 $K_2$ 之间 | | |
| $S_T > K_1 + (C_1 - C_2)$ | 策略亏损，$S_T$ 等于 $K_2$ 时亏损达到最大，在 $K_2$ 及以上亏损保持不变，最大亏损为 $(K_1 - K_2) + (C_1 - C_2)$ | | |
| $S_T < K_1 + (C_1 - C_2)$ | 策略盈利，$S_T$ 等于 $K_1$ 时盈利达到最大，在 $K_1$ 及以下盈利保持不变，最大盈利为 $C_1 - C_2$ | | |

利用看跌期权建仓时权利金现金流为（$P_1 - P_2$）。执行价格越高，看跌期权的价格通常越高，从而 $P_1 < P_2$，或（$P_1 - P_2$）$<0$。用看跌期权构建的熊市价差期权，建仓时权利金现金流为净流出，即权利金总收支情况为支出；建仓时的权利金现金流（$P_1 - P_2$）是该策略的最大亏损（见表 11－3－11）。

**表 11－3－11　　看跌期权构建熊市价差到期损益情况**

| 标的资产价格 | 期权属性 | 行权履约情况 | 盈亏情况 |
|---|---|---|---|
| $S_T \geqslant K_2$ | $P_1$ 为虚值<br>$P_2$ 为虚值或平值 | $P_1$ 不行权<br>$P_2$ 不履约 | 亏损，该策略的最大亏损为 $P_1 - P_2$ |
| $S_T < K_1$ | $P_1$ 为实值<br>$P_2$ 为实值 | 支付 $K_1$ 购买资产<br>以 $K_2$ 卖出标的资产 | 盈利，该策略的最大盈利为 $(K_2 - K_1) + (P_1 - P_2)$ |
| $K_1 \leqslant S_T < K_2$ | $P_1$ 为虚值或平值<br>$P_2$ 为实值 | 以市价 $S_T$ 购买资产<br>履约以 $K_2$ 卖出 | 盈利或亏损，此时损益为 $K_2 - S_T + (P_1 - P_2)$ |
| 其中 | | | |
| $S_T = K_2 + (P_1 - P_2)$ | 损益为零，该策略的损益平衡点为 $K_2 + (P_1 - P_2)$，损益平衡点位于 $K_1$ 和 $K_2$ 之间 | | |
| $S_T > K_2 + (P_1 - P_2)$ | 策略亏损，$S_T$ 等于 $K_2$ 时亏损达到最大，在 $K_2$ 及以上亏损保持不变，最大亏损为 $P_1 - P_2$ | | |
| $S_T < K_2 + (P_1 - P_2)$ | 策略盈利，$S_T$ 等于 $K_1$ 时盈利达到最大，在 $K_1$ 及以下盈利保持不变，最大盈利为 $(K_2 - K_1) + (P_1 - P_2)$ | | |

**【案例 11－21】** 投资者以 3 元的价格买入了一份 3 个月期限、执行价格为 35 元的看跌期权并同时以 1 元的价格卖出了一份 3 个月期限、执行价格为 30 元的看

跌期权。

如果股票价格高于35元，熊市差价的收益为零，扣除成本后净亏损2元；

如果股票价格低于30元，熊市差价的收益为5元，扣除成本后净利润为3元；

如果股票价格介于30元和35元之间，牛市差价的收益为股票价格与30元的差（$35-S_T$），扣除成本后为（$33-S_T$）。这一熊市差价策略的成本为2元（=3-1）。

若股票价格为33元，该策略达到盈亏平衡点，扣除成本后净盈利为零。

3. 蝶式价差期权

蝶式差价策略是由同一期权系列的相同类型、不同执行价格的三个期权，执行价格居中的期权使用两份、执行价格处于两端的期权各使用一份构建的。构建方式为买进（卖出）两边执行价格期权（各一份），同时卖出（买进）中间执行价格的期权两份，中间执行价格的期权通常接近平值，且为两边执行价格的中间值。

$K_1+K_3=2K_2$

根据对两边执行价格和中间执行价格期权的操作方向，蝶式价差期权分为多头（正向）蝶式价差期权和空头（反向）蝶式价差期权（见图11-3-6）。

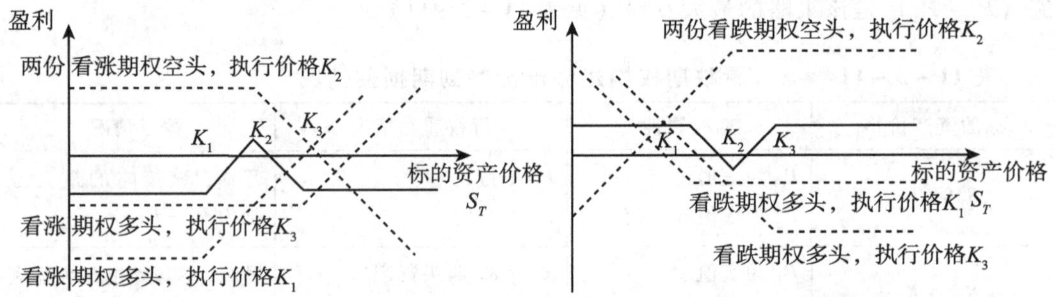


**图11-3-6 多头蝶式价差期权和空头蝶式价差期权到期损益情况**

用看涨期权构建的蝶式价差期权，建仓时权利金现金流为$2C_2-(C_1+C_3)$；用看跌期权构建的蝶式价差期权，建仓时权利金现金流为$2P_2-(P_1+P_3)$。根据期权和执行价格比例关系，通常情况下$C_1+C_3>2C_2$以及$P_1+P_3>2P_2$，因此多头蝶式价差期权建仓时权利金总收支为支出（见表11-3-12）。

**表11-3-12 以看涨期权多头蝶式价差为例的到期损益情况**

| 标的资产价格 | 看涨期权$K_1$多头收益 | 看涨期权$K_3$多头收益 | 看涨期权$K_2$空头收益 | 收益合计 |
|---|---|---|---|---|
| $S_T\leqslant K_1$ | 0 | 0 | 0 | 0 |
| $K_1<S_T\leqslant K_2$ | $S_T-K_1$ | 0 | 0 | $S_T-K_1$ |
| $K_2<S_T<K_3$ | $S_T-K_1$ | 0 | $-2(S_T-K_2)$ | $K_3-S_T$ |
| $S_T\geqslant K_3$ | $S_T-K_1$ | $S_T-K_3$ | $-2(S_T-K_2)$ | 0 |

结合成本来看，看涨期权多头蝶式价差的最大亏损为 $2C_2-(C_1+C_3)$；在 $S_T=K_2$ 时获得最大净利 $K_2-K_1+[2C_2-(C_1+C_3)]$。此外，该策略拥有两个盈亏平衡点，分别是 $K_1-[2C_2-(C_1+C_3)]$ 以及 $K_3+[2C_2-(C_1+C_3)]$。

同理可知看跌期权多头蝶式价差的最大亏损为 $2P_2-(P_1+P_3)$；在 $S_T=K_2$ 时获得最大净利 $K_3-K_2+[2P_2-(P_1+P_3)]$。此外，该策略拥有两个盈亏平衡点，分别是 $K_1-[2P_2-(P_1+P_3)]$ 以及 $K_3+[2P_2-(P_1+P_3)]$。

空头蝶式价差期权与多头蝶式价差期权的构建方法、损益特征和适用情形相反，即为卖出两边执行价格的期权各一份，同时买进两份中间执行价格的期权。用看涨期权构建的蝶式价差期权，建仓时权利金现金流为 $(C_1+C_3)-2C_2$；用看跌期权构建的蝶式价差期权，建仓时权利金现金流为 $(P_1+P_3)-2P_2$。空头蝶式价差期权建仓时权利金总收支为收入。

4. 盒式价差期权

盒式差价是由执行价格为 $K_1$ 与 $K_2$ 的看涨期权所构成的牛市差价与由相同执行价格的看跌期权所构成的熊市差价的组合。盒式差价只对欧式期权适用。

盒式差价的收益恒定为 $K_2-K_1$，因此盒式差价的价值永远是此收益的贴现值，对应为 $(K_2-K_1)e^{-rT}$（见表 11－3－13）。

**表 11－3－13　　　　盒式价差到期损益情况**

| 标的资产价格 | 看涨期权牛市差价收益 | 看跌期权熊市差价收益 | 收益合计 |
|---|---|---|---|
| $S_T\leqslant K_1$ | 0 | $K_2-K_1$ | $K_2-K_1$ |
| $K_1<S_T<K_2$ | $S_T-K_1$ | $K_2-S_T$ | $K_2-K_1$ |
| $S_T\geqslant K_2$ | $K_2-K_1$ | 0 | $K_2-K_1$ |

如果价值与之存在差异，将会产生套利机会。如果盒式差价的市场价格过低，可以通过买入盒式差价盈利，具体策略包括买入一份具有执行价格 $K_1$ 的看涨期权，买入一份具有执行价格 $K_2$ 的看跌期权，卖出一份执行价格为 $K_2$ 的看涨期权，并卖出一份执行价格为 $K_1$ 的看跌期权。如果盒式差价的市场价格过高，可以采用卖出盒式差价来盈利，具体策略包括买入一份具有执行价格 $K_2$ 的看涨期权，买入一份执行价格为 $K_1$ 的看跌期权，卖出一份执行价格为 $K_1$ 的看涨期权，并卖出一份执行价格为 $K_2$ 的看跌期权。

5. 日历价差期权

日历差价可以由一个具有某一执行价格的欧式看涨期权空头与一个具有同样执行价格但较长期限的欧式看涨期权多头构成。通常期权的期限越长，期权的价格也会越贵，因此日历差价需要一定的初始投资。通常假设日历差价的盈利实现是在短期限期权的到期日，而且同时对长期限期权清仓。在短期限期权到期时，如果股票的价格接近短期限期权的执行价格，投资者可以获得盈利；如果股票的价格远高于或是远低于短期限期权的执行价格，投资者将会遭受损失。

倒置日历差价（reverse calendar spread）的盈利与日历差价相反。投资者买入期限较短的期权，并同时卖出期限较长的期权。当短期限期权到期时，如果股票价格远高于或远低于短期限期权的执行价格，则投资者获得少量利润；当股票价格接近该执行价格时，则投资者会遭受损失（见图 11－3－7）。

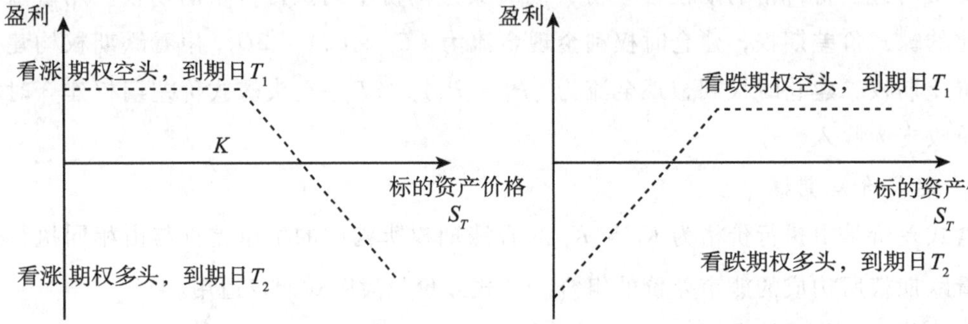


**图 11－3－7　日历差价和倒置日历差价到期损益情况**

### （三）组合期权策略[①]

组合期权策略采用同一标的资产的看涨和看跌期权、相同交易方向构建。该策略是看涨期权和看跌期权的组合，涉及的期权头寸类型不同，但交易方向相同，权利金总收支为买进期权的权利金合计或卖出期权的权利金合计，潜在收益和潜在损失都比较大。

1. 跨式组合期权

跨式期权组合是用同一期权系列执行价格相同的一个看涨期权和看跌期权，采用相同的交易方向构建的。

多头跨式期权的构建方法为同时买进看涨期权和看跌期权，权利金现金流为 $-C-P$，权利金总收支为支出。在期权到期时，如果标的资产价格接近期权的执行价格，跨式组合会导致损失；若标的资产价格在向上或向下都有足够大的变动时，跨式组合会带来一个显著的盈利，因此亦被称作做多波动率策略。

空头跨式期权的构建方法为同时卖出看涨期权和看跌期权，权利金现金流为 $C+P$，权利金总收支为收入。该策略风险较大，如果标的资产价格接近期权的执行价格，跨式组合会带来一定的盈利；若标的资产价格出现较大变动时，跨式组合会带来无限

① 中国期货业协会 编著．期货及衍生品基础（第三版）．中国财政经济出版社，2021：334

的亏损，因此亦被称作做空波动率策略（见表 11－3－14）。

**表 11－3－14　　　　跨式组合到期损益情况**

| 标的资产价格 | 看涨期权收益 | 看跌期权收益 | 收益合计 |
|---|---|---|---|
| $S_T \leqslant K$ | 0 | $K-S_T$ | $K-S_T$ |
| $S_T > K$ | $S_T-K$ | 0 | $S_T-K$ |

结合成本来看，$S_T=K$ 时多头跨式期权的最大亏损为 $-C-P$；该策略拥有两个盈亏平衡点，分别是 $K-(C+P)$ 与 $K+(C+P)$。$S_T=K$ 时空头跨式期权的最大盈利为 $C+P$；盈亏平衡点与多头策略一致（见图 11－3－8）。

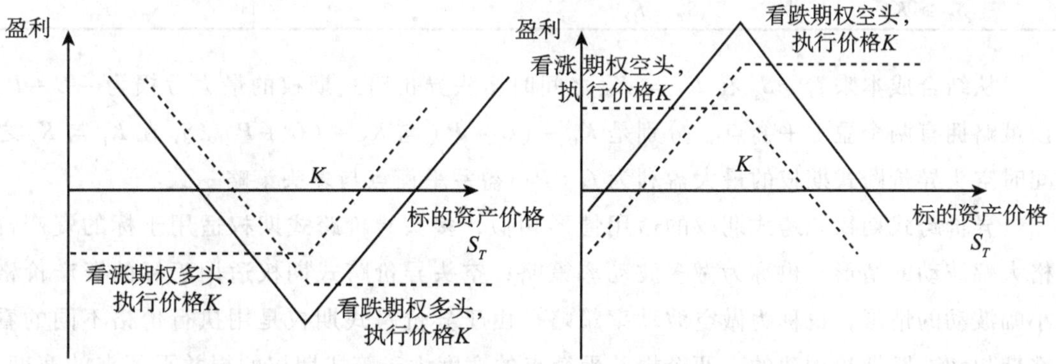


**图 11－3－8　多头跨式期权和空头跨式期权到期损益情况**

2. 序列组合与带式组合期权

序列组合是具有相同执行价格和相同期限的一个看涨期权多头与两个看跌多头的组合。带式组合是具有相同执行价格和相同期限的两个看涨期权多个看跌期权多头的组合。

在序列组合中，投资者认为股票价格会有较大的变动，同时认为价格下降的可能性要大于价格上涨的可能性。在带式组合中，投资者同样对股票价格大幅变动进行下注，但此时认为上升的可能性要大于价格下降的可能性（见图 11－3－9）。

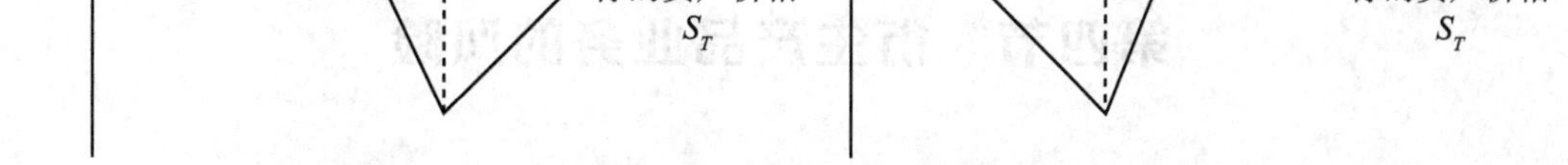


**图 11－3－9　序列组合与带式组合到期损益情况**

3. 异价跨式组合期权

异价跨式组合、宽跨式组、底部纵向组合是用同一期权系列的不同行权价格的一个看涨期权和看跌期权，采用相同的交易方向构建，其中看跌期权的执行价格低于看涨期权的执行价格。

多头宽跨式期权的构建方法是同时买进看涨期权和看跌期权；空头宽跨式期权组合是同时卖出看涨期权和看跌期权（见表 11－3－15）。

表 11－3－15　　异价跨式组合到期损益情况

| 标的资产价格 | 看涨期权收益 | 看跌期权收益 | 收益合计 |
|---|---|---|---|
| $S_T \leqslant K_1$ | 0 | $K_1 - S_T$ | $K_1 - S_T$ |
| $K_1 < S_T < K_2$ | 0 | 0 | 0 |
| $S_T \geqslant K_2$ | $S_T - K_2$ | 0 | $S_T - K_2$ |

从结合成本来看，$S_T$ 在 $K_1$ 与 $K_2$ 之间时多头异价跨式期权的最大亏损为 $-C-P$；该策略拥有两个盈亏平衡点，分别是 $K_1-(C+P)$ 与 $K_2+(C+P)$。$S_T$ 在 $K_1$ 与 $K_2$ 之间时空头异价跨式期权的最大盈利为 $C+P$；盈亏平衡点与多头策略一致。

异价跨式期权和跨式期权的适用情形相似，多头异价跨式期权适用于标的资产价格大幅波动的情形，也称为做多波动率策略；空头异价跨式期权适用于标的资产价格小幅波动的情形，也称为做空波动率策略。由于异价跨式期权是用执行价格不同的看涨期权和看跌期权构建的，两个损益平衡点的宽度大于跨式期权的损益平衡点的宽度。因此，与多头跨式期权相比，多头异价跨式期权适用于标的资产价格波动幅度更大的情形；与空头异价跨式期权相比，空头跨式期权适用于标的资产价格波动幅度更小的情形（见图 11－3－10）。

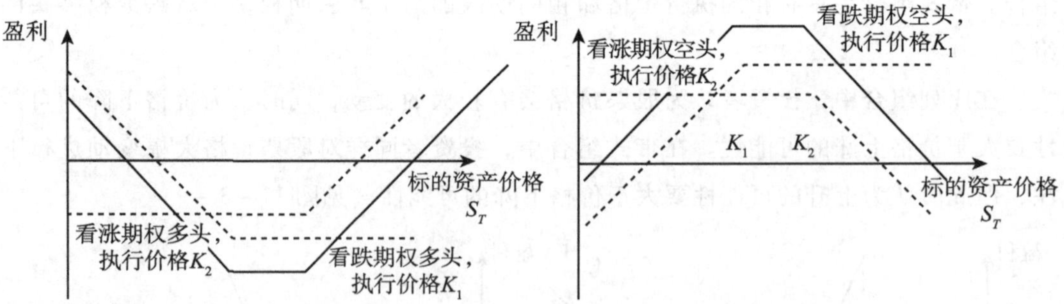


图 11－3－10　多头与空头异价跨式组合到期损益情况

## 第四节　衍生产品业务的风险

衍生产品的风险类型较为复杂，但各类衍生产品所面临的风险较为相似，因此本节重点介绍针对前文所述的各类期货、期权产品，在实际中可能面临的各类风险。

1. 从风险是否可控的角度划分，可分为不可控风险和可控风险。

（1）不可控风险是指风险承担者风险无法控制风险的出现，风险通常出现于衍生产品市场之外，但可能影响市场的相关主体，风险类型具体包括宏观经济环境变化风险与政策性风险。

（2）可控风险是指风险承担者通过采取措施，能够管理或控制的风险。可控风险能被市场主体通过采取特定措施防范、控制和管理，因此应重点管理可控风险。

2. 从交易环节可分为代理风险、强制平仓风险、交割风险。

以期货为例：

（1）代理风险是指客户在选择期货公司确立代理过程中所产生的风险。客户在选择期货公司时应对期货公司的规模、资信、经营状况等对比选择，以降低代理风险。

（2）强制平仓风险是指期货交易者在交易过程中产生的风险，包括由于市场流动性差，期货交易难以立刻成交所产生的风险以及当期货价格浮动较大，保证金不能在规定时间内足额缴纳，交易者可能面临强行平仓的风险。

（3）交割风险是客户在准备或进行期货交割时产生的风险。期货合约到期后，所有未平仓合约都必须进行实物交割，客户如果不准备进行交割，应在合约到期之前或合约交割月到来之前将持有的未平仓合约及时平仓，免于承担交割责任。

3. 从风险产生主体可分为交易所风险、经纪公司风险、投资者风险与政府风险。

4. 投资者面临的风险又可分为市场风险、信用风险、流动性风险、操作风险与法律风险。

（1）市场风险也称价格风险，是金融机构持有衍生产品在内的资产组合的价值由于外部市场行情的变化而发生不确定变化。市场风险是衍生产品业务最明显的风险。金融机构在开展衍生产品业务时，其所持有的衍生产品头寸可能处于未对冲状态。在这种情况下，金融市场的行情变化将有可能导致衍生产品头寸的价值发生变化，使金融机构蒙受损失。

（2）信用风险来源于衍生产品业务的交易对手方的违约可能性。衍生产品分为场内交易的产品和场外交易的产品，二者在信用风险方面存在较大不同。

场内交易的衍生产品通常在正规的、受监管的金融交易所内进行；交易所充当场内交易的所有衍生产品的交易对手方，利用其雄厚的资金实力和风险管理能力来确保衍生产品的履约。在这种条件下，场内交易的衍生产品通常没有信用风险，或者说信用风险极低。

场外交易的衍生产品则存在或低或高的信用风险。场外交易的远期、互换、期权等衍生产品通常是个性化的、非标准化的，难以进行估值和定价，从而难以进行大规模的、集中的结算。因此，场外交易的衍生产品虽然在总体规模上比场内的还要大，但是却没有类似交易所或者清算公司这样的机构充当中央对手方。在这种情况下，场外产品到期时如果合约价值发生很大的变化，而合约中承担或有负债的一方面临一定的财务困难，从而有可能选择违约或者不得不违约。

（3）流动性风险是指金融机构无法在较短时限内以合适的价格建立或者平掉既定衍生产品头寸。界定流动性风险的关键在于时间和价格。

既定规模的衍生产品的建仓或平仓所需的时间越短，则产品的流动性越高，流动性风险就越低；反之，如果实现既定的目的需要较长的时间，则说明产品的流动性较低，流动性风险较高。

在交易价格方面，无论是建仓还是平仓，交易的价格如果与产品的价值偏离很小，则表示流动性较高；反之，则说明流动性较低。通过降低价格通常可以把价值非零的衍生产品头寸快速卖出，如果卖出的价格较低，金融机构的预期收益就会降低甚至会蒙受亏损。

通常情况下，场内交易的衍生产品具有良好的流动性，在场外交易衍生产品所面临的流动性风险要高于场内交易衍生产品所面临的流动性风险，其根本原因仍然在于在场外交易衍生产品的非标准化特征。场外交易的衍生产品通常是交易双方根据各自的需求相互协商而确定。如果交易中的一方在合约未到期前想把合约平仓，而另外一方不同意，那么计划平仓一方就面临较大的困难。

（4）操作风险也可以称为运行风险，是衍生产品业务开展过程中不当或失效的内部控制过程、人员和系统以及外部事件造成损失的可能性。操作风险既可能由公司或部门内部因素造成，也可能由外部因素导致。操作风险的识别通常在公司层面或者部门层面，与单个衍生产品的联系并不紧密。管理操作风险，关键在于深入理解衍生产品业务开展的流程，分析流程的各个环节，并从系统安全的角度，通过内部控制流程、机构、职责的设置，来实现操作风险的有效管理。

（5）模型风险指所使用的模型无法精确度量定价、风险和制定的对冲策略有误，导致衍生品交易所面临的风险。

模型风险主要体现在估值层面和风险对冲操作层面。在估值层面，模型风险是指金融产品卖出或买进时模型给出的价格失准，造成产品买入价格太高或者卖出价格太低，或者估值模型不能准确地反映资产、负债的价值状态，削弱相关报告的公允性。无论是场内交易的衍生产品，还是场外交易的衍生产品，都需要根据市场行情的变化进行定期的重新估值。对于场内交易的衍生产品来说，若产品具有一定的流动性或者存在做市商，则其价格的重新估计可以通过市场成交价格或者做市商的报价进行确定，在这种情况下，产品的模型风险相对较低。如果所交易的衍生产品没有二级市场与做市商，则产品的估值需要用到一定的定价模型，模型风险相对较高。

另一种模型风险来源于风险对冲操作。如果使用了错误的模型，模型计算出来的对冲比率就会偏离实际所需的对冲比率，用模型构造的对冲交易策略也有可能出现偏差。

# 第五节　其他产品估值

## 一、远期

### （一）远期的主要交易品种

远期是双方约定在未来特定时刻按照既定价格交易一定量标的资产的协议，其中约定的价格称为远期价格。远期协议在场外交易，协议条款由交易双方共同商定，具有一定程度的个性化特征。对远期协议进行标准化设计就得到了期货合约，可在专门的期货交易所内按照期货交易规则进行公开交易，因此期货是标准化的远期，而远期则是个性化的期货。

根据标的资产的不同，远期可以分为金融类远期协议和商品类远期协议。其中，金融类远期协议可以进一步分为远期利率协议（FRA）、外汇远期交易、无本金交割外汇远期交易（NDF）以及远期股票合约等。

### （二）商品远期

商品远期合约是以特定商品作为标的物的远期合约，商品远期交易指交易双方事先约定，在交付日以约定的远期交割价格和商品标的数量买卖商品标的，或在结算日以远期交易结算金额进行现金结算的交易方式。

远期交易可采取实物交割或者差额结算。在结算日，根据标的资产即期市场价格和合约中约定的远期交割价格计算其差额，由交易一方在结算日向另一方支付现金金额。

远期交易结算金额 =（远期交易结算价格 - 远期交割价格）× 商品标的数量

传统的远期交易主要包括贵金属、基本金属及矿产、能源类、农产品类和软商品类等品种，一些新兴产品也在不断丰富着商品远期市场。例如海运中的远期运费协议（FFA）、清洁能源的碳远期合约交易等。

### （三）利率远期

远期利率协议（Forward Rate Agreements，FRA）指交易双方约定在未来某一日，交换协议期间内一定名义本金基础上分别以合同利率和参考利率计算利息的金融合约。

远期利率协议的买卖通常是客户与银行或两个银行同业之间进行的交易。在这种协议下，远期利率协议的买方相当于名义借款人，而卖方则相当于名义贷款人，双方签订远期利率协议，相当于同意从未来某一商定日期开始，按协定利率借贷一笔数额、期限、币种确定的名义本金。只是双方在清算日时，并不实际交换本金，而是根据参照利率和协议利率之间的差额及名义本金计算利息差额，由交易一方支付给另一方结算金。此时，本金只是一种用于计算利息的名义本金。

远期利率协议的期限标记法为 $N \times M$，其中 $N$ 表示该协议计息的起始到协议结束的时间，$M$ 表示递延期限，即为实际计息的期限为 $M-N$ 月。在远期利率报价时，通常报 $N \times M$ 的远期利率为 $R$。例如，1×4 的远期利率为4.5%，表示1个月之后开始的期限为3个月的远期利率（年化）是4.5%。

在实际交易中，远期利率协议的交割结算一般在结算日支付结算金。

$$结算金=\frac{(基准日利率-协议利率)\times 协议本金\times \dfrac{协议期天数}{360}}{1+基准日利率\times \dfrac{协议期天数}{360}}$$

当基准日的参照利率大于协议利率时，即市场利率相对于协议利率上升，结算金为正值，由协议中的卖方向买方支付利息差额的现值；反之由买方支付差额。

**【案例11－22】**投资者认为一个月后的3个月期市场利率将会下跌，决定用远期利率协议进行投资交易。其操作为以0.62%的价格卖出名义本金5 000万元的1×4的远期利率协议，参照利率为Libor。若一个月后，Libor下跌为0.53%，此时投资者再从远期利率协议中获利。

$$结算金=\frac{(0.62\%-0.53\%)\times 5\,000\text{万元}\times \dfrac{91}{360}}{1+0.53\%\times \dfrac{91}{360}}=11\,359.78(元)$$

远期利率协议主要用于利率风险管理，规避未来利率变动的风险。保值者可以通过签订远期利率协议，从而固定利率水平，以规避可能造成的损失。持有大额负债的金融机构面临利率上升、负债成本增加的风险时，可以买进远期利率协议；反之，拥有大额资产的金融机构在面临利率下降、收益减少的风险时，可以卖出远期利率协议。

我国目前主要的远期利率协议品种为1×4、2×5、3×6、4×7、5×8、6×9等。我国远期利率协议的参考利率是经中国人民银行授权的全国银行间同业折借中心等机构发布的银行间市场具有基准性质的市场利率，或者中国人民银行公布的基准利率，如3M Shibor，即3个月上海同业拆放利率。

### （四）外汇远期

外汇远期交易、期汇交易指交易双方在未来某一约定的日期交割（非即期起息日）的外汇交易，并事先约定币种、金额和汇率。交割方式可以是实物交割，即有本金交割的外汇远期交易，也可以采用现金交割方式，即无本金交割的外汇远期交易。

外汇远期交易主要可以用于进出口商通过锁定外汇远期汇率以规避汇率风险，或是短期投资者或外汇债务承担者通过外汇远期交易规避汇率风险。

我国目前可交易的品种包括美元/人民币、欧元/人民币等27个人民币外汇市场品种，也包含了欧元/美元、英镑/美元等11个外币对市场的远期外汇交易品种，标准期限包括1D(T+3)、1W、2W3W、1M、2M、3M、4M、5M、6M、9M、1Y、18M、2Y、3Y等。

## 二、互换

### （一）互换的主要交易品种

互换是约定交易双方在未来的特定时刻按照既定价格交换一系列现金流的金融衍生产品协议，是一种典型的场外衍生品（见图11-5-1）。互换协议所约定交换的现金流通常挂钩于某个标的资产的价格或指数。按照标的资产分类，互换包括利率互换、货币互换、商品互换、权益类互换、信用违约互换、总收益互换等。

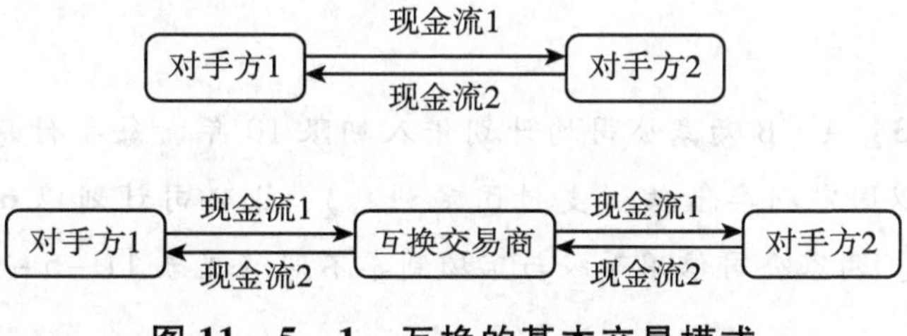


**图11-5-1 互换的基本交易模式**

商品互换是指所交换的现金流与某种商品价格相关，包括固定价格换浮动价格的商品价格互换和商品价格与利息的互换。

权益类互换、股权互换是指互换双方中，至少有一方支付由某只股票或某种股票指数的收益决定的现金流，另一方支付的现金流可以由固定利率、浮动利率或另一只股票或股票指数的收益来决定。

信用违约互换（Credit Default Swaps，CDS）是指在一定期限内，买卖双方就指定的信用事件进行风险转换的一个合约，属于信用衍生产品。信用风险保护买方向卖方就指定的信用事件定期支付固定的费用或者一次性支付保险费，以换取信用事件发生后的赔付；当信用事件发生时，卖方按协议约定向买方赔偿因信用事件所导致的损失。

总收益互换是按照特定的固定利率或浮动利率互换支付利率的义务。

## （二）利率互换

利率互换是指交易双方约定在未来一定期限内对约定的名义本金按照不同的计息方法定期交换利息的互换协议。通常利率互换合约交换的只有利息，而不涉及本金的互换，故将其本金称为名义本金。

互换合约双方支付的利息可分别基于浮动利率以及固定利率计算，或双方支付的利息基于不同的浮动利率计算。最常见的利率互换是固定利率对浮动利率的互换，也称为标准利率互换。现金流的支付往往采取以一年或半年为基础的延后支付，交易日是指交易双方达成互换协议的日期；起息日、生效日是指互换中固定利率和浮动利率开始计息的日期；支付日是指进行利率支付的日期；到期日是指整个互换结束，最后一次现金流交换的日期。

固定利率现金流的支付方也可被称为浮动利率现金流的接收方，且通常被视为互换交易的买方或者多头方，其目的是降低融资成本（有借款需求者）、规避利率上涨风险或赚取利率上涨收益；浮动利率现金流的支付方也可被称为固定利率现金流的接收方，并且通常被视为互换交易的卖方或者空头方，其目的是降低融资成本（有借款需求者）、规避利率下跌风险或赚取利率下跌收益。

利率互换主要可以用于降低融资成本或提高资产收益，管理利率风险以及构建结构化产品。

**【案例 11－23】** A、B 两家公司均计划借入期限 10 年、每年付息的 100 万元的借款，A 公司计划以固定利率借款（支付固定利息），B 公司计划以 6 个月 Shibor 借款（支付浮动利息）。两家公司信用等级与市场利率不同（见表 11－5－1）。

**表 11－5－1　　A、B 两家公司不同的借款成本**

| 利率类型 | A 公司 | B 公司 | 相对优势 |
|---|---|---|---|
| 固定利率 | 4.5% | 3.75% | 75bp |
| 浮动利率 | Shibor（6M）+25bp | Shibor（6M） | 25bp |

由于 B 公司信用等级较高，在两个借贷市场上均存在借款利率优势，但在固定利率市场的优势更大，比较优势为 50bp；其计划以浮动利率借款，即在对方有优势的市场上借款。与之对应，A 公司在浮动利率市场上存在比较优势（50bp）；其计划以固定利率借款，同样在对方有优势的市场上借款。

二者分别在浮动利率和固定利率市场上存在比较优势，比较优势相同（50bp），都在对方有优势，或自己劣势的市场上有借款需求且借款期限、规模相同，付息频率也相同（每年支付一次），具备互换条件。互换合约中二者分别在各自的优势市场借入100万元，A以浮动利率借款，B以固定利率借款；在付息日双方按照约定的方式交换利息，A支付固定利息给B、B支付浮动利息给A（结算差额即可）直至到期。

如果不进行互换，A以固定利率4.5%借款，B以6个月Shibor借款，二者的借款成本合计为4.5% + Shibor。签订互换协议后，二者的借款成本合计为Shibor +25bp +3.75%，也即Shibor +4%，此时总成本下降50bp，等于双方在两个市场上的比较优势。

若上述互换过程没有中介参与，且双方协商平分互换收益，则各自降低0.25%的成本，A以固定利率（4.5%）借款，在原借款成本基础上降低0.25%，其借款成本为4.25%；B公司以浮动利率（Shibor）借款，在原借款成本基础上降低0.25%，其借款成本为Shibor -0.25bp；此时通过利率互换交易，双方实现信用套利。

若上述互换过程有中介参与，例如中介获得0.1%收益，剩余双方平分，则各自可降低0.2%。

整体互换交易中，A公司计划以固定利率借款，表明其预期利率上涨，对应应该买进互换协议，持有互换协议多头头寸；收入浮动现金流，支付固定现金流。B公司计划以浮动利率借款，表明其预期利率下跌，对应应该卖出互换协议，持有互换协议空头头寸；收入固定现金流，支付浮动现金流。二者在降低融资成本的同时，实现了根据各自对利率市场的预期借入相应类型借款、管理利率风险的目的（见图11 -5 -2）。

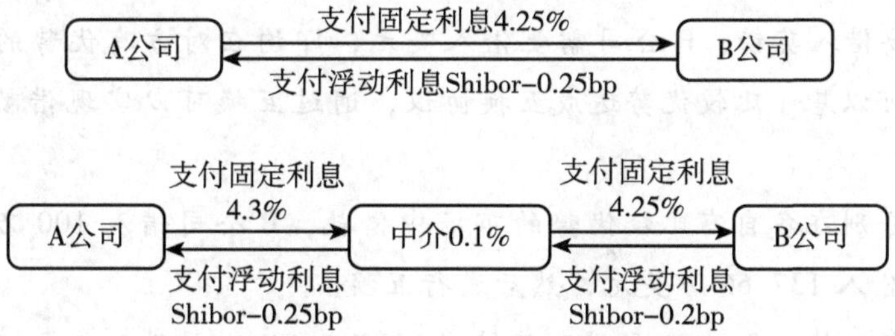


**图11 -5 -2 利率互换的基本交易模式**

### （三）货币互换

货币互换是交易双方在约定期限内交换特定数量的两种货币本金，同时定期交换两种货币利息的互换协议。一般在期初按约定汇率交换两种货币本金，并在期末按照相同汇率、相同金额反向交换一次本金。交易双方定期向对方支付以换入货币计算的利息金额，即期初本金交换方向与利息交换方向相反，期末本金交换方向与利息交换方向相同。

交易双方的利息计算方式既可以采取固定利率，也可以采取浮动利率，故存在固定对固定、固定对浮动、浮动对浮动三种基本形式的货币互换。其中，固定对固定的货币互换所交换的利息数额能够被确定，只涉及汇率风险，不涉及利率波动风险。固定对浮动、浮动对浮动的货币互换形式同时涉及汇率风险和利率风险，相当于包含了利率互换，是将利率互换和货币互换组合在一起，对应为交叉型货币互换。

货币互换与利率互换不同，利率互换是同种货币不同利率之间的互换，只交换利息而不交换本金，所以面临较小的违约风险。货币互换是两种货币的利率之间的互换，期末有本金交换，所以货币互换的违约风险要大于利率互换。部分货币互换并不要求本金交换。

货币互换主要可以用于降低融资成本，或提高资产收益；管理汇率风险，或同时管理利率风险；规避外汇管制或同时管理利率风险；以及构建结构化产品。

**【案例11－24】**A公司有100万英镑借款需求，B公司有规模相当的美元借款需求英镑兑美元汇率为1.3766。其他资料见表11－5－2。

**表11－5－2　　A、B两家公司不同的借款成本**

| 利率类型 | A公司 | B公司 | 相对优势 |
|---|---|---|---|
| 美元 | 2% | 3% | 100bp |
| 英镑 | 3.6% | 4% | 40bp |

由于A公司信用等级较高，在两个借贷市场上均存在优势，美元借款利率低100bp，英镑借款利率低40bp，其在美元市场上存在比较优势（60bp）。与之对应，B公司在英镑市场上存在比较优势（60bp）。

A公司需要借入英镑，B公司需要借入美元，即均在对方有优势的市场中有借款需求，故双方可以基于比较优势达成互换协议，通过互换可以实现借款目标，也可降低融资成本。

此时二者分别在各自有比较优势的市场中借款，B公司借入100万英镑；同时按照汇率A公司借入137.66万美元，然后进行互换。

如果不进行互换，即A公司借入英镑（3.6%），B公司借入美元（3%），二者融资总成本为6.6%。签订互换协议后，二者融资总成本为6%，此时总成本下降60bp，等于双方在两个市场上的比较优势，从而通过信用套利获得互换收益。

若上述互换过程没有中介参与，且双方协商平分互换收益，则各自降低0.3%的成本，A公司融资成本为3.3%，B公司融资成本为2.7%（见图11－5－3）。

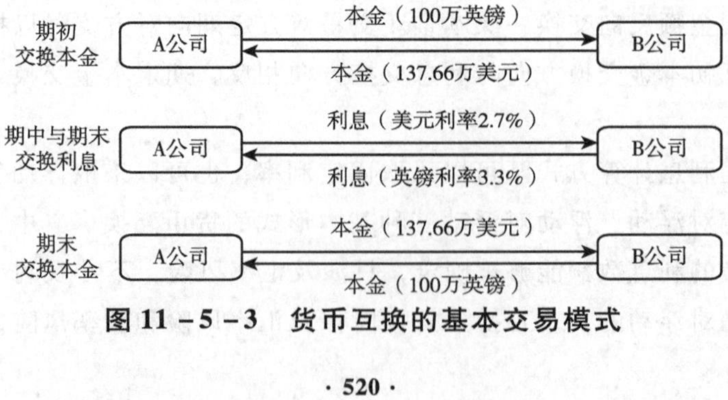


**图11－5－3　货币互换的基本交易模式**

## 三、可转债

### （一）可转换债券的基本概念

1. 基本概念

可转债是指上市公司依法发行、在一定期间内依据约定的条件可以转换成本公司股票的公司债券，属于《证券法》规定的具有股权性质的证券，包括向不特定对象发行的可转债和向特定对象发行的可转债。

与普通公司债券相比，可转债的显著不同之处就是可转债持有人享有转股权，也就是投资者在一定时间内可以按照既定的转股价格转换为指定股票。近年来，可转债作为一种兼具“股性”和“债性”的混合证券品种，为上市公司募集资金提供了多样化的选择，在提高直接融资比重、优化融资结构、增强金融服务实体经济能力等方面发挥了积极作用。

可转债的退出方式具有一定的不确定性。投资者申购或者买入可转债后，持有的可转债可能有5种退出方式，包括直接卖出、转换为股票后卖出、被上市公司提前赎回、回售给上市公司以及到期还本付息。

2. 基本条款

（1）转股价。转股价，是指上市公司和投资者事先约定的将可转债转换成为每股股份所支付的特定价格。为了防止上市公司“任性”低价发行，向不特定对象发行的可转债的转股价格应不低于募集说明书公告日前20个交易日该公司股票交易均价和前1个交易日的均价。每一张可转债，本质上都是以“债券+期权”的形式构成的，可转债的转股价格其实就是期权的“行权价格”。假设可转债的面值是100元，转股价格是5元，则每一张可转债可以转换成100/5=20股股票。在计算每张可转债的可转股数量时，必须用可转债的“面值”除以“转股价格”，不必考虑可转债的当前价格，也不必考虑其标的股票（正股）的当前价格。

对于向不特定对象发行的可转债来说，上市公司在募集说明书里和投资者约定的转股价格为“初始转股价格”。在可转债发行后的存续期里，诸多变量会引起公司股份变动，这时候上市公司理应对转股价格进行调整，并及时履行信息披露义务。

（2）赎回条款。强制赎回条款，规定发行人可按事先约定的条件和价格赎回尚未转股的可转债。目前国内市场发行的所有可转债，提前赎回条件基本都是一样的：在可转债转股期内，如果公司股票任意连续30个交易日中至少有15个交易日的收盘价不低于当期转股价格的130%（含130%），公司有权按照债券面值加当期应计利息赎回部分或者全部可转债。

（3）修正条款。全称为转股价格向下修正条款，也可以简称为“下修”条款。具体是指可转债的发行人可以在满足特定条件时，将可转债的转股价向下调整，一旦转股价下调，就意味着每一张可转债可以换取到更多的正股，这对于投资者是极其有利的。假设一张可转债的面值是 100 元，转股价是 5 元，此时每张可转债可以转换为 20 股股票。如果发行人宣布将转股价下调至 4 元，那么每张可转债能够换取的股票数量就从 20 股增加到了 25 股。

“下修”有两个“规矩”：一个是程序要求，转股价格修正方案须提交发行人股东大会表决，且须经出席会议的股东所持表决权的 2/3 以上同意。股东大会进行表决时，持有可转债的股东应当回避。另一个是价格限制，修正后的转股价格不低于前述规定的股东大会召开日前 20 个交易日该公司股票交易均价和前 1 个交易日的均价。

（4）回售条款。可转债持有人可以按照募集说明书或者重组报告书约定的条件和价格，将所持全部或者部分无限售条件的可转债回售给上市公司。向特定对象发行的可转债的回售条款应当与业绩承诺期间、锁定期相衔接，确保业绩承诺履行和限售规定执行。回售条款是对投资者有利的条款，可转债持有人可按事先约定的条件和价格将所持可转债回卖给上市公司。

（5）转换价值。转股价值也叫转换价值，是指如果当下立刻将一张可转债转换成股票，投资者能够获得的股票市值。转股价值的计算公式为：转债面值 ÷ 转股价格 × 正股价格。假设转债的面值是 100 元，转股价格为 9 元，正股价格为 8 元，则该转债的转股价值为 $100 \div 9 \times 8 = 88.9$ 元。若一张可转债的转股价格高于正股价格，其转股价值必然小于面值；而如果转股价格低于正股价格，则其转股价值必然大于面值。假设转债的面值是 100 元，转股价格为 8 元，正股价格为 9 元，则该转债的转股价值为 $100 - 8 \times 9 = 112.5$ 元。需要注意，一张可转债的转股价值，与该可转债的市场价格无关。

### （二）可转换债券的定价原理

可转债同时具有债权和股权双重属性，拆分来看：从债券角度出发，转债价值 = 债底 + 纯债溢价，此时可将转债视为公司信用债券多头 + 正股看涨期权的多头。其中债底为确定现金流的回报，纯债溢价/看涨期权价值则包含转股价、公司未来股权价格预期、附加条款价值、信用风险等多重因素。

从权益角度出发，转债价值 = 转换平价 + 转股溢价，此时可以将可转债视为对应数量的正股多头 + 看跌期权多头的组合（对应转债的债底特性）。其中，转换平价与股价直接相关，转股溢价/看跌期权中包含未来票息与本金回报（即为通过看跌期权锁定的出售价格）、未来股权价格预期、附加条款价值、信用风险因素等多重因素。

目前对于转债价值的研究已初步形成较为系统的框架，尤其是 B-S 模型问世以来，大量偏微分和随机过程的分析工具运用于转债定价研究，极大丰富了转债定价的研究成果：

按照研究思路，可以大致分为成分定价法与整体定价法；

按照求解算法或者解的形式，可以分为解析式方法和数值方法（有限拆分、二叉树、蒙特卡洛模拟等）；

按照标的资产的假设，可以分为结构化模型（以公司价值作为标的资产）与简约化模型（以公司股票价格为标的资产）；

按照模型考虑因素的个数，又可以分为单因素模型（如股价）、双因素模型（如股价 & 信用利差）、多因素模型（如股价 & 利率 & 信用利差）三类。

此外，近年来出现了一些较为新颖定价思路，如分解定价并给出解析解，或者运用机器学习等工具进行定价，绕开传统定价方法中对于正股价格较为严格的假定条件（见表 11－5－3）。

**表 11－5－3　　　　各类定价方法优缺点情况**

| 分类角度 | 研究方法 | 优点 | 缺点 |
| --- | --- | --- | --- |
| 研究思路 | 成分定价法 | 将转债分解为债券和看涨期权，逻辑简单 | 过于简化，忽略各成分间相互关系 |
| | 整体定价法 | 将转债视作整体考虑，结果更加合理 | 较为复杂 |
| 求解算法或者解 | 解析式方法 | 可以给出解析解，方便后续对价格弹性展开进一步研究以及指导对冲操作 | 复杂，许多情况下无法给出解析解 |
| | 数值方法 | 可以通过二叉树、蒙特卡洛模拟、有限元等方式快速给出数值解 | 无法得到解析式，给后续研究带来障碍 |
| 标的资产 | 以公司价值作为标的资产 | 考虑到公司资本结构因素，较为容易估计公司陷入财务危机时的转债价值 | 从公司价值推导得出转债价值，而公司价值往往难以观测，因此容易陷入循环论证 |
| | 以公司股票价格为标的资产 | 对于上市公司而言，股价容易观测 | 对股价运动规律往往有较为严格的假设（如服从几何布朗运动） |
| 模型考虑因素个数 | 单因素 | 简洁直观 | 没有充分考虑影响因素 |
| | 双（多）因素 | 考虑到更多影响因素 | 更为复杂 |

表 11－5－4 介绍了 B-S 模型、二叉树、LSM 三种转债定价模型。

表 11－5－4　B-S、二叉树、LSM 三种转债定价模型比较

| | B-S 模型 | 二叉树 | LSM |
|---|---|---|---|
| 求解方式 | 存在解析式，可直接代入公式 | 不存在解析式，需要数值模拟求解 | 不存在解析式，需要数值模拟求解 |
| 适用对象 | 欧式期权 | 多种期权 | 多种期权 |
| 可转债处理 | 成分定价法 | 整体定价法 | 整体定价法 |
| 优点 | 解析式本身没有误差，定价原理直观，定价计算过程简单方便 | 考虑到可转债多项条款的路径依赖特性与行权的时间范围 | 充分考虑路径依赖特征，有效解决美式期权“最优停时”问题；方便给出数值解； |
| 缺点 | 无法处理不同条款的非独立性；只适用于欧式期权，但可转债的附加权利多为百慕大期权 | 不能给出精确解，无法给出最优步数与步长；无法很好地解决可转债连续时间的价格条件，需简化条款 | 计算量过大；无法给出解析解 |
| 缺点 | •均对正股股价有较强假设，而实际中股价往往不满足几何布朗运动，不满足二项分布运动；<br>•均以风险中性定价为原理，但无风险投资组合不是固定不变；<br>•假定条件难满足时会出现“精确的错” | | |

### （三）可转换债券套利的原理

1. 市场常见的套利类型

（1）可转债打新套利原理。可转债打新对市值没有要求，所以无论你的股票账户里面持仓市值是多少，都可以参与打新。操作方式：由于可转债发行面值都是 100 元每张，10 张为一手，所以如果中一签的话就需要 1 000 元。碰到可转债行情好时，上市价格往往能达到 100 元以上，则可上市首日卖出，完成套利。

（2）可转债规则套利原理。对于新上市的可转债有熔断机制，可利用这个熔断机制套利。操作方式：如果有可转债发行之后未上市之前，正股持续大涨，当我们计算出它转股价值高于约 115 元以上，可以在上市首日的 9：15 集合竞价，以 120 元的价格买入这只可转债，假设可以成交，那么开盘直接停牌半小时再交易。如果当天超过 130 元，停牌到 14：57 再进行交易。当天高于 120 元的价格卖出（T＋0 交易规则），完成套利。

（3）可转债转股套利原理。由于可转债在达到转股期之后，可以转股的特性，当

可转债价格低于转股价值时，则会产生套利机会。操作方式：当某只可转债的转股溢价率为负时，说明此时可转债的价格低于转股价格，我们有三种方式套利。

第一，若账户有正股，则可以迅速卖出正股，然后再快速买入可转债，再不紧不慢地转换成正股即完成套利；第二，若账户没有正股，但是可以融券卖出正股，则可以迅速融券卖出正股，再快速买入可转债，再不紧不慢地转换成正股偿还融券即完成套利；第三，若没有正股也不能融券，则可以通过买入可转债，然后再不紧不慢地转股，然后第二天卖出股票进行套利（注：由于转股后卖出股票实现 T+1 制度，故要承受第二日股票下跌风险）。

（4）技术性套利原理。转债涨跌停限制相较股票更宽，也存在技术性套利。操作方式：例如，当某只正股突发重大利好，我们预期股票会连续涨停板时，且没办法买进正股时，可以通过买入可转债来获取正股涨停带动的可转债大涨的收益（注：要承受判断失误的风险）。

2. 市场不常见的套利类型

（1）利用下修条款套利原理。由于下修条款一般是在公司正股价大幅下跌，低于转股价的时候，公司为了不触发回售条款或是促转股而做的举措，那么只要下修转股价，可转债的价格就会起死回生，这时候就可以进行债转股或者直接卖出可转债套利了。

操作方式：提前筛选出市场上价格很低而溢价率又很高的可转债买入，等待发行可转债的上市公司下修转股价，把可转债价格拉上来之后再卖出，就可以达到下修博弈套利的效果（注：下修是公司权利，也有公司不下修，所以要承受判断失误的风险）。

（2）利用回售条款套利原理。由于触发回售条款就意味着公司要还钱给可转债的持有人了，这达不到公司发行可转债的目的，所以发行方会想办法，要么改善预期提振正股价格，要么下调转股价来避免回售，而这两种方法对于投资者来说都是有利的。操作方式：提前筛选出市场上快要触发回售条款的可转债买入，等待发行可转债的上市公司提振正股价格或者下修转股价，这时不管是债转股还是直接卖出可转债都能套利（注：下修是公司权利，也有公司不下修，所以要承受判断失误的风险）。

（3）利用强赎条款套利原理。由于强赎条款中一般要求连续 30 个交易中至少有 15 个交易日的收盘价不低于当期转股价格的 130% 这个条件才会触发，那么就会有上市公司为了尽快促进投资者从债主变成股东，想办法把公司股价维持在转股价的 130% 以上。

操作方式：密切关注在转股期内，并且已经触发强赎计数天数的可转债，计数的天数越大越好。一旦因为特殊情况发生股价下跌，就买入正股，博弈上市公司会提振股价（注：买股票风险较大，要承受判断失误的风险）。

由于大部分的可转债都是以 130 元以上的价格退市的，所以可以买入即将要触发强赎条款的，价格在 130 元以下的可转债，等待公司公布强赎，可转债价格达到 130 元或以上时再买出，即可套利（注：强赎是公司权利，也有公司不强赎，所以要承受判断失误的风险）。

### （四）可交换债券概念及与可转换债券差异

可交换债券（Exchangeable Bond，EB）全称为“可交换为公司股票的债券”，是指上市公司股份的持有者通过抵押其持有的股票给托管机构进而发行的公司债券。该债券的持有人在将来的某个时期内，能按照债券发行时约定的条件用持有的债券换取发债人抵押的上市公司股权。可交换债券是一种内嵌期权的金融衍生品，同时具有债券与股票两种性质。严格来说，可交换债是可转换债券的一种，是一种“固收”+“浮动”的债券产品。可交换债的持有人既可以选择持有债券到期，获取本息收益，也可以选择在约定时间内将可交换债转换为股票，享受股利分配或资本增值。转股权是债券持有者的权利，而非义务。

可转债全称为可转换公司债券（Convertible bond，CB），实质是一种可以转换成股票的债券，注意本质是债券。可转债具有债权和期权的双重属性，持有人既可以持有债券到期，让借钱的公司还本付息，也可以在约定时间内换成股票，享受股利分配或者资本增值，既有股性又有债性，对投资者而言，这是一个在不违约的前提下保证本金的股票。

可交换债券虽属于可转换债券的一种，但二者仍存在差异。首先，可转债的发行人是上市公司本身；而可交换债的发行人是上市公司的股东。其次，从发债目的来看，可转债的发行一般针对特定的投资项目进行融资；而可交换债的发行通常并不针对具体的投资项目，其发债目的包括股权结构调整、投资退出（减持股份）、兼并收购、市值管理、资产流动性管理等。最后，从行权结果来看，可转债若未来行权，持有人所得股份是公司发行的新股；而可交换债行权所得股份是发行人抵押的股权、即已发行的股份。因此，可转债行权会使上市公司的总股本扩大、摊薄每股收益；而可交换债行权则不影响上市公司的总股本，也不会导致摊薄收益。

## 四、REITs

### （一）不动产投资信托基金（REITs）的运作模式

1. 基本概念

不动产投资信托基金（Real Estate Investment Trust，REITs），是一种以发行收益凭证（股份或信托凭证、基金份额）的方式汇集特定多数投资者的资金，由专门投资机构进行不动产投资经营管理，并将投资综合收益按比例分配给投资者的一种信托基金。REITs通过不动产证券化的方式，解决了不动产投资总价高、流动性差、管理专业度高的问题，使得普通投资者能够参与不动产投资（见图11－5－4）。

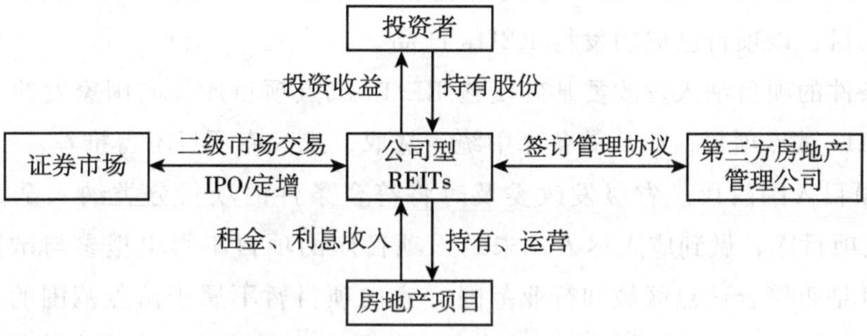


**图11－5－4　REITs的相关主体**

2. 运作方式

根据《公开募集基础设施证券投资基金指引（试行）》第27条的规定，基础设施基金应当采取封闭式运作，符合法定条件并经证券交易所依法审核同意后，可上市交易。我国的公募REITs主要由国家发展和改革委员会、中国证券监督管理委员会牵头推进。国家发改委对项目是否符合国家重大战略和产业政策、是否符合固定资产投资管理法规，以及是否形成良性投资循环等方面提出专项意见。中国证监会牵头并指导上海证券交易所、深圳证券交易所、中国证券业协会（以下简称“证券业协会”）、中国证券投资基金业协会（以下简称“基金业协会”）等单位负责基金和基础设施资产支持证券的设立、发行、存续期管理等工作。以下对公募REITs主要规则体系、监管机构职能及审批流程进行简要介绍（见图11－5－5）。

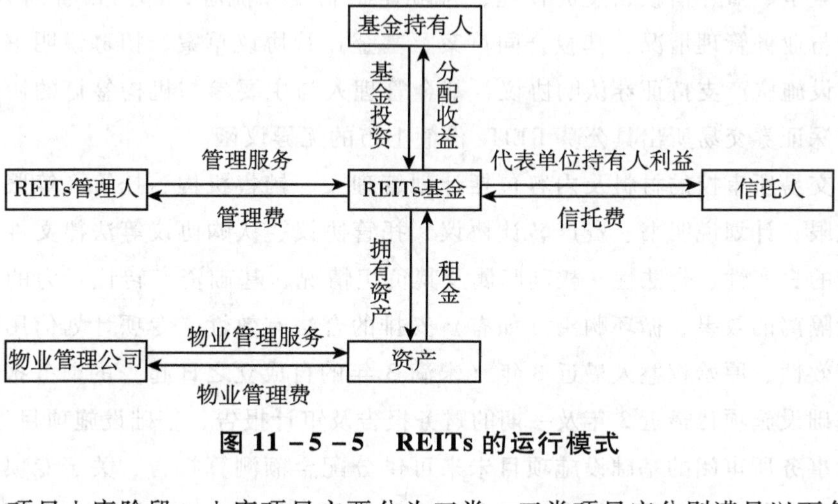


**图11－5－5　REITs的运行模式**

（1）项目入库阶段。入库项目主要分为三类，三类项目应分别满足以下条件：

意向项目：该项目应属于基础设施项目，基本符合基础设施 REITs 发行条件，项目发起人（原始权益人）具有发行 REITs 产品的明确意向；

储备项目：项目发起人（原始权益人）正式启动发行 REITs 产品准备工作，且项目应符合中国证监会、国家发改委关于推进基础设施 REITs 试点工作有关要求和规定；

存续项目：该项目已成功发行 REITs 产品。

符合条件的项目纳入发改委基础设施 REITs 试点项目库。向国家发改委推荐的基础设施 REITs 试点项目，应从储备库中统一选取，未入库项目不得推荐。

（2）项目入围阶段。省级发改委及时将符合条件的项目分类纳入全国基础设施 REITs 试点项目库，做到应入尽入，未纳入项目库的项目不得申报参与试点。省级发改委对项目是否符合试点区域和行业范围（意向项目暂不属于试点范围的，可单独备注说明）、项目权属及资产范围是否清晰明确、发起人是否依法合规直接或间接享有项目所有权、特许经营权或经营收益权、土地使用是否依法合规、基础设施项目是否具有可转让性、基础设施项目是否成熟稳定、资产规模是否符合要求、发起人等参与方是否符合要求等多方面进行审核。省级发改委出具关于公募 REITs 试点项目的无异议专项意见，并推荐至国家发改委。

国家发改委审核试点项目是否符合宏观管理政策要求、依法依规取得固定资产投资管理相关手续、PPP（含特许经营）类项目是否满足额外条件，回收资金用途、是否满足基础设施持续健康平稳运营的条件、中介机构是否符合要求等。国家发改委审核通过并向中国证监会推荐项目名单。

沪、深证券交易所审核是否符合《公开募集基础设施证券投资基金指引（试行）》及证券交易所的规定的条件，包括项目的权属、权利限制及权利负担情况、项目建设、运营阶段的合规性、资产转让的合法合规性、基础设施项目公司及现金流情况关联交易、同业竞争、对外借款、投资管理、风险控制制度和流程，部门设置与人员配备，同类产品与业务管理情况、基金合同草案、基金托管协议草案、招募说明书草案、拟投资基础设施资产支持证券认购协议、基金管理人与主要参与机构签订的协议文件等方面。沪深证券交易所出具公募 REITs 份额上市的无异议函。

证券交易所审校的材料及内容包括计划管理人、销售机构、托管人等服务机构的资质及权限、计划说明书、资产转让协议、托管协议、认购协议等法律文件的合规性基础资产的真实性、合法性、权利归属及其负担情况、基础资产转让行为的合法有效性、风险隔离的效果、循环购买（如有）安排的合法有效性、专项计划信用增级安排的合法有效性、原始权益人最近 3 年（未满 3 年的自成立之日起）的财务报告和审计报告、基础设施项目最近 3 年及一期的财务报告及审计报告、基础设施项目评估报告、经会计师事务所审阅的基础设施项目未来可供分配金额测算报告、关于专项计划相关会计处理意见的说明（如有）等方面。证券交易所出具基础设施资产支持证券挂牌的无异议函。

中国证监会审核基金的投资方向、运作方式、基金合同，招募说明书等法律文件草案、基金名称、招募说明书、投资者适当性管理制度、基金的投资管理、销售、登记和估值等业务环节制度健全、是否采取封闭式运作等方面。中国证监会出具准予基础设施基金注册的决定。

（3）发行上市阶段。

中国证监会：基础设施基金募集的基金份额、基金份额中国证持有人人数符合要求；基金管理人已验资，中国证监会收到验资报告。基金管理人办理验资和基金备案手续，中国证监会出具书面确认。

沪、深证券交易所向基金管理人出具上市通知书：审核基础设施基金是否符合上市条件，包括基础设施基金发售、基础设施项目原始权益人或其同一控制下的关联方、其他战略投资者参与本次基金战略配售的具体情况及限售安排、基础设施基金投资运作、交易等环的主要风险、基础设施基金认购基础设施资产支持证券以及基础设施基金所投资专项计划投资基础资产的情况等。

基金业协会出具关于专项计划设立后备案的备案确认函：对专项计划管理人对基础资产未被列入基金业负面清单且资产支持证券的销售符合适当性要求作出的承诺进行审核。对专项计划管理人向基金业协会报送的备案材料进行齐备性审核。

## （二）房地产投资基金（REITs）投资方向

### 1. 根据底层资产区分

REITs可分为基础设施和商业不动产两大类。基础设施包括交通基础设施、能源基础设施、市政基础设施、生态环保基础设施、仓储物流基础设施、园区基础设施、新型基础设施、保障性租赁住房等；商业地产包括写字楼、出租公寓、零售物业、工业地产和酒店等。

交通基础设施包括收费公路、铁路、机场、港口项目。能源基础设施包括风电、光伏发电、水力发电、天然气发电、生物质发电、核电等清洁能源项目，特高压输电项目，增量配电网、微电网、充电基础设施项目，分布式冷热电项目。市政基础设施包括城镇供水、供电、供气、供热项目，以及停车场项目。生态环保基础设施包括城镇污水垃圾处理及资源化利用环境基础设施、固废危废医废处理环境基础设施、大宗固体废弃物综合利用基础设施项目。

仓储物流基础设施应为面向社会提供物品储存服务并收取费用的仓库，包括通用仓库以及冷库等专业仓库。园区基础设施位于自由贸易试验区、国家级新区、国家级与省级开发区、战略性新兴产业集群的研发平台、工业厂房、创业孵化器、产业加速器、产业发展服务平台等园区基础设施。新型基础设施包括数据中心类、人工智能项目，5G、通信铁塔、物联网、工业互联网、宽带网络、有线电视网络项目，智能交通、智慧能源、智慧城市项目。保障性租赁住房包括各直辖市及人口净流入大城市的保障性租赁住房项目。

2. 根据收益属性区分 REITs 分为权益型、抵押型与混合型

权益型 REITs 投资于不动产并拥有所有权，可以分享不动产升值收益和租金收益；抵押型 REITs 主要投资于不动产抵押贷款或抵押支持证券，收益主要来自贷款利息。混合型 REITs 既持有不动产，又持有债权，兼具权益型与抵押型 REITs 的特点。

3. 海外投资方向

目前，美国、英国、澳大利亚、日本、新加坡、中国香港等 12 个国家或地区建立了较为完善的 REITs 制度，具有以下三大共性：

（1）收入与资产结构的要求，即 REITs 应投资于成熟的不动产资产，以不动产产生的长期、稳定的现金流作为主要收入来源。中国对基础设施 REITs 项目要求运营时间原则上不低于 3 年，近 3 年内总体保持盈利或经营性净现金流为正，预计未来 3 年净现金流分派率（预计年度可分配现金流/目标不动产评估净值）原则上不低于 4%。

（2）对 REITs 收入进行强制分配。美国、日本、新加坡、英国等国家明确规定了租金等一般性收入的分红比例不得低于 90%，澳大利亚、加拿大等则对不分红的部分按最高税率进行征税以确保 REITs 向投资者进行分红。

（3）在 REITs 层面实施税收优惠政策。对基于不动产长期、稳定现金流所产生的一般性收入，在 REITs 层面进行所得税的免除，以避免投资者到手的现金流被双重征税。

具体资料见表 11 – 5 – 5。

**表 11 – 5 – 5　美国、新加坡、中国香港 REITs 规定对比**

| 项目 | 美国 | 日本 | 新加坡 | 中国香港 |
| --- | --- | --- | --- | --- |
| 主体形式 | 信托单位或共同基金（公司型） | 信托单位或公司（公司型） | 信托单位或共同基金（契约型） | 信托单位（契约型） |
| 资产结构要求 | 投资组合中 75% 以上的资产由房地产、现金或政府债券组成 | 对房地产的投资在 75% 以上 | 对房地产的投资在 70% 以上 | 90% 以上的资产须由可产生经常性收入的房地产项目构成，最高不超过 10% 可以购入或新增开发项目 |
| 项目持有期限 | 无持有期限制 | 持有期不少于一年 | 无持有期限制 | 持有期不少于两年 |

续表

| 项目 | 美国 | 日本 | 新加坡 | 中国香港 |
|---|---|---|---|---|
| REITs 杠杆率 | 无杠杆率限制 | 无杠杆率限制 | 一般不超过 35%，若获得国际主要评级机构 A 级或以上信用评级的，上限提升至 60% | 杠杆率一般不超过 45% |
| 业务收入占比 | 至少 95% 的收入来自红利、利息、租金收入或资产出售所得；至少 75% 收入来自房地产租金等行业所得；来自出售持有不足 6 个月的证券或不足 4 年的房地产的收入不超过 30% | 主要来自于房地产项目的租金收入 | 收入必须来自合格投资 | 主要来自于房地产项目的租金收入 |
| 税收优惠 | 用于分红的收入部分免征所得税 | 用于分红的收入部分免征所得税 | 买入物业免征印花税；分红部分免征企业所得税；个人投资者免税；机构投资者分红不免税，资本利得免税 | 分红部分免税，对个人、机构投资者皆免税 |
| 分红比例 | 95% 以上扣除资本所得后的利润应分配给股东 | 90% 以上 | 90% 以上的营业收入按照季度、半年或者年的频率以分红的形式派发给投资者，但资本利得部分不作要求 | 90% 以上的税后收入应以定期股息的形式分派给投资者 |

## 五、创新产品估值

### （一）基本概念

对于创新产品，更多集中于结构化产品。所谓结构化金融衍生品，又称结构性票据或联动债券等，是将固定收益证券和衍生品合约合成的一种金融产品，这里暂不考虑资产支持证券等。它通常是保证全部或部分本金，还有一部分就是所嵌入的期权价值。在股票市场下行的市场中，它会受到比较高的关注。传统的结构化金融衍生品包括可转换证券、含有股权认股权证的债券等。但现代结构化金融衍生品发展较为迅速，也演变得更加复杂。

结构化产品兴起于20世纪80年代的美国，而欧洲尤其是瑞士和德国的结构化产品市场最为发达。最早的权益类挂钩产品是1986年8月所罗门兄弟公司发行的1亿美元标准普尔500指数挂钩次级票据。1991年1月奥地利政府发行股指成长票据，1991年8月高盛为联合科技公司设计发行的化学制药交换票据，挂钩的是标普500指数成分股中多元化的医疗公司和药品公司。之后，权益类挂钩产品取得长足发展，而且趋于多样化，挂钩标的有定制的指数、一篮子股票甚至单一股票等。

在我国，首先出现的结构性产品是外资银行发行的外汇结构性理财产品。2004年3月《金融机构衍生产品交易业务管理暂行办法》实施，国内一些大的银行相继推出理财产品，如中国银行的"汇聚宝"，此外还有"汇得盈""汇利丰""得利宝"等。而渣打银行在2005年8月也推出了挂钩道琼斯工业指数的外汇产品。在沪深300股指期货推出之前，结构性产品很少以境内A股为挂钩标的。即使在2010年之后几年，结构化产品的发行是场外交易，监管比较严格，规模较小。在2012年10月，中国证券监督管理委员会发布《证券公司集合资产管理业务实施细则》，随后券商开始推出一些高杠杆的金融衍生品，如广发证券和光大证券推出的挂钩沪深300指数的结构化产品。

结构化金融衍生品构成包括三部分，分别是固定收益证券、衍生品、挂钩资产即联动资产。首先，固定收益类型可以是银行存款、债券、保险单等；第二，衍生品可以是欧式看涨期权、美式看跌期权、亚式期权、障碍期权、彩虹期权、路径依赖期权等；在构建股权挂钩类产品时，通常会采用一些奇异类期权。

### （二）保本型结构化产品

保本型结构化产品，就是产品到期时可以确保约定比例本金的支付，同时可以获得挂钩标的资产的收益。它有以下几个特征，首先本金的损失程度被限定，其次可以分享部分标的资产的收益，而且一般没有约定的收益支付（或很少）；收益增强型产品，可以获得较高的收益，虽然与债券类似可以获得收益，但是它并不保本，这是与债券完全不同的，它的收益是有上限的，常见的此类型的有反向可转期权票据等；而参与型产品无保本条款，也不确保利息支付，它可以更大程度上参与联动资产的收益，此类型的结构化产品有奖励型储蓄券、跟踪型储蓄券等。

保本型产品可以分为两类：看涨型保本产品和看跌型保本产品。看涨型保本产品，是买入固定收益证券和买入标的看涨期权。如果标的价格高于执行价格，投资人可获得期权部分行权价值和保本金额；如果标的价格低于执行价格，仍可获得保本金额，损失了权利金。看跌型保本产品是买入固定收益证券和买入标的看跌期权，保本型产品约定在到期时获得全部或一定比例的本金，还可以部分参与联动资产的收益。一般到期时可获得的收益如下：

期末收益 = 本金 ×［保本率 + 参与率 × MAX(期权收益,0)］

其中，参与率是可参与标的收益分配的比率，例如参与率为95%，如果投资挂钩产品获利10%时则该保本型产品可得额外9.5%。该产品风险来源于标的资产价格的变动情况。

在我国已有保本型结构化产品如前面提到的“光大阳光挂钩沪深300指数”的普通级，此外还有易方达资产管理公司于2014年7月发行的“易方达资产 - 广发证券 - 多空盈 - 1号看跌沪深300指数专项资产管理计划”，如果沪深300指数的到期收市价格大于期初价格，则到期预期收益率为3%，若沪深300指数的到期收市价格低于期初价格，则本计划投资期到期预期收益率9%。

### （三）高收益票据结构化产品

另外一种高收益票据，是通过买入零息债券、卖出标的期权，可以获得固定收益的利息和期权的权利金，提高该产品的收益。高收益债券也可分成看多和看空两种。看多型高收益票据，是持有固定收益证券卖出标的看跌期权。到期结算时标的价格高于执行价格时，则可获得权利金以及本金。但标的价格低于执行价格时，需先支付期权的损失。看空型高收益票据是持有固定收益证券卖出标的看涨期权。

该结构化产品如果标的资产价格位于行权价格之上，则投资者可以获取高于同期市场的收益率，同时投资者也面临风险；如果到期标的资产价格下跌至行权价格之下，投资者收到一定数量的挂钩的资产，即投资者将无法获取初始投资本金。这里需要说明的是，通常换去标的资产的数量与标的资产的行权价的乘积等于该高收益产品的面值。

此类产品多见于国外，但在我国台湾地区也有，如富邦商业银行台积电ADR挂钩收益债券、宝来纳斯达克100高收益票据等。

表11 - 5 - 6中该产品中的金融衍生品结构是虚值的欧式看跌期权空头，行权价格为标的资产期初价格的93%，期限为1个月，通过折价发行的方式募集资金，从而将期权费和利息反映在折价率当中。

用$r$表示产品的年化收益率，若期末时期权是虚值，则发行价格与面值之间的关系是：$99.15 \times (1 + r/12) = 100$（元）。

由此算得产品的年化收益率是10.29%。若期末期权变成实值，则产品的收益将会下降，甚至发生亏损。例如，假设期末时标的资产价格ST为4650点，则产品的到期价值为98.18元（$= 100 \times (5\,100 + 4650 - 4\,743)/5\,100$），相对于产品发行价格99.15元而言，持有期收益率为 - 0.98%，年化收益率为 - 11.78%。

表 11-5-6　　典型的收益增强型结构化产品

| 项目 | 条款内容 |
| --- | --- |
| 期限 | 1 个月 |
| 面值 | 100 元（人民币） |
| 发行价格 | 99.15 元 |
| 标的资产 | 沪深 300 指数 |
| 标的期初价格 S0 | 5100 点 |
| 行权价格 K | 期初价格 93%（4743 点） |
| 期末收益 | 若标的资产期末价格 $ST > K$，则获得全额面值；<br>否则，获得面值 $(S0 + ST - K)/S0$ |

此外，还有一个常见的就是所谓的自动赎回结构。自动赎回结构是指产品在特定事件发生时即终止，投资者不必等到产品到期即可收到产品的最终收益，而发行者则必须按照既定的收益算法计算产品的价值并赎回该产品。其中的特定事件通常是指标的资产的价格在既定的时间范围内达到既定的价格水平或者处于既定的价格区间，本质上相当于障碍期权的敲入或者敲出条件。特定事件发生的时间可以是某个时间段或者一个多个时间点，自动赎回结构既可以用在保本结构化产品也可以用在收益增强结构中。

对于既有收益增强又有自动赎回结构的产品称为雪球结构产品。雪球产品最后的收益取决于挂钩标的资产的表现和敲入敲出事件是否发生。若标的资产价格上涨到一定程度（敲出价），雪球产品提前终止，投资者获得存续期间的固定收益；若标的资产价格下跌到一定程度（敲入价），则要根据到期日标的资产价格决定损益情况，投资者可能会承担标的资产下跌的风险；若标的资产从未触碰到敲入敲出价格，投资者获得整个产品期间的固定收益。目前，市场上发行的雪球产品以挂钩中证 500 指数为主。

# 后 记

证券分析师、证券投资顾问专业能力水平评价测试统编教材由中国证券业协会组织编写。编写工作分为两个教材专家组进行，郑治国、刘元瑞分别主持了《发布证券研究报告业务》和《证券投资顾问业务》的编写工作。参加《发布证券研究报告业务》编写的专家有余斌、罗炜、武超则、鞠厚林、周旭、屠强、贾东旭、浦聚颖、周子露、李璇、黄子函、韦春泽、郝丹阳、林遵东、楼金灏、牟瑾瑾、钱启敏、沈思逸、王宇涵、龚芳、刘冰、东旭、宋唯实、薛丰昀、祁亦玮、曹钰婕、沈姗姗、黄月涵、张芳、赵然、亓良宸、甄唯萱、马普凡、刘丹、陈铄、宋芳、顾诗园、曹世棋、李照、周正峰等。参加《证券投资顾问业务》编写的专家有徐海宁、王新栋、邓娟、熊园、毛洪云、欧阳珉、彭超如、王辉、陈姝婷、谢璧阳、陶格、张柳、涂灵楠、王定超、刘玮龙、冯玉明、李晓辉、李欣、李志骞、吴飞、苗子清、孙同扬、方强、谢军、文赋、钟泽宇、孟醒、司徒乔君、黄冰华、李欢欢、朱维、谷婷、王昕怡、张晓微、夏峻伟、潘俊、宋锡莲、翟效华、穆仁文等。在教材审稿过程中，陈俊鑫、陈阳、高婧怡、谷雨、海乐、何碧欣、胡韬、李偲、李朝晖、李书灏、李体委、刘磊、刘鹏、卢景琦、孟少华、潘明阳、秦菁、任晓琳、沈宜之、石锐然、汤超、王敷阳、王佳芩、魏建武、夏天翔、徐芳悦、徐蕾、徐少云、杨欢、袁姗玲、张兵、张栋、张浩舵、张辉、张雨婷、周皓和王伟、臧赢鹏、陈海楠、黄桂勇、王伟豪、张晛、刘琬璐、任天一等同志提出了宝贵的修改意见和建议。

教材编写工作得到了证券监管部门的指导，得到了上海申银万国证券研究所有限公司、长江证券股份有限公司、中国国际金融股份有限公司、中信建投证券股份有限公司、中国银河证券股份有限公司、南京证券股份有限公司、东方证券股份有限公司、广发证券股份有限公司、东方财富证券股份有限公司、国盛证券有限责任公司的大力支持。

在教材的编辑出版过程中，中国财政经济出版社做了大量工作，在此一并表示感谢！

中国证券业协会

2024 年 2 月